J. CHERBULIEZ, Éditeur, 10, rue de la Monnaie, à Paris, et rue de la Cité, à Genève.

LA FRANCE
PROTESTANTE

OU

VIES DES PROTESTANTS FRANÇAIS

QUI SE SONT FAIT UN NOM DANS L'HISTOIRE

DEPUIS LES PREMIERS TEMPS DE LA RÉFORMATION
JUSQU'A LA RECONNAISSANCE DU PRINCIPE DE LA LIBERTÉ DES CULTES
PAR L'ASSEMBLÉE NATIONALE

OUVRAGE PRÉCÉDÉ

D'UNE NOTICE HISTORIQUE SUR LE PROTESTANTISME EN FRANCE

SUIVI DE PIÈCES JUSTIFICATIVES

et rédigé sur des documents en grande partie inédits

PAR

MM. EUG. ET EM. HAAG

SOUS LES AUSPICES DE LA SOCIÉTÉ DE L'HISTOIRE DU PROTESTANTISME FRANÇAIS.

Les annales du protestantisme français sont encore assez mal connues. La plupart des historiens, soit par crainte de réveiller de douloureux souvenirs, soit par esprit de parti ou simplement par indifférence, ont en général à peine esquissé les principaux traits de ce mouvement religieux qui fut comprimé avec tant de violence par la persécution. Cependant la France a joué dans la Réforme du XVIe siècle un rôle important; elle lui a donné non seulement des chefs, mais encore de nombreux adeptes, parmi lesquels figurent des hommes éminents qui rendirent à leur pays d'utiles services et qui contribuèrent à sa gloire. La biographie de ces protestants français qui ont marqué dans l'histoire, soit par leurs talents, soit par leurs vertus, offre, on le comprend, un puissant intérêt.

Cette série de nobles seigneurs, de magistrats, de ministres, d'écrivains, de militaires, etc., dont la plupart préférèrent subir la prison, l'exil ou la mort, plutôt que d'abandonner leurs convictions, forme en quelque sorte un martyrologe dont il est bon que le souvenir se conserve, afin que les protestants n'oublient pas à quel prix leurs pères conquirent la liberté religieuse, et sachent toujours défendre ce précieux héritage, à la fois contre les entreprises du fanatisme intolérant et contre les abus de la licence. D'ailleurs, le seul exposé de la vie et des œuvres de tant d'hommes distingués qui succombèrent victimes de leur foi ou qui durent aller chercher une autre patrie, est bien la meilleure réponse à ces nombreux écrits dans lesquels on s'efforce de jeter le blâme et le mépris sur les courageux promoteurs de la Réforme. C'est une noble défense que celle qui consiste à raconter simplement la vie de ceux que l'injustice a frappés, de ces martyrs qu'on envoyait au bûcher, qu'on entassait dans les galères, de ces réfugiés que les universités de Hollande, d'Allemagne, de Suisse, accueillirent avec joie, et qui contribuèrent à en rehausser le lustre.

L'ouvrage de MM. Haag est fait surtout à ce point de vue. Ils laissent sagement de côté la controverse ainsi que la discussion dogmatique, pour nous donner une biographie réellement impartiale et visant avant tout à l'exactitude des détails. Leur travail est le fruit de recherches laborieuses faites avec un zèle que les difficultés ne rebutent point, et une érudition profonde qui sait cependant se mettre à la portée de tous. Sans rien négliger de ce qui peut rendre la lecture de ce livre attrayante, ils donnent beaucoup d'étendue à la partie bibliographique, analysent même les ouvrages importants des principaux écrivains dont ils racontent la vie, et reproduisent les pièces justificatives les plus curieuses.

Beaucoup de journaux et de recueils périodiques ont déjà rendu compte de *la France protestante*. Voici, entre autres, ce qu'en ont dit deux des organes les plus haut placés dans la critique littéraire, le *Journal des savants* (cahier d'octobre 1853), et l'*Athenæum français* (numéro du 17 mars 1855).

Extrait du *Journal des savants* :

L'histoire des protestants français qui se sont distingués par leurs actions ou leurs écrits, occupe une très-petite place dans nos dictionnaires biographiques. Pour écrire cette histoire, il ne s'agissait pas seulement de compléter ou de rectifier des notices déjà faites, il fallait chercher dans les dépôts publics et dans les archives des familles les éléments d'un travail complètement nouveau : telle est la tâche que MM. Haag ont entreprise et qu'ils poursuivent avec autant d'ardeur que de succès. Leur livre est une œuvre protestante, et ce n'est pas à ce titre que nous le recommanderons, bien qu'on doive généralement louer la modération de leur polémique religieuse ; mais c'est en même temps une œuvre historique considérable, qui, en faisant revivre un très-grand nombre d'hommes oubliés, met en lumière des documents dont personne jusqu'ici n'avait fait usage. A ce titre, la *France protestante* nous paraît mériter toute l'attention des érudits. Pour donner une idée des résultats obtenus par les auteurs, il suffira de remarquer qu'on trouvait à peine, dans nos biographies, TROIS CENTS NOMS épars de personnages protestants, tandis que MM. Haag en ont rassemblé près de DIX MILLE. La partie bibliographique est traitée avec un grand soin, et les pièces justificatives, placées à la fin de chaque volume, sous une pagination particulière, formeront un recueil d'un incontestable intérêt pour l'histoire.

Extrait de l'*Athenæum français* :

..... Les mots de *France protestante* répondent, et par l'idée qu'ils représentent et par l'histoire des hommes qui se sont dévoués pour sa défense, à un ordre de faits très-distinct et très-saisissable, où de vastes études peuvent trouver une base profonde et solide. Aussi ni les bons écrivains ni les éditeurs de talent n'ont manqué à cette tâche, mais la plupart d'entre eux n'avaient traité jusqu'à présent que des épisodes ; MM. Haag frères ont embrassé le sujet dans tout son développement. Leur but n'était d'abord que de faire ressortir les services rendus à la France par ceux de ses enfants qu'elle a persécutés, chassés, torturés pour s'être écartés du sein de l'Eglise romaine, de peindre leurs vertus, leurs lumières, leurs malheurs et de réclamer pour leur mémoire le respect qui lui est dû, mais que l'esprit de parti se plaît ordinairement à méconnaître. Ils avaient promis, lorsqu'ils commencèrent (en 1847), de donner deux volumes. Cependant, ainsi qu'il arrive à ceux qui savent féconder le champ sur lequel ils sèment et récoltent, l'abondance des produits dépassa si promptement leurs espérances, qu'après avoir doublé le nombre de leurs volumes, ils n'ont encore rempli que la moitié de leur cadre : au début du cinquième tome, ils en sont à la lettre F. C'est assez toutefois pour qu'on puisse dès maintenant apprécier leur travail.

Les protestants rigides l'ont accueilli avec bienveillance, mais lui ont fait le reproche de manquer de chaleur, de n'être pas inspiré des ardeurs de la foi (1). Il me semble, au contraire, que précisément est le mérite qu'il faut louer avant tout dans le livre de MM. Haag. Composant un recueil historique, ils ne veulent être qu'historiens, ils ont compris que l'histoire n'est d'aucune religion, et que ce qu'ils eussent gagné en orthodoxie, ils l'eussent perdu bientôt en autorité. Ils l'ont dit d'ailleurs dès leur premier mot : « L'ouvrage que nous annonçons n'est pas une œuvre de parti : le caractère en sera purement historique. Exposer les travaux et les écrits des protestants qui ont honoré leur patrie..., tel est le but que nous avons eu particulièrement en vue. » Ils auraient pu ajouter que l'esprit de secte a été si loin de leur pensée qu'ils n'ont négligé aucune occasion de flétrir, soit les violences commises par les premiers réformés durant les guerres du XVIe siècle, soit les actes d'intolérance accomplis dans le sein même du protestantisme.....

Le fond de l'ouvrage a toute la perfection que peuvent assurer l'érudition, l'exactitude et la saine critique. Il suffit d'ouvrir nos meilleurs recueils biographiques en regard de *la France protestante* pour juger de la supériorité de celle-ci, sur le terrain auquel elle est consacrée. Nos *biographies* ont été jusqu'à présent des œuvres collectives, et, par conséquent, toujours un peu discordantes, puisque chaque auteur y apporte sa manière, ses connaissances particulières et ses points de vue particuliers. Le livre de MM. Haag se déroule, au contraire, avec la mesure, l'égalité, la force que l'unité seule peut comporter, et les faits, au lieu de s'y heurter, s'appuient et se complètent mutuellement. C'est surtout par le nombre des articles tout à fait *neufs* et par le soin avec lequel sont traités ceux qui figuraient déjà dans les biographies ordinaires, que ce recueil est vraiment remarquable.

Je prends pour exemple les articles d'une lettre quelconque, la lettre D. En comparant *la France protestante* avec la plus volumineuse de nos biographies universelles (celle de frères Michaud), je trouve que soixante-deux personnages inscrits à lettre D figurent également dans les deux ouvrages, mais qu'en outre *trois cent quatre-vingt-cinq* articles relatifs à des protestants, qui tous ont quelque titre à la renommée, soit par des écrits, soit par des actions dont MM. Haag ont recueilli le souvenir, ne sont mentionnés que par ceux-ci. Quant à la manière dont toutes ces vies, et les anciennes et les nouvelles, sont composées, il n'y a point de comparaison à établir. Douze années d'études spéciales, des recherches dispendieuses, de longs voyages, de nombreuses relations nouées en vue de leur travail, assurent à MM. Haag cette autorité que donnent toujours de consciencieux efforts dirigés avec persévérance vers un but déterminé.

MM. Eugène et Emile Haag, nés d'une famille protestante du comté de Montbéliard, connus déjà par diverses études historiques sur Luther, sur Calvin, sur Cranmer, archevêque de Cantorbéry, sur la réformation en Angleterre, habitués depuis longues années dans les bibliothèques et les archives, non seulement de la France, mais de la Suisse, de l'Angleterre, de l'Allemagne, de la Hollande, étaient bien préparés pour la tâche qu'ils ont entreprise. Les matériaux rassemblés par leurs mains débordent dans tout le cours du livre ; souvent on trouve groupés sous le nom du personnage principal qui fait le sujet d'un article des indications biographiques sur une foule d'autres gens qui n'ont pu trouver place ailleurs. Tel article comprend ainsi vingt noms divers (2), et même parfois MM. Haag, faut-il les en blâmer ? attirent dans leur galerie protestante des hommes tels qu'Amyot, Cujas, Duaren, et d'autres moins célèbres, qui peut-être bien protesteraient contre cet honneur forcé (3). Pour chaque biographie, ce ne sont pas seulement les ouvrages imprimés qu'étudient et aux-

---

(1) Voy. un article de M. le pasteur Bost, dans les *Archives du christianisme*, 14 octobre 1854.
(2) Voir, entre autres, les articles BOICEAU (Jean), t. II, p. 329 ; CARITA (Pierre), t. III, p. 215 ; DUCROS (Pierre), t. IV, p. 367.
(3) MM Haag démontrent, il est vrai, d'après le testament de Cujas, que ce grand jurisconsulte était protestant de cœur ; mais, effrayé par la Saint-Barthélemy, et plus attaché aux honneurs mondains qu'à ses propres croyances, Cujas, durant les vingt dernières années de sa vie, cacha ses sentiments jusqu'au point d'écrire contre la Réforme.

quels renvoient MM. Haag (1), mais les manuscrits, les mémoires, les correspondances de tout genre conservés dans les bibliothèques publiques de l'Europe, enfouis dans le fatras de nos archives ou perdus dans des papiers de famille. Malgré cette exubérance de noms et de renseignements, les auteurs de *la France protestante* sont toujours clairs, judicieux, abondants sans embarras, pleins de sagacité au milieu du dédale des généalogies et à la hauteur des questions spéciales et si diverses qui surgissent à chaque instant sous leurs pas. La place considérable qu'ils ont réservée à la partie bibliographique donne à leur travail un mérite particulier et une utilité qui ne s'effacera pas. Tout écrivain de quelque valeur obtient d'eux non seulement une liste complète et raisonnée de ses ouvrages, mais souvent une analyse ou même des extraits, soit qu'il s'agisse d'œuvres importantes comme l'*Institution chrétienne* de Calvin, les *Mémoires* de d'Aubigné ou les *Juvenilia* de Théodore de Bèze, soit que les auteurs s'occupent seulement, par exemple, du *Mystère de la nativité* mis en vers par Barthélemy Aneau. Après les théologiens, les historiens et les poëtes, MM. Haag étudient avec le même zèle et la même conscience les hommes qui ont consacré leur vie à des travaux d'un ordre tout différent, des hébraïstes et des jurisconsultes, des mathématiciens comme Ismaël Boulliau, des artistes comme Androuet du Cerceau et Jean Cousin.

L'ouvrage se terminera par un recueil de cent pièces justificatives dont plus de la moitié a déjà paru, et qui comprend les actes les plus importants de l'histoire du protestantisme français : édits rendus contre les luthériens et les calvinistes, placards séditieux publiés contre les catholiques, traités et capitulations, procès-verbaux de tous les synodes de l'Eglise réformée de France, etc. Ce curieux recueil n'avait pas encore été fait.

La France protestante n'est donc pas une biographie ordinaire. Le noble but et le dévouement qui ont présidé à sa composition, l'unité qui règne dans tout son ensemble, le fini des détails, la multitude des renseignements qu'on y trouve, et qui sont généralement d'une exactitude irréprochable, font de cet ouvrage un monument littéraire de haute importance. On a souvent prouvé que les biographes sont faciles à se contenter de peu et enclins à se copier les uns les autres ; mais on peut affirmer que, malgré l'incontestable mérite des différentes *Biographies universelles* que nous possédons en France, tous les articles qu'elles renferment sur des personnages protestants sont comme effacés par la manière dont MM. Haag ont approfondi les questions et par la riche moisson de documents qu'ils ont recueillie. Les historins et les érudits leur doivent dès maintenant le tribut de leur reconnaissance.

Quant à ceux qui liront ces volumes non pour se fournir de science ou pour chercher des armes, mais pour lire seulement et se nourrir l'esprit, ils seront saisis certainement de pensées graves et salutaires. L'histoire de la France protestante est un long et douloureux martyrologe. Pour les familles demeurées fidèles aux principes de la réforme et de la liberté religieuse, elles pourront y comparer avec la paix dont elles jouissent aujourd'hui les effroyables maux soufferts par leurs ancêtres ; quant à ceux qui ne peuvent porter à ces récits le même intérêt filial, ils ne se rappelleront pas sans tristesse et sans une sorte de remords la parole que le Maître avait enseignée à tous les hommes : *Aimez-vous les uns les autres*.

(1) Voy. surtout les articles AUBIGNÉ, BÈZE, COURT.

Conditions de la Souscription.

La *France protestante* paraît par demi-volume grand in-8° à deux colonnes, chacun de 18 feuilles au moins, ou 300 pages environ, contenant la matière de 3 volumes ordinaires. — Il y aura huit ou neuf volumes, en seize ou dix-huit livraisons d'un demi-volume chacune.

Les cinq premiers volumes sont publiés.

Le prix du volume est fixé à 8 francs, soit 4 francs le demi-volume.

La souscription par demi-volume est permanente chez tous les libraires de France et de l'étranger.

Si le désir en est exprimé dans le cours de la publication, un volume supplémentaire sera publié, contenant :

1° Une carte de la France protestante aux XVIe et XVIIe siècles dressée avec le concours de M. Charles READ, sur le plan de la carte administrative récemment publiée par lui, et à laquelle elle fera un curieux pendant ; 2° Les portraits des protestants français les plus célèbres, d'après les originaux authentiques ; 3° La reproduction d'un recueil d'estampes de l'époque ; 4° Une riche collection de *fac simile* curieux.

Il a paru à l'éditeur que le meilleur moyen de donner au public une idée du grand travail de MM. Haag, était de placer sous ses yeux la table des articles formant les dix livraisons (5 volumes) aujourd'hui publiées. La voici :

Abauzit, philosophe.
Abbadie, docteur en théologie.
Abelin, chroniqueur.
Abraham, secrétaire de Condé.
Accaurat, pasteur.
Achard, m. de l'acad. de Berlin.
Achatius, réf. de Wissembourg.
Aidie-Guitinières, capitaine.
Ailly (famille d').
Aineau, cons. au prés. de Saintes.
Airebaudouse (famille).
Alba, maire de Bergerac.
Alba, ministre de Turenne.
Alba-La Source, past. du désert.
Alba, martyr.
Albenas (famille).
Albiac, poëte.
Albiac, pasteur d'Angers.
Albret (Jeanne d'), R. de Navarre.
Albret-Miossens (famille d').
Alemand, médecin.
Allemagne, pasteur.
Allix, controversiste.
Alperon, juif converti.
Althiesser, pasteur de Strasbourg.
Amalri-Sanglar, capitaine.
Amian, pasteur de Marans.
Amours, min. du roi de Navarre.
Amiot, helléniste.
Amyraut, professeur à Saumur.
Ancillon (David).
— (Charles).
— (Louis-Frédéric).
— (Jean-Pierre-Frédéric).
— (David).
— (Joseph), etc.
André, martyr.
Andrieu, pasteur à Turenne.
Andron, martyr.
Androuet du Cerceau, architecte.
Aneau, professeur à Lyon.
Angennes-Montlouet (famille).
Angliers, président du présidial de La Rochelle.
Angst, imprimeur philologue.
Anjorrant (famille).
Anthoine, minist. brûlé à Genève.
Arambure, capitaine.
Arbaleste, (Charlotte).
— (Rachel).
Arbalestier (famille).
Arbaut, professeur à Nismes.
Arbaut, memb. de l'Acad. d'Arles.
Arbussi, pasteur.
Ardres, secrét. de Montmorency.
Argencourt, officier du génie.
Argoud, gentilh. du Dauphiné.
Arlande (famille).
Armand de Châteauvieux (famil).
Armand, pasteur de Hanau.
Arnaud, pasteur de La Rochelle.
Arnaud, capitaine de vaisseau.
Arnaud, avocat à Puylaurens.
Arnaud, helléniste, jurisconsulte.
Arnaud-La Cassagne.
Arnaud, pasteur du désert.
Arnauld (famille).
Arpajon (famille).
Arros (Bernard d'), baron béarn.
Arthuys (famille).
Artigues, capitaine.
Artis, pasteur réfugié.

Asnières (Duch d').
— (François).
Assas (famille).
Astarac-Fontrailles.
— -Montamar.
Astier, petit prophète.
Astorg (famille).
Astruc, pasteur.
Astruc, meunier à Nismes.
Aubert, professeur à Lausanne.
Aubert de Versé, past. en Hollande.
Aubertin, pasteur de Paris.
Aubéry du Maurier (famille).
Aubéry, médecin et philosophe.
Aubigné (Théodore-Agrippa d'), et ses descendants.
Aubin, pasteur réfug. en Hollande.
Aubus (Charles d'), past. de Nérac.
— (Sébastien), pasteur.
— (Charles), past. à Londres.
Audibert de Lussan (famille).
Audibert, fondeur.
Auga, gouverneur d'Orthez.
Augier, ministre à Châlons.
Aure-Grammont, chef béarn.
Aureilhon, pasteur de Tornow.
Aussy, capitaine.
Autiége, capitaine.
Autricourt, capitaine.
Auture, député des égl. du Béarn.
Auvergne, controversiste.
Avantigny, capitaine.
Avaret, capitaine.
Avaugour (famille).
Avenel, libraire.
Avessens-Saint-Rome (fam).
Avoisotte, confesseur.
Avond, poëte apostat.
Ayguillon, camisard.
Aymon, doct. en théol. et jurisc.
Azimont, ministre de Bergerac.
Babinot, jurisconsulte et poëte.
Bachelar, 1er pasteur de Nantes.
Bacon, capitaine.
Bacuet, apostat, évêq. de Glandève.
Bacuet, professeur et pasteur.
Badius, imprimeur et auteur.
Badel, gouverneur de Chomérac.
Badolet, professeur et ministre.
Baduel, pr. à Nimes et à Genève.
Baduère, lapidaire.
Bær, chap. de l'amb. de Suède.
Baffard-Bois-du-Lys, capitaine.
Baille d'Aspremont, capitaine.
Baile, pasteur.
Baillebache, ministre de Caen.
Balaguier, gouv. de St-Antonin.
Balaran, ministre.
Balde, pasteur à Nismes, apostat.
Ballon, martyr.
Balsac, capitaine.
Balthasar, avocat.
Bancelin, min. réf. en Prusse.
Banne (famille).
Bansillon, past. d'Aigues-Mortes.
Bar-Maussac (famille).
Barandon, inspect. des plantations de mûriers en Prusse.
Baratier (François).
— (Jean-Philippe).
Barbançon de Cany, capitaine.
Barbauld, réfugié en Hollande.

Barbette, médecin.
Barbeville, martyr.
Barbeyrac (famille).
Barbier-Francourt, négociateur.
Barbier, pasteur apostat.
Barbiez, graveur.
Barbin, auteur.
Barbot, bailli d'Aunis.
Bardonenche (famille).
Baret (famille).
Barges, juge à Montpellier.
Bargeton (famille).
Barin, réfugié en Hollande.
Baris, pharmacien.
Barjac-Pierregourde (famille).
— -Rochegude (famille).
— -Gasques (famille).
Barnaud, ministre réfug. en Suisse.
Barnaud, médecin.
Barnave, m. de l'Assembl. nation.
Barnot, bourgeois de St-Ambroix.
Baron (Claude), capitaine.
Baron, viguier de Pamiers.
Baron (Pierre), pro. à Cambridge.
Barran, ministre et poëte.
Barré, officier de la marine russe.
Barri-La Renaudie, chef de la conj. d'Amboise.
Barthe, ministre de Rochechouart.
Baschi (famille).
Basnage (Benjamin).
— (Antoine).
— (Henri).
— (Jacques).
— (Samuel), etc.
Bassenge, manufacturier.
Bastard, pasteur.
Bastide (André).
— (Jean-Baptiste).
Bastien, capitaine.
Basting, pasteur.
Batailler, auteur.
Batigne, médecin.
Batz (Jean de).
— (Joseph) et ses fils.
Bauchenu, lieut.-gén. de Pontoise.
Baudan (Maurice).
— (Jacques).
— (Jean).
— (Antoine), etc.
Beaudean-Parabère (Pierre).
— (Jean).
— (Henri).
— (Charles).
Baudet, juge dans le Brandebourg.
Baudier ou Baudius, poëte.
Baudouin, martyr.
Baudouin, jurisconsulte.
Baudouin, châtelain de La Rochelle et sa famille.
Baudesson, armurier et ciseleur de Metz, réfugié.
Bauhin (Jean).
— (Gaspard).
— (Jean-Gaspard).
— (Jean-Frédéric).
— (Jean-Jacques).
— (Jérôme).
— (Emmanuel).
Baulac, capitaine.
Bauldri, professeur d'histoire.
Baussatran, ministre.

Baux-de Langle (Jean-Maximil).
— (Samuel).
Baux (Moïse de), pasteur.
Baux (Pierre), médecin.
Bayancourt-Bouchavannes, capit.
Bayard (Michel).
— (Jean).
Bayard, martyr.
Bayard, président de la chambre législ. des Etats-Unis.
Bayle (Pierre), philosophe.
— (Jacob), pasteur.
Baylens-Poyanne, amiral.
Bazin, diplomate, et sa famille.
Beaufort (Daniel-Auguste de).
Beaufort (Louis de), historien.
Beaujeu, capitaine.
Beaujardin, pasteur.
Beaulieu (Eustorg de), poëte.
Beaumanoir-Lavardin, capit.
— Du Besso.
Beaumont, prison. à la Bastille.
Beaumont-Des Adrets, chef hug.
Beaumont-Saint-Etienne, cap.
Beaumont-Rioux.
Beaupoil (Jean de).
Beaupoil (Isaac de).
Beaurepaire-Pierrefitte.
Beausobre (Arnauld de).
— (Isaac).
— (Léopold).
— (Charles-Louis).
— (Albert).
— (Louis).
— (Léopold-Emile).
Beauvais-Briquemault (famille).
De Beauveau (Jean).
— (Samuel).
— (François).
— (Jacques-Charles).
— (Jacques).
— (Charles).
— (Louis).
Beauvoir-Du Roure (famille.)
— -Brison, chef huguenot.
Bebel, professeur de théologie.
Béchard, camisard.
Bechtold, professeur de théologie.
Beck (François-Paul), échevin.
— (Jean-Joseph), poëte.
Becker ou Artopœus.
Becker, poëte.
Becker, professeur.
Bécude, pasteur.
Bedé, écrivain polémique.
Bedoire, bourgeois de Tours.
Bedos (Antoine de) et ses descen.
Bedos-Roqueirols.
Behr, médecin.
Belavene, commentateur.
Belcastel-Montvaillant.
Belhomme, réfugié en Prusse.
Bellay, médecin.
Belleville (Pierre de).
Belleville-Languilier.
Bellujon, diplomate.
Belon, capitaine.
Belon, ministre.
Belsunce (Jean de), et ses desc.
Bénédict, philologue.
Bénéfice-Chailus.
Bénezet, réfugié, promoteur de l'émancipation des Noirs.
Bénezet, pasteur et martyr.
Benion, ministre.
Benistan, instituteur.
Benjamin, ministre apostat.

Bennelle, réfugié en Hollande.
Benoît (Élie), past. et historien.
— (Jean).
— (Marc-Antoine).
Benoît, ouvr. en soie, auteur.
Benserade, poëte.
Béranger-Du Gua Pipet (fam).
— -de Morges.
Béranger-de Caladon.
Bérauld (Nicolas).
Bérauldt (François).
Béraud (Michel).
— (Pierre).
Berckheim (famille de).
Berdot, médecin.
Bérenger, historien.
Berger, prévôt de Corbeil.
Bergues, capitaine.
Béringhen (Pierre).
— (Henri).
— (Jean).
Berjon, imprimeur.
Bermond-Saint-Bonnet.
— -Du Caylard.
— -Puisserguier.
Bernard-La Borie.
Bernard (Catherine), poëte dram.
Bernard (Emeri), musicien.
Bernard (Jacques), pasteur.
Bernard (Jean-Frédéric), impr.
Bernard (Macé), confesseur.
Bernard (Salomon), graveur.
Bernard (Salomon), peintre.
Bernard (Samuel), banquier.
Bernard (Jean-Etienne), hellén.
Bernegger, critique.
Bernes-Pont de la Pierre.
— -Angoulins.
Bernier, avoc. au parlem. de Dijon.
Bernon (famille de).
Bernui, prés. au par. de Toulouse.
Béroald, ministre et professeur.
Berque, ouvr. en soie, confes.
Berquin (Louis de), martyr.
Bertelot, martyr.
Berthau, sermonnaire.
Bertheau, pasteur réfug.
Berteville, député général.
Berthoud, mécan. de la marine.
Bertin, prêtre de Gien, converti et martyr.
Bertram, hébraïsant.
Bertrand, pasteur à Cozes.
Bertrand, martyr.
Bertrand, agronome.
Bertrand, économiste.
Bertrand, recteur à Neuchatel.
Bertrand, doyen de l'académie de Genève.
Berziau, secr. des comm. du roi de Navarre
Besancourt, chef huguenot.
Besombe, ministre à Londres.
Besombes, ministre réf. en Prusse.
Bessay (de), chef huguenot.
Béthune (famille de).
— (Maximilien).
— (François).
Béthune, ministre aux Etats-Unis.
Bétrine, pasteur du désert.
Bétuléius, théologien.
Beucler, pasteur.
Beulaigne, capitaine.
Beurée, gouverneur d'Eric XIV.
Beuther, prof. à Strasb. et ses fils.
Beutrich, diplomate.
Beyne (famille de).

Bezard, anc. de l'église de Paris.
Bèze (Théodore de).
Bia, confesseur.
Biet, manufact. réfugié à Berlin.
Bignon, professeur d'hébreu.
Bigot (famille de).
Bigot, doct. en théol. converti.
Bigot, martyr.
Billet, traducteur.
Billing (Sigismond), et ses fils.
Billon (famille de).
Bimar (Pierre de).
— (Jean).
— (Pierre).
— (Annibal).
Binder, réform. de Mulhouse.
Binet, écrivain.
Binninger (Jean-Nicolas).
— (Léopold-Emmanuel).
— (Georges).
— (Gaspard).
— (Ulric-Jérémie).
— (Frédéric).
Bion, curé d'Ursy, converti.
Biset, scoliaste.
Bitaubé (Jérémie), pasteur.
— (Paul-Jérémie), traduct. d'Homère.
Bitner, professeur.
Bitch, jurisconsulte.
Blair (famille de).
Blanc (L.-G.), prof. à Halle.
Blanc (M.), vict. des persécut.
Blanc (Pierre), martyr.
Blanchot, théologien, diplomate et agronome.
Blandin, famille de La Rochelle.
Blanquet, corsaire de La Rochelle.
Blessig, professeur de théologie.
Blondeau, médecin apostat.
Blondel (David).
— (Aaron).
— (Moïse).
— (Jacques-Auguste).
— (Octavien).
Blosset, capitaine, et ses descen.
Boaton (Laurent).
— (Pierre-François).
Bobhart (Jacob).
Bobineau, maire de La Rochelle.
Bochart (René).
— (Samuel).
— (François).
Bochetel, secrét. des finances.
Bocquet, ministre réfugié.
Boecler (Jean-Henri).
— (Samuel).
— (Jean).
— (Jean-Philippe), etc.
Boesnier de la Touche, past. réf.
Boiceau (Jean).
Boileau de Castelnau (famille de).
Bois, capitaine.
Boisbeleau (Armand de la Chapelle).
Bois-de-Chêne, poëte et chroniq.
Boisgelin, apostat.
Boisgeol, poëte.
Boisgiraud, martyr.
Boissard, poëte et antiquaire.
Boissard, pasteur de Paris.
Boisseul, ministre.
Boissi, capitaine.
Boissoné, professeur de droit.
Boissy d'Anglas.
Bolénat, pasteur.
Bologne (famille de).

Boisee, apostat.
Bompart, ministre.
Bonami (Elisabeth).
Bonencontre, avoc. de Montauban.
Bongars, diplomate.
Bonhomme, manufact. réfugié.
Bonnail (famille de).
Bonnay (famille de).
Bonne-Lesdiguières.
Bonneau (Jean).
— (Pierre).
— (Jean).
Bonnefoi, professeur de droit.
Bonnefoi-Bretauville, chef hug.
Bonnel (Charles).
— (Etienne).
— (Goumon).
Bonnet [de l'Aunis].
— [de Provence].
— [de Bourgogne].
— [de Hollande].
— [de Genève].
Bonneville (famille de).
Bons, ministre à Châlons.
Bontemps-Mirande, député gén.
Bonvoust, pasteur à Utrecht.
Bonzen, recteur du gymnase de Montbelliard.
Bony, ministre.
Boquier, ministre.
Boquin (Pierre), pr. à Heidelberg.
— (Jean), pasteur.
Bordenave, ministre apostat.
Borel, professeur de médecine.
Borie, ministre.
Borne (famille de).
Bornier, jurisconsulte.
Bosc d'Antic (Paul).
— (Louis-Augustin-Guillaume)
— (Joseph).
Boit, ingénieur et architecte.
Botzheim (Bernard).
— (Jean).
Boubers (famille de).
Boubiers, gouverneur de Jargeau.
Boucard, grand-maître de l'artillerie protestante.
Boucé-Poncenat, capitaine.
Bouchard, chancelier de Navarre.
Bouchard d'Aubeterre (famill. de).
Bouchereau, past. de Saumur.
Boudier (Jean).
— (René.)
Boudinot, jur. de la Pensylvanie.
Bouffard (famille de).
Bouhereau (Elie).
Bouillon (Lucie-Elisabeth).
Bouisson, réfugié en Prusse.
Boulainvilliers-Courtenay.
Boulay-Moncheron.
Boule, pasteur apostat.
Boulc, capitaine.
Boulet, professeur à Iéna.
Boullard, catholique converti.
Boulliau (Ismaël), mathémat.
Boullier, pasteur réfugié et son fils.
Bounin, sage-femme.
Bouques, poëte.
Bourbon (maison de).
— (Antoine de Navarre.)
— (Catherine de Navarre.)
— (Louis de Condé.)
— (Henri de Condé.)
Bourbon-Malauze (famille de)
Bourbon-Montpensier (fam de).
Bourdeaux, réfugié en Prusse.
Bourdigalle, pair de La Rochelle.

Bourdillon, pasteur à Londres.
Bourdon, peintre.
Bourgarely, capitaine.
Bourgeau, pré. du trib. de Tours.
Bourgoin, chanoine de Nevers.
Bourguet (Louis).
Bourguignon, pasteur apostat.
Bourguignon, prof. à Lünebourg.
Bousquet, capitaine huguenot.
Bousquet (famille de).
Boustier, pasteur du Dauphiné.
Bouteroue, pasteur de Grenoble.
Bouton, martyr.
Bouton, pasteur d'Alais.
Bouton-Chamilly (Théod. de).
— (Philippe de.)
Bouvet, poëte.
Bouvot, jurisconsulte.
Boyer (Abel) et sa famille.
Boyer, pasteur du désert.
Brachet-La Milletière, apostat.
Brackenhofer, profess. de math.
Bragard, capitaine dauphinois, et ses descendants.
Braigneau, capitaine de vaisseau.
Brais (Etienne de).
— (Samuel de).
Brancalan, avocat.
Brancas-Céreste.
Brandenstein, surint. à Harbourg.
Brasselay (David de).
Braun, professeur d'hébreu.
Brazi, professeur à Sédan.
Breguet, horloger.
Brès (Françoise).
Brès, pasteur à Valenciennes.
Brétagne, l. de la chan. d'Autun.
Brévet, ministre de Bourgneuf.
Brévins, ministre de Compiègne.
Breyer, pasteur à Ingelfingen.
Briançon-Saint-Ange et ses desc.
Brians, marchand de La Rochelle.
Bribard, martyr.
Briatte, pasteur de Sédan.
Bridou, perruquier.
Brimond, gouvern. de Lectoure.
Brion (famille de).
Briqueville (famille de).
Brisay (famille de).
Brisechoux, humaniste.
Brison, avocat à Moulins.
Brissac, ministre de Loudun.
Broca, ministre dans la Brie.
Brodeau, secret. des commandements du roi de Navarre.
Brossier, martyr à Périgueux.
Brouart ou Béroald, ministre de Sancerre, et son fils Béroald de Verville.
Brouault (Jean), med. et cont.
Brousson (Claude), avocat, ministre, martyr.
Bruckner (N.), réf. de Mulhouse.
Bruel, gouverneur de Tonneins.
Brueys de la Calmette.
— -Souvignargues.
— -Saint-Chaptes.
— -Flaux.
— -Fontcouverte.
Brueys, apostat, poëte dram.
Brugères (N. de), cons à la chambre mi-partie de Castres.
Bruguière, martyr à Issoire.
Bruguier, professeur à Nîmes.
Bruguière (Mlle N. de), petite-nièce de Bayle, belle-sœur de La Vaïsse.

Brulov (G.), prof. à Strasbourg.
Brun, famille de Provence.
Brun (Et.), martyr.
Brun (Jean), ministre.
Bruno, avocat à Gien.
Bruneau (Marie Des Loges), fem. illustre du xviie siècle.
Brunel (Claude de), seigneur de Saint-Maurice.
Brunet, dit Duparc, fondateur de l'église de Limoges.
Brunet-Castelpers (famille).
— -Lestelle.
— -Beauville.
Brunyer (Abel), botaniste.
Bruslé ou Bruly, avocat à Metz.
Brutel de la Rivière, réfugié du Languedoc.
Bruys, réfugié du Maconnais.
Bucer (Martin), réformateur de Strasbourg.
Buchlein (Paul), hébraïsant.
Budos, famille du Languedoc.
Buffet (Fr.), ministre à Metz.
Bugnet (J.-B.), ministre à Calais.
Buisson, fam. noble du Rouergue.
Buisson, fam. noble du Vivarais.
Brunel (Jacob), peintre d'histoire.
Burgcat, fam. de Vitry-le-Français.
Buron, du Poitou, martyr.
Bury (Fréd.), peintre d'histoire.
Bury (F.-Ch.), jurisconsulte.
Busanton (David de).
Bussière (Paul), anatomiste.
Bustenobis, pasteur du Béarn.
Cabanis (Claude), cévenol.
Cabiron, fam. du Languedoc.
Caboche, secr. du prince de Condé.
Cabrit (J.), past. réfugié.
Cacherat, ministre en Normandie.
Cadolle (Fr. de).
Caffarelli.
Caffer, ministre à Foix.
Cagnel, de Metz.
Cagnon.
Cahagnel (Samson de), de St-Lô.
Caiget (Lucas), d'Alençon.
Caillard, pasteur à Dublin.
Caillau (Guy), martyr.
Caille, ministre à Grenoble.
Caillon, sieur de la Touche.
Caillou, famille de réfugiés.
Cailloué (Denis), de Rouen.
Cairon, ministre.
Calas (Jean), martyr à Toulouse.
Calignon (Soffrey de), magistrat.
Calvet, de Montauban.
Calvière, famille du Languedoc.
— -Saint-Césaire.
— -Saint-Cosme.
— -de Boucoiran.
Calvin (Jean), réformateur.
Cambis, famille du Languedoc.
— -Alais.
— -Soustelle.
— -Fons.
Cambolive (Et.), de Montpellier.
Cambon, dép. à l'Ass. législative.
Cameron (Jean), théologien.
Campagnac.
Campagne, réfugié.
Campel (Pierre de).
Campredon.
Camp (N. de), ministre.
Canaye, sieur du Fresne, magistr.
Candolle, fam. de Provence, réf.
Cappel (famille de).

— 8 —

Cappel du Tilloy.
— de Moriambert.
— du Luat.
Carraccioli, évêque converti.
Carbonel, secrét. du roi, réf.
Cardaillac, famille du Gévaudan.
— -Saint-Cricq.
— -Peyre.
— -Marchastel.
Cardel (Jean), de Tours, martyr.
— (Paul), martyr.
Carita (Pierre), de Metz.
— (Jean de), seigneur de Condorcet.
Carle (Pierre), général réfugié.
Carlier-Cafatier, théologien.
Carlot, du Bas-Languedoc.
Carmus (Marthe), de Montauban.
Caroli (Pierre), doct. de Sorbonne.
Caron, père de Beaumarchais.
Caron, martyr.
Caron (François), directeur général des établiss. franç. dans la mer des Indes.
Carré (Jean), min. à Chatellerault.
Carrière, dit Corteis, pasteur du désert.
Carsuzan, ministre du Béarn.
Cartaud, pasteur à Bresol.
Carton, sieur d'Aucourt.
Carvin (Jean), de l'Artois.
Casabone, du Béarn.
Casaubon (Isaac), philologue.
— (Méric), rect. d'Ickham.
Cassegrain, ministre.
Castanet, chef camisard.
Castelpers (famille).
Castelverdun, famille du Quercy.
— -Puycalvel.
Castelverdun-de la Raserie.
Castelverdun, vic. de Caumont.
Castet, seigneur de Miramont.
Catel (L.), archit. et prof. à Berlin.
Catel (P.-F.), réfugié.
Catalon ou Catalan.
Catinat, dit Morel, chef camis.
Catteau - Calleville, pasteur à Stockholm.
Catteville-Malderé, cap. huguenot.
Caturce (Jean de), martyr.
Caulaincourt. fam. de Picardie.
Caumont (famille de).
— -La Force.
— -Castelnaut.
— -Montpouillau.
— -Castelmoron.
— -Montbeton.
Causi (P.), camisard.
Causse (Jean), min. réfugié.
Cautius (Ant.), gouv. des princes de Holstein-Gottorp.
Caux (famille de).
— (Salomon de), physicien et ingénieur.
Cavagne (Arnaud de), chancelier de Navarre.
Cavalier (Jean), chef camisard.
Cayart (Jean), ingénieur, réfugié.
Cayer (Pierre), instit. à Lumigny.
Cayet (Pierre), ministre apostat.
Cayron, défenseur de Saint-Lô.
Caze (famille de).
Certon (Salomon), poëte.
Chabaud, famille du Languedoc.
Chabot, famille de l'Angoumois.
— -Jarnac.
— -Saint-Aulaye.

Chabot-Brion.
Chaillet (David), controversiste.
Chais (Charles), past. à La Haye.
Chalanqui, serrurier de Salavas.
Chalas (Jean), dép. gén. des églises.
Chalcs, ancien de Surgères.
Chalezac, famille réfug. en Prusse.
Chalier (Jacob), ministre apostat.
Chalmeaux (J.), prév. d'Auxerre.
Chalmot (Jacques), réf. eu Prusse.
— (Jean) comm. de Namur.
Chamier (Adrien), pasteur.
— (Daniel), past. et écrivain.
— (Adrien), pasteur.
— (Jacques), doct. en droit.
— (Adrien), min. réfugié.
— (Moïse), martyr.
— (Daniel), past. réf., et ses desc., en Angleterre.
Champagne-La Suse (Nicolas de), capitaine huguenot.
— (Louis de), lieut.-gén.
— (Gasp. de), lieut. gén.
Champagné, capitaine huguenot.
Chandieu (famille de).
— -Lurbigny.
— -Chabottes.
Chanet (P.), méd. de La Rochelle.
Chanevat (Pierre), de Nemours.
Chanorrier, dit Desmeranges, past.
Chantal, martyr.
Chanteclerc (Charles de), conseiller au parlem. de Paris.
Chapot (Pierre), martyr.
Chappes, capitaine huguenot.
Chappuis (François), médecin de Lyon, réfugié à Genève.
— (Jean-Etienne), auteur.
Chapuzeau (A.-Louis), médecin.
— (Samuel), littérateur.
Chapuzet (B.-G.), pasteur.
— (Jean-Charles), gramm.
Charras (Moïse), chimiste.
Charbonneau (Louis), chroniq.
Chardevenne (Antoine), past. réf.
Chardin (Jean), voyageur.
Chardon (P.), ancien d'Azay-le-Brusté.
— (Zacharie) apostat.
— (Daniel), avocat.
Charles (Antoine), horloger.
— (Jean), ministre réfugié.
— (Pierre), ministre.
Charlot (Charles), curé converti.
Charpentier (Fr.), chirurg. réf.
— (Pierre), espion de Catherine de Médicis.
Charreton (Pierre), capitaine des ingénicurs en Prusse.
Chartier (Guillaume), ministre.
Charton (Nicolas), principal du collége de Beauvais.
Chartres, fam. de l'Ile-de-France.
Chasan, historien.
Chassanion, min.
Chassé (David-Henri), gén. holl.
Chasseboeuf (F.), m. à Blois, mart.
Chassincourt, député des églises.
Chastaignier (famille de).
Chastelard (Pierre de), poëte.
Chastelet (F.-M.), enf. prodige.
Châteauneuf (Charles de), conseiller au parlem. d'Aix.
Châtillon ou Castalion, (Séb.), prof. à l'Univ. de Bâle.
— (Frédéric), prof. de rhét.
Chatel (Pierre), réf. à Genève.

Chatel (Daniel), peintre.
— (David), capit. d'artillerie.
— (Etienne), prof. d'hist. eccl.
Châtelain (Jean), réformateur de Metz, martyr.
Châtelain (famille).
— (Henri), pasteur.
— (Zacharie), libraire.
— (Isaac-Samuel), pasteur.
— (Henri-Abraham), past.
Châtillon (maison de).
— (Odet de) cardinal.
— (Gaspard de), amiral de France, et ses descen.
— (François de)-colon-gén. de l'infant., et ses desc.
Chauffepié (Jean), min. de Niort.
— (J.-G.), p. en Hollande.
Chaume, famille du Languedoc.
Chaumont, famille du Vexin.
— -Guitry.
— -Bertichères et Lecques.
Chaussé (Jacob), apostat.
Chauve (J.), min. de Sommières.
Chauveton (U.), min. d'Issoudun.
— (David), min. de Claye.
Chauvin (B.), capit. huguenot.
— (David), présid. de l'Assemblée de La Rochelle.
— (César), confesseur.
— (Etienne), philosophe.
Chauvin, famille normande.
Chavagnac (Christophe de), chef huguenot en Auvergne.
— (J.), lieut. de Châtillon.
Chavagnac, fam. de Champagne.
Chefdeville (Alain), sectateur de la Réforme.
Cheiron (Pierre), avocat de Nîmes.
— (Isaac), controversiste.
— (Elie), ministre apostat.
Chênevert (Louis), min. apost.
— (Etienne de), député général des églises.
Chenevix, famille de Lorraine.
— -Beville, réf. en Prusse.
— -Eply, réf. en Angleterre.
— (Paul), traîné sur la claie.
Chenu (Claude), md de Bourges.
Chéron (Elisabeth-Sophie), peint.
— (Louis), peintre.
Chevalier (A.-R.), pr. d'hébreu.
— (E.), min. à Londres.
— (Nicolas), antiq. et grav.
Chevalleau (Jean), capit. huguen.
— (Louis), confesseur.
Cherpont (Jean), traducteur.
Chesnet, capitaine huguenot.
— (Daniel), minist. d'Ars.
— (Jean), controversiste.
Chevet (Pierre), martyr.
Chevillette (Moïse), min. de Vitry.
Chevrières, réf. en Hollande.
Chezelles (C.), gouv. de Sedan.
Chiffelard, pasteur à Stettin.
Chiron (T.), past. à Montélimar.
Chivré (H. de), gent. normand.
Choart (P.), ambas. en Hollande.
Chobart (Jacques), martyr.
Choffin (D.-E.), profess. à Halle.
Choisy (G.), maire de La Rochelle.
Cholier (Isaac), min. à Venterol.
Chollet, gentilh. de La Rochelle, traîné sur la claie.
Chopy (Antoine), sémin. conv.
Chorin (Isaac), min. de Mantes.

Choudens de Grema (Philippe), conseil. du roi de Prusse.
Chouet (Jacques), imprimeur.
— (Jean), c. hug., et ses desc.
— (Jean-Robert) philosophe.
Chouppes (Pierre de) cap. hug.
Chrestien (Florent), poète.
— (Pierre), min. à Poitiers.
Cinglade, min. de Castelnaudary.
Civile (François de), capitaine huguenot et ses descend.
Clairville, pasteur de Loudun.
Claparède, famille de Montpellier, réfugiée à Genève.
— (David), past. et profes.
Claris, prophète camisard.
— (Barthélemy), past. du dés.
— (Pierre de), curé converti.
Claude (Jean), past. à Charenton.
— (Isaac), past. à La Haye.
— (J.-J.), pasteur à Londres.
Clausel (P.), prés. de la cour des comptes de Montpellier.
— (Guillaume), confesseur.
— (N.), agent de Rohan.
Clave (Jean), dernier pasteur de Mortagne.
Clavaut-Puyviaut (Christophe), chef huguen. en Poitou.
Clavier (Antoine), martyr.
Clavière (Etienne), min. des fin. sous Louis XVI.
Clémenceau (J.), m. de Poitiers.
Clément (David), bibliographe.
— (Pierre), martyr.
Cléreau, ministre de Saumur.
Cléret (Jean), martyr.
Clermont-de Piles (Armand), chef huguenot en Périgord.
Clermont (Godefroy de), ministre à Amsterdam.
Clermont d'Amboise (maison de).
— -Gallerandes.
— -Saint-Georges.
— -Traves.
— -Bussy.
Clermont-Tallard (Gabriel), évêq. de Gap, converti.
Clèves (François de), gouverneur de Champagne.
— (Marie), princesse de Condé.
Clouet (François), capucin conv.
Clugny-Conforgien (Guillaume), capitaine huguenot.
Cluzel (Jean), min. du Cheylard.
Cocqueville (F. de), cap. hug.
Coct (Anémond de), compagnon d'œuvre de Farel.
Codurc (Philippe), min. apostat.
— (Siméon), ministre d'Uzès.
Coiffier (André), martyr.
Coignac (Joachim de), poète.
Coignard (Henri), conseiller au parlement de Rouen.
Coing (J.-F.), prof. à Marbourg.
Col-de-Villars (Elie), professeur de chirurgie à Paris.
Colas de La Treille (Jacques), pasteur en Hollande.
Colignon (A. de), min. de Mens.
— (Charles de), prof d'anatomie à Cambridge.
— (Christophe), gentilh. de Champagne, et ses desc.
Colin (Raphaël), conseiller au présidial de La Rochelle.
Colivaux (S.), orf., réf. à Berlin.

Colla (Antoine de), président du parlement d'Orange.
— (Jacques de), prés. de la ch. de l'édit de Grenoble.
— (Jacques de), conseiller au parlement de Paris.
Colladon (famille de)
— (Léon).
— (Nicolas), past. à Genève et prof. de théologie à Lausanne.
— (Daniel), pasteur à Morges, et ses descendants.
— (Germain), jurisc.
— (Claude), conseiller du roi Henri IV.
— (Esaïe), prof. de phil.
— (David), prof. de droit civ. et syndic de Genève.
— (Esaïe), pr. syndic de Genève et ses descend.
— (Pierre), et ses desc.
— (Théodore,) médecin.
Collot d'Escury (Daniel), réfugié en Hollande.
— (Henri), prés. de la 2ᵐᵉ ch. des Etats-gén.
Colognac (Paul), past. du désert.
Cologne (Pierre), past. de Metz.
— (Daniel de), principal du collège de Leyde.
Colomb (Zacharie) ou Colom, av. au cons souv. de Pau.
— (François de), juge à Kœnigsberg.
— (Samuel de), conseiller du roi de Prusse
— (Isaac), professeur de phil. à Göttingue.
Colombel, capitaine huguenot.
Colomiès (J.), pas. de La Rochelle.
— (Paul), bibliothécaire de l'archev. de Cantorbéry.
Comarque (famille de).
Combes (Louis), past. de Quissac.
Combes-Dounous (J.-J·), hellén.
Combillon (J.), min. d'Oppenheim.
Combles (Franç. de), past. à Metz.
Commelin (Jérôme), imprimeur.
Comminges (Bernard-Roger de), vicomte de Bruniquel.
Compain (N.), chanc. de Navarre.
— (N.), mar. de Montrond.
Conant (J.), r. du col. d'Exeter.
Conrart (Valentin), secrét. perp. de l'Académie française.
— (Jacques), secr. du roi.
Constans (J.), past. de Montauban.
— (Léonard), past. à Bâle.
Constans, capitaine huguenot.
— (Isaac), min. à Guisnes.
Constans (Jean), past. de Pons.
Constant (A. de), gouv. de Marans.
— (David), past. à Lausanne.
— (Jacob), botaniste.
— (D.), prof. à Lausanne.
— (Marc-Rodolphe), capi-adjud. gén. en Hollande.
— (Fréd.), doyen de Bex.
— (Samuel), lieutenant-général en Hollande.
— (David-Louis), maréchal de camp en France.
— (Auguste), inspect. des ponts et chaussées du pays de Vaud.
— (P-G), col. en Hollande.

Constant (J-A), c. en Hollande.
— (M.-S.-F.), moraliste.
— (V.), gén. en Hollande.
— (G.-A.), g. en Hollande.
— (J.-T.), aide-de-camp du prince d'Orange.
— (Jules-Thierry), chambellan du roi Guillaume.
— (H.-B.), dép. de l'opp. sous la Restauration.
Constantin (Robert), philologue.
Contant (Jacques), apothicaire.
— (Paul), botaniste.
Convenant (Gabriel de), conseiller au parlem. d'Orange.
— (Paul), past. à Londres.
Coras (J), c. au parl. de Toulouse.
— (Jacques), minist. apostat.
Corbière, prédicant.
Corbière (J.), nég. de Bordeaux.
Cordier (Etienne de), direct. des forges du Brandebourg.
Cordier (Louis), confesseur.
Cordier (Mathurin), prof. de lat.
Cordouan-Mimbré (famille de).
— -Langey.
Cormère (J.), past. de Toulouse.
Cormont (famille de).
Cornand de La Croze (Jean), réfugié en Angleterre.
Corneillan (famille de).
Cornuaud (Joël) gén. au serv. de Brandebourg, et sa fam.
Cosne-Chavernay (famille de).
— -Houssay.
Cossart (Noël), victime de la Saint-Barthélemy.
Cosson (Barthélemy), curé conv.
Cosson (N.), fondateur de l'église de Bellesme.
Costa (N.), exécutée en effigie.
Costabadie (J), min. de Clairac.
Coste (N.), pasteur du désert.
Coste (Pierre), critique et trad.
Coste (Pierre), pasteur à Leipzig.
Cotelle, capitaine huguenot.
Cotelier (André), lieut. part. au siège présid. de Nîmes.
— (Balthasar), cons. du roi en la sénéch. de Nîmes.
Cotelier (Jean), bailli de Saint-Paul-Trois-Châteaux.
Cotelier (Jean), past. apostat.
Cotherel, ministre apostat.
Cottereau (Elisabeth), mère de l'évêque du Mans.
Cottereau (N.), horticulteur.
Cottereau (Samuel), médecin de Louis XIV.
Cottiby (Jacq.), min. de Poitiers.
— (Samuel), min. apostat.
Cottière (Matt), past. de Tours.
Couderc (Samuel), chef camisard.
Couet (Jacques), past. de Paris.
— (Jacques), pasteur à Courcelles-Chaussy.
— (Charles), cons. au bailliage de Metz.
— (Louis), réf. en Prusse.
— (Abraham), past. à La Haye.
— (Auguste), sieur de Bacourt, et ses descend.
— (Louis), cap. de cavalerie.
— (L), l.-c. en Prusse.
Coulan (A.), past. réf. à Londres.
Coulet (Etienne), médecin.
Coullez (Alexandre), min. à Vassy

Couppé (Daniel), past. de Tours.
Courcelles (E. de), pas. arminien.
— (Firmin), réfugié à Genève et ses descendants.
Courcillon (Louis de), cap hug.
— (Jacques), capitaine.
— (Josias), lieut. de Rohan.
— (Louis), ancien de l'église de Dangeau.
— (P.), marq. de Dangeau.
— (Louis), membre de l'Académie française.
Courdil, ministre apostat.
Courlieu (G de), min. de Troyes.
Courmononcle (N. de), cap hug.
Coursan (Louis de), apostat.
Court (Antoine), restaur. des égl.
— -de Gebelin, dép. des églis.
Courtenay (François de).
Courtonne (Pierre-Jacques), past. d'Amsterdam.
Cousin (Claude), martyr.
Cousin (Gilbert), confesseur.
Cousin (Jean), past. de Caen.
Cousin (J.), fond. de l'é. fr. de p.
Coutelle (Pierre), enfant séduit par les Jésuites.
Cozain (Jacques), min. hétérod.
Cramahé, fam. de La Rochelle.
— -Des Roches, confes.
Cramer (J.-U.), réfugié à Genève.
— (Gabriel), médecin.
— (Jean-Isaac), médecin.
— (Jean), prof. de droit.
— (J.-M.), prof. de droit.
— (Jean-Louis), lieut.-col.
— (J.-A.), prof. de droit.
— (J.-A.), prof. à Oxford.
— (Gabriel), mathématic.
— (Jacques), doct. en droit.
— (Gabriel), imprimeur.
— (Philibert), imprimeur.
— (Fréd.-Auguste), syndic.
Crégut (Ant.), min. à Montélimart.
— (Jacob), pasteur à Hanau.
— (F.-C.), prof. de médecine.
Créon (Pierre), martyr
Crespin (Jean), impr. et ses desc.
— (Daniel, prof. à Lausanne.
— (N.), pasteur de Marennes.
Cresson (B.), min. de Grenoble.
Croizier, moine converti.
Crommelin (famille).
— (I.-M.), romancier.
— (P.), prof. à Genève.
— (J.-P.), prof. d'hist.
Croy (Antoine de) prince Porcien.
Croy (François de), past. dans le Languedoc.
— (Jean), savant théologien.
Crozé (Jacques), past. de Civray.
Crues (Jean de), martyr.
Crugot (Martin), min. de Carolath.
Crussol (famille de).
— (Antoine), chef des protestants du Languedoc.
— (Jacques), lieut. du prince de Condé dans le Midi.
— (Charles), abbé converti.
— (Galiot), colonel dans l'armée huguenote.
Cucuel (S.), past. de Montbéliard.
Cujas (J.), célèbre prof. de droit.
Culant (Olivier de), capit. hug. et ses descendants.
Cumont (Olivier de), maire de Saint-Jean-d'Angély.

Cumont (René), lieut. partic. de Saint-Jean-d'Angély.
— (Abimélec), conseiller au parlement de Paris.
Cupif (François), docteur de Sorbonne, converti.
Cursol-du-Mont (E. de), min. apos.
Cuvier (famille).
— (Claude), confesseur.
— (Jacques), min. à Héricourt.
— (N.), chât. de Blamont.
— (Jean), maire d'Héricourt.
— (David), greffier de la justice, à Montbéliard.
— (J.-N.), pasteur à Roches.
— (P.-N.), past. à Brevillers.
— (J.-C.), past. à Etupes.
— (Jean-Georges), capitaine-lieut. au cerv. de France.
— (Georges), le plus grand natural. des temps mod.
— (F.), dir. de la ménag. du Muséum d'hist natur.
Dabbadie (Roger), curé converti.
Dacier (André), secrétaire perp. de l'Académie française.
Dadé (Jacques), capit. huguenot.
Dagneaux (J.), pasteur à Londres.
Dagonneau (Jean), écrivain satir.
— (O.), réf. à Genève.
— (T.), not. à Mâcon.
Daillé (Jean), past. à Paris.
— (A.), mi.réfugié en Suisse.
Daillon (Jacques de), ministre de l'église anglicane.
— (Benjamin), past. réf. en Angleterre.
Daisse (P.), gou. d'Aigues-Mortes.
Daits-de-Mémy (Jean), apostat.
Dalancé (L.), pr. de th. à Sédan.
Dalanduy (C.), maréc. de camp.
Dalechamp (Caleb), recteur de l'église de Ferriby.
Dalgas (Jean-Marc), ministre réf. en Danemark.
Dalgues (Manuel), pasteur du désert et martyr
Daliès (Bernard), avoc. du roi.
— (Antoine), baron de Caussade, réf. en Suisse.
Dalisant (Claude), femme auteur.
Dalvert, marin.
Dampierre (N. de), capit. hug.
Dampmartin (Pierre), gouver. de Montpellier.
Dancau (Lambert), min. de Gien et de Castres.
— (Josias), min. à Castres.
Dangicourt (P.), memb. de l'Aca. des sciences de Berlin.
Dannhauer (Jean-Conrad), rect. de l'Univ. de Strasb.
Dantan (Pierre), curé converti.
Dantonnet (Claude), poète.
Dappel (Chrétien-Gérard), cons. de régence en Hesse.
— (C.-F.), di. gén. à la guer.
— (David), min. des finances en Hesse.
Dargent (Claude), capit. huguen.
— (Abel), min. apostat.
— (Jean), capit. d'infant.
— (C.), prison. à la Bastille.
Dariot (Claude), médecin.
Darrignan, ministre de Maslacq.
Dartiguelongue (Jean), méd. réf.
Dassas (Claude), séminar. conv.

Dassier (Jean), graveur célèbre.
— (Jacob-Antoine), maître de la monnaie, à Londres.
— (P.), gén. en France.
Daudé (Jean-Jacques), avocat.
— (Hilaire), médecin.
— (Pierre), commis à l'échiq.
— (Pierre), past. à Londres.
Dauger (Guy-Aldonce), lieut.-gén.
Daumont de Crespigny, réfug. en Angleterre
Daures (Louis), apostat.
Dauriers (Martin), confesseur.
Daussi (Adrien), martyr.
Dauvet (G.), con. au par. de Paris.
Dauxilhon (Maffre), capit. huguen. et ses descendants.
Dauzon (Pierre), confesseur.
Daval, anc. de l'église de Dieppe.
Davantes (Pierre), grammairien.
David, famille de La Rochelle.
David (Guillaume-Joseph), apost.
David (Pierre), moine converti.
Davied (J.), fab. de chan. à Berlin.
Davignon (B.), past. de Rennes.
Davy-du-Perron (J.), thé. et méd.
— (Jacques), cardinal.
— (Jean), archévêque de Sens.
Decker (A.), cap. des armes dans la marine hollandaise.
Deffère (Etienne), past. du désert.
Deffrancs (Christophe), poëte.
Deiron (Dominique), procureur des dominicains, conv.
— (Jean), chroniqueur.
— (Jacques), antiquaire.
Dejean (Ferdinand), chirurgien.
— (Louis), général anglais.
Déjours, confesseur.
Delamain (Jacques), présid. du synode de Nanclas.
Delaulné (Etienne), grav. habile.
— (N.), past. de Dieppe.
— (Henri), moraliste.
— (Thomas), controver.
Delavoye (Gui), prof. de théol.
Delégnat (François), voyageur.
Delmas (Pierre), confesseur.
Delmé (Philippe), past. à Norvich.
Delpech (Jean), past. à Londres.
Delprat (Paul), lieutenant-colonel du génie en Hollande.
Deluze (Jacques), industriel.
Demont (N.), pair de France.
Denaisius (P.), con. de l'él. palat.
Denis (J.-B.), prêtre converti.
Derbaut, capucin converti.
Derodon (David), prof. de philos.
Des Arènes, apostat.
Désauches (Annet), martyr.
DesAguliers (Jean), min. d'Aître, réf. en Angleterre.
— (Jean-Théophile), mathématicien et mécanic.
Des Avenelles (Philippe), avocat au parlement de Paris.
Des Bouveries (L), ouvr. en soie, réfugié en Angleterre.
— (E.), marc. de Londres.
— (Guillaume), baronnet.
— (Jacob), lord Longford, et ses descendants.
— (Guillaume), lord Radnor, et ses descendants.
— (Edouard), chef des Puseyistes.

Des Buissons (Jean), martyr.
Des Champs (Charles), ministre en Normandie.
Des Champs (N.), prêtre converti.
Des Champs (Jean), ministre dans le Périgord.
— (Gabriel), page du duc de Mecklembourg.
— (Jacques), past. à Berlin.
— (Jean), past. à Londres.
— (Jean-Ézéchiel), memb. du conseil de la présid. des Indes, et ses desc.
— (Antoine), lieut.-génér. dans l'armée polonaise.
Des Costils-Brisset, m^d de Rouen.
Descousu (Celse-Hugues), jurisc.
Deserret (André, past. à Marbourg.
Des Gallars (Nicolas), ministre de l'Eglise réformée.
Des Hommes (N.), capit. huguen.
Des Isnards (famille).
Des Maizeaux (Pierre), philosophe, historien et biographe.
Des Marais (Robert), seigneur de St-Aubin-sur-Arques.
Des Marets (Esaïe), min. de Vals.
Des Marets (Samuel), professeur de théologie.
— (Henri), ministre en Hollande.
— (Daniel), min. à La Haye.
— (Abraham), surintend. ecclés. à Dessau.
— (S.-L.), surint. ecclés.
— (J.-Noé), past. à Ragun.
Des Martins (H.), dit le cap. Grille.
Des Mazures (Louis), past. à Metz.
Desmier (E.), duch. de Zell, aïeule de la reine Victoria.
Des Minières (N.) confesseur.
Des Noubes (Jacques), gendre de Du Plessis-Mornay, et ses descendants.
Despeisses (Antoine), juriscons.
Des Périers (Jean-Bonaventure), excel. prosat. et poëte.
Des Pueilles, capitaine huguenot.
Desreneaux (Jean), martyr.
Des Roches, carme converti.
Des Roches (Jean-Baptiste), littér.
Des Vaux (famille).
— (Samuel), confesseur.
Des Vieux (Jean), capit. huguenot.
Des Vœux (A.-V.), past. à Dublin.
Detan, architecte réf. en Prusse.
Devaux (Gilbert), ministre apost.
Devaux (Jacques), compilateur.
Deyrolles (N.), apostat.
Dezimberg, capitaine.
Didier (Paul), colonel en Hollande.
— (Anne-Charlotte), peintre.
Dietrich (P.-F.), minéralogiste.
— (Dominique), ammeister de Strasbourg.
Dietterlin (W.), peint. et archit.
— (Hilaire), peintre.
— (Barthélemy), graveur.
Dinoth (Richard), pasteur à Montbéliard.
Docok (famille).
Dolé (Jean), médecin du landgrave de Hesse-Cassel.
Dolet (Etienne), imprimeur.
Dollond (Jean), opticien.
— (Pierre), opticien.
Dominici (B.), sect. de la Réf.

Dompierre (famille de).
Doneau (Hugues), jurisconsulte.
Dongnon (Guillaume de), martyr.
Dor (François), past. de Sédan.
Dorbet (Ant.), past. de Grenoble.
Doremet, apostat.
Dorival (Adam), min. de Sancerre.
Dorsch (Jean-Georges), prof.
Dorte (L.), gén. au serv. de Prusse.
Dortoman (N.), méd. de Henri IV.
— (Pierre), prof de médec.
Douxain (Gilbert), martyr.
Drelincourt (C.), min. de Paris.
— (Laurent), min. de Niort.
— (Henri), ministre à Fontainebleau.
— (Charles), profes. d'anatomie à Leyde.
— (Charles), doct. en méd.
— (Antoine), méd. à Orbes.
— (P.), doyen d'Armagh.
Drouart (famille).
Duaren (François), jurisconsulte.
Du Balut (Jean), conseiller de Henri IV, et ses desc.
Du Bec-Crespin (Charles), baron de Bourry, chef protest.
— (Pierre), sieur de Vardes, capit. huguenot.
Du Bellay (Claude) chambellan de l'élect. de Brandebourg.
— (Théodore), cons. d'amb.
Du Bois (famille).
Du Bois (François), professeur de médecine à Leyde.
Du Bois (Marie), réfugiée dans la Hesse.
Du Bois-des Cours (famille).
Du Bordet, chef protestant.
— -Romegoux.
Du Bosc, président en la cour des aides de Rouen et mart.
Du Bouchet (Tanneguy), dit St.-Cyr, chef protestant dans le Poitou.
— (Lancelot), sieur de Ste-Gemme, chef protestant.
— (Joachim), commandant de Mauléon.
Du Bouchet (famille).
Du Boulay, dit le chevalier Du Boulay.
Du Bourdieu (A.), m. à Bergerac.
— (I.), m. à Montpellier
— (J. A.), past. réf. à Londres.
Du Bourg (Charles), seigneur de Saillans, martyr.
— (Louis), capitaine hug.
— (Anne), cons. au parlement de Paris et martyr.
— (Claude), très. de l'extraordinaire des guerres.
— (Gabriel), conseiller au parlem. de Toulouse.
— (Georges), gouverneur de l'Ile-Jourdain.
Du Bousquet (J.), past. de Castres.
Du Breuil (J.), pr. dans le Poitou.
Du Broullat (Jacques), archevêque d'Arles converti.
Du Buc (Guillaume), profes. de théologie à Lausanne.
Du Buisson (François), docteur de Sorbonne converti.
Du Candal (Martin), conseil. au parlement de Paris.

Du Candal (Isaac), cons. du roi.
Du Candelay (N.), gouv. de Royan.
Du Carel (André-Coltée), antiq.
Du Chalard (Joachim), avocat au grand conseil.
Du Chatelet (Olry), chef huguen.
Du Chesne (famille).
Du Chesne (Charles), médecin de Henri IV.
Du Chesne (Joseph), conseiller et médecin ordin. du roi.
Du Chesne (Nicolas), martyr.
Du Chesne (Simon), mathémat.
Du Chesneau (Tanneguy), gentilh. du prince de Condé, et ses descendants.
Du Clos (Samuel), méd. de Metz.
— (Samuel), médecin réfugié à Berlin.
Du Cloux (Barthélemy), pasteur à Bandonvilliers.
Du Colombier (famille).
Du Commun (J.-P.-Nicolas), ministre à Etupes.
Du Cret (Toussaint), médecin.
Du Cros (André), docteur en méd.
Du Cros (Charles), présid. au parlement de Grenoble.
Du Cros (Jean), avocat à la chambre de Castres.
Du Cros (Jean-Jacques), apostat.
— (Jean-Jacques), past. à S.-Germain de Calberte.
Du Cros (N.), cons. du roi de Suède.
Du Cros (Pierre), juge à Calvisson et martyr.
Duderé (Jean), apostat.
Du Faur (Pierre), président au parlement de Toulouse.
— (Michel), présid. à mortier au même parlement.
— (Louis), ch. de Navarre.
— (Arnaud), gentilh. de la ch. du roi de Navarre.
— (Charles), conseiller au parlement de Toulouse.
— (C.), gouv. de Lunel.
— (Jean), gouvern. de Gergeau, et ses descend.
Du Ferrier (A.), ch. de Navarre.
— (Barthélemy), martyr.
— (A.), g. de Brugairolles.
Du Fos (A.), av. de La Rochelle.
Du Fou (François), baron du Vigean, chef protestant.
Du Four (Philippe-Sylvestre), droguiste et antiquaire.
Du Fresne (Samuel), ministre de Normandie.
Du Gua (Pierre), fondat. de Port-Royal, en Amérique.
Du Han (Philippe), conseiller d'Etat et privé.
— (Charles-Egide), précept. de Frédéric-le-Grand.
Du Jon (Jean), conseil. du prince palatin, et ses descend.
— (Denis), lieut. de la maréchaussée à Bourges.
— (François), min. et prof. de théologie à Leyde.
— (J.-C.), offic. hollandais.
— (François), prof. de droit à Groningue.
— (François), philolog. célèb.
Du Laurans, lieut.-colonel au serv. de Pologne, et ses desc.

Du Laurens (Louis), min. apostat.
Du Lignon (P.), min. à Wievert.
Du Lion (famille).
Du Liscoët (Yves), chef protest. en Bretagne.
Dulon (Louis), musicien habile.
Du Lys (Charles), député aux États d'Anjou.
Dumas (C.-G.-F.), traducteur.
— (J.-L.-A.), past. à Dresde.
— (Jean), pasteur à Leipzig.
Du Mas (Louis), inventeur du bureau typographique.
Dumas (N.), prédicant dans le Languedoc.
Du Mas de Castellane (N.), chef des prot. en Provence.
Du Matz (Christophe), chef hug.
— (Jean), gouv. de Vitré.
— (E.), dép. g. des Eglises.
— (Marthe), gouvern. des princesses de Prusse.
— (Samuel), grand-maître de la maison de la margrave de Baireuth.
— (Charl.-Louis), général.
Du Mex (Léonard), martyr.
Du Mont (famille).
— (Etienne), publiciste.
Du Mont (Gabriel), pasteur et professeur à Rotterdam.
Du Mont (J.), historiographe.
Du Mont-Pigalle, officier au service de la Hollande.
Du Moulin (C.), célèbre jurisc.
— (J.), min. d'Orléans.
— (Pierre), past. de Paris.
— (Daniel), gouverneur du château de Josselin.
— (Cyrus), ministre de Châteaudun.
— (Marie), directrice du pensionnat des réfugiés en Hollande.
— (Pierre), prébendaire de Cantorbéry.
— (Louis), prof. d'histoire à Oxford.
Du Moulin (Antoine), v. de ch. de Marguerite de Valois.
Du Moulin (Claude), ministre de Fontenay-le-Comte et martyr.
Du Moulin (Guillaume), past. à La Neuveville.
Du Moulin (W.), past. à Leyde.
Du Moustier (Pierre), général de l'empire.
Duncan (M.), pr. de ph. à Saumur.
— (Marc), dit Cérisantes.
— (G.), prof. de philos. à Montauban.
— (Pierre), médecin.
— (Daniel), médecin réfugié.
— (Daniel), past. à Bideford.
Du Périer (famille).
Du Périer (P.), m. de Montauban.
Du Peyroux (Pierre), réf. à Surinam, et ses descend.
Du Pinet (Antoine), naturaliste et controversiste.
Du Piotay (David), min. de Gap.
Du Plain (Antoine), poëte.
Du Plan (Colin), martyr.
— (Benjamin), député gén. des églises du Langued.
Duplantier (Jean-Pierre), industr.

Du Plaute, prêtre converti et mart.
Du Pleix (Antoine), gouverneur de Sommières.
Du Plessis (Jacques), ch. de l'hôp. des réf. à Londres.
Du Plessis (Jean), capitaine huguenot, et ses descend.
Du Poix (Raimond) marchand de Carcassonne.
Dupont (N.), ministre d'Eymet.
Du Pont (Pierre), gouverneur de Bays-sur-Bays.
Du Port (Joachim), commissaire des vivres, réf. à Genève.
— (Jacques), savant hellén.
Duprai, ministre apostat.
Du Prat (famille).
Du Prat (Pardoux), jurisconsulte.
Du Pré (Isaac), bourgeois du Mas d'Agenois.
Dupré (Léonard), martyr.
Du Pré (N.), m. d'Issoire, mart.
Dupuis (famille).
— (I.-A.), grand-écuyer de l'électrice de Hanovre.
— (Auguste-Charles), grand maître de la maison de Sophie-Dorothée.
Du Puy (famille).
— -Du Moulin.
— -Vatan.
Du Puy (famille).
— -La Roquette.
— -Cabrilles.
Du Puy (J.), consul de Montauban.
Du Puy (Jean), notaire de Revel.
Du Puy-Melgueil (famille).
— (S), gouv. d'Hautpoul.
— (Jérémie), cons. du roi.
Du Puy-Montbrun (famille).
— (Charles), chef des protestants du Dauphiné.
— (Jean), lieutenant de Lesdiguières.
— (Charles-René).
— (Jacques), lieutenant général du Nivernois.
— (Jean), maréch. de camp.
— (Alexandre), marq. de S.-André, d. de Candie.
— (René), maréchal de camp, et ses descend.
Du Quesne (A.), chef d'escadre.
— (Abraham), lieut.-gén. de l'armée navale.
— (Henri), cap. de vaiss.
— (Abraham), cap. de vaiss.
— (Isaac), officier de marine, converti.
— (Jacob), cap. de vaisseau.
Duquesnoy (Eustache), profes. de philosophie à Lausanne.
Du Ranc (Jean), médecin apost.
Durand (famille) ou Durant.
— (Jacques), min. réf.
— (Audibert), min. apost.
— -Sénégas, cap. huguenot.
— (J.), historien.
— (Jacques), commentateur.
— (J.-F.), pr. à Lausanne.
— (Jean), ministre réfugié.
— (J.-A.), p. aux Brenets.
— (D.-H.), past. à Londres.
— (David), ministre de la Savoie, membre de la Soc. roy. de Londres.
— (J.), min. à Is-sur-Thil.

Durand (J.) p. réf. en Angleterre.
— (Jonas), martyr.
— -Villegagnon, chef de la colonie du Brésil.
— (Pierre), pasteur du désert, martyr.
— (J.-J.), past. à Orléans.
— (S.), min. de Charenton.
— (Daniel), capit. huguenot.
Du Rastel (Matthieu), cap. dauphinois, et ses descend.
Durcot, famille poitevine.
Duret (Jean), gouvern. d'Angers.
Durette (N.), pasteur réfugié.
Durfey (Thomas), poète dram.
Durfort (famille).
— -Duras (Symphorien).
— — (Jacques), marq. de Duras.
— — (Gui — Aldonce), mar. de camp.
— — (Jacques — Henri), mar. de France.
— — (Frédéric — Maurice), comte de Rozan.
— — (Gui — Aldonce), duc de Lorges, mar. de France.
— — (Charles — Henri), comte de Montgommery.
— — (Louis), comte de Feversham.
— — (C.-L.), cap., etc.
— -Deyme (T.), cap. hug. et ses desc.
— (J.-B.), réf. en Prusse.
Du Roi (Jean-Philippe), méd. du duc de Brunswick.
— (J-G.-P.), jurisc.
Du Rondel (Jacq.), prof. à Sedan.
Du Ry (Paul), officier du génie.
— (Charles).
— (S.-L.), archit. à Cassel.
— (Jean – Charles - Etienne), direct. des bât. à Cassel.
Du Seau (René), martyr.
Du Serre (N.), père des petits prophètes.
Du Sert (Daniel), francisc. conv.
Du Solier (famille).
— (Jules-Raymond), hist.
Du Soul (Moïse), traducteur.
Du Temps (Jean), jurisconsulte.
— (Jean), avocat.
— (Adam), ingén. milit.
— (N.), min. d'Angers.
— (Louis), historiog. du roi d'Angleterre.
— (M.-F.), orfèvre.
— (Joseph-Michel), inspect. des p. et ch.
Du Terrail (François), cap. hug.
Du Tertre (famille).
— (Centurion), gouv. de Jargeau.
— (Ambroise), colonel au serv. de Hollande.
Du Tillet (Louis), ami de Calvin.
Du Touchet, lieutenant de Montgommery.
Du Tronchay (Félix), ministre de Beaufort-en-Vallée.
— (Louis), martyr.
Du Trossel (Etienne), général au service de Prusse.

Du Trossel (C.-E.), trad de Folard.
Duval (Jacques), past. à Milhau.
Duval (N.), capucin converti.
Duval (Nicolas), conseiller au parlement de Paris.
Duval (Pierre), évêque de Séez, partisan de la Réforme.
— (Robert), direct. de l'Acad. de peint. de La Haye.
Duvernoy (famille).
— (A.), m. du cons. de rég. de Monbéliard.
— (C.), past. à Mandeure.
— (J.-F.), rect. du gym. de Montbéliard.
— (Joseph-Jérémie), phar.
— (Jean-Georges), anato.
— (Georges-David), méd. du duc de Wurtemberg.
— (L.-Eberhard), jurisc.
— (J.-J.), insp. ecclés.
— (J.-C.), pasteur à Barby.
— (G.-L.), insp. ecclésias.
— (Charles), jurisc. et hist.
— (G.-L.), prof. au mus. d'hist. nat.
Du Vidal (F), mi. ré. à Groningue.
Du Vigier (Foucaud), ministre à Saint-Jean-d'Angély.
— (Japhet), ministre de Saint-Jean-d'Angély.
— (J.), cons. à la chamb. mi-partie de Guienne.
— (Jacques), apostat.
Duvignau, min. de Châtellerault.
Duvillard (E.-E.), mem. du corps législ. de Genève.
Duvirailh (C.), gouv. de Sisteron.
— (Scipion), chroniqueur.
Eck (Georges), traducteur.
Eckard Zum Treubel, propagateur de la Réforme.
Ehrlen (Jean-Frédéric), jurisc.
Ehrmann (F.-L.), prof. de physi.
— (J.-C.), prof. de médec.
— (J.-F.), prof. de clini.
— (J.-C.), cor. de l'Institut.
— (T.-F.), instituteur.
Eisen (Nicolas), théologien.
Eisenmann (G.-H.), doct. en méd.
Eisenschmid (J.-G), mathémat.
Elinck (Charles), martyr.
Encontre (Daniel), doyen de la fac. de théol. de Montauban.
— (Pierre), past. du dés.
Englisch (Jean), poëte.
— (Esther), calligraphe.
Enoch (Louis), min. de Renée de France.
— (Pierre), poëte.
Epicime (André), controversiste.
Epinac (P. d'), archev. de Lyon.
Erb (Matthieu), surint. ecclés.
Erman (J.-P.), p. et prof. à Berlin.
— (J.-G.), past. à Postdam.
— (Paul), membre de l'Acad. des sciences de Berlin.
Erondelle (P.), réf. en Angleterre.
Errard (Jean), ingénieur milit.
Eschallard (C. d'), gouv de Taillebourg et ses descend.
— (J), com. de Maillezais.
— (Balthasar) et ses desc.
Escodéca (Jean d'), seigneur de Boisse et ses descend.
— (P. d'), gou. de Ste-Foy.
— (A.), com. de Monheurt.

Escolliers (Claude d'), comm. du château d'Alençon.
Escoperies (Pontus d'), feld-maréchal de Suède.
— (Jacques), min. de la guerre en Suède.
— (Magnus-Gabriel), gr.-chanc. et gr.-sénéch. de Suède.
Escorbiac (Guichard d'), cons. à la chamb. de Castres.
— (Jean), poëte.
— (Samuel), conseil. à la ch. mi-partie, apostat.
Escury (famille).
— (David).
— (André), réf. en Hollande.
— (Daniel), réf. en Hollande, et ses descend.
Esnard (Louis), présid. de l'Assemblée de Mantes.
Espagne, famille du Maine.
— (Paul), gentilhomme de la chambre du roi.
— (Henri), gouv. de Béfort.
— (Louis-Paul), apostat.
— (Henri), réfugié.
Espagne (J. d'), past. à Londres.
Espalunque, famille du Béarn.
Esparon, prophète camisard.
Espence (Claude d'), recteur de l'Université de Paris.
Espérandieu (Jean), cons. du roi de Navarre, et ses desc.
Espinay (Nicolas d'), pasteur à Loudun, et ses descend.
Esprinchard (Jacques), historien.
Essen (Théodore), théologien.
Estienne, famille d'imprimeurs.
— (Robert).
— (Henri).
— (Robert II).
— (Charles).
— (François).
— (Jean).
Estienne de Chaussegros (Honoré)
— -Mimet.
— -Clelles.
Estoard (Jean d'), et ses desc.
Estrées (Jean d'), grand-maître de l'artillerie.
Estreman (J. d'), min. du Béarn.
Etampes-Valençay (Henri d'), chevalier de Malte.
Etienne (D.), dit La Montagne.
Eustache (D.), p. à Montpellier.
— (Etienne), martyr.
Eymar (Claude), membre de l'Académie du Gard.
Eynard (famille).
— (Jacques).
— (Antoine).
— (Jean-Louis).
— (Gabriel-Antoine).
— (Charles-Fr.-Adolphe).
— (Jean-Gabriel).
Faber (Jean), prof. de théologie.
— (P.), préc. des enf. de Coligny.
Fabre (Jean), l'honnête criminel.
— (N.), notaire à Clarensac.
Fabre d'Olivet (N.), philologue et auteur dramatique.
Faget (A.), min. de La Rochelle.
— (N.), min. de Sauveterre.
Faigaux (F.-L.), p. à Schwabach.
Falaiseau, famille de financiers.

Falgueras, commis de Mannet.
Falguerolles (famille).
— (Jean de).
— (Claude).
Fallot (Frédéric), conseiller du duc de Wurtemberg.
Farcy (famille de).
— -Painel.
— -Saint-Laurent.
— -La Daguerie.
— -Cuillé.
— (Samuel de).
Farel (Guillaume), réform. de la Suisse romande.
Fargue, dit la Mothe-Pujols, cap.
Fargues (Jacques de), martyr.
Faubournet de Montferrand (famille).
— -Saint-Orse.
Fauche-Borel (Louis), agent des royalistes.
Faucher (Jean), professeur de théologie à Nîmes.
Fauconnet (Pierre), confesseur.
Fauquembergue (Jean de), past. à Dieppe.
— (L. de), min. à Senlis.
Faure (famille).
— -Villespassans.
— -Montpaon.
— (François de), conseil. au parlem. de Toulouse.
Faurin (Jean), chroniqueur.
Faust (Jean), prof. de théologie à Strasbourg.
— (Isaac), profess. de théol. à Strasbourg.
Favas (Jean de), capitaine hug.
— (J. de), dép. g. des églises.
Favier (Pierre de), prés. de l'ass. de La Rochelle en 1622.
— (Céphas de), premier consul de Nîmes.
Fay (famille).
— -Péraut.
— -Changy.
Felot (Jean), médecin de la reine de Navarre.
Fenne (François de), profess. de lang. française à Leyde.
Ferber (Jean-Jacques), profes. de théologie à Strasbourg.
Ferdinand, famille de peintres.
Feret, apothicaire.
Ferrand (Daniel), min. à Bordeaux.
Ferrier (Jérémie), min. apostat.
— (Michel), musicien.
Ferrières (Jean de), vidame de Chartres.
— (Edme de), dit le jeune Maligny, capit. huguen.
— (Pons de), baron de Bagat, et ses descend.
Ferry (famille).
— (Jacques), solcher de l'évêché de Metz.
— (Pierre), ministre à Tonnay-Charente.
— (Paul), ministre à Metz.
— (J.), recev. de la bullette.
Fesques (David de), capit. hug.
Fétizon (Daniel), min. à Berlin.
Feugère (P.), mart. à Bordeaux.
Feugueray (Guillaume), minis. en Normandie.
Fidel (Abric), camisard.
Figuières (Louis), past. du désert.

Filhet (G.), l. de Jeanne d'Albret dans le Vendômois.
Filleul (Jean), martyr.
Fillioux (G.), pr. fisc. de Cluny.
Firn (Antoine), curé converti.
Fischart (Jean), écrivain satiriq.
Fischer (Jean),profess. à Herborn.
Fizes, recev. général, apostat.
Flamand (Claude), ingénieur.
Flanc (Jean), ministre apostat.
Fleureton (François), industriel réfugié à Berlin.
Fleury (Jean), ministre à Baugé.
— (Daniel), confesseur.
— (N.), ministre de Castres.
Florac (N. de), ministre à Angoulême.
Flottard (N.), vic. de Gourdon.
— (David),émissaire de Miremont.
Flournois (famille).
— (G.), min. à Genève.
— (Jacques),min. à Jussy.
— (J.), joaillier à Paris.
Foix (Antoine de), baron de Rabat, et ses descendants.
— (Françoise de),abbesse conv.
— (Paul de), conseiller au parlement de Paris.
— -Caraman (Madeleine de), religieuse convertie.
Fontaine (Jean), martyr.
— (J.), réf. à La Rochelle.
— (Jacq.), min. de Rohan.
— (Pierre),min. de Rohan, réfugié en Angleterre.
— (Pierre), min. apostat.
— (J.),min. réf. en Irlande.
— (P.), m. aux Etats-Unis.
— (Jean), officier dans l'armée anglaise.
Fontanes (Louis de), grand maître de l'Université.
— (Jean), prof. à l'acad. de Genève.
Fontenoy (J.), diac. de Toulouse.
Forant (Job),marin de l'île de Rhé.
— (Jacques), amiral.
— (Job), chef d'escadre.
— (N.), apostat et espion.
Forest (Hector), grammairien.
Forestier (André), min. apostat.
— (Pierre), min. réf. en Angleterre.
Forets (famille de).
— (Jacques), capit. huguen.
— (Hector), gouv. d'Orange.
— (A.), gouv. d'Orange.
Forin (Mme de), dame d'Exoudun.
Formey (J.-H.-S.), sec. perp. de l'Académie de Berlin.
— (Jean-Louis), médecin.
Formy (C.), min. à Montpellier.
— (Pierre), médecin nimois.
— (Jacques),médecin, apost.
— (S.), chir. à Montpellier.
Forneret (Philippe), pasteur de l'église franç. de Berlin.
Fornerod (David), past. à Berlin.
Forstner (C. de), diplomate.
Forteau, capitaine rochellois.
Fos (famille de).
— (François), chambellan de l'électeur palatin.
— (Albert), industriel.
— (David), contrôl. du domaine des comtes de Castres.

Fos (Etienne), manufacturier.
Foucault (Radegonde), martyre.
Foucaut (G), gouv. d'Argenton.
— (G.), gouv de la Marche.
Foucher (Jacques), lieut. au siège présidial de La Rochelle.
— (J.), marquis de Circé.
Foulon (A), maître à la Monnaie.
Fouqué (famille de).
— (Gabriel), cap. huguenot.
— (Charles), colonel.
— (Henri), gouver. de Royan.
— (Charles), réf. en Hollande.
— (Henri-Aug.), g. prussien.
— (G.-A.-H.), cons au dép. de la guerre.
— (H.-C), poëte et romanc.
Fouquerolles (Pierre de), capit. du roi de Navarre.
Fouquet (Claude), gentilhomme du Poitou.
Four (Claude), le Maître Adam du Refuge de Berlin.
Fourdrinier (Henri), inventeur d'une machine à papier.
Fourgon (Jean), confesseur.
Fournier (Balthasar), chroniq.
— (Jean), docteur de Sorbonne converti.
— (Jean), historien.
— (Jeanne), victime des persécutions.
— (N.), capitaine huguenot.
Fournol (J.), bourgm. de Berlin.
Franc, capitaine huguenot.
— (Guillaume), musicien.
— (Jean), confesseur.
France, capitaine huguenot.
Francillon (Jean), naturaliste.
Franco (Pierre), chirurgien.
François, capitaine huguenot.
— (P.), c. hug. et ses desc.
Frantz (Jean-Joachim), historien.
Frémant (P.), past. à Cologne.
Frémont d'Ablancourt (N.), hist. du prince d'Orange.
Frescarodé (Jean), apologiste.
Freton (Louis), maréchal de camp huguenot, et auteur.
Fried (J.-J.), pr. d'accouchement.
— (G.-A.), prof. de méd.
Frœreisen (I.), prof. de théol.
— (J.-L.), p. à Strasbourg.
Froment (Antoine), compagnon d'œuvre de Farel.
— (Paul de), gouverneur de Neuchâtel.
Fromery (Pierre), réf. à Berlin.
Frontin (A.), minist. de Coligny.
Frossard (B.-S.), doy. de la fac. de théol. de Montauban.
Frotté (Jean de), chanc. de la reine de Navarre.
— -Sey.
— -La Rimblière.
— (Pierre), curé converti.
Froumenteau (N.), habile financ.
Fumée (Antoine), conseiller au parlement de Paris.
— (Gilles), précepteur.
Furstemberg (Guillaume de), protecteur du réform. Farel.
Furstemberger (Josué), bourgmestre de Mulhouse.
Fusy (Antoine), curé converti.
Gabillon (A. de), pasteur à Leyde.
— (C.-A.), institutrice.

Gabriac (Claude de), mestre de camp huguenot.
Gaches (Pierre), consul de Castres.
— (Jacques), avoc. à la ch. de l'édit et auteur.
— (Raimond), min. de Paris.
Gachon (Arnaud de), avocat au parlem. de Bordeaux.
— (François), apostat.
— (T.), rect. de Strauton.
Gaigny (Jean de), sermonnaire.
Gaillard (Annibal), martyr.
— (Auger), poëte.
— (Jacques), professeur de théologie, à Montauban.
— (Michel), gentilhomme huguen. et ses descend.
— (Gilles), gentilhomme provençal converti.
Gailliot (Pierre), confesseur.
Gal-Pommaret, min. du désert.
— - La Devèze, min. du dés
Galard de Béarn (R. de), c. hug.
— (Jean de), gouvern. de Saint-Jean-d'Angély.
Galissard (P.), rég. de 3e à Genève.
Galland (Auguste), commiss. roy. auprès de div. synodes.
— (Auguste), député gén.
— (Thomas), avoc. au parlement.
Gallot (J.-G), m. de l'Ass const.
Gally (Pierre-Henri), min. réf.
Gambier (famille).
— (James), avocat.
— (John), gouverneur des îles de Bahama.
— (James), amiral.
— (Samuel), commissaire de la flotte anglaise.
— (Robert), cap. de vaiss.
— (J.-E.),rect. de Langley.
Gambs (Paul), jurisconsulte.
— (J.-S.), docteur en droit.
— (C.-K.), chapel. de l'amb. suédoise à Paris.
Gamon (Christophe de), poëte
Gamonet, victime des persécut.
Gantois (Eusèbe), min. de Sedan.
— (Jacq.),min. de Sancerre.
— (Pierre), min. de Gorcum.
Garcin (Laurent), méd. et nat.
— (Laurent), littérateur.
Gardelle (Robert), peintre.
Gardin, capitaine huguenot.
Garencières (Théoph. de), méd.
Gargouilleau (L), cap. rochellois.
Garissolles (Antoine), profess. de théol. à Montauban.
— (A), m. à Castelmoron.
— (Jacques), min. de Bergerac, réf. en Hollande.
Garnier (Jean), min. de l'église franç. de Strasbourg.
— (I), past. à Marchenoir.
— (Philippe), maître de langue franç. à Giessen.
Garrigue (N.), traducteur.
Garros (Pierre), poëte gascon.
Gasparin (T.-A.), conventionnel.
Gassion (famille).
— (Jean), procureur gén. au cons. de Navarre.
— (Jean-Jacques), proc.-gén. au cons. souverain de Navarre.

Cassion (Jean), présid. à mortier au parlement de Pau.
— (Jacob), mar. de camp.
— (Jean), mar. de France.
— (Henri), maître des comptes de Navarre.
— (Henri), c. au p. de Pau.
— (Gratien), mar. de camp.
Gast (Jean), past. à Berlin.
— (Jean), pasteur à Bâle.
Gastigny (Jacques), fondateur de l'hôp. des réf. à Londres.
Gastine (Philippe de), martyr, et ses descendants.
Gau (Jean), histor. et controv.
Gaudet (Pierre), martyr.
Gaudot, fam. réf. à Neuchâtel.
Gauguet (Nicolas), directeur du lombard de Berlin.
Gaultier (François de), min. de Montpellier, réf à Berlin.
— (Claude), pasteur de l'église française de Berlin.
— (Barthélemy), cap. de cav.
— (Jacques), docteur en méd.
— (Barthélemy), cons. de la justice supérieure.
— (Jacques), conseill. privé.
— (Jacques), lieut. de Soubise.
Gaure (Louis de), gouv. de la citadelle de Cambrai.
Gaussen (Etienne), professeur de théologie à Saumur
— (Jacques), past. à Divonne.
— (Nicolas), ministre à Pont-Audemer.
— (Jean), réf. à Genève.
— (David), réf. en Irlande.
— (Pierre), gouverneur de la banque d'Angleterre.
— (S.-R.), haut shérif du c. d'Hertfort.
— (Louis), pasteur et professeur à Genève.
Gauteron (Antoine), secr. perpét. de la soc. royale des sciences de Montpellier.
Gauthier (Nicolas), apostat.
— (P.), préc. des pet. enfants du chanc. de l'Hôpital.
Gautier (Henri), ingénieur.
— (Jacques), min. d'Archiac.
— (Marie), relapse.
— (N.), apostat et espion.
— (N.), méd r. en Angleterre.
— (Raimond), capit. huguen.
— (Thierri), traducteur.
— (T), past. à Fenestrelles.
Gauvin (Louis), poëte.
Gazeau (famille).
— -La Brandasnière.
— -La Boissière.
Génas (François de), cons au parl. de Provence et ses desc.
Geneste (A), maître de lang. fr. à l'Acad. de Colberg.
— (Louis), réf. en Irlande.
Genolhac, confesseur.
Gentil, prêtre converti.
— (Jean-Bapt.), artificier.
Gentillet (Innocent), pr. de la ch. mi-partie de Grenoble.
George, martyr.
Georges (Samuel), ministre de Vitry, réf. en Hollande.
— (Paul), past. réfugié en Angleterre.

Gerbel (Nicolas), jurisconsulte.
Gerber (Erasme), chef des paysans insurgés.
Gérente (Balthazar de), chef des protest. en Provence.
— (F. de), l. de Des Adrets.
— (Balthasar de), dép. de la Provence à div. ass. pol.
Gérold (Frédéric-Samuel), min. de l'hôp. de Strasbourg.
Gervais (J.-L), présid. du sénat de la Caroline du Sud.
— (Noël), réf. à Genève.
— (Jean), min. à Genève.
Gervaise (Louis), ancien de l'église de Charenton.
— (Jean), chirurgien.
Geschmauss (Jérôme), médecin.
— (A.), past. de Mulhouse.
Gète (Jacques), past. et poëte.
Giberne (N.), apostat.
Gibert (Jean-Louis), past. du dés.
Gibert (E.), past. à Guernesey.
— (Simon), past. du désert.
Gibout (Toussaint), docteur de Sorbonne converti.
Gigord (Jean), min. à Montpellier.
Gigou (famille).
— -Vesançay.
— -La Croix-Du-Chail.
Gilbert (Abraham), dernier ministre de Melle.
— (Gabriel), poëte dramat.
— (N.), ministre apostat.
Gillet (J.-F), past. à Halberstadt.
— (F.-W.), surint. ecclés.
Gillier (famille).
— (Gaspard), conseiller au parlement de Grenoble.
— -La Villedieu.
Gilli (David), ministre apostat.
— (David), ingénieur archit.
— (Jean-Guillaume), archit.
Ginebrousse (G. de), cap hug.
— (Nicolas), colonel.
Gineste (Jean de), gentilh. du Languedoc et ses desc.
Ginestous (famille de).
— -Montdardier.
— -La Jurade.
Girard des Bergeries (famille).
— (Simon).
— (Nicolas).
— (Jean-Jacques).
— (Jean).
— (Jonas).
Girard (Jean), jurisc. et poëte.
— (B. de), sieur du Haillan.
— (Philippe de), inventeur de la filature du lin à la mécanique.
Girardet (F.-C.), past. à Dresde.
Giraud (N.), huissier de la reine de Navarre.
Giraut (N.), martyr.
Gironde (famille de).
— -Teissonat.
— -Castelsagrat.
— -Sigoniac.
Glaumeau (Jean), chroniqueur.
Gloner (Samuel), poëte latin.
Glotzen (Jean-Gaspard), littérat.
Gnilius (Jean-André), prof. de théologie à Strasbourg.
Gobert (J.), banq. de La Rochelle.
Gobert (N.), recev. du Soissonnais.
Godeau (Jean), martyr.

Godefroi (Denis), savant. jurisc.
— (Théodore).
— (Jacques), prof. de droit à Genève.
Golius (Th.), prof. de morale.
Gombauld (Jean-Ogier de), poëte.
Gomès (N.), pasteur à Milhau.
Gommarc (Jean), prof. à l'acad. de Puylaurens.
Gondin (Matthieu), capit. huguen.
Gondrand (J. de), past. d'Orange.
Gontaut (famille de).
— -Salagnac.
— -Biron.
— -Saint-Geniès et Badefol.
— -Campagnac.
Gopil (J.), prof. de méd à Paris.
Gorris (Jean de), médecin célèbre.
Goudimel (Claude), excel. music.
Goujon (Jean), sculpt. et archit.
— (Jean), martyr.
Goulaine (famille de).
— (Jacques de).
— -Laudouinière.
— -La Brangardière.
— -Barbin.
— -Des Mesliers.
Goulard (famille de).
— -La Ferté.
— -Beauvais.
Goulart (Simon), théolog et poëte.
— (Simon), min. remontrant.
— (Jacques), géographe.
— (Jean), antiquaire.
— (N.), ministre apostat.
Goullet de Rugy (J.), m. de Metz.
Goumard (François), capit. hug.
Gourdri (Grégoire), min. de Pons.
— (Jean), min. de Mirebeau.
Gouret (famille).
— -La Primaye.
— -Du Plessis-Gouret.
Gourgues (D. de), cap. hug.
Gourjault (famille de).
— -La Millière.
— -La Bessière.
— -Du May.
— -Venours.
— -La Berlière.
Gousset (J.), prof. à Groningue.
Gousté (Claude), prévôt de Sens.
Gout (Etienne), chef camisard.
Goyon (famille de).
— -La Moussaye.
— -Marcé.
— -Touraude.
Goyon (N.), prétendu fils de Jeanne d'Albret.
Graf (Matt.), past. de Mulhouse.
Grammont, pasteur à Montbéliard.
Grandchamp (S. de), capit. hug.
Grandhomme (Jacques), dessinat.
— (N.), pasteur à Trébur.
Grand-Rye (Guillaume), ambassad. à Constantinople.
Grasse (famille de).
— -Du Bar.
— -Cabris.
Gravel (Jean-Philippe), médecin.
Cravelin (Matthieu), bibliographe.
Gravelle (François de), avocat au parlement de Paris.
Graverol (François), jurisconsulte, antiquaire et poëte.
— (Jean), pasteur à Londres.
Gravier (Hugues), martyr.
Gravisset (J.), landvogt d'Oron.

Gravisset (Paul), ministre apost.
Gréaulme (François), et ses desc.
Green de St.-Marsault (famil.de).
— -Chatelaillon.
— -Parcoul.
— -Dompierre.
Greiter (Matt.), music. et poëte.
Grelier (Pierre), capit. huguenot.
Grelot (Antoine), exégète.
Grenier (Isaac de), confesseur.
— (André), past. du désert.
Grevin (Jacques), médec. et poëte.
Grimaudet (François), juriscons.
— (Jean), trésorier du roi de Navarre.
— (Jean), capit. au service de Prusse.
Grimault (L.), p. à Montécheroux.
Grimoult (Nicolas), lieut. gén. au bailliage d'Alençon.
Grivel (Marc) et ses descendants.
Grizot (N.), martyr.
Gros (Barthélemy), martyr.
Groslot (Jérôme), bailli d'Orléans.
— (Jérôme), poëte.
Grostête (Claude), min. à Londres.
— (Marin), min. apostat.
Grouché (Nicolas), prof. de phil.
Groulart (Claude), jurisconsulte.
Grudé (François) ou La Croix-du-Maine, bibliographe.
Gualy, famille du Rouergue.
Guénard (C.), correcteur d'imp.
Guenon (Nicolas), martyr.
Guérard (P.), past. de Normandie.
Guérin (Antoine), pasteur à Fontainebleau.
Guérin (F.), min. de Pragelas.
Guérin (Geoffroy), martyr.
Guérin (Henry), ministre du désert, martyr.
Guérin (Jean), docteur en droit.
— (Jean), min. de Beaugency.
Guérin (J.-G.), gent. du Gevaudan.
— (Famille du Vivarais.)
Guérouit (Antoine), curé conv.
Guers (Jean), ministre et martyr.
Gueudeville (Nicolas), littérateur.
Guib (Jean-Frédéric), prof. de rhétorique à Orange.
— (Henri), docteur en droit.
— (Jean-Frédéric), avocat.
Guibert (Alexandre), lieut. gén. au service de Savoie.
Guichard (famille).
— -Du Péray.
— -d'Orfeuille.
Guichard (Jean), médecin du roi de Navarre et ses desc.
Guichenon (Samuel), historiogr. de France et de Savoie.
Guide (Philibert), fabuliste.
— (Philippe), poëte et méd.
Guillart (C.), év. de Chartres.
Guillaud (Claude), exégète.
Guillaumet (Tanneguy), chirurg. du roi Henri IV.
Guillebert (Jean), past. de Caën.
Guillemard (J.), past. à Champdeniers.
Guillerane (César de), cap. hug.
Guillereau (M.), vict. des persé.
Guilleteau (François), ministre à Châlons-sur-Saône.

Guilloche (Jean de), cons. au parlement de Bordeaux.
Guillot (Charles), cordelier conv.
Guillot (Guillaume de), gouverneur de Castres.
Guiménière, capitaine huguenot.
Guinand (N.), maît. de forg., réf.
— (Jean-Jacques), conseiller des mines, en Bavière.
— (Louis), m. de la ch. des pairs en Bavière.
Guineau (Jacques), past. à Sion.
Guinther (Jean), médec. célèbre.
Guion, pasteur et martyr.
Guiot (Jean), médecin de Dijon.
Guiran (Claude), physic. et méd.
— (Gaillard), antiquaire.
Guisard (H.), min. du Vigan.
— (Pierre), médecin apostat.
Guischard (C.-T.), écriv. milit.
Guitet (Pierre), martyr.
Guiton, (famille).
— (Jacques).
— (Henri).
— (J.), maire de La Rochelle.
Guybert (J.), past. de La Rochelle.
Guybon (François), doct. en méd.
Guyon (C.), past. de Bordeaux.
Guyon de Geis (Guillaume); cap. au service d'Angleterre, et ses descendants.
Guyotin, ministre d'Oléron.
Hæmmerlin (Isaac), prof. de math.
Hainault (Jean de), historien.
Hallard (Henri d'), gén. prussien.
Hamelin (Philibert), martyr.
Hamon (Pierre), calligraphe.
Hamonoet (Mathieu), md de Paris.
Hangest (François de), chef hug.
— (J. de), gouv. de Bourges.
Hangest (Jean de), diplomate.
Hardtschmidt (J.-N.), prof. de logique à Strasbourg.
Haren (Jean), ministre apostat.
— (Daniel), directeur des fabriques de Prusse.
Harlay-Sancy (Nicolas de), célèbre négociateur et capit.
— (Louis de), gouverneur de Saint-Maixent.
Harvet (Isaac), méd. d'Orléans.
Hasté (Antoine), avocat de Gien.
Hatte (Nicolas), commiss. du roi au synode d'Alençon.
Hauchecorne (Fréd.-Guillaume), prof. de math. à Berlin.
Haultin, imprimeur rochellois.
Haumont (Bernard de), avoc. du roi au sénéc. de Saumur.
Haussmann (Jean-Michel), chim.
Hautefort (famille de).
Haut-Teneuil (famille de).
Havard (Charles de) et ses desc.
— (J.-L.), prof. de méd.
Hazard (Pierre), min. et martyr.
Hèbles (François d'), gouverneur de Saint-Antonin.
— (G. d'), lieut. de Châtillon.
— (Antoine), défenseur de Sainte-Affrique.
Hector (Barthélemy), martyr.
Hedio (G.), réfor. de Strasbourg.

Hélies (René), capitaine huguen.
Hélis (François d'), martyr.
Hénault (Marin), relaps.
Henneberg (N.), jurisconsulte.
Henri IV, roi de France et de Navarre.
Henri (Jacques), maire de La Rochelle, en 1572.
— (Jacques), sieur de Laleu, et ses descendants.
Henri (Pierre), min. de St.-Lô.
Henry (J.), bibl. du roi Prusse.
— (Paul-E.), past. à Berlin.
Hérail (Baptiste) et ses descend.
Héraugière (Charles de), capit. au service de Hollande.
Hérault (famille).
— (Henri-Charles-Louis), général prussien.
Hérault (D), phil. et jurisc.
— (Louis), min. à Alençon.
Hérault (N.), cap. huguenot.
Herbin (J. d'), c. au p. de Metz.
Herlin (M.), r. des tailles à Lyon.
Herlin (Michel), martyr.
Hermann (Jean), naturaliste.
— (J.-F.), m. de Strasbourg.
— (Nicolas), pamphlétaire.
Herme (Siméon), martyr.
Herr (Michel), médecin.
Hertenstein (Jean-Henri), math.
Hervart (Barthélemy), contrôleur général des finances.
— (Philibert), ambassadeur d'Angleterre en Suisse.
Hervé (Daniel), théologien.
Hervilly (famille d').
Herwin (Jean), martyr.
Hespérien (N.), min. du Béarn.
— (Théophile), maître des requêtes de Navarre.
— (Pierre), min. de S. Foix.
— (Pierre), pasteur de Soubise.
Heu (famille de).
— (Gaspard), maître échevin de Metz.
Heupel (Frédéric), théologien.
— (Georges-Frédéric), théol.
— (Jean-Isaac), philologue.
Heuss (Matthias), prof. de logiq.
Hey (Georges-André), prof. de math. à S.-Pétersbourg.
Hillner (Simson), curé converti.
Hofer (Jean), naturaliste.
Holzwart (Matthias), poëte.
Home (David), past. de Chilleurs.
Homel (Isaac), past. et martyr.
— (Anne), biographe.
Horb (Jean-Henri), pasteur piétiste de Hambourg.
— (C.J.), doct. en méd.
— (J.-D.), licencié en droit.
Horry (famille).
— (Daniel), colonel de dragons aux Etats-Unis.
Hotman (François), célèbre jurisconsulte et publiciste.
— (Jean), habile négociateur.
Hotton (G.), past. à Amsterdam.
Houdetot (famille d').
Huault (P.), orf. de Châtellerault.
— (J.-P.), peintre en émail.
— (Ami), peintre en émail.

Paris. — Imp. J.-B. Gros, rue des Noyers, 74.

LA FRANCE
PROTESTANTE

TOME I

5814

PARIS. — IMPRIMERIE DE J.-B. GROS
RUE DES NOYERS, 74

LA FRANCE
PROTESTANTE

OU

VIES DES PROTESTANTS FRANÇAIS

QUI SE SONT FAIT UN NOM DANS L'HISTOIRE

DEPUIS LES PREMIERS TEMPS DE LA RÉFORMATION
JUSQU'A LA RECONNAISSANCE DU PRINCIPE DE LA LIBERTÉ DES CULTES
PAR L'ASSEMBLÉE NATIONALE

OUVRAGE PRÉCÉDÉ

D'UNE NOTICE HISTORIQUE SUR LE PROTESTANTISME EN FRANCE

SUIVI DE PIÈCES JUSTIFICATIVES
ET RÉDIGÉ SUR DES DOCUMENTS EN GRANDE PARTIE INÉDITS

PAR

MM. EUG. ET EM. HAAG

TOME I

ABBADIE — BASCH

Abauzit

PARIS

JOËL CHERBULIEZ, LIBRAIRE-ÉDITEUR
10, RUE DE LA MONNAIE, 10
GENÈVE, MÊME MAISON

1846

LA FRANCE
PROTESTANTE,

OU

VIES DES PROTESTANTS FRANÇAIS

qui se sont fait un nom dans l'histoire

DEPUIS LES PREMIERS TEMPS DE LA RÉFORMATION
JUSQU'A LA RECONNAISSANCE DU PRINCIPE DE LA LIBERTÉ DES
CULTES PAR L'ASSEMBLÉE NATIONALE ;

Ouvrage précédé

D'UNE NOTICE HISTORIQUE SUR LE PROTESTANTISME EN FRANCE

Et suivi de Pièces justificatives ;

PAR

MM. HAAG,

—

VOLUME I.

—

PARIS.
BUREAUX DE LA PUBLICATION, RUE St-DOMINIQUE-D'ENFER, 11.

—

1846
1845

PARIS. — IMPRIMERIE DE J.-B. GROS,
Rue du Fouo-Saint-Jacques, 18.

COUP-D'OEIL

SUR

L'HISTOIRE DU PROTESTANTISME

EN FRANCE.

> Opus adgredior opimum casibus, atrox præliis, discors
> seditionibus, ipsâ etiam pace sævum.
> <div style="text-align:right">TACITI <i>Histor.</i></div>

A l'époque où les doctrines de la Réforme pénétrèrent en France, rien ne faisait prévoir le terrible combat qui ne devait pas tarder à s'engager ; tout, au contraire, semblait leur assurer un triomphe facile.

Habitués depuis longtemps à lutter contre les empiétements de la Cour de Rome et à braver ses menaces, les rois de France ne tenaient plus au Saint-Siége que par un assez faible lien. Louis XII venait tout récemment de montrer jusqu'où pourrait aller le sentiment de la vengeance dans le cœur d'un prince jaloux de l'honneur de sa couronne, ou irrité de la mauvaise foi des pontifes romains.

La noblesse était mécontente des nombreux priviléges du clergé, elle convoitait ses immenses richesses et nourrissait contre les prêtres une sourde hostilité, qui n'attendait que l'occasion pour éclater.

Dans le clergé même, beaucoup de prélats éminents réclamaient hautement une réforme, tandis que la plupart des prêtres ne portaient qu'avec impatience le joug pesant de la hiérarchie.

Le tiers-état enfin, c'est-à-dire la partie la plus saine et la plus éclairée du peuple, ne trouvant dans ses pasteurs ni foi, ni vertus, ni lumières, mais seulement un âpre désir de s'enrichir et de dominer, n'éprouvait pour eux que du mépris, en même temps qu'accablé par le lourd fardeau des impôts, il soupirait après la réforme d'une constitution encore empreinte de l'esprit féodal.

Pour un observateur superficiel, tout semblait donc favoriser les efforts des Réformateurs ; mais pénétrons plus avant.

François Ier, qui avait succédé à Louis XII en 1515, — deux ans avant que l'héroïque moine de Wittemberg proclamât bien haut ce que des milliers d'autres ne se disaient encore que tout bas, —voulait faire valoir ses droits réels ou prétendus sur le duché de Milan et le royaume de Naples, et le concours du pape lui était nécessaire pour mettre à exécution ses projets.

Beaucoup de seigneurs possédaient en commende de riches bénéfices et ils n'entendaient nullement se laisser dépouiller, en sorte que leurs intérêts les rattachaient à la cause du clergé.

La masse du peuple enfin, plongée dans la plus grossière ignorance, abrutie par le despotisme, habituée à un culte tout matériel, sans piété véritable, sans sentiments vraiment religieux, peu propre d'ailleurs dans tous les temps à comprendre les questions abstraites qui divisaient alors les théologiens, devait rester au moins indifférente ; mais il était à prévoir que cette indifférence se changerait en hostilité ouverte, si l'on en venait à toucher à ses images et à ses reliques, objets de sa profonde vénération.

Tel était l'état des esprits en France, lorsque l'appel de Luther à la Sorbonne mit cette célèbre Faculté en demeure de se prononcer sur les opinions soutenues par le Réformateur à la conférence de Leipzig, touchant la suprématie du pape, le purgatoire, les indulgences et les bonnes œuvres. Ses doctrines furent condamnées, en 1521, comme des erreurs détestables; mais ce décret ne fut pas sanctionné généralement par le clergé de France. Il n'empêcha pas au moins l'évêque de Meaux, Guillaume Briçonnet, un des prélats les plus vertueux et les plus instruits du royaume, d'appeler dans son diocèse, pour y prêcher une doctrine plus pure, Jacques Fabri, Guillaume Farel Gérard Roussel et d'autres docteurs imbus des opinions nouvelles. Leurs prédications eurent un si grand succès, qu'en moins de deux ans elles convertirent la plupart des ouvriers des nombreuses fabriques de Meaux. Irrités de leurs progrès, les Cordeliers les dénoncèrent au parlement de Paris qui, moins par zèle pour la religion dominante que par aversion pour toute espèce d'innovation ou de progrès en matière de foi comme en politique, s'empressa d'appliquer aux prévenus les lois barbares de Philippe-Auguste et de Louis IX. Briçonnet eut hâte d'abjurer ses projets de réforme, les prédicateurs s'enfuirent; mais les cardeurs de laine, persévérant courageusement dans la foi qu'ils avaient embrassée, offrirent à Dieu, selon l'expression de Théodore de Bèze, les prémices des martyrs de l'Église protestante de France.

A cette époque cependant, la Cour ne paraît avoir conçu aucune inquiétude des progrès de la Réforme, soit qu'elle n'y vît pas de danger réel pour l'Église catholique, soit plutôt qu'elle ne fût pas fâchée de donner quelques soucis à Adrien VI, qui était entièrement dévoué aux intérêts de son ancien élève, l'empereur Charles-Quint. On rapporte même qu'en 1524, François Ier permit de jouer en sa présence une espèce de mystère où le pape et les moines étaient tournés en dérision. Mais lorsqu'il eut été fait prisonnier à la bataille de Pavie, en 1525, la régente sentit combien il lui importait de ménager le Saint-Siége; elle autorisa la publication d'une bulle de Clément VII, lancée contre les hérétiques (*Pièces justif.* N° 1), et pour donner l'exemple du zèle, elle fit brûler deux de ces malheureux à Paris.

Loin d'arrêter la marche de la Réforme, la persécution ne servit qu'à la répandre plus rapidement. « La Réforme, dit Sismondi, s'avançait par deux routes différentes ; elle gagnait des partisans parmi les classes pauvres et laborieuses, par une conséquence du besoin de croire et d'espérer, qui dispose à la religion les malheureux et qui n'était nullement satisfait par un clergé haïssable et méprisable ; elle s'étendait en même temps dans la classe aisée et intelligente par le besoin de s'éclairer, par la faculté naissante d'examiner, par la répugnance qu'éprouvait la raison pour des doctrines absurdes et contradictoires. »

François Ier fut rendu à la liberté en 1526. Son premier soin, en rentrant dans ses États, fut de modérer l'ardeur persécutrice de la Sorbonne, qui était allée jusqu'à intenter un procès à Érasme ; mais ses dispositions favorables jusque-là aux réformateurs changèrent lorsque leurs disciples, s'abandonnant imprudemment à leur enthousiasme, commencèrent à s'attaquer, non plus aux vices des prêtres et des moines que le roi haïssait, ou bien à des dogmes abstraits dont il se souciait assez peu, mais aux images. Ignorant et superstitieux, il vit dans ces profanations un attentat contre la divinité elle-même ; jaloux à l'excès de son pouvoir, il prêta trop facilement l'oreille aux prélats qui lui représentaient les novateurs comme de dangereux révolutionnaires, et il poursuivit les Réformés avec une rigueur dont il n'y avait point encore eu d'exemple sous son règne. Cependant soit qu'il eût cédé aux instances de sa sœur Marguerite ou de sa maîtresse, qui toutes deux protégeaient la Réforme, soit qu'il eût senti la nécessité de traiter moins sévèrement les Protestants français au moment où il cherchait à s'allier avec la Ligue de Smalcalde, il mit bientôt un terme à cette première persécution. L'union étroite qu'il venait de contracter avec Henri VIII, roi d'Angleterre, et les griefs personnels qu'il croyait avoir contre le pape, ne furent pas étrangers non plus à ce changement de politique, changement si complet que ce prince alla jusqu'à menacer le Saint-Siége de renoncer à son obéissance. Une concession opportune du clergé, qui lui accorda des décimes sans attendre l'autorisation du pape, jointe au désir de recouvrer l'Italie, qui fut le rêve de toute sa vie, sauvèrent le catholicisme en France. Il continua toutefois à se montrer tolérant, et même il était question d'appeler Mélancthon à Paris, lorsque, dit Bèze, dans son Histoire ecclésiastique, « environ le mois de novembre 1534, tout cela fut rompu par le zèle indiscret de quelques-uns, lesquels ayant fait dresser et imprimer certains articles d'un style fort aigre et violent contre la messe, en forme de placards, à Neufchâtel en Suisse, non-seulement les plantèrent et semèrent par les carrefours et autres endroits de la ville de Paris, contre l'avis des plus sages, mais en affichèrent un à la porte de la chambre du roi, étant pour lors à Blois. (*Pièces justif.* N° II). »

Cette audace ne pouvait manquer d'irriter vivement François Ier; aussi ses conseillers lui persuadèrent-ils sans peine de faire un terrible exemple. Vingt-quatre personnes, connues pour leur attachement à la Réforme, furent arrêtées à Paris, et afin d'expier ce qu'il regardait comme un odieux sacrilége, le roi, qui aimait beaucoup à *poser*, ordonna, pour le 21 janvier 1535, une procession solennelle dans laquelle on le vit figurer, entouré de tous les dignitaires de l'État et des ambassadeurs des puissances étrangères. Il voulut se donner en même temps l'horrible plaisir de voir brûler six hérétiques, dont le supplice présenta un raffinement de cruauté inouï. Quelques jours après, le 29 janvier, fut rendu un édit qui assimilait la non-révélation du crime d'hérésie au crime lui-même, et encourageait la délation par la promesse du quart des confiscations (*Pièces justif.* N° III).

Ces exécutions indignèrent les Protestants de Smalcalde, qui se rapprochèrent à l'instant de la maison d'Autriche. Craignant de perdre ses plus sûrs alliés, François essaya de justifier sa conduite par un honteux mensonge, que Calvin entreprit de refuter dans son admirable Institution chrétienne. Il prétendit qu'il avait puni non pas des opinions religieuses, mais un crime politique, apportant en preuve la conformité de ses sentiments avec ceux des Protestants sur la suprématie du pape, le purgatoire, le célibat des prêtres, les vœux monastiques, la communion sous les deux espèces, et offrant, pour les autres points, de s'en rapporter à la décision d'un colloque qu'il proposait entre les théologiens allemands et les français. Ces assurances ne suffirent pas pour apaiser les méfiances des princes protestants de l'Allemagne. L'édit de tolérance donné à Coucy, le 16 juillet 1535 (*Pièces justif.* N° IV), et dont François exclut les Sacramentaires, auxquels il supposait que les Luthériens ne s'intéressaient que faiblement, ne calma pas non plus entièrement l'irritation des Protestants, en sorte que le roi, se voyant trompé dans son attente de ce côté, se tourna, mais sans plus de succès, vers le pape Paul III, qui refusa positivement de favoriser ses projets sur l'Italie.

Paul préféra un rôle plus noble et plus digne en effet du titre qu'il prenait de père commun des fidèles. Il ne négligea rien pour rétablir la paix entre les deux puissants monarques de la France et de l'Espagne, et il les amena à signer à Nice, en 1538, une trêve qui fut suivie, bientôt après, de l'entrevue d'Aigues-Mortes.

La réconciliation des deux illustres rivaux fut fatale à la cause protestante. François se laissa persuader par le cardinal de Tournon, qu'il serait déshonorant pour lui de le céder en zèle à Charles-Quint dans la répression de l'hérésie. Les persécutions recommencèrent, mais avec des alternatives de rigueur et de relâchement, selon l'ardeur plus ou moins fanatique des inquisiteurs, des évêques et des parlements, appelés concurremment à appliquer les dispositions de l'édit donné à Fontainebleau, le 1ᵉʳ juin 1540 (*Pièces justif.* N° V). A tout prendre, les victimes furent peu nombreuses, mais les juges et les bourreaux s'attachèrent à surpasser, dans l'invention d'atroces tortures, ce qu'avaient jamais pu imaginer les plus féroces proconsuls romains. L'Europe entière frémit d'horreur au récit des massacres de Cabrières et de Mérindol. Quelques mois après avoir autorisé cette sanglante boucherie, François Ier, sur lequel la superstition prenait plus d'empire à mesure que s'aggravait la maladie honteuse qui le conduisit au tombeau, envoya dans toutes les provinces des commissaires chargés de poursuivre sans pitié les hérétiques. Paris, Sens, Issoire et plusieurs autres villes, mais surtout celle de Meaux (*Pièces justif.* N° VI), furent le théâtre de nombreuses exécutions, auxquelles la populace, fanatisée par les prédications des moines et égarée par les odieuses calomnies répandues contre les Protestants, commença dès lors à prendre tant de goût, qu'on la vit bientôt renoncer à tout sentiment de commisération et réclamer à grands cris des supplices. *Christianos ad leonem!*

Si jamais les Protestants avaient pu se flatter de gagner François Ier à leur cause, il ne devait pas leur rester le moindre espoir à cet égard; aussi n'éprouvèrent-ils aucun regret de sa mort qui arriva en 1547. Ils attendaient un traitement beaucoup plus doux de son fils Henri II, qui avait, dit Bèze, « un naturel de soi fort débonnaire; » mais à cette douceur il joignait une faiblesse de caractère qui le mettait à la merci de ses familiers, et malheureusement pour eux il avait depuis longtemps accordé toute sa confiance au connétable de Montmorency, au maréchal de Saint-André et aux Guises qui, comme la duchesse de Valentinois, sa maîtresse, étaient pour les Protestants des ennemis plus dangereux encore que François Ier; car si chez l'un l'intolérance était le fruit de la politique, chez les autres elle était le résultat d'une insatiable cupidité.

La persécution ne se ralentit donc pas, principalement à Paris où, lors de son entrée solennelle, en 1549, le jeune roi voulut se donner, *après boire,* le spectacle d'un auto-da-fé sous les fenêtres de son palais des Tournelles. Peu de temps après, le 19 novembre 1549, il publia un édit qui remit aux prélats le jugement des hérétiques, moins dans l'intention d'adoucir le sort de sectaires qu'on lui apprenait à haïr, que dans l'espoir d'arriver plus promptement à les extirper (*Pièces justif.* N° VII.) Il fut trompé dans son attente; les opinions nouvelles continuèrent à se répandre dans toutes les classes de la société. Il fallut recourir à des mesures plus énergiques, et pour enlever aux Protestants toute chance de salut, on les rendit, par le fameux édit de Châteaubriant, daté du 27 juin 1551 (*Pièces justif.* N° VIII.), justiciables à la fois des tribunaux ecclésiastiques et des tribunaux séculiers, en sorte que, fussent-ils absous par une juridiction, ils pouvaient être condamnés par l'autre. C'était violer les lois de la justice la plus vulgaire; mais, sur le point d'attaquer le pape et l'empereur avec le secours de l'hérétique Maurice de Saxe, le roi très-chrétien ne devait-il pas donner des garanties sur son orthodoxie?

Le succès qui couronna ses armes sembla redoubler encore son fanatisme. Stimulés par les ordres de la cour, les parlements déployèrent une rigueur, une activité, dont on n'avait pas eu d'exemple jusque-là; aussi l'année 1553 est-elle notée dans les annales de l'Église protestante de France comme la nouvelle ère des martyrs. Mais en vain fit-on périr dans les plus horribles supplices un grand nombre d'infortunés dont le seul crime était de prendre la Bible pour unique règle de leur foi. Du milieu des flammes, leur voix s'élevait pour prêcher au peuple la parole de vie, et si, par une précaution barbare, on leur arrachait la langue ou on les bâillonnait avant de les mener à la mort, leur admirable héroïsme gagnait à la Réforme plus de sectateurs que ne l'auraient fait les paroles les plus éloquentes.

Les Protestants n'avaient point encore de culte public. Ils s'assemblaient secrètement en quelque maison particulière pour s'édifier par la lecture de la Bible et le chant des psaumes récemment traduits en français par Marot et mis en musique par Goudimel; mais nul ministre à poste fixe ne célébrait la cène, l'administrait le baptême. Ce fut à l'époque même où l'on sévissait contre eux avec le plus d'acharnement, qu'ils organisèrent à Paris, en 1555, la première église protestante française. Quel plus bel exemple auraient-ils pu donner de l'ardeur de leur foi? Bientôt Meaux, Poitiers, Angers, l'Isle d'Alvert et dix autres villes fondèrent à leur tour des églises sur le modèle des premières communautés chrétiennes. Chacune était sous la direction d'un pasteur qu'assistait un consistoire composé d'anciens et de diacres. Toutes d'ailleurs étaient parfaitement indépendantes, n'étant unies entre elles que par le lien de la charité.

Cependant le roi, irrité de l'inutilité de ses mesures, songeait déjà à employer des moyens plus efficaces. Paul IV, non moins bigot et non moins fanatique que lui, le pressait d'introduire dans ses États la terrible inquisition d'Espagne. Il y consentit enfin. Le 24 juillet 1557 parut un édit qui prononçait la peine de mort contre toute personne convaincue d'hérésie, et défendait aux juges d'atténuer la peine de quelque façon que ce fût (*Pièces justif.* N° IX). Le roi voulut en confier l'exécution à un tribunal d'inquisition, composé des trois cardinaux de Lorraine, de Bourbon et de Châtillon; mais la résistance du parlement l'obligea d'ajourner ce projet jusqu'en 1558, et dans l'intervalle, les remontrances des Cantons suisses et des princes allemands, dont il avait alors besoin, l'engagèrent à modérer un peu son zèle. Il est possible aussi qu'en apprenant par l'événement de la rue Saint-Jacques que le protestantisme avait pénétré jusque dans sa Cour, Henri II ait senti la nécessité de garder quelques ménagements envers une secte qui comptait dans ses rangs le roi de Navarre, le prince de Condé, François de Châtillon et beaucoup d'autres seigneurs illustres, moins disposés à souffrir patiemment le martyre que ces hommes d'étude, toujours un peu timides, ou ces enthousiastes à l'âme tendre et ardente sur qui s'était exercée jusque-là la rage persécutrice du clergé et des parlements.

Les Protestants jouirent donc d'une demi-tolérance jusqu'à la paix peu glorieuse de Câteau-Cambrésis, qui unit intimement les deux familles régnantes de France et d'Espagne. En voyant leur souverain s'allier avec l'ennemi le plus acharné de leur religion, ils sentirent la nécessité de resserrer les liens des églises par une organisation régulière et uniforme. Pleins de confiance en Dieu, ils osèrent braver une mort presque certaine, en s'assemblant dans la capitale du royaume, sous les yeux mêmes de la cour, pour rédiger une confession de foi et établir une discipline commune à toutes les églises protestantes de France (*Pièces justif.* N^{os} X et XI). Ce fut le premier synode national. Il s'ouvrit le 20 mai 1559, selon les uns, le 25, selon les autres, dans une maison du faubourg St-Germain, sous la présidence de François de Morel, sieur de Callonge, assisté des députés des églises de Dieppe, St-Lô, Paris, Angers, Orléans, Tours, Châtellerault, Poitiers, Saintes, St.-Jean d'Angely et Marennes.

A peine cette assemblée mémorable venait-elle de clore ses séances, que Henri II, bien décidé à poursuivre sans miséricorde l'hérésie et à ne plus souffrir que les juges écoutassent, comme cela arrivait trop rarement, la voix de l'humanité, se transporta inopinément dans le sein du parlement, qui délibérait sur les moyens de rétablir l'uniformité dans sa jurisprudence. La Grand'Chambre, en effet, envoyait sans exception au bûcher tous les hérétiques qui lui étaient déférés, tandis que la Tournelle usait quelquefois d'indulgence. Sur l'ordre formel du roi, la délibération continua. Quelques conseillers osèrent se prononcer pour la tolérance. Bouillant de colère, Henri les fit arrêter sur-le-champ et commanda d'instruire leur procès sans délai. Mais il ne devait pas goûter la satisfaction qu'il se promettait de leur supplice. Frappé à mort dans un tournoi qu'il donnait à l'occasion du mariage de sa fille et de sa sœur, il expira le 10 juillet 1559.

Les Protestants voulurent voir dans une mort aussi imprévue un jugement de Dieu, et toujours prompts à s'abandonner à des espérances qui devaient constamment être déçues, ils saluèrent avec transport l'avénemeut au trône de François II. Il est vrai que tout semblait justifier leur confiance. Faible d'esprit comme de corps, le jeune roi était incapable de gouverner, et personne n'avait plus de droits à s'emparer des rênes de l'État que la reine-mère, Catherine de Médicis, et les princes du sang. Or, à l'exception du cardinal de Bourbon, tous les princes du sang étaient favorables à la Réforme, et quant à Catherine, si elle ne s'était pas déclarée ouvertement, on savait qu'elle recherchait de préférence la société et les conseils des Protestants. Ces derniers se livraient donc à un doux espoir, comme le nautonnier qui voit le ciel s'éclaircir après une furieuse tempête. Le roi de Navarre perdit tout.

Aussitôt que Henri II eut été blessé, le connétable de Montmorency lui dépêcha un courrier pour hâter son retour du Béarn. Mais au lieu de se presser, Antoine de Bourbon s'avança à petites journées jusqu'à Vendôme, où il s'arrêta. Les Guises étaient trop habiles pour ne pas profiter de cette faute. L'influence que leur nièce, la belle Marie Stuart, exerçait sur son jeune époux, leur vint en aide. Catherine n'était pas femme à se laisser arrêter par un scrupule de conscience, si toutefois elle en éprouva aucun; elle se hâta de s'entendre avec eux, et quand le roi de Navarre arriva, la place était prise.

Le triomphe des Guises réduisit les Protestants au désespoir. Toucher au port après tant de traverses, et se voir rejetés au milieu des écueils et des dangers par l'incurie de celui-là même en qui, après Dieu, ils avaient mis tout leur espoir! Leur désapointement fut d'autant plus cruel, que leur enthousiasme avait été plus grand. Leurs sombres prévisions ne tardèrent pas à se réaliser. Dès le 14 juillet, injonction fut faite au parlement de continuer la procédure contre les conseillers enfermés à la Bastille, et, quelques jours après, des lettres patentes confirmées, le 9 novembre, par l'édit de Blois, ordonnèrent la démolition des maisons où se tiendraient des conventicules d'hérétiques. Quiconque y assisterait, devait être envoyé à la mort sans autre forme de procès (*Pièces justif.* N° XII).

Paris et surtout le faubourg St.-Germain, que l'on appelait la petite Genève, devinrent le théâtre d'horribles scènes de pillage et de violence. Beaucoup de Protestants parvinrent à s'enfuir ; mais beaucoup aussi furent livrés à la Chambre du parlement, à laquelle avait été réservée la connaissance du crime d'hérésie, et qui mérita, par sa promptitude à obéir aux ordres impitoyables de la Cour, l'exécrable surnom de Chambre ardente. Ces rigueurs lassèrent enfin la patience des Protestants.

Nous l'avons dit, les opinions des Réformateurs avaient trouvé un grand nombre de partisans parmi la noblesse, et l'on comprend que, dans ce siècle à demi barbare, un gentilhomme, habitué à en appeler en toute circonstance à son épée, ne pouvait adopter de prime abord, et sans de longs combats avec lui-même, le principe de la soumission passive envers l'autorité légitime, principe dont Calvin avait fait une des principales bases de sa doctrine. Les résistances se multiplièrent donc ; la violence fut opposée à la violence, et bientôt le caractère de la Réforme en France changea complétement. De secte religieuse, l'Église protestante se transforma en un formidable parti politique, dès qu'elle eut trouvé un chef puissant qui consentît à identifier ses intérêts avec les siens.

Le roi de Navarre, Antoine de Bourbon, semblait destiné à ce rôle. Mais faible, indolent, sans cœur et sans conviction forte, ce prince se laissait dominer par ses confidents qui s'étaient vendus aux Guises. Les Protestants ne tardèrent pas à s'apercevoir qu'ils ne pouvaient compter sur lui, et ils tournèrent leurs regards sur son frère, Louis de Bourbon, prince de Condé. Sous une apparence de nonchalance et de frivolité, Condé cachait un esprit ardent, intrépide ; il était ambitieux, il souffrait de se voir exclu de toute participation au maniement des affaires ; il frémissait d'impatience de venger les affronts qu'il avait reçus des Guises. A tant de motifs d'accepter l'appui d'un parti nombreux se joignirent sans doute les instances de sa femme et de sa belle-mère, toutes deux fort zélées pour la Réforme. Il consentit à se mettre à la tête des Protestants ; mais avant de se compromettre, il désira que quelque acte de vigueur lui démontrât la force de ce parti.

La conjuration d'Amboise fut ourdie. C'était la première entreprise directe contre l'autorité royale ; aussi beaucoup de Calvinistes rigides témoignaient-ils des scrupules qu'il fallut vaincre par une consultation en forme de quelques théologiens et jurisconsultes de la Suisse et de l'Allemagne. Le plan des conjurés était des plus simples. Ils voulaient surprendre la Cour, enlever les Guises, mettre le roi entre les mains des princes du sang et convoquer les États-généraux pour sanctionner cette espèce de révolution du palais. Mais la trahison fit avorter leurs projets, et un grand nombre d'entre eux périrent dans les supplices.

Dans le premier moment d'alarmes, la reine-mère, par le conseil de Coligny et du chancelier Olivier, avait fait rendre, dans les premiers jours du mois de mars 1560, un édit d'abolition qui accordait une amnistie complète pour le passé, en exceptant toutefois de cette mesure les prédicants et ceux qui, sous prétexte de religion, disait l'ordonnance, avaient formé des complots contre le roi, la reine, ses frères et ses ministres, ainsi que ceux qui avaient arraché les coupables des mains de la justice, pillé les finances du roi et arrêté ses lettres et ses courriers (*Pièces justif.* N° XIII). Quelques historiens ont avancé que cet édit avait accordé aux Protestants le libre exercice de leur culte jusqu'à la convocation d'un concile général. Nous ne trouvons rien dans l'édit d'abolition d'Amboise qui justifie cette assertion. Les Huguenots d'ailleurs eussent-ils joui de quelque liberté par une tolérance tacite, ils ne tardèrent pas à en être dépouillés par l'édit de Romorantin qui défendit tout conventicule sous les peines portées contre les crimes de lèse-majesté, en attribuant toutefois aux évêques la connaissance du crime d'hérésie (*Pièces justif.* N° XIV).

Cependant Catherine, qui commençait à s'inquiéter de l'omnipotence des Guises, feignit de se rapprocher du parti protestant que son intérêt lui défendait de laisser écraser. Elle se montrait moins éloignée de consentir à la convocation des États-généraux que réclamait hautement le prince de Condé avec une grande partie de la noblesse. Les Guises de leur côté crurent d'une habile politique de les assembler pendant qu'ils pouvaient encore espérer de les dominer, et afin de sonder l'opinion publique, ils convoquèrent une assemblée de Notables à Fontainebleau le 15 août 1560. Malgré les soins qu'ils s'étaient donnés pour en écarter tous ceux qu'ils connaissaient comme étant leurs ennemis, ils trouvèrent cette assemblée beaucoup moins docile qu'ils ne l'avaient pensé, et il leur fallut consentir non seulement à la convocation des États-généraux dans un délai assez rapproché, mais, jusqu'à ce que ces États en eussent décidé, à la tolérance des sectaires.

L'assemblée, qui dans le principe devait se réunir à Meaux, fut définitivement convoquée à Orléans par les Guises qui méditaient un odieux guet-apens. Ils se firent donner par le roi l'ordre d'arrêter Antoine de Bourbon et le prince de Condé aussitôt qu'ils arriveraient à la Cour. Une commission fut immédiatement nommée pour faire le procès à Condé, et déjà le jour de son supplice était fixé, lorsque François II mourut le 5 décembre 1560.

Son fils aîné n'avait pas rendu le dernier soupir, que la reine-mère, dont toute la politique se bornait à contenir les deux partis l'un par l'autre, s'était déjà mise d'accord avec le roi de Navarre au sujet de la régence. Ils se partagèrent l'autorité suprême sans daigner consulter les États-généraux dont l'ouverture ne se fit que le 13 décembre. Les Guises n'avaient rien négligé pour qu'aucun protestant ne fût élu par les bailliages; mais leurs intrigues n'avaient point eu un succès complet, et plusieurs députés, surtout de la noblesse, professaient la religion réformée. Aussi fut-il impossible aux trois ordres de s'entendre sur l'important objet du culte. Tout le clergé et une partie de la noblesse demandèrent la répression sévère de l'hérésie, tandis que beaucoup de nobles et tout le tiers-état insistèrent pour qu'on cessât les persécutions et qu'on laissât libres les opinions religieuses. Cette manifestation confirma Catherine dans ses dispositions favorables à l'égard des Protestants; elle en conclut naturellement que la majorité de la nation était pour eux, et que le moment ne tarderait pas à arriver où la France se séparerait de Rome. Le triomphe des Bourbons paraissait complet.

Les Protestants, il faut bien le dire, s'y laissèrent tromper. Au lieu de se renfermer strictement dans les affaires de leur Église, les ministres assemblés en synode à Poitiers, le 10 mars 1561, eurent la malheureuse idée de rédiger un mémoire pour demander l'exclusion des femmes du gouvernement de l'État et l'établissement d'une régence légitime. C'était oublier les plus simples règles de la prudence et courir le risque d'irriter la reine-mère sans aucune nécessité. Ce synode, toutefois, qui est compté comme le second synode national, ne perdit pas entièrement de vue le but réel d'une assemblée ecclésiastique; mais s'il s'occupa de la discipline, ce ne fut que pour ajouter au rigorisme déjà outré des règlements adoptés par le synode de Paris (*Pièces justif.* N° XV).

Pendant que les Protestants s'abandonnaient aux plus douces illusions, leur ruine se préparait en silence. Il avait été question dans les États de l'Ile-de-France de faire rendre gorge à ceux qui avaient été enrichis par les prodigalités des derniers règnes. Cette proposition alarma vivement le connétable de Montmorency, qu'elle menaçait doublement et dans sa propre fortune et dans celle de son fils, gendre de la duchesse de Valentinois. Il se prêta sans balancer à une réconciliation avec les princes Lorrains, dès que le maréchal de Saint-André lui eut fait quelques ouvertures à ce sujet. Le pacte fut signé sous l'influence occulte du roi d'Espagne, et l'alliance, connue dans l'histoire sous le nom de *triumvirat*, solennellement jurée.

Les funestes effets de cette réconciliation se firent promptement sentir. Malgré les efforts du chancelier L'hôpital, l'édit de juillet 1561, quoiqu'il adoucît en certains points celui de Romorantin et ne frappât les assemblées religieuses que de la peine du bannissement, fut loin de répondre à l'attente des Protestants qui se plaignirent vivement de ce qu'il leur enlevait une tolérance dont ils jouissaient depuis plusieurs mois (*Pièces justif.* N° XVI).

Les États-Généraux, qui se rouvrirent quelques jours après à Pontoise, s'en montrèrent tout aussi peu satisfaits. La noblesse et le tiers-état insistèrent de nouveau sur l'abolition de tous les édits contraires à la liberté religieuse, et demandèrent formellement que dans chaque ville on donnât un temple aux Protestants jusqu'à ce qu'un concile national fût parvenu à rétablir la paix et l'union dans l'Église chrétienne. Catherine prit en conséquence ses mesures pour rompre avec Rome.

La faveur qu'elle témoigna aux théologiens protestants qui, sur son invitation, se rendirent au célèbre colloque de Poissy où l'on discuta longuement sans pouvoir s'entendre, redoubla encore les craintes du clergé catholique. Il se décida à un grand sacrifice. Il consentit à racheter de ses deniers les domaines engagés pour une somme de quinze millions. A ce prix, Guise et Montmorency lui promirent le maintien de la religion ancienne, tandis que Coligny et d'Andelot obtenaient des deux autres ordres l'établissement d'un nouvel impôt sous la promesse que l'édit de juillet serait aboli.

Jamais les Protestants ne s'étaient trouvés dans une position plus belle; malheureusement ils se laissèrent enivrer par la prospérité. Quelques mois auparavant, ils auraient accepté avec reconnaissance une tolérance même tacite; ils ne demandaient au roi que la permission de s'assembler « en quelque coin de ses villes; » et alors qu'ils pouvaient célébrer publiquement leur culte, ils ne furent pas contents. Ils voulaient des églises, mais en édifier était trop long au gré de leur impatience; ils s'emparèrent à force ouverte de celles des Catholiques, et, par leurs violences, ils s'attirèrent de sanglantes représailles. On regrette d'avoir à dire que les ministres, qui auraient dû donner l'exemple de la modération, ne montrèrent en général aucune intelligence des embarras du gouvernement.

La reine-mère n'en persista pas moins à suivre la route que lui avaient tracée les États-généraux. Par ses ordres, des députés des différents parlements du royaume s'assemblèrent à Saint-Germain, et après de mûres délibérations, l'édit de juillet fut aboli et remplacé par le célèbre édit du 17 janvier 1562, le plus favorable sans aucun doute de tous ceux qu'eussent obtenus les Protestants. La liberté du culte leur fut accordée hors des villes, ainsi que la faculté de s'imposer volontairement pour le soulagement de leurs pauvres, et le droit de s'assembler en colloques ou en synodes sous la surveillance d'un commissaire du roi (*Pièces justif.* N° XVII). Autant les pasteurs se montrèrent reconnaissants de cet édit, autant le parlement de Paris fit de difficultés pour l'enregistrer; il n'y consentit qu'après plusieurs lettres de jussion.

La résistance des autres parlements ne fut pas moins opiniâtre; l'irritation des partis s'en accrut. Dans la capitale du royaume, la fermentation était arrivée à un tel point que le prince de Condé devait escorter les ministres à la tête d'un corps de troupes lorsqu'ils allaient célébrer le service divin dans le temple du Patriarche (quartier Saint-Marcel), ou dans celui de Popincourt.

Cependant Antoine de Bourbon, leurré par l'habile cardinal de Ferrare du fol espoir de recouvrer la Navarre, avait rompu ouvertement avec le parti de la Réforme. Il fit plus. A l'instigation de l'ambassadeur d'Espagne, il demanda à la reine-mère l'éloignement des Châtillon, qui, dans la persuasion que Catherine ne résisterait pas longtemps, se retirèrent volontairement de la Cour. Jugeant l'occasion propice, Montmorency et Saint-André écrivirent au duc de Guise de hâter son retour à Paris. Il y fit son entrée le 15 mars 1562, encore tout couvert du sang des malheureux Protestants de Vassy.

La nouvelle de ce massacre, qu'il avait fait ou tout au moins laissé exécuter sous ses yeux, remplit les Protestants d'indignation et d'effroi. Ils prévirent qu'une lutte implacable allait commencer entre les deux partis, et ils s'y préparèrent; mais ils voulurent auparavant recourir à la protection de la loi. Condé représenta à la reine-mère que cet acte de violence n'était rien moins qu'un attentat à la majesté royale, et, pour la décider à embrasser franchement et ouvertement la cause protestante, il lui offrit l'appui de deux mille cent cinquante églises réformées qu'on comptait alors dans le royaume (*Pièces justif.* N° XVIII). De son côté, l'Église de Paris porta ses plaintes au pied du trône et demanda la punition exemplaire des meurtriers; mais Catherine de Médicis évita de donner une réponse positive. Elle parvint cependant à déterminer le duc de Guise et le prince de Condé à sortir en même temps de Paris, dans le but d'éviter une collision devenue imminente. Le premier y consentit d'autant plus volontiers qu'il savait fort bien que les Parisiens lui étaient entièrement dévoués; il avait pu s'en convaincre par l'enthousiasme qui avait éclaté sur son passage, et il lui était facile par conséquent de se donner sans danger le mérite apparent d'avoir fait un sacrifice à la paix. Condé, au contraire, ne pouvait se dissimuler qu'en sortant de Paris, il perdrait cette ville; mais les Protestants qui y habitaient, ayant refusé de lui faire sous bonne caution un prêt de dix mille écus, moyennant lequel il s'engageait à s'y maintenir jusqu'à ce que d'Andelot lui amenât des renforts, il fut contraint de se retirer à Meaux avec le petit nombre de soldats qui l'accompagnaient.

Il ne tarda pas à y être rejoint par Coligny qui, après un long combat avec lui-même, s'était résolu enfin à courir les chances de la guerre civile. Leur troupe grossit rapidement; cependant huit jours s'écoulèrent avant qu'ils eussent réuni des forces suffisantes pour tenter le coup de main qu'ils méditaient. Ils furent prévenus par le roi de Navarre et le duc de Guise, qui enlevèrent le roi de Fontainebleau et le conduisirent à Melun d'où ils gagnèrent Paris. Il ne pouvait plus être question de s'emparer de la personne de Charles IX au milieu de sa capitale. Condé en revint donc à son premier projet, qui consistait à se saisir d'une place de sûreté. Il marcha rapidement sur Orléans où il entra le 2 avril 1562, à onze heures du matin. La première guerre civile commença.

En toutes circonstances, les Protestants aimaient à en appeler à l'opinion publique. Condé répandit donc par toute la France un manifeste où il protestait de son respect pour le roi, et promettait de déposer les armes pourvu que ses ennemis s'éloignassent de la Cour et que l'édit de janvier fût inviolablement observé. Ce soin rempli, il participa à la sainte cène avec les seigneurs qui l'avaient suivi, et tous jurèrent une alliance indissoluble jusqu'à la majorité du roi (*Pièces justif.* N° XIX).

De part et d'autre on se préparait à combattre, de part et d'autre on préludait à la lutte sanglante qui allait s'engager, par des actes du plus cruel fanatisme. Le Maine, l'Anjou, la Touraine, le Poitou, la Saintonge, l'Aunis, l'Angoumois, la Normandie, se déclarèrent pour l'association protestante, et presque partout dans ces provinces les prêtres furent chassés, quelques-uns tués, les églises envahies et pillées, les images brisées, les reliques brûlées, le culte catholique aboli. Dans la Picardie et la Champagne, au contraire, où les Catholiques formaient la grande majorité, ce furent les Protestants qui furent massacrés. « Il n'y avait nulle sûreté, dit le P. Anquetil, nul asile contre la violence : la bonne foi des traités, la sainteté des serments, furent dans cette guerre également foulées aux pieds; on vit des garnisons entières qui s'étaient rendues sous la sauvegarde d'une capitulation honorable, passées au fil de l'épée et leurs capitaines expirer sur la roue. » — « Les Catholiques, ajoute-t-il, outre la pente naturelle à la vengeance, y étaient encore entraînés par les arrêts du parlement de Paris et de quelques autres, qui leur ordonnaient de prendre les armes, de sonner le tocsin, de courir sus aux Calvinistes, et de les tuer partout où on les trouverait. » Nulle part cependant la guerre ne prit un caractère plus atroce que dans le Midi, où les passions sont plus vives et les haines plus violentes. D'horribles excès furent commis dans le Languedoc; mais les cruautés exercées par Montluc en Guyenne et par des Adrets en Dauphiné passent toute imagination. Hâtons-nous de le dire à l'honneur de Condé et surtout de Coligny, ils firent ce qu'ils purent pour arrêter ces effroyables désordres; s'ils n'y parvinrent pas toujours, c'est qu'ils furent peu secondés par les autres chefs, qui pouvaient se croire autorisés par les cruelles violences des Catholiques à user de représailles. Sans doute si leurs efforts eussent été mieux appuyés par les ministres, ils auraient eu plus de succès; mais les chefs des églises paraissent avoir été tout occupés à cette époque de discussions théologiques, s'il faut en juger par ce qui se passa au troisième synode national tenu à Orléans le 25 avril 1562 (*Pièces justif.* N° XX).

Après deux mois de préparatifs, les chefs des deux partis crurent pouvoir renoncer à la guerre de libelles et de manifestes pour tenter la fortune des combats. Le roi de Navarre, à la tête de l'armée catholique, forte de 4,000 hommes de pied et de 3,000 chevaux, s'avança jusqu'à Châteaudun. Le prince de Condé, avec 6,000 fantassins et 2,000 cavaliers, marcha à sa rencontre; mais, comme de part et d'autre on éprouvait une égale répugnance à porter les premiers coups, Catholiques et Protestants acceptèrent avec joie le projet d'une entrevue mis en avant par Catherine de Médicis, qui ne redoutait pas moins la victoire des triumvirs que celle de leurs adversaires. Un abouchement eut lieu en effet à Thoury dans la Beauce, sans mener à aucun résultat. Condé ne s'en prêta pas moins à de nouvelles négociations. En vain Coligny lui représentait que dans une guerre civile, il n'y a de chances de salut pour le parti insurgé que dans la promptitude et la vigueur des résolutions; il ne voulut pas se rendre à son avis. Prince du sang royal, il avait trop d'intérêt à ménager la Cour pour lui rompre brusquement en visière, et sous le voile du bien général il cachait toujours un certain fonds d'égoïsme. Ce n'était pas là le chef qu'il eût fallu aux Protestants. Il leur manqua — un Cromwell peut-être, c'est-à-dire un homme qui, sans s'arrêter à des considérations secondaires, sans passé en quelque sorte, marchât droit au but. Ou plutôt ils auraient dû rester secte religieuse et bien se garder de confondre leurs intérêts avec ceux des princes et des grands. Nous ne voyons pas que les apôtres et leurs disciples aient recherché la protection des puissants de la terre. Aussi, au bout de trois siècles, le christianisme s'assit sur le trône, tandis qu'après deux siècles et demi de guerres et de persécutions, ce n'est pas sans peine que le protestantisme a obtenu en France le droit de bourgeoisie.

Condé négocia donc, donnant ainsi aux triumvirs le temps de recevoir les renforts qu'ils attendaient de la Suisse et de l'Allemagne. Dès que ceux-ci furent arrivés, Catherine se rangea sans hésiter du parti le plus fort, et bien loin de consentir au maintien de l'édit de janvier, elle déclara qu'elle ne souffrirait plus en aucune partie du royaume l'exercice d'un culte autre que le catholique. Condé s'aperçut enfin qu'il avait été joué; mais la faute était irréparable. Il se vit enlever successivement plusieurs villes et resserrer de plus en plus dans Orléans, tandis que dans le reste de la France une foule de Protestants tombaient victimes d'insurrections populaires. Le découragement se glissa dans sa petite armée; beaucoup de gentilshommes l'abandonnèrent pour aller au secours de leurs familles ou pour échapper à la ruine du parti, en sorte qu'affaibli de moitié, il n'eut plus d'autre ressource que de suivre l'exemple des triumvirs en appelant les étrangers en France. Dès le 20 septembre 1562, ses émissaires signèrent le traité de Hamptoncourt, par lequel il s'engagea à recevoir dans le Havre 3,000 Anglais, qui y tiendraient garnison jusqu'à la fin des troubles; c'était la condition mise à un secours en hommes et en argent que lui promit Élisabeth. En cette circonstance, cette princesse ne montra point le pur dévouement à la Réforme dont elle donna plus tard de nobles exemples, et en exigeant de Condé un gage, elle nuisit à la cause protestante bien plus qu'elle ne la servit. Un sentiment d'indignation éclata jusque dans les rangs des Huguenots, lorsqu'on apprit que l'embouchure de la Seine avait été livrée aux anciens ennemis de la France.

Au lieu de sauver la Normandie, la présence des Anglais en hâta la perte. Dans les autres provinces, la situation n'était pas moins critique. L'unique espoir de Condé reposait sur le corps de troupes que d'Andelot avait levé en Allemagne avec l'argent de l'Angleterre. Ce renfort arriva enfin le 6 novembre. Condé voulut profiter de la supériorité numérique qu'il avait alors pour marcher sur Paris avec 8,000 hommes de pied, 5,000 chevaux et 7 pièces d'artillerie. L'alarme fut grande parmi les Catholiques qui étaient loin de s'attendre à une pareille audace; mais Catherine s'empressa de renouer les négociations, et Condé tomba une fois encore dans le piége. Il était trop tard lorsqu'il s'aperçut que les triumvirs n'avaient voulu que gagner du temps, et il fut contraint de battre en retraite vers la Normandie, vivement poursuivi par le connétable de Montmorency, qui l'atteignit, le 19 décembre, près de Dreux. Malgré les fautes répétées de Condé, qui déploya une bravoure admirable, mais ne montra nullement les qualités d'un général en chef, la fortune se déclarait pour les Protestants, lorsqu'une charge faite à propos par le duc de Guise à la tête de troupes fraîches vint leur arracher la victoire. Condé fut fait prisonnier, et Coligny, resté chargé du commandement, n'eut d'autre parti à prendre que de se retirer du champ de bataille à petits pas et en bon ordre.

Après avoir pourvu à la défense d'Orléans, où il laissa son frère d'Andelot, l'amiral entra en Normandie et arriva au Havre où il reçut les subsides promis par la reine d'Angleterre. Il se trouva alors en état de reprendre avec succès la campagne, et il soumit la province presque entière, pendant que l'armée catholique assiégeait Orléans. Guise voyait déjà cette ville réduite en son pouvoir, et il se promettait d'y exercer de terribles vengeances, lorsqu'il fut assassiné. Les Huguenots ne surent pas assez dissimuler la joie que leur causait la mort de leur plus habile adversaire. La reine-mère n'éprouva pas une satisfaction moins vive d'être débarrassée d'un homme qu'elle haïssait autant qu'elle le redoutait; seulement elle n'en fit rien paraître.

Le plus grand obstacle à la paix étant levé, les négociations furent reprises. Condé commença par demander l'exécution pleine et entière de l'édit de janvier; mais bientôt, soit qu'il se fût laissé séduire comme toujours par les promesses de Catherine, soit qu'il fût impatient de recouvrer la liberté, peut-être aussi par un bas sentiment de jalousie contre Coligny, il accepta, le 12 mars 1563, l'édit d'Amboise, qui apportait de grandes restrictions à la liberté du culte (*Pièces justif.* N° XXI). Avant de le signer, il avait cru devoir consulter les ministres, alors assemblés à Orléans, au nombre de soixante douze; mais au lieu de sages et prudents conseillers, il n'avait trouvé en eux que des fanatiques, qui, tout en exigeant une liberté absolue pour eux-mêmes, réclamaient le droit de faire brûler les athées, les *libertins*, les anabaptistes et les disciples de Servet!

Cependant Coligny, dans une complète ignorance de ce qui se passait, se hâtait d'accourir au secours d'Orléans avec une armée plus belle que celle qui avait été défaite à Dreux. En apprenant qu'un traité de paix avait été conclu à son insu, il témoigna hautement sa désapprobation; mais le mal n'admettait plus de remède; il déposa donc les armes. Ainsi finit la première guerre civile.

Aux yeux des deux partis, la paix d'Amboise n'était qu'une trêve; ni l'un ni l'autre n'étaient satisfaits. Ils s'unirent toutefois pour chasser du Havre les Anglais, que Condé avait complétement oubliés en traitant, malgré les promesses les plus formelles. Non content d'avoir ainsi violé sa parole, il se joignit à l'armée royale destinée à expulser de France ses anciens alliés. Plus scrupuleux, Coligny et d'Andelot refusèrent de le suivre. Par une complaisance excessive, Condé espérait sans aucun doute mériter le titre de lieutenant-général du royaume, dont Catherine avait flatté son ambition ; mais il fut trompé dans son attente. L'astucieuse reine-mère fit déclarer majeur, le 17 août 1563, son fils qui entrait à peine dans sa quatorzième année.

Le nouveau roi valait, s'il se peut, encore moins que son frère François II. Dissimulé, sombre, farouche, cruel, il ne semblait capable d'éprouver d'autres sentiments que ceux de la haine, de la jalousie et de la vengeance.

Les ministres protestants avaient profité de l'espèce de tranquillité dont jouissait le royaume, pour tenir à Lyon, le 10 août 1563, le quatrième synode national qui n'agita guère que de futiles questions de casuistique propres seulement à faire briller l'érudition de quelques théologiens (*Pièces justif.* N° XXII).

Ils auraient pu s'occuper d'objets plus importants ; car si la Cour ne combattait plus le parti protestant par les armes, elle s'attachait à le miner sourdement. « On restreignait chaque jour, dit l'historien Mézerai, la liberté qui était accordée aux Réformés par les édits, en sorte qu'elle fut réduite à presque rien. Le peuple leur courait sus aux endroits où ils étaient les plus faibles, et en ceux où ils pouvaient se défendre, les gouverneurs se servaient de l'autorité du roi pour les opprimer. Il n'y avait nulle justice pour eux dans les parlements ni au conseil du roi ; on les massacrait impunément, on ne les rétablissait pas dans leurs biens et dans leurs charges ; enfin on avait conspiré leur ruine. »

Condé se plaignit avec beaucoup de chaleur, les Protestants adressèrent à la cour de pressantes remontrances (*Pièces justif.* N° XXIII) ; la reine-mère leur fit de belles promesses, mais en même temps, au rapport de l'historien Davila, elle promettait au pape de travailler sans relâche à l'extirpation de l'hérésie. Elle ne voulait plus recourir au moyen dangereux de la force ouverte ; elle espérait atteindre le but par la ruse, écarter les chefs influents, amener Condé et les Châtillon à rentrer dans le giron de l'Église catholique, contenir les villes suspectes par des citadelles, amasser de l'argent, lever des troupes, et toutes les précautions prises, frapper enfin le coup décisif. Ce plan était habilement conçu; il plut au pape qui y donna son approbation entière ; mais il ne satisfit pas également le roi d'Espagne, en sorte que Catherine, aux conférences de Bayonne, dut promettre de suivre le conseil du féroce duc d'Albe et de faire des *vêpres siciliennes* de tous les chefs huguenots. De leur côté, les chefs catholiques du Midi renouvelèrent la ligue qu'ils avaient signée à Toulouse, le 20 mars 1563, et une association pareille se forma en Bourgogne.

Pendant qu'on préparait ainsi leur ruine, les Protestants tenaient à Paris, le 25 décembre 1565, le cinquième synode national où furent traitées quelques questions disciplinaires touchant la suspension, l'excommunication, le mariage, l'admission à la cène (*Pièces justif.* N° XXIV). On pourrait être surpris de voir les députés des églises réunis en assemblée synodale malgré une défense récente du gouvernement ; mais Catherine voulut sans doute assoupir leurs méfiances, en leur laissant prendre une liberté qui, elle l'espérait bien, ne se renouvellerait plus.

C'était, en effet, à Moulins, selon Adriani, que devait avoir lieu la sanglante exécution conseillée par le duc d'Albe. Une assemblée des Notables, à laquelle les chefs protestants ne pouvaient manquer de se rendre, y fut convoquée pour le mois de février 1566 ; mais on ne sait pour quel motif, — probablement parce qu'ils n'y assistèrent pas en assez grand nombre, — le massacre fut ajourné. Catherine en revint à son plan favori, c'est-à-dire qu'elle laissa les Protestants exposés sans défense à toutes les fureurs des parlements, du clergé et de la populace, dans l'espoir de les dégoûter peu à peu d'une religion qui ne leur attirait que des dangers. Mais en même temps elle accablait de tous les témoignages de sa faveur Condé et les Châtillon dans le but de les rendre suspects à leur parti. Depuis la conclusion de la paix, plus de 3,000 Huguenots avaient péri. Les violences auxquelles ils étaient partout exposés, l'échange fréquent des courriers entre la Cour de France, le Saint-Siége et le duc d'Albe, tout excitait au plus haut point les craintes des Protestants. Ce fut dans ces circonstances critiques que s'assembla à Verteuil, le 1er septembre 1567, le sixième synode national qui se borna à résoudre quelques cas de conscience et à établir quelques règles de discipline (*Pièces justif.* N° XXV). On serait en droit de s'étonner que les alarmes des églises n'aient trouvé aucun écho dans son sein, lorsqu'on voit les étrangers mêmes en être émus. Les princes d'Allemagne crurent devoir faire auprès de Charles IX une démarche publique en faveur de leurs coreligionnaires. Leur intervention ayant été fort mal accueillie, les chefs huguenots, à qui des avis inquiétants arrivaient de tous côtés, se décidèrent à en appeler encore une fois au sort des armes. C'était le seul parti qui leur restait à prendre. « Que les Calvinistes eussent éclaté quelques jours plus tard, dit Lacretelle dans son Histoire des guerres de religion, la reine, qui avait préparé contre eux une armée assez forte et une troupe presque aussi nombreuse d'espions, d'assassins et d'incendiaires, donnait à la fois le signal de la guerre et des massacres. Les épées et les poignards se tiraient le même jour. Les chefs militaires des Protestants étaient arrêtés; on livrait à la mort leurs ministres, on incendiait les châteaux des nobles; la multitude se soulevait dans la plupart des villes contre des hommes désignés depuis longtemps à sa haine fanatique. » Un conseil se tint. Coligny proposa de s'emparer de la personne du roi pour donner à leurs entreprises l'apparence de la légalité, et il fit adopter son avis. Ce hardi coup de main n'était rien moins qu'inexécutable. La Cour se trouvait alors au château de Monceaux dans la Brie, attendant sans défiance l'arrivée d'un corps de 6,000 Suisses pour mettre ses desseins à exécution. L'éveil lui fut donné par les mouvements des Protestants. Elle se retira en toute hâte à Meaux, et, pour gagner du temps, Catherine eut recours au moyen qui lui avait toujours réussi ; elle entra en négociations.

Pendant que Condé et Coligny perdaient ainsi un temps précieux, les Suisses arrivèrent à marches forcées de Château-Thierry et escortèrent le roi jusqu'à Paris. L'orgueil de Charles IX fut révolté d'avoir été obligé de fuir ; « il n'oublia jamais, dit Montluc dans ses Commentaires, que l'amiral luy fit faire la traite de Meaux à Paris plus viste que le pas, » et sa haine contre les Huguenots se nourrit du souvenir ineffaçable du danger qu'il avait couru.

L'entreprise manquée, il fallut essayer de la justifier (*Pièces justif.* N° XXVI), tout en se préparant à combattre. Tandis que par ses ordres, les Protestants couraient aux armes dans toute la France, Condé, avec environ 2,000 hommes, s'établit à Saint-Denis, le 2 octobre 1567, dans l'intention d'affamer Paris et de contraindre ainsi la Cour à accepter ses propositions. Il demandait le renvoi des Suisses, la liberté de conscience et la convocation des États-généraux. Pour gagner la faveur populaire, il fit afficher sur les murs de la ville une protestation portant qu'il n'avait pris les armes que pour délivrer les pauvres sujets du roi de l'oppression des Italiens (*Pièces justif.* N° XXVII). La Cour répondit par une sommation de déposer les armes (*Pièces justif.* N° XXVIII). Les Protestants n'eurent garde d'obéir ; ils renouvelèrent au contraire leurs demandes, mais en les présentant sous une forme plus humble (*Pièces justif.* N° XXIX). Cependant Condé s'attachait à resserrer de plus en plus Paris. Pressé par les murmures des habitants, le connétable se décida enfin à lui offrir la bataille le 10 novembre. Quoiqu'il n'eût que 1,500 chevaux et 1,200 fantassins mal armés pour la plupart, Condé ne voulut pas reculer. Les Huguenots combattirent avec une bravoure sans exemple ; jamais l'enthousiasme n'enfanta de plus grands prodiges de valeur. « Ah ! s'écria transporté d'admiration l'ambassadeur de Sélim II, qui assistait comme spectateur à la bataille, si mon maître avait six mille de ces casaques blanches, il ferait la conquête de l'Asie. » Bien qu'ils eussent affaire à un ennemi dix fois plus nombreux, les Protestants ne furent pas vaincus. Ils abandonnèrent, il est vrai, le champ de bataille pour se replier sur Saint-Denis; mais, de leur côté, les Catholiques rentrèrent à Paris, et le lendemain ils n'osèrent accepter le défi de d'Andelot ni sortir à sa rencontre. Condé opéra en bon ordre sa retraite sur Montereau, résolu de marcher au-devant de l'armée allemande que Jean Casimir amenait à son secours. Après avoir surmonté des obstacles et des dangers de toute espèce, il fit sa jonction à Pont-à-Mousson, le 11 janvier 1568. De nouveaux embarras l'attendaient. Pour décider les reîtres à entrer en France, on leur avait promis cent mille écus, et ils les réclamaient à grands cris. Condé n'en avait pas deux mille. Les Huguenots s'armaient et s'entretenaient en campagne à leurs frais; ils ne recevaient pas de paye, et jamais ils n'avaient eu de caisse militaire. Cependant il était urgent de satisfaire les étrangers. On vit alors l'exemple unique dans l'histoire d'une armée sans solde soudoyant une autre armée. Un généreux enthousiasme s'empara de tous ces guerriers qui manquaient eux-mêmes du nécessaire. « Jusqu'aux gougeats, raconte La Noue, chacun bâilla, et l'émulation fut si grande qu'à la fin on réputa à déshonneur d'avoir peu contribué. » Touchés de ce désintéressement, les reîtres se contentèrent des trente mille écus qu'on put réunir.

Forte de 20,000 hommes, mais sans magasins, sans artillerie, sans argent, et enveloppée par des forces supérieures, l'armée protestante se remit alors en marche. A travers mille fatigues, elle arriva sur les bords de la Loire, impatiente d'en venir aux prises, mais ne pouvant attirer les Catholiques au combat. Pour les contraindre à une action décisive, Condé mit le siége devant Chartres, le 23 février 1568. Quelques jours après arriva l'armée des Vicomtes qui, partie du Languedoc, avait traversé la France, écrasé les catholiques à Gannat, le 6 janvier, et débloqué Orléans. Vers le même temps, un brillant fait d'armes de Coligny, en redoublant les inquiétudes de la reine-mère, la détermina à accélérer les négociations pour la paix que jusque-là elle s'était attachée à traîner en longueur. Condé et Coligny, instruits par l'expérience, insistaient pour obtenir des gages de l'exécution sincère de ses promesses ; mais l'extrême fatigue des gentils-hommes qui servaient sous leurs ordres, et la misère croissante des soldats, les forcèrent à renoncer à toute garantie. Ils signè-rent donc, le 23 mars 1568, la paix de Longjumeau qui rétablit l'édit d'Amboise, débarrassé de toutes restrictions et modifica-tions, et mit fin à la seconde guerre civile (*Pièces justif.* N° XXX).

Les Protestants ne demandaient qu'à vivre en paix. Si jamais ils avaient pu nourrir l'espoir de faire triompher leur religion par la force des armes, l'expérience des deux dernières guerres ne devait plus leur laisser aucune illusion. Loin de faire des progrès, ils s'étaient considérablement affaiblis. Sans parler de ceux qui avaient péri sur le champ de bataille, dans les massacres et dans les supplices, combien d'autres par faiblesse ou par inconstance n'avaient-ils pas renoncé à un culte qui les exposait à la misère, au déshonneur, aux tortures, à la mort! Pour résister pendant de longues années aux dangers qui assiégeaient de toutes parts les religionnaires, il fallait une foi plus que vulgaire, et en tout temps il fut très-restreint le nombre de ces âmes d'élite qui n'hé-sitent pas à tout sacrifier à leurs convictions. Les Protestants se sentaient donc en minorité, et comme les plus faibles, ils de-vaient désirer ardemment la franche exécution du dernier traité.

Catherine cependant n'avait aucune intention de tenir ses promesses ; elle pensait être juste, selon l'expression de Tavan-nes, d'attraper ceux qui avaient failli la prendre à Meaux. Non seulement elle ne licencia pas les troupes étrangères, comme elle s'y était engagée, mais elle encouragea dans sa désobéis-sance le duc de Nemours qui refusait nettement d'observer la paix. « Les chaires, dit le P. Anquetil dans son Esprit de la Ligue, retentissaient d'invectives contre les sectaires, de réflexions séditieuses sur la paix, d'exhortations à la rompre. On avançait hardiment ces maximes abominables, qu'il ne faut pas garder la foi aux hérétiques, et que c'est une action juste, pieuse, utile pour le salut, de les massacrer. » Échauffée par ces prédications fanatiques, la populace se ruait impunément sur les Protestants. En trois mois, plus de mille furent égorgés à Amiens, à Auxerre, à Rouen, à Bourges et dans d'autres villes. Si, dans ces circonstances, les Protestants ne se pressèrent pas, de leur côté, de rendre, conformément au traité de paix, les villes dont ils étaient les maîtres, qui oserait leur en faire un crime? Ils s'y montrèrent moins disposés que jamais lorsqu'ils apprirent que la reine-mère avait obtenu de la cour de Rome la permission d'aliéner du temporel du clergé jusqu'à cent cinquante mille livres de rente, sous la clause expresse que cet argent serait uniquement consacré à l'extermination des hérétiques. Les chefs comprirent la nécessité de se rapprocher et de s'entendre. Coligny alla trouver Condé à son château de Noyers en Bourgogne; et à peine y était-il arrivé, qu'on apprit que tous les passages étaient gardés par des troupes catholiques. Ils n'eurent que le temps de s'enfuir précipitamment et de gagner La Rochelle où ils arrivèrent le 18 septembre, après avoir échappé comme par miracle aux soldats qui les poursuivaient. Ils ne tardèrent pas à y être rejoints par la reine de Navarre et par tous les seigneurs protestants qui s'étaient signalés sous leurs ordres. La troisième guerre civile commença.

Dès le 23 septembre, Catherine rendit un édit qui abolissait celui de janvier et interdisait sous peine de mort l'exercice du culte réformé (*Pièces justif.* N$_0$ XXXI). Pour le mettre à exécution, elle assembla une forte armée dont elle donna le commandement à son fils chéri, le duc d'Anjou. Les Protestants, de leur côté, déployèrent une grande activité. Après s'être liés par un nouveau serment à *la Cause*, nom qu'ils commencèrent alors de donner à leur parti, ils attaquèrent et prirent successivement les principales villes des provinces de l'Ouest. Les scènes d'horreur qui avaient déshonoré leurs armes dans les précédentes guerres, se renouvelèrent avec plus de fureur que jamais. Les églises furent démolies, les monastères rasés, des prêtres et des moines passés au fil de l'épée, des religieuses livrées aux derniers outrages. Désespérés de ces excès, Coligny et d'Andelot essayèrent inutilement d'y mettre un terme et d'inspirer à leurs soldats plus d'humanité. Le désir de la vengeance était entré trop profondément dans ces cœurs ulcérés pour qu'ils pussent écouter la voix de la modération et de la justice. Les atroces cruautés que continuaient d'ailleurs à exercer les Catholiques sur tous les Protestants qui tombaient entre leurs mains, semblaient justifier en quelque sorte ces représailles.

Après avoir opéré à Aubeterre, le 1ᵉʳ novembre 1568, sa jonction avec l'armée huguenote de Provence et de Dauphiné, Condé, qui comptait vingt-cinq mille hommes de pied et trois mille chevaux, se porta à la rencontre de l'armée catholique. Quoique égal en nombre, le duc d'Anjou refusa d'engager une action générale. Cette campagne se passa donc en petits combats où les avantages se balancèrent.

Cependant Odet de Châtillon qui était parvenu à se réfugier en Angleterre, pressait la reine de venir au secours des Protestants français. Élisabeth leur envoya cent mille écus et six pièces d'artillerie. C'était peu pour leurs besoins; mais Condé sut trouver des ressources dans la vente des biens ecclésiastiques et des riches prises faites par les corsaires rochellois.

Aussitôt que la rigueur de la saison se fut adoucie, les deux armées se remirent en mouvement. Cette fois ce fut le duc d'Anjou qui offrit la bataille. Il avait reçu de puissants renforts, et il savait que les Protestants attendaient d'Allemagne un corps nombreux commandé par le duc de Deux-Ponts. En vain Condé, qui avait perdu beaucoup de monde par les maladies et qui, comme toujours, avait été abandonné par un grand nombre de gentilshommes, impatients de revoir leurs foyers après une campagne pénible, voulut-il éviter un engagement général; l'indiscipline de ses soldats ne lui permit pas d'exécuter son plan, et, malgré lui, il dut livrer la bataille de Jarnac où il perdit la vie par un infâme assassinat. L'héroïque conduite de Jeanne d'Albret qui se hâta d'accourir de la Rochelle avec son fils et son neveu, releva le courage des Huguenots. Le prince de Béarn fut proclamé protecteur des églises, sous la direction de l'amiral de Coligny qui prit le titre de lieutenant général. Commandée par le plus habile capitaine de l'époque, l'armée protestante pouvait se regarder comme plus redoutable que jamais.

La nouvelle de la victoire de Jarnac et de la mort de Condé excita à la Cour des transports d'enthousiasme; mais on s'aperçut bientôt que ce succès, dont on faisait tant de bruit, se réduisait à peu de chose. Tous les efforts des Catholiques ne purent arrêter la marche du duc de Deux-Ponts, qui s'empara de la Charité et opéra à Saint-Yrier sa jonction avec l'amiral, le 12 juin 1569. Ce fut en mémoire de cet événement que Jeanne d'Albret fit frapper une médaille avec cette légende : *Paix assurée, victoire entière ou mort glorieuse.*

La marche hardie des Allemands à travers la France, les exploits de Montgommery dans le Béarn, l'avantage brillant remporté par La Noue dans les environs de Niort, la victoire enfin de la Roche-Abeille, rendirent aux Protestants toute leur confiance. Les Catholiques se vengèrent de ces revers par des massacres accompagnés de circonstances effroyables; on les vit à Auxerre manger le cœur d'un Protestant après l'avoir fait griller sur des charbons. Le parlement de Paris ne se montra pas moins oublieux de toutes les lois de la morale et de l'humanité, en mettant à prix la tête de l'amiral et en le désignant ainsi à la cupidité sanguinaire des assassins.

Coligny se laissa peu effrayer de ces éclats d'une rage impuissante; il était plus inquiet des résistances qu'il rencontrait dans sa propre armée. Son projet était de marcher sur Paris pour forcer la reine-mère à signer la paix sous les murs de la capitale ; mais il ne put vaincre l'obstination des seigneurs poitevins, qui insistèrent pour qu'il s'emparât d'abord de Poitiers. Il mit donc le siége devant cette ville, et après avoir perdu l'élite de ses troupes, il fut heureux de trouver un prétexte honnête pour l'abandonner. Ce revers accrut encore le désordre qui régnait dans son armée. Pour en prévenir la désorganisation complète, il annonça l'intention d'aller rejoindre Montgommery, et de revenir ensuite offrir la bataille aux Catholiques qui avaient reçu de grands renforts. Mais la mutinerie des reîtres et des lansquenets, en retardant sa marche, donna au duc d'Anjou le temps de l'atteindre à Moncontour. Coligny voulait battre en retraite ; ses troupes le forcèrent à accepter la bataille.

Dès la seconde charge, les Protestants furent mis en déroute. En vain l'amiral, qui avait eu la mâchoire fracassée d'un coup de pistolet, essaya de les ramener au combat ; il fut emporté lui-même par le nombre. Ce fut alors une véritable boucherie. Des corps entiers furent, de sang-froid, passés au fil de l'épée ; les autres se sauvèrent par la fuite, abandonnant à l'ennemi drapeaux, canons, bagages, et d'une armée de 25,000 hommes, moins du quart accompagnèrent leurs chefs à Saint-Jean-d'Angely.

Jamais Coligny ne se montrait plus grand que dans l'adversité ; cependant ce désastre l'accabla un instant. Mais son inébranlable confiance en Dieu releva bientôt son courage, et tandis que l'armée catholique s'épuisait au siége de Saint-Jean-d'Angely, il entra en Gascogne, taillant en pièces tous les corps ennemis qui essayèrent de lui couper le passage, et il se réunit, le 10 décembre, aux troupes victorieuses de Montgommery.

Au retour du printemps, il fut en état de prendre l'offensive. Pour punir Toulouse de son sauvage fanatisme, il dévasta ses environs ; puis, toujours décidé à faire éprouver aux Parisiens les misères de la guerre et les amener par là à ne plus s'opposer à la paix, il marcha vers la Loire, appela à lui les Protestants du Dauphiné, pénétra en Bourgogne, repoussa les Catholiques d'Arnay-le-Duc, et arriva à la Charité où il signa, le 8 août 1570, une paix beaucoup plus avantageuse que toutes celles qu'avaient obtenues jusque-là les Protestants. L'édit de pacification, publié le 15 à Saint-Germain-en-Laye, rétablit la liberté du culte réformé dans tout le royaume, excepté à la Cour, et pour la première fois des places de sûreté furent accordées aux religionnaires (*Pièces justif.* N° XXXII).

Les partis étaient trop exaspérés pour que la tranquillité pût renaître immédiatement. A Rouen, à Dieppe, à Orange, à Paris, la populace catholique, soulevée par les moines, attaqua les Huguenots revenant des prêches, et en massacra plusieurs. Mais la Cour accueillit cette fois les plaintes des Protestants, et donna ordre de punir les agresseurs. Ce fut sans doute aussi dans le but de leur inspirer plus de confiance que le roi les autorisa expressément à tenir à la Rochelle, le 2 avril 1571, leur septième synode national. La présence de la reine de Navarre, des jeunes princes, de Coligny, de Théodore de Bèze, donna à cette assemblée une solennité que n'avaient point eue les synodes précédents. La confession de foi adoptée à Paris en 1559 y fut approuvée et expliquée en quelques points, et l'on ajouta à la discipline un petit nombre d'articles qui tendaient à la rendre plus rigide, comme on le fit encore au huitième synode, assemblé à Nismes, le 6 mai de l'année suivante (*Pièces justif.* N°s XXXIII et XXXIV).

Pendant que les Protestants travaillaient ainsi à la restauration de leurs églises fortement ébranlées par la guerre, la Cour ne semblait occupée que de mariages et de fêtes. Après le mariage du roi vint celui de Henri de Navarre avec Marguerite de Valois, déjà connue par ses galanteries. Cette union, que Catherine de Médicis présentait comme devant cimenter la réconciliation des deux partis, était l'appât préparé pour attirer à Paris les principaux chefs huguenots.

Le moment était venu où les conseils du duc d'Albe devaient

recevoir leur exécution. On a voulu nier la préméditation du massacre de la Saint-Barthélemy. Que pendant sept années, Catherine n'ait jamais perdu de vue un instant l'horrible projet qui lui avait été suggéré à l'entrevue de Bayonne, nous ne pouvons le croire ; la conscience se révolte à l'idée d'une perversité aussi effrayante. Cependant, nous devons le dire, deux historiens catholiques justement estimés l'affirment de la manière la plus positive, en faisant honneur à la reine-mère de sa profonde dissimulation. Les écrivains protestants, sur ce point, sont généralement d'accord avec Davila et Adriani. D'un autre côté, il est notoire que depuis son alliance avec les triumvirs, Catherine n'avait jamais accordé aux Huguenots qu'une paix illusoire et perfide, qu'elle n'avait cessé de nourrir le désir de les anéantir. Nous serions donc porté à croire qu'elle tenait, pour ainsi dire, en réserve la terrible mesure conseillée par le duc d'Albe comme une dernière ressource bonne à employer dans le cas où d'autres moyens moins violents viendraient à échouer. La dernière guerre avait dû la convaincre qu'elle ne pourrait exterminer les Huguenots par la force, et la résolution fut prise de recourir à la ruse. La paix de Saint-Germain fut donc conclue uniquement pour préparer la Saint-Barthélemy. Dans sa Vie de Pie V, Catena, secrétaire du légat Alessandrino, raconte que Charles IX dit au cardinal, dans une entrevue qu'il eut avec lui à Blois, qu'il pouvait rassurer le Pape au sujet du mariage de sa sœur avec le Béarnais, qu'il ne voulait que se venger des ennemis de Dieu et punir les rebelles, comme la fin le montrerait. Dans ses Stratagèmes, Camille Capilupi avait déjà rapporté la même conversation et dans les mêmes termes. En vain de Thou avertit de se méfier des historiens italiens ; les raisons qu'il allègue pour nous rendre suspecte leur véracité n'ont pas, à nos yeux, assez de poids pour que nous rejetions des témoignages aussi formels sur la préméditation de cette odieuse perfidie.

Charles IX tenait en son pouvoir Jeanne d'Albret et son fils avec plus de cinq cents gentilshommes huguenots; mais Coligny, soit par méfiance, soit pour tout autre motif, était resté à la Rochelle. Il fallait l'en faire sortir. Les fêtes qu'il prodiguait à ses hôtes, qui devaient bientôt devenir ses victimes, étaient peu propres à séduire un vieux guerrier aux mœurs austères. Le roi le comprit et son génie infernal le servit à souhait. Coligny, nous l'avons dit, ne s'était décidé qu'avec peine à prendre les armes; il éprouvait un remords constant d'avoir dû jouer un rôle dans la guerre civile, et il soupirait après le moment où il lui serait permis de faire oublier qu'il avait été chef de parti. Charles IX le tenta par la perspective d'une guerre contre l'Espagne, puis, quand il l'eut attiré à Paris, il mit tant d'adresse, tant de dissimulation dans tous ses rapports avec lui, que l'empoisonnement de Jeanne d'Albret même ne put dissiper sa trompeuse sécurité. A force d'artifices, le roi parvint à faire tomber dans le piége tous les seigneurs huguenots. Il ne s'agissait plus que de s'en débarrasser le plus promptement possible, de peur qu'ils n'échappassent; le signal de la Saint-Barthélemy fut donné. Pendant trois jours Paris devint le théâtre d'un massacre épouvantable qui coûta la vie à plus de dix mille Protestants. En même temps des ordres avaient été envoyés dans les provinces pour qu'on fît main-basse sur tous les Huguenots. Quelques hommes de cœur refusèrent de remplir l'office de bourreaux. De ce nombre sont le baron de Gordes en Dauphiné, Saint-Héran en Auvergne, La Guiche à Mâcon, Chabot-Charny en Bourgogne, d'Orthez à Bayonne, Sigognes à Dieppe, de Tende et de Carces en Provence; mais à ces quelques exceptions près, partout on se montra empressé d'obéir aux ordres impitoyables de la Cour. L'évêque de Rhodez, Péréfixe, porte à cent mille le nombre des Protestants égorgés dans tout le royaume. Nous voulons croire qu'il y a de l'exagération dans ce chiffre; mais si l'on tient compte de ceux qui périrent de faim et de misère dans leur fuite, et de ceux qui allèrent chercher à l'étranger une terre plus hospitalière, on devra admettre, comme le fait le plus positif, que la Saint-Barthélemy a coûté à la France beaucoup plus de cent mille habitants.

Le crime commis, Charles IX voulut en rejeter toute la responsabilité sur les Guises, comme s'il eût redouté de laisser sa mémoire en exécration à la postérité; mais bientôt, quand il s'aperçut que personne ne prenait le change, ou pour tout autre raison, il en revendiqua l'honneur. Adoptant lâchement l'absurde supposition d'un complot tramé par les Protestants, le parlement de Paris s'associa autant qu'il était en lui aux fureurs d'une Cour sanguinaire, et poussa la servilité jusqu'à louer la piété courageuse du roi !

Pendant que les félicitations du Pape et du roi d'Espagne venaient remercier l'assassin couronné du service insigne qu'il avait rendu à l'Église, le reste de l'Europe ne dissimulait pas l'horreur qu'il lui inspirait.

La Cour d'ailleurs ne tarda pas à reconnaître qu'elle n'était pas encore « au bout de tous les Huguenots, bien qu'elle en eût fort éclairci la race. » Les Protestants revinrent promptement de leur première épouvante, et ils se relevèrent d'autant plus terribles que l'indignation et le désir de la vengeance doublaient leur courage. La ville de Montauban donna la première le signal de la quatrième guerre de religion.

L'insurrection se répandit avec la rapidité de l'éclair au grand étonnement de la Cour. Elle s'était imaginée en finir d'un seul coup avec le parti protestant en lui enlevant les chefs qui le poussaient, selon elle, à la révolte. Pouvait-elle comprendre, souillée de vices comme elle l'était, qu'il y eût des hommes capables de se sacrifier pour leur foi? Nourri des maximes de Machiavel, Charles IX n'admettait pas qu'un sujet, pour quelque motif que ce fût, pût résister aux ordres du souverain; il croyait que tous devaient s'empresser de courber la tête devant l'expression de sa volonté. Mais ce n'était pas en vain que les réformateurs avaient réclamé les droits imprescriptibles de la raison et de la conscience ; ce n'était pas en vain que d'habiles jurisconsultes, de hardis publicistes, tels que La Boétie, Hotman, Languet, avaient examiné et discuté les bases du contrat social et posé les limites au delà desquelles l'obéissance cesse d'être un devoir. Leurs écrits avaient été lus et commentés avec avidité, des idées plus saines s'étaient répandues. Traîtreusement massacrés par ordre de leur roi, les Protestants rentraient dans le droit naturel de légitime défense. « S'il arrive, lit-on dans l'opuscule de l'illustre Gerson contre les adulateurs des princes, qu'un souverain commette des injustices manifestes, sans avoir égard aux remontrances de ses sujets, ceux-ci ont la liberté de se défendre suivant la règle du droit naturel qui permet d'opposer la force à la violence. » La Cour avait cru réduire les Protestants à l'impuissance, en leur enlevant leurs chefs ; mais n'avaient-ils pas sous les yeux l'exemple de la Suisse républicaine ? Leurs ministres rédigèrent donc à la hâte un projet de constitution démocratique et fédérative. Le pouvoir administratif et le pouvoir judiciaire furent organisés dans les villes où ils étaient les maîtres, sur la large base de l'élection populaire. Un Conseil et un chef général, nommés à la pluralité des voix par les maires des différentes villes, furent placés à la tête de la confédération. (*Pièces justif.* N° XXXV).

La Cour, de son côté, ne restait pas inactive. Elle leva quatre armées dont la plus forte, sous les ordres du duc d'Anjou, fut chargée de réduire la Rochelle, que La Noue lui-même n'avait pu décider à se soumettre. Animés à la résistance par les ministres qui s'étaient réfugiés dans cette ville de toutes les parties de la France et qui les menaient au combat en entonnant le 68° psaume : *Que Dieu se montre seulement*, chant de guerre bien connu des Huguenots, les Rochellois opposèrent une défense héroïque ; on vit les femmes elles-mêmes, nouvelles Jeanne Hachette, monter sur la brèche et repousser les assaillants. Et néanmoins, sans l'élection du duc d'Anjou au trône de Pologne, le boulevard des Protestants, aurait certainement succombé, comme succombèrent Sommières et Sancerre dont les habitants ne déployèrent pas un courage moins admirable. Cette dernière ville supporta jusqu'au 19 août la plus cruelle famine. Contrainte de capituler, elle fut exclue du bénéfice de la paix qui avait été signée en juillet 1573, et qui fut suivie d'un édit peu avantageux. Le culte public ne fut autorisé qu'à la Rochelle, à Montauban et à Nismes; toutefois personne ne devait être inquiété pour cause de religion (*Pièces justif.* N° XXXVI).

Cet édit mécontenta au plus haut point les Protestants des provinces méridionales qui se plaignirent, non sans raison, d'avoir été sacrifiés. Leurs députés s'assemblèrent à Montauban, le 24 août 1573, jour anniversaire de la Saint-Barthélemy, et dressèrent une remontrance énergique pour demander une éclatante vengeance du massacre de la précédente année (*Pièces justif.* N° XXXVII). Charles IX dut frémir de colère en écoutant cette courageuse requête; mais il dissimula et répondit par de vagues promesses. En attendant qu'il lui plût de les remplir, les Protestants tinrent une seconde assemblée à Milhau, le 16 décembre. Après s'être liés par de nouveaux serments, ils adoptèrent une forme de gouvernement qui constituait un État dans l'État (*Pièces justif.* N° XXXVIII).

Tandis que ces événements importants se passaient dans le Languedoc, des intrigues de cour avaient opéré un rapprochement entre les seigneurs protestants et les Catholiques politiques à la tête desquels s'était placé le duc d'Alençon, frère du roi. Ce prince devait s'échapper de la Cour avec Henri de Navarre et Henri de Condé, pour aller prendre le commandement des Huguenots du Poitou soulevés par La Noue. Mais, au moment de l'exécution, le cœur lui manqua et il courut révéler le complot à sa mère. Cette indigne trahison n'arrêta point les progrès de l'insurrection. Dans ces circonstances alarmantes, Catherine, que la maladie du roi laissait maîtresse du royaume, fit preuve d'une vigueur inaccoutumée. Elle ordonna la levée de trois armées; mais les opérations militaires venaient à peine de commencer, que Charles IX mourut en proie à de tardifs remords, le 30 mai 1574.

Quelques heures avant d'expirer, ce prince avait nommé sa mère régente du royaume jusqu'au retour du roi de Pologne; c'était une pure formalité, puisque Catherine n'avait pas cessé un seul instant d'exercer l'autorité réelle. En attendant l'arrivée de Henri III, la régente songea à temporiser. Elle fit proposer une trêve aux Protestants du Poitou. Ils l'acceptèrent dans l'espoir d'arriver à une paix générale, à la négociation de laquelle ils invitèrent cette fois leurs coreligionnaires du Midi. Ces derniers qui, dès le 29 mai, avaient conclu une suspension d'armes avec le maréchal Damville, gouverneur du Languedoc, se préparaient alors à tenir les États de la religion dans la ville de Milhau. L'assemblée s'ouvrit effectivement le 10 juillet 1574. Son acte le plus important fut l'élection, comme chef et protecteur des églises, du prince de Condé, à qui elle ne confia toutefois qu'un pouvoir fort restreint et qu'elle plaça sous la surveillance et la direction d'un Conseil. Une seconde assemblée, qui eut lieu au mois d'août, signa la confédération des Protestants avec les Catholiques politiques. Les deux partis s'engagèrent mutuellement à se soutenir, à ne jamais traiter séparément et à ne déposer les armes que quand des États légalement convoqués auraient pourvu à la réforme du gouvernement, à la punition des perturbateurs du repos public et au soulagement des peuples.

— Telle était la situation du royaume, lorsque Henri III arriva à Lyon le 6 septembre. Il y tint un conseil où la résolution fut prise de ne faire aucune espèce de concessions aux Huguenots. Mais il apprit bientôt à ses dépens, dans le Dauphiné et dans le Languedoc, qu'il ne viendrait pas aussi facilement à bout des religionnaires qu'on voulait bien le lui faire espérer. Son indolence ne tarda pas d'ailleurs à l'emporter sur son ardent désir d'anéantir une secte odieuse, et tandis qu'il oubliait jusqu'à sa dignité personnelle dans les plus futiles divertissements, les Protestants et les Politiques cimentèrent leur union dans l'assemblée de Nismes, le 10 janvier 1575.

Cette alliance, que les Huguenots les plus zélés ne voyaient pas de bon œil, quoiqu'elle fût peut-être nécessaire, rendit aux Protestants une prépondérance décidée dans le bas Languedoc. Ils en profitèrent pour soumettre plusieurs villes, tandis que leurs députés, réunis à Bâle avec ceux de Damville, rédigeaient une requête au roi pour lui demander de mettre la religion catholique et la protestante sur un pied d'égalité parfaite, tout en interdisant les autres croyances sous les peines les plus sévères. Henri III rejeta leurs demandes et la guerre continua avec des chances diverses.

La fuite du duc d'Alençon, qui s'échappa secrètement de Paris le 15 septembre 1575 et alla chercher un refuge à Dreux, ville de son apanage, donna une tournure nouvelle aux affaires. Ce prince n'avait aucune des qualités propres à un chef de parti ; mais tout ce qu'on lui demandait, c'était l'appui de son nom. Il était de la maison royale, et au titre de prince du sang était attaché un si puissant prestige que Protestants et Politiques se joignirent avec empressement à lui, bien qu'ils ne se fiassent pas à sa loyauté, et qu'ils n'eussent même pour son caractère que du mépris. Cette défection inquiéta d'autant plus le roi qu'il apprit en même temps que Condé et Jean Casimir se disposaient à entrer en France avec une armée allemande. Il eut recours à l'habileté diplomatique de la reine-mère ; mais la juste méfiance qu'elle inspirait, fit traîner les négociations en longueur. Elles n'avaient encore abouti à aucun résultat, lorsque l'évasion du roi de Navarre et la jonction de Condé avec le duc d'Alençon à Moulins, décidèrent enfin Catherine à signer, à Chastenoy, le 6 mai 1576, la paix, appelée *de Monsieur*, qui termina la cinquième guerre de religion.

L'édit, qui en fut la conséquence, accorda aux Protestants dans tout le royaume, sauf Paris et la Cour, le libre exercice de leur religion, qualifiée dès lors de *prétendue réformée* ; il leur permit en outre d'avoir des écoles et de tenir des synodes; des chambres mi-parties furent établies dans huit parlements; huit places de sureté furent mises en leur pouvoir, et ils obtinrent enfin la réhabilitation de la mémoire des plus illustres victimes de leur parti (*Pièces justif.* N° XXXIX).

En souscrivant à des conditions aussi favorables aux Protestants, Catherine, sur qui le roi, de plus en plus plongé dans ses infâmes débauches, se reposait des soins du gouvernement, n'avait eu d'autre but que de dissoudre la confédération. L'ayant atteint, elle se soucia peu de tenir la foi jurée. Ce ne fut même pas sans un vif sentiment de joie qu'elle vit les Catholiques exaltés de la Picardie s'unir (*Pièces justif.* N° XL) pour empêcher Condé de prendre possession du gouvernement de cette province qui lui avait été donné par le traité de paix. Cette association, si célèbre plus tard sous le nom de *Sainte Ligue*, étendit rapidement ses ramifications dans toute la France, et dès cet instant le royaume entier se trouva partagé entre deux confédérations ennemies, prêtes à recommencer, au premier signal, une guerre qui durait déjà depuis seize ans. Quelle devait être l'issue de cette lutte implacable? Elle ne semblait pas difficile à prévoir. La ligue catholique, beaucoup plus nombreuse, était aussi plus unie et mieux disciplinée. Elle ne reconnaissait qu'un seul chef à qui elle obéissait aveuglément, et ce chef, le duc de Guise, doué de qualités brillantes et de grands talents, illustré déjà par des victoires, visait si haut que toutes les faveurs de la Cour ne pouvaient le séduire. La confédération protestante, au contraire, avait à sa tête trois ou quatre chefs de différente religion, jaloux, sinon ennemis, les uns des autres, et toujours disposés à sacrifier à leurs propres intérêts ceux de leur parti. Chez les Catholiques, le fanatisme était excité et entretenu par une foule d'orateurs populaires dont l'éloquence âpre, grossière, mais véhémente, savait remuer les masses. Chez les Protestants, l'enthousiasme s'éteignait graduellement, à mesure que leurs mœurs se corrompaient davantage par leur contact journalier avec les Politiques. C'est en vain que l'on eût alors cherché dans leurs rangs ces vieux compagnons de Coligny, qui se préparaient au combat par le jeûne et la prière, qui marchaient à l'ennemi au chant des psaumes, qui se regardaient comme les champions du Dieu vivant. Ils avaient été décimés par vingt batailles, et la place qu'ils avaient laissée vide n'était pas remplie. Comme l'armée catholique, l'armée protestante enrôlait sous ses drapeaux un ramas de soldats licencieux, brutaux, pillards, se souciant peu de la liberté de conscience qu'ils étaient censés défendre, et ne voyant dans la guerre que l'espoir du butin. Les Catholiques enfin comptaient sur l'appui du Pape et sur celui, bien autrement formidable, du roi d'Espagne, tandis que les Protestants ne pouvaient espérer de secours que de la reine Élisabeth, menacée elle-même dans ses États par Philippe II, ou des princes d'Allemagne, qui demandaient avant tout ce qu'ils pouvaient le moins leur offrir, — de l'argent. Il semblait donc que la Confédération protestante dût promptement être écrasée, et ce fut elle cependant qui écrasa la Ligue.

Conformément au dernier traité de paix, Henri III convoqua, le 16 août 1576, les États-Généraux à Blois, en prenant d'avance ses mesures pour que les Catholiques y formassent au moins une imposante majorité. Son intention était en effet de faire annuler par les représentants de la nation le traité qu'il venait de conclure. Il y réussit facilement, et même il fit un pas plus décisif en signant la Ligue, sans se douter qu'il descendait ainsi de son rang de roi à celui de chef de parti.

A cette nouvelle les confédérés, que les brigues mises en jeu pour l'élection des députés avaient avertis de se tenir sur leurs gardes, reprirent les armes sans attendre une déclaration de guerre. Le roi de Navarre fut nommé protecteur des Réformés, et le prince de Condé lui fut adjoint comme lieutenant général.

La fortune sembla d'abord se déclarer pour eux; mais bientôt ils furent accablés coup sur coup par de cruels revers. Le duc d'Alençon, qui avait pris le titre de duc d'Anjou, enleva à ses anciens alliés la Charité et Issoire. Mayenne, à la tête d'une seconde armée, s'empara de plusieurs villes du Poitou. Damville même, gagné par la Cour, se disposait à violer tous ses engagements, lorsque Henri III offrit la paix, sa haine contre les Guises lui défendant de laisser détruire le seul contrepoids de leur puissance. Sans écouter les représentations des ministres protestants, le roi de Navarre s'empressa de signer, le 17 septembre, le fameux traité de Poitiers ou de Bergerac qui mit fin à la sixième guerre de religion. Un édit, enregistré le 8 du mois suivant, limita la liberté de culte ; mais la liberté de conscience fut accordée entière, et les Protestants furent déclarés admissibles à tous les emplois (*Pièces justif.* N° XLI).

Les Protestants profitèrent de la faculté qui venait de leur être rendue d'assembler des synodes, pour convoquer à Sainte-Foy, le 2 février 1578, leur neuvième synode national. L'instruction religieuse avait nécessairement été fort négligée pendant la guerre ; le mal était grand et le synode s'efforça d'y porter remède. En même temps il sanctionna de nouveau les peines canoniques contre l'inceste, le meurtre, ainsi que les lois somptuaires contre le luxe ; mais il ne sut pas mieux que les synodes précédents se garder de cette tendance fatale qui n'entraîne que trop souvent les serviteurs des autels à oublier que le royaume du Christ n'est pas de ce monde (*Pièces justif.* N₀ XLII).

L'année suivante, la reine-mère, sous le prétexte de conduire sa fille Marguerite au roi de Navarre, son époux, mais en réalité afin d'essayer de semer le trouble et la désunion parmi les Protestants, se mit en route pour le Midi avec son *escadron volant.* Les deux Cours se réunirent à Nérac au commencement de l'année 1579. Henri de Navarre s'abandonna de tout cœur aux séductions des dames de Catherine ; cependant leurs charmes ne parvinrent pas à lui faire oublier ses intérêts, non plus que le jargon hypocrite qu'elles affectaient, — le *langage de Canaan*, comme elles disaient par dérision, — ne put désarmer les soupçons des ministres. Trompée dans son espoir, la reine-mère dut repartir après avoir toutefois signé à Nérac, le dernier jour de février, un traité explicatif de celui de Poitiers, par lequel les Protestants obtinrent de nouveaux avantages (*Pièces justif.* N° XLIII).

Quelques mois après, le 2 août 1579, s'assembla à Figeac le dixième synode national, dont les actes furent publiés avec une solennité qui ne nous paraît pas justifiée. On y retrouve ce rigorisme exagéré que nous avons déjà eu l'occasion de signaler plusieurs fois (*Pièces justif.* N° XLIV). Peut-être les ministres cherchaient-ils avec d'autant plus de zèle à faire revivre l'austérité des premiers temps de la Réforme, qu'ils voyaient les Protestants se corrompre toujours davantage par le funeste exemple de la Cour de Navarre.

Dans cette Cour, en effet, la licence des mœurs était extrême ; on y gardait à peine les dehors de la bienséance. Tandis que Henri servait, selon l'expression de Marguerite dans ses Mémoires, mademoiselle de Rebours, mademoiselle de Fosseuse et dix autres dames d'honneur de sa Cour, la reine, de son côté, entretenait des intrigues galantes avec les seigneurs de la suite du roi son mari, qui lui accordait volontiers la liberté qu'elle lui laissait prendre. Personne n'ignorait cette mutuelle complaisance des deux époux, Henri III moins que tout autre ; aussi est-il difficile d'admettre que l'intention de ce prince ait été de brouiller son beau-frère avec sa femme en lui dénonçant le commerce adultère de cette dernière avec le vicomte de Turenne. Quoi qu'il en soit, le roi de Navarre feignit de n'en rien croire ; mais Marguerite conçut de cette trahison un si violent dépit qu'elle s'employa dès lors tout entière à pousser les Huguenots à la guerre. En vain les plus vertueux et les plus sages d'entre les Protestants s'opposèrent-ils à une agression injuste. En vain la Rochelle refusa-t-elle positivement de violer sans motif les serments qu'elle venait de prêter, exemple qui fut suivi dans plusieurs provinces. L'influence toute-puissante des dames de la Cour de Nérac l'emporta, et la ridicule *guerre des amoureux* rompit brusquement le traité de Bergerac.

A l'exception d'un beau fait d'armes, la prise de Cahors, les Protestants n'éprouvèrent que des échecs, et ils se seraient trouvés dans la plus fâcheuse position si les généraux catholiques avaient poussé avec vigueur les opérations. Mais Henri III, nous l'avons déjà dit, ne voulait pas laisser abattre les ennemis les plus redoutables des Guises. Il aimait d'ailleurs la paix par dessus tout ; car la paix seule lui permettait de se livrer sans trouble à ses goûts futiles ou dépravés. Il autorisa donc le duc d'Anjou à négocier le traité de Fleix, qui fut conclu le 26 novembre 1580, et qui accorda aux Protestants des conditions beaucoup plus favorables qu'ils ne l'espéraient (*Pièces just.* N° XLV).

Malgré les nombreuses infractions à la paix dont se rendirent coupables les deux partis par fanatisme ou par esprit de vengeance, la tranquillité ne fut pas autrement troublée pendant quatre années. Ce long repos permit aux chefs des églises de tenir deux synodes nationaux, l'un à la Rochelle, le 28 juin 1581, l'autre à Vitré, le 15 mai 1583. Les actes de ces synodes que l'on compte pour le onzième et le douzième, n'offrent rien d'important (*Pièces justif.* N°s XLVI et XLVII). Toujours même esprit, même exagération des préceptes de la morale. Si les ministres prétendaient réveiller l'enthousiasme religieux par un rigorisme que blâmaient les hommes les plus vertueux, ils se flattaient d'un vain espoir. Ce n'était pas là le moyen de rallumer le flambeau de la foi qui pâlissait à mesure que la religion se prêtait plus complaisamment à servir de bannière à un parti politique.

Depuis des années déjà, elle n'était plus qu'un instrument entre les mains des chefs ambitieux qui déchiraient la France. Ce fut bien pire encore, lorsque, par la mort du duc d'Anjou,

Henri de Navarre devint l'héritier présomptif de la couronne.

Le premier résultat de cet événement fut un changement complet dans les doctrines politiques des deux partis. Les Protestants qui avaient exalté jusque-là l'autorité des États-Généraux pour l'opposer à l'autorité du Roi, firent volte-face, défendant dès lors le droit divin et professant les principes du pouvoir absolu, tandis que les Ligueurs changèrent avec eux de rôle. C'est que les uns comme les autres savaient bien que Henri de Navarre n'avait au trône que des droits très-éloignés, comme descendant de Robert de Clermont, dernier fils de saint Louis, et que si l'on en venait à consulter la nation, elle ne manquerait pas de se prononcer contre un hérétique relaps.

Ce désaveu de leurs principes fut le premier sacrifice que les Protestants durent faire aux prétentions royales de leur chef.

L'Église protestante n'était qu'indirectement intéressée à ces querelles dynastiques ; cependant elle ne laissa pas d'y prendre une part active. La Ligue, de son côté, redoubla d'efforts, et tout en répondant par de violents pamphlets aux manifestes du roi de Navarre, elle ne négligea rien pour augmenter le nombre de ses partisans et s'établir solidement à Paris. Dès l'année 1585, elle fut assez puissante pour imposer à Henri III le traité de Nemours qui interdit le culte réformé et ordonna, sous peine de mort, aux Huguenots de rentrer dans le sein de l'Église catholique, leur accordant pour tout délai le terme de six mois qui fut bientôt réduit à quinze jours (*Pièces justif.* N° XLVIII), Cet édit fut le signal de la huitième guerre de religion.

Dans la prévision d'un pareil événement, le roi de Navarre avait proposé aux souverains protestants une ligue offensive et défensive. Lorsque ses craintes se réalisèrent, il se hâta de leur demander des secours. En même temps il resserra son alliance avec Damville qui, depuis la mort de son frère aîné, avait pris le titre de duc de Montmorency et qui avait su se maintenir dans le gouvernement du Languedoc.

La Ligue pressait aussi ses préparatifs. Aux armes temporelles elle crut utile de joindre les armes spirituelles. Sixte-Quint fulmina donc contre le roi de Navarre et le prince de Condé une bulle d'excommunication d'une insolence extrême (*Pièces just.* N° XLIX). Ces deux princes y répondirent par une protestation qu'ils firent afficher à Rome même (*Pièces justif.* N° L), et lorsque Henri III ordonna la vente des biens des Protestants (*Pièces justif.* N° LI), le roi de Navarre, décidé à ne plus garder de ménagements, usa de représailles et confisqua les biens des ecclésiastiques catholiques (*Pièces justif.* N° LII).

Déjà la campagne s'était ouverte, et la fortune semblait pencher du côté des Protestants, lorsque la présomption de Condé vint changer la face des choses. Le désastre d'Angers entraîna la perte de la Saintonge et du Poitou, et exposa les Réformés de ces provinces à toutes les vengeances des Ligueurs. Pour sauver leurs biens et leurs vies, beaucoup feignirent d'abjurer. Il est à croire que malgré la précaution que l'on prit de leur faire signer une profession de foi fort explicite (*Pièces justif.* N° LIII), la plupart renfermèrent leur croyance au fond de leur cœur en attendant des temps meilleurs.

Lesdiguières seul, dans le Dauphiné, sauva l'honneur des armes protestantes. Ses succès furent brillants; toutefois la haine que Henri III nourrissait contre les Guises fit certainement plus que les efforts de tous leurs chefs pour le salut des Huguenots. Henri n'avait pas renoncé à l'espoir d'amener son beau-frère à embrasser la religion romaine, et il comptait s'appuyer sur lui pour abattre la Ligue. Catherine ne refusa pas de se charger de cette nouvelle négociation. Elle eut une entrevue avec le roi de Navarre au château de Saint-Bris, le 14 décembre 1586; mais les conférences se passèrent en reproches mutuels pleins d'aigreur, et n'amenèrent aucun résultat (*Pièces justif.* N° LIV).

On reprit les armes. Henri III distribua ses troupes en trois armées, dont la première, sous la conduite de Joyeuse, fut opposée au roi de Navarre, et la seconde, beaucoup plus faible, fut confiée au duc de Guise avec ordre d'arrêter les Allemands qui s'étaient levés comme pour une nouvelle croisade à la voix de Théodore de Bèze, et venaient d'entrer en France. Le roi se réserva à lui-même le commandement de la troisième armée qui devait former un corps d'observation prêt à se porter où les circonstances l'exigeraient. Joyeuse entra le premier en campagne. Partout son passage fut marqué par des actes de férocité. Averti que le roi de Navarre se disposait à marcher au-devant des Allemands, il l'attaqua à Coutras avec impétuosité ; mais sa cavalerie se brisa contre la muraille d'airain des vieilles bandes huguenotes, et en moins d'une heure sa brillante armée fut détruite. C'était la première bataille rangée qu'eussent gagnée les Protestants ; ils célébrèrent leur victoire avec enthousiasme et sentirent renaître leur ancienne ardeur. Malheureusement, au lieu de profiter de ses avantages, Henri de Navarre licencia ses troupes, impatient qu'il était, s'il faut en croire d'Aubigné, d'aller déposer aux pieds de sa maîtresse les trophées de sa victoire.

Cependant l'armée allemande s'avançait vers la Loire sans rencontrer de résistance sérieuse ; mais le défaut d'unité dans le commandement et l'indiscipline des troupes imprimaient à ses mouvements une incertitude qui lui fut fatale. Surprise à Vimori et à Auneau par le duc de Guise, elle perdit quelques hommes, et cette perte, toute faible qu'elle était, acheva de la démoraliser. Les Suisses, gagnés par l'argent du roi, capitulèrent ; les Allemands ne tardèrent pas à suivre leur exemple ; Châtillon seul, à la tête des Français, refusa de se rendre, et il parvint à gagner les montagnes du Vivarais.

La honteuse capitulation acceptée par les étrangers leur accordait un sauf-conduit jusqu'à la frontière (*Pièces justif.* N° LV) ; mais il ne fut pas respecté. « Les paysans, dit le P. Anquetil, en assommèrent grand nombre dans leur marche. On leur courait sus, comme à des bêtes féroces. Les traîneurs, les malades étaient égorgés sans pitié. » Le duc de Guise poursuivit le corps le plus nombreux jusque dans le pays de Montbéliard qu'il mit à feu et à sang, exploit pour lequel le pape Sixte-Quint lui envoya une épée bénite, comme à un nouveau Maccabée.

Davila prétend qu'en opposant Guise aux Allemands avec des forces inférieures, Henri III espérait de ruiner son trop puissant sujet. Si telle était en effet son intention, il fut trompé dans son attente. Les Catholiques attribuèrent à leur héros tout l'honneur d'avoir dissipé l'armée allemande, et le crédit du duc de Guise s'en accrut encore dans la Ligue qui était alors dirigée par le fanatique Conseil des Seize.

En vain le roi lui fit-il défendre d'entrer dans Paris; Guise méprisa ses ordres et sa présence causa parmi le peuple une émotion qui dégénéra promptement en révolte. La journée des Barricades, le 12 mai 1588, chassa Henri III de sa capitale. Ce prince dut aller chercher un asile à Chartres.

Henri avait toujours détesté les princes Lorrains qui l'avaient humilié de toutes les manières. L'affront qu'ils venaient de lui faire subir, redoubla sa haine contre eux. Leur perte fut jurée ; mais, selon l'énergique expression de Lacretelle, l'assassinat était impossible sans de nouveaux embrassements. Habile à dissimuler, Henri feignit de se réconcilier avec les Ligueurs. A cet effet, il fit enregistrer au parlement de Rouen, au mois de juillet 1588, l'*édit d'union* qui, en proscrivant de nouveau la religion protestante (*Pièces justif.* N° LVI), approuva tout ce qui avait été fait par la Ligue.

Le triomphe des ultra-catholiques ne menaçait pas moins les Politiques que les Protestants; ils se hâtèrent de resserrer leur union. Néanmoins ils couraient un grand danger, quand la nouvelle de l'assassinat des Guises aux États de Blois changea tout à coup en joie leurs vives inquiétudes.

Lorsque l'on apprit à Paris la mort du prince qu'on se plaisait à regarder comme la colonne de la foi catholique, la fureur populaire ne connut pas de bornes : toutes les chaires retentirent d'anathèmes contre Henri III qu'un décret de la Sorbonne frappa de déchéance. La révolte se propagea avec la rapidité de l'éclair dans presque toutes les provinces, en sorte que le roi fut obligé de se retirer à Tours, suivi du peu de troupes qui lui étaient restées fidèles. Il comprit bientôt que son unique chance de salut était dans une alliance avec ceux dont il avait juré la perte quelques jours auparavant.

Quelque faible qu'elle fût, l'armée protestante s'était emparée de plusieurs villes, entre autres de Châtellerault, où le roi de Navarre reçut les premières ouvertures d'une réconciliation avec son beau-frère. Un traité fut conclu (*Pièces justif.* Nos LVII et LVIII). Les deux rois convinrent d'une trêve d'un an. Henri III livra un passage fortifié sur la Loire, et le roi de Navarre s'engagea à combattre Mayenne à outrance.

Les Protestants passèrent la Loire à Saumur, le 21 avril 1589. Dès le 8 mai, conduits par le fils de Coligny, ils se trouvèrent en présence des Ligueurs qu'ils forcèrent à la retraite. Une suite de succès amena bientôt les deux rois sous les murs de Paris, et la Ligue était sur le point de succomber lorsque Henri III fut assassiné à Saint-Cloud, le 2 août 1589.

Cette catastrophe occasiona une grande fermentation dans l'armée royale. Henri III, il est vrai, avait désigné le roi de Navarre pour son successeur légitime ; mais la grande majorité de la noblesse, tant ses sentiments étaient changés, éprouvait une répugnance invincible à reconnaître pour souverain un hérétique. Les seigneurs catholiques déclarèrent donc nettement à Henri que le titre de *Très-Chrétien* était inséparable de celui de roi de France.

Depuis longtemps, on n'en saurait douter, Henri était décidé à acheter la couronne *au prix d'une messe;* s'il n'abjura pas alors publiquement, c'est qu'il fut retenu par la crainte de s'aliéner les cœurs des Huguenots, ses plus solides appuis. Qu'attendre aussi, après une apostasie, d'Élisabeth, la zélée protestante? Qu'espérer de la Hollande et de l'Allemagne? Tout ce qu'il voulut promettre, ce fut de se faire instruire dans le délai de six mois, promesse évasive que chaque parti interpréta en sa faveur; seulement, tandis que les Protestants continuèrent à servir le nouveau roi avec leur fidélité ordinaire, les Catholiques l'abandonnèrent presque tous pour se jeter dans la Ligue.

Ces défections forcèrent Henri IV à se replier sur la Normandie, pour y attendre les secours promis par l'Angleterre. Il y fut poursuivi par Mayenne à la tête de forces supérieures; mais le combat d'Arques le tira de la position la plus critique et lui permit de reprendre l'offensive. Le pillage des faubourgs de Paris apprit peu de temps après aux Ligueurs tout ce qu'ils avaient à redouter d'un ennemi aussi actif que brave.

Il n'entre point dans notre plan de suivre les opérations militaires qui ouvrirent finalement à Henri IV les portes de la capitale du royaume. Les Protestants, sans doute, prirent une part brillante à la bataille d'Ivry, aux siéges de Rouen et de Paris, au combat d'Aumale, comme à la prise de vingt villes enlevées coup sur coup à la Ligue; mais s'ils combattaient avec bravoure, ce n'était plus, exclusivement au moins, pour leur Église; c'était plutôt pour défendre les droits héréditaires de leur chef à la couronne de France. La religion n'était qu'un prétexte pour l'un comme pour l'autre parti.

Les Protestants le sentaient bien. Autrement on ne s'expliquerait pas leur longanimité. Ils n'obtinrent en effet qu'en 1591, non pas un édit tel que le méritaient leurs services, mais simplement la révocation des édits de 1585 et de 1588 (*Pièces justif.* N° LIX). Ce ne fut même qu'après de longues hésitations que Henri IV se décida à cet acte de la plus stricte justice, et il eut soin de le faire suivre d'une déclaration portant que sa ferme résolution était de maintenir la religion catholique, apostolique et romaine. Il se mit d'ailleurs peu en peine de faire exécuter son édit par les parlements, qui continuèrent à exclure les Protestants de toutes les charges, comme par le passé.

Au reste, dès cette époque, il n'y avait plus parmi les

Huguenots que ceux qui voulaient bien fermer les yeux à la lumière, qui pussent se faire illusion sur les intentions du protecteur de leurs églises. Si Henri IV hésitait encore à changer de religion, ce n'était pas, comme on devrait le supposer, par scrupule de conscience, mais uniquement parce qu'il ne se croyait pas assez assuré de la fidélité des royalistes catholiques, malgré les faveurs dont il les comblait.

Il fallait cependant qu'il se décidât ; c'était selon ses conseillers les plus intimes, parmi lesquels on regrette, comme Protestant, d'avoir à citer Sully, le moyen de mettre un terme à la guerre civile. Quelques jours après avoir répété qu'il mourrait dans la religion réformée, il annonça tout-à-coup qu'il était prêt à se faire instruire. Plusieurs prélats et théologiens s'assemblèrent donc par ses ordres à Mantes, où il eut la patience d'écouter pendant cinq heures un long discours de l'archevêque de Bourges, à la suite duquel il se déclara converti ; puis il signa une profession de foi, reçut une absolution provisoire dont le pape lui fit attendre plus de deux ans la confirmation et qu'il ne valida qu'après une cérémonie humiliante ; enfin, le 25 juillet 1593, il abjura publiquement *ses erreurs* dans l'église de Saint-Denis.

Cette comédie ouvrit à Henri IV les portes de Paris ; mais elle faillit le brouiller avec sa fidèle alliée, Élisabeth. Quant aux Huguenots, ils ressentirent de cette espèce de trahison autant de douleur que s'ils n'avaient pas dû la prévoir depuis longtemps. Ils s'étaient imaginés, dans leur confiance naïve, que le roi ferait de son instruction une chose sincère et sérieuse ; ils s'attendaient à un colloque où seraient approfondis les points controversés entre les deux religions, et ils s'étaient préparés à défendre bravement leurs opinions. Leur désappointement fut cruel. Il s'y joignit un sentiment de légitime méfiance ; des assemblées se tinrent en divers lieux, le serment d'union fut renouvelé et la résolution fut arrêtée de reprendre, s'il le fallait, les armes pour sauver la liberté du culte.

Avant d'en venir à cette extrémité, les Huguenots députèrent à Henri IV pour lui demander liberté de conscience, justice impartiale et sécurité pour leurs personnes et leurs biens. Ce n'était assurément pas se montrer trop exigeants, et cependant ils n'obtinrent que de vagues assurances de protection. Leurs alarmes s'accrurent encore lorsqu'ils apprirent que l'ancien protecteur de leurs églises recherchait l'alliance de l'Espagne et qu'il n'avait fait aucune difficulté de prêter à son sacre le serment d'extirper l'hérésie. Ce fut dans ces circonstances que le treizième synode national fut convoqué, le 15 juin 1594, à Montauban. Renvoyant à l'assemblée qui devait se tenir à Sainte-Foy, les discussions politiques, ce synode se renferma strictement dans les questions ecclésiastiques. Ses actes sont un témoignage du relâchement toujours plus sensible du zèle religieux dans l'Église protestante, et l'on y découvre déjà le germe des divisions qui furent si funestes dans la suite (*Pièces justif.* N° LX).

Après avoir offert aux chefs les plus influents de leur parti le titre de protecteur des églises, qu'aucun n'osa accepter de peur d'encourir la disgrâce du roi, les Protestants en furent réduits à se contenter d'une organisation provisoire. L'assemblée politique de Sainte-Foy divisa la France protestante en dix provinces dont chacune devait nommer un député au Conseil général. Ce Conseil, formé sur le modèle des États-Généraux était chargé de défendre les intérêts de l'Église dans ses rapports avec le gouvernement. Il devait se renouveler par moitié tous les six mois. Sous lui furent établis des Conseils provinciaux, plus spécialement chargés d'administrer la caisse publique, de veiller sur les places de sûreté et de recueillir les plaintes des églises.

Henri IV sentit qu'il était temps de faire quelque chose pour rassurer ses anciens coreligionnaires. Il rétablit donc formellement et fit enregistrer au parlement de Paris, le 6 février 1595, l'édit de 1577 que les exigences de la Ligue avaient presque réduit à un vain titre. Les Protestants continuèrent d'ailleurs à se voir exposés comme auparavant à toutes sortes de vexations et de violences; cependant rien ne leur fut plus sensible que l'enlèvement du fils de Condé, en qui ils se plaisaient à voir leur futur chef. Henri IV fit amener à sa Cour le jeune prince pour y être élevé dans la religion catholique, comme il en avait pris l'engagement envers le pape.

Si le quatorzième synode national qui se réunit à Saumur, le 3 juin 1596, n'agita aucune question importante (*Pièces justif.* N° LXI), c'est que les intérêts les plus sérieux de l'Église protestante étaient alors débattus dans les assemblées politiques qui se tinrent successivement à Saumur, à Loudun, à Vendôme. On pourrait conclure du silence de ce synode que les Protestants étaient satisfaits de leur position; mais cela était-il possible lorsqu'ils voyaient Henri non-seulement prodiguer toutes les grâces aux Catholiques, mais violer même chaque jour, dans les traités qu'il signait avec les Ligueurs, la promesse solennelle qui leur avait été faite de ne rien conclure à leur préjudice? La malveillance du roi ou de son conseil à leur égard était poussée à tel point que Mayenne lui-même, le chef de la Ligue, se crut obligé de prendre leur défense! On conçoit dès lors que le gouvernement s'inquiétait peu de faire exécuter son dernier édit par les parlements et les gouverneurs des provinces. Les Protestants présentèrent, en 1597, un long cahier de doléances, où ils rappelaient leurs services d'un ton d'amertume que justifiait l'ingratitude de Henri IV, et où ils se plaignaient vivement des persécutions qu'ils avaient à supporter (*Pièces justif.* N° LXII). Qui s'étonnerait, après cela, qu'à l'assemblée de Châtellerault, présidée par la Trimouille, ils aient songé à faire leurs conditions avant de prendre les armes pour suivre Henri IV au siége d'Amiens? La peur de rouvrir l'abîme des guerres civiles eut plus d'influence sur la détermination du roi que la reconnaissance. Après de longues négociations, il signa enfin, le 13 avril 1598, le fameux édit de Nantes, dont la publication fut retardée pendant un an par la résistance des parlements (*Pièces justif.* N° LXIII).

Cet édit, que l'on a décoré du titre pompeux de Charte des églises protestantes, n'était au fond que la reproduction des édits de Poitiers, de Nérac et de Fleix dont il rappelle fréquemment les dispositions. L'exercice public du culte réformé n'était autorisé qu'en certains lieux déterminés, et dans ces lieux mêmes les Protestants devaient se soumettre à la police de l'Église romaine, chômer les jours de fête, payer les dîmes au clergé catholique, remplir tous les devoirs extérieurs de paroissiens. Ils étaient d'ailleurs déclarés admissibles à tous les emplois, leurs malades devaient être reçus dans les hôpitaux, leurs pauvres dans les hospices, leurs enfants dans les collèges, et pour leur assurer une justice impartiale devant les tribunaux, l'édit établit dans plusieurs parlements une chambre mi-partie, c'est-à-dire composée d'un nombre égal de juges catholiques et de protestants. Des articles particuliers, qui ne furent jamais enregistrés malgré une promesse formelle, accordèrent aux ministres quelques-uns des privilèges dont les curés jouissaient depuis des siècles, autorisèrent les legs et donations pour l'entretien des pasteurs et des écoles, et permirent aux Protestants de lever sur eux-mêmes une somme annuelle pour les frais du culte et des synodes. Enfin des brevets secrets, qui ne furent relatés ni dans l'édit ni dans les articles particuliers, promirent aux Protestants une somme annuelle de quarante-cinq mille écus pour le traitement de leurs ministres, et leur laissèrent la garde pendant huit ans de toutes les places dont ils étaient alors les maîtres (*Pièces justif.* N° LXIV).

Henri IV, on le voit, n'octroya à ses anciens coreligionnaires que ce que Henri III lui-même n'avait pu leur refuser ; et cependant il craignait si fort d'irriter le pape que, par forme de compensation, il s'empressa de rétablir dans le Béarn, de sa seule autorité, le culte catholique qui y avait été aboli par sa mère avec le concours des États de la province. Si cette concession apaisa le mécontentement de la Cour de Rome, elle ne put vaincre la résistance obstinée des parlements. Pour les décider à enregistrer l'édit de Nantes, il fallut que le roi consentît à ce qu'on en modifiât plusieurs articles auxquels on apporta, sans consulter les Protestants, des altérations qui en changeaient le sens ou le rendaient obscur de manière à préparer les voies à de nouvelles chicanes.

Toutes les oppositions réduites au silence, des commissaires furent nommés pour présider à l'exécution de l'édit dans les provinces ; ils s'acquittèrent de leur charge avec une équité remarquable, en sorte que les Protestants, s'ils avaient rencontré partout la même impartialité, auraient pu ne pas regretter trop vivement la perte de leurs légitimes espérances. Condamnés par la marche des événements à rester minorité, ils devaient attendre de la part de celui qu'ils avaient placé sur le trône, sinon qu'il les mît sur un pied d'égalité parfaite avec l'Église rivale, — ce qui était tellement contraire aux idées du temps que même la pensée ne leur en vint peut-être pas, — au moins qu'il évitât de les assujettir à des servitudes odieuses envers un autre culte. On ne saurait donc s'étonner s'ils se montrèrent peu satisfaits de l'édit de Nantes. C'est à peine si le quinzième synode national, qui s'assembla à Montpellier le 26 mai 1598, daigna y faire allusion (*Pièces justif.* N° LXV).

Un écrivain catholique n'a pas craint de qualifier cet acte célèbre d'œuvre d'hypocrisie, parce qu'on y laisse percer dès le préambule l'espoir de le révoquer un jour. Nous croyons qu'il s'est montré trop sévère. Sans doute le vœu le plus ardent de Henri IV était de voir une seule religion professée dans son royaume ; car, malgré ses brillants talents, ce prince n'était pas assez supérieur à son siècle pour ne pas partager ce préjugé vulgaire que deux religions ne peuvent exister en paix dans un même État. Cependant nous ne pensons pas qu'il eût jamais consenti à jouer le rôle odieux que joua son petit-fils, à employer les moyens les plus violents et les plus injustes pour réunir les Protestants à l'Église romaine. Afin de plaire au clergé, il voulait bien essayer de les gagner par des grâces et des faveurs, ou de les détacher de leur religion par de petites vexations; mais prendre les armes contre ceux qui l'avaient si fidèlement servi, il n'aurait pu s'y décider. « Un de mes vœux les plus ardents, disait-il à Sully dans un de ces épanchements de cœur qu'il avait fréquemment avec celui de ses serviteurs qui était le plus avant dans le secret de ses pensées, serait de pouvoir anéantir, non la religion réformée (car j'ai été trop bien servi et assisté en mes angoisses et tribulations de plusieurs qui en font profession), mais la faction huguenote, ... sans rien entreprendre néanmoins par la rigueur et violence des armes ni des persécutions, quoique peut-être cela ne me serait pas impossible : mais bien d'y parvenir sans ruiner plusieurs provinces, perdre la bienveillance de plusieurs miens serviteurs, affaiblir grandement le royaume en le diminuant tellement de moyens et de soldats, que je n'oserais jamais plus rien entreprendre de glorieux ni d'honorable hors de France. »

Le premier synode national tenu depuis la publication de l'édit de Nantes, fut celui de Gergeau, qui est compté comme le seizième. Il s'ouvrit le 9 mai 1601. (*Pièces justif.* N° LXVI). Les ministres laissèrent à l'assemblée politique de Sainte-Foy, qui eut lieu quelques mois après, le 15 octobre, avec la permission du roi, le soin de dresser un ample cahier de plaintes, plus ou moins sérieuses, auxquelles il fut répondu, en général, avec équité. Pour donner aux Protestants une preuve de son désir de faire exécuter loyalement l'édit, le roi autorisa même cette assemblée à choisir deux députés pour en surveiller l'exécution. Cette bienveillance aurait dû engager les Réformés à se montrer extrêmement circonspects; mais il faut bien l'avouer, ils ne se refusèrent pas toujours le dangereux plaisir de braver leurs adversaires. Ce fut ainsi que le dix-septième synode national, tenu à Gap, le 1er octobre 1603, traita le pape d'antechrist, au grand mécontentement du roi (*Pièces justif.* N° LXVII). C'était une faute, puisque par là on blessait sans raison suffisante la grande majorité des Français; mais les actes de ce synode semblent prouver d'ailleurs qu'il était dirigé par des hommes qui, dans leur inflexibilité et leur rudesse, ne savaient aucunement faire la part des circonstances. L'assemblée politique de Châtellerault se montra plus souple en 1605. Sully, qui y fut envoyé comme commissaire royal, en obtint à peu près tout ce qu'il voulut; seulement il ne put parvenir à arracher aux Protestants la promesse de ne plus tenir à l'avenir de ces assemblées qui étaient toujours pour la Cour un grand sujet d'inquiétude, tant à cause des correspondances qu'elles entretenaient avec l'étranger que parce qu'on soupçonnait les Réformés de songer à s'organiser en république. Ces assemblées, qui n'étaient pas d'ailleurs autorisées par l'édit de Nantes, mais qui continuaient, par une tolérance tacite, depuis les guerres de religion, se réunissaient tous les trois ans. Elles se composaient de soixante-dix députés, dont trente gentilshommes, vingt pasteurs, seize anciens ou membres du tiers-état et quatre députés de la Rochelle. Depuis le rétablissement de la tranquillité dans le royaume, leurs attributions se trouvaient fort limitées; mais cette année même, elles obtinrent le droit de dresser une liste de six personnes sur laquelle le roi devait choisir deux députés généraux qui résideraient auprès de la Cour et seraient chargés de la défense des intérêts des Protestants dans l'intervalle d'une assemblée à l'autre (*Pièces justif.* N° LXVIII).

L'intolérance dogmatique qui s'était manifestée hautement dans le synode de Gap, se fit jour encore dans le dix-huitième, tenu à la Rochelle le 1ᵉʳ mars 1607; seulement, grâce à la sage intervention de Duplessis Mornay, elle y déploya un zèle moins âpre (*Pièces justif.* N° LXIX). L'assemblée politique qui eut lieu à Gergeau dans le courant du mois d'octobre 1608, montra plus de prudence et d'esprit de conduite; elle sut éviter de provoquer le déplaisir du roi, tandis que le dix-neuvième synode national, ouvert à Saint-Maixent le 25 mai de l'année suivante, faillit soulever une nouvelle tempête en réveillant la querelle de l'antechrist (*Pièces justif.* N° LXX).

Il y avait pour les ministres protestants des moyens plus dignes et plus louables de combattre leurs adversaires ; s'ils ne les employèrent pas, c'est qu'ils sentaient leur faiblesse sur le nouveau terrain choisi par la polémique. De tous temps les controversistes de l'Église romaine se sont appliqués à donner aux disputes sur la foi ou la discipline une direction historique, leur but étant d'établir la doctrine catholique comme matière de fait. Tant que les théologiens protestants s'en étaient tenus à la Bible et au raisonnement pour leur répondre, ils l'avaient fait avec un avantage marqué ; mais depuis cette époque environ, ils se laissèrent entraîner à les suivre dans le champ de l'histoire en en appelant avant tout au témoignage des Pères de l'Église. Cette tendance, qui finit par rendre la controverse moins populaire, explique le peu d'intérêt qu'y attachèrent dès lors les masses, comme elle explique aussi en partie les nombreuses conversions qui s'opérèrent dès les premières années du 17° siècle, conversions qu'on ne pourrait, sans injustice, attribuer toutes à des motifs sordides et méprisables.

Sauf quelques éclats d'un zèle inconsidéré, les Protestants d'ailleurs se montrèrent généralement soumis et paisibles pendant le règne de Henri IV, et comme leurs dernières assemblées n'élevèrent pas de plaintes, on peut en conclure qu'ils commençaient à vivre en bonne intelligence avec les Catholiques. Peut-être si Henri IV eût vécu quelques années de plus, les haines se seraient-elles assoupies et les Catholiques auraient-ils appris à ne plus voir dans les Réformés que des concitoyens. Mais l'assassinat de ce prince réveilla les méfiances et ranima les factions.

En prenant la régence, Marie de Médicis s'empressa de publier une déclaration qui confirmait l'édit de Nantes, quoique, y lisait-on, cette formalité ne fût pas nécessaire à l'égard d'une loi *perpétuelle et irrévocable* (*Pièces justif.* N° **LXXI**). Elle consentit en même temps à la convocation d'une assemblée politique à Châtellerault pour le mois de mai 1611, à l'effet d'élire les députés généraux ; mais elle eut soin d'excuser cette condescendance auprès de la Cour de Rome en lui représentant les embarras d'une minorité. Le nombre des églises avait singulièrement diminué depuis que Condé en avait fait dresser une liste de plus de deux mille ; il ne s'élevait plus alors qu'à cinq cents, disséminées dans quinze provinces. Aux soixante-dix députés de ces provinces, on désira adjoindre les grands seigneurs du parti, afin de donner plus de poids aux délibérations de l'assemblée qui se tint, non pas à Châtellerault, mais à Saumur, la jalousie du duc de Bouillon contre Sully ayant exigé cette translation. Plusieurs semaines furent employées à apaiser des divisions intestines, puis l'assemblée dressa le cahier des doléances ; mais elle refusa de nommer les six candidats à la députation générale, but principal de sa convocation, avant d'avoir obtenu le redressement des griefs qu'elle avait soumis à la Cour. Elle finit cependant par obéir aux ordres réitérés de la régente, sur la promesse que presque toutes ses demandes, fort raisonnables au reste, lui seraient accordées. Il n'en fut rien toutefois, en sorte que cette assemblée dont on espérait beaucoup, n'eut en définitive d'autres résultats que d'augmenter les divisions dans le parti protestant et d'exciter les craintes des Catholiques. Les mêmes plaintes furent présentées de nouveau par le vingtième synode national, réuni à Privas, le 23 mai 1612, mais sans beaucoup plus de succès. Ce synode, qui s'occupa plus que tout autre d'affaires politiques, fut plus heureux dans sa tentative de rétablir l'harmonie entre les seigneurs protestants ; il les amena à signer un acte d'union par lequel ils s'engagèrent à sacrifier au bien public leurs intérêts particuliers (*Pièces justif.* N° **LXXII**).

Cette mesure était sage ; car le fanatisme catholique se réveillait d'une manière alarmante. Dans tout le royaume, les Protestants étaient en butte à des voies de fait que le gouvernement ne voulait ou ne pouvait pas réprimer. Leurs temples étaient brûlés, leurs ministres égorgés, leurs priviléges recevaient les plus graves atteintes. Déjà même on annonçait hautement que l'édit de Nantes n'était qu'un sursis accordé à des criminels condamnés. Dans ces circonstances, les Réformés sentirent la nécessité d'une conduite prudente. Le vingt-et-unième synode, tenu à Tonneins, le 2 mai 1614, se distingua en effet par un esprit inaccoutumé de modération (*Pièces justif.* N° LXXIII); mais les dispositions pacifiques des églises furent déjouées par l'impétuosité du duc de Rohan, qui, aspirant au rôle de Coligny, parvint à entraîner l'assemblée politique de Nismes à embrasser contre la Cour le parti du prince de Condé. Cette intervention des Protestants dans une querelle à laquelle ils devaient rester étrangers, leur aurait sans aucun doute été fatale, si la Cour n'avait pas craint par dessus tout de rallumer les guerres de religion. Ils ne retirèrent d'ailleurs aucun avantage de cette prise d'armes intempestive, dont l'unique effet fut de procurer une paix plus avantageuse à un prince qui les abandonna dès qu'il n'eut plus besoin d'eux, en sorte que l'assemblée, qui s'était transportée de Nismes à la Rochelle, n'eut d'autre parti à prendre que d'accepter le traité de Loudun.

Louis XIII, élevé dans l'art de la dissimulation, ne témoigna aucun mécontentement de l'imprudente conduite des Huguenots aux députés du vingt-deuxième synode national qui se réunit, le 18 mai 1617, à Vitré (*Pièces justif.* N° LXXIV), lorsqu'ils vinrent le complimenter sur ce que Duplessis Mornay appelai. son *solennel acte de majorité*, c'est-à-dire sur l'assassinat du maréchal d'Ancre; il leur fit au contraire un accueil plein de bienveillance. Mais il ne tarda pas à donner une preuve de ses véritables sentiments à l'égard des Réformés, en accordant au clergé catholique la main-levée de la saisie des biens ecclésiastiques dans le Béarn.

Cet arrêt qui violait la constitution de la principauté, où nulle loi ne pouvait être faite ni abrogée sans le concours des États, souleva une ardente opposition qu'appuya vivement l'assemblée politique tenue à Loudun le 25 septembre 1619. Pour l'abattre, Louis XIII pénétra dans le Béarn à la tête d'une armée, fit enregistrer son édit au parlement de Pau et réunit à la France l'ancien royaume de Navarre.

Ce fut pendant cette même expédition que se réunit à Alais, le 1er octobre 1620, le vingt-troisième synode national qui est célèbre par l'approbation complète qu'il donna aux doctrines sanctionnées à Dordrecht. Il s'avança plus loin encore dans la voie des réactions contre le principe du libre examen, et sans craindre qu'on l'accusât de substituer à une autorité contre laquelle les réformateurs avaient protesté dans l'origine, l'autorité de ces mêmes réformateurs, il rédigea une formule de serment que devait prêter tout candidat à une chaire dans les écoles et les universités (*Pièces justif.* N° LXXV). Quant à la révolution qui s'opérait en quelque sorte sous ses yeux dans le Béarn, c'est à peine si le synode s'en occupa. Peut-être voulut-il laisser le soin des remontrances à l'assemblée politique qui avait été convoquée à la Rochelle et qui s'ouvrit effectivement le 24 décembre 1620, malgré la défense expresse du roi. Cette désobéissance que rien n'excusait et que blâmèrent énergiquement les hommes les plus éminents du parti, excita chez Louis XIII un ressentiment d'autant plus naturel que toutes les mesures de l'assemblée pouvaient le confirmer dans l'opinion que les Protestants tendaient à se soustraire à son autorité et à briser l'unité de la France. La résolution fut prise d'agir avec vigueur. Après avoir renouvelé la promesse de maintenir les édits en faveur des Réformés, le roi se porta rapidement sur Saint-Jean-d'Angely qu'il força bientôt à capituler, puis entrant en Guyenne, il alla mettre le siége devant Montauban ; mais la résistance de cette place l'obligea à une retraite peu honorable. La campagne de l'année suivante fut signalée par les succès presque constants des armes royales, accompagnés d'atroces cruautés, et par la défection presque générale des chefs huguenots. Rohan, le seul qui fût resté fidèle à la fortune de son parti, sentit enfin qu'il fallait se hâter de traiter pendant que la vigoureuse défense de Montpellier lui laissait l'espoir d'obtenir des conditions supportables. Le roi lui octroya la paix le 19 octobre 1622. Les Protestants conservèrent la liberté de tenir des consistoires et des synodes; mais les assemblées politiques furent interdites, et la démolition de toutes les fortifications nouvelles ordonnée (*Pièces justif.* N° LXXVI).

En permettant aux Réformés d'assembler des synodes, Louis XIII avait défendu d'y traiter d'aucune affaire politique. Par une déclaration, signée quelques mois après à Fontainebleau, il ordonna qu'un commissaire royal de la religion protestante assisterait à ces réunions pour veiller à l'observation de cette clause. La disposition nouvelle fut appliquée pour la première fois au vingt-quatrième synode qui s'ouvrit à Charenton le 1er septembre 1623. Par ordre formel du roi, ce synode abolit le fameux serment prescrit par celui d'Alais. N'est-il pas étrange de voir dans cette circonstance un gouvernement dirigé par un cardinal se faire le défenseur de la liberté d'examen contre une assemblée des représentants de l'Église protestante? N'osant désobéir à une injonction aussi positive, le synode se soumit, mais de mauvaise grâce. Il voulut au moins protester autant qu'il était en lui, et à cet effet, il confirma le calvinisme pur comme la seule doctrine orthodoxe (*Pièces justif.* N° LXXVII).

Cependant la violation flagrante du traité de Montpellier en tout ce qu'il contenait de favorable aux Réformés, jointe aux nombreuses vexations qu'ils avaient à souffrir de la part des Catholiques, ralluma bientôt la guerre. Les Huguenots, personne ne pourrait en disconvenir, avaient de justes motifs de se plaindre; toutefois, avant d'en appeler au sort des armes, il eût au moins été sage à eux de bien peser les chances de succès qui leur restaient. Ces chances étaient nulles. Ils ne pouvaient compter sur l'appui des puissances protestantes qui, précisément alors, négociaient avec la France un traité dont le but était l'abaissement de la maison d'Autriche. Privés des secours de l'étranger, il leur était impossible de soutenir une longue lutte. Ils n'avaient pour cela ni assez d'hommes, ni assez d'argent, ni surtout assez de cet enthousiasme qui vaut à lui seul des armées. La plupart des grandes familles de leur parti étaient attachées à la Cour par des titres, des emplois, des faveurs. La désunion qui s'était mise dans leurs rangs, détruisait toute confiance. De mesquines jalousies faisaient échouer les entreprises le mieux combinées ou avorter les projets le mieux conçus. Qu'espérer d'une levée de boucliers dans un pareil état de choses? La plupart des Protestants sentaient si bien qu'on les entraînait à leur perte, qu'après avoir inutilement essayé de réveiller le fanatisme parmi les populations du Midi, Rohan dut employer la force et la menace pour soulever le Languedoc. La guerre éclata donc encore une fois ; mais elle ne fut marquée par aucun événement important, et elle se termina, le 5 février 1626, par un traité de paix, conclu sous la garantie du roi d'Angleterre, et qui laissa les Huguenots à peu près dans le même état qu'avant les hostilités.

Le rétablissement de la tranquillité permit d'assembler à Castres, le 15 septembre 1626, le vingt-cinquième synode national, qui obtint du roi la permission de lui présenter une liste de six candidats à la députation générale. Les actes fort longs de ce synode n'offrent rien d'un intérêt particulier. Ils sont suivis d'un relevé de toutes les églises protestantes existant à cette époque en France, relevé qui, rapproché de celui qui avait été présenté six ans auparavant au synode d'Alais, prouve avec évidence combien les derniers troubles avaient nui à la prospérité de ces églises (*Pièces justif.* No LXXVIII).

Cependant Richelieu n'attendait qu'une circonstance favorable pour abattre sans retour le parti protestant. Son projet était bien arrêté de ne plus souffrir dans une monarchie absolue l'étrange anomalie d'une société organisée démocratiquement, et il avoue lui-même qu'il n'avait conclu la dernière paix qu'afin d'arriver plus sûrement à son but. L'occasion qu'il épiait ne tarda pas à lui être offerte. La Rochelle se laissa entraîner par d'ardents fanatiques à lever une fois encore l'étendard de la révolte, tandis que Rohan, de son côté, poussait les habitants des Cévennes à l'insurrection, mais avec si peu de succès qu'il ne put jamais réunir autour de lui un corps de troupes respectable. Aussi, cerné par des forces supérieures, dut-il employer toute son habileté non pas à vaincre, mais à échapper aux généraux qui le poursuivaient, jusqu'à ce que, réduit aux abois, il ne craignît pas d'imprimer une tache à sa mémoire en signant un traité avec l'Espagne, l'ennemie la plus implacable de sa patrie et de sa religion. Cette alliance, dont le blâme ne saurait rejaillir sur les Protestants, ne put néanmoins le sauver. Après avoir contraint la Rochelle par un siége à jamais mémorable, de subir toutes les conditions qu'il lui plut d'imposer, Louis XIII marcha contre le Languedoc qu'il traita avec une inhumanité barbare. Rohan qui se voyait enlever l'une après l'autre toutes ses places fortes, soit par les armes, soit par la trahison, comprit enfin qu'il ne lui restait plus d'autre ressource qu'une soumission entière ; mais ce n'est pas sans peine qu'il fit partager son avis à ses partisans les plus passionnés. La paix fut conclue à Alais, le 27 juin 1629. Dès le mois suivant, l'*édit de grâce* fit descendre le parti protestant au rang qui lui convenait, au rang de simple secte religieuse (*Pièces justif.* No LXXIX).

Les revers qui venaient de frapper les Réformés semblent avoir réagi d'une manière salutaire sur le zèle par trop exclusif jusque-là de la majorité de leurs ministres. Loin de persister dans la voie funeste où s'étaient engagés les derniers synodes, celui de Charenton, qu'on compte comme le vingt-sixième et qui s'ouvrit le 1ᵉʳ septembre 1631, donna un bel exemple de tolérance en autorisant les pasteurs réformés à admettre les Luthériens à la Cène. Peut-être aurait-il dû aussi, lui qui se soumettait avec tant d'humilité aux injonctions du souverain, montrer un peu plus d'indulgence pour les fidèles qui, afin d'obéir aux ordres des magistrats, consentaient à illuminer leurs maisons le jour de la Fête-Dieu (*Pièces justif.* N° LXXX).

Soit que la Cour se fût opposée à une nouvelle réunion des chefs des églises ou que les Protestants n'eussent pas sollicité l'autorisation de s'assembler, six années s'écoulèrent entre le synode de Charenton et celui d'Alençon qui fut le vingt-septième et le dernier auquel fut présenté un état officiel des pasteurs et des églises protestantes de France (*Pièces justif.* N° LXXXI). Il s'ouvrit le 9 juillet 1637 et ne fit guère autre chose que d'enregistrer les ordres du roi ; mais il lui restera l'honneur d'avoir été une des premières assemblées chrétiennes dont l'attention se soit portée sur l'odieux trafic des noirs (*Pièces justif.* N° LXXXII).

Pendant le reste du règne de Louis XIII, ou plutôt du ministère de Richelieu, l'Église protestante jouit en France d'une tranquillité assez grande pour que l'on ait pu dire, sans trop d'exagération, que jamais elle n'avait été plus paisible. Cependant on est allé trop loin en affirmant que le cardinal laissa aux Protestants la pleine et entière jouissance des priviléges et des droits que leur assurait la loi. Ils eurent à éprouver, au contraire, beaucoup de vexations et d'injustices (*Pièces justif.* N° LXXXIII), et le gouvernement ne fit rien pour réprimer la malveillance des agents de l'autorité.

Lorsque Louis XIV monta sur le trône, « les Réformés, dit Benoît dans son Histoire de l'édit de Nantes, ne demandaient qu'à vivre en repos, trop contents si on les eût laissés jouir tranquillement de ce qui leur était accordé par les édits. Il ne leur restait plus rien de ce qui les avait rendus redoutables, et ils étaient si loin de prendre les armes pour se rétablir qu'à peine osaient-ils présenter des requêtes pour se plaindre. » Leur unique garantie était l'édit de Nantes, et, nous l'avons dit, on avait eu soin d'en altérer les principaux articles de manière à en préparer la ruine. Se confiant néanmoins en des promesses si souvent renouvelées, ou peut-être instruits par une cruelle expérience, ils refusèrent constamment de prendre part aux troubles de la Fronde et ils fermèrent toujours l'oreille aux sollicitations des puissances étrangères qui leur juraient de ne les abandonner jamais, s'ils voulaient les seconder.

Une conduite si loyale méritait la reconnaissance du gouvernement; aussi, malgré la violence des attaques des prélats catholiques, Mazarin se montra-t-il presque toujours favorablement disposé à leur égard. Il serait possible que la crainte de déplaire à Cromwell eût été pour quelque chose dans sa bienveillance. Quoi qu'il en soit, s'il est un fait certain, c'est que les Protestants ont eu beaucoup moins à se plaindre du cardinal Mazarin que de Henri IV lui-même. Ils obtinrent de lui non-seulement une confirmation nouvelle de l'édit de Nantes et la cassation de tous les arrêts qui y étaient contraires (*Pièces justif.* N° LXXXIV), mais encore, lorsque les plaintes amères du clergé catholique l'eurent forcé en quelque sorte à révoquer, quatre ans plus tard, sa fameuse déclaration de 1652, il leur donna la promesse d'envoyer dans les provinces deux commissaires, l'un catholique et l'autre protestant, « pour conjointement pourvoir aux plaintes et remettre toutes choses en l'ordre auquel elles doivent être, conformément aux édits » (*Pièces justif.* N° LXXXV). On ne saurait douter que son intention n'eût été de protéger les Protestants contre les persécutions des Catholiques. Il ne pouvait prévoir que l'on abuserait bientôt d'une institution tutélaire pour abolir les chambres mi-parties.

Sous l'administration de Mazarin, les Réformés furent admis d'ailleurs à tous les emplois civils et militaires; mais ils n'eurent pas la liberté d'assembler leurs synodes aussi souvent qu'ils l'auraient désiré. Ils ne purent en tenir que deux, à quinze années de distance l'un de l'autre. Les embarras de la guerre d'Espagne et l'inquiétude assez naturelle qu'inspirait au cardinal l'influence de Cromwell sur les églises réformées, furent les causes véritables de ce long ajournement. Le premier de ces synodes se réunit à Charenton, le 26 décembre 1644, c'est-à-dire dans l'année qui suivit la mort de Louis XIII (*Pièces justif.* N° LXXXVI). Le second, qui fut le vingt-neuvième, s'assembla à Loudun, le 10 novembre 1659 (*Pièces justif.* N° LXXXVII). Le roi lui fit signifier par son commissaire qu'à l'avenir et pour prévenir de grandes dépenses, il n'autoriserait plus des réunions aussi nombreuses, les affaires qui se traitaient dans les synodes nationaux pouvant se traiter tout aussi bien dans les provinciaux. Ce fut en vain que le président, dans sa réponse, affirma que la suppression de ces synodes entraînerait la ruine de la religion et de la discipline, et tout aussi inutilement que l'assemblée adressa à Louis XIV des lettres pleines d'adulations. Le cardinal protesta qu'il avait la plus grande confiance dans l'inviolable fidélité des Protestants ; mais il n'en maintint pas moins sa décision. C'était la seconde fois que le gouvernement portait une grave atteinte aux priviléges des Réformés. En 1657, il leur avait déjà enlevé le droit de tenir des colloques, sous le prétexte que n'étant pas contenues par la présence d'un commissaire, ces assemblées pouvaient facilement se laisser égarer dans des discussions politiques.

Depuis l'assemblée générale du clergé catholique en 1656, avait en effet commencé contre l'Église protestante une réaction qui ne s'arrêta pas même devant les plus infâmes cruautés. L'animosité entre les deux grands partis qui avaient si longtemps ensanglanté la France, survivait aux guerres de religion. Le clergé, les parlements, les intendants des provinces, les corporations cherchaient avec empressement toute occasion de faire éclater leur haine contre d'odieux sectaires. Dans les rangs de l'armée, sur les flottes, à la Cour même, les deux religions vivaient, il est vrai, en assez bonne intelligence ; mais dans le reste de la nation, il n'y avait pour ainsi dire qu'une voix pour demander l'extirpation de l'hérésie. Et qu'on le remarque bien, cette haine vigoureuse était commune aux deux partis. Si d'un côté, nous avons à citer une foule d'arrêts défavorables aux Réformés, des contestations, des chicanes de toute espèce ; de l'autre, nous rencontrons une hostilité patente, souvent acerbe, contre les doctrines et les rites de l'Église romaine.

Aujourd'hui que les lumières se sont répandues, que les mœurs se sont adoucies, on a de la peine à concevoir l'ardente inimitié qui divisait alors des enfants d'une même patrie. On a de la peine surtout à comprendre comment les ministres protestants, au lieu de s'appliquer à calmer ces haines si dangereuses, pouvaient prendre plaisir en quelque sorte à les aviver, en répondant par des injures aux outrages de leurs adversaires.

Étaient-ils donc tellement aveugles qu'ils ne vissent combien la différence de position était énorme entre eux et leurs ennemis? Le clergé catholique formait le premier corps de l'État; ils ne jouissaient, eux, que d'une tolérance précaire. Le clergé catholique accordait des subsides au roi; ils ne donnaient pas d'argent, eux, ils en recevaient au contraire pour leur propre entretien et pour la tenue de leurs synodes. S'ils avaient en général pour eux la piété, la pureté des mœurs et le savoir, le clergé catholique possédait d'immenses richesses, la faveur de la Cour et toute l'importance que donnent une haute naissance ou de grands emplois.

La balance ne devait-elle pas nécessairement pencher du côté de leurs adversaires? C'est ce qui arriva en effet. A mesure qu'un faste inouï et des guerres ruineuses épuisèrent les finances, le gouvernement se trouva dans la nécessité de recourir plus souvent au clergé catholique qui, on le pense bien, acheta un à un tous les privilèges, tous les droits des Protestants. Une suite d'édits, de déclarations, d'arrêts renferma bientôt les Réformés, selon les propres expressions de Louis XIV, dans les plus étroites bornes que *la justice et la bienséance* pouvaient permettre *(Pièces justif.* N° LXXXVIII).

Anquetil résume ainsi cette longue série d'actes iniques, quelquefois absurdes, presque toujours cruels : « Tout ce que la Cour put imaginer, pour faire des prosélytes à la religion catholique, fut employé : faveurs aux nouveaux convertis, exemption de taille, tutèle, contributions et sujétions de toute espèce ; surséances pour le payement des dettes, affranchissement même du droit paternel, et permission de se marier sans le consentement des parents calvinistes, préférences pour l'admission aux charges et aux emplois dans la robe, la finance et le commerce et jusqu'aux grades militaires.

» A ces priviléges pour les nouveaux convertis succédèrent les exclusions pour ceux qui persistaient. On se contenta d'abord de défendre qu'ils fussent admis à aucunes fonctions publiques, fructueuses ou simplement honorables, municipales, judiciaires, doctrinales et même méchaniques. Ensuite on ordonna à ceux qui avaient été admis auparavant, d'y renoncer. Ainsi ils furent exclus des corps de métiers, des maîtrises, des apprentissages, du barreau, et il ne leur fut plus permis d'être sergents, recors, huissiers, greffiers, procureurs, à plus forte raison juges et avocats, et les chambres de l'édit furent supprimées. On leur interdit aussi les fermes du roi et tout ce qui y a rapport, même les emplois subalternes ; leurs noms furent rayés des matricules des Universités, des rôles de la maison du roi, de celle des princes et de toute la famille royale. On retrancha non-seulement aux officiers, mais aux veuves et à leurs enfants opiniâtres les pensions, les honneurs, le droit de noblesse et les autres distinctions ordinairement attachées à ces places. Enfin il ne leur fut plus permis de pratiquer publiquement la médecine, la chirurgie, la pharmacie, ni même d'exercer l'état de sages-femmes.

» C'était peu d'inquiéter le troupeau, si on ne frappait les pasteurs ; mais le temps n'était pas encore venu de les proscrire. On se contenta de les gêner dans leurs personnes et dans leurs fonctions. Le ministère fut interdit aux étrangers. On défendit aux pasteurs de s'entremettre d'affaires publiques, de porter l'habit ecclésiastique, de s'intituler *ministres de la parole de Dieu*, d'appeler leur religion *réformée*, sans ajouter le mot *prétendue*, de faire corps et d'aller en cette qualité saluer et haranguer les personnes de distinction, d'avoir dans les temples des bancs élevés pour les magistrats de leur religion, de les orner de tapis aux armes du roi ou de la ville, et de leur faire cortége en entrant dans le temple ou en sortant. Il ne leur fut plus permis de faire le prêche ailleurs que dans le lieu ordinaire de leur résidence, ou de le faire en plus d'un lieu, sous prétexte d'annexe, d'exercer hors de temples, et plus de trois ans dans le même endroit, d'entrer chez les malades, de peur qu'ils ne les empêchassent de se convertir, de visiter les prisons, de rien laisser échapper dans leurs sermons contre la religion catholique, et de célébrer les baptêmes, les mariages, les enterrements avec un éclat qui pût attirer de la considération à leur ministère.

» Quant aux consistoires et aux synodes, la Cour diminua leur pouvoir, en les rendant moins fréquents, en y envoyant des commissaires fermes, se faisant instruire des délibérations, et interdisant la connaissance de certaines affaires. Elle sapa encore mieux leur autorité, en ôtant à ces assemblées la collecte, le maniement, l'application des deniers, et en transférant aux hôpitaux catholiques les legs ou donations qui se faisaient aux consistoires. Pour l'autre branche de crédit que donnent les sciences, elle fut aussi retranchée, autant qu'il se peut, par la défense à leurs maîtres d'enseigner les langues, la philosophie et la théologie, par la destruction de plusieurs écoles fameuses, entre autres du collége de Sédan, où les belles-lettres fleurirent longtemps et d'où sortirent des savants célèbres.

» Assujettis dans les villes à respecter les rites catholiques, à s'abstenir du commerce et du travail les jours de fêtes, à saluer le S. Sacrement lorsqu'on le portait aux malades, ou à se cacher, et à beaucoup d'autres pratiques, qu'ils prétendaient blesser leur conscience, les Calvinistes se réfugiaient dans les campagnes, où les seigneurs de leur religion les admettaient aux prêches de leurs châteaux ; mais la Cour les priva bientôt de cette ressource, en fixant le nombre et la qualité de ceux qui pouvaient être reçus à ces prêches, et en disputant même à plusieurs seigneurs le droit d'en avoir ; ce qui menait à interdire les ministres, à les chasser comme inutiles, et à abattre les temples. On en comptait déjà plus de sept cents détruits par différentes raisons, avant la révocation de l'édit de Nantes. »

Anquetil fait peu de compte, comme on voit, des efforts des controversistes catholiques, et il a raison, car leurs travaux ne furent pour rien, ou presque rien, dans les nombreuses conversions qui précédèrent et suivirent la révocation de l'édit de Nantes.

Loin de blâmer l'auteur de l'Esprit de la Ligue du silence qu'il a gardé à cet égard, nous y verrons donc plutôt une preuve de la sincérité de l'historien. Son récit, en effet, est fidèle et sincère, en tant qu'il nous peint sans déguisement l'impitoyable acharnement des bourreaux ; mais il ne nous dit rien de l'admirable constance des victimes. Cet oubli, c'est un devoir pour nous de le réparer.

La révocation de la déclaration de 1652 excita de vives alarmes parmi les Protestants. Leurs députés présentèrent au roi une requête pour le supplier d'ordonner que l'édit de Nantes fût gardé inviolablement, nonobstant toutes déclarations contraires (*Pièces justif.* N° LXXXIX). Le gouvernement y répondit par une nouvelle promesse d'envoyer des commissaires dans les provinces, promesse qu'il ne tint toutefois que trois ans après, en 1661 (*Pièces justif.* N° XC). Quelque soin que l'on eût pris de choisir les commissaires protestants parmi les plus modérés ou, pour mieux dire, parmi les plus timides, le zèle des commissaires catholiques se laissa emporter si loin que bientôt le Conseil, qui s'était réservé la décision en cas de partage, fut accablé de protestations et de renvois. Ses arrêts furent presque toujours conformes à l'avis du commissaire catholique ; car il fallait que le bon droit des Protestants fût *plus qu'évident,* pour qu'il leur donnât gain de cause.

Les injustices furent nombreuses, elles furent criantes ; cependant elles ne violèrent pas proprement la lettre de l'édit de Nantes. La première atteinte directe qui y fut portée, fut la déclaration contre les relaps de 1663 (*Pièces justif.* N° XCI), présentée dans le principe par le clergé catholique comme une sage mesure de police, et devenue depuis entre ses mains le plus fatal instrument de la ruine de l'Église protestante.

Ce premier pas fait, le clergé voulut pousser plus loin ses avantages. Dès l'année 1666, il fit convertir en loi générale tous les arrêts rendus à sa requête dans des circonstances particulières, soit par les parlements, soit par les intendants des provinces. Dès lors, il ne put plus rester de doute aux Protestants sur les intentions de la Cour à leur égard, bien que le roi continuât à protester de sa ferme résolution de maintenir les édits. Un grand nombre passèrent donc dans les pays étrangers. Ce fut la première de ces émigrations qui, renouvelées sept fois en moins d'un siècle, ont enlevé à la France près de deux millions de citoyens, ses soldats les plus aguerris, ses matelots les plus habiles, ses négociants les plus probes, ses manufacturiers les plus industrieux et beaucoup de ses savants les plus distingués.

Dans les Éclaircissements historiques sur les causes de la révocation de l'édit de Nantes, Rulhière attribue à Colbert l'honneur d'avoir fait sentir au roi que par sa rigueur il tarissait les sources de la prospérité et de la puissance de la France. D'autres historiens ont répété d'après lui et d'après Voltaire, que ce grand ministre s'était toujours opposé à la révocation de l'édit de Nantes. Mais jamais assertion ne fut moins justifiée. M. Ch. Coquerel, dans son Histoire des Églises du désert, a déjà relevé cette erreur; il a prouvé que Colbert a pris une part directe à toutes les mesures iniques qui ont préparé cette autre Saint-Barthélemy, — l'expression ne paraîtra pas exagérée. Que dans des vues purement économiques, il ait conseillé à Louis XIV de rapporter, le 1er février 1669, la déclaration obtenue en 1666 par l'assemblée du clergé, cela est possible; mais nous devons toutefois faire observer que ce ne fut pas lui qui signa la déclaration nouvelle, tandis que nous trouvons son nom au bas de l'édit du mois d'août de la même année, par lequel il fut défendu à tous les Français, de quelque condition ou qualité qu'ils fussent, d'aller s'établir dans les pays étrangers sous peine de confiscation de corps et de biens (*Pièces justif.* N° XCII).

Les Protestants jouirent d'un instant de répit. On s'aperçut que l'on s'était trop hâté, et à la violence on substitua l'astuce dans l'espoir d'arriver plus sûrement et avec moins de dangers à l'abolition de cet édit de Nantes dont la révocation paraît être devenue vers cette époque un projet bien arrêté dans la pensée du roi.

Louis XIV n'était encore que dans sa trente-quatrième année; mais déjà sa conscience lui reprochait par moments les scandales de sa vie privée. Ce fut dans un de ces accès de componction que, pour imposer silence à ses remords, il s'imagina, selon l'heureuse expression d'un écrivain, de *faire faire pénitence* aux Protestants de ses faiblesses, pensant acheter le pardon du ciel par son ardeur à travailler à leur conversion. A cet effet, on résolut de corrompre quelques ministres, d'ouvrir des conférences à la suite desquelles ces pasteurs se déclareraient convaincus, et puis de supprimer l'édit de Nantes comme inutile. Ce ridicule projet échoua; il fallut en imaginer un autre.

Dès 1608, un fonds spécial avait été destiné par le clergé catholique à acheter des abjurations parmi les ministres; mais, à son grand désapointement, il avait rencontré peu de consciences vénales. Louis XIV se flatta de trouver parmi les fidèles plus de gens disposés à vendre leur foi, et dans un nouveau mouvement de piété, qui le prit au jubilé de 1676, il consacra le tiers des économats à la conversion des hérétiques. Ce fut alors dans tout le royaume une émulation sans pareille. Chacun voulut faire sa cour au grand monarque en lui envoyant de longues listes de convertis. Nous ne rechercherons pas si les évêques et les prêtres se montrèrent toujours bien scrupuleux sur la qualité des conversions, ni quelles furent les surprises et les fraudes pieuses qu'ils durent mettre en jeu. Qu'il nous suffise de dire que, d'après des documents officiels, le prix courant des abjurations était terme moyen de six livres, et l'on comprendra dans quelle classe de la société elles devaient être le plus nombreuses ! On en vint à s'étonner à la Cour même des miracles opérés par cette corruption religieuse. Mais déjà en 1679 le roi dut renouveler la déclaration contre les relaps, en ajoutant à la peine du bannissement celle de l'amende honorable et de la confiscation des biens. Telle était la valeur de ces prétendues conversions.

Le gouvernement comprit que le misérable appât d'une faible somme d'argent ou d'une modique pension était peu propre à séduire ces braves capitaines, ces riches bourgeois, ces pasteurs respectables par leurs mœurs ou renommés par leurs talents, ces gentilshommes campagnards exempts d'ambition, ces honnêtes ouvriers, ces cultivateurs aisés qui constituaient véritablement l'Église protestante. Sans renoncer aux conversions mercenaires, il recourut donc aux conversions forcées, dont le signal fut donné par la destitution en masse de tous les employés des finances qui ne professaient pas le catholicisme.

Quiconque exerçait quelque autorité dans le royaume, se mit alors à l'œuvre avec cette ardeur importante que déploie toujours dans ses fonctions un agent subalterne qui, pour dissimuler sa condition inférieure, outrepasse les ordres du maître. Mais dans ce cas l'approbation du monarque était assurée. Aussi les persécutions se multiplièrent sous toutes les formes, et, il faut l'avouer, beaucoup de Protestants y succombèrent. Cet apparent succès confirma Louis XIV dans sa résolution d'anéantir l'hérésie. Entretenue par Madame de Maintenon, cette prude ambitieuse qui jouait la dévotion pour supplanter Madame de Montespan dans la couche royale, et par le P. La Chaise, l'habile jésuite qui ne travaillait que dans l'intérêt de son ordre, sa bigoterie devint tellement intraitable que Louvois lui-même crut nécessaire à son crédit de rechercher quelque moyen de la flatter. Il inventa les dragonnades, ou plutôt il les perfectionna, car l'idée première n'est pas de lui. Les historiens qui lui attribuent le triste honneur de l'invention, ignoraient sans doute que déjà en 1627, le marquis d'Ornano avait logé ses troupes chez les Protestants d'Aubenas, et que cet exemple avait été suivi en 1657 à Lunel par le comte de Bioule. Mais au moins Louvois peut-il revendiquer la gloire de l'avoir appliquée sur une grande échelle. Le 18 mars 1681, il annonça à l'intendant du Poitou, Marillac, l'arrivée dans sa province d'un régiment de dragons qu'il lui recommanda de loger en majeure partie chez les Protestants (*Pièces justif.* N° XCIII). Sa lettre était accompagnée d'une ordonnance du roi portant exemption pendant deux ans de loger des gens de guerre en faveur de ceux qui se convertiraient. Les Réformés des provinces de l'Ouest se virent ainsi livrés sans défense à tous les excès d'une soldatesque effrénée, provoqués en quelques endroits par les curés eux-mêmes, qui criaient aux soldats : « Courage, messieurs! c'est l'intention » du roi que ces chiens de huguenots soient pillés et saccagés! »

L'émigration suspendue par la déclaration de 1669 recommença. L'effet en fut le même que la première fois. Le zèle de la Cour se ralentit et Rulhière assure que l'on alla jusqu'à recommander aux intendants des provinces l'observation des édits. Mais les intendants n'ignoraient pas que le but de la Cour était la destruction de l'Église protestante et que ceux qui se conformeraient le plus strictement à ses intentions secrètes, seraient les mieux vus. On peut donc affirmer avec certitude que les violences, quoique moins brutales, continuèrent comme auparavant.

Aussi l'émigration ne s'arrêta-t-elle pas. Benoît prétend avoir eu sous les yeux des mémoires qui portaient à plus de trois mille le nombre des familles protestantes qui s'échappèrent du royaume à cette époque. Ces infortunés cherchèrent un asile en Angleterre, dans les Provinces-Unies, en Danemark, et partout Isfurent·ac cueillis avec une sympathie qui honorera éternellement les citoyens de ces États. Quant à ceux qui ne purent ou ne voulurent pas quitter le sol natal, ils prirent une résolution dont on chercherait vainement un second exemple dans l'histoire de l'Église chrétienne, sans en excepter ces temps de ferveur et d'enthousiasme, où le zèle était entretenu par le souvenir vivant de Jésus-Christ et de ses apôtres. Seize députés des églises du Languedoc, des Cévennes, du Vivarais et du Dauphiné, se réunirent secrètement à Toulouse, et convinrent de résister à la tyrannie jusqu'à la rébellion exclusivement. A un jour marqué, les temples fermés par ordre du roi se rouvrirent. Dans les lieux où ils avaient été détruits, les fidèles s'assemblèrent sur leurs ruines, et cela publiquement, avec un tel ensemble que la Cour crut à une insurrection générale. La terreur fut grande. Les ordres les plus prompts et les plus sévères sont donnés. Des troupes entrent dans le Dauphiné, y égorgent quelques centaines de paysans qui se rendaient à une assemblée, pénètrent dans le Vivarais, y exercent d'effroyables massacres et répandent dans tout le Midi la terreur et la désolation.

Les rigueurs contre les rebelles, comme on appelait à la Cour de pauvres gens qui n'avaient eu d'autre but que de prouver à un impitoyable despote qu'ils voulaient vivre et mourir dans leur foi, se succédèrent avec rapidité. Déjà les dragonnades avaient recommencé dans le Béarn, sous la direction du féroce intendant Foucault. Excités par lui, les soldats s'y montrèrent plus barbares encore que dans le Poitou. « Parmi les secrets qu'il leur apprit pour dompter leurs hôtes, lit-on dans l'Histoire de l'édit de Nantes, il leur commanda de faire veiller ceux qui ne voudraient pas se rendre à d'autres tourments. Les soldats se relayaient pour ne pas succomber eux-mêmes au supplice qu'ils faisaient souffrir aux autres. Le bruit des tambours, les blasphèmes, les cris, le fracas des meubles qu'ils brisaient ou qu'ils jetaient d'un côté à l'autre, l'agitation où ils tenaient ces pauvres gens pour les forcer à demeurer debout et à ouvrir les yeux, étaient les moyens dont ils se servaient pour les priver de repos. Les pincer, les piquer, les tirailler, les suspendre avec des cordes, leur souffler dans le nez la fumée du tabac et cent autres cruautés, étaient le jouet de ces bourreaux, qui réduisaient par là leurs hôtes à ne savoir ce qu'ils faisaient, et à promettre tout ce qu'on voulait pour se tirer de ces mains barbares. »

Pour résister longtemps à des tortures que l'on s'étudiait à rendre douloureuses sans qu'elles fussent mortelles, n'eût-il pas fallu une constance plus qu'humaine? Celle des Béarnais finit par succomber. Le Languedoc, la Guyenne, la Saintonge devinrent à leur tour le théâtre des *missions bottées*, et comme dans le Béarn, après avoir supporté pendant des jours, des semaines même tout ce que le corps humain peut endurer sans mourir, une foule de Protestants au désespoir feignirent d'abjurer. On vit des villes entières se convertir en masse.

Un si beau succès, grossi encore par des relations mensongères, persuada au roi que les Huguenots étaient réduits à un si petit nombre, qu'il n'avait plus rien à en redouter. L'assemblée générale du clergé catholique, tenue au mois de mai 1685, enflamma de plus en plus son bigotisme par ses odieuses congratulations. Le despote s'imagina qu'il lui suffirait de manifester sa volonté pour faire rentrer promptement dans le giron de *son Église* le petit nombre des Protestants assez audacieux pour oser persévérer dans une religion *qui lui déplaisait*. L'édit de Nantes fut révoqué, le 18 octobre 1685, aux applaudissements de la France catholique presque tout entière. Les chaires et les académies prodiguèrent à l'envi des éloges bassement adulateurs au nouveau Constantin; la poésie et l'éloquence célébrèrent avec émulation le triomphe du grand roi sur l'hydre de l'hérésie; les arts se disputèrent l'honneur de consacrer le souvenir de ce glorieux événement.

Conformément à l'édit révocatoire, les temples furent partout démolis, le culte domestique défendu sous peine de confiscation de corps et de biens, tous les ministres bannis, toutes les écoles protestantes fermées. Les enfants devaient être présentés au baptême des curés sous peine d'une amende de cinq cents livres. Les peines portées contre les relaps furent confirmées, la sortie du royaume interdite sous peine des galères pour les hommes et de confiscation de corps et de biens pour les femmes ; enfin, au milieu de toutes ces atrocités, un article dérisoire promettait restitution de leurs biens aux réfugiés qui, dans le délai de quatre mois, rentreraient en France pour y trouver, quoi ? — des persécutions et des tortures (*Pièces justif.* N° XCIV).

En proscrivant le culte protestant, l'édit laissait au moins subsister la liberté de conscience. Ce reste de tolérance souleva les plaintes du clergé et de tout le parti des bigots. Les dragonnades continuèrent donc comme auparavant, et coup sur coup parurent un grand nombre de déclarations d'une barbarie révoltante. Les émigrations se multiplièrent. Dès l'année 1689, les confiscations avaient mis le gouvernement en possession des biens de cent mille réfugiés. En vain le roi faisait-il garder les frontières et les côtes avec une vigilance extrême ; plus on inventait de moyens pour retenir forcément les Protestants, plus ils en inventaient, eux, pour fuir, malgré la douleur qu'ils devaient éprouver à abandonner le pays qui les avait vus naître, la terre où reposaient leurs pères, malgré les fatigues et les périls de l'évasion, malgré la perspective d'une vie de privations et de misères. Ils savaient bien que tous les États protestants leur tendaient les bras, que la Suisse, l'Allemagne, les États-Unis, l'Angleterre, le Danemark, la Suède, les accueilleraient avec une hospitalité fraternelle, que la Russie elle-même leur offrait un asile assuré. Mais la charité la plus libérale pourrait-elle soulager tant d'infortunes ? Ne finirait-elle pas par s'épuiser ? Cette crainte ne pouvait manquer de se présenter à leur esprit, et cependant rien ne les retint ; ils n'hésitèrent pas à se dévouer à toute sorte de maux plutôt que de renier leur foi.

C'est au milieu de cette désolation de deux millions de Français qui n'avaient en aucune manière encouru la sévérité des lois, qui, à l'heure même, déployaient une constance, un héroïsme dignes de la primitive Église, qui sacrifiaient tout, leur fortune, leur patrie, leur vie même à ce qu'ils croyaient la vérité, c'est au milieu de ces horreurs que Bossuet, le grand Bossuet, s'écriait dans une chaire chrétienne : « Touchés de tant de merveilles, épanchons nos cœurs sur la piété de Louis, poussons jusqu'au ciel nos acclamations ! »

La piété de Louis ! — Pour la mettre dans tout son jour, qu'on nous permette de comparer sa conduite avec celle de l'inquisition d'Espagne. Le monarque français punissait des châtiments les plus terribles ceux de ses sujets qui osaient opposer les ordres de leur conscience à sa volonté absolue, et il leur défendait en même temps sous peine des galères d'aller chercher sous une autre domination la liberté d'adorer Dieu comme ils l'entendaient. C'était à ses yeux un *attentat à sa gloire!* Dans des circonstances analogues, que fit l'inquisition, qu'on a cependant flétrie, et à juste titre, des noms les plus odieux? Elle offrit aux Maures qu'elle faisait chasser d'Espagne le choix entre la conversion ou l'exil, rendant ainsi hommage à la loi naturelle que violait audacieusement le grand roi. La Ligue elle-même, au milieu de toutes ses fureurs, avait respecté mieux que Louis XIV la liberté de conscience ; elle se contenta, nous l'avons vu, de bannir du royaume les Protestants qui refuseraient d'embrasser le catholicisme.

Des historiens, nous ne l'ignorons pas, ont avancé que Louis XIV était resté étranger aux atroces mesures que l'on prenait en son nom ; « mais, dit Sismondi, aucun monarque si vigilant, si jaloux de tout savoir, si irrité contre tout ministre qui aurait prétendu lui cacher quelque chose, n'était encore monté sur le trône de France ; et ce n'était pas une entreprise violente, poursuivie à l'aide de ses troupes, dans toutes les provinces de son royaume, pendant plusieurs années de suite, contre plus de deux millions de ses sujets, qui pouvait être dérobée à sa connaissance. » La responsabilité en retombe donc tout entière sur lui.

Tandis que des milliers de Protestants fuyaient une terre inhospitalière et allaient mettre leur industrie, leurs talents, leur courage et leur implacable ressentiment au service des puissances étrangères, d'autres employaient toute sorte de ruses et de déguisements pour rentrer dans un pays d'où ils avaient été bannis. Obéissant à des sentiments de piété exaltés encore par la persécution, une foule de pasteurs se dévouèrent ainsi à une mort presque certaine pour venir consoler leurs frères. Les forêts, les cavernes, les déserts devinrent des lieux de prière pour les Réformés du Languedoc et du Dauphiné. On accourait secrètement de plusieurs lieues pour y entendre prêcher la parole de Dieu, s'y édifier par le chant des psaumes, y faire bénir les mariages ou baptiser les enfants, et y participer à la sainte Cène. La simplicité du culte protestant permettait de multiplier ces réunions qui, une fois dispersées, ne laissaient aucune trace. Telle fut l'origine des *assemblées du désert* « à qui la France doit, selon la sage remarque de Rulhière, de n'avoir pas vu se métamorphoser en sauvages et en brigands, sans instruction et sans mœurs, ceux qui avaient formé tant d'hommes éminents dans leurs écoles. »

Quelque soin qu'ils prissent pour se cacher, les Protestants ne purent échapper longtemps à la vigilance des agents du pouvoir. Dès le 1er juillet 1686, parut une ordonnance qui condamnait à mort les ministres rentrés en France et tous ceux qui seraient surpris dans une assemblée religieuse. Le 29 avril, une déclaration plus odieuse encore, puisqu'elle ne respectait pas même la sainteté du tombeau, avait ordonné que les nouveaux convertis qui dans une maladie refuseraient les sacrements seraient après leur mort traînés sur la claie et leurs biens confisqués, et que dans le cas où ils guériraient, ils seraient, après amende honorable, condamnés les hommes aux galères, les femmes à la réclusion perpétuelle. Les conversions étaient, en général, si peu sincères que « dans la plupart de nos villes, dit Rulhière, que nous aimons à citer parce qu'il professait la religion catholique, on n'eut que trop fréquemment cet affreux spectacle de cadavres traînés sur la claie. On y voyait trop souvent des prêtres échauffés et le viatique en main, escortés d'un juge et de ses huissiers, se rendre chez les mourants, et bientôt après une populace fanatique se faire un jeu cruel d'exécuter elle-même la déclaration dans toute son horreur. » Le scandale fut poussé si loin que Louis XIV lui-même dut recommander aux intendants des provinces de rendre ces profanations le plus rares possible. Il avait été déjà obligé de réprimer l'exagération de leur zèle qui était allé jusqu'à permettre aux traitants d'établir une espèce d'inquisition sur la conduite des nouveaux convertis auxquels ils avaient dû faire la restitution de leurs biens par suite de leur abjuration.

Ces injonctions furent-elles suivies? Nous l'ignorons; ce qui est certain, c'est que vers cette époque le gouvernement, embarrassé du grand nombre de forçats qui encombraient les galères, les fit déporter en Amérique où presque tous périrent misérablement.

La formidable coalition que Guillaume d'Orange réussit à former, en 1689, contre le roi de France, qui dut employer à la combattre toutes les forces du royaume, permit aux Protestants de respirer; mais à peine la paix de Ryswick fut-elle conclue que Louis XIV en revint à l'exécution de ce qui était à ses yeux la meilleure et la plus sainte action de son règne. Ni les revers qu'il éprouva coup sur coup, ni les malheurs domestiques qui le frappèrent dans les dernières années de sa vie, comme autant de châtiments de Dieu, ne purent l'en détourner. Les rigueurs redoublèrent surtout dans le Languedoc où l'infâme Basville se signala par d'épouvantables cruautés. La position des Protestants était d'autant plus insupportable que le triomphe momentané des Jansénistes à la Cour, faisait prévaloir dans le clergé catholique les principes rigides de ce parti dont on a dit avec raison qu'il ne lui avait manqué que le pouvoir pour être plus dur que ses ennemis. Autant les prêtres de l'Église romaine avaient été jusque-là peu scrupuleux sur la sincérité des abjurations, autant ils commencèrent à se montrer dès lors difficiles, sans cesser toutefois de provoquer le gouvernement à user envers les Huguenots d'une contrainte salutaire, c'est-à-dire à les forcer de changer de croyance par les logements militaires, le surcroît d'impositions, les galères et autres moyens aussi contraires à la divine mansuétude de la religion qu'ils prêchaient.

L'émigration recommença, et, dans l'espoir de l'arrêter, on dut renouveler les ordonnances qui défendaient de sortir du royaume à ceux que, par une fiction inique et dérisoire, on feignait de regarder comme des convertis.

On se demande avec étonnement comment il se peut que les Protestants aient supporté tant de persécutions, tant de tortures; comment ils ont pu voir leurs temples rasés, leurs familles livrées à la brutale licence des soldats, leurs enfants ravis, leurs pasteurs condamnés à l'atroce supplice de la roue, leurs frères égorgés par centaines ou enchaînés sur les bancs des galères, sans sentir se rallumer en eux quelques étincelles de cette énergie qui avait mis les armes à la main de leurs ancêtres. Mais leur patience s'explique peut-être par les efforts des ministres qui en étaient revenus aux principes de l'obéissance passive prêchés par Calvin au commencement de la réforme, comme aussi par l'idée exagérée qu'ils s'étaient faite de leur propre faiblesse et de l'irrésistible puissance de leur tyran.

Cependant la révolte grondait sourdement au fond des cœurs; elle éclata enfin lorsque l'extermination des pasteurs eut laissé le champ libre à ces enthousiastes qu'on nomma les *petits Prophètes*. Leur exaltation, nourrie par le jeûne, la souffrance, la solitude et par la lecture de ces passages de l'Ancien Testament où les prophètes d'Israël annoncent au peuple les terribles vengeances de Jéhovah, se communiqua rapidement aux montagnards des Cévennes. L'attentat de l'abbé de Chaila contre deux jeunes protestantes fut le signal de l'insurrection, le 24 juillet 1702. Pendant plus de deux ans, les Camisards tinrent en échec la puissance d'un roi qui avait fait trembler l'Europe, et ils le forcèrent à la fin de traiter avec eux.

Le Protestantisme n'était donc pas extirpé; si le roi en avait pu douter, cette guerre, marquée par tant de barbaries, aurait suffi pour l'en convaincre. Et cependant, dans tous les édits rendus au sujet de la religion, on feignait de croire qu'il n'y avait plus de Huguenots dans le royaume, que tous s'étaient convertis. C'était un mensonge, mais par ce mensonge on livrait les Protestants à la mort civile et à toutes les peines portées contre les relaps avec lesquels on les assimilait; on ne voulait rien de plus. Cette législation qu'Aignan a parfaitement caractérisée, en l'appelant insidieuse et dérisoire, arme d'une perfide hypocrisie, facilitait, selon les temps et les lieux, les alternatives de persécution et de tolérance et substituait à l'action de la loi l'arbitraire de l'autorité. Les Jansénistes, à qui Rulhière attribue à l'égard des Réformés de bonnes intentions dont il serait difficile toutefois de fournir la preuve, avaient fort contribué pendant le moment de faveur dont ils avaient joui, à établir cette opinion. Lorsque les Jésuites reprirent leur influence à la Cour, ils surent en tirer tout le parti possible. Le 8 mars 1715, ils firent rendre une déclaration portant que tous ceux qui déclareraient vouloir persister et mourir dans la religion prétendue réformée, qu'ils aient ou non fait abjuration, seraient réputés relaps, « d'autant, lit-on dans cette incroyable ordonnance, que le séjour que ceux qui ont été de la religion prétendue réformée ou qui sont nés de parents religionnaires, ont fait dans notre royaume, depuis que nous y avons aboli tout exercice de ladite religion, est une preuve plus que suffisante qu'ils ont embrassé la religion catholique, apostolique et romaine, sans quoi ils n'y auraient pas été soufferts ni tolérés. »

Ce fut par cet acte inqualifiable, qui révolta le parlement lui-même, que Louis XIV couronna dignement la longue série d'iniquités dont il s'est rendu coupable envers deux millions de ses sujets les plus fidèles et les plus soumis. Il expira le 1er septembre, en reconnaissant, dit-on, qu'il avait porté son autorité trop loin et en rendant responsables devant Dieu le P. Tellier, avec les cardinaux de Bissy et de Rohan, des maux qu'il avait causés aux Protestants. Mais ce repentir à l'heure de la mort nous semble trop suspect pour que l'histoire en tienne compte.

Le monarque n'avait pas exhalé le dernier soupir que, comme pour protester contre son infâme loi, d'intrépides pasteurs se dévouaient à relever dans le Midi les églises ruinées par les persécutions. Cette œuvre de réorganisation se poursuivit sans empêchement pendant les premières années de la régence.

Cette espèce de tolérance était d'autant plus incertaine qu'elle ne procédait chez le duc d'Orléans ni du respect des droits de la conscience, ni d'un sentiment d'humanité, mais uniquement de la faiblesse et de l'irrésolution de son caractère. « Si d'un trait de plume, écrit l'historien anglais Smedley, il avait pu envoyer tous les Protestants à la Bastille, il est probable qu'il eût signé sans hésiter la lettre de cachet; mais les dompter d'abord, puis régler par des lois le sort de milliers de sectaires récalcitrants, c'était une tâche dont la perspective seule le faisait reculer d'effroi. » Il est très-vraisemblable que le souvenir encore vivant de la terrible guerre des Camisards ne resta pas non plus sans influence sur sa politique.

Quoi qu'il en soit, il fut assez habile pour faire considérer par les Protestants son inaction comme un effet de sa clémence. Prompts à céder à une douce illusion, ils lui adressèrent des pétitions où ils lui représentaient l'horrible position à laquelle les avait réduits la barbare législation de Louis XIV. Que leur répondit-il? « Qu'il maintiendrait les édits, mais qu'il espérait trouver dans leur bonne conduite l'occasion d'user de ménagements. »

Les Réformés restèrent donc livrés à l'arbitraire des gouverneurs. Dans quelques provinces ils eurent beaucoup à souffrir, dans d'autres ils furent plus ménagés. A tout prendre, ils n'eurent pas trop à se plaindre, surtout depuis le rappel de l'intendant Basville; aussi se montrèrent-ils tellement reconnaissants de la tolérance tacite qui leur était accordée par le gouvernement, que non-seulement ils repoussèrent avec indignation les avances d'Albéroni, mais qu'ils ne songèrent plus à émigrer quoique les frontières leur fussent ouvertes.

Ils eurent bientôt sujet de s'en repentir. Le duc d'Orléans mourut en 1723. L'habile évêque de Fréjus, ne jugeant pas le moment venu de se saisir du pouvoir, détermina Louis XV à nommer pour son premier ministre le duc de Bourbon, « jeune homme farouche, dit Lemontey, d'une intelligence grossièrement ébauchée, d'un aspect hideux depuis qu'il avait perdu un œil, et brutal dans ses haines comme dans ses amours. » Un des premiers actes du nouvel arbitre des destinées de la France fut la désastreuse déclaration du 14 mai 1724 qui l'emportait encore en rigueur sur les plus dures dispositions pénales de Louis XIV. Cette déclaration avait été préparée, de concert avec Basville, par Lavergne de Tressan, évêque de Nantes, un des hommes les plus corrompus et les plus irréligieux de cette époque d'impiété et de cynisme. Le digne prélat espérait mériter par là les faveurs de Rome et en obtenir le chapeau de cardinal qu'il convoitait. Au fond, cette ordonnance nouvelle n'était qu'une compilation des édits les plus sévères rendus sous le dernier règne, compilation informe, confuse, contradictoire, qui dénote ou bien peu de discernement ou un insigne machiavélisme (*Pièces justif.* N° XCV). « On vit avec étonnement dans ce siècle incrédule, lit-on dans Sismondi, lorsque le pouvoir était aux mains d'un prince sans foi et sans probité et d'une courtisane sans pudeur, renouveler une persécution que la foi rigide de Louis XIV pouvait à peine faire comprendre. Le clergé, les intendants, les tribunaux ne l'avaient ni demandée ni prévue; cependant ils l'acceptèrent, et ils se mirent à l'œuvre sans pitié. »

Dans toute la France, excepté l'Alsace où la liberté de concience était garantie par les traités, les Protestants se trouvèrent réduits à une condition pire que jamais. Sous Louis XIV, il leur avait suffi longtemps du moindre acte de catholicité, si leur conscience ne se révoltait pas contre cette hypocrisie, pour obtenir la permission de vivre en paix, et le clergé se contentant des apparences mettait le plus grand empressement à recevoir ces prétendues abjurations. Mais à cette époque d'autres principes avaient prévalu. Les curés ne voulaient plus admettre dans le giron de l'Église romaine que des gens sincèrement convertis, et ils exigeaient de leurs néophytes non-seulement des épreuves qui duraient six mois, un an et même au-delà selon les diocèses, mais une déclaration expresse qu'ils maudissaient leurs parents décédés et croyaient à leur damnation éternelle. D'un autre côté, les tribunaux ne cessaient de menacer des peines les plus terribles les Protestants qui ne participaient pas aux sacrements, que les prêtres s'obstinaient à leur refuser. Exposés ainsi à l'application de lois barbares et réduits en même temps à l'impossibilité de faire constater leurs mariages, leurs naissances, leurs décès, c'est-à-dire retranchés par le fait de la société civile, les Réformés durent tenter, les uns de fuir — ce fut la sixième émigration, — les autres, de rétablir jusqu'à un certain point ce qu'avait détruit Richelieu, c'est-à-dire de reconstituer un État dans l'État, en se choisissant des arbitres, des juges et en se donnant à eux-mêmes leurs propres lois.

Qu'on nous permette ici un rapprochement. Dans un temps où par d'épouvantables massacres les Irlandais semblaient avoir appelé sur eux et sur leur pays toutes les rigueurs d'une légitime répression, l'Angleterre les traita avec une sévérité excessive peut-être ; mais au moins elle ne songea jamais à les dépouiller de leurs droits civils, à imprimer sur le front de leurs enfants le sceau légal de la bâtardise, et bien moins encore eut-elle la pensée de retenir par la force ceux d'entre eux qui préférèrent l'expatriation à une vie sans avenir ; s'ils voulaient fuir, tous les ports du royaume-uni leur étaient ouverts. Nous venons de voir comment le roi de France en avait agi, non pas envers des fanatiques rebelles comme les Irlandais, mais envers des populations paisibles, laborieuses, qui ne demandaient qu'à vivre et à mourir en paix dans la religion de leurs pères. Que l'on compare et que l'on dise lequel des deux gouvernements a forfait surtout aux lois éternelles de la justice et de l'humanité !

Les effets désastreux de l'édit de 1724 furent paralysés un instant par la prudence et la modération du cardinal Fleury. Sous son administration, les Protestants jouirent d'un repos qui paraît leur avoir inspiré quelque espoir d'amélioration dans leur sort. L'organisation des églises s'avança rapidement, de fréquentes assemblées se tinrent au désert, un séminaire fut fondé à Lausanne pour élever des candidats au martyre, les synodes se multiplièrent et prirent de sages, d'énergiques mesures pour régulariser le culte et combattre le prosélytisme romain qui alors, comme aujourd'hui, s'attachait de préférence à séduire l'enfance. Il est vrai que de loin en loin un pasteur périssait sur l'échafaud, que les condamnations aux galères, à l'amende, à la confiscation se renouvelaient assez fréquemment, mais ces exceptions « n'infirmaient pas, dit M. Coquerel, le fait général d'un adoucissement dans l'application des lois persécutrices, adoucissement fondé sur l'impossibilité absolue de les mettre à exécution. »

Cet état de choses ne convenait pas au clergé catholique ; il se plaignit amèrement de ce que les édits n'étaient pas exécutés, et il est probable que ses doléances, en contribuant à aiguillonner l'ardeur des intendants, furent pour beaucoup dans les nombreuses condamnations qui frappèrent les Protestants depuis 1734 jusqu'au moment où éclata la guerre de la succession d'Autriche.

A cette époque les parlements reprirent sur l'autorité administrative la prépondérance dont ils avaient été dépouillés par Louis XIV. Toutefois ce changement politique fut loin d'être favorable, comme on aurait dû s'y attendre, aux églises réformées ; mais en face de la rigueur systématique de ces corps judiciaires comme en présence de l'arbitraire brutal des intendants, les Protestants n'en continuèrent pas moins à braver d'iniques édits pour obéir à leur conscience. Les pasteurs, de leur côté, ne négligèrent rien afin de donner au culte une forme plus stable et plus régulière. Le 18 août 1744, ils tinrent dans les environs de Nismes, au désert, un synode national auquel assistèrent les députés du Poitou, de l'Aunis, de l'Angoûmois, de la Saintonge, du Périgord, du Languedoc, de la Guyenne, du Dauphiné et de la Normandie (*Pièces justif.* N° XCVI). Ce fut, depuis la révocation de l'édit de Nantes, le premier synode où se trouvèrent réellement représentées toutes les provinces protestantes de France. Ses résolutions se distinguent par un esprit de sagesse, de prudence et de modération qui fait le plus grand éloge des pasteurs et des anciens qui le composaient.

Cette assemblée n'avait pu être tenue si secrète que le gouvernement n'en fût instruit. Les ennemis des Protestants s'empressèrent de la présenter à la Cour sous une couleur factieuse. Les circonstances les favorisaient. La guerre était alors dans toute sa fureur ; on craignit un mouvement des Huguenots ; on redoutait leur alliance avec les Anglais ; le souvenir de la guerre des Camisards était encore présent ; dès les premiers jours de l'année suivante, parurent de nouvelles ordonnances contre ceux qu'on s'obstinait à appeler les *nouveaux convertis*. Ces ordonnances étaient ridicules à force d'absurdité. « Déporter aux galères des réunions de trois mille personnes, rançonner des districts entiers et nombreux de 3,000 livres d'amende par tête d'habitant réformé inscrit à la capitation, en cas de capture d'un ministre, mettre des villages entiers à l'amende : c'étaient là, dit M. Coquerel, des lois que ceux mêmes qui les rendaient ne purent avoir le projet d'appliquer sérieusement. »

Cependant les persécutions recommencèrent avec autant de férocité que jamais. Plusieurs pasteurs furent pris et exécutés, plusieurs assemblées investies et écharpées ; les dissolutions de mariages, les enlèvements d'enfants, les condamnations aux galères ou à la prison perpétuelle se succédèrent coup sur coup ; on vit même dans le Rouergue recommencer les dragonnades. Une septième émigration eut lieu.

La mesure était comble. Malgré les pressantes exhortations de leurs ministres qui ne cessaient de leur recommander la soumission et la patience, quelques montagnards des Cévennes, exaspérés par tant de persécutions, s'armèrent en 1752 et allèrent attendre au passage un détachement de dragons qui, sous la conduite de quelques prêtres, pénétraient dans leurs âpres vallées pour leur ravir leurs enfants. Ils firent feu et trois curés tombèrent sous leurs balles. Cet événement répandit la terreur dans toute la province, et tira enfin Louis XV de son apathie égoïste, mieux que n'avaient pu le faire les touchantes suppliques que les Protestants ne se lassaient pas de lui envoyer. Ses ordres mirent un terme à une situation intolérable. Les enlèvements d'enfants continuèrent, il est vrai ; mais on renonça sans retour aux dragonnades, et l'on mit si peu d'activité à surveiller les assemblées du désert qu'elles redevinrent aussi nombreuses que jamais. Tous ceux qui avaient été contraints à des actes de conformité, s'empressèrent d'en faire pénitence.

Cependant ce relâchement de la tyrannie fut de peu de durée ; l'intolérance reprit bientôt son empire, et cette fois, ce fut le plus incrédule des courtisans de Louis XV qui se chargea de porter les derniers coups à l'Église réformée. La trompeuse sécurité des Protestants fut brusquement troublée, le 16 février 1754, par la publication d'un ban du duc de Richelieu, portant les peines les plus sévères contre toute espèce d'assemblées religieuses. La persécution recommença avec fureur : pasteurs mis à mort, assemblées inoffensives dispersées à coups de fusil, rapts, séquestrations, condamnations aux galères ! Une fois de plus la désolation couvrit tout le Midi. Excitée par des prêtres fanatiques, effrayée par des bruits calomnieux, la populace catholique prit les armes et en plusieurs endroits elle se rua sur les Protestants qu'elle traquait comme des bêtes fauves en se faisant suivre de dogues qu'on lançait contre eux.

Et cependant au milieu de tant de périls, non-seulement les Protestants français restèrent fidèles à leur religion, mais ils osèrent même édifier des maisons de prières dans le Béarn, la Guyenne et la Saintonge. Quelle est donc la divine puissance d'une foi capable d'inspirer tant de constance et d'héroïsme !

Ces horreurs ne pouvaient durer. Les mœurs s'étaient adoucies, les haines religieuses s'effaçaient de jour en jour, et déjà des voix généreuses s'élevaient dans le sein de la magistrature elle-même pour réclamer au nom de l'humanité et des intérêts de l'État un adoucissement au sort des Protestants. A la vue des échafauds teints du sang d'hommes pieux et vénérables, à l'aspect de cette foule de mères éplorées à qui on ravissait leurs enfants, au récit des odieuses spoliations qu'on exerçait contre les religionnaires, et des infâmes délations qu'encourageait une législation atroce, les philosophes, trop indifférents jusque-là à tant d'infortunes, s'émurent enfin ; ils firent retentir l'Europe d'un long cri d'indignation. Leur influence était alors toute puissante ; aussi eurent-ils peu de peine à soulever l'opinion publique qui entraîna à son tour le gouvernement dans les voies de la tolérance, à l'époque même où les parlements détruisaient l'ordre des Jésuites.

Ainsi, après avoir violé pendant un siècle les droits les plus saints, après avoir renversé tous les principes, sapé les bases mêmes de la société, après avoir ruiné et dépeuplé le royaume, après avoir fait couler des torrents de larmes et de sang, le gouvernement dut céder à l'indomptable courage des Protestants, il dut s'avouer vaincu. Mais au lieu d'accepter franchement sa position nouvelle, au lieu d'appliquer au mal un remède radical, il se contenta de palliatifs. Il ferma les yeux sur les assemblées, il rendit à la liberté les Protestants qui gémissaient dans les galères ou dans les prisons (*Pièces justif.* N° XCVII.), il ne s'opposa plus à la célébration du culte, il réduisit les actes baptistaires à une formalité insignifiante, la preuve légale du mariage à la notoriété publique, il assimila les sépultures des Protestants à celles des Juifs et des Musulmans, et il laissa s'établir une tolérance d'autant plus précaire qu'elle ne reposait que sur l'opinion.

On comprend que cette tolérance ne s'établit pas tout d'un coup; mais pour être lents, ses progrès n'en étaient pas moins sensibles. Nous en avons une preuve irrécusable dans les actes du synode national tenu en 1763. Il n'y est plus question, comme dans celui qui s'était assemblé en 1756, pendant la dernière persécution, de présenter au roi une très-humble requête pour le supplier d'avoir compassion des misères des Réformés. Il y règne au contraire un ton de confiance dans l'avenir qui montre évidemment que les Protestants étaient remplis d'espoir dans le triomphe de leur cause (*Pièces justif.* Nos XCVIII et XCIX). L'un et l'autre, d'ailleurs, eurent la sagesse de se renfermer strictement dans des questions purement religieuses, et de travailler avant tout à resserrer les liens des églises protestantes de France.

Dès les dernières années du règne de Louis XV, les persécutions violentes, les supplices cessèrent donc presque partout. Mais l'état des Protestants différait encore selon les provinces. Dans le Languedoc, ils jouissaient d'une tolérance à peu près complète, tandis que dans le Dauphiné leurs assemblées étaient toujours proscrites. Dans la Saintonge, l'Angoumois, le Périgord et le comté de Foix, ils avaient des oratoires même dans les villes; dans la Normandie, au contraire, leurs maisons de prières étaient fermées par lettres de cachet. Combien était incertaine et insuffisante une tolérance qui dépendait ainsi du caprice d'un gouverneur!

Cet état de choses dura cependant jusqu'à la fin du règne scandaleux de Louis XV.

Quoiqu'il eût encore prêté à son sacre le serment d'exterminer les hérétiques— ou que son courage se fût borné, selon

Turgot, à substituer, en rougissant, à l'antique formule quelques mots inintelligibles, — le zèle de Louis XVI n'alla pas jusqu'à la persécution. L'éducation dévote qu'il avait reçue devait, il est vrai, inspirer des craintes ; mais il n'avait pu rester étranger aux idées de son temps, et la tolérance était dans les vœux de quiconque n'était pas aveuglé par l'esprit de caste ou de parti. Ce ne fut pas sans peine toutefois qu'il résista aux clameurs du clergé catholique qui, en 1775, réclama de nouveau avec chaleur par l'organe de ses députés, au nombre desquels figurait Talleyrand, la dispersion par la force des assemblées des religionnaires et l'exclusion des Protestants de tous les emplois, et qu'il se décida à suivre les avis de son Conseil, depuis longtemps en relation secrète avec les pasteurs du désert, en rendant aux Protestants une existence légale par son édit célèbre de 1787 (*Pièces justif.* No C). C'était un premier pas, et Louis XVI sentait lui-même la nécessité de compléter son œuvre, comme il le déclara, en réponse aux remontrances du parlement de Paris. Les Protestants restaient toujours sous le coup des lois pénales de Louis XIV et de Louis XV ; il se proposait de les abolir, à l'exception de celles qui interdisaient tout culte public autre que le catholique. L'Assemblée nationale offrit aux Protestants une réparation plus complète.

Le 21 août 1789, elle décréta l'article XI de la Déclaration des droits de l'homme, portant : « Tous les citoyens étant égaux aux yeux de la loi, sont également admissibles à toutes les dignités, places et emplois publics, selon leur capacité et sans aucune distinction que celle de leurs vertus et de leurs talents. »

Le 23 du même mois, elle rendit le décret suivant : « Nul ne doit être inquiété pour ses opinions même religieuses, pourvu que leur manifestation ne trouble pas l'ordre public établi par la loi, » et le 13 avril 1790, fidèle à ce grand principe, elle passa à l'ordre du jour sur la motion d'un membre qui demandait que la religion catholique, apostolique et romaine eût seule en France un culte autorisé.

Ainsi se sont vérifiées, après trois siècles environ de persécutions non interrompues, ces belles paroles de Théodore de Bèze au roi de Navarre, Antoine de Bourbon, qui lui déclarait, au sujet du massacre de Vassy, que quiconque toucherait à son *frère* le duc de Guise du bout du doigt, le toucherait, lui, à tout son corps : « Sire, lui répliqua le réformateur, c'est, il est vrai, à l'Église de Dieu au nom de laquelle je parle, d'endurer les coups et non pas d'en donner ; mais aussi vous plaira-t-il vous souvenir que c'est une enclume qui a déjà usé beaucoup de marteaux. »

Dans le rapide coup-d'œil que nous venons de jeter sur un des plus tristes épisodes de notre histoire, nous n'avons pas cru devoir repousser des attaques déloyales ou absurdes auxquelles les Protestants sont encore en butte de la part de certains adversaires. Tous les partis religieux ou politiques se sont vus tour-à-tour exposés à la calomnie ; c'est l'arme de l'impuissance et de l'erreur. Mais au nombre de ces accusations, il en est une qui mérite que nous nous y arrêtions. On a dit que le Protestantisme poussait à la République ; Calvin déjà, dans la dédicace de son admirable Institution Chrétienne, s'en préoccupe pour dissiper les craintes de François I*er*. Que les Protestants soient ennemis du despotisme, cela est vrai ; ils l'ont prouvé dans tous les États où ils sont arrivés au maniement des affaires ; mais qu'ils repoussent toute forme de gouvernement qui n'est pas la démocratie pure, c'est une calomnie. La Suède, le Danemark, la Prusse, la Hollande, l'Angleterre, en sont la preuve. Et en France, du moment que le gouvernement entra dans des voies libérales, qu'il abolit les distinctions de castes, porta la main sur les abus du régime absolu, établit une justice égale pour tous, et qu'au lieu *du bon plaisir*, il inscrivit en tête de la loi la volonté nationale, l'Église protestante se rangea de son côté, tandis que l'Église rivale, se disant persécutée, arbora le drapeau de l'Opposition pour ne se rapprocher du pouvoir que dans les temps de réaction, notamment en 1815 où les massacres des Protestants recommencèrent dans le Midi. Et qu'on le remarque bien, quoique l'ère de la liberté politique en France soit aussi l'ère de sa délivrance, ce n'est pas dans le seul intérêt de sa conservation que l'Église protestante agit ainsi ; en donnant son appui à tout gouvernement sage, modéré, libéral, elle ne fait l'abandon d'aucun de ses principes. Ses doctrines sont celles de l'Évangile et l'Évangile ne commande que la fraternité et la justice.

LA FRANCE

PROTESTANTE.

N. B. Afin de faciliter les recherches, nous avons eu soin d'écrire en caractères italiques les noms des Protestants français qui correspondent aux renvois de l'Index; la plupart de ces noms ayant d'ailleurs des articles spéciaux dans notre ouvrage, cette indication pourra tenir lieu de renvoi à la notice principale.

Toutes les fois que nos recherches ne sont pas restées infructueuses, nous avons préféré, *à peu d'exceptions près,* placer les notices sous les noms de famille : ainsi *Coligny* sous le nom de *Châtillon*; *Sully*, sous celui de *Béthune*. Cette disposition nous semble seule rationnelle. Autrement les enfants d'une même maison ne pourraient trouver place dans le même article : ainsi de *Coligny* et d'*Andelot*. Une autre source de confusion serait dans les changements fréquents de noms, si ceux qui les portent n'étaient réunis dans une même notice : ainsi le S. d'*Acier* devint duc d'*Uzès* à la mort de son frère aîné, tandis que son frère cadet *Beaudiné,* héritant de son nom et de son titre, devint le S. d'Acier. Des renvois pour les personnages les plus notables et l'Index ne laisseront d'ailleurs aucune espèce d'embarras au lecteur.

Les noms de terres ou de familles commençant par l'article *Le, La,* tels que *Le Duchat, La Roche, L'Allier,* sont rangés sous la lettre *L ;* et ceux précédés de l'article contracté *Du, Des,* tels que *Du Plessis, Des Mazures,* sous la lettre *D*.

LA FRANCE PROTESTANTE.

A

ABAUZIT (Firmin), né à Uzès, dans le Languedoc, le 11 novembre 1679; mort à Genève, le 20 mars 1767.

On sait peu de chose sur sa famille. Elle tirait, dit-on, son origine d'un médecin arabe, qui s'était fixé à Toulouse vers le IXe siècle. — A l'âge de 2 ans, Abauzit perdit son père. Cette perte dut être d'autant plus sensible à sa mère *Anne Darlle*, que le Gouvernement usait alors de toutes les rigueurs qu'autorise le despotisme, pour faire rentrer les enfants des veuves des Protestants dans le sein de l'Église catholique. Dès le 12 juillet 1685, il rendit un édit pour soustraire ces enfants, après la mort du père, à l'autorité maternelle. L'Édit de Révocation et celui de janvier 1686 furent encore plus explicites. En vertu de ce dernier édit, les enfants de ceux qui faisaient encore profession de la religion prétendue réformée, depuis l'âge de 5 ans jusqu'à l'âge de 16, devaient être mis, à la diligence des procureurs royaux, entre les mains de leurs parents catholiques, ou, à leur défaut, entre les mains de telles personnes catholiques qui seraient désignées par les juges. Le jeune Abauzit et son frère cadet furent donc, conformément au vœu de la loi, enlevés à la tendresse et aux soins de leur mère, pour être placés et catéchisés dans le collége d'Uzès. Que de femmes, dans cette cruelle extrémité, se fussent abandonnées à leur douleur! La conduite de la mère des jeunes Abauzit fut bien différente. Ne prenant conseil que de son cœur, elle réussit à tromper la vigilance de ses persécuteurs, et, après être parvenue à retirer ses enfants d'entre leurs mains, elle les envoya secrètement à Genève, où ils arrivèrent heureusement, en 1689, à travers mille dangers. Ce beau dévouement à sa foi amollit sans doute le cœur des juges : il ne fut puni que de la prison, et même, s'il en faut croire Sénebier (Hist. litt. de Genève, t. III), en admettant toutefois ce fait comme bien rare à cette époque de persécution, le dépérissement de la santé de Mme Abauzit lui fit remettre une partie de la peine.

Dès qu'elle fut rendue à la liberté, elle ne balança pas un moment à braver encore une fois, au péril de sa vie, la terrible législation — nous ne dirons pas exceptionnelle, car où était la justice sous ce règne? — qui pesait de tout son poids sur le Protestantisme. Nul, d'après la loi, ne pouvait sortir du royaume, sous peine des galères pour les hommes, et de la confiscation de corps et de biens pour les femmes. Mais l'amour maternel triompha; Mme Abauzit partit pour Genève, où elle eut le bonheur de rejoindre ses enfants. Dès lors, elle s'occupa exclusivement des soins de leur éducation. Sous un tel guide, ils ne pouvaient qu'entrer de plain-pied dans le chemin de la vertu. Aussi, ferons-nous remarquer que ce sont bien moins les qualités de l'esprit, dans le savant qui fait le sujet de cette notice, qui excitèrent l'admiration de ses contemporains, que les qualités du cœur, celles qui s'acquièrent au sein de la famille et qui déterminent plus particulièrement le caractère et les mœurs.

Doué des plus heureuses dispositions, le jeune Abauzit fit des progrès rapides. Les belles-lettres, l'histoire, la géographie, les antiquités, les sciences naturelles, l'astronomie, les mathématiques, la théologie même, furent successivement l'objet de ses savantes études. Sa mémoire était surprenante. Analyste à un haut degré, il ne touchait à aucune science qu'il ne l'approfondît; et ce qui ne se remarque que dans les savants d'un génie supérieur, l'étendue de ses connaissances ne nuisait pas à leur solidité; les bases en étaient profondément jetées, et surtout leur grande variété n'obscurcissait pas son jugement : résultat trop commun, lorsque ces connaissances n'étant pas digérées, restent, pour ainsi dire, à leur état brut.

Après avoir terminé ses études universitaires, Abauzit fit, en 1698, un voyage en Hollande et en Angleterre. Il s'y lia d'amitié avec plusieurs savants, et entre autres avec *Bayle* et Newton, qui entretinrent depuis avec lui un commerce de lettres. Newton appréciait tellement le mérite de son jeune ami, qu'il lui écrivait en lui envoyant son *Commercium epistolicum :* « Vous êtes bien digne de juger entre Leibnitz et moi. » De son côté, Abauzit lui donna la preuve que son estime n'était pas mal placée en prenant sa défense contre le P. Castel, et en lui découvrant même dans son livre des Principes une erreur que l'illustre mathématicien corrigea dans la 2e édit. de son ouvrage. Il paraîtrait aussi, d'après une lettre de notre savant, qu'il lui fit changer d'opinion sur l'éclipse observée par Thalès, 585 ans avant l'ère chrétienne. La réputation d'Abauzit parvint jusqu'aux oreilles du roi Guillaume; qui lui fit faire des offres pour le retenir en Angleterre; mais une lettre de sa mère qui pressait son retour, lui fournit un prétexte pour refuser. Jaloux à l'excès de son indépendance, il ne voulut jamais accepter aucune place, pas même celle de professeur de philosophie à l'Université de Genève, qui lui fut offerte en 1723. Il consentit seulement, en 1727, à remplir dans sa patrie d'adoption, qui venait de l'honorer du droit de bourgeoisie, les fonctions d'un des conservateurs de la bibliothèque de la ville, mais sans rétribution.

Nous avons dit que la mémoire d'Abauzit était prodigieuse. On en rapporte quelques traits vraiment remarquables. Lullin, professeur de Genève, l'entretenait un jour d'un fait particulier de l'histoire ecclésiastique, dont il s'occupait pour en faire le sujet d'une de ses leçons. Il s'agissait de Virgile, évêque de Saltzbourg au VIIIe siècle, que l'on prétend avoir été excommunié par le pape Zacharie, pour avoir avancé qu'il y a des antipodes. Quel ne fut pas son étonnement, lorsqu'il entendit Abauzit discuter ce sujet à fond comme s'il venait de l'étudier, et depuis plus de 30 ans, comme notre savant lui en fit l'aveu, il n'avait rien lu sur cette matière. La même chose arriva à *J. J. Rousseau*, qui le consultait sur la musique des anciens. Abauzit lui exposa avec méthode et clarté tout ce que lui, Rousseau, n'avait appris que par un travail long et opiniâtre, en lui découvrant même beaucoup de choses qu'il ignorait, et cependant il ne s'en était pas occupé depuis les études de sa jeunesse. Le célèbre voyageur Pococke n'éprouva pas un moindre étonnement lorsqu'il l'entendit décrire avec la plus grande exactitude des pays qu'il venait, lui, de parcourir et d'étudier. Il ne put jamais se persuader qu'Abauzit n'avait visité l'Orient que du fond de son cabinet.

Esprit vraiment encyclopédique, il n'est pour ainsi dire pas de science qu'Abauzit n'ait embrassée. Et cependant il a très-peu écrit. Il aimait l'étude pour elle-même. Jamais le désir de la gloire ne vint troubler sa vie. C'est là surtout ce qui a inspiré à l'auteur de l'Émile le magnifique éloge qu'il en fait. Nous le rapporterons en entier. Milord Édouard, dans la nouvelle Héloïse, écrivait à Saint-Preux : « Voulez-vous donc n'être toujours qu'un discoureur comme les autres, et vous borner à faire de bons livres au lieu de bonnes actions? » — « Non, ajoute Rousseau dans une note sur ce passage, non, ce siècle de la philosophie ne passera point sans avoir produit un vrai philosophe. J'en connais un, un seul, j'en conviens; mais c'est beaucoup encore, et pour comble de bonheur, c'est dans mon pays qu'il existe. L'oserai-je nommer ici, lui dont la véritable gloire est d'avoir su rester peu connu? Savant et modeste Abauzit, que votre sublime simplicité pardonne à mon cœur un zèle qui n'a point votre nom pour objet. Non, ce n'est pas vous que je veux faire connaître à ce siècle indigne de vous admirer; c'est Genève que je veux illustrer de votre séjour, ce sont mes concitoyens que je veux honorer de l'honneur qu'ils vous rendent. Heureux le pays où le mérite qui se cache en est d'autant plus estimé! Heureux le peuple où la jeunesse altière vient abaisser son ton dogmatique et rougir de son vain savoir devant la docte ignorance du sage! Vénérable et vertueux vieillard! vous n'aurez point été prôné par les beaux esprits; leurs bruyantes académies n'auront point retenti de vos éloges; au lieu de déposer comme eux votre sagesse dans des livres, vous l'avez mise dans votre vie pour l'exemple de la patrie que vous avez daigné vous choisir, que vous aimez et qui vous respecte. Vous avez vécu comme Socrate; mais il mourut par la main de ses concitoyens, et vous êtes chéri des vôtres. » On a remarqué que cet éloge, si mérité, était le seul que Jean-Jacques eût adressé dans ses écrits à une personne vivante. Voltaire qui, selon un des biographes d'Abauzit, lui doit beaucoup pour ses ouvrages historiques, paraît avoir professé pour lui une égale admiration. Un jour, raconte A. de Servan, qu'un de ces milliers d'adulateurs qui accouraient journellement à Ferney pour l'encenser, se présentait à lui avec cette phrase banale, qu'il était venu à Genève pour voir un grand homme : Avez-vous vu Abauzit? interrompit Voltaire. La Harpe dit de lui qu'il était respectable par une longue carrière passée tout entière dans les études de la philosophie et dans la pratique de toutes les vertus. « Il était religieux par principes, dit Millin, chrétien par conviction, pieux sans hypocrisie, vertueux sans austérité. » Sa simplicité égalait sa modestie, elle perçait dans toutes ses habitudes; économe de son temps, il était prodigue de ses travaux pour ses amis, et l'on retrouve dans leurs ouvrages bien des pages qui lui appartiennent. Aussi aurait-on tort de vouloir apprécier Abauzit seulement par les écrits qu'on a publiés de lui dans ses Œuvres Posthumes; « il ne voulait pas, dit Sénebier, qu'ils vissent le jour; il en faisait même si peu de cas, qu'il ne les redemandait jamais quand il les avait prêtés. » C'est ainsi que plusieurs de ses savantes dissertations furent imprimées à son insu, et eurent un grand succès. « En outre, il faut observer, ajoute le biographe, que plusieurs idées originales qui appartiennent à Abauzit, ont perdu le mérite de la nouveauté, soit parce que d'autres en ont profité, soit parce qu'elles ont été trouvées par des savants qui ont travaillé sur les mêmes sujets; mais elles n'en sont pas moins à lui et elles n'en contribuent pas moins à faire connaître la profondeur de son génie. »

C'est au milieu de ses paisibles travaux, dans une petite maison près de Genève, où il s'était retiré depuis quelque temps, qu'Abauzit termina, à l'âge de 87 ans, sa laborieuse et honorable carrière. — Ses publications sont peu nombreuses. En 1715, il avait consenti à coopérer à la traduction française du Nouveau Testament, qui parut en 1726. C'est sans doute sa participation à cet important travail qui lui valut plus particulièrement l'honneur d'être reçu dans le corps de la bourgeoisie de Genève. En 1730, il fit insérer dans une nouvelle édition de l'Histoire de Spon (2 vol. in-4°) une dissertation latine sous ce titre: *Geneva Sextanorum colonia*; et il y joignit plusieurs inscriptions nouvelles avec les explications. Un autre travail du même genre sur un bouclier votif, trouvé dans l'Arve, près de Genève, en 1721, a été reproduit dans le Supplément de l'Antiquité expliquée de Montfaucon. Dans le Journal Italique, t. III, on trouve des observations d'Abauzit tendant à prouver que les Chaldéens connaissaient la sphéricité de la terre, et qu'ils avaient déjà déterminé la mesure d'un degré du méridien. Comme mathématicien, notre savant fit voir les erreurs où était tombé le chevalier Renau dans sa théorie de la manœuvre des vaisseaux; comme géographe, il avait non-seulement corrigé toutes les cartes de son atlas, mais il en avait dressé plusieurs, une entre autres pour montrer quelle devait être, d'après la Genèse, la position du paradis terrestre; une autre de l'ancienne Arabie, et une enfin du passage de Jules César dans la Grande-Bretagne. Savant théologien, on lui doit plusieurs dissertations sur des points de théologie controversés. Son *Discours historique sur l'Apocalypse*, qu'il fit lui-même paraître, mais dont les meilleurs bibliographes n'indiquent pas l'année de la première publication, lui attira plusieurs critiques et donna même lieu à des doutes sur l'orthodoxie de sa foi. Il y cherche à prouver que l'autorité canonique du livre de Saint-Jean est douteuse, et que les prédictions qui y sont contenues s'appliquent à la destruction de Jérusalem. Cet ouvrage fut traduit en anglais par le Dr Tweells, qui y ajouta une réfutation, et ses raisons, dit le biographe anglais, satisfirent tellement Abauzit, qu'il fit arrêter l'impression d'une nouvelle édition de son livre en Hollande. Vincent Tassin, en 1778, et Bergier, dans son Traité historique et dogmatique de la vraie religion, 1780, s'attachèrent également à le réfuter. Outre son Essai sur l'Apocalypse, dont la substance se retrouve dans son article sur ce sujet, imprimé dans l'Encyclopédie de Diderot, trois autres morceaux de sa composition ont vu le jour de son vivant, mais sans sa participation. Ce sont: le *Résultat de quelques conférences sur la théologie et la révélation judaïque*, en Hollande, 1732; une *Paraphrase de l'Épître de S. Paul aux Galates*, Leyde, 1748; et une *Lettre à une dame sur la controverse*, que Lenfant fit imprimer à la suite de son ouvrage, intitulé: Préservatif contre le papisme, en disant que s'il l'avait connu plus tôt, il n'aurait pas composé son livre.

Après la mort d'Abauzit, on publia deux différentes éditions de ses Œuvres.

I. *Œuvres diverses de M. Firmin Abauzit*, contenant ses écrits d'histoire, de critique et de théologie, Genève, 1770, in-8°. — Cette édition est incomplète. Le 1er volume seul a paru; il ne traite que de matières théologiques. L'éditeur, de Végobre, y a joint, dans son Avertissement, une notice sur Abauzit.

II. *OEuvres de feu M. Abauzit*, Londres (Hollande), 1770 et 1773, 2 vol. in-8°. — Cette édition, qui a été dirigée par Moultou, est précédée de l'Éloge d'Abauzit par Bérenger. Le 1er volume est consacré à des dissertations de théologie. Deux des traités contenus dans l'édition précédente sont seuls reproduits dans celle-ci, qui renferme en outre le Discours historique sur l'Apocalypse. Le 2e volume contient différents morceaux de critique littéraire; des observations sur des sujets de physique, d'astronomie, et surtout d'antiquités romaines.

III. *Extraits sur l'histoire de Genève*, ms. fol. — « Ce recueil, dit Sénebier (Catal. raison. des mss. de la bibl. de Genève, 1779, in-8°), est composé de feuillets épars, remplis d'excellents extraits de tout ce qu'on a peut-être écrit sur l'histoire ancienne de Genève; on y reconnaît le génie vaste, la critique judicieuse, les vues étendues du Socrate genevois. Il est fâcheux que le désordre de ces papiers et leur mauvais état en diminuent le prix; mais une mine est toujours précieuse, quoiqu'elle coûte quelque peine à exploiter. »

Sénebier dit, en outre, avoir trouvé dans les papiers d'Abauzit des pièces qui auraient fait honneur à sa mémoire, si elles avaient été publiées. Il remarque entre autres une dissertation sur les éclipses de lune, des lettres sur la pesanteur, des observations critiques sur deux pièces de Plaute, etc. Il cite encore une lettre à M. *Des Vignoles* sur l'antiquité des Assyriens, une autre sur le calendrier, et sa correspondance avec J. J. de Mairan, aussi instructive qu'intéressante. Du reste, la plupart des manuscrits d'Abauzit, à ce que rapporte Millin, furent brûlés à Uzès, par le zèle pieux de ses héritiers; il n'en existe plus, dit-il, qu'une correspondance avec un de ses oncles, qui était ministre protestant.

ABBADIE (Jacques), docteur en théologie, né à Nay, petite ville du Béarn, en 1654, selon les biographes anglais, et non pas 1657, comme le dit la Biogr. Univ. qui les copie mal, ou en 1658, selon le P. Nicéron, et mort, selon les premiers, le 25 sept. 1727, ou, selon le biographe français, le 2 octobre, à Mary-le-bone, petite paroisse alors située à un mille de Londres et aujourd'hui dans l'enceinte de la ville.

Après avoir reçu sa première instruction par les soins du célèbre moraliste *Jean de La Placette*, alors ministre à Nay, Abbadie alla compléter ses études à Puylaurens, à Saumur et à Sedan. C'est à l'académie de cette dernière ville qu'il prit le grade de docteur en théologie. Un de ses biographes nous apprend que l'indigence de ses parents ne leur ayant pas permis de faire les frais de son éducation, c'étaient les chefs des églises de sa province qui s'en étaient chargés. L'édit de Nantes n'était pas encore révoqué; mais le gouvernement préludait à ce coup d'État par des persécutions partielles qui déterminaient chaque jour de nouvelles émigrations. Frédéric-Guillaume, le grand électeur, accordait aux réfugiés français une généreuse hospitalité dans ses états de Brandebourg, et il avait chargé le comte d'Espense, en ambassade à Paris, de lui envoyer un ministre pour lui confier la direction spirituelle de la colonie naissante. Le choix de son Grand Écuyer tomba sur Abbadie. L'Église française de Berlin ne comptait encore que peu de membres, et le service religieux se faisait dans la maison de ce seigneur. Mais l'électeur donna l'ordre de réparer l'ancienne chapelle de son palais pour l'usage de cette assemblée, et jusqu'à sa mort, les réfugiés jouirent de cette faveur. En possession de toute la confiance de ce prince, qu'il avait su gagner par son noble caractère autant que par ses rares talents, Abbadie se servit toujours de son crédit dans l'intérêt de ses malheureux compatriotes qui n'arrivaient le plus souvent au lieu du refuge que dans le plus profond dénuement. Pendant les années 1684, 86 et 88, il fit plusieurs voyages en Hollande, dans le but surtout de donner ses soins à diverses publications et, entre autres, à son célèbre traité de *La Vérité de la religion chrétienne*, le plus estimé de ses ouvrages. Frédéric-Guillaume étant mort en 1688, Abbadie ne sut pas résister aux instances du maréchal de *Schomberg* également réfugié en Prusse, qui le pressait, au nom de son amitié, de l'accompagner en Angleterre, où il suivit le prince d'Orange, depuis Guillaume III. On sait que ce maréchal périt à la bataille de la Boyne, en 1690, où l'armée du prétendant Jacques II fut mise en déroute. Ce fut dans ce temps, et au milieu du bruit des armes, qu'Abbadie composa son traité *sur les Sources de la morale ou l'Art de se connaître soi-même*. La mort de son protecteur, qui l'avait emmené avec lui en Irlande sur la fin de l'été de 1689, l'ayant engagé à repasser en Angleterre, il fut nommé pasteur de l'Eglise française, dite de *la Savoie*, à Londres. Il en remplit les devoirs avec son zèle et son dévouement accoutumés, jusqu'à ce que le dérangement de sa santé lui faisant désirer de changer d'air, il acceptât doyenné de Killalow en Irlande, dont il fut pourvu à la recommandation du roi Guillaume. Il jouit de ce bénéfice jusqu'à sa mort. Les dernières années de sa vie se passèrent en Angleterre et en Hollande. Il était depuis peu de retour d'Amsterdam, et il s'occupait d'une nouvelle édition de ses Œuvres, dont l'annonce avait déjà paru, lorsqu'il s'éteignit dans la 73ᵉ année de son âge.

Nous ferons connaître ses différentes publications.

I. *Sermons sur divers textes de l'Écriture*, Leyde, 1680, in-8°. — Ces Sermons, au nombre de quatre, ont été réimprimés plusieurs fois. Quelques autres prononcés dans des occasions solennelles, et parmi lesquels il y en a qui étaient déjà arrivés en 1727 à leur 14ᵉ édition, ont paru séparément à des époques plus ou moins éloignées. Ils ont été tous réunis avec les Panégyriques de notre auteur, à Amst. 1760, en 3 vol. in-8°, et sont précédés d'un Essai histor. sur sa vie et ses ouvrages.

II. *Panégyrique de Monseigneur l'électeur de Brandebourg*, Berl. et Rott. 1684, in-4° et in-8°. — Cet éloge a été traduit en italien par Gregorio Leti, qui l'a inséré dans son Histoire du Brandebourg. Bayle en avait dit tant de bien dans ses Nouvelles de la République des lettres, qu'Abbadie lui écrivit, en le remerciant, qu'il avait fait le panégyrique de son Panégyrique.

III. *La Vérité de la religion chrétienne*, Rott. 1684, 2 vol. in-4° et in-8°; 6ᵉ édit. 1711, 3 vol. in-12, le 3ᵉ vol. se compose du traité *de la Divinité de notre Seigneur J.-Ch.* qui ne parut qu'en 1689. Cet excellent ouvrage a eu de nombreuses éditions; celle de 1688 renferme des additions considérables. Il a été traduit en plusieurs langues : en anglais, par H. Lussan, Londr. 1694, 2 vol. in-8°, et plusieurs fois depuis; en allemand, par C. L. Billerbeck, qui y a ajouté des notes et des prolégomènes, Francf. 1713, et par Hahn qui l'a également annoté, Carlsruhe, 1776, in-8°. — Il est divisé en 2 parties. Dans la 1ʳᵉ, l'auteur descend de cette proposition, *Il y a un Dieu*, à cette autre, *Jésus, fils de Marie, est le Messie promis*. Dans la 2ᵉ partie, de cette proposition, *Il y a aujourd'hui des Chrétiens dans le monde*, il remonte à cette autre, *Il y a un Dieu*, d'où chacun est amené à conclure que la *Religion chrétienne est véritable*. Comme Grotius, dont il suivit les traces, Abbadie sentait qu'avant d'entreprendre de prouver la vérité des dogmes du Christianisme, il fallait commencer par établir solidement la divinité du Christianisme lui-même; cependant il ne sut pas se renfermer aussi strictement que l'auteur du traité *De verâ relig. christ.*, dans les limites de l'apologétique ou de l'exposition scientifique des principes sur lesquels repose la divinité de la religion chrétienne. Il se laisse quelquefois entraîner par l'intérêt du sujet à prendre la défense de certains dogmes, rentrant ainsi dans la polémique et enlevant par là à son ouvrage ce caractère de généralité qui doit distinguer avant tout les écrits apologétiques et en faire comme le patrimoine, non d'une secte religieuse, mais de tous les Chrétiens. A cela près, son livre est supérieur sous le rapport de la forme et du fond à celui de Grotius. « Depuis longtemps, dit un critique, il n'avait point paru de livre où il y eût plus de force et plus d'esprit, plus de raisonnement et plus d'éloquence. » Cet éloge n'a rien d'exagéré. Bayle dans ses Nouv. de la Rép. des Lettres (oct. et nov. 1684), les Acta Eruditorum (mars 1685), le Journal des Savans (avril 1722), rendent à Abbadie le même témoignage. Des Catholiques même fanatiques, et personne de nos jours ne s'étonnera de nous voir citer dans le nombre la célèbre Mme de Sévigné, poussaient jusqu'à l'enthousiasme leur admiration. « C'est le plus divin de tous les livres, » écrivait-elle à Bussy-Rabutin, et l'auteur de l'Histoire amoureuse des Gaules, lui répondait sur le même ton : « Il n'y a que ce livre-là à lire au monde. » Quelques jours après, il reprenait la plume, tant son cœur débordait : « C'est un livre divin, lui écrivait-il de nouveau, je ne dis pas seulement pour la matière, mais encore pour la forme. Je ne veux plus lire que ce livre-là pour ce qui regarde mon salut. (Le comte de Bussy était alors âgé d'environ 70 ans.) Jusques ici, continue-t-il, je n'ai point été touché de tous les autres livres qui parlent de Dieu, et j'en vois bien aujourd'hui la raison ; c'est que la source m'en paraissait douteuse ; mais la voyant claire et nette dans le Livre d'Abbadie, il me fait valoir tout ce que je n'estimais pas. Encore une fois, c'est un livre admirable, il me peint tout ce qu'il me dit, et en un mot, il force ma raison

à ne pas douter de ce qui lui paraissait incroyable. » Le duc de Montausier, s'entretenant un jour de l'ouvrage d'Abbadie avec l'ambassadeur de l'électeur de Brandebourg, Spanheim, « la seule chose qui me chagrine, lui dit-il, c'est que l'auteur de ce livre soit à Berlin. » Et en effet, c'était là une réflexion pénible qui devait venir à l'esprit de toute personne jalouse de la grandeur et de la gloire de son pays.

IV. *Réflexions sur la présence réelle du corps de J.-Ch. dans l'Eucharistie comprises en diverses lettres*, La Haye, 1685, in-12 ; Rott., 1713, in-12. — Ces lettres sont au nombre de quatre. Dans la 1re, l'auteur traite de la manducation du corps de J.-Ch., et examine le 6e chapitre de S. Jean ; dans la 2e, il expose la doctrine de la présence réelle et répond à quelques difficultés d'Arnaud ; dans la 3e, il attaque l'adoration de l'Eucharistie ; dans la 4e enfin, il rapporte un certain nombre de pensées que les Apôtres ont pu avoir, plus raisonnables et plus naturelles que celles de la transsubstantiation, lorsque J.-Ch. institua ce sacrement. — Les deux éditions qui ont paru de cet ouvrage, sont déclarées défectueuses dans le Projet de réimpression des ouvrages d'Abbadie, publié à Londres, en 1727, sous les yeux de l'auteur. Mais Chauffepié nie qu'Abbadie ait désavoué l'édit. de 1685, comme l'avancent les auteurs anglais du dictionnaire qu'il a traduit et annoté. « Elle a tous les caractères, dit-il, d'un ouvrage avoué par son auteur, puisque l'on trouve à la tête une Épître dédicatoire à l'électeur de Brandebourg et un Avertissement de l'auteur. »

V. *Les caractères du Chrétien et du Christianisme, marqués dans 3 sermons sur divers textes de l'Écriture avec des réflexions sur les afflictions de l'Église*, La Haye, 1686 et 1697, in-12. — Dans le 1er de ces sermons, l'auteur traite de la spiritualité du culte de Dieu ; dans le 2e des souffrances auxquelles l'Évangile expose l'homme, et dans le 3e, du renouvellement de ceux qui suivent J.-Ch. « Un esprit vaste et élevé comme celui que M. Abbadie fait paraître dans son Traité de la religion chrétienne, dit Bayle, ne peut que dire de grandes choses sur trois sujets aussi sublimes que ceux-là. »

VI. *Sermon prononcé à l'occasion du couronnement de l'électeur de Brandebourg, le 13 de juin 1688*, Berl. 1688, in-12.

VII. *De la divinité de Notre Seigneur J.-Ch.*, Rott., 1689, in-12.; trad. en anglais par M. Booth, Londr., 1777, in-12. — L'auteur revient dans cet ouvrage sur les principes qu'il avait déjà exposés dans son traité sur la Vérité de la religion chrétienne. C'est au sujet de ce livre que *Pélisson* s'écrie dans son traité posthume sur l'Eucharistie : « Seigneur, ce n'est pas sans vous qu'on combat pour vous avec tant de force, daignez l'éclairer de plus en plus, etc. » On sait que ce célèbre écrivain, dont nous aurons à nous occuper par la suite, avait acheté au prix d'une abjuration la charge d'historiographe de Louis XIV.

VIII. *L'Art de se connaître soi-même, ou Recherche sur les sources de la morale*, Rott., 1692, in-8°; Lyon, 1701, in-12; nouv. édit., avec des notes explicatives ou critiques par M. L... (Lacoste), théologal et vicaire gén. du diocèse de Dijon, Dijon, 1826, in-12. L'édit. de Lyon, imprimée avec privilége, a subi quelques altérations. Cet ouvrage a été traduit en anglais et en allemand. — Il est divisé en deux parties. La 1re traite de la nature de l'homme, de ses perfections, de ses devoirs, de sa fin ; dans la 2e, l'auteur recherche l'origine de la corruption humaine. Ce qu'Abbadie dit du principe des actions vertueuses qu'il fait consister dans l'*amour de soi*, fut attaqué par D. Lami, dans son traité sur la Connaissance de soi-même, lequel prit cet amour pour l'amour-propre ou l'égoïsme. Mais il fut défendu victorieusement par Malebranche dans son traité de l'Amour de Dieu.

IX. *Défense de la nation Britannique, où les Droits de Dieu, de la nature et de la société sont clairement établis au sujet de la révolution d'Angleterre contre l'auteur de l'Avis important aux Réfugiés* (Bayle), Londr., 1692, in-12.

X. *Panégyrique de Marie, reine d'Angleterre, d'Écosse, de France et d'Irlande, de glorieuse mémoire, décédée à Kensington le 18 décembre 1694*, La Haye, 1695, in-12 ; trad. en angl., Londr., 1695, in-4°.

XI. *Histoire de la dernière conspiration d'Angleterre avec le détail des diverses entreprises contre le roi et la nation qui ont précédé ce dernier attentat*, Londr., 1696, in-8° ; réimprimé en Hollande et trad. en anglais. — Cet ouvrage fut écrit par Abbadie à la demande du roi Guillaume et sur les mémoires qui lui furent fournis par lord Portland et sir William Trumball, alors secrétaires d'État.

Dans l'intervalle de cette publication et de la suivante, Abbadie donna ses soins à une révision de la trad. en français de la *Liturgie de l'Église anglicane*, en tête de laquelle il mit une Épître dédicatoire au roi George Ier, Londr., 1719, in-8°.

XII. *La Vérité de la religion chrétienne réformée*, Rott., 1718, 2 v. in-8°. Cet ouvrage est divisé en 4 parties. Dans la 1re, l'auteur réfute la doctrine de la transsubstantiation ; dans la 2e, il combat l'autorité du Pape ; dans la 3e, il examine la doctrine du purgatoire, et dans la 4e, il traite du culte des saints, de l'adoration des images, des reliques, etc., cherchant à prouver que les doctrines romaines sont clairement prédites dans l'Apocalypse. Ce traité fut traduit en anglais, selon Robert Watt, par le Dr Henry(?), évêque de Dromore, pour l'instruction des Catholiques romains de son diocèse. C'est avec raison que Chauffepié relève à cette occasion une erreur du P. Nicéron, qui attribue à ce prélat, qu'ils nomment tous deux le Dr Lambert, la traduction du célèbre traité sur la

Vérité de la religion chrétienne. M. Quérard, dont nous aurons plus d'une fois dans le cours de notre ouvrage l'occasion d'apprécier le soin qu'il apporte dans ses recherches bibliographiques, commet ici une autre méprise. Selon lui, cet ouvrage d'Abbadie aurait paru en 1717, in-8°, Rott., et la table seule des chapitres du 2ᵉ tome aurait été publiée, en tête du 1ᵉʳ volume.

XIII. *Le Triomphe de la Providence et de la Religion, ou l'ouverture des sept sceaux par le fils de Dieu, avec une nouvelle et très-sensible démonstration de la vérité de la religion chrétienne*, Amst., 1721, en 2 vol. selon les uns, ou en 3 selon d'autres ; 1723, 4 vol. in-12. — Cet ouvrage fait suite au précédent. Les jugements qu'on en a portés sont très-divers. Nous ne nous arrêterons pas au sentiment de Voltaire qui probablement n'en a jamais rien lu que le titre. Mais de très-bons esprits, compétents dans la matière, ont accusé Abbadie d'être devenu un enthousiaste. « On trouve dans cet ouvrage, lit-on dans la Bibliothèque Angloise, t. xv, deux traités qui paraissent être tout à fait du goût du public, l'examen de l'arianisme au 3ᵉ tome et l'examen du purgatoire au dernier. Mais le commentaire historique sur la première partie de la Révélation de S. Jean est de tout l'ouvrage ce qui mérite le plus d'attention. Car on y prouve la vérité de la religion par des oracles déjà accomplis, des oracles obscurs en eux-mêmes, mais si clairs avec la clef de l'Écriture et de l'événement, si suivis d'ailleurs, si liés les uns aux autres, et par là même si sensibles qu'il n'est pas facile à des gens de bon sens non prévenus de résister à cette évidence. Le lecteur qui s'y trouve comme transporté dans un monde nouveau, en jugera par lui-même ; mais qu'il ne s'attende pas à des recherches curieuses sur l'avenir. Car on ne touche point aux prophéties qui ne sont pas encore accomplies ; on s'arrête uniquement à celles qui le sont. » Nous sommes porté à croire que cette appréciation est due à l'auteur lui-même. Abbadie dans ce dernier de ses ouvrages s'attache à réfuter sur plusieurs points l'explication de l'Apocalypse par Bossuet.

Nous ne savons quel degré de confiance on doit ajouter à Robert Watt, qui, dans son grand Dictionnaire bibliographique, attribue encore à Abbadie trois publications dont aucun biographe ne fait mention. Ce sont : *Commentaire sur les Révélations* (sans date, ni lieu d'impression) ; *Accomplissement des prophéties dans la personne de J.-Ch.*, trad. en anglais, Londr., 1810, in-12 ; *Antidote souverain contre le poison de l'Arianisme*, trad. en angl. (sans date, ni lieu d'impression). Il est à supposer que ces ouvrages ne sont que des traductions de parties détachées du livre de notre auteur sur le Triomphe de la Providence.

Dans l'édition complète de ses œuvres, annoncée en 1727, en 4 vol. in-4°, mais restée à l'état de projet, devaient en outre être comprises plusieurs publications tout à fait inédites, entre autres une *Nouvelle manière de prouver l'immortalité de l'âme*, et des *Notes sur le commentaire philosophique* (de Bayle) ; mais à sa mort il ne s'est rien trouvé dans ses papiers. « Cela, dit Chauffepié, ne surprendra point ceux qui savent que ce savant méditait avec tant de force qu'il avait quelquefois ses ouvrages tout composés en tête et ne les écrivait qu'à mesure qu'il les faisait imprimer. »

ABELIN (Jean-Philippe), maître en philosophie, né à Strasbourg dans la seconde moitié du xvi° siècle, et mort avant l'an 1646.

Cet écrivain, plus connu sous le pseudonyme de *Jean-Louis Gottfried*, *Gottofridus* ou *Gotefridus*, mis sur la plupart de ses publications, jouissait de son temps, comme chroniqueur, d'une certaine réputation. Il paraît avoir vécu à Francfort. Sa vie se passa tout entière dans les études du cabinet. Ses nombreux ouvrages sont écrits en latin ou en allemand. La publication en hollandais, *De Aanmerkenswaardigste*, etc., Leyde, 1707 ou 1727, 8 vol. in-fol., ou 30 vol. in-8°, que lui attribue le savant bibliographe Brunet, n'est vraisemblablement qu'une traduction, faite sous son nom, des Grands et Petits Voyages des frères de Bry et de Matth. Mérian, dont Abelin a été un des collaborateurs.

Nous indiquerons sommairement les différents ouvrages d'Abelin, en suivant, autant que possible, l'ordre de leur publication.

I. *Publii Ovidii Nasonis Metamorphoseon, plerarumque Historica, Naturalis, Moralis* ἔκφρασις, Francf. 1619, in-8°. — Le titre du livre ne porte pas le nom de l'auteur ; mais il se découvre dans la dédicace sous le pseudonyme de Ludovicus Gottofridus. Cette explication des métamorphoses d'Ovide ne fut composée que pour accompagner les belles gravures de Jean-Théodore de Bry représentant quelques-unes des fables du poëte latin.

II. *Theatrum Europœum, ou Description détaillée et impartiale de tous les événements remarquables, tels qu'ils se sont passés dans le monde, mais principalement en Europe et dans l'Allemagne, tant dans les affaires religieuses que profanes, depuis l'an* 1617 *jusqu'à l'an* 1629 *exclusivement*, par Jean-Philippe Abelin de Strasbourg, avec portraits, plans, etc., (en allemand;) 3ᵉ édit., revue et améliorée par les héritiers de feu Matthieu Mérian, Francf. s. M. 1662. — Ce Iᵉʳ volume du Théâtre Européen est seul d'Abelin. Le 2ᵉ, qui parut aussi sous son nom et qui conduit les événements jusqu'en 1632, est restitué à Jean-George Schleder par Chrétien Gryphe dans sa Dissertation latine sur les historiens du XVIIᵉ siècle. Il eut une seconde édition revue et augmentée en 1646 ; l'éditeur dans un Avertissement au lecteur regrette que la mort n'ait pas permis à Abelin de poursuivre son œuvre, tout en blâmant néanmoins cet écrivain de ne s'être pas toujours montré impartial dans ses jugements. La collection entière se compose de 21 vol. in-fol., et parut à Francf. de 1635 à 1738 ; elle contient la description des événements les plus remarquables survenus en Europe depuis 1617 jusqu'à 1718. Les deux premiers volumes ont seuls été réimprimés. C'est sans doute ce qui a induit en erreur nos meilleurs bibliographes qui parlent de deux édit. différentes du *Theatrum*, l'une en 10 vol., qui aurait paru de 1643 à 1667, et l'autre, en 21 vol., de 1662 à 1738. Quelques-uns même ne donnent que 10 volumes à cette dernière. De Bure, qui estime peu cet ouvrage, ne paraît pas avoir eu une connaissance très-exacte de ce qu'il renferme ; car, outre qu'il se trompe sur l'année de l'impression, il prétend que les événements de l'Europe n'y sont exposés que de 1617 à 1665, justement l'année où s'arrête le 9ᵉ volume. Le titre de l'ouvrage, moitié latin et moitié allemand, a été une source de nouvelles erreurs : certains bibliographes en ont conclu qu'il en avait paru en même temps deux éditions différentes, l'une latine et l'autre allemande. Ces nombreuses contradictions proviennent de ce que la collection est très-rare et le plus souvent incomplète. Du reste, quelques parties de ce recueil peuvent en être détachées et se publiaient même séparément : c'est ainsi que le 9ᵉ volume est indiqué comme étant le 3ᵉ d'un ouvrage qui paraissait sous un autre titre. La Biographie Universelle fait commettre, au sujet de cette publication, une autre erreur au savant Millin. Selon elle, les gravures qui l'enrichissent sont dues au burin de Matthieu Maittaire, tandis que c'est l'éditeur Matthieu Mérian et son fils qui en sont les principaux auteurs. Nous n'aurions pas relevé cette faute, si elle n'avait été reproduite, entre autres, par Robert Watt (Bibliotheca britannica), qui fait de Maittaire l'éditeur de l'ouvrage.

Les événements historiques postérieurs à 1628 furent consignés par

Abelin, sous le titre *Relationes historicæ*, dans les tomes 17, 18, 19 et 20 d'un recueil périodique, en latin, *Mercurius Gallo-Belgicus*, Francf. in-8°, commencé par Gottfried Arthus. On y trouve ce qui s'est passé de plus remarquable en Europe et surtout en France jusqu'en 1636.

III. *Appendix Regni Congo, quâ continentur navigationes quinque Samuelis Brunonis, civis et chirurgi Basileensis, ex german. sermone in latin. versa a J. L. Gotefrido*, 1625, fol. — La relation de Samuel Braun avait été insérée dans la collection allemande des Petits Voyages de Th. de Bry; la traduction parut comme supplément de la 1re partie de la collection latine qui est consacrée à la description du royaume du Congo, Francf. 1598, pet. in-fol.

IV. *Nouvelle Archontologie cosmique, ou Description de tous les empires*, etc. (en allem.), Francf. 1628, in-fol.; plusieurs fois réimprimé. — Abelin en fit lui-même la traduction en latin : *Archontologia cosmica*, etc., Francf. 1629, in-fol. Cet ouvrage n'est proprement que la reproduction des Estats, empires, royaumes et principautez de d'Avity, 1621 ; mais l'original français n'est pas nommé dans la traduction allemande. Les édit. de 1646 et 1695 ont été enrichies de gravures par Mérian; cette dernière, revue et augmentée, ne porte pas le nom de l'auteur.

V. *Historiarum Orientalis Indiæ tom. XII, in tres libros sive tractatus distributus; quorum primus* (en XL chap.), *continet descriptiones chorographicas et topographicas*, etc.; *secundus* (en XIV chap.) *habet narrationes exquisitas aliquot navigationum et expeditionum marinarum*, etc.; *tertius* (en IV chap.) *tribuitur descriptioni quarumdam septentrionalium regionum atque insularum, ante non satis cognitarum ;* J. LUDOVICUS GOTOFRIDUS *ex anglico et belgico sermone in latinum transtulit, novis accessionibus locupletavit, ordinem et concinnitatem addidit, non sine tabulis chorographicis et figuris æneis, undè lumen toti historiæ*, Francf., apud Wilh. Fizzerum, Anglum, 1628, pet. in-fol. — Cet ouvrage forme le douzième et dernier tome de la collection des Petits Voyages des frères de Bry. Les Grands (XIII parties ou tomes pet. in-fol., Francf. 1590-1634) et les Petits Voyages (XII parties ou tomes, 1598-1628), sont réunis sous le titre : *Collectiones peregrinationum in Indiam Orientalem et in Indiam Occidentalem, XXV partibus comprehensæ*. Millin, qui néglige d'indiquer à quelle collection appartient l'ouvrage d'Abelin, nous apprend que le recueil dont il fait partie a été payé 4,000 fr. par la Bibliothèque Impériale ; mais sans doute que les XIII tomes des Grands Voyages y étaient compris.

VI. *Historia antipodum, ou Description de la partie connue du monde sous le nom d'Indes Occidentales*, par J.-Louis Gottfried (en allem.), avec grav. de Mérian, Francf. 1631 et 1655, in-fol. — Cet ouvrage, aussi connu sous le titre : *Newe Welt und American Historien*, est tiré, suivant le bibliographe allemand Ebert, de la collection des Grands Voyages.

VII. *Inventarium Sueciæ, ou Description du royaume de Suède et de ses rois* (en allem.), Francf. 1632, in-fol.

VIII. *Chroniques historiques, ou Description des principaux événements de l'histoire, depuis la création du monde jusqu'à l'an* 1619 (en allem.), Francf. 1633, in-fol. ; 1743, 2 vol. in-fol., avec 484 gravures. — Cet ouvrage, écrit dans un esprit satirique, eut beaucoup de succès de son temps. Il était regardé comme la meilleure histoire universelle que l'on possédât en Allemagne. Aujourd'hui il n'a plus guère de valeur que par les gravures de Matthieu Mérian, dont il est enrichi. Il a eu un grand nombre d'éditions. Jacq. van Meurs en donna une traduction hollandaise, avec des additions, Amst. 1660, 2 vol. in-fol. Deux continuations en furent faites, l'une qui traite des événements arrivés de 1619 à 1659, fut publiée en 1745, in-fol., et la seconde, qui va de 1660 à 1750, le fut en 1758, également in-fol.

Quelques écrivains reconnaissent aussi Abelin sous le pseudonyme de Jean-Philippe Abel et lui attribuent une trad. allemande d'une comédie de Daniel Cramer sur l'enlèvement des jeunes princes saxons, Albert et Ernest : *Plagium*, *comœdia de Alberto et Ernesto surreptis*, sous le titre : *Kauffungs-Plagium*, Francf. 1627, in-8º.

ABLANCOURT (Fremont d'), *voy.* FREMONT.

— (Perrot d'), *voy.* PERROT

ABRAHAM, secrétaire du prince de *Condé*, ne nous est connu que par ce que nous en apprend L'Estoile dans son Journal de Henri III. « Le samedy 13 d'aoust (1575), y lit-on, fut pendu, puis mis en quartiers en la place de Grève Abraham, secrétaire du prince de Condé, qui avoit été pris voulant passer en Angleterre, chargé de paquets et mémoires. » C'était l'époque de la cinquième guerre de religion, entreprise par les Protestants et les Politiques réunis, et qui ne fut terminée qu'en 1576 par la paix *de Monsieur*.

— Nous trouvons dans les Mémoires de *Sully* une autre indication qui pourrait mettre sur la trace de la famille de ce secrétaire du prince de Condé. Dans une lettre écrite de la Rochelle à Henri IV sous la date du 31 juillet 1609, il est parlé d'un certain habitant âgé de plus de soixante et dix ans, flamand de nation, et retiré à la Rochelle depuis plus de trente ans, « qui a fait, y est-il dit, de bons services en plusieurs occurrences, et a vécu sans appréhension, appelé vulgairement le capitaine *Abraham*. » L'époque de l'établissement de ce capitaine huguenot à la Rochelle coïncide assez bien avec celle de l'arrestation et de l'exécution du secrétaire Abraham. — Du reste, une famille de ce nom existait aussi vers cette époque à Nismes. Dans les Tables dressées par l'historien Ménard, nous trouvons un nommé Jean Abraham au nombre des quatre consuls de la ville pour l'année 1574.

ABRAHAM, un des chefs des Camisards, *voy.* Abraham MAZEL.

ACCAURAT (Paul), appelé par d'autres *à Coras*, remplit successivement les fonctions du saint ministère à Vals, à Aubenas et à Privas. Il fut député par sa province au synode national de Castres, avec *Daniel Arcajon*, notaire du roi et ancien de l'église d'Aubenas, et plus tard à celui de Charenton. Il était encore pasteur de Privas en 1664. Son zèle que n'affaiblissait en rien son grand âge, — il comptait alors quatre-vingts ans, — lui avait fourni les moyens de reconstituer l'église désolée de cette ville, lorsque le clergé catholique, jaloux de sa prospérité naissante, la dissipa de nouveau. Une clause de la déclaration de 1629 défendait aux Protestants de Privas de s'établir à l'avenir dans ses murs ; mais depuis cette époque on y avait dérogé de tant de manières qu'on pouvait la regarder comme révoquée de fait. Ce fut cependant sur cette clause tacitement abrogée que se fonda le clergé romain pour réduire à la mendicité, d'un seul coup, deux cents familles protestantes. Un arrêt du 22 février 1664, rendu à sa sollicitation, ordonna l'exécution rigoureuse de la déclaration de 1629, défendit à toutes personnes professant la Religion prétendue réformée de demeurer à Privas sous peine de mille livres d'amende, enjoignit à tous ceux qui s'y étaient établis d'en sortir, ne permettant d'y habiter qu'aux Catholiques, aux nouveaux convertis et à ceux qui se convertiraient.

Cet arrêt jeta dans la désolation les Réformés, qui s'adressèrent au roi pour implorer sa justice et sa clémence ; mais le prince de Conti, gouverneur de la province, n'attendit pas l'effet de ce recours pour faire exécuter les ordres qu'il avait reçus. Les Protestants furent chassés de leurs maisons, leurs biens pillés et livrés en proie aux Catholiques. Pour se soustraire à ces violences, il leur était offert un seul moyen, c'était d'abjurer ; mais fort peu en profitèrent, et au bout de six mois le clergé romain pouvait à peine se vanter d'une vingtaine de conversions. Que faire alors ? Il s'en prit au ministre de son peu de succès. Chassé de Privas, Accaurat s'était retiré avec *Daniel du Solier, Pierre Chameran, Jacques Buraud, André Misonier, Isaac du Métier, Jacques et René Pages, Jean Chevalier, René et Pierre Bernard, Pierre Vidal, David Bonnet, Antoine Génioux, Pierre Sibleyras*, notaire, et quelques autres membres du Consistoire, au village de Tournon, où il remplissait en plein air les fonctions de son ministère. On lui en fit un crime, et le 29 juillet, le Conseil privé rendit un arrêt qui ajournait ce vieillard à comparaître dans deux mois, en lui défendant de prêcher ou d'administrer les sacrements. C'est par de tels actes que le gouvernement préludait à la révocation définitive de l'édit de Nantes.

ACHARD (ANTOINE), conseiller du consistoire suprême de l'église française de Berlin, pasteur de l'église du Werder, et membre de l'académie royale des sciences, naquit à Genève en 1696, et mourut à Berlin en 1772. Nous avons toutes raisons de croire qu'il descendait de réfugiés français. Non moins distingué par son éloquence que par son savoir et son érudition, Achard a laissé un grand nombre de *Sermons*, dont les plus remarquables ont été traduits en allemand et publiés à Leipzig, 1775, en 2 vol. in-8°. Les Mémoires de l'académie de Berlin contiennent de lui divers traités philosophiques et entre autres le plan d'une nouvelle métaphysique, inséré dans le volume de 1747. — Il est vraisemblable que le célèbre chimiste *Fr.-Ch. Achard*, né à Berlin le 28 avril 1754, mort en Silésie le 22 avril 1821, et auteur d'un grand nombre d'ouvrages estimés, descendait de la même famille.

ACHATIUS (ISRAEL), pasteur de l'église de Wissembourg en 1560. Il contribua beaucoup par son zèle et son activité à répandre dans cette ville les principes de la réforme. On lui doit une traduction allemande de l'ouvrage de Bucer *De regno Christi* (Strasb., 1563, in-4°), et quelques autres ouvrages dont M. Rœhrich, dans son Histoire de la réformation en Alsace, ni aucun bibliographe ne nous font connaître les titres.

ADRETS (*Le baron* DES), *Voy.* FRANÇOIS DE BEAUMONT.

AGOULT (FRANÇOIS D'), *comte de Sault*, *Voy.* FRANÇOIS DE MONTAUBAN.

AIDIE ou **AYDIE** (GEOFFROI), *seigneur de* GUITINIÈRES, capitaine huguenot qui, au rapport de Castelnau, fut tué à la bataille de Jarnac, en 1569. Si ce fait n'est pas controuvé, c'est sans doute son fils, Antoine d'Aidie qui, en 1570, commandait un corps de troupes sous les ordres de Coligny, lors de l'expédition de l'amiral dans le Midi, après la malheureuse bataille de Moncontour. D'Aubigné le distingue par l'épithète d'*Huguenot* d'un autre Guitinières qui servait à la même époque dans l'armée royale.

L'ancienne maison d'Aidie, en Périgord, s'était divisée en plusieurs branches; celle du Béarn en était la souche. Geoffroi, troisième fils d'Odet d'Aidie, dit le Jeune, vicomte de Riberac, et d'Anne de Pons, est celui de ses membres qui fonda la branche de Guitinières.

AIGAILLERS (*Le baron* D'), *Voy.* ROSSEL.

AILLY, **ALLY** ou **ARLY** (MAISON D'). Cette maison tirait son nom de la terre d'Ailly-Haut-Clocher, en Picardie. Robert d'Ailly, qui vivait vers l'an 1090, en est la tige. C'était une des plus grandes familles de la province. En 1342, elle acquit, par suite du mariage de Robert III avec Marguerite de Péquigny, la seigneurie de Péquigny et le vidamé d'Amiens, qui, en 1620, passèrent dans la maison d'Albert-de-Chaulnes, par le mariage de Charlotte-Eugénie, héritière de la branche aînée de la maison d'Ailly.

Le Laboureur, dans ses Additions aux Mémoires de Castelnau, regarde l'alliance de la maison d'Ailly avec celle d'*Esternay*, « comme la cause fatale qui engagea au party de la religion prétenduë, dont ce seigneur d'Esternay [*Jean Raguier*] estoit l'un des principaux chefs, non-seulement la maison de *Béthune* [qui lui était également alliée], mais encore celle d'Ailly de Piquigny. »

Deux des membres de la famille d'Ailly se sont distingués comme capitaines dans l'armée des Huguenots ; c'est Louis d'Ailly « l'un des plus grands seigneurs de la Picardie, dit Castelnau, qui s'attacha d'inclination au prince de *Condé*, gouverneur de la province, » et Charles d'Ailly, seigneur de Péquigny, tous deux fils d'Antoine d'Ailly et de Marguerite de Melun. Louis d'Ailly avait hérité du vidamé d'Amiens, à la mort de son frère aîné, François, en 1560 ; dans la Coutume du pays, rédigée en 1567, son nom est mis en tête de la noblesse, immédiatement après ceux des princes. Il fut tué à la bataille de Saint-Denis, en 1567, et ne laissa aucun enfant de sa femme *Catherine de Laval*. Son frère, qui combattait avec lui au centre sous les ordres du prince de Condé, périt dans la même journée ; et, au rapport de Davila, un de ses fils y mourut avec lui ; mais La Morlière, dans sa généalogie de la famille, ne fait pas mention de ce fait. Ancien gouverneur de Moncalvo dans le Montferrat, Charles d'Ailly était chevalier de l'ordre du roi et capitaine de cinquante hommes d'armes. Sa femme, Françoise de Warty, dame d'honneur de la reine-mère, Catherine de Médicis, lui avait donné plusieurs enfants. L'aîné, *Philibert-Emmanuel*, qui avait hérité de la seigneurie de Péquigny et du vidamé d'Amiens, retourna à la foi catholique, on ne dit pas à quelle époque ; ce qui est plus certain, c'est qu'il servait dans les armées de Henri IV contre la Ligue, et qu'en 1595, il contribua beaucoup à la reprise de la ville de Ham sur les Espagnols. Sa sœur *Marguerite* épousa, en 1581, *François de Coligny*, seigneur de Châtillon, quatrième fils de l'amiral. L'histoire a conservé de cette dame un trait de bravoure qui eût honoré une Spartiate. En l'absence de son mari, en 1590, le capitaine Salard, gouverneur de Montargis pour la Ligue, avait surpris Châtillon ; déjà ses troupes pénétraient dans la basse-cour du château, lorsque Marguerite, se mettant à la tête de ses domestiques et de quelques soldats, les attaque, les repousse et fait même leur capitaine prisonnier. Il ne paraît pas que les autres branches de la famille d'Ailly aient embrassé la réforme. Cependant, *Henri de Massue*, marquis de Ruvigny, qui se réfugia avec son fils, le comte de *Galloway*, en Angleterre, était allié par les femmes à la branche des d'Ailly-de-la-Mairie.

Il n'est personne à qui le nom de d'Ailly ne rappelle un des plus touchants épisodes de La Henriade (ch. VIII). Le sort de la Ligue allait se décider dans les plaines d'Ivry.

D'Ailly portait partout la crainte et le trépas ;
D'Ailly tout orgueilleux de trente ans de combats,
Et qui, dans les horreurs de la guerre cruelle,
Reprend malgré son âge une force nouvelle.
Un seul guerrier s'oppose à ses coups menaçants :
C'est un jeune héros à la fleur de ses ans,
Qui, dans cette journée illustre et meurtrière,
Commençait des combats la fatale carrière. [etc.
D'un tendre hymen à peine il goûtait les appas ;

Les deux guerriers s'attaquent avec une égale fureur. Mais plus leurs efforts se prolongent, plus leur acharnement redouble.

Chacun d'eux, étonné de tant de résistance,
Respectant son rival, admirait sa vaillance.
Enfin le vieux d'Ailly, par un coup malheureux,
Fait tomber à ses pieds ce guerrier généreux.
Ses yeux sont pour jamais fermés à la lumière ;
Son casque auprès de lui roule sur la poussière,
D'Ailly voit son visage : ô désespoir ! ô cris !
Il le voit, il l'embrasse : hélas ! c'était son fils.

Les détails que nous avons donnés plus haut, prouvent suffisamment que ce combat du vieux d'Ailly contre son fils est une pure fiction du poète.

AINEAU, conseiller au présidial de Saintes. Nous rapporterons sous ce nom un fait particulier, que nous choisissons entre un grand nombre de faits semblables, et qui prouve que sous le gouvernement de Louis XIV, avant même la révocation de l'édit de Nantes, les Protestants étaient en dehors du droit commun. Une des filles du conseiller Aineau était recherchée en mariage par un catholique. Opposition du père à cette union. Le jeune homme décide son amante à fuir le toit paternel ; elle se réfugie dans un couvent où elle abjure. Peu de temps après, le mariage est célébré. Un procès pour cause de rapt est intenté au séducteur. Ce procès n'avait pas encore été jugé, lorsque Aineau mourut. Par son testament, il laissa à son fils la plus grande partie de ce qu'il possédait. Mais la nouvelle convertie attaqua le testament devant la Chambre de l'édit de Paris, soutenant qu'elle n'avait été déshéritée qu'en haine de son changement de religion. La partie adverse objectait que la cause de la disposition testamentaire dont elle se plaignait, était le mariage contracté par elle contre la volonté de son père. Or, une ordonnance autorisait les pères à déshériter leurs enfants qui se mariaient sans leur consentement, même dans le cas où ils auraient atteint leur majorité. L'avocat général le reconnut ; il ne nia même pas qu'il y avait présomption de rapt, de séduction et d'enlèvement ; mais cet enlèvement était, selon lui, une charité, et ce rapt n'en était plus un, à ses yeux, dès lors que l'évêque de Saintes, « personne prudente et bien sensée, » y avait consenti. Le testament fut donc cassé. Nous nous abstiendrons de toute réflexion ; seulement nous dirons que lorsqu'il s'agit d'une violation manifeste de la loi par celui-là même qui est l'auteur de cette loi, ou qui est chargé de l'appliquer, les plus petites choses prennent aux yeux du moraliste de grandes proportions.

AIREBAUDOUSE, famille noble du Languedoc, qui acquit, le 7 juill. 1539, de l'évêque du Puy la moitié de la terre et seigneurie d'Anduse, et le 30 juin 1547, du marquis de Canillac l'autre moitié.

Plusieurs de ses membres ont laissé un nom dans l'histoire du protestantisme en France. GUY d'Airebaudouse, seigneur d'*Anduse*, président de la Chambre des comptes de Montpellier, fut condamné à mort, par contumace, par arrêt du parlement de Toulouse, rendu au mois de mars 1569, contre les Religionnaires de Montpellier qui avaient pris part à la destruction du fort Saint-Pierre. Ce fort était l'ancien monastère de Saint-Germain, « construit par Urbain V en forme de forteresse. » — C'était à l'époque de la deuxième guerre de religion, en 1567. Nous emprunterons aux Mémoires de Jean Philippi les détails de cette affaire ; ces intéressants mémoires ont été publiés pour la première fois dans les Pièces fugitives pour servir à l'histoire de France, recueillies par le marquis d'Aubais et Léon Ménard ; on remarquera que les éditeurs en ont rajeuni la forme, peut-être aux dépens du fond.

Le vicomte de Joyeuse, lieutenant général du Languedoc, effrayé des dispositions hostiles des habitants de Montpellier, était sorti nuitamment de la ville en laissant dans le fort Saint-Pierre sa femme, ses enfants et ses meubles. « Le matin, les Protestans voyant cela.... s'impatronisèrent dans la ville, et appelèrent à leur secours leurs voisins, gentilshommes et gens de guerre, qui y accoururent dans vingt-quatre heures..... Cependant les capitaines et commandans offrirent à Mme de Joyeuse et à sa suite toute sûreté si elle vouloit venir dans la ville, ou escorte si elle vouloit se retirer ; elle les remercia ; mais quelques nuits après, escortée par la cavalerie que son mari lui envoya, elle sortit avec ses bagues et sa suite..... Le 7 octobre, le seigneur d'*Acier*, nommé auparavant *Baudiné* ou le baron de *Crussol*, commandant pour le roy en l'absence du prince de *Condé* en Dauphiné, Provence et Languedoc, arriva à Montpellier avec nombre d'ingénieurs et gentilshommes. » Il y eut alors divers engagements où les Protestants eurent l'avantage. Le 8 du mois suivant, Joyeuse fit une tentative pour ravitailler Saint-Pierre; son attaque, appuyée par la garnison du fort, fut dirigée par son lieutenant de Villeneuve avec dix-huit enseignes faisant deux mille cinq cents hommes et quatre cents chevaux, mais elle n'eut aucun succès; le brave d'Acier, sorti de la ville à la tête seulement de quatre cents cavaliers, les contraignit à s'éloigner, après un combat de plusieurs heures. Les Protestants ne perdirent dans cette affaire que douze hommes et autant de blessés; le capitaine d'*Hostelle* d'Alais resta parmi les morts. « Les Catholiques ainsi retirés, les compagnies dont Baudiné, frère d'Acier, étoit colonel, reprirent leur poste, et un ministre rendit publiquement grâces à Dieu; d'Acier rentrant dans la ville avec la cavalerie, un ministre fit aussi la prière devant la porte de la Sonnerie. Pendant l'escarmouche, tout le menu peuple, jusques aux femmes, enfants, et demoiselles, apportoient des pierres sur la muraille pour faire des canonnières pour les arquebusiers; les demoiselles d'une plus grande considération étoient dans le camp de l'infanterie et de la cavalerie, leur faisant apporter de grands paniers de pain, fruits et bouteilles de vin pour les rafraîchir. »

Le 17 novembre, la garnison de Saint-Pierre capitula. Les capitaines sortirent avec leurs armes, les soldats avec l'épée et la dague; les consuls, chanoines et autres, au nombre de quatre cents, furent remis à la discrétion de d'Acier. Les assiégeants avaient perdu deux cents hommes, au nombre desquels se trouvait le capitaine *Saint-Auban*. Le jour même de la reddition, le peuple se mit à démolir Saint-Pierre, et poursuivit, trois jours durant, son œuvre de destruction,

« tellement, continue notre chroniqueur, dont les propres expressions sont ici conservées par Dom Vaissette, que ce tant bel et somptueux édifice, si point y en avoit de tel en France, ouvrage du pape Urbain V séant à Avignon, lieu d'oraison, où tant de grands personnages avoient vécu en toute vertu et littérature, en trois jours périt et souffrit cette extermination, deux cens trois ans un mois et demi après son premier fondement. »

Outre Guy d'Airebaudouse, président aux généraux, l'arrêt du parlement de Toulouse portait condamnation contre *Jean Pibel*, seigneur de Carescauses, maître des comptes, *Michel de Saint-Ravi*, *Antonin de Tremolet*, seigneur de Montpezat, *Fulcrand Vignoles* et *Jean de Passet*, conseillers au présidial, *La Roche*, viguier d'Uzès, *Jacques de Crussol*, seigneur d'Acier, et son secrétaire *Jean Amalri*, dit *Sanglar*, *François Maurin*, dit *Eustache*, capitaine, *La Valette*, fils du seigneur de Montpezat, *Louis Bucelli*, seigneur de La Mausson, le seigneur de *Saint-Martin de Cornon-Terrail*, *Jean La Place*, *Claude Fermi*, *Michel Magny* et *Antoine Pelissier*, ministres, et plusieurs autres habitants de Montpellier.

En 1574, le président d'Anduse fit encore partie, avec *Clausonne* de Nismes, *Montvaillant* des Cévennes, *Saint-Florent* d'Uzès, tous zélés Religionnaires, d'un conseil mi-parti composé de vingt-quatre membres que Damville, alors allié aux Protestants, avait établi auprès de sa personne.

Les renseignements que les généalogistes nous fournissent sur les seigneurs d'Anduse sont trop incomplets et trop peu précis pour nous autoriser à décider si celui dont nous venons de nous occuper est le même que le baron d'*Anduse* qui fit partie du conseil de dix membres nommé à Crussol par l'assemblée de Nismes lorsque les Protestants le reconnurent pour chef en 1562, et s'il ne diffère pas de Guy d'Airebaudouse, baron d'Anduse, qui fut conseiller de la Chambre de l'édit de l'Isle-en-Jourdain, transférée en 1595 à Castres par Henri IV. Un autre membre de cette famille, JEAN-GUY d'Airebaudouse, seigneur de *Clairan*, fut conseiller au présidial de Nismes en 1566, et premier consul de la ville en 1575. Son petit-fils CLAUDE-GUY d'Airebaudouse, seigneur de Clairan, ancien de l'église de Canoblet, fut député au synode national de Charenton, en 1631, par la province des Cévennes.

Un membre de la famille d'Anduse, PIERRE d'Airebaudouse, exerçait le ministère. On le trouve au nombre des quatre pasteurs condamnés à mort, par contumace, en 1569, au sujet des massacres de Nismes (*Voir* ALBENAS). C'est vraisemblablement le même ministre que « l'apostat nommé d'*Anduze* » dont parle le jésuite Colonia (Hist. litt. de Lyon), bien qu'il ajoute que « c'est le nom d'une petite ville de Languedoc, dont il étoit archidiacre, avant que d'avoir embrassé les nouvelles erreurs. » Quoi qu'il en soit de cette identité, nous rapporterons sous ce nom les détails que cet historien nous fournit sur l'établissement de la première église protestante à Lyon. Nous citerons ses propres paroles, quelque malveillantes qu'elles puissent être.

« Le comte de *Sault* [gouverneur] ne fut pas plustôt en place qu'ils [les Protestants] exécutèrent, par voye de fait, ce que leurs vives sollicitations et leurs menaces mêmes n'avoient pu obtenir jusqu'alors. Après s'être assemblez quelque temps en divers lieux,.... ils s'établirent plus solidement dans la grande hôtellerie de Saint-Martin.... Ils y élevèrent une forme de temple environné de galeries et d'amphithéâtres, qui pouvoient aisément contenir trois mille personnes, et qu'ils nommèrent le temple Martin. On commença d'y chanter, plus haut que jamais, les Pseaumes de Marot et de Bèze; on y fit la Cène; on y déclama impitoyablement contre le Pape, les Évêques et les gens d'église... » Mais de leur côté, les Catholiques n'étaient pas en reste de déclamations. Le P. Jean Ropitel, entre autres, surnommé *le fléau des Hérétiques*, « sans se soucier fort de ménager en chaire ses expressions, à l'exemple de plusieurs autres prédicateurs, y invectivoit tous les jours contre la nouvelle secte avec toute l'éloquence et la force que Dieu lui avoit donnée. » — « Le parti grossissant visiblement chaque jour, à la faveur de la tolérance et de l'impunité, il fallut chercher un lieu plus vaste que le temple Martin... La maison qu'ils achetèrent à cet effet étoit située au coin de la place des Cordeliers et de la Grenète, la plus large de nos ruës... où l'on pouvoit aisément mettre deux ou trois mille hommes en bataille. La cour de cette maison, qui est assez vaste, et qu'on eut soin d'ombrager de tentes, servit à faire les prêches; et l'intérieur de la maison servit de magazin, d'arsenal et de logement pour les ministres que Calvin envoya lui-même de Genève. Le plus éloquent ou le plus emporté de tous ces ministres étoit un apostat nommé d'Anduze..... Les magistrats allarmez de l'audace et des rapides progrès de la nouvelle secte, firent à la Cour des remontrances réitérées, et le clergé métropolitain dont la foi n'a jamais varié, se joignit à eux.... Le gouverneur, de son côté, donna des avis diamétralement opposés. Il reçut divers ordres de la Cour en conséquence de ces remontrances des Catholiques; et il répondit toujours sans variation : qu'ayant intimé aux nouveaux Réformez les ordres reçus, ils avoient répondu tout d'une voix qu'*ils vouloient demeurer très-humbles sujets et obéissans, mettant leur vie et leurs biens pour Votre Majesté; mais quant à leur ame, l'avoient dédiée à Dieu.* » Cette lettre du comte de Sault est du 19 octobre 1561. Les choses n'en restèrent pas là. La Cour, dont les méfiances étaient excitées par les rapports contradictoires qui lui arrivaient, voulut s'assurer de la vérité, et à cet effet elle députa le comte de *Crussol* à Lyon en le chargeant en même temps de remettre solennellement au gouverneur le collier de l'ordre. Le comte, après s'être enquis de la véritable situation des choses, déclara que, dans l'intérêt commun, il fallait transporter le temple protestant dans le faubourg de la Guillotière ; ce qui fut exécuté dès le dimanche suivant. Mais le comte de Sault, que Colonia s'efforce de présenter comme coupable de duplicité, écrivit à la Cour pour que les choses fussent remises sur l'ancien pied. « Nous avons, M. de Crussol et moi, tant persuadé les principaux de la nouvelle religion, lit-on dans une de ses lettres, que finalement ils sortirent le jour d'hier, en nombre de six à sept mille, et firent trois presches au fortbourg de Guillotière, au-delà du Rhosne, où je m'essayerai de les contenir pour le fait desdits presches le plus qu'il me sera possible. Mais je doute, Sire, que estant le nombre si grand et ayant à sourtir deux ou trois fois le jour,… passans en troupe par le travers de la pluspart de la ville, comme l'en est besoin, ils s'attachent de paroles et de faits avec les autres de la ville, et enfin en viennent aux mains. »

De retour à Paris, continue Colonia, le duc [comte] de Crussol fit à la Cour un fidèle rapport de la triste situation où il avait trouvé la ville de Lyon, parla de la quantité de troupes étrangères qui s'y étaient glissées, des fréquents voyages qu'y faisaient le baron *Des Adrets*, les deux frères *Peraut*, les deux *Changy*, et quelques autres chefs du parti, de la consternation générale des Catholiques et de l'audace des Protestants. Sur ces avis, le roi fit aussitôt partir le comte de Maugiron, zélé catholique, avec ordre de veiller à la conservation de la place et d'épier les démarches du gouverneur.

Mais ces mesures eurent un tout autre effet que celui qu'on en attendait. Les Protestants, excités par des menaces de mort qui circulaient sourdement, se concertèrent avec le baron Des Adrets, qui dut se trouver avec les forces dont il disposait aux portes de la ville, et dans la nuit du 30 avril au premier mai, sur les onze heures du soir, ils sortirent tous à la fois de leurs maisons, et se rangèrent en ordre de bataille. La ville ainsi surprise tomba presque sans résistance en leur pouvoir. Les articles accordés aux habitants portaient qu'on lèverait pour la garde de la ville mille ou deux mille Protestants, soudoyés partie par la ville, partie du revenu des ecclésiastiques ; que les Catholiques absents seraient libres de rentrer ; qu'il y aurait liberté de conscience ; que douze Protestants seraient admis dans le consulat, lequel ne pourrait s'assembler sans qu'ils y assistassent ; et enfin un article qui semblerait supposé en ce qu'il implique contradiction avec ceux qui précèdent, exigeait qu'il ne fût plus dit de messes. Les Protestants restèrent maîtres de Lyon pendant l'espace d'environ treize mois ; ce ne fut qu'après la publication de la paix du 12 mars 1563, dans le courant de juin, que le maréchal de Vieilleville y rétablit la messe ; mais en laissant trois temples à ceux de la Religion.

ALAIS, *Voy*. Denis VAYRASSE.

ALBA (Élie) maire de Bergerac en 1614. C'est en cette qualité, qu'Alba fut chargé par l'église protestante de cette ville de porter au synode national de Tonneins l'acte de renonciation à la somme de quinze cents livres qu'elle avait reçue du roi pour l'érection d'une académie. Ainsi se termina un différend fâcheux qui durait depuis plusieurs années. Les habitants de Bergerac, après avoir recueilli une partie des fonds nécessaires à l'entretien d'un établissement de haute instruction, s'étaient adressés au synode de S.-Maixent afin d'obtenir l'autorisation de transformer leur collège en académie ; mais le synode, jugeant le nombre des écoles supérieures suffisant, s'y était opposé. Ils avaient donc eu recours au roi qui leur avait accordé quinze cents livres sur les quinze mille écus qu'il octroya, en 1612, pour augmentation du traitement des ministres. Le synode de Privas, pensant qu'il était de l'intérêt des églises de conserver la libre disposition de ces fonds, censura l'église de Bergerac et lui défendit de rien toucher de cette somme sans le consentement de l'assemblée, en chargeant en même temps des députés de lui représenter l'imprudence de sa conduite. Ce ne fut pas sans peine que cette église se soumit; cependant elle finit, comme nous l'avons dit, par s'en remettre à la décision du synode de Tonneins qui lui accorda douze cents livres pour son collége.

ALBA (JEAN). Le petit nombre de renseignements que nous avons pu nous procurer sur ce ministre, qui était vraisemblablement de la même famille que le précédent, suffisent pour prouver que ses talents et ses vertus lui avaient acquis une haute réputation. Pasteur à Tonneins en 1620, il fut choisi, en 1623, pour représenter la province de la Basse-Guyenne au synode de Charenton, à qui les églises de Bordeaux et d'Agen le demandèrent à la fois pour ministre. Il fut accordé à celle d'Agen jusqu'au prochain synode national, c'est-à-dire pour trois ans. Confirmé dans son office, il fut député une seconde fois par sa province au synode national d'Alençon, tenu en 1637. Quelques années après, le maréchal de *Turenne* l'appela auprès de sa personne en qualité d'aumônier. L'église d'Agen ne se sépara pas sans peine d'un pasteur qu'elle vénérait; cependant elle avait consenti à le céder au grand capitaine, lorsque celle de Sainte-Foi vint tout à coup s'opposer à son départ en le demandant pour pasteur au synode de Charenton, qui le lui accorda du consentement de mademoiselle de Bouillon, agissant au nom de son frère.

Jean Alba est auteur de quelques ouvrages de polémique qui ont aujourd'hui beaucoup perdu de leur intérêt. Dans son *Apologie pour les sacrements de l'Église* (Sainte-Foy, 1636, in-8°), il dévoile les altérations introduites par l'Église romaine dans la doctrine et les rites du baptême et de l'eucharistie. Son *Apologie pour le sacrifice de la croix* (Sainte-Foy, 1636, in-8°) fait ressortir les différences notables qui existent entre le sacrifice eucharistique de l'ancienne Église et le sacrifice de la messe. Enfin sous le titre bizarre de *La recheute du cèdre* (Montauban, 1635, in-8°), il combat le jésuite César Haraucourt et s'attache à relever les nombreuses erreurs qu'il a commises.

ALBA (MARC-DAVID), pasteur du désert, né à Angles, dans le Languedoc, en 1762. On sait que, pour échapper aux persécutions, ces pasteurs se cachaient sous des noms supposés. Le nom de guerre d'Alba était *La Source*; c'est sous ce nom seulement qu'il est connu comme membre de la Convention. Nous devons ce renseignement à l'obligeance de M. Ch. Coquerel. Alba avait étudié au séminaire de Lausanne; le certificat de sa consécration est du 18 juin 1784; il assista comme secrétaire au synode provincial du Haut-Languedoc, tenu le 1er mai 1788.

Il était pasteur à Castres, lorsque, en 1791, le département du Tarn le choisit pour son représentant à l'Assemblée législative. Nous nous contenterons de rapporter les faits, en nous abstenant de toute réflexion; mais, pour apprécier avec impartialité la conduite d'Alba dans nos assemblées politiques, nous pensons qu'on ne doit pas le séparer de son passé. Il avait servi dans cette noble milice *du désert* dévouée par le Pouvoir à tous les supplices, et la violence appelle la violence, l'attaque justifie la défense : Qui tire l'épée périra par l'épée. Doué d'une mâle éloquence et d'une grande facilité d'improvisation, La Source entraîna plus d'une fois les votes de l'assemblée. C'est sur sa proposition, plusieurs fois renouvelée, que le général Lafayette fut décrété d'accusation, « il voulait, disait-il, briser l'idole devant laquelle il avait trop sacrifié. » Réélu par son département à la Convention nationale, en 1792, il vota la mort du roi ; mais, plein de respect pour l'indépendance des votes, lorsque les *appelants au peuple* furent en butte aux dénonciations, il eut le courage de prendre leur défense. Une motion pour l'arrestation du duc d'Orléans, et une attaque violente qu'il dirigea contre Robespierre, au sujet de la pétition des sections de Paris qui demandaient l'expulsion de la Convention de vingt-deux députés, au nombre desquels son nom se trouvait, achevèrent de le perdre. Compris dans la proscription du 2 juin 1793, plus connue sous le nom du 31 mai, il fut condamné par le tribunal révolutionnaire, le 30 octobre, avec les chefs de la Gironde. Lorsqu'il entendit son arrêt de mort, il prononça ces paroles prophétiques d'un ancien : « Je meurs le jour où le peuple a perdu la raison ; vous mourrez le jour où il l'aura recouvrée. » Il fut exécuté le lendemain avec ses collègues. « En trente et une minutes, dit M. Thiers, le bourreau fit tomber ces illustres têtes, et détruisit ainsi en quelques instants, jeunesse, beauté, vertus, talents. Telle fut la fin de ces nobles et courageux citoyens, victimes de leur généreuse utopie.... Respect à leur mémoire ! jamais tant de vertus, de talents, ne brillèrent dans les guerres civiles ; et il faut le dire à leur gloire, s'ils ne comprirent pas la nécessité des moyens violents pour sauver la cause de la France, la plupart de leurs adversaires qui préférèrent ces moyens, se décidèrent par passion plutôt que par génie. » Selon le même historien, Alba était alors âgé de trente-neuf ans ; mais c'est sans doute une erreur. D'après la date que nous avons adoptée pour sa naissance, il devait être dans sa trente et unième année.

ALBA (Martial), étudiant, natif de Montauban, martyr à Lyon, le 16 mai 1553, avec quatre de ses condisciples : *Pierre Écrivain*, de Boulogne en Gascogne, *Bernard Seguin*, de la Réole en Bazadois, *Charles Favre*, de Blansac dans l'Augoumois, et *Pierre Navihères*, de Limoges.

Ils nous ont laissé la relation de leur arrestation et de leur jugement : « Après avoir demeuré, écrivent-ils, plus ou moins de temps à Lausanne, et nous être adonnés à l'étude des lettres tant divines qu'humaines, avant la fête de Pâques nous arrêtâmes entre nous de nous en aller, Dieu aidant, tous ensemble vers nos pays, selon les lieux d'où chacun de nous est natif, et ce pour servir à l'honneur et à la gloire de Dieu, et communiquer le petit talent que Dieu a donné à chacun de nous en particulier à ses parents, pour tâcher de les amener à la même connaissance que nous avons reçue de son fils J.-Ch., et aussi à tous ceux que notre bon Dieu eût voulu appeler à soi et à la connaissance de sa vérité par notre moyen. » Leur résolution ayant été approuvée par l'église de Lausanne, ils se mirent en route, en passant par Genève ; mais dès le lendemain de leur arrivée à Lyon, ils furent, tous cinq, arrêtés par les soins du prévôt de cette ville. « Et sans que nous eussions aucunement dogmatisé, continuent-ils, ni fait aucune chose contre les ordonnances du roi [Henri II], sans nous faire connaître notre partie adverse, et sans nous montrer aucunes informations, nous fûmes, contre tout droit de justice, menés aux prisons de M. l'official (1ᵉʳ mai 1552). » Interrogés, le jour même, sur les divers points de controverse entre les deux Églises rivales, ils maintinrent avec chaleur, et sans jamais varier dans leurs réponses, les doctrines orthodoxes de l'Église réformée. Crespin nous a conservé dans son Martyrologe leurs confessions de foi, que le juge leur avait permis de mettre par écrit. Enfin après plusieurs interrogatoires, comme ils persistaient dans leurs croyances, ils furent condamnés par arrêt de l'official à être livrés comme hérétiques au bras séculier ; arrêt dont ils interjetèrent appel comme d'abus. « Après la sentence et notre dit appel, écrit l'un d'eux, ils pensèrent enrager de grande colère. » Le juge Melier se plaignit vivement de ce qu'on ne faisait pas prompte justice de ces hérétiques ; mais l'official Buatier le rassura en lui disant: « Ils seront aussi bons d'ici à un mois que maintenant. »

Ce ne devait être en effet qu'un sursis ; mais l'arrêt de la cour du parlement de Paris ne fut pas rendu avant le mois de février de l'année suivante. Durant ce temps, les cinq détenus jouirent au moins de la liberté précieuse de pouvoir converser ensemble, le long du jour, et même de correspondre avec leurs parents et leurs amis, au nombre desquels ils s'estimaient heureux de compter *Viret* et *Calvin*. Leurs lettres, qui se sont conservées, sont pleines de ferveur et de pieuse résignation. « Notre bon Dieu ne nous laisse point, écrivait Pierre Écrivain à un de ses amis, il nous console et nous fortifie plus que jamais, tellement que ni menaces, ni tourments, ni mort ignominieuse ou cruelle qu'on nous présente, ne nous peuvent faire perdre courage ni quitter la place à notre ennemi... Certes, cher frère, il ne nous advient aucune chose à laquelle nous ne soyons préparés tous les jours. Car quoique notre bon Dieu nous ait suscité plusieurs moyens par lesquels nous pouvions attendre, selon l'apparence du monde, quelque délivrance ; quoique tant de gens de bien et de nobles personnages nous aient assistés comme des instruments et des ministres de Dieu ; toutefois étant bien souvent en contemplation à part nous, et considérant la cause que nous maintenons et à qui nous avons affaire, nous avons attendu notre délivrance plutôt par la mort que par la vie... Or, puisque le temps et l'heure de notre délivrance est venu, et que nous commençons à posséder et à embrasser ce que nous avons tant attendu et désiré depuis longtemps, nous en sommes grandement joyeux et en rendons grâces à notre bon Dieu et Père céleste, par son fils J.-Ch., le priant d'achever l'œuvre qu'il a commencée en nous, nous donnant force et constance pour persévérer dans la foi jusqu'à la fin ; ce que nous espérons aussi qu'il fera à la consolation de sa pauvre Église, et à la grande ruine et confusion de Satan, de l'Antechrist et de tout son règne, lequel recevra une plus grande plaie par notre mort que par notre vie. »

Vers le mois de février 1553, on les transféra à la prison de Roanne, où ils apprirent que leur mort était arrêtée. Mais par suite de l'intercession des Seigneurs de Berne, ou pour tout autre motif qu'on ignore, leur exécution n'eut pas lieu avant le 16 mai. Ce jour-là, vers les deux heures de l'après-midi, on les tira de leur cachot « revêtus de leurs robes grises et liés de cordes. » Nous empruntons à Crespin le récit de leur supplice, en rajeunissant un peu son style. « Ayant été mis sur une charrette, dit-il, ils commencèrent à chanter le psaume IX° : *De tout mon cœur t'exalterai*, etc. Et quoiqu'on ne leur donnât pas le loisir de l'achever, ils ne cessèrent pas d'invoquer Dieu... Aux sergents et satellites qui souvent les troublaient, les menaçant s'ils ne se taisaient, ils répondirent par deux fois : « Nous empêcherez-vous, pour si peu que nous avons à vivre, de louer et d'invoquer notre Dieu ? » Étant arrivés au lieu du supplice, ils montèrent d'un cœur alègre sur le monceau de bois qui était autour du poteau. Les deux plus jeunes d'entre eux montèrent les premiers l'un après l'autre, et après avoir dépouillé leurs robes, le bourreau les attacha au poteau. Le dernier qui monta fut Martial Alba, le plus âgé des cinq, lequel avait été longtemps à deux genoux sur le bois, priant le Seigneur. Le bourreau ayant attaché les autres, vint le prendre étant encore à deux genoux, et l'ayant soulevé par les aisselles, il voulait le descendre avec les autres ; mais il demanda instamment au lieutenant Tignac de lui accorder une grâce. Le lieutenant lui dit : « Que veux-tu ? » Il lui répondit : « Que je puisse baiser mes frères avant que de mourir. » Le lieutenant le lui accorda, et alors ledit Martial étant encore au-dessus du bois, en se baissant, baisa les quatre qui étaient déjà liés et attachés, leur disant à chacun : « Adieu, adieu, mon frère ! » Alors les quatre autres, retournant leur cou, s'entre-baisèrent aussi, en se disant l'un à l'autre les mêmes paroles : « Adieu, mon frère ! » Cela fait, après que Martial eut recommandé ses frères à Dieu, et avant que de descendre et être attaché, il baisa aussi le bourreau en lui disant ces paroles : « Mon ami, n'oublie pas ce que je t'ai dit. » Ensuite il fut lié et attaché au même poteau, et alors ils furent tous entourés d'une chaîne autour dudit poteau. Or le bourreau ayant eu charge des juges de hâter la mort de ces cinq étudiants, leur mit à chacun une corde au cou, et toutes les cinq se rendaient à une grosse corde qui était sur un engin mu par des poulies, afin de les étrangler plus tôt. C'est pourquoi le bourreau, après avoir graissé leur chair nue et jeté dessus du soufre pulvérisé, et après avoir fait tous les apprêts, comme il pensait hâter l'exécution au moyen dudit engin, le cordage fut incontinent consumé par le feu, tellement que ces cinq martyrs furent entendus quelque temps prononcer et réitérer à haute voix ces paroles d'exhortation : « Courage ! mes frères, courage ! » Ce furent les dernières paroles entendues du milieu du feu, qui bientôt consuma les corps desdits cinq vaillants champions et vrais martyrs du Seigneur. » La justice *des hommes* était satisfaite !

Dans une lettre adressée à ces cinq étudiants, Calvin leur écrivait : « Puisqu'il lui plaît [à Dieu] de vous employer jusqu'à la mort pour maintenir sa cause, il vous tiendra la main forte pour combattre constamment, et ne souffrira pas qu'une seule goutte de votre sang demeure inutile. Et bien que le fruit ne s'en aperçoive pas sitôt, toutefois il en sortira avec le temps plus abondant que nous ne saurions dire. » En effet, leur exécution n'avait pas encore eu lieu, que déjà un malfaiteur nommé *Jean Chambon*, détenu avec eux, s'était converti. Dans le courant de la même année, *Pierre Bergier*, pâtissier de Bar-sur-Seine, établi à Genève, *Matthieu Dymonet*, de Lyon, *Louis de Marsac* et son cousin, gentilshommes du Bourbonnais, *Étienne Gravot*, de Gien-sur-Loire, montèrent sur le bûcher, et bientôt après la place des Terreaux fut encore témoin du supplice de *Richard Lefèvre*, de Rouen, orfèvre, et de *Claude de La Canesière*, de Paris, « excellent joueur d'instruments de musique, » qui fut arrêté à Lyon, au mois de mai 1555, comme il se rendait avec sa famille à Genève pour y professer librement la religion qu'il avait embrassée. Tous montrèrent en mourant le même courage et la même constance que Martial Alba et ses compagnons; tous aussi nous ont laissé des professions de foi ou des lettres écrites pendant leur captivité et dans lesquelles respire le saint enthousiasme du martyr.

ALBENAS, famille noble, originaire de Nismes, en possession de la seigneurie de Gajan, au diocèse d'Uzès, depuis 1524. Elle s'est divisée en plusieurs branches.

Jean Ier d'Albenas, seigneur de Gajan, fils aîné de Louis d'Albenas, docteur-ès-lois, et de Marguerite de Bordes, premier consul de Nismes en 1516, et lieutenant du sénéchal de cette ville en 1522, partagea ses biens entre ses deux fils : l'aîné, Jacques Ier, eut sa terre de Gajan, et le cadet, Jean II, hérita de sa charge et de ses propriétés situées à Nismes. La branche aînée s'est perpétuée jusqu'à nos jours, tandis que la branche cadette s'est éteinte avec *Louise* d'Albenas, mariée à Henri de Porcelet, marquis d'Ubaye, en 1640. Une branche collatérale, fondée par le frère cadet de Jean Ier, Jacques d'Albenas, premier consul de Nismes, en 1520, subsista dans cette ville jusqu'en 1753, époque à laquelle ses derniers représentants allèrent s'établir à Lausanne.

Nous ignorons à quelle époque cette famille embrassa la réforme. Nos écrivains généalogistes, membres de congrégations religieuses pour la plupart, sont en général si sobres de renseignements, quand il s'agit de familles protestantes, qu'il ne nous reste souvent que le champ libre des suppositions. Et d'ailleurs, nous le demandons, quel fond peut-on faire sur la véracité d'un écrivain qui, comme Allard, par exemple, le généalogiste du Dauphiné, commence par demander pardon au lecteur de ce qu'il a osé mêler des noms de protestants dans son livre, — lequel, à vrai dire, est assez mauvais pour que des hommes tels que *Casaubon*, un de ceux pour lesquels il demande grâce, eussent pu ne pas trop se formaliser de l'omission.

La première mention, à notre connaissance, qui soit faite de cette famille comme protestante, concerne JEAN-POLDO d'Albenas, qui contribua beaucoup à l'introduction de la réforme à Nismes. Il était né dans cette dernière ville vers 1512, et non à Aubenas, comme le dit Catel dans ses Mémoires du Languedoc. Son surnom de Poldo lui vient vraisemblablement de son arrière-grand-père Poldo ou Paul d'Albenas, docteur-ès-lois, lieutenant du sénéchal en 1462, et servait à le distinguer d'un autre Jean d'Albenas, seigneur de Colias, lieutenant-clerc en 1551, et en 1566 lieutenant-général en la sénéchaussée de Beaucaire. Son père, Jacques, est sans doute le même qui fonda la branche collatérale dont les descendants se réfugièrent en Suisse dans le siècle dernier. Après avoir fait ses études en droit à la célèbre Université de Toulouse, Jean-Poldo exerça les fonctions d'avocat auprès du parlement de cette ville. En 1551, il était un des douze conseillers du roi au siège présidial de Nismes et Beaucaire, et il remplit cette charge avec distinction jusqu'à sa mort, arrivée vers l'an 1563. La noblesse de la sénéchaussée de Beaucaire le députa, en 1560, aux États-Généraux du royaume qui se tinrent à Orléans.

On doit à Jean-Poldo d'Albenas une traduction française des *Pronostics* de Julien de Tolède; une autre de l'*Histoire des Taborites* d'Æneas Sylvius, et finalement un ouvrage d'antiquités très-remarquable, intitulé: *Discours historial de l'antique et illustre cité de Nismes, en la Gaule Narbonoise, avec les portraitz des plus antiques et insignes bastiments du dit lieu*, etc., Lyon, 1560, in-fol. Dans cet ouvrage, d'Albenas fait preuve d'une érudition qu'on a eu tort d'appeler indigeste; seulement, dans sa dédicace à Jean, vicomte de Joyeuse, lieutenant du roi au gouvernement du Languedoc, l'auteur expose une théorie si bizarre sur les priviléges intellectuels de la noblesse, tellement élevée au-dessus du commun des mortels, qu'elle sait tout sans avoir besoin de rien apprendre, qu'on en doit conclure que, quant à lui personnellement, il ne s'élevait pas beaucoup au-dessus des idées les plus vulgaires de son siècle.

Nous ne déciderons pas si VITAL d'Albenas, dit *Poldo*, capitaine huguenot, qui a pris part à nos malheureuses guerres de religion en qualité de lieutenant de l'intrépide d'*Acier*, était le fils de Jean-Poldo dont nous venons de nous occuper, et s'il était le même que *Vidal* d'Albenas, premier consul de Nismes en 1562. Ce Vital d'Albenas, dit Poldo, se trouva impliqué dans une déplorable affaire. Nous empruntons ce fait à Dom Vaissette, qui se plaint du silence gardé à ce sujet par les écrivains protestants. Notre impartialité nous fait un devoir de réparer cette omission.

La seconde guerre civile venait de commencer; la hardie entreprise, tentée par *Condé* pour s'emparer de la personne de Charles IX, avait échoué; il ne restait plus aux Protestants qu'à recourir au sort des armes. La ville de Nismes, où les Réformés étaient en très-grand nombre, fut une des premières qui répondit à l'appel du prince. Dès les premiers jours d'octobre (1567), dit Nostradamus, dans son Histoire et Chronique de Provence, « on vid fondre ceste grande tempeste sur Nismes, où furent cruellement passés par les fils des épées, et inhumainement esgorgez un grand nombre de Catholiques par ceux de ceste religion si sanglante et difformée, lesquels de rage forcenée jettèrent un religieux Observantin dedans un horrible puits avec quelques autres bons prestres, parce seulement qu'il preschoit une plus saine, ancienne et toute autre doctrine que la leur. » Loin de nous la pensée d'atténuer par des comparaisons et des rapprochements l'horreur qu'inspirent de pareilles barbaries; un crime ne saurait se justifier par rien : le juste et l'injuste ne sont pas des choses de convention, ils sont indépendants des temps comme de l'opinion. Mais n'est-ce pas le gouvernement de Catherine de Médicis qui tendait surtout à pervertir toutes les notions de la justice! « L'action barbare et odieuse des Protestants de Nismes, dit Dom Vaissette, coûta la vie à beaucoup de leurs coreligionnaires que les Catholiques égorgèrent par représailles. » En outre, le parlement de Toulouse, ayant fait informer sur ce massacre, rendit, le 18 mars 1569, une sentence par laquelle il condamna à mort par contumace 104 personnes de la ville de Nismes. On distingue parmi les plus notables : *Guillaume Calvière*, premier président au présidial, en 1557; *Denis Brüeys*, sieur de S. Chapte, lieutenant criminel; *Robert Le Blanc*, juge ordinaire, ancien syndic de la province; plusieurs conseillers; *Pierre Valette*, procureur du roi au sénéchal; *Pierre Robert*, lieutenant du viguier; plusieurs capitaines, dont *Vital d'Albenas*, auquel nous rapportons cet épisode de nos malheureuses guerres civiles; *François de Pavée*, sieur de Serras; *Pierre de Savoye*, sieur de Cipière; *Antoine Brüeys*, sieur de Sauvignargues; *Honorat de Montcalm*, sieur de Saint-Véran; quatre ministres entre lesquels *Pierre d'Airebaudouse; Nicolas Calvière*, sieur de Saint-Cosme, docteur-ès-lois, consul en 1559, et plus tard élu trois fois gouverneur de la ville; les deux fils du président Calvière; le sieur de *Mandagout*, dit Galargues, et *Thomas de Rochemore*, baron d'Aigremont.

C'est apparemment à la même ligne que les précédents qu'appartenait le sieur d'*Albenas*, ancien viguier de Nismes, qui, lors de la guerre des Camisards, présida deux fois une députation des notables protestants de la ville au maréchal de Villars. Cette démarche des *nouveaux convertis* de Nismes mérite d'être racontée dans tous ses détails. En même temps qu'elle témoigne du peu de sympathie que les Camisards rencontraient parmi leurs coreligionnaires dans les villes, soit à cause des actes terribles de vengeance qu'on leur imputait, soit plutôt parce que le gouvernement en prenait occasion pour faire peser de plus en plus sur eux son joug de fer, elle est à nos yeux une preuve évidente que les mesures tyranniques de Louis XIV commençaient à porter leurs fruits; car la tiédeur touche de bien près à l'indifférence, et l'indifférence était réputée avec raison par les hommes du pouvoir un acte de conversion.

Lorsque le maréchal de Villars vint remplacer, en 1704, le maréchal de Montrevel dans le commandement de la province du Languedoc, les protestants de Nismes, par le conseil du baron d'*Aigaillers*, dressèrent une requête pour lui demander à marcher sous ses ordres contre les rebelles, espérant les ramener par leur exemple, ou résolus de les combattre afin de témoigner de leur fidélité au gouvernement. Cette supplique, signée par plusieurs gentilshommes et par presque tous les avocats et marchands de la ville de Nismes, fut présentée, le 22 avril, par d'Albenas à la tête de 7 à 800 personnes de la religion. Mais les offres des nouveaux convertis ne furent point agréées; le maréchal leur répondit qu'il espérait ramener les rebelles par la seule douceur. Et cependant *Brüeys* nous apprend, dans son Histoire du Fanatisme, que le jour même, « par le conseil de M. de Basville, il fit faire des enlèvements de plusieurs personnes suspectes, qui furent envoyées aux Isles de Sainte-Marguerite. »

A quelques jours de là seulement, les principaux d'entre les Réformés de Nismes se rendirent de nouveau en corps auprès de Villars pour lui renouveler l'offre de leurs services. Cette fois encore ce fut d'Albenas qui porta la parole. « Les nouveaux convertis de la ville de Nismes, lui dit-il, viennent vous réitérer les assurances de leur plus inviolable fidélité pour le service du Roi... Ils vous ont supplié et vous supplient encore, Monseigneur, de vouloir vous servir de leurs personnes et de leurs biens pour exterminer ces malheureux fanatiques qui ont eu la témérité de s'élever contre l'autorité de Sa Majesté. Il faudroit avoir perdu tout sentiment de religion et d'humanité pour seconder une troupe de scélérats qui joignent à leur révolte l'impiété, les sacriléges, les meurtres, les incendies et mille autres cruautés dont les démons seuls peuvent être capables.... Nous les avons en horreur, et notre indignation est d'autant plus grande, qu'ils rendent odieux le nom de nouveau converti, et avec la haine publique attirent sur nous des maux qui ne devroient tomber que sur eux et sur leurs complices.... Nos biens, nos vies nous sont moins chers que notre fidélité; la croire suspecte est le plus grand de tous nos malheurs. » En lisant une pareille pièce, on oublie que les Protestants gémissaient sous la législation la plus atroce, que les massacres et les supplices se succédaient sans interruption dans les provinces du Midi; ou plutôt on se demande si ce n'est pas là le cri de malheureux au désespoir qui s'attachent à leur bourreau pour éviter le coup mortel. « Sur l'invitation de d'Aigaillers, dit M. Peyrat dans son Histoire des Pasteurs du désert, toutes les villes adressèrent au maréchal des harangues à la d'Albenas. »

Si nos renseignements sont exacts, les descendants de la famille d'Albenas ont persévéré jusqu'à nos jours dans la foi protestante. Ses derniers représentants se sont distingués dans les guerres de l'Empire. JEAN-JOSEPH d'Albenas, né le 19 mars 1761 à Sommières, où la branche aînée s'était établie dès 1608, de *François-Alexandrin* d'Albenas, seigneur de Gajan, et de Charlotte-Philiberte de Montlaur, prit part à la guerre de l'indépendance de l'Amérique sous le général Lafayette. A son retour en France, il remplit diverses fonctions publiques. On lui doit quelques écrits de peu d'importance, sur les *Maisons de jeu*, 1814; sur l'*Indemnité*, 1818, et un *Essai histor. et poétique de la gloire et des travaux de Napoléon I*^{er}, *depuis le 18 brumaire an* VIII *jusqu'à la paix de Tilsitt*, Paris, 1808, in-8°. Il mourut à Paris le 22 sept. 1824. Ses deux fils, LOUIS-EUGÈNE, né à Sommières en 1787, et PROSPER, ont suivi avec honneur la carrière des armes. Mis à la retraite après le licenciement de l'armée de la Loire, l'aîné consacra ses loisirs à la culture des lettres. On cite avec éloge ses *Éphémérides militaires ou Anniversaires de la valeur française depuis* 1792 *jusqu'en* 1815, Paris, 1818-20, 12 vol. in-8°. Quoique cette publication ait paru comme étant l'œuvre d'une société de gens de lettres et de militaires, le bibliographe Quérard prétend que le lieutenant-colonel d'Albenas en a été le seul rédacteur.

ALBIAC (Achatz, ou mieux Acace d') *sieur* du Plessis, poète français, florissait vers le milieu du 16e siècle.

On ignore le lieu et l'époque de sa naissance. La Croix du Maine le fait naître en Suisse, tandis que Du Verdier le dit parisien. Nous nous rangerions d'autant plus volontiers à cette dernière opinion, qu'elle s'accorde avec ce que racontent de notre poète le martyrologiste Crespin et Théodore de Bèze, qui ont pu le connaître personnellement. L'auteur du Passe-vent Parisien répondant à Pasquin Romain de la vie de ceux qui se disent vivre selon la réformation de l'Évangile (Lyon, 1556, in-12), Antoine Cathalan ou Cathelan, prétend que d'Albiac avait été moine à Saint-Denis; mais on ne peut ajouter aucune confiance à un pamphlet anonyme. Quoi qu'il en soit de ces diverses opinions, il paraît que d'Albiac, déjà connu par sa traduction en vers français du *Livre de Job avec préface et explication des arguments dudit livre, par A. Du Plessis*, 1552, in-8°, et 1553, in-12 (?), s'était retiré en Suisse pour se soustraire aux persécutions. Il continua à s'y livrer, sous l'inspiration de sa foi, à son amour de la poésie. En 1556, il fit paraître à Lausanne sa trad. des *Proverbes de Salomon et de l'Ecclésiaste mis en cantiques*, in-8°; réimp. au Mans, 1558; et en 1560, il publia à Lyon *Divers cantiques extraits du Vieil et Nouveau Testament*, in-16. Ces ouvrages, qui sont à peine indiqués par les meilleurs bibliographes, ne se trouvent pas dans les bibliothèques publiques de Paris, non plus que dans celle de Genève (Catalogue de Louis Vaucher). Nous ne pouvons donc en parler. Nous dirons seulement que les courts fragments que nous avons vus de ces poésies nous font regretter que nos recherches soient restées infructueuses. On y remarque en général un tour simple et facile; mérite rare à cette époque et qui le devint de plus en plus dans la suite sous l'influence de la fameuse Pléiade.

Nous emprunterons aux Cantiques de la Bible une courte citation; c'est la prière d'Asa, roi de Judas, se disposant à combattre les Éthiopiens:

O Seigneur! qui secours donnant
N'as regard ny à multitude,
Ny à foiblesse, maintenant
De nous ayder sois souvenant,
Que ne tombions en servitude;

Ces multitudes assaillons,
O nostre Dieu! soubs ta fiance,
Renforce donc nos bataillons
Et ne permets que defaillons,
Ne qu'ils ayent sus toy puissance.

Le rhythme de ces deux strophes est irréprochable. Le retour régulier des rimes masculines et des féminines indique qu'elles étaient écrites pour le chant.

Il paraît que, peu de temps après cette publication, d'Albiac rentra en France. Le célèbre édit de janvier 1562 venait d'être rendu, et un grand nombre de réfugiés avaient été leurrés par l'espoir de retrouver dans leur patrie liberté et protection. Notre poète se rendait à Angers auprès de son frère, le ministre *Du Plessis*, lorsqu'il fut surpris à Tours par une de ces affreuses tourmentes que le fanatisme soulevait si fréquemment alors dans nos provinces. La première guerre de religion venait de commencer. Pendant un temps, les religionnaires de Tours restèrent les maîtres de la ville à l'aide de quelques troupes que le prince de *Condé* leur avait envoyées; mais leurs ressources ne tardèrent pas à s'épuiser, et n'ayant aucun espoir de secours, ils résolurent, vers le commencement de juillet (1562), de se jeter dans la ville de Poitiers. Cependant, dit l'historien à qui nous devons ces détails, « par la nonchalance d'une partie des chefs qui les conduisoyent, les uns se rendirent et posèrent les armes; les autres rompus et deffaicts se sauvèrent comme ils peurent, et se retirèrent à Poitiers tenue par ceux de la Religion; quelques autre furent entièrement desvalisez et menez par troupes à Chastelleraut, comme povres brebis à la boucherie. » Au nombre de ces derniers était *Jean de Tournay*, vieillard plus que septuagénaire, ancien moine Augustin, et un des douze ministres députés à la conférence de Poissy, qui fut noyé de sang-froid. Quant à ceux qui s'étaient rendus sur la promesse d'avoir la vie sauve, le marquis de Villars leur donna une escorte de quelques chevaux avec un sauf-conduit pour les reconduire à Tours ; mais la plupart furent égorgés en chemin. Deux à trois cents seulement parvinrent jusqu'aux faubourgs de la ville. Aussitôt on sonna le tocsin et les massacres commencèrent. On traîna à la rivière jusqu'aux enfants, dit Crespin, « de sorte qu'en moins de cinq ou six jours les bords de la rivière baissant à Angers estoyent couverts de corps dont les bestes mesmes s'espouvantoyent. » Sur ces entrefaites, le Roi de Navarre, *Antoine de Bourbon*, qui faisait cause commune avec les Triumvirs, envoya son lieutenant, le sieur de Beauvais, pour commander dans la ville, et bientôt ce dernier y fut suivi par le duc de Montpensier et son lieutenant Chavigny, avec force gens de guerre accompagnés de moines et de prêtres. Toutefois les massacres ne discontinuèrent pas ; seulement ils se commirent dans quelques cas avec un semblant de jugement. Nous en rapporterons un exemple. Le ministre *Michel Herbaut*, ancien prieur des Augustins, ayant été arrêté près de Tours, fut amené devant Chavigny qui lui commanda de se tenir prêt à prêcher pour le lendemain. Herbaut obéit ; mais son sermon n'ayant pas été goûté par les assistants, il fut jeté en prison et deux jours après condamné à être brûlé vif. Il est vrai de dire que cette sentence fut adoucie ; on accorda au malheureux ministre d'être pendu. Le lendemain de son entrée dans la ville le duc de Montpensier avait fait publier à son de trompe, Que chacun après s'être

confessé eût à faire ses Pâques et à se trouver le lendemain à la procession générale du S.-Sacrement, sous peine de la vie. Beaucoup de religionnaires intimidés se mêlèrent à la procession ; mais leur soumission, loin de leur faire trouver grâce, ne servit qu'à les désigner plus sûrement au fanatisme sanguinaire de la populace. Un certain nombre d'entre eux furent noyés, les autres jetés en prison. Quant aux maisons de ceux qui étaient absents ou qui avaient été massacrés, comme elles n'avaient point été « tapissées » conformément à l'ordonnance du gouverneur, pour faire honneur à la procession, les gens de la justice leur firent le procès et les condamnèrent à être saccagées, puis vendues au plus offrant, ce qui fut exécuté. Quelques jours après, des moines dressèrent une confession de foi, et il fut également crié par la ville, Que quiconque refuserait de la signer ou approuver par-devant bons témoins serait mis à mort. Quelques femmes, entre autres, demeurèrent constantes en leur foi. De ce nombre fut la femme du poète qui fait le sujet de cette notice. Il est probable que lui-même avait péri, car il n'en est plus fait mention dans l'histoire depuis cette époque. « Une honnorable damoiselle, raconte Crespin, de la maison *Du Til* en Flandres, femme d'un honnorable personnage nommé *Acace d'Albiac* de Paris, frère de *Du Plessis*, ministre d'Angers, estant partie de Lausanne en Suisse avec son mari, et surprise par les troubles à Tours, après avoir constamment refusé de soussigner ceste confession, fut trainée avec infinis outrages jusques à la rivière, ayant receu en chemin un grand coup d'espée sur le visage, et finalement avec son hostesse, femme d'un nommé *Du Mortier*, et une honnorable vefve nommée *La Chapesière*, jettée en l'eau si basse que n'y pouvant estre noyée avecques ses compagnes, elles y furent assommées à grands coups d'avirons jusques à leur faire sortir la cervelle à la veuë d'un chacun. » La ville de Tours ne fut pas le seul théâtre de ces scènes d'horreur ; toute la province fut couverte de meurtres. C'est alors que périrent le ministre de S.-Christophe nommé *Longeville*, homme intègre et fort âgé ; le ministre de Ligueil, provençal de nation, « plein de grande piété et de fort paisible esprit, » auquel on creva les yeux et qu'on jeta encore vivant sur un tas de bois où il fut brûlé ; le nommé *Ferrand*, autrement dit le seigneur *Dusson*, qui de retour de Lausanne depuis quelques années, avait été envoyé à l'Isle-Bouchard pour y répandre les doctrines de la Réforme. On suppose que son frère, secrétaire du gouverneur de la province, le duc de Montpensier, ne fut pas étranger à son arrestation, sinon à sa mort. Il avait été appréhendé avec le seigneur *Des Perrouses*; et ils étaient conduits tous deux par-devant ce gouverneur qui faisait sa résidence ordinaire à Champigny, lorsque le tocsin du château appelant les tueurs au dehors, ils furent massacrés par la commune et jetés dans une mare. « Et ne faut oublier, ajoute le martyrologiste, que sitost que la commune ou ceux de la justice avoyent fait mourir quelque homme ou femme, on entroit incontinent en leurs maisons, les enfants estoyent mis sur le pavé et envoyez mendier leur pain : puis tout estoit pillé et saccagé, de sorte que [le moine] Richelieu se vantoit d'avoir du veloux, satin, taffetas de Tours à vendre à l'aune de la longueur d'une lieue. Ses compagnons et notamment Clairevaux et les autres capitaines ne faisoyent pas moins leurs besongnes, de sorte que ceux qui n'avoyent rien devant la guerre cerchoyent tost après d'acheter des terres de trente et quarante mille francs à payer content. »

L'Anjou ne fut pas moins éprouvé que la Touraine. Le frère de notre poète CHARLES D'ALBIAC, *sieur Du Plessis*, pasteur à Angers, fut une des premières victimes.

Il paraît que ce ministre jouissait d'une grande réputation d'éloquence. « L'église de Blois, dit Bèze, en ayant entendu parler comme ayant le langage plus friant que d'autres, le demanda à celle de Tours [au service de laquelle il était d'abord attaché], qui consentit à le lui prêter pour trois mois. » Pendant son séjour à Blois, Du Plessis, ayant perdu sa femme avec qui il faisait mauvais ménage, rechercha en mariage la fille d'un avocat catholique « avec une telle indiscrétion, dit l'historien, que le père dut recourir jusqu'au Conseil du roi. » Le ministre fut contraint de se retirer, et il fut envoyé à l'église d'Angers pour sa sûreté. A l'époque de l'assemblée des États provinciaux de l'Anjou pour l'élection des députés aux États-Généraux (1560), Du Plessis et un avocat du roi, nommé *François Grimaudet*, déployèrent tant d'activité et de zèle que les Religionnaires l'emportèrent, en faisant élire les sieurs de *La Barbée* et de *Vallier-Bresay*. Mais ces élections furent cassées par le duc de Montpensier.

A Angers, les choses se passèrent à peu près comme à Tours. Les Protestants s'y maintinrent les maîtres jusqu'au 5 mai (1562). Mais à cette époque, Puygaillard, avec l'assistance des habitants catholiques, s'en empara « en moins de rien. » Le duc de Montpensier et Chavigny l'y suivirent. Pressé par le danger, le ministre *Du Plessis* voulut fuir par-dessus les murailles de la ville ; mais il fut reconnu et égorgé. Les juges sommés d'expédier en toute diligence les procès des malheureux Protestants dont on avait comblé les prisons, se mirent aussitôt à l'œuvre.

On nous a conservé les noms de quelques-unes des victimes de ces assassinats judiciaires. *Mathurin Bouju*, receveur des tailles, avait été incarcéré un des premiers. Il va sans dire qu'avant toute autre formalité, son domicile avait été saccagé, et sa caisse déclarée de bonne prise par le gouverneur ; le sieur de *Beauregard*, diacre de l'église, avait même été tué dans sa maison en résistant aux assaillants. Son procès donc étant commencé, et Bouju ayant récusé le président, Chavigny, lieutenant du duc de Montpensier, le somma de convenir d'un autre juge, d'autant, ajouta-t-il, qu'il avait beau choisir, qu'il n'en mourrait pas moins. Bouju désigna le conseiller François de Pincé, sieur de La Roue, « qui lui avoit esté de tout temps ami familier ; » mais comme Pincé déclinait ce dangereux devoir, Chavigny le menaça, s'il ne s'exécutait au plus vite, de le faire pendre lui-même aux créneaux de sa maison. Pincé eut alors la faiblesse de condamner son ami ; il fut mis à mort avec un de ses fidèles serviteurs, nommé *Robert Crozille*. *Jean de Nodreux*, sieur du Cormier, eut la tête tranchée ; outre le crime d'hérésie dont il était coupable, il y avait pour sa condamnation un motif plus puissant encore : sa fortune était très-considérable, et elle échut au moine Richelieu. *Pierre Gohin*, sieur de Malabry, garde de la Monnoye, et un des anciens de l'église, eut le même sort ; ce notable commerçant était en telle estime dans le pays, que le grand doyen de Saint-Maurice lui avait donné refuge dans sa maison contre les poursuites de ses assassins ; c'est chez ce vénérable ecclésiastique qu'il fut trouvé et arrêté. *François Melet*, sieur de Pincé, et *Jacques Éveillart*, sieur de La Ganerie, tous deux avocats, furent également exécutés ; seulement ce dernier, en sa qualité d'ancien et de surveillant de l'église, reçut de plus la question extraordinaire. Quant à leur confrère, *Guillaume Perraut*, il ne racheta sa vie qu'en accordant à un valet la main de sa fille unique. Les mêmes meurtres se renouvelèrent dans toute la province : à Cran, où le baron du lieu, le sire de La Trémoille, permit à Puygaillard de transporter le théâtre de ses cruautés ; à Baugé, où l'un des ministres, *Jean Le Bailli*, fut tué ; en un mot, tout le pays fut inondé de sang, et les exécutions y continuèrent, même après la publication de la paix d'Amboise, en 1563. Ce sont de semblables épisodes de nos guerres de religion qui inspiraient au plus grand philosophe pratique du XVIe siècle cette sage réflexion : « Il ne se peult imaginer un pire estat des choses, qu'où la meschanceté vient à estre legitime, et prendre, avecques le congé du magistrat, le manteau de la vertu : *Nihil in speciem fallacius quam prava religio, ubi deorum numen prætenditur sceleribus*, l'extreme espece d'injustice, selon Platon, c'est que ce qui est injuste soit tenu pour juste. »

ALBRET (JEANNE D'), née le 7 janv. 1528 de Henri II d'Albret, roi de Navarre et prince de Béarn, et de Marguerite d'Orléans-Angoulême, sœur de François 1er, mariée à Antoine de Bourbon, duc de Vendôme, le 20 octobre 1548, reine de Navarre à la mort du roi son père le 25 mai 1555, et morte à Paris le 9 juin 1572, « non sans soupçon d'avoir été empoisonnée, » dit le P. Anselme.

La maison d'Albret tirait son origine d'Amanieu, sire d'Albret, mort en 1060 ; elle s'éteignit dans la ligne masculine en la personne du marquis d'Albret, tué, dit-on, dans une entreprise galante, en 1678. Le vicomté d'Albret, érigé en duché par Henri II, le 29 avril 1550, fut réuni à la couronne de France, en juillet 1607 ; Louis XIV l'en détacha en 1652 pour le donner avec ses dépendances au duc de Bouillon en échange des principautés de Sédan et de Raucourt. Ce petit pays avait une étendue de 20 lieues sur autant de large ; Nérac en était la capitale. Il relevait de la couronne de France.

C'est en 1484 que la maison d'Albret acquit le royaume de Navarre par le mariage de Jean d'Albret avec Catherine de Foix, héritière de la couronne, mariage célébré en 1491. Le royaume de Navarre comprenait alors la Haute et la Basse Navarre, la souveraineté de Béarn, le comté de Foix et un grand nombre de seigneuries moins importantes. La Navarre proprement dite se divisait en 6 provinces ou mérindades : la Haute-Navarre en comprenait 5, dont les capitales étaient Pampelune, Estella, Tudela, Olite et San-Guesa ; et la Basse-Navarre 1, dont la capitale était Saint-Jean-Pied-de-Port. La Navarre espagnole avait environ 30 lieues de long sur 24 de large, tandis que l'étendue de la Navarre française n'était que de 8 lieues sur 5 de large ; elles étaient séparées l'une de l'autre par les Pyrénées.

La principauté de Béarn, dont une partie des domaines relevait de la couronne de France, avait environ 26 lieues de long sur 22 de large ; Pau en était la capitale. Louis XIII réunit cette province à la couronne, avec la Basse-Navarre, en 1620.

En 1512, Ferdinand le Catholique, roi d'Aragon, favorisé dans son entreprise par le pape Jules II, qui avait, dit-on, excommunié Jean d'Albret, allié de Louis XII, et déclaré ses états vacants, envahit le royaume de Navarre, et s'empara de toute la partie du pays au delà des Pyrénées. Depuis ce démembrement, les nombreuses tentatives faites par les souverains de la Navarre, soit par la voie diplomatique, soit par la voie des armes, pour ressaisir les états dont ils avaient été si violemment dépossédés, demeurèrent sans résultat. Ils trouvèrent cependant quelque compensation dans la possession des duchés d'Alençon, de Berri ; des comtés d'Armagnac, de Rhodez, etc., que Marguerite apporta en dot dans leur maison, indépendamment du gouvernement de la Guyenne, qui, en 1528, fut donné à titre héréditaire à Henri II d'Albret. Par le mariage de Jeanne d'Albret avec Antoine de Bourbon, la maison de Navarre fut encore enrichie du duché de Vendôme, du comté de Marle et de quelques autres seigneuries.

Jeanne d'Albret était fille unique de Henri II d'Albret et de Marguerite de Valois ; elle était l'aînée de quatre enfants, dont deux filles, nées avant terme et mortes sans avoir été baptisées, et un fils, Jean, qui mourut deux mois après sa naissance. L'affection que lui témoignaient le roi son père et son oncle François Ier, la fit surnommer dans son enfance *la Mignonne des rois*. Mais ce n'était pas seulement la gentillesse de sa petite nièce et le vif amour qu'il portait à sa sœur, qui provoquaient les caresses de François Ier, il y avait des raisons politiques qui lui commandaient une semblable conduite, et ces raisons sont toujours les plus puissantes dans les conseils des souverains. Jeanne était appelée à hériter du royaume de son père. Le roi de France devait donc craindre qu'un mariage étranger aux intérêts de sa couronne ne permît à l'Espagne d'avoir un pied dans ses propres états. Ces raisons le déterminèrent à confisquer en quelque sorte la future reine à son profit. Lorsque Henri d'Albret et Marguerite quittèrent la Cour de France, après le traité de Cambray, ils durent laisser leur fille, alors âgée de deux ans et quelques mois, au Plessis-lès-Tours. C'est dans cette maison royale près de Tours que Jeanne d'Albret fut élevée. Son éducation, dont François s'abstint au moins de contrarier le cours, « fut confiée, dit Mlle Vauvilliers (Hist. de Jeanne d'Albret), à des femmes d'une vertu éprouvée.... A l'exemple de son sage gouverneur [Nicolas Bourbon], tous ceux qui entouraient la jeune princesse l'entretenaient sans cesse d'actions élevées, de résolutions courageuses, afin d'agrandir son âme et de la fortifier. Ils s'appliquaient également à lui apprendre, d'abord, de la vertu ce qu'elle a d'aimable pour la porter à l'aimer, ensuite ce qu'elle a de difficile pour qu'elle aspirât à la gloire d'en illustrer sa vie ; et comme les leçons vivantes sont d'ordinaire les plus frappantes et les plus salutaires, on lui proposait incessamment la vie de la reine, sa mère, pour exemple. » Leurs soins ne furent pas perdus. Dès l'âge le plus tendre, Jeanne fit paraître un esprit élevé et une raison forte ; « mais elle annonça aussi, continue l'historien auquel nous empruntons ces détails, cette sensibilité profonde qui associe notre âme à toutes les misères d'autrui et la dévoue aux grandes douleurs. » Son instruction, favorisée par d'heureuses dispositions et par une excellente mémoire, répondit à l'attente des habiles maîtres que sa mère lui avait donnés. Elle apprit non-seulement le français, le béarnais et l'espagnol, mais aussi le latin et le grec. Nous aurons l'occasion de citer quelques fragments de ses lettres qui décèlent une plume exercée. Elle écrivait aussi en vers ; elle « s'est plu grandement, dit Du Verdier, en la poésie, et imitant sa vertueuse et savante mère, composoit souvent en rime françoise. » Cependant, outre le quatrain suivant que rapporte Le Laboureur,

— Art singulier, d'icy aux derniers ans,
Representez aux Enfants de ma Race
Que j'ay suivi des craignans-Dieu la trace,
Afin qu'ils soient les mesmes pas suivans. —

et qu'elle improvisa dans une visite à la célèbre imprimerie des *Estienne*, en 1566, nous ne connaissons d'elle que quatre sonnets qui aient été imprimés. Ils se trouvent intercalés dans un petit poème de Joachim du Bellay sous ce titre : « Sonnets à la Royne de Navarre, aux quels cette Royne fait elle-mesme response. » La rareté de cette pièce, que ne fait connaître aucun des biographes de Jeanne d'Albret, nous engage à en donner l'analyse. La jeune reine repousse avec une sage modestie les louanges trop flatteuses du poète :

Je cognois bien le pris et la valeur
De ma louange, et cela ne me tente
D'en croire plus que ce qui se presente,
Et n'en sera de gloire enflé mon cœur.

Mais être louée par le premier poète de son temps ! Cette pensée a de quoi séduire. Quelque forte que soit une femme, n'a-t-elle pas toujours ses faiblesses de femme ?

Mais qu'un Bellay ait daigné de l'escrire,

continue-t-elle, je n'ai pas honte de dire que je m'en tiens très-satisfaite et glorieuse.

Dans le sonnet suivant, la reine témoigne que les Anciens sont heureux d'avoir trouvé des poètes « curieux de faire vivre leurs grands faits. »

Mais j'ose dire (et cela je maintiens)
Qu'encor' ils ont un regret ennuieux
Dont ils seront sur moy-mesme envieux,
En gemissant aux Champs Elysiens,

Et quel est ce regret? C'est, ajoute-t-elle, qu'ils n'aient point eu un Bellay pour les chanter :

Car ce qui n'est sçavez si dextrement
Feindre et parer, que trop plus aisement
Le bien du bien seroit par vous chanté.

Ici un dialogue en sonnets s'établit entre la reine et le poète. On sait ce qu'un poète admiré par une reine peut répondre : la louange ne connaît plus de mesure. Mais si l'admiration enflamme le génie, l'adulation le dessèche.

Dans un troisième sonnet, la reine se plaint de son peu de mérite,

Stile qui point l'oreille ne contente,
Foible argument, et mots pleins de rudesse,
Monstrent assez mon ignorance expresse,

et cependant le démon de la poésie l'emporte :

Et si n'en suis moins hardie et ardente
Mes vers semer, si subjet se presente.

Si Jeanne n'a rien publié, il n'en faut donc accuser que les agitations continuelles de sa vie ; car, à l'exemple de sa mère, elle était trop au-dessus des préjugés de son siècle pour penser qu'une couronne de lauriers pût jamais déparer la tête d'une reine. C'est ce que témoigne le dernier des sonnets qu'elle adresse au poète :

Le temps, les ans d'armes me serviront
Pour pouvoir vaincre une jeune ignorance,
Et dessus moy à moy-mesme puissance
A l'advenir, peult estre, donneront.
Mais quand cent ans sur mon chef doubleront,
Si le haut Ciel un tel aage m'advance,
Gloire j'auray d'heureuse recompense,
Si puis attaindre à celles qui seront
Par leur chef-d'œuvre en tous toujours vivantes.
Mais tel cuider seroit trop plein d'audace,
Bien suffira si, pres leurs excellentes
Vertus, je puis trouver petite place :
Encor' je sens mes forces languissantes,
Pour esperer du Ciel tel heur et grace.

Nous regrettons que l'espace ne nous permette pas de rapporter les répliques de Du Bellay. On verrait que dans cette joûte qu'on pourrait croire trop inégale, l'avantage est rarement resté au poète.

Jeanne était à peine sortie de l'enfance que François Ier songea à lui imposer un époux de son choix. Il balança un moment entre Antoine de Bourbon et le duc de Clèves ; mais les intérêts de sa politique le décidèrent pour ce dernier parti. Guillaume de Clèves se rendit donc à la Cour de France, et François 1er fit savoir au roi et à la reine de Navarre sa décision, en les invitant à partir sans délai pour assister au mariage de leur fille. Cependant Henri d'Albret et Marguerite, qui goûtaient aussi peu l'un que l'autre cette alliance, portèrent la question devant les États de la Navarre et du Béarn, qui se prononcèrent contre cette union. Forts de cette déclaration, ils se rendirent à Amboise, où était la Cour, et témoignèrent au roi leur éloignement pour le mariage projeté. La jeune princesse, qu'ils avaient prise avec eux à leur passage au Plessis-lès-Tours, ne manifesta pas moins de répugnance que ses parents pour cette alliance. Elle n'était encore que dans sa douzième année, mais déjà elle annonçait une force de caractère au-dessus de son âge. Cependant tout fut inutile : la volonté royale demeura inébranlable, et le mariage fut célébré avec une pompe extraordinaire à Châtellerault, le 15 juillet 1540. Brantôme raconte que la jeune princesse était tellement chargée de pierreries que ne pouvant marcher sous un tel fardeau, « le roy commanda à M. le connestable de prendre sa petite niepce au col et la porter à l'église. » « Les nopces, dit Mézeray, en furent célébrées avec une profusion que l'on fit bien payer au pauvre peuple par l'augmentation de la gabelle, aussi les nomma-t-on *les nopces salées*. » Mais cet historien commet plusieurs erreurs. D'abord, il fait mourir très-gratuitement le duc Guillaume de Clèves, en lui supposant un fils du nom de Martin, qui serait devenu l'époux de Jeanne, et ensuite, il se trompe, ainsi que Sponde, sur l'année de la célébration du mariage qu'ils placent tous deux en 1541.

La grande jeunesse de Jeanne ne permit pas que le mariage fût consommé ; le duc retourna dans son duché, et sa jeune épouse accompagna ses parents dans le Béarn. Trois ans s'étaient écoulés depuis cette séparation, lorsqu'un ordre de François Ier vint obliger Jeanne à partir. Le cardinal Du Bellay, évêque de Paris, fut chargé de l'accompagner. Jeanne se soumit ; mais au moment d'atteindre au terme de son voyage, une triste nouvelle vint la combler de joie. Le duc, son époux, ayant succombé dans une lutte trop inégale contre Charles-Quint, était allé se jeter aux pieds de son vainqueur et en avait obtenu des conditions humiliantes qui le liaient dorénavant à sa cause. Cette défection du duc de Clèves affecta vivement François Ier. Dès lors, le mariage de sa nièce fut rompu ; la politique défit ce que la politique seule avait fait. Paul III en déclara la nullité ; sa bulle, publiée dans la cathédrale de Tours, fut enregistrée en la cour du parlement de Paris.

François Ier en revint alors à son premier projet, celui de marier Jeanne avec Antoine de Bourbon ; mais avant tout il exigea la réintégration de la jeune prisonnière au Plessis-lès-Tours. Les négociations n'avaient encore abouti à aucun résultat, lorsque la mort enleva François, en 1547. De nouveaux prétendants se présentèrent alors. L'aîné des princes lorrains, François de Joinville, rechercha la main de la jeune princesse ; mais un jour que Henri II intercédait auprès d'elle pour lui, elle lui fit cette réponse hardie qui coupa court à toute nouvelle démarche : « Voudriez-vous, Monsieur, que celle qui me doit porter la queue fût ma belle-sœur, et que la fille de

Madame de Valentinois vînt à me cotoyer ? » Le frère cadet du duc de Guise, le comte d'Aumale, avait en effet épousé mademoiselle de Brézé, une des deux filles que Diane de Poitiers, la maîtresse du roi, avait eues du comte son mari, et même il s'en était peu fallu que le prince de Joinville ne fît lui-même ce mariage à l'instigation de son oncle le cardinal de Lorraine.

Jeanne éprouvait plus de penchant pour le duc de Vendôme, et son amour était vivement partagé. Mais Henri d'Albret était bon ménager, et la prodigalité d'Antoine l'effrayait. Marguerite de son côté n'était pas moins contraire à cette union. Sans doute que la pensée d'une alliance avec l'Espagne ne fut pas étrangère aux difficultés qu'ils soulevèrent. Philippe était alors veuf de Marie de Portugal, sa première femme, et ils n'ignoraient pas que Charles-Quint avait toujours en vue pour son fils une alliance avec la maison de Navarre. Par son testament d'Augsbourg, il lui donnait le conseil d'épouser ou la fille de France ou l'héritière de la maison d'Albret, « princesse d'une santé vigoureuse, dit-il, d'un caractère admirable, vertueuse et d'un cœur digne de sa naissance. » Henri II finit par comprendre le danger ; il promit donc son appui à Antoine de Bourbon, et à l'exemple de son père, il prétendit agir d'autorité. Il commanda au roi et à la reine de Navarre de se rendre à Moulins pour y assister à la célébration du mariage de leur fille. Cette fois du moins ce n'était plus pour Jeanne qu'une douce contrainte que le monarque français entendait exercer. Quant à l'opposition que Henri rencontra de la part du roi de Navarre, il n'ignorait pas le meilleur moyen pour l'écarter : il lui donna l'assurance de s'employer à le rétablir dans son royaume, ce rêve de toute sa vie, et il lui assigna en même temps une pension de 15,000 livres sur la recette de Gascogne. Le malheur est confiant ; à ces conditions, Henri d'Albret signa le compromis. Mais Marguerite, qui ne s'abandonnait sans doute pas aux mêmes illusions, continua à protester jusqu'au bout.

Le mariage fut célébré à Moulins le 20 octobre 1548. Après les noces, qui furent splendides, les nouveaux époux accompagnèrent le roi et la reine de Navarre dens leurs états. Leur bonheur ne tarda pas à être troublé. Marguerite, consumée de regrets depuis la mort de son frère bien-aimé, le suivit de près dans la tombe ; elle mourut en 1549. L'année suivante, Jeanne se rendit avec son époux dans son gouvernement de Picardie. Ce fut dans le château de Coucy qu'elle accoucha, le 21 sept. 1551, de son premier enfant qui fut nommé Henri, du nom de son parrain le roi de France, et reçut le titre de duc de Beaumont. Du Bellay en célébra la naissance dans une ode brillante, où il annonçait au nouveau-né les destinées les plus fabuleuses ; tous les dieux et les héros de l'antiquité étaient venus successivement poser devant lui, pour servir de points de comparaison à sa Muse ; il ne se doutait guère, hélas ! que cette maxime toute prosaïque *Mieux vaut suer que trembler*, causerait prochainement la mort de ce pauvre enfant. Voici comment on raconte ce fait étrange, que confirme Péréfixe. Jeanne avait confié le jeune duc aux soins de la femme du bailli d'Orléans, grand-mère du maréchal de Matignon. Cette dame, d'un tempérament très-frileux, pensait que la chaleur étant le principe de la vie, on ne pouvait trop se garder du principe contraire. Elle tint donc son nourrisson dans une chambre hermétiquement fermée, où l'on entretenait un feu continuel. *Mieux vaut suer que trembler*, répondait la bonne dame à toutes les observations qu'on lui faisait, *les Enfans sont transis de froid quand les corneilles bâillent de chaud*. Enfin la duchesse de Vendôme ne partageant pas les idées de la baillive sur le principe vital, dut retirer son fils d'entre ses mains pour le soumettre à un régime moins débilitant ; mais déjà il était trop tard, il mourut avant d'avoir atteint sa deuxième année.

La naissance d'un second enfant apporta au moins quelque diversion à sa douleur ; il reçut les noms de Louis-Charles, avec le titre de comte de Marle. Le P. Anselme commet ici une erreur lorsqu'il place ce jeune prince après Henri, comte de Viane, depuis Henri IV; en outre, ses copistes, tels que La Chenaye-Desbois dans son Dict. de la Noblesse, auraient dû remarquer que ce savant généalogiste les faisait naître à deux mois de distance l'un de l'autre, Henri, le 13 décembre 1553, et Louis-Charles le 19 février 1554, et éviter par conséquent de tomber dans la même faute. Olhagaray, l'historien de la maison de Navarre, commet encore une plus grande inexactitude, en plaçant, dans sa table généalogique, le comte de Marle après la princesse Catherine, né en 1558. Jeanne voulut cette fois que son fils fût nourri sous ses yeux. Mais la destinée du jeune comte de Marle n'était pas de vivre, non que nous pensions avec Péréfixe que « le Ciel ôta ainsi ces deux petits princes pour faire place à notre Henri qui méritoit bien d'avoir le droit d'aînesse et d'être l'unique; » nous n'en accuserons que l'imprudence coupable de sa nourrice et d'un gentilhomme qui, « se le transmettant l'un à l'autre en se jouant, » le laissèrent tomber, ce qui causa sa mort. Ce triste événement se passa à la Cour du roi de Navarre, à qui le duc et la duchesse de Vendôme étaient venus présenter leur fils.

La guerre s'étant rallumée entre la France et l'Espagne, Antoine reçut l'ordre de se rendre dans son gouvernement de Picardie. La duchesse sa femme l'y accompagna, et quoiqu'elle fût devenue enceinte, elle ne cessa de le suivre partout *comme une autre amazone.* Lorsqu'elle fut sur le point d'arriver au terme de sa grossesse, le roi son père lui envoya une députation pour lui rappeler la promesse qu'elle lui avait donnée de faire ses couches à Pau, et de lui confier son enfant pour être élevé à la manière des Béarnais, et non comme les autres *mollement et à la française.* Elle partit donc de Compiègne, le 15 novembre, et arriva sans accident à Pau, le 4 du mois suivant. Le 13, elle accoucha heureusement d'un fils. On raconte qu'au milieu des douleurs de l'enfantement, elle eut la force de chanter un air du pays, selon les désirs de son père qui ne voulait pas qu'elle mît au monde « une fille pleureuse ou un garçon rechigné. » Le jeune prince reçut le nom de *Henri*; les historiens lui donnent indifféremment les titres de comte de Viane, comte d'Armagnac, prince de Béarn, ou prince de Navarre. Peu de temps après, la duchesse de Vendôme alla rejoindre son mari sur la frontière de Picardie. De son côté, Henri d'Albret se prépara à profiter des circonstances favorables qui se présentaient pour reconquérir son royaume; mais au moment d'entrer en campagne, il tomba malade et mourut le 25 mai 1555.

A peine Jeanne d'Albret eut-elle succédé à la couronne de son père, que Henri II songea à l'en dépouiller. A cet effet, il chercha à circonvenir le duc de Vendôme, en lui proposant, en échange des états de la maison de Navarre, des domaines équivalents dans l'intérieur de la France. Mais Jeanne, prévenue à temps des dispositions du monarque français, se conduisit avec beaucoup de prudence. Elle ne lui résista pas d'abord ouvertement, elle prétexta la nécessité de disposer favorablement les États-Généraux du pays, sans le concours desquels elle ne pouvait rien décider. Le roi, satisfait de ses réponses et ne doutant pas du succès, lui accorda la permission de retourner dans ses états, en nommant toutefois des commissaires chargés de l'accompagner.

« Il n'est point donné de peindre, dit Mlle Vauvilliers, l'allégresse que la présence de Jeanne excita dans le royaume de Navarre. Jamais les peuples ne manifestèrent plus d'amour à la vue de leur souverain ; on les voyait accourir en foule et de toutes parts ; dans les villes, les villages, les moindres hameaux où Jeanne et Antoine passèrent, c'étaient des acclamations, des fêtes, tous les transports des âmes heureuses. » On comprend qu'au milieu d'un tel enthousiasme, la pensée qui préoccupait Jeanne, n'était pas d'abandonner un peuple qui confondait si bien ses intérêts avec les siens, mais de le protéger par tous les moyens en son pouvoir contre les desseins perfides de Henri II. Ses émissaires secrets n'eurent pas de peine à soulever le pays. Bientôt toute la Navarre et le Béarn furent en armes. Lorsque les choses en furent arrivées à ce point, la reine de Navarre écrivit au monarque français qu'elle regrettait beaucoup de n'avoir pu vaincre l'extrême répugnance de ses sujets à changer de domination ; mais qu'elle pensait qu'il y aurait danger à poursuivre ce projet. Henri dissimula son déplaisir. Le roi et la reine de Navarre furent alors couronnés en présence des États assemblés et des principales autorités du royaume.

Depuis le règne de Marguerite, la Réforme s'était introduite peu à peu dans ce petit pays. C'est sous les auspices de cette princesse que la Bible avait été traduite par *Lefèvre d'Étaples*, et les psaumes de David mis en vers par *Clément Marot* ; « ces deux livres étaient devenus comme des livres de famille. » Indépendamment de tout motif politique, l'éducation libérale que Jeanne avait reçue, et l'exemple de sa mère devaient la rendre très favorable aux idées nouvelles. « Elle eut, aussi bien que son mari, dit Olhagaray (Hist. des comtes de Foix, etc.), beaucoup d'indulgence pour la religion réformée ; et il y a beaucoup d'apparence qu'ils n'eussent guère tardé à la professer publiquement ; si les menaces du roi de France, et celles que le cardinal d'Armagnac leur faisoit de l'indignation du pape, ne les eussent tenus en bride. » Mais dès l'année 1555, « la prédication fut ottroiée, au rapport de Bèze, en la grande sale du chasteau [de Nérac] par le roy et la reyne de Navarre, commençans à gouster aucunement la verité, qui print dès lors telle racine en toute ceste contrée-là (combien qu'il ne fust encores mention d'aucun ministre ordinaire) que jamais depuis elle n'en a peu estre arrachée. »

En 1557, le roi et la reine de Navarre entreprirent avec leur fils un voyage à la Cour de France. Leur intention était de chercher à prévenir ou à détourner les mauvais desseins de Henri II. Ils passèrent par la Rochelle, où on leur fit une réception magnifique. Dans toutes les villes où ils s'arrêtèrent, Antoine fit prêcher son prédicateur *David* qui l'accompagnait, et même Brantôme nous apprend qu'il le mena à la Cour, mais il ajoute que « la reine de Navarre, qui estoit jeune, belle et tres-honneste princesse, et qui aimoit bien autant une danse qu'un sermon, ne se plaisoit point à ceste nouveauté de religion. » C'est ce que confirme en quelque sorte Théodore de Bèze. Selon lui, tandis que « le roy de Navarre se monstroit fort affectionné à la religion, » la reine au contraire « s'y portoit fort froidement. » Nous verrons que les rôles ne tarderont pas à être intervertis.

Dans sa courte apparition à la Cour de France, le jeune prince de Béarn plut tellement à Henri II que dès ce moment, assure-t-on, son mariage avec Marguerite de Valois, sa fille, fut une chose arrêtée dans l'esprit du monarque, qui voulut même garder auprès de lui le jeune prince pour le faire élever avec le dauphin son fils. Mais la reine de Navarre résista à ses instances, et, dans la crainte qu'un ordre formel ne la contraignît à abdiquer ses droits de mère, elle hâta son retour dans le Béarn. Elle n'y fut pas plus tôt arrivée qu'elle accoucha d'une fille. Cette enfant, née le 11 avril 1557, ne vécut que quinze jours. Le P. Anselme, dont on est habitué à louer l'exactitude, n'en fait pas mention.

Le mariage de Marie Stuart fournit à Jeanne l'occasion de retourner à la Cour de France. Mais cette fois elle eut soin de laisser son fils sous la direction de sa gouvernante Suzanne de Bourbon-Busset, femme vertueuse et éclairée, épouse de Jean d'Albret, baron de Miossens, et sous celle de Louis d'Albret, évêque de Lescar, fils naturel du roi Jean, aïeul de la reine de Navarre. « L'absence du roy et de la reyne par le support des régents, quoique catholiques romains, haussa le menton à ceux de la religion ; de sorte qu'ils dressèrent de notables assemblées dans le païs ; chose remarquable, continue l'historien, que par le moyen d'un enfant, d'un évesque, d'une femme, les principaux fondements de la religion fussent jettés en Béarn. Ceste nouvelle courut partout ; le roy de Navarre en fit le fasché, combien qu'il eust donné le mot. »

Cependant la guerre se poursuivait avec l'Espagne. Les princes navarrois crurent le moment propice pour tenter de ressaisir leur royaume ; Henri II lui-même abattu par la défaite de S.-Quentin, et voyant dans cette attaque une heureuse diversion pour ses armes, goûtait tout à fait leur projet. L'armée que le feu roi Henri d'Albret avait formée avec tant de soin, reçut donc l'ordre de passer la frontière ; mais cette entreprise mal dirigée et contrariée par des inondations, échoua complètement. A cette fâcheuse nouvelle, Antoine partit aussitôt pour recruter une nouvelle armée ; et déjà il avait pénétré dans la Biscaye, lorsque Henri II, qui négociait avec l'Espagne, l'engagea à abandonner son projet dans l'intérêt de la paix générale. On sait que le résultat de ces négociations fut le malheureux traité de Câteau-Cambrésis, où la cause de la Navarre fut entièrement sacrifiée.

Mécontents au plus haut point de la Cour de France, les princes navarrois retournèrent dans leurs états. Avant son départ de la Cour, la reine était accouchée, le 7 février 1558, d'une fille, son cinquième et dernier enfant, qui fut nommée *Catherine*, du nom de la reine-mère Catherine de Médicis, qui la tint sur les fonts.

La mort prématurée de Henri II devait naturellement amener un heureux changement dans les affaires du roi et de la reine de Navarre. Mais Antoine laissa échapper l'occasion d'obtenir auprès du nouveau roi le rang et la position qui convenaient à sa qualité de premier prince du sang. Il fut, selon l'expression d'un historien, « ravallé de son grade, contre l'ancienne practique de France, qui veut que la minorité du roy soit assistée d'un conseil, esleu par les Estats de France, auquel les princes du sang doivent tenir le premier lieu. » La reine Jeanne, qui était restée à Nérac, où elle tenait sa Cour, ressentit vivement l'affront fait au roi son mari. Elle lui écrivit pour presser son retour dans le Béarn. Antoine partit donc vers la fin de septembre 1559, après le sacre du jeune roi. Nous renvoyons à la notice consacrée à ce prince pour les faits qui le concernent plus particulièrement.

Chaque jour, Jeanne donnait dans l'administration de son royaume des preuves de sagesse et d'habileté, qui contrastaient avec l'incapacité notoire de son mari. C'est ainsi qu'elle sut détourner des états de sa domination le fléau de l'Inquisition, à l'époque où tout le reste de la France était couvert de bûchers. A la suite de l'édit de Blois, appelé *la loi des suspects*, le cardinal Georges d'Armagnac avait reçu la mission de purger les provinces du Midi du poison de l'hérésie. Or, le Béarn et la Basse-Navarre lui offraient un trop beau champ à remuer pour qu'il négligeât d'y appliquer le remède souverain dont use en pareil cas un grand inquisiteur. Il y vint donc, mais au lieu d'une faible femme que la menace subjugue, il trouva une reine jalouse de ses droits et capable de les faire respecter. Le ministre *Boisnormand*, autrement dit *Le Guay*, ou *La Pierre*, normand d'origine, *La Gaucherie*, précepteur du jeune prince de Navarre, ayant été excommuniés, eux et leurs adhérents, par le digne prélat, la reine n'en tint aucun compte; le ministre *Barran* ayant été arrêté et jeté en prison par ordre du cardinal, la reine le fit remettre en liberté. Elle résista de même aux exigences du gouvernement français qui lui avait demandé l'extradition des ministres *Pierre David, Arnaud-Guillaume Barbaste, François Boisnormand, Théodore de Bèze*, et plusieurs autres retirés dans ses domaines, pour les livrer à ses tribunaux et les faire condamner comme hérétiques. Elle se contenta de les éloigner de sa cour de Nérac. « Jeanne d'Albret, écrit son historien, en laissant à chacun la liberté de conscience, était parvenue à établir l'union et la concorde entre ses sujets; chérie de tous, elle en était écoutée; et l'Espagne, et Rome, et la France, par leurs secrètes intrigues, avaient jusque-là inutilement tenté de les diviser... Par des édits qui respirent la tolérance, elle ordonnait que les églises du Béarn fussent communes aux deux cultes; que chacun pût librement y prier dans un esprit de paix et de charité; que les ministres protestants reçussent un traitement comme les ministres catholiques. » C'est le clergé catholique, du consentement même des évêques, qui fut chargé en partie de l'entretien des pasteurs de la Religion.

Mais en même temps que par ces sages dispositions Jeanne assurait le bonheur et le repos dans ses états, des raisons politiques la déterminaient à envoyer au pape Pie IV une ambassade d'obédience. Le succès de cette mission, confiée à Pierre d'Albret, évêque de Comminges, fut préparé à Rome par le trop fameux *Marc-Antoine Muret*, alors prélat romain. Pie IV reçut l'ambassadeur de la reine malgré l'opposition du roi d'Espagne; mais comme on est porté à croire que dans ce rapprochement entre le Saint-Siége et la Cour de Navarre, il n'y avait de sincérité ni d'une part ni de l'autre, leur bonne intelligence fut de très-courte durée.

La malheureuse entreprise d'Amboise venait d'échouer. Malgré les pressantes sollicitations de Jeanne, le prince de Condé, retiré dans la Navarre, s'était rendu aux ordres qui le rappelaient à la Cour; Antoine avait accompagné son frère. Après leur départ de Nérac, la reine de Navarre se retira dans le Béarn. Elle ne tarda pas à y apprendre l'arrestation du prince et les périls que courait son mari. L'ordre même avait été donné d'envahir ses propres états et de l'arrêter avec ses enfants. Une armée espagnole était déjà en marche. Pressée par le danger, la reine se multiplie; elle-même voit tout, pourvoit à tout; elle garnit ses frontières de ses meilleures troupes, approvisionne ses places, et après avoir pris toutes ses dispositions pour conjurer une agression armée, elle se renferme avec ses enfants dans la place de Navarreins. « Voyant donc, dit Bèze, que la fiance qu'elle avoit eue aux hommes estoit perdue, et que tout secours humain luy defailloit, estant touchée au vif de l'amour de Dieu, elle y eust son recours, avec toute humilité, pleurs et larmes, comme à son seul refuge, protestant d'observer ses commandements, de sorte qu'au temps de sa plus grande tribulation, elle feit publique profession de la pure doctrine, estant fortifiée par *François Le Guay*, autrement *Boisnormand*, et *N. Henri*, fideles ministres de la parole de Dieu. »

La mort de François II changea subitement la face des choses. Antoine de Bourbon, nommé lieutenant général du royaume, appela Jeanne auprès de lui avec ses enfants. L'habile reine-mère joignit ses instances aux siennes; elle lui écrivit qu'elle désirait ardemment de la voir à la Cour, elle et ses enfants qu'elle appellait *siens*, et que, pour resserrer de plus en plus l'amitié qui l'unissait à elle, elle lui proposait, de concert avec Antoine, de marier son second fils, le duc d'Anjou, avec sa fille Catherine.

La reine de Navarre partit donc avec ses enfants. Parmi les personnes de sa suite, était le ministre *Jean de La Tour*, qui avait été désigné pour prendre part au fameux colloque de Poissy. Mais le ciel qui paraissait si serein, ne tarda pas à s'assombrir. Les habiles menées de l'ambassadeur d'Espagne et du légat, secondées par les Guises et la reine-mère, avaient réussi à détacher Antoine du parti de la Réforme, et à l'éloigner de la reine, sa femme, qu'on lui persuada même de répudier. « Il renonça à tous ses amis, dit Varillas ; il se mit à la tête du parti catholique, et tout ce que les larmes de sa femme purent obtenir de lui, fut la permission d'aller, dans sa principauté de Béarn, vivre à la calviniste. »

Jeanne, le cœur brisé, quitta la Cour vers la mi-juillet ; elle dut se séparer de son fils, qu'elle laissa à Paris avec son précepteur *La Gaucherie*. Une suite nombreuse de gentilshommes protestants et catholiques s'étaient joints spontanément à elle. Montluc, qui commandait dans les environs de Nérac, avait reçu, dit-on, l'ordre de l'arrêter au passage. Instruite à temps de cette indigne perfidie de son mari, Jeanne en donna avis à ses sujets du Béarn, « qui soubs la conduite du sieur d'Audaux, l'allèrent accueillir au rivage de la rivière de Garonne. » Montluc, dont les forces étaient trop inférieures, n'osa rien entreprendre.

Dès qu'elle fut de retour dans ses états, la reine de Navarre « voyant, dit Olhagaray, le Béarn résolu à vouloir son vouloir, deffendit absoluement par tout l'exercice de la religion romaine, fit abbattre les images et les autels, et envoya à Genève pour avoir le sieur du *Merlin*, et peu de temps après à grands frais, elle rappela une vingtaine de ministres béarnois pour prescher en la langue du pays, et quelques basques pour instruire sa Basse-Navarre, et surtout deffendit toutes processions publiques. » Les monastères, pour la plupart abandonnés, furent transformés en écoles ; les églises en temples protestants ou consacrées aux deux cultes ; les biens ecclésiastiques réunis aux domaines de la couronne. Jeanne appliqua une partie de ces revenus au soulagement des pauvres, à l'entretien des ministres et à la prospérité de son collége d'Orthez. Cet établissement de haute instruction avait d'abord été fondé à Lescar ; Jeanne le transféra à Orthez, et y appela des professeurs distingués. Après sa mort, Henri de Navarre ne fit sans doute qu'observer ce qu'elle avait institué elle-même, en entretenant constamment dans cette « université bien pourveuë de gens doctes, » dit Du Plessis-Mornay, « cinquante escoliers en théologie, chascun l'espace de dix ans, pour servir au ministère de l'Évangile. »

Cependant tout le Midi était en feu. Le farouche Montluc, qui n'avait de l'homme que le nom, avait été chargé de pacifier la Guyenne et la Gascogne. Voici dans quels sentiments il entreprit cette œuvre de pacification : « Je me délibérai, écrit-il dans ses Mémoires, de mettre toute peur et toute crainte en arrière, et d'user de toutes les cruautés que je pourrois. » On peut dire qu'il se surpassa lui-même dans l'exécution de son plan. Tous les Protestants qui tombaient entre ses mains, il les faisait pendre « sans cérémonie, » c'est-à-dire « sans les vouloir écouter, car ces gens parlent d'or. » « On pouvoit connoistre par là où j'estois passé, continue-t-il, car par les arbres on voyoit les enseignes. » Souveraine seulement dans ses états, Jeanne n'avait pour protéger ses vassaux de la Guyenne et de la Gascogne que des armes bien impuissantes auprès d'un tel monstre : les représentations et les plaintes. Elle s'adressa tour à tour au roi, à la reine-mère, au connétable de Montmorency, mais tout inutilement. Cependant au milieu de la conflagration générale, ses états souverains, devenus un lieu de refuge pour tous les malheureux exposés aux fureurs de Montluc, furent à peine troublés, malgré toutes les tentatives criminelles de ses ennemis liguées contre elle. N'est-ce pas là le plus bel éloge de la sagesse de son gouvernement ! Que n'eût-elle pas fait à la tête d'un grand état ? Aussi répéterons-nous avec Le Laboureur, que l'on ne saurait accuser de partialité, que la reine de Navarre était « la princesse de son tems la plus sage, la plus généreuse, la plus docte, la plus affectionnée au bien de ses sujets, qui les a gouvernez avec le plus de douceur et de prudence et qui avoit dans son cœur la source de toutes les vertus et de toutes les grandes qualitez. »

La mort d'Antoine n'apporta aucun changement à ses dispositions. Seulement, elle nomma son cousin le vicomte de *Rohan* lieutenant-général de toutes les terres de son obéissance, durant la minorité de son fils. En même temps « ne trouvant point d'obstacles au dessein qu'elle avait de maintenir en Béarn la religion réformée, elle s'y livra tout entière. Elle créa un conseil ecclésiastique pour administrer les biens provenant de la dépouille des églises. Ce conseil ne pouvait rien décider que par l'ordre immédiat de la Cour souveraine et de la reine. Tout était si bien prévu, les pouvoirs si bien distribués, que les pauvres, les écoles, les hôpitaux, les ministres, l'entretien du culte, furent abondamment pourvus, et que la mendicité même, cette plaie sociale, n'exista plus dans le royaume de Navarre ! » C'est alors que Jeanne conçut le projet de faire traduire en langue basque le Nouveau Testament, ainsi que le catéchisme et la liturgie de Genève. Cette traduction, due à *Jean de Liçarrague*, parut à la Rochelle, en 1571.

Cependant le Saint-Siége avait résolu de frapper un grand coup. Le pape Pie IV, à la sollicitation du roi d'Espagne, donna l'ordre à ses inquisiteurs, par une bulle du 7 avril 1563, d'excommunier tous les hérétiques ou suspects d'hérésie, sans considération de rang ou de titres. Jeanne était trop coupable aux yeux du souverain pontife, pour que sa couronne fût respectée. Mais, avant d'en venir aux extrémités, Pie IV voulut au moins donner à ses actes une apparence de modération. Il chargea le cardinal Georges d'Armagnac, archevêque et légat d'Avignon, de tenter un dernier effort pour ramener la brebis égarée dans le giron de l'Église. Le cardinal lui adressa donc une longue lettre ; mais tout ce qu'il put obtenir, ce fut une réponse qui dut lui faire regretter sa démarche peu sincère. Ces deux lettres sont rapportées au long par Olhagaray. « Je n'ay point entreprins, lui répondit la reine, de planter nouvelle religion en mes pays, sinon y restaurer les ruines de l'ancienne. Par quoy je m'asseure de l'heureux succès : et voy bien, mon cousin, que vous estes mal-informé tant de la response de mes Estats que de la condition de mes subjects. Les deux Estats m'ont protesté obéissance pour la religion... Je ne fay rien par force ; il n'y a ni mort, ni emprisonnement, ni condamnation, qui sont les nerfs de la force. »

« Vous vous estes fait, continue-t-elle, une response que j'approuve, touchant *Que j'aime mieux estre pauvre et servir à Dieu.* Mais je n'en voy le danger ; espérant, au lieu de diminuer à mon fils, luy augmenter ses biens, honneurs et grandeurs, par le seul moyen que tout chrestien doit chercher : et quand l'Esprit de Dieu ne m'y attireroit point, le sens humain me mettroit devant les yeux infinités d'exemples, l'un et principal (à mon grand regret) du feu roy mon mary, du quel discours vous sçavez le commencement, le milieu et la fin qui a descouvert l'œuvre. Où sont ces belles couronnes que vous luy promettiez et qu'il a acquises à combattre contre la vraye religion et sa conscience, comme la confession dernière, qu'il en a faite en sa mort, en est un seur tesmoignage, et les paroles dites à la royne en protestation de faire prescher les ministres partout, s'il guérissoit. »

Passant ensuite aux accusations du prélat contre ceux de la Religion, coupables selon lui « d'une infinité de meurtres, larcins, voleries, sacriléges, rebellions, apostasies, » la reine s'indigne : « Vous me faites rougir de honte pour vous, lui répond-elle ; ostez la poultre de vostre œil, pour voir le festu de vostre prochain ; nettoyez la terre du sang juste, que les vostres ont espandu... Je ne veux pour cela approuver ce qui s'est fait soubs l'ombre de la vraye religion en plusieurs lieux, au grand regret des ministres d'icelle et des gens de bien; et suis celle qui plus crie vengeance contre ceux-là, comme ayans pollué la vraye religion ; de laquelle peste, avec la grace de Dieu, Béarn sera aussi bien sauvé, comme il a esté jusques icy de tous autres inconvéniens. » Jeanne ne se refuse pas non plus le malin plaisir de la raillerie : elle a surpris le docte prélat en flagrant délit d'ignorance. Après lui avoir reproché que les honneurs de Rome lui avaient vraisemblablement opilé les veines de l'entendement pour lui faire rejeter le saint lait dont la feue reine Marguerite l'avoit nourri, — « lisez une autre fois mieux les chapitres et passages, lui dit-elle, avant que de les alléguer mal-à-propos. Encores me seroit-il pardonné à moy qui suis une femme ; mais un cardinal être si vieil et si ignorant, certes, mon cousin, j'en ay honte pour vous. »

Et quant à ce que le cardinal lui disait que c'était pour obéir à son devoir de légat en Béarn et dans la Navarre qu'il lui écrivait et la conjurait, les larmes aux yeux, d'abandonner les loups qui tâchaient de la séparer de l'Église hors laquelle il n'y a point de salut, elle lui répond avec dignité qu'elle ne connaît en Béarn que Dieu, à qui seul elle doive rendre compte de la charge qu'il lui a confiée de son peuple, et pour ce qui est de ses larmes, elle lui conseille de les garder pour pleurer ses propres erreurs. « Quant à mon entreprinse, ajoute-t-elle, je vous prie si n'avez de plus forts argumens et vous ne me pouvez vaincre, cessez de m'en importuner : car j'ay pitié de vostre prudence mondaine, que j'estime avec l'apostre vraye folie devant Dieu, lequel, je m'asseure, ne me frustrera de l'espérance que j'ay en luy... Vostre doute vous fait trembler, et mon asseurance m'affermit. »

Telle fut en substance la noble réponse de Jeanne. Elle la fit imprimer et répandre partout. Et en même temps, joignant les actes aux paroles, elle convoqua à Pau un synode, auquel elle soumit de nouveaux règlements sur l'administration civile de l'Église et des statuts pour son collége d'Orthez.

La bulle de Rome ne se fit pas attendre. Le 28 septembre 1563, Pie IV cita la reine à comparaître devant le tribunal de l'Inquisition dans le délai de six mois, « déclarant que si elle ne comparoissoit, ses terres et seigneuries seroient proscrites et que sa personne auroit encouru toutes les peines portées contre les hérétiques. » Cette citation fut affichée aux portes de St.-Pierre et à celles de l'Inquisition. Les ennemis de Jeanne triomphaient. Mais leur joie fut de courte durée. La reine de Navarre n'eut pas plus tôt connaissance du monitoire fulminé contre elle, qu'elle écrivit à tous les souverains de l'Europe pour les intéresser à sa cause. Ses raisons, habilement présentées, et appuyées auprès du jeune roi Charles IX par le chancelier de L'Hospital, déterminèrent ce prince à faire des représentations au Saint-Siége. Son ambassadeur, Clutin d'Oisel, fut chargé de remontrer au pape : « Que le roi regardait comme un devoir de faire cause commune avec la reine de Navarre et de la maintenir dans la possession légitime de sa couronne ; que l'anathème lancé contre elle l'atteignait lui-même, car la reine était doublement unie au sang de France... En outre, que Jeanne d'Albret étant sujette et vassale du roi de France dans la plus grande partie de ses biens, elle ne pouvait, en vertu d'aucune ordonnance ecclésiastique ou conciliaire, ni par aucun traité des papes ou des rois, être tirée hors du royaume et soustraite à ses juges naturels.... Que tel était le droit public reconnu et observé de tous temps dans le royaume; qu'il serait bien étrange qu'il cessât tout-à-coup de l'être, et qu'il le serait bien davantage encore que le Saint-Père voulût entreprendre la confiscation de biens assis dans son royaume, se les approprier ou les dispenser à son gré comme le portait le monitoire. Qu'en définitive, le roi était singulièrement offensé que le Saint-Père eût intenté un tel procès contre la reine de Navarre sans le prévenir, sans le consulter; qu'il devait regarder cette conduite du Saint-Siège comme une attaque dirigée contre lui; car en offensant ses parents, ses frères, sa sœur, ses égaux en dignités, ses alliés même ou confédérés, enfin ses sujets, c'était l'offenser lui-même. »

Cette énergique protestation eut tout l'effet que Jeanne désirait : l'ajournement fut révoqué. Mais la Cour de Rome fut-elle jamais à bout de moyens pour parvenir à ses fins? Après une tentative désespérée pour faire déclarer par le concile de Trente la nullité du mariage de la reine de Navarre avec Antoine de Bourbon, sous le prétexte que le mariage de cette princesse avec le duc de Clèves n'avait pas été dissous, — tentative que la Cour de France fit encore avorter, et qui ne servit qu'à mettre dans tout son jour l'insigne mauvaise foi du souverain pontife, elle ne renonça pas, pour autant, à susciter à Jeanne de nouveaux embarras. Ses machinations et ses menées secrètes étaient bien autrement à craindre que ses réquisitoires. La reine de Navarre ne devait pas tarder à en faire la cruelle expérience. D'abord, le parlement de Toulouse et celui de Bordeaux, dominés par la faction catholique, lui contestèrent ses droits à la souveraineté du Béarn. Cette grave question avait déjà été décidée sous Louis XII à l'avantage de la maison de Navarre, mais y a-t-il jamais de question jugée, du moment que la passion s'en empare?

Jeanne résolut de passer en France pour y plaider elle-même sa cause, et dans la crainte que ses ennemis ne profitassent de son absence pour exciter des troubles, elle nomma *Grammont* son lieutenant général. Toutes ses dispositions étant prises pour assurer le maintien de l'ordre dans ses états, elle partit, dans le mois de décembre, accompagnée d'habiles jurisconsultes. Sa démarche eut un plein succès : Charles IX cassa les arrêts des deux cours et consacra de nouveau le principe de la souveraineté du Béarn. Mais une joie bien plus douce encore pour son cœur que celle de confondre ses ennemis, lui était réservée. Le roi, vaincu par ses instances, ne s'opposa plus à ce que son fils partît avec elle. Heureuse de la double victoire qu'elle venait de remporter, et craignant sans doute que l'astucieuse reine-mère ne s'appliquât à faire revenir son fils sur sa détermination, Jeanne précipita son départ de la Cour de France, prétextant des troubles qui avaient éclaté dans la Basse-Navarre.

Elle était à peine de retour dans ses états, que l'on surprit le secret de la conspiration la plus odieuse. Il ne s'agissait de rien moins que de l'enlever avec ses enfants pour la livrer à l'Inquisition d'Espagne. L'impartial de Thou entre à ce sujet dans les détails les plus circonstanciés, que confirment les Mémoires du duc de Nevers et ceux de Villeroy; mais nous devons dire qu'un grand nombre d'historiens élèvent des doutes que le récit de de Thou ne nous semble pas complètement dissiper. « Une complication d'événemens, qui tient du miracle, dit le P. Anquetil, fit échouer le projet : les indices en vinrent en France par Élisabeth, reine d'Espagne. A la première connoissance de cette trahison, tremblante pour la vie de la reine de Navarre, sa proche parente, elle lui en fit donner avis, ainsi qu'à la reine-mère. Catherine auroit pu faire arrêter et punir les coupables; mais on craignit d'en trop apprendre, et on se contenta d'avoir rompu l'entreprise, sans s'embarrasser dans des recherches que la qualité et le nombre des criminels pouvoient rendre dangereuses. » S'il en faut croire d'Aubigné, un des princes de la maison de Bourbon y était même impliqué et il aurait répondu à ceux qui lui en faisaient des reproches « qu'il ne falloit sentir aucune parenté, ni trouver rien d'atroce pour extirper l'hérésie. » Charles IX fit du moins témoigner à la reine de Navarre tout le contentement qu'il ressentait de ce qu'elle avait échappé aux embûches de ses ennemis, et lui exprima en même temps le désir de voir son fils à sa Cour, où il le couvrirait de sa protection. Jeanne se résigna par politique.

Le jeune prince de Béarn partit avec son gouverneur et son précepteur, *Beauvoir* et *La Gaucherie*. Ils accompagnèrent le roi et la reine-mère dans le voyage qu'ils entreprirent pour visiter les provinces de l'est et du midi de la France. La vivacité et les saillies du jeune prince « plaisoient merveilleusement » à Catherine, qui voulait l'avoir toujours auprès d'elle « à cause de sa gentillesse. » La reine Jeanne rejoignit elle-même la Cour à Lyon; mais elle ne tarda pas à retourner dans ses états. « C'est à cette époque, dit Mlle Vauvilliers, à qui nous aimons à emprunter, à cause de la fidélité scrupuleuse de ses renseignements, qu'elle publia son Code de Procédure, sous le titre de *Stil de la reine Jehanne*. Elle avait mis six ans à le perfectionner. » On le cite comme un chef-d'œuvre de sagesse et de raison, et un des plus beaux monuments de sa gloire. Les États du Béarn et ceux de la Navarre l'accueillirent avec reconnaissance.

Cependant la Cour de France était arrivée à Bayonne, le terme de son voyage. Henri de Navarre l'y suivit, et s'y fit voir, selon l'expression un peu pompeuse d'un historien, « magnifique en son train, splendide en son service, doux et agréable à tous; mais avec telle majesté, qu'il étoit admiré des François et redouté des Espagnols. » Le jeune prince était alors dans sa douzième année. On sait que c'est dans cette conférence de Bayonne, qui avait pour prétexte une entrevue de famille avec la reine Élisabeth, que Catherine de Médicis convint avec le duc d'Albe du moyen le plus prompt et le plus sûr pour exterminer l'hérésie. Quelques mots surpris par le prince Henri, dont la grande jeunesse ne permettait pas qu'on se défiât, donnèrent l'éveil aux Protestants sur les dangers qui les menaçaient. La reine Jeanne, prévenue de ce qui se tramait par *Soffrey de Calignon*, à qui le jeune prince avait révélé ce qu'il avait entendu, ne perdit pas de temps pour avertir secrètement *Condé* et les autres chefs du parti protestant de se tenir sur leurs gardes.

« L'entrevue de Bayonne s'étant ainsi terminée, dit Davila, la reine Élisabeth reprit le chemin d'Espagne, et le roi entra sur les terres de la reine de Navarre. Il ne put lui persuader de rentrer dans le sein de l'Église; mais il l'obligea à rétablir l'exercice de la religion catholique partout où on l'avait aboli, et à remettre les ecclésiastiques en possession de leurs biens. » Les ordres du monarque français pour le rétablissement du culte catholique ne pouvaient concerner toutefois que les pays dans lesquels il était souverain; le farouche Montluc, gouverneur de la Guyenne pendant la minorité du jeune prince de Béarn, fut chargé de leur exécution.

La reine de Navarre suivit la Cour à Paris, avec ses deux enfants. Durant le voyage, Charles IX et Médicis semblaient se disputer à qui lui ferait le plus de caresses. Mais Jeanne n'était point dupe de ces perfides démonstrations. Après la tenue de l'assemblée des Notables à Moulins, où elle parut avec la Cour, elle alla visiter son duché de Vendôme ; puis elle retourna à Paris. Pendant son absence de ses états, il se tint, au mois de juin, dans le Béarn, raconte Olhagaray, « une assemblée de ceux de la Religion, où il fut conclu de lui députer *Michel de Vignaux*, ministre de Pau, pour la supplier de vouloir procéder entièrement à l'abolition des cérémonies de l'Église romaine, et régler le pays selon les loix conformes à la Sainte-Écriture, et ce contre tous paillards, larrons, usuriers, yvrognes, taverniers, joüeurs de cartes, contempteurs de la discipline. Elle reçeust de fort bon œil le député, et tout aussi tost fit procéder en son Conseil à l'examen de toutes ces remonstrances, et au mois de juillet elle y respondit par des lettres-patentes. » Elle enjoignait, entre autres choses, au sénat ecclésiastique, qu'elle-même avait institué, de rechercher « un bon nombre d'enfans propres aux lettres, et les entretenir au collége aux despens du public, afin de servir à la république ; » et, par une autre clause de cette ordonnance, elle dépouillait les ecclésiastiques de la faculté de conférer les bénéfices, et donnait « puissance au patron de présenter tel que bon luy sembleroit, » à la seule condition que le candidat fît profession de la Religion. Ces lettres-patentes furent enregistrées par le Conseil souverain, malgré l'opposition des évêques de Lescar et d'Oléron.

Cependant Jeanne, toujours préoccupée du projet d'enlever son fils de la Cour de France, dut recourir à la ruse et à la dissimulation. Elle obtint du roi Charles IX la permission de faire un voyage avec le jeune prince dans ses domaines de la Picardie. Arrivée à Marle, elle sollicita une nouvelle autorisation pour se rendre, d'abord dans le Vendômois, puis en Anjou. Une fois là, elle précipite sa marche, gagne le Poitou, traverse la Gascogne et arrive heureusement dans le Béarn. Vers le milieu de sa route, elle avait eu soin d'écrire à Charles IX pour justifier son départ, en alléguant les troubles qui agitaient son comté de Foix. Sa présence dans ses états était en effet impérieusement réclamée par des soulèvements qui prenaient de jour en jour un caractère plus alarmant. Pamiers avait été le théâtre de scènes sanglantes. La fermentation des esprits était extrême. Le comté de Foix, le Béarn, la Basse-Navarre, furent successivement troublés. Si, d'un côté, les Catholiques étaient incessamment travaillés par des agents de sédition; de l'autre, les Protestants étaient peu portés à la tolérance ; à leurs yeux, la liberté des cultes que Jeanne, dans sa sagesse, s'efforçait de fonder, était un outrage à la Divinité, ou tout au moins une utopie. La reine seule devançait son siècle. Elle courut alors de grands dangers. Un complot, dans lequel étaient entrés les chapitres de Lescar et d'Oléron, avait été tramé pour l'enlever avec ses enfants, s'emparer des principales places du Béarn, et tomber sur les Protestants au moment où ils célébreraient la Cène. Heureusement qu'un des chefs des conjurés, le baron de *Moncins*, le trahit à la veille de l'exécution. La fermeté de Jeanne, sa prudence et sa modération finirent par rétablir le calme dans tout son royaume.

En France, la guerre civile était imminente. Charles IX, désirant sans doute enlever au parti des Réformés l'appui de la reine de Navarre, la pressait vivement de se rendre à la Cour de France, ou au moins d'y envoyer son fils ; c'était, selon lui, le seul moyen de fonder solidement la paix et de prévenir une guerre qui pouvait entraîner la ruine de la France. Mais la reine, qu'un motif généreux eût pu déterminer, était trop clairvoyante pour ne pas démêler les véritables intentions du monarque ; elle résista donc à toutes ses instances. Cependant, pour répondre à la confiance qu'il paraissait lui témoigner, elle dressa les principales bases d'un traité de paix, qu'elle chargea de *La Vaupillière*, un de ses premiers gentilshommes, de lui porter (7 juillet 1568). Charles IX répondit à chacun des articles, louant la sagesse qui les avait dictés, et protesta de son ardent désir que l'édit de paix fût pleinement exécuté, sans acception de personne. On doit croire que les intentions du jeune monarque étaient loyales et sincères; mais après la disgrâce du chancelier de L'Hospital, qui suivit de près, les choses changèrent subitement d'aspect. La guerre fut déclarée. « Médicis et le duc d'Anjou, aussi bien que la maison de Lorraine, dit Le Laboureur, rendirent la cause des Protestants juste, en mettant la reine de Navarre, Condé et tout le parti dans la pressante nécessité de défendre leur vie : la paix indignement violée légitima la défense. »

Montluc, qui partageait avec Burie le gouvernement de la Guyenne, avait reçu l'ordre de surveiller les démarches de la reine de Navarre. Il eut même l'audace de lui écrire qu'au premier mouvement qu'elle tenterait, il pénétrerait dans ses états. Jeanne, dans sa réponse, dissimula son indignation ; et, pour mieux lui donner le change sur ses intentions, elle invita sa femme et ses enfants à une fête de famille. Montluc tomba dans le piège; tandis qu'il envoie sa femme à Nérac, la reine part de cette ville avec ses deux enfants, accompagnée seulement de cinquante gentilshommes ; c'était le 6 septembre.

En route, elle fut rejointe par les capitaines *Piles, Saint-Maigrin* et *Montamar*, à la tête d'environ 4,000 hommes, avec 4 compagnies de cavalerie, assez mal équipées, sous les ordres de *Fontenaille, La Mothe-Pujaut, Sainte-Terre* et *Brignac*. De Bergerac où elle arriva heureusement, mais poursuivie de près par Montluc, Jeanne se dirigea sur Mucidan. Elle y trouva *Briquemaut* qui l'attendait avec un corps de troupes, et qui l'escorta jusqu'à Archiac, où eut lieu son entrevue avec le prince de Condé. Elle lui présenta son fils « qu'elle voua, tout jeune qu'il estoit, à la deffence de la cause. »

Le 29 septembre, vingt-trois jours après son départ de Nérac, Jeanne fit son entrée à La Rochelle, le rendez-vous général de tous les chefs des confédérés. Aussitôt après son arrivée, elle publia un manifeste pour justifier sa conduite ; et, à la date du 15 octobre, elle écrivit à la reine Élisabeth. « Je vous supplieray très-humblement croire, lui disait-elle, que trois choses (la moindre des quelles estoit assez suffisante) m'ont faict partir de mes royaumes et pays souverains. La première, la cause de la religion, qui estoit en nostre France si opprimée et affligée par l'invétérée et plus que barbare tyrannie du cardinal de Lorraine, assisté par gens de mesme humeur, que j'eusse eu honte que mon nom eust jamais esté nommé, si, pour m'opposer à telle erreur et horreur, je n'eusse apporté tous les moyens que Dieu m'a donnés, à ceste cause, et ne nous fussions joincts, mon fils et moy, à une si saincte et si grande compagnie de princes et seigneurs, qui tous comme moy, et moy comme eux, avons résolu, soubs la faveur du grand Dieu des armées, de n'espargner sang, vie, ny biens pour cest effect. » Le porteur de cette lettre, le sieur *Du Chastellier-Portaut*, gentilhomme de la maison de la reine et lieutenant général en l'armée navale, fut chargé de ses pleins pouvoirs pour négocier un secours.

Dans les idées du temps, le commandement de l'armée appartenait de droit au jeune Henri de Navarre, premier prince du sang ; Condé voulut donc s'en démettre en sa faveur. Mais Jeanne insista pour qu'il le retînt, au nom du salut commun, « étant elle et les siens prêts à lui obéir en tout et partout. » Elle-même consentit, sur ses instances, à accepter le gouvernement civil de l'armée, en même temps qu'il exercerait le commandement militaire. A quelques jours de là, elle se rendit à Tonnay-Charente, où elle revêtit elle-même son fils de ses armes : « Le contentement de soutenir une si belle cause, dit-elle, surmontoit en moi le sexe, en lui l'âge. »

Médicis ne couva pas longtemps sa vengeance. Le parlement de Toulouse reçut l'ordre de saisir les domaines de la reine de Navarre, et sous prétexte que cette princesse était prisonnière avec son fils dans le camp ennemi, et que, pendant sa captivité, le roi, en bon parent, devait veiller à la conservation de ses états, on commanda au baron de Lusse de s'emparer du Béarn. La reine, avant son départ avait nommé le baron d'*Arros* pour son lieutenant général, en lui associant le baron de *Montamar*, tous deux très-vénérés dans le pays. Néanmoins, lorsque ces faits étaient venus à la connaissance du public, la consternation avait été générale. Les factieux et les mécontents s'étaient empressés de mettre à profit ces fâcheuses dispositions. « Fort peu de gentilshommes, dit Mirasson, eurent l'honneur de rester fidèles à leur dame et patrie. » Les choses en étaint là, lorsque Charles IX ordonna l'invasion du royaume de Navarre. D'Arros prit ses dispositions pour résister; mais que pouvait-il au milieu d'un pays miné de toutes parts par la trahison et la révolte ? Le Bigorre tomba promptement au pouvoir du baron de Lusse. D'un autre côté, Montluc « regardoit de loin cette pauvre souveraineté du Béarn pour lui courir sus à temps et à propos. » L'état de la Navarre devenait de plus en plus inquiétant, et cependant les revers éprouvés par les armes des Protestants ne permettaient pas d'y faire passer de secours. La malheureuse bataille de Jarnac, suivie de l'assassinat du prince de Condé, avait jeté la consternation dans les rangs des Huguenots. A la nouvelle de cette défaite, Jeanne ne se laissa point abattre. « Comme elle avait un grand cœur et un esprit mâle, » écrit l'historien de Thou, elle quitte aussitôt La Rochelle, et à travers tous les périls, elle arrive à Tonnay Charente, où les débris de l'armée s'étaient ralliés. Elle était ccompagnée du jeune prince de Navarre, « qu'elle présenta, dit d'Aubigné, au gros de la cavalerie à part, et puis à celui de l'infanterie; et là après avoir presté un serment notable sur son ame, honneur et vie, de n'abandonner jamais la cause, en receut un réciproque, et quant-et-quant fut proclamé chef avec cris et exultations ; les cœurs estans merveilleusement esmeus par une harangue de la Roine, qui mesla d'une belle grace les pleurs et les souspirs avec les résolutions ; cette princesse ayant par les tressauts de courage effacé les termes des regrets, l'armée après un grand salve se sépara. » L'enthousiasme était à son comble; mais si les dangers l'excitent et l'entretiennent, les privations de la misère l'étouffent promptement. Jeanne ne l'ignorait pas. Il s'agissait de trouver des ressources en argent assurées. Le sacrifice qu'elle fit de ses riches pierreries ne pouvait fournir qu'un secours momentané. Elle proposa donc la vente des biens ecclésiastiques situés dans les provinces conquises, avec garanties aux acquéreurs sur ses propres domaines et sur ceux de ses enfants. Son avis fut aussitôt partagé, et les principaux chefs des confédérés imitèrent son généreux exemple. Ayant ainsi relevé la confiance de l'armée, Jeanne retourna à La Rochelle, où elle fut accueillie avec les plus vifs transports de joie.

Cependant le Béarn était à peu près au pouvoir des factieux. Pau venait de capituler. D'Arros et Montamar s'étaient jetés dans Navarreins avec le peu de Béarnais restés fidèles. Ils s'y maintinrent avec une bravoure incomparable. Toutes les tentatives faites pour s'emparer de cette place tournèrent à la confusion des assiégeants. L'heureuse jonction des reîtres, commandés par le duc de Deux-Ponts, avec l'armée de Coligny, permit à Jeanne de consacrer à la défense de ses propres états les secours en munitions et en argent que lui fit passer la reine Élisabeth. Les vicomtes *Gour-*

don, *Paulin*, *Bourniquel* et *Monclar* avaient reçu l'ordre de lever des troupes dans le Quercy, l'Albigeois et le Lauraguais. Leur armée était occupée à tenir en échec Damville et Montluc, en attendant une nouvelle destination. Le fidèle Henri d'Albret-Miossens s'était joint à eux. Mais des rivalités étant à craindre dans l'armée *des Vicomtes*, et par suite le manque d'unité dans les opérations, Jeanne songea à lui donner un commandant en chef dont le mérite fût tellement supérieur, qu'il fît taire toutes les jalousies. Son choix s'arrêta sur *Montgommery*. Ce brave capitaine prit congé de la reine en lui jurant « de périr ou de recouvrer ses états. » Le succès passa son espérance ; il marcha de victoire en victoire. En moins de deux mois, le pays de Foix, le Bigorre, le Béarn furent replacés sous la domination de la reine de Navarre, qui recouvra ainsi, dit Montluc, « ce que plus tard la force, ni les traités, ni les prières n'eussent jamais pu arracher à Charles IX. » Le 23 août, Pau, le dernier boulevard de la révolte, ouvrit ses portes au vainqueur. Le célèbre ministre *Viret*, que les rebelles avaient épargné au milieu de toutes les exécutions dont ils avaient ensanglanté la ville, rendit publiquement grâces à Dieu d'une délivrance aussi inespérée. Après avoir donné un large cours à la clémence, Montgommery nomma une commission de trois membres pour juger les principaux chefs de la révolte. C'est sans doute à cette commission que l'on doit imputer plus spécialement la violation de la capitulation d'Orthez. En tout cas, l'odieux n'en doit point rejaillir sur la reine Jeanne. La date même des événements ne permet pas l'ombre d'un doute. La capitulation était du 15 août ; en vertu de l'un des articles, les chefs et gentilshommes renfermés avec Terride, lieutenant du roi, dans le château d'Orthez, ne devaient éprouver « nul desplaisir, » mais avoir « la vie saulve, » en restant, toutefois, prisonniers de guerre jusqu'à leur échange ou leur rachat. L'original de cette pièce existe. Or, c'est à un intervalle de huit jours seulement, le 24 août, qu'eut lieu le massacre de sept de ces prisonniers, sous le prétexte « qu'estans subjets, et mesmes obligez domestiques » de Sa Majesté, leur rébellion les rendait indignes de jouir du bénéfice de la capitulation. De Thou et même d'Aubigné disent expressément que cette exécution se fit « sur le mandement de la reine. » Mais si l'on considère le peu de temps qui s'écoula entre la capitulation et l'exécution, on doit soupçonner l'exactitude de leurs renseignements. Jeanne était à La Rochelle ; tout le pays intermédiaire était en proie aux horreurs de la guerre, et c'est à peine si au sein de la paix, avec toute la liberté des communications, la distance eût pu être parcourue, pour l'aller et le retour, dans un aussi court espace de temps. La dernière lettre de Jeanne à Montgommery n'avait pas mis moins de 21 jours pour lui parvenir. Nous sommes donc porté à croire que le conseil de guerre, nommé pour punir les rebelles, fut seul coupable de cette infraction aux lois de l'honneur et de la loyauté. Quant à Montgommery, qui venait de signaler sa clémence en maintes occasions, et notamment par cette capitulation même, accordée à un ennemi vaincu qui allait périr sans aucune chance de salut, il eut la faiblesse de ne pas interposer son autorité pour faire respecter sa parole donnée. S'il fut libre, c'est donc là une tache à son nom. Sans doute que dans ces temps de barbarie, la violation des capitulations était pour ainsi dire passée dans le droit de la guerre ; le brave Montgommery lui-même périt sur l'échafaud, après avoir été livré par Matignon à Catherine de Médicis ; mais un crime ne saurait justifier un crime, le droit des représailles est nécessairement subordonné aux lois absolues de la morale.

Dès que Jeanne eut connaissance de l'heureuse issue de la guerre, elle commanda à Montgommery de remettre toutes choses en leur ancien état. A cet effet, un synode fut convoqué ; le Conseil-souverain rétabli, et tous les officiers civils réintégrés dans leurs charges. La liberté des cultes fut maintenue dans la Basse-Navarre. D'Arros et Montamar furent continués dans leurs fonctions de lieutenants généraux. Montgommery, ne jugeant plus sa présence nécessaire en Béarn, songea alors à se frayer un passage à travers les rangs des Catholiques pour se réunir à l'armée des confédérés.

Mais le calme n'était qu'apparent. La fatale journée de Moncontour réveilla les espérances des rebelles. Le pays des Basques, le Bigorre, la vallée d'Aspe furent bientôt en armes. Le duc d'Anjou leur annonçait l'envoi de puissants secours. Le danger devenait pressant. D'Arros et Montamar marchèrent contre les révoltés et les taillèrent en pièces. « La reine de Navarre, dit son historien, voyant que ni la tolérance, ni l'oubli même du passé n'avaient pu toucher les rebelles, envoya de La Rochelle une nouvelle ordonnance qui obligeait tous les ecclésiastiques, prêtres, moines et religieux, qu'elle appelait *les ennemis de l'état et les siens*, de sortir du Béarn ; elle en excepta seulement ceux qui voudraient s'engager par serment à se soumettre aux lois nouvelles ; elle garantit aux ecclésiastiques la tranquille jouissance de leurs revenus ou bénéces, en offre même à ceux qui n'en ont point, mais sous l'expresse condition que les uns et les autres abandonneront la religion romaine pour suivre la religion réformée. Par la même ordonnance, elle enjoint à tous les habitants d'assister aux prêches, et elle interdit en Béarn tout exercice de la liturgie romaine ; elle la tolère en Navarre, ou plutôt elle l'y laisse telle qu'elle a toujours été, absolue, dominante. Puis elle ordonne à tous ses sujets de vivre en paix, et leur défend, sous peine de la vie, de rappeler le passé. » Cette ordonnance, qui confondait dans une même condamnation les innocents et les coupables, accuse un esprit de violence indigne de la reine Jeanne. Le succès ne saurait la justifier.

La défaite de Moncontour fournit une fois de plus à la reine de Navarre l'occasion de montrer son grand caractère. Aussitôt que la nouvelle lui en fut parvenue, elle partit de La Rochelle, bravant tous les dangers « pour tendre la main aux affligés et aux affaires, » et arriva à Parthenay au milieu des débris de l'armée de Coligny. Sa présence ramena la confiance. Elle harangua le soldat, présida aux délibérations des chefs, commandant l'admiration de tous par la grandeur de ses résolutions, la sagesse de ses conseils. Elle exigea qu'à l'avenir les deux princes, ses fils (elle donnait ce nom à Condé), prissent une part active aux opérations de l'armée, qu'ils s'associassent aux dangers des chefs. Le plan de campagne étant adopté, la reine retourna à La Rochelle, dont la défense lui fut spécialement confiée ; *La Rochefoucault* et *La Noue* lui furent donnés pour la seconder.

Jeanne ne resta pas inactive. Par ses soins, une nouvelle armée se recruta dans les provinces de l'ouest ; elle en nomma chef son cousin *René de Rohan*. Un brillant fait d'armes de La Noue dans le Poitou et la reprise de plusieurs villes sur les Catholiques relevèrent les courages abattus. La reine s'appliqua en même temps à créer des ressources au moyen de bâtiments armés en course. La ville de La Rochelle, dit La Noue, « équippa et arma quantité de vaisseaux qui firent plusieurs riches prises, dont il revint de grands deniers à la cause générale ; car, encore qu'on ne prist alors que le dixiesme pour le droit d'admirauté, on ne laissa d'en tirer profit plus de trois cens mille livres. » *Jean Sore* commandait cette flottille.

Cependant les affaires de la guerre n'absorbaient pas tellement l'activité de la reine de Navarre, qu'elle ne trouvât encore le temps de composer et de répandre une foule d'écrits dans l'intérêt de son parti. En outre, elle visitait chaque jour les hôpitaux, soignant souvent elle-même les blessés; c'est sur ses instantes prières que le brave et vertueux La Noue consentit à se laisser amputer un bras où, à la suite d'une blessure reçue au siége de Fontenay, la gangrène s'était mise; elle eut même la force de l'assister durant l'opération. Sa Cour, au rapport de l'oratorien Arcère (Hist. de La Rochelle, etc.), était brillante et nombreuse : on y voyait *Françoise d'Orléans*, veuve de *Louis de Bourbon*, prince de Condé; *Françoise de Rohan*, dame de Nemours; *Anne de Salm*, veuve de d'*Andelot; Béraude de Ferrières*, épouse de *Jean de Lafin-de-Salins*, seigneur de Beauvoir; *François, comte de La Rochefoucault*, prince de Marcillac, et *Charlotte de Roye*, son épouse; *François de Béthune*, baron de Rosny; *Philippe Douarti*, gentilhomme ordinaire de la chambre du roi; *François Du Fou*, seigneur du Vigean; *Charles Poussard de Fors* et *Marguerite Girard de Bazoche*, son épouse. C'est dans les courts moments de loisir que lui laissaient les affaires, que Jeanne se livrait à ces ingénieuses compositions en tapisserie dont quelques historiens ont parlé. On cite, entre autres, un de ses ouvrages qui devait être un vrai chef-d'œuvre en ce genre. Nous en emprunterons la description au jésuite Garasse. « Comme elle estoit grandement addonnée aux divises, elle fit de sa main de belles et grandes tapisseries, entre lesquelles il y a une tante de douze ou quinze pièces excellentes qui s'appelle *les Prisons brisées*, par lesquelles elle donnoit à cognoistre qu'elle avoit brisé les liens et secoüé le joug de la captivité du pape. Au milieu de chasque pièce, il y a une histoire du Vieux Testament qui ressent la liberté : comme la délivrance de Suzanne, la sortie du peuple de la captivité d'Égypte, l'eslargissement de Joseph, etc. Et à tous les coings, il y a des chesnes rompües, des manottes brisées, des estrapades et des gibbets en pièces, et par dessus en grosses lettres sont ces paroles de la seconde aux Corinth. Ch. III. *Ubi spiritus ibi libertas.* » Quelquefois dans ses compositions, la reine ne dédaignait pas de descendre des hauteurs de l'épopée biblique au burlesque de la parade. « Pour monstrer encore plus clairement, continue le même historien, l'animosité qu'elle avoit conceüe contre la religion catholique, et nommément contre le sacrifice de la messe, ayant une très-belle et excellente pièce de tapisserie faite de la main de Marguerite sa mère, devant qu'elle ne se laissast cajoller par les ministres, en laquelle estoit broché parfaitement le sacrifice de la messe, et le prestre qui monstroit la saincte hostie au peuple, elle arracha le quarreau qui portoit cette histoire, et au lieu du prestre, y substitua de sa main un renard, le quel se tournant au peuple et faisant une horrible grimace, et des pates et de la gueule, disoit ces paroles : *Dominus vobiscum.* » Si l'on en croit P. Matthieu, l'inaction était tellement contraire à la nature de cette princesse, que, pour éviter qu'elle ne sommeillât durant le service divin, les ministres avaient dû l'autoriser à faire de la tapisserie. Cette innocente occupation ne détournait aucunement son attention; au sortir du prêche, elle pouvait, dit-on, répéter mot pour mot tout le sermon du pasteur. Le même sentiment qui lui avait inspiré les emblèmes des Prisons brisées, lui fournit le sujet d'un poëme épique qu'elle commanda au poète *Du Bartas*, l'histoire de Judith. Aucun biographe n'a encore fait connaître cette particularité de sa vie, qui cependant a son importance. Le poëme de Du Bartas a surtout cela de remarquable qu'il est le premier essai qui ait été fait en notre langue, d'une épopée sacrée. Ce poète qui était à peine alors « en l'avril de son âge » persévéra jusqu'à la fin de sa carrière dans la voie que l'austère Jeanne d'Albret lui avait en quelque sorte tracée.

Vous qui tant désirez vos fronts de laurier ceindre,
Où pourriez-vous trouver un champ plus spacieux
Que le los de celui qui tient le frein des cieux,
Qui fait trembler les monts, qui fait l'Érèbe craindre ?
L'humble sujet ne peut qu'humble discours produire, etc.

Fortement pénétré de ces idées, Du Bartas ne puisa jamais ses inspirations que dans les Livres Saints, évitant curieusement de suivre ces « profanes escrivains dont l'impudique rime »

Est cause que l'on met nos chantres mieux disans
Au rang des basteleurs, des boufons, des plaisans,
Et qu'encore moins qu'eux le peuple les estime.

C'est donc en partie à la reine de Navarre que notre littérature sacrée est redevable des seuls poëmes épiques, dignes de ce nom, que nous puissions opposer au Paradis perdu et à la Messiade.

Cependant, « il sembloit, écrit La Noue, que le bonheur voulust relever ceux qui avoient esté atterrés; car l'armée des princes avoit fait une brave teste à celle du roy à René-le-Duc [Arnay-le-Duc]. La Gascogne, le Languedoc et le Dauphiné menoient la guerre plus forte qu'auparavant. Le pays de Béarn avoit esté reconquis ; et en Poictou et Xaintonge ceux de la Religion eurent de très-bonnes avantures, en ce que les deux vieux régimens furent défaits et plusieurs villes prises. Tout cela, ramassé avec d'autres occasions secrettes et particulières, disposa le roy et la royne à condescendre à la paix, la quelle fut publiée au mois d'aoust (1570). » Cette publication fut faite à La Rochelle le 26, raconte L'Estoile, « devant le logis où étoit la reine de Navarre aux fenêtres, étant avec elle madame la princesse sa fille, et leurs demoiselles, et aussi y étoit M. de *La Rochefoucault*, M. *Des Roches*, premier écuyer du roi, et plusieurs autres grands seigneurs et gentilshommes ; les deux trompettes du roi sonnèrent par trois fois, puis le roi d'armes de Dauphiné, accompagné des rois d'armes d'Anjou et Bourgogne, lut et publia l'édit de pacification; ce fait, la reine de Navarre fit faire la prière par *Du Nort*, ministre de l'église de La Rochelle, et à la fin des prières, toutes les artilleries de La Rochelle tirèrent. »

La reine Jeanne ne partagea cependant pas l'allégresse générale. Sans doute l'édit de paix accordait aux religionnaires des avantages inespérés ; mais il eût fallu n'avoir retiré aucun fruit des leçons du passé, pour croire à la sincérité de la Cour de Médicis. Tant que les Guises continueraient à siéger dans les conseils de la couronne, tant que Catherine gouvernerait l'esprit de son fils, il n'y avait pas de paix sérieuse à attendre ; tout traité dans un but de pacification ne pouvait être considéré que comme une trêve. Jeanne, avec son jugement sûr et sa raison calme, le sentait trop vivement pour s'abandonner à des illusions. Selon elle, une mort honnête, *mors honnesta* (comme portait l'exergue des médailles qu'elle avait fait frapper pour les distribuer aux chefs des confédérés) eût été préférable à une sécurité trompeuse. Elle savait par expérience combien était vrai ce qu'avance Pasquier « qu'on avoit plus ôté aux Huguenots par des édits pendant la paix que par la force pendant la guerre. » Ses défiances étaient donc bien légitimes. Aussi persista-t-elle à rester à La Rochelle avec les principaux chefs du parti. Toutes les instances de la reine-mère pour l'attirer à la Cour furent vaines. C'est alors que Charles IX résolut de tenter un dernier effort. Il lui députa Gonnor, maréchal de Cossé, l'ami particulier de l'amiral, qui passait même pour être huguenot au fond du cœur. Le mariage du prince de Navarre avec la sœur du roi, Marguerite, et une déclaration de guerre à l'Espagne au sujet de la Flandre, furent les amorces que le maréchal dut mettre en avant pour vaincre la résistance de la reine et de Coligny.

Cependant les méfiances de Jeanne semblaient croître en raison des avances qui lui étaient faites ; plus l'offre pouvait lui paraître séduisante, plus elle en suspectait la sincérité et se tenait sur ses gardes. Elle commença donc par faire ses conditions, en évitant toutefois de se prononcer sur le mariage proposé, avant d'avoir consulté son fils. Ce prince était alors dans le Béarn. Trois commissaires, *Téligny*, *Briquemaut* et *Cavagnes*, furent chargés de suivre les négociations à Paris. Charles IX accorda à peu près toutes les demandes de la reine, à l'exception seulement du rappel de L'Hospital et l'éloignement des Guises. Mais il colora son refus de prétextes si spécieux, que les députés s'y laissèrent tromper ;

Plus ils se défiaient, plus le roi savait feindre ;

ils ne doutèrent plus de la loyauté de ses intentions, et « remportèrent, dit Mézerai, toutes les marques possibles de bon traitement. » En même temps, la sévère punition que Charles IX ordonna des massacres de Rouen et d'Orange, et la convocation qu'il autorisa d'un synode à La Rochelle, achevèrent de convaincre les plus prévenus de sa ferme résolution de maintenir la paix et la concorde parmi ses sujets.

Sur ces entrefaites, de nouveaux négociateurs, Biron et Quincé, furent députés à La Rochelle. Les chefs du parti eux-mêmes, abusés par tant d'artifices, finirent par joindre leurs instances aux leurs. Sollicitée ainsi de tous côtés de donner son consentement au mariage, Jeanne se rejeta sur les empêchements de la religion et de la parenté. « Ma conscience en sûreté, répondit-elle, il n'y a point de condition que je ne fusse prête d'accepter dans la vue de plaire au roi, à la reine et afin d'assurer la tranquillité de l'état, pour laquelle je sacrifierois ce que j'ai de plus cher au monde, ma vie même... mais j'aimerois mieux descendre à la condition de la plus petite demoiselle de France, que de sacrifier à la grandeur de ma famille mon âme et celle de mon fils. » Déjà le vertueux Coligny avait été circonvenu[*]. Jeanne seule persistait encore dans son refus de paraître à la Cour.

Au mois de septembre (1571), elle quitta La Rochelle pour retourner dans son royaume, tandis que, de son côté, Charles IX s'était avancé jusqu'à Bourgueil, sur les confins de la Touraine, afin de la déterminer plus facilement à une entrevue. Mais l'amiral seul se rendit à l'invitation du monarque. Heureusement de retour dans ses états, après trois ans d'absence, Jeanne s'appliqua à cicatriser les plaies causées par les dernières

[*] Le lecteur remarquera que cette partie de notre récit ne s'accorde pas avec ce que nous avons dit dans notre Introduction, que la reine de Navarre précéda Coligny à la Cour de France. C'était une erreur qu'une étude plus approfondie nous met à même de relever. Plusieurs historiens modernes, d'ailleurs très-estimables, et entre autres Sismondi dans son excellente Histoire des Français (t. XIX, 106 et suiv.), n'ont pas su se tirer mieux que nous de l'inextricable confusion que présentent les histoires du temps ; on pourrait même leur reprocher d'avoir encore embrouillé les choses. Selon les uns, la reine de Navarre et le prince son fils auraient assisté à Blois à une première entrevue avec Charles IX, en 1571 ; une phrase un peu ambigue de l'historien de Thou semblerait confirmer cette version ; selon d'autres, l'amiral assista seul à cette entrevue, qui eut lieu soit à Blois, soit à Bourgueil, soit à Lumigny en Brie, dans le courant de septembre. Mais là ne se bornent pas les contradictions. Selon les uns, le prince de Navarre accompagna sa mère dans son voyage à Blois, en mars 1572, ou l'y suivit de près, le surlendemain d'après Davila, peu de temps après, selon de Thou ; tandis que les autres ne le font venir à la Cour qu'après la mort de sa mère, à la mi-juillet, le 20 juillet, les premiers jours d'août, quelques mois après, selon Marguerite de Valois, alors que la Cour avait déjà quitté le deuil, selon d'Aubigné. L'arrivée de la reine Jeanne à Paris est fixée au mois de mai, les historiens ne diffèrent que sur le jour ; mais d'Aubigné ne parle pas du séjour de la reine à Blois, il l'amène de suite à Paris « où elle conclud en peu de jours le mariage du prince de Béarn. » Selon les uns, Coligny assista la reine de Navarre dans ses derniers moments ; selon d'autres, il ne consentit à se rendre à Paris que beaucoup plus tard, etc., etc. Au milieu de cette étrange confusion, nous avons eu recours aux documents les plus authentiques pour parvenir à dégager la vérité et faire en sorte que notre récit laissât *le moins possible à désirer* quant à l'exactitude des faits.

guerres. Les États-Généraux, qu'elle convoqua à Pau, donnèrent leur complet assentiment à ses nouvelles Ordonnances ecclésiastiques et civiles, dont la publication eut lieu après leur sanction, le 26 novembre. Plusieurs des dispositions de ce code, dont les prescriptions étaient d'ailleurs basées sur la morale la plus pure, accusent un rigorisme outré; on eût pu reprocher à la reine Jeanne de n'avoir supprimé les monastères que pour organiser un vaste cloître où tous les citoyens seraient soumis à la règle. Cependant, dans un grand nombre de cas, la reine y devançait son siècle. C'est ainsi qu'elle proclama l'égalité devant la loi, l'admission de tous aux emplois; défendit la vénalité des offices; organisa l'instruction publique; voulut que les enfants pauvres fussent élevés aux frais de l'état; proscrivit la mendicité; couvrit de sa sollicitude les veuves, les orphelins, et en général tous ceux « qui sont soigneux de cacher leur misère; » régla les conditions du mariage, en admettant le divorce dans certains cas, « encore que ce soit, dit-elle, un remède misérable; » punit du bannissement les imposteurs qui, sous prétexte de magie et de sortiléges, abusent le peuple; établit des peines contre l'usure; défendit toute sépulture dans l'intérieur des temples, ou près des lieux habités, en ordonnant que la tombe du riche ne se distingue par rien de celle du pauvre. — Si l'on compare la législation de Jeanne avec celle des autres pays de l'Europe à cette époque et même beaucoup plus tard, on sera sans doute frappé d'admiration.

Les négociations au sujet du mariage du prince de Navarre se poursuivaient. A l'exception de *Rosny*, le père du grand Sully, les partisans les plus dévoués de Jeanne, *Francour*, *Beauvoir*, *La Noue*, *Coligny*, avaient été gagnés; ils voyaient dans cette union le gage certain d'une paix solide et durable. « L'excès des caresses qu'on leur faisoit, dit Mézerai, estoit si grand et si visible, que si Dieu ne les eust aveuglez, ils eussent facilement apperceu les coûteaux qu'on aiguisoit pour les esgorger. » On commençait déjà à murmurer dans le parti même de la reine de ce qu'on appelait son obstination. Sur ces entrefaites, arrive une nouvelle ambassade. Biron est chargé d'apprendre à Jeanne que la volonté du roi est qu'on lui rende tous ses droits sur la principauté du Béarn, les comtés de Foix, de Comminges, d'Armagnac et de Bigorre; que ses places et châteaux, encore détenus au mépris de l'édit, soient remis en son pouvoir; et que, pour ce qui concerne le mariage, elle soit tout-à-fait libre de le faire célébrer selon les rites de l'Église réformée. En même temps, et comme pour lui arracher ses dernières armes, Biron lui annonce que les Guises sont disgraciés. Les paroles de l'ambassadeur sont confirmées par le baron de Beauvoir, qui ajoute en son propre nom et selon les instructions secrètes de l'amiral, que Charles IX, éclairé sur les véritables intérêts de sa couronne, n'attend qu'une occasion pour s'affranchir entièrement du joug de sa mère, et éloigner son frère le duc d'Anjou. La défiance n'était plus possible. Jeanne, vaincue par tant d'artifices plutôt que persuadée, assembla son Conseil et lui soumit la question du mariage. Le chancelier Francour fit prévaloir un avis favorable. Il ne restait donc plus à la reine qu'à suivre sa malheureuse destinée.

Mais en se soumettant, elle sut encore résister à l'aveuglement fatal de ses plus dévoués serviteurs. « Vous savez si c'est pour moi que je crains, » leur disait-elle. Elle voulait bien se sacrifier, mais entraîner son fils dans sa perte, cette pensée révoltait tous ses sentiments de mère. Elle décida donc, contre l'avis de l'amiral et de tout son Conseil, que le jeune prince resterait dans le Béarn jusqu'à ce qu'elle l'appelât auprès d'elle. Ensuite, elle écrivit de sa main à tous ceux du parti dont elle avait éprouvé la fidélité, Lavardin, les *Ségur*, *Piles*, *La Noue*, *Rohan*, *Francour*, *Bétut*, *Rosny*, *Beauvoir*, *La Rochefoucault*, *Caumont de La Force*, *Henri d'Albret-Miossens*, *François de Navailles*, enfin, à plus de cinq cents gentilshommes, auxquels elle donna rendez-vous à Nérac et à Vendôme.

La reine partit de Pau le 26 novembre (1571), après avoir nommé son fils lieutenant général du royaume, en lui adjoignant le fidèle d'Arros. Elle était accompagnée de ses deux enfants. Au moment de franchir la frontière du Béarn, ses larmes coulèrent en abondance. A Nérac, elle trouva tous ses amis et partisans réunis. Elle y passa un mois, uniquement occupée du soin de gagner à son fils les cœurs de tous les braves gentilshommes dont elle venait de l'entourer et de lui former une garde. Vers la fin de janvier, elle poursuivit sa route avec sa fille Catherine, et se rendit à Blois, où se tenait la Cour. « Le jour [en mars] que la reyne de Navarre arriva à Blois, lit-on dans le Journal de L'Estoile, le roy et la reyne-mère...... luy firent tant de caresses, principalement le roy, qui l'appeloit sa grande tante, son tout, sa mieux aimée, qu'il ne bougea jamais d'auprès d'elle à l'entretenir avec tant d'honneur et de révérence que chacun en étoit étonné. Le soir en se retirant, il dit à la reyne sa mère, en riant : Et puis, madame, que vous en semble ? joué-je pas bien mon rollet ? Ouy, lui répondit-elle, fort bien ; mais ce n'est rien qui ne continue. Laissez-moy faire seulement, dit le roy, et vous verrez que je les mettray au filet. » Cependant Jeanne n'était point dupe de ces perfides démonstrations. C'est ce que prouve une lettre qu'elle adressa de Blois au prince son fils, à la date du 8 mars. Nous la rapporterons à peu près en entier, car elle nous semble, ainsi qu'à Le Laboureur, « très-digne de l'histoire, propre à faire déplorer le malheur de cette princesse, et à faire trembler les consciences les plus catholiques dans l'abysme des jugemens d^e Dieu. » L'original de ce précieux document se conserve à la Bibliothèque Royale (Fonds St.-Germain Harlay, vol. 255, pièce 81). « Mon filz, Je suis en mal d'enfant, et en telle extremité que si je n'y eusse pourvu, j'eusse esté extremement tourmentée.... il me faut negocier tout au rebours de ce que j'avois esperé, et que l'on m'avoit promis ; car je n'ay nulle liberté de parler au Roy, ni à Madame [Marguerite], seulement à la Royne mère, qui me traicte à la fourche... Quant à Monsieur [Henri], il me gouverne et fort priveement, mais c'est moitié en badinant, moitié dissimulant. Quant à Madame, je ne la vis que chez la Royne, lieu mal propre, d'où elle ne bouge ; et ne va en sa chambre que aux heures qui me sont mal-aisées à parler ; aussi que Mme de Curton [sa gouvernante] ne s'en recule poinct ; de sorte que je ne puis parler qu'elle ne l'oye... Voyant donc que rien ne s'advance, et que l'on veult faire precipiter les choses et non les conduire par ordre, j'en ay parlé trois fois à la Royne, qui ne se faict que moquer de moy, et, au partir de là, dire à chascun le contraire de ce que je luy ay dict. Mes amys m'en blasment ; je ne sçais comment desmentir la Royne, car je luy dis : Madame, vous avez dict et tenu tel et tel propos. Encor que ce soit elle-mesme qui me l'ait dict, elle me le renie comme beau meurtre et me rit au nez, et m'use de telle façon, que vous pouvez dire que ma patience passe celle de Griselidis. Si je cuide avec raison luy montrer combien je suis loin de l'esperance qu'elle m'avoit donnée de privauté et negocier avec elle de bonne façon, elle me nie tout cela..... Au partir d'elle, j'ay un escadron de huguenots qui me viennent entretenir, plus pour me servir d'espions que pour m'assister, et des principaulx, et de ceulx à qui je suis contraincte dire beaucoup de langage que je ne puis esviter sans entrer en querelle contre eulx. J'en ay d'une aultre humeur qui ne m'empeschent pas moins, mais je m'en defends comme je puis, qui sont armaphroidites (*sic*) religieux. Je ne puis pas dire que je sois sans conseil, car chascun m'en donne un, et pas un ne se ressemble. Voyant donc que je ne fais que vaciller, la Royne m'a dict qu'elle ne se pouvoit accorder avec moy, et qu'il falloit que de nos gens s'assemblassent pour trouver des moyens. Elle m'a nommé ceulx que vous verrez tant d'un costé que d'aultre ; tout est de par elle. Qui est la principale cause, mon filz, qui m'a faict despescher ce porteur en diligence, pour vous prier de m'envoyer mon chancelier [de Francour], car je n'ay homme ici qui puisse ni qui sache faire ce que celuy-cy fera. Aultrement je quicte tout; car j'ay esté amenée jusqu'ici soubs promesse que la Royne et moy nous accorderions. Elle ne faict que se moquer de moy, et ne veult rien rabattre de la messe, de laquelle elle n'a jamais parlé comme elle faict. Le Roy de l'aultre costé veult que l'on luy escrive. Ils m'ont permis d'envoyer querir des ministres, non pour disputer, mais pour avoir conseil. J'ay envoyé querir MM. d'*Espina*, *Merlin* et aultres que j'adviseray ; car je vous prie noter qu'on ne tasche qu'à vous avoir, et pour cy, advisez-y, car si le Roy l'entreprend, comme l'on dict, j'en suis en grande peine... Je m'asseure que si vous saviez la peine en quoy je suis, vous auriez pitié de moy, car l'on me tient toutes les rigueurs du monde et des propos vains et moqueries, au lieu de traicter avec moy avec gravité comme le faict le merite. De sorte que je creve, parce que je me suis si bien resolue de ne me courroucer poinct, que c'est un miracle de voir ma patience. Et si j'en ay eu, je sçais comme j'en auray encore affaire plus que jamais, et m'y resoudray aussi davantage. Je crains bien d'en tomber malade, car je ne me trouve gueres bien. J'ai trouvé vostre lettre fort à mon gré, je la monstreray à Madame si je puis. Quant à sa peinture, je l'envoyray querir à Paris. Elle est belle, bien advisée et de bonne grace, mais nourrie en la plus maudite et corrompue compaignie qui fut jamais ; car je n'en vois point qui ne s'en sente. Vostre cousine la marquise [l'épouse du jeune prince de Condé] en est tellement changée qu'il n'y a apparence de religion, si non d'autant qu'elle ne va point à la messe, car au reste de la façon de vivre elle faict comme les papistes ; et la princesse [de Condé] ma sœur encore pis. Je vous l'escris privement. Ce porteur vous dira comme le Roy s'esmancipe ; c'est pitié. Je ne vouldrois pas pour chose du monde que vous y feussiez pour y demeurer. Voilà pourquoi je desire vous marier, et que vous et vostre femme vous retiriez de corruption ; car encore que je la croiois bien grande, je la vois davantage. Ce ne sont pas les hommes ici qui prient les femmes, ce sont les femmes qui prient les hommes. Si vous y estiez, vous n'en eschapperiez jamais sans une grande grace de Dieu..... Je vous prie encore, puisque l'on m'a retranché ma negociation particuliere et qu'il fault parler par advis et conseil, m'envoyer Francourt. Je demeure en ma premiere opinion, qu'il fault que vous retourniez vers Bearn. Mon filz, vous avez bien jugé par mes premiers discours que l'on ne tasche qu'à vous separer de Dieu et de moy ; vous en jugerez aultant par ces dernieres, et de la peine en quoy je suis pour vous. Je vous prie, priez bien Dieu, car vous en avez bien besoin en tout temps et mesmes en celuy-cy, qu'il vous assiste. Et je l'en prie, et qu'il vous donne, mon filz, ce que vous desirez. »

Peu à peu les difficultés s'aplanirent. Médicis accorda que le mariage ne fût pas célébré selon les rites de l'Église romaine ; et de son côté, la reine Jeanne finit par consentir à ce que la cérémonie se fît à Paris. Le contrat de mariage fut signé le 11 avril. Mais il s'éleva tout à coup un nouvel obstacle. Pie V refusait la dispense nécessaire au mariage : « il eût plutôt consenti qu'on lui tranchât la tête. » Irrité de ce refus qui menaçait de renverser ses projets, Charles IX dit un jour à la reine de Navarre qui lui en témoignait son déplaisir : « Ma tante, je vous honore plus que le pape, et aime plus ma sœur que je ne le crains ; je ne suis pas huguenot, mais je ne suis pas sot aussi ; si monsieur le pape fait trop la beste, je prendray moy-même Margot par la main, et la meneray épouser en plein prêche. » Mais la reine-mère trouva à la difficulté un remède plus simple, selon elle, et encore plus expéditif : elle fit fabriquer une fausse dispense, bien certaine qu'elle était qu'après l'événement le pape lui en saurait très-bon gré.

Jeanne partit de Blois, le 8 mai (le 15, selon de Thou). Elle descendit, à Paris, rue de Grenelle-Saint-Honoré, à l'hôtel de l'ancien évêque de Chartres, *Guillart*, qui avait embrassé le protestantisme. Les préparatifs du mariage occupèrent dès lors tous ses moments ; elle tenait à ce qu'il se fît « le plus soudain que l'on pourroit. » Mais le 4 juin, un mercredi soir, elle fut saisie tout à coup d'une fièvre ardente. Son état empira promptement ; dès le lendemain, elle sentit qu'elle était atteinte mortellement. « Quoique cette vie, disait-elle, m'est à bon droit fort ennuyeuse pour les misères que j'y ai senties dès ma jeunesse, si ne laissé-je pas de la quitter avec grand regret quand je regarde à la jeunesse des enfants que Dieu m'a donnés, pour les voir privés de ma présence en ce bas âge…. Toutefois, je m'assure que Dieu leur sera pour père et protecteur, comme il m'a été en mes plus grandes afflictions ; je les remets du tout à sa Providence, afin qu'il y pourvoie. » Sa ferme confiance en Dieu ne l'abandonna pas un moment. « Encore que les douleurs dont il m'afflige soient violentes, répétait-elle, je sais qu'il ne fait rien qui ne soit bon et droit. »

« On la vit suivre attentivement, dit son historien, les pieuses lectures et les prières de ceux qui l'approchaient. Dans les plus violents accès de la douleur, jamais on ne l'entendit proférer une plainte…. Sa patience dans cette extrémité, comme son courage dans l'infortune, fut héroïque : elle remplit d'étonnement et d'admiration tous ceux qui la virent. La Cour la vint visiter, et Médicis fut témoin de tant de grandeur ! » Le dimanche matin, se sentant affaiblir d'heure en heure, Jeanne fit appeler deux notaires. Elle leur dicta elle-même ses dernières dispositions avec une grande fermeté d'esprit. Après avoir ordonné que son corps fût porté à Lescar et inhumé auprès de Henri II d'Albret, son père, dans toute la simplicité du culte protestant, elle s'adresse à son fils pour lui recommander de persévérer jusqu'à la fin dans la religion dans laquelle elle l'a élevé, et « d'y conformer ses mœurs ; » de ne conserver auprès de sa personne que des serviteurs imbus de la crainte de Dieu, « et dont la vie soit connue pour bonne et non scandaleuse ; » de faire soigneusement observer ses Ordonnances ecclésiastiques dans ses états, lui assurant que « s'il honore Dieu, Dieu l'honorera. » Elle lui recommande ensuite de servir de père, après Dieu, à sa sœur Catherine, de n'admettre d'autres femmes auprès d'elle que la baronne de *Thignonville*, Mmes de *Vaux* et de *Fontrailles*, et Melle *Du Perray*, dont la vie entière est un exemple ; de la traiter toujours avec douceur et bonté, et surtout de la faire élever en Béarn jusqu'à ce qu'elle soit d'âge à être mariée à un prince de son rang et de sa religion. Elle le presse d'aimer toujours le prince de Condé comme son frère ; de conserver religieusement toute son amitié à l'amiral, afin de servir « à l'honneur et gloire de Dieu, » et parmi ceux de ses serviteurs dont elle a éprouvé le dévouement, elle lui désigne plus particulièrement *Beauvoir*, *Francour* et *Bétut*. Après quelques autres recommandations au jeune Henri, qu'elle institue son héritier universel, suivant le contrat qui a été signé à Blois, et qu'elle « confirme en tant que besoin seroit, » elle prie le roi, la reine-mère et les princes de prendre ses enfants sous leur protection, suppliant, en particulier, Charles IX de leur permettre le libre exercice de leur religion en quelque lieu qu'ils habitent. Enfin, elle termine en nommant le cardinal de Bourbon et l'amiral de Coligny ses exécuteurs testamentaires, les priant, au nom du sang et de l'amitié, de servir de père à ses enfants.

Le mal continua à faire des progrès rapides; dès l'après-midi, les accès devinrent si violents, que la reine perdit l'usage de la parole; cependant son agonie se prolongea jusqu'au lendemain. Elle expira le lundi, vers les neuf heures du matin, le cinquième jour de sa maladie. Elle était dans sa quarante-quatrième année. « Ainsi mourut cette Roine, dit d'Aubigné, n'aïant de femme que le sexe, l'ame entière aux choses viriles, l'esprit puissant aux grands affaires, le cœur invincible aux adversitez. »

Le bruit se répandit aussitôt que la reine de Navarre avait été empoisonnée. Les accusations prirent même une telle consistance, que le roi se crut forcé d'ordonner l'ouverture du corps. Mais les médecins ne trouvèrent, dit-on, aucune trace d'empoisonnement. Quoi qu'il en soit de la vérité de ce rapport, que la crainte du reste peut avoir dicté, l'absence de poison ne serait pourtant pas une preuve; dans l'état actuel de la science toxicologique, ce serait tout au plus une présomption. Peu importe donc que le cerveau ait été ou non ouvert. Davila prétend, et beaucoup d'autres historiens avec lui, que « les médecins ayant trouvé toutes les autres parties saines, ne touchèrent point à la tête par respect, disoient-ils; et sur leur rapport on publia que cette princesse étoit morte de mort naturelle et d'une fièvre maligne. » Cependant, au dire du même historien, « la violence du poison ne devoit offenser que le cerveau. » Cayet, au contraire, et Voltaire, d'après lui, rapportent que *Caillard*, le médecin de la reine, et *Desnœuds*, son chirurgien, disséquèrent son cerveau, selon la recommandation qu'elle en avait faite elle-même, afin qu'on recherchât la cause de migraines violentes auxquelles elle était sujette, et qu'on pût guérir ses enfants s'ils étaient atteints du même mal. Ils y aperçurent seulement de petites bubes d'eau, logées entre le crâne et la pellicule qui enveloppe le cerveau, et qu'ils jugèrent être la cause des maux de tête que la reine ressentait; ils attestèrent d'ailleurs qu'elle était morte d'un abcès formé dans la poitrine. « Il est à remarquer, ajoute Voltaire, que ceux qui l'ouvrirent étaient huguenots, et qu'apparemment ils auraient parlé du poison s'ils y avaient trouvé quelque vraisemblance. On peut me répondre qu'ils furent gagnés par la Cour; mais Desnœuds, chirurgien de Jeanne d'Albret, huguenot passionné, écrivit depuis des libelles contre la Cour, ce qu'il n'eût pas fait s'il se fût vendu à elle, et dans ses libelles il ne dit point que Jeanne d'Albret ait été empoisonnée. » C'est sur ces considérations que l'auteur de la Henriade s'appuie pour faire dire à Henri IV :

Je ne suis point injuste, et je ne prétends pas
A Médicis encore imputer son trépas :
J'écarte des soupçons peut-être légitimes,
Et je n'ai pas besoin de lui chercher des crimes.
Ma mère enfin mourut.

De ce conflit d'opinions diverses, il résulte évidemment que la preuve matérielle de l'empoisonnement n'existe pas; mais la présomption morale subsiste dans toute sa force. « Que ne pouvoit-on pas présumer, dit Anquetil, après les exemples trop sûrs qu'on avoit de morts aussi nécessaires, procurées par différents moyens? » Sans doute, il est juste de se défier, avec Voltaire, de ces idées qui n'attribuent jamais la mort des grands à des causes naturelles; mais il faut éviter tout aussi soigneusement de tomber dans l'excès contraire. Selon nous, la seule question est de savoir si, d'après toute probabilité, suivant le cours naturel des choses, la mort de la reine de Navarre devait servir les projets que méditait la Cour de Médicis. Les raisons pour et contre se balancent ; mais une considération qui pourrait paraître décisive, c'est que cette mort devait nécessairement faire naître des soupçons, réveiller des défiances à peine assoupies, et compromettre la réussite de l'entreprise. Était-il raisonnable de compter sur l'aveuglement obstiné de Coligny? Or, un seul mot de lui pouvait rompre toute la trame si péniblement ourdie par Médicis. Qu'au lieu de presser l'arrivée du jeune roi de Navarre et de se prévaloir même, pour vaincre sa juste répugnance, de l'avis des ministres les plus estimés du parti, il l'eût entretenu de ses soupçons et de ses craintes, et le complot était déjoué. Mais, d'un autre côté, si l'on considère que l'attentat commis sur la personne de Coligny quelques jours avant la St.-Barthélemy, devait de même, selon toute probabilité, éclairer les Huguenots les plus aveuglés sur les perfides projets de la Cour, on pourrait en conclure qu'il y avait peu d'accord parmi les chefs de la conspiration, soit que Médicis ne les eût pas mis dans la confidence de ses moyens d'exécution, soit que chacun d'eux eût tenu à honneur de commencer l'entreprise, pour faire preuve de zèle, ou plutôt pour s'en attribuer la principale gloire. Leurs inimitiés personnelles dirigeaient alors leurs premiers coups : au duc d'Anjou, la reine de Navarre; aux Guises, l'amiral de Coligny. Le récit d'Olhagaray viendrait à l'appui de notre supposition ; selon cet écrivain, la reine Jeanne mourut d'un boucon qui lui fut donné à un festin où était le duc d'Anjou.

Quoi qu'il en soit, nous ferons connaître l'opinion de l'italien Davila, l'apologiste plutôt que l'historien de toutes les scènes d'horreur qui ont rendu si fameux le règne de Médicis. « On commença, dit-il, par se défaire de la reine de Navarre. Son rang et son sexe exigeoient quelques ménagemens. On eut recours au poison, qui lui fut donné dans une paire de gands parfumés. Il étoit si bien préparé et si subtil, que peu de temps après qu'elle les eut mis, elle fut attaquée d'une fièvre très-violente qui l'emporta en quatre jours. » L'auteur des Mémoires d'État sous Charles IX, d'Aubigné et L'Estoile confirment ce fait. Ces gants avaient été vendus à la reine Jeanne par le marchand-parfumeur de Catherine de Médicis, milanais d'origine selon les uns, et florentin selon d'autres ; il s'appelait René Bianque, et habitait sur le pont St.-Michel. On l'avait surnommé l'*empoisonneur de la reine* ; on suppose que le prince *Porcian* avait été déjà empoisonné par lui au moyen de gants parfumés. De Thou rapporte que ce misérable se vantait de faire des parfums qui n'étaient pas propres à la santé. Après la mort de la reine de Navarre, il ne cachait pas, dit-on, « qu'il avoit encore le cas tout prêt pour deux ou trois autres qui ne s'en doutoient pas. » Il se signala dans les massacres de la St.-Barthélemy, et finit, dit L'Estoile, par mourir sur un fumier; sa femme, ajoute le même auteur, était une vilaine qui mourut au lit d'honneur, et ses deux fils furent roués pour vol commis avec assassinat.

La mort de la reine de Navarre était la perte la plus sensible que pût faire le protestantisme en France. Aussi la douleur fut générale, et même dans le camp ennemi, il y eut des larmes sincères de répandues. Les vertus privées et publiques de Jeanne forçaient l'admiration de tous les partis. Au jugement même de Davila, « c'étoit une princesse d'un courage héroïque, d'un esprit très-élevé et d'un mérite bien au-dessus de son sexe ; avec ces grandes qualités, quoique dépouillée de son royaume, elle soutint toujours avec majesté le nom de reine. Sa fermeté n'éclata pas moins dans la guerre, malgré le nombre et la puissance de ses ennemis. Dans les plus grands dangers et dans les dernières extrémités où son parti se trouvoit réduit, elle jetta les fondemens de cette grandeur, où son fils s'est élevé depuis... Les grands talens de cette princesse, soutenus par sa vertu et sa libéralité, mériteroient d'éternels éloges, si elle n'eût embrassé opiniâtrément la doctrine de Calvin, en voulant, sans les lumières acquises par l'étude, pénétrer et même expliquer les plus profonds mystères de la théologie. » La plupart des écrivains catholiques sont forcés de rendre à la reine Jeanne la même justice, mais ils le font sous la même réserve. « Outre les perfections du corps, dit le jésuite Maimbourg, elle en eut de si grandes dans l'âme, dans le cœur et dans l'esprit, qu'elle eust pû mériter le glorieux titre de l'Héroïne de son temps. » Et en effet, qu'on la considère comme mère, comme épouse ou comme reine, il n'y a pas une tache dans sa vie.

ALBRET-MIOSSENS (Famille d'). Cette famille descendait d'Etienne, bâtard d'Albret et de Françoise de Béarn, dame de Miossens. Leur fils, Jean, baron de Miossens et de Coarase, favorisa de tout son pouvoir l'introduction de la réforme dans les états de la reine de Navarre, dont il embrassa constamment les intérêts. Il avait épousé Susanne de Bourbon-Busset qui fut choisie pour gouvernante du jeune prince de Béarn, depuis Henri IV. Il en eut plusieurs enfants. L'aîné, *Henri*, qui avait accompagné le roi de Navarre à la Cour de France pour assister aux cérémonies de son mariage avec Marguerite de France, faillit être au nombre des victimes de la Saint-Barthélemi. Marguerite dans ses Mémoires raconte que M. de Miossans, premier gentilhomme du roi son mari, et Armagnac, son premier valet de chambre, la vinrent trouver pour la prier de leur sauver la vie. « Je m'allay jetter à genoux, continue-t-elle, devant le roy et la reyne ma mère pour les leur demander : ce qu'enfin ils m'accordèrent, » — à la condition sans doute qu'ils changeassent de religion. L'année suivante, ce fut sinon lui, du moins un gentilhomme de son nom qui, au rapport de Marguerite de Valois, éventa le projet d'évasion du duc d'Alençon et du roi de Navarre. « M. de Miossans, gentilhomme catholique, dit-elle, ayant advis de cette entreprise... m'en advertit pour empescher le mauvais effet qui eust apporté tant de maux à eux et à cet estat. » L'affaire, ajoute-t-elle, fut conduite avec tant de prudence, « que, sans qu'ils pussent sçavoir d'où leur venoit cet empeschement, ils n'eurent jamais moyen d'eschapper. » Le 4 juin 1574, Henri de Navarre chargea le baron de Miossens d'aller complimenter le roi de Pologne, Henri III, sur son avénement à la couronne de France. Rambouillet et d'Estrées furent les deux autres seigneurs, au rapport de L'Estoile, qui furent honorés avec lui d'une semblable mission de la part de Médicis et du duc d'Alençon. Il paraîtrait qu'après avoir rempli cette ambassade, le baron de Miossens ne retourna pas à la Cour, auprès du roi son maître. Au mois de janvier 1576, peu de jours avant de mettre à exécution son projet d'évasion, Henri de Navarre lui écrivait une lettre, dont la suscription porte : « A mon cousin, M. de Miossens, premier gentilhomme de ma chambre, gouverneur et mon lieutenant général en mes pays de Béarn et Basse-Navarre. » Henri, dans cette lettre, parle d'un frère du baron de Miossens, sur lequel on n'a aucune espèce de renseignement. « Lavardin, vostre frère, et Saincte Colombe, écrit-il, sont les chefz de mon conseil. » M. Berger de Xivrey, l'éditeur des Lettres Missives de Henri IV, dont le gouvernement poursuit la publication, ajoute en note : « Le P. Anselme indique un frère de M. de Miossens, mais sans avoir pu recueillir aucune autre notion que celle de son existence. » Dans ce cas, il y aurait doute si ce n'est pas à ce frère du baron Henri de Miossens (que M. Berger appelle par erreur Jean) que doivent se rapporter une partie des détails qui précèdent. Quoi qu'il en soit, c'est sans doute de lui que parle Sully, dans ses OEconomies royales, lorsqu'il nous apprend qu'il y avait deux partis à la Cour du roi de Navarre: «l'un de catholiques, composé de MM. de *Laverdin*, Miossens, *Grand-Mont*, *Duras*, Roquelaure, Saincte-Coulombe, Begoles, Podins et autres [la plupart d'entre eux avaient abjuré]; l'autre de huguenots, composé de MM. de *Thurenne*, *Mont-Gommery*, *Guitry*, *Lesignan*, *Favas*, *Pardaillan*, et autres, lesquels par plusieurs fois faillirent d'en venir aux mains... »

ALEMAND (LOUIS-AUGUSTIN), né à Grenoble en 1643. Après avoir terminé ses études à l'université de Valence et y avoir pris le grade de docteur-ès-arts, Alemand se fit recevoir avocat au parlement de Grenoble. Les persécutions contre les Protestants augmentaient chaque jour de rigueur; toutes les carrières leur étaient successivement fermées, et ceux d'entre eux qui ne voulaient pas renoncer à la foi de leurs pères, étaient contraints d'émigrer. Alemand n'eut pas la force d'affronter les périls de la fuite et de s'exposer aux misères de l'exil; il abjura en 1676, et, abandonnant en même temps la carrière du barreau, il se fit recevoir docteur en médecine à la faculté d'Aix. Il nourrissait l'espoir d'obtenir une place de chirurgien dans la marine; mais toutes ses démarches furent vaines. Il prit alors le parti de se rendre à Paris, où il publia, en 1688, in-12, ses *Nouvelles observations ou Guerre civile des Français sur leur langue*, essai d'un dictionnaire historique et critique de tous les mots, de toutes les locutions, de toutes les règles contestés. L'Académie française, qui se disposait à faire paraître son Dictionnaire, arrêta l'impression de cet ouvrage qui devait former deux volumes in-folio et était presque achevé.

Alemand ayant obtenu de l'abbé de La Chambre le manuscrit des nouvelles observations de Vaugelas, le publia deux ans plus tard sous le titre : *Nouvelles remarques de M. de Vaugelas sur la langue française, ouvrage posthume, avec des observations de M. H.*, Paris, 1690, in-12. Cette publication fut suivie de l'*Histoire monastique d'Irlande*, Paris, 1690, in-12 ; trad. en angl., Lond., 1722, in-8°. En 1694, il donna le premier volume d'un *Journal historique de l'Europe pour l'année 1694*, Strasb. (Paris), 1695, in-12, qui ne fut pas continué, les rédacteurs de la Gazette de France, du Journal des Savants et du Mercure s'étant opposés à ce qu'on expédiât un privilége pour cet ouvrage. On doit aussi à Alemand une traduction de la *Médecine statique de Sanctorius*; et, s'il faut en croire Carrère, le *Secret de la médecine des Chinois*, Grenoble, 1671, in-12. Il se proposait de publier un traité sur l'ancienneté des médecins méthodiques, lorsqu'il mourut à Grenoble en 1728. — Son frère, avocat au parlement de Grenoble, abjura comme lui ; mais, comme lui aussi, il conserva au fond du cœur le souvenir de la religion dans laquelle il avait été élevé. Il essaya d'apporter quelque soulagement aux maux de ses anciens coreligionnaires en dédiant au P. La Chaise un livre où il s'efforçait de démontrer que les Protestants pouvaient servir à l'avancement de la religion catholique, et proposait un nouveau plan de conduite à leur égard.

ALLEMAGNE (N. D'), pasteur de l'église de Sézanne, en 1670, s'est acquis une fâcheuse célébrité par la part trop active qu'il consentit à prendre dans l'exécution du fameux projet de réunion de l'Église protestante avec l'Église catholique. Issu d'une famille noble et parent par alliance d'un des premiers ministres de l'état, il se crut appelé à jouer un rôle important, et sa vanité l'aveuglant sur son mérite réel, il ambitionna une place de pasteur dans l'église de Paris. N'espérant pas toutefois arriver au but de ses désirs par le choix libre du consistoire, il eut recours au crédit de la famille de sa femme et se fit nommer commissaire du roi auprès du synode de l'Isle de France. La Cour, qui se berçait alors du fol espoir que la décision de quelques ministres corrompus par ses faveurs et ses promesses suffirait pour faire rentrer les Huguenots dans le sein de l'Église romaine, accepta avec reconnaissance la coopération d'un homme qu'on lui dépeignait comme propre à faciliter la réunion désirée. D'Allemagne fut donc nommé commissaire royal auprès du synode qui s'assembla à Charenton en 1671. Jamais on n'avait vu avant cette époque un ministre revêtu de ces fonctions; aussi cette nouveauté excita-t-elle de légitimes soupçons; mais la prudence exigeait qu'on ne les fît pas trop paraître. Le ministre de Sézanne assista sans opposition au synode, seulement quand il voulut opiner en sa qualité de pasteur, le synode le força à se renfermer dans sa charge de commissaire, en lui déclarant que si, comme représentant du roi, il n'était pas soumis à sa juridiction, il l'était comme ministre et que, comme tel, sa conduite allait être examinée sévèrement. D'Allemagne ne crut pas prudent de s'exposer aux censures de l'assemblée; il alla même plus loin, et se sépara de son église, soit qu'il espérât se pousser plus facilement à la Cour, soit qu'il voulût prévenir de nouvelles contestations dans le cas où il serait continué dans ses fonctions de commissaire royal. A ce dernier égard, son attente fut trompée; car, lorsque deux ans plus tard, un nouveau synode fut tenu à Charenton, la cabale des *accommodeurs* travailla vainement à le maintenir dans sa charge; le député général, *Ruvigny*, para le coup et obtint que la commission serait donnée à un autre. Cet autre, il est vrai, fut *La Brosse de L'Hôpital*, beau-frère de d'Allemagne.

L'église de Sézanne, cependant, n'ayant pu obtenir du synode le pasteur qu'elle souhaitait, le supplia de lui rendre son ancien ministre pour lequel elle avait conservé une vive affection. D'Allemagne, qui ne se souciait nullement d'y retourner, obtint une lettre de cachet portant que, vu ses bons services, S. M. lui ordonnait de quitter l'église de Sézanne et de suivre la Cour. Le synode ne pouvait aller à l'encontre d'un pareil ordre, lors même qu'il en aurait eu l'intention; cependant il ne voulut pas laisser impunie une semblable révolte contre la discipline, et il cita d'Allemagne à comparaître devant le prochain synode pour répondre à diverses accusations portées contre lui, tout en le déclarant incapable de remplir les fonctions pastorales dans aucune église, jusqu'à ce qu'il se fût justifié. D'Allemagne eut de nouveau recours à ses protecteurs. La délibération du synode de Charenton fut annulée par un arrêt du Conseil qui le rétablit dans son église de Sézanne, que, deux mois auparavant, un autre arrêt lui avait ordonné de quitter. Il y retourna; mais il avait perdu toute considération. Pour échapper aux mortifications dont on l'abreuvait, il prit un parti désespéré, il se fit catholique. Sa conversion acheva de le perdre à la Cour même; on l'abandonna dès qu'on ne put plus se servir de lui. Il reconnut alors dans quel abîme l'avait entraîné sa vanité. Plein de remords, il passa en Angleterre où il répara sa faute d'une manière touchante et donna des preuves de patience et d'humilité dans l'obscure condition où il vécut jusqu'à sa mort.

ALLIX (Pierre), savant controversiste, né à Alençon, en 1641, et mort à Londres le 3 mars (20 février, v. st.) 1717.

Son père (1), qui exerçait avec honneur le ministère dans la ville d'Alençon, le dirigea lui-même dans ses études, qu'il lui fit compléter aux universités protestantes de Saumur et de Sédan. Nommé pasteur à Rouen, selon

(1) Peut-être *Jean Allix*, pasteur à Dangeau en 1620 et à Marchenoir en 1637.

le P. Nicéron, ou à St-Agobille (1) en Champagne, selon Chauffepié, qui relève cet écrivain, en s'appuyant sur des mémoires fournis par la famille, Allix y remplit les fonctions pastorales environ un ou deux ans, c'est-à-dire jusqu'en 1670. A cette époque, il fut attaché à l'église de Charenton, où il succéda vraisemblablement au ministre *Jean Daillé*, mort le 15 avril. Benoît rapporte dans son Histoire de l'édit de Nantes, que l'église de Paris ayant perdu ses vieux pasteurs qui avaient atteint l'extrême vieillesse, on fut dans une grande peine pour leur donner de dignes successeurs. « On n'étoit pas assuré, dit-il, que les autres églises voulussent céder à celle de Paris les pasteurs dont elles étoient bien servies : chacun dans ce tems fâcheux voulant avoir pour conducteurs des personnes en qui il pût prendre confiance. » A la fin, le choix s'arrêta sur Allix et sur *Ménard*, « encore jeunes, dit l'historien ; mais assez connus pour donner de grandes espérances. » Leur vocation fut confirmée par le synode tenu à Charenton en 1671, qui leur adjoignit pour collègue le ministre de Rouen, de *Langle*. « La solidité des sermons d'Allix, dit Chauffepié, lui attiroit toujours un nombreux auditoire. » Outre le grand nombre d'ouvrages de controverse qu'il publia alors, il travailla avec le ministre *Claude* à une nouvelle version française de la Bible. A la révocation de l'édit de Nantes, le 22 octobre 1685, tous les ministres de Charenton reçurent l'ordre de quitter Paris dans les 24 heures et le royaume dans 15 jours. Allix se retira d'abord à St-Denis, et après avoir obtenu avec beaucoup de peine un passe-port pour sortir de France, il passa en Angleterre avec sa femme, *Marguerite Roger*, et ses trois enfants. Jacques II lui accorda une patente pour fonder à Londres une église française du rite anglican. Trois ans après son arrivée dans le pays, il s'en était rendu la langue assez familière pour écrire un livre en anglais : *Defence of the Christian Religion*, qu'il dédia au roi comme un témoignage de reconnaissance pour l'hospitalité accordée aux réfugiés de France. Après la révolution, en 1690, Allix fut nommé, à la recommandation de l'évêque Burnet, chanoine et trésorier de la cathédrale de Salisbury. Nicéron et ses copistes se trompent sans doute lorsqu'ils avancent qu'il avait été pourvu auparavant d'un canonicat à Windsor ; les auteurs de la Biogr. Britann. n'ont rien trouvé qui confirmât ce fait. Le vaste savoir d'Allix lui avait acquis en Angleterre comme en France une grande réputation. Non-seulement les universités d'Oxford et de Cambridge lui donnèrent un témoignage public de leur estime en lui conférant le grade de docteur honoraire en théologie ; mais le clergé d'Angleterre lui-même l'honora au point de le charger d'écrire l'histoire des Conciles. « Le Parlement, dit Chauffepié, avoit une si haute idée de la capacité d'Allix pour exécuter cet important dessein, qu'il décida que tout le papier que l'on feroit venir de Hollande pour l'impression de cet ouvrage seroit exempt des droits d'entrée. » Cette histoire devait former 7 vol. in-fol. Si ces faits sont exacts, on comprendra difficilement que ce travail n'ait pas vu le jour. La raison qu'on en donne nous semble peu concluante. Le nombre des souscripteurs, dit-on, n'ayant pas paru suffisant à l'éditeur, il craignit de hasarder les frais d'impression, et le projet en resta là. Quoi qu'il en soit, il paraît que notre auteur ne laissa pas que de rencontrer par la suite des libraires plus entreprenants, car il se passa peu d'années qu'il ne fît paraître quelque nouvelle publication. Son activité égalait son zèle. « Le docteur Allix, dit un de ses biographes, étoit

---

(1) Il y a sans doute une erreur de nom. Ni La Martinière dans son Grand Dict. Géogr. (1726), ni le professeur Duclos dans son Dict. gén. des villes, bourgs, villages, hameaux et fermes de la France (1843) ne font mention de cet endroit, qui n'est pas indiqué non plus dans les tables officielles des églises dressées en 1637.

aimé et estimé de tous les savans de son tems. Il avoit beaucoup d'amis, avec lesquels il entretenoit un commerce régulier. Extrêmement zélé pour la religion protestante, il étoit toujours prêt à en prendre la défense contre les attaques de ceux de l'Église romaine. Il désiroit passionnément de réunir les Protestans, surtout les Luthériens avec les Réformés, et il consulta souvent là-dessus avec les ministres de Genève, de Hollande et de Berlin. Il avoit une profonde connoissance de toutes les sciences..... Il possédoit très-bien l'hébreu, le syriaque et le chaldéen ; et comme il avoit une vaste lecture et une excellente mémoire, il étoit en quelque sorte une bibliothèque vivante, et sa conversation étoit également agréable et instructive. » Au jugement de l'abbé de Longuerue, Allix était le plus savant des ministres de Charenton ; il le mettait bien au-dessus du ministre Claude. Mais dans un autre endroit du Longueruana, le savant abbé le traite un peu durement : « J'ai connu, dit-il, M. Allix, bon homme, qui avoit quelque goût pour les sciences ; mais qui devint fou quand il fut en Angleterre, mais fou à faire des prophéties. » Nous aurons l'occasion de faire remarquer, dans la partie bibliographique de notre notice, celui des ouvrages de notre auteur auquel l'abbé de Longuerue fait ici allusion. Allix termina sa laborieuse carrière à l'âge d'environ 76 ans. Il laissa une veuve et 5 enfants, dont trois fils et deux filles. Le fils aîné, PIERRE, marcha sur les traces de son père. Après avoir pris le grade de docteur en théologie à l'université de Cambridge, il remplit les fonctions de chapelain ordinaire du roi. Il était doyen d'Ely en 1734. Les Biogr. anglaises ne nous font pas connaître les autres particularités de sa vie.

NOTICE BIBLIOGRAPHIQUE.

I. *Ratramne ou Bertram, prêtre, Du corps et du sang du Seigneur*, Lat. et franç., Rouen, 1672, in-12. — Allix fit précéder sa trad. d'un Avertissement où il prouve que l'opinion émise par Ratramne est en opposition avec les doctrines de l'Église romaine. Déjà l'année précédente, il avait publié une *Réponse à la Dissertation sur Bertram et Jean Scot ou Érigène, qui est à la fin du premier tome de la Perpétuité de M. Arnaud*. L'auteur de cette Dissertation, le P. Anselme Paris, répliqua à la Réponse d'Allix (qui avait paru à la fin du second volume du livre de *Jean Claude* contre l'ouvrage d'Arnaud), dans sa Créance de l'Église grecque sur la transsubstantiation. L'importance du traité de Ratramne pour l'histoire de la dogmatique chrétienne nous engage à entrer dans quelques détails. Ratramne ou Bertram était moine de l'abbaye de Corbie et vivait vers le milieu du IXe siècle. C'est à la demande de Charles-le-Chauve qu'il composa son livre *De corpore et sanguine Domini*, où il se prononce contre la présence substantielle ou réelle du Christ dans l'eucharistie. La 1re édition en parut à Cologne, en 1532, sous le titre *Bertrami presbyteri ad Carolum magnum imperatorem*. Comme nous l'avons dit, ce n'est pas à Charlemagne, mais à Charles-le-Chauve qu'il était adressé. Les Catholiques en contestèrent l'authenticité jusqu'à ce que le savant Dom Mabillon leva tous les doutes à cet égard. Dans son exposition, Ratramne s'exprime ainsi : « L'Excellence de Votre Majesté demande, touchant ce que le corps et le sang du Christ est pris en l'Église par la bouche des fidèles, s'il se fait en mystère ou selon la vérité : c'est à dire, à sçavoir mon, s'il contient quelque chose de secret, qui seulement se puisse voir par les yeux de la foy : ou si, sans adombration d'aucun mystère, l'aspect corporel regarde extérieurement ce que la veüe de l'entendement avise intérieurement : en sorte que tout ce qui se fait là soit clair, évident et manifeste. Item, à sçavoir mon, si c'est le mesme et propre corps qui est nay de Marie, et qui a souffert, qui est mort, et a esté ensevely, et qui est ressuscité et monté aux cieux, se sied à la dextre du Père. » Ratramne passe ensuite à l'examen de ces questions et conclut en ces termes : « Votre sagesse, Prince très-illustre, considère que par ces témoignages allégués des Sainctes Escritures, et par les dits des Saincts Pères, il est très évidemment démontré que le pain qui est appellé corps de Christ, et la coupe appellée sang de Christ, est figure, d'autant que c'est mystère : et qu'il n'y a pas petite différence entre le corps qui est corps par mystère, et le corps qui a souffert, qui a esté ensevely et est ressuscité, etc. » « Adjoutons aussi, continue-t-il, que cestuy pain et ceste coupe, qui est nommé corps et sang de Christ, représente la mémoire de la passion et mort du Seigneur, ainsi que luy mesme dit en l'Évangile : Faites ceci en mémoire de moy... Toutes fois, il ne faut point penser, pour ce que nous disons, que le corps du Seigneur et le sang d'iceluy ne soyent pris par les fidèles au mystère du sacrement : attendu que la foy prend non ce qu'elle voit des yeux, mais ce qu'elle croit, etc. » A l'exemple des écrivains scolastiques, en général, Ratramne se perd fréquemment dans des subtilités où les deux partis ont trouvé également, et de très bonne foi, des arguments en faveur de leur opinion. On lit dans un Avertissement placé en tête de la traduction (1619, sans autre indication) à laquelle nous avons emprunté nos citations : «... l'autheur n'a sceu si bien faire qu'il n'ait usurpé ces vocables immoler, sacrifier, sacrifice et autres semblables. Mais vous pourrez aisément voir par tout le discours que ces mots sont dits par similitude ; sacrifice pour mémoire de sacrifice ; sacrifier et immoler, pour remémorer le sacrifice. Il a mesme avec les docteurs de l'Église de son temps appelé le pain consacré corps, et le vin sang de Christ. Puis il dit souvent que le pain est transmué et changé en corps : mais tout cela ne veut dire autre chose, si non que le pain pour la représentation du corps est appellé corps ; et que le vin prend le nom de sang après la consécration et bénédiction sacerdotale, c'est à dire du ministre de la parole de Dieu. » On voit que les paroles de Ratramne ont besoin d'un commentaire, que chacun a donné à sa façon. Cependant au jugement de l'abbé de Longuerue, « Rhatram est plus calviniste que Calvin même. »

II. *Dissertatio de Trisagii origine*, auctore P. A. V. D. M. (Petro Allixio, Verbi Divini ministro), Rothomagi, 1674, in-8° et in-4°.

III. *Dissertationes III.* 1° *De Sanguine D. N. J. Ch. ad epistolam 146 S. Augustini, qua num adhuc existat, inquiritur;* 2° *De Tertulliani vita et scriptis;* 3° *De Conciliorum quorumvis definitionibus ad examen revocandis*, Paris, 1680, in-8°. — Ces dissertations parurent séparément. Barbier dans son Dict. des Anonymes assigne à celle sur Tertullien la date de 1678 ; une trad. franç. en parut dans l'Apologétique de Tertullien, trad. par l'abbé Giry, Amst., 1701, in-12.

IV. *Anastasii Sinaitæ anagogicarum contemplationum in hexahemeron liber XII, græc. et lat., ex versione et cum notis Andreæ Dacerii ; cui præmissa est Expostulatio de S. Joannis Chrysostomi epistola ad Cæsarium monachum adversus Apollinarii hæresin, à parisiensibus aliquot theologis non ita pridem suppressa*, Lond. 1682, in-4°. — Ce qui inspira à Allix l'idée de son ouvrage, que quelques-uns ont attribué à tort à *Justel*, ce fut la suppression qui fut ordonnée de la lettre au moine Césaire dans l'édition, que le savant Émeric Bigot publia, en 1680, de la Vie de S. Chrysostome par Pallade, en grec et en latin. Plusieurs passages de cette lettre sont, en effet, contraires à la doctrine de la transsubstantiation.

V. *Douze Sermons de P. A. sur divers textes*, Rott. 1685, in-12. — Deux autres *Sermons* avaient déjà paru, Charenton, 1676, in-8°.

VI. *Réflexions critiques et théologi-*

ques sur la controverse de l'Église. — Nous ne trouvons l'indication de cet ouvrage d'Allix que dans le Dictionnaire de Chauffepié. Ce savant critique en cite une édition de 1686, mais il ne pense pas que ce soit la première.

VII. *Determinatio F. Joannis Parisiensis Prædicatoris, de modo existendi corpus Christi in Sacramento Altaris, alio quàm sit ille quem tenet Ecclesia, nunc primum edita ex MS. cod. S. Vict. Paris.; cui præfixa est Præfatio historica de dogmate transsubstantiationis*, Lond., 1686, in-8°. — Dans sa préface historique, Allix cherche à prouver qu'avant le Concile de Trente, l'Église romaine ne tenait pas la transsubstantiation pour un article de foi. C'est l'abbé de Longuerue qui lui avait fait tenir une copie de l'ouvrage de Jean de Paris, en lui envoyant en même temps un traité de sa composition sur le même sujet, qu'il désirait qu'on imprimât en Angleterre. Ce traité qui a été attribué à tort à Allix, mais que l'abbé n'a jamais avoué, avait pour titre : *Traité d'un auteur de la communion romaine touchant la transsubstantiation, où il fait voir que, selon les principes de son Église, ce dogme ne peut être un article de foi*, Lond., 1686, in-12.

VIII. *Les maximes du vrai Chrétien*, à la suite du livre intitulé : *Bonnes et Saintes pensées pour tous les jours du mois*, Amst., 1687, in-24.

IX. *Réflexions sur les cinq livres de Moyse, pour établir la vérité de la religion chrétienne*, tom. I., Lond. 1687, in-8°; Amst., même ann., in-12. — Deux ans après, Allix fit paraître la suite de cet ouvrage sous le titre : *Réflexions sur les livres de l'Écriture Sainte, pour établir la vérité de la religion chrétienne*, tom. II, Amst. 1689, in-8°; ce second volume fut d'abord publié en anglais avec la trad. du premier par l'auteur lui-même, Lond., 1688, 2 vol. in-8°. Plusieurs éditions. Une trad. allem. de cet ouvrage a été donnée par Eschenbach, Nuremb., 1702, in-8°; avec annotations par Mützel, Schwabach, 1770-74, 4 part. in-8°.

X. *L'adieu de S. Paul aux Éphésiens*, Amst. 1688, in-12. — Sermon qu'Allix devait prononcer à Charenton le jour même où le temple fut fermé. Ce fut le pasteur Ménard qui fit le dernier sermon prêché dans ce temple.

XI. *A discourse concerning penance; showing how the doctrine of it in the Church of Rome makes void true repentance*, Lond., 1688, in-4°. — Il ne paraît que ce Discours sur la pénitence ait été trad. en français, non plus que les traités suivants.

XII. *An historical discourse, concerning the necessity of the minister's intention in administering the sacrament*, 1688, in-8°.

XIII. *A discourse concerning the merit of Good Works*, Lond., 1688, in-4°.

XIV. *Preparations for the Lord's Supper, with maxims of true Christianity from the french of Paul Lorrain*, Lond., 1688, in-8°.

XV. *An examination of the scruples of those who refuse to take the oaths*, Lond., 1689, in-4°.

XVI. *The judgment of the ancient Jewish Church against the Unitarians, respecting the Trinity and divinity of Christ*, Lond., 1689, in-8°; trad. en allem. par C. M. Seidelius, avec une préface de Godfried Arnold, Berlin, 1707, in-4°. — Allix entreprend de faire voir que l'ancienne Église judaïque a eu sur la Trinité et sur la divinité du Messie les mêmes idées que l'Église chrétienne, quoique moins claires et moins précises. Cet ouvrage a été vivement attaqué par Étienne Nye, recteur d'Hormead, dans sa Doctrine de la sainte Trinité et de la divinité de J. Ch., telle qu'elle est enseignée dans l'Église catholique, et dans l'Église anglicane, en IV lettres, Lond. 1701, in-8°.

XVII. *Some Remarks upon the ec-*

clesiastical history of the ancient churches of Piedmont, Lond., 1690, in-8°.

XVIII. *Remarks upon the ecclesiastical history of the ancient churches of the Albigenses, Lond.*, 1692, in-4°; écrit d'abord en français, selon Chauffepié, et trad. ensuite en anglais.

Dans ces deux derniers ouvrages, Allix cherche à prouver contre Bossuet, que les anciennes églises des Vaudois et des Albigeois n'étaient pas entachées de manichéisme; que depuis le temps des Apôtres jusqu'au XIIIe siècle, elles se sont maintenues dans l'indépendance de l'Église de Rome, en conservant dans sa pureté la doctrine de l'Évangile, et finalement qu'elles ont eu une succession non interrompue de pasteurs régulièrement ordonnés.

XIX. *Animadversions on Mr. Hill's Vindication of the primitive Fathers against the Right Reverend Gilbert, bishop of Sarum*, 1695, in-4°. — Serait-ce le même ouvrage que Chauffepié indique sous ce titre : *Défense des Pères*, etc., *pour servir de réponse à un livre intitulé : Jugem. des Pères sur la doctrine de la Trinité, opposé à la Défense de la foi de Nicée du Dr. George Bull.*

XX. *Dissertatio in Tatianum*, 1700, in-8°. — Cette dissertation, imprimée à la fin des œuvres de Tatien à Oxford, est attribuée à l'abbé de Longuerue dans le catalogue des ouvrages de ce savant écrivain, mis en tête du Longueruana.

XXI. *De Messiæ duplici adventu dissertationes duæ adversus Judæos*, Lond. 1701, in-12; trad. en allem. par Eschenbach, avec les Réflexions sur les livres de l'Écriture Sainte, Nuremb., 1702, in-8°. — C'est dans ce livre qu'Allix eut la malheureuse idée de vouloir déterminer le temps de la seconde venue du Christ sur la terre, qu'il annonce pour l'an 1720 ou au plus tard 1736. Il ne vécut pas assez pour se convaincre de la vanité de ses prophéties.

XXII. *The Book of psalms, with an Abridgement of each psalm, and Rules for the interpretation of the sacred Book*, Lond., 1701, in-8°. — Cet ouvrage est écrit dans le même esprit que le précédent. Au jugement de Bayle, « Allix donne à la plupart des pseaumes un sens bien différent de celui qu'on leur a attribué jusqu'à présent; il trouve des prophéties partout, et se récrie contre ceux qui leur donnent un double sens. »

XXIII. *Nectarii patriarchæ Hierosolymitani Confutatio imperii Papæ in Ecclesiam*, Lond., 1702, in-8°. — Traduction en latin de l'original grec.

XXIV. *Aug. Hermanni Francke Manuductio ad lectionem Script. Sacræ, edita studio P. A.* Lond. 1706, in-8°. — Francke est le célèbre fondateur de la Maison des Orphelins de Halle.

XXV. *Dissertatio de J. Ch. anno et mense natali*, Lond., 1707 in-8°.

XXVI. *The prophecies which Mr. Whiston applies to the times immediately following the appearance of the Messiah, considered and examined*, Lond., 1707, in-8°

XXVII. *A Confutation of the hopes of the Jews*, Lond., 1707, in-8°.

XXVIII. *Préparations à la Cène*, Niort, 1682, in-12, et Lond. 1688, selon Adelung; souv. réimpr. à Genève.

XXIX. *Remarks on some places of Mr. Whiston's Books, either printed or in manuscript*, Lond., 1711, in-8°.

Quelques écrivains ont, en outre, attribué à notre auteur: l'Ouverture de l'Épitre de Saint Paul aux Romains, etc., du ministre *Jurieu;* le traité De l'état de l'homme après le péché et de sa prédestination au salut, etc., de *Ch. Le Cène.* — Notre meilleur bibliographe, Brunet, ne cite pas un seul ouvrage d'Allix.

ALLUT (Jean), Voy. Elie Marion.

ALPERON, juif converti au Protestantisme. Il enseignait la langue hébraïque à Loudun, lorsque le bruit des succès qu'il obtenait dans son enseignement, souleva les bigots contre lui, et le 17 janvier 1665, une lettre de cachet ferma son école.

ALTBIESSER (Symphorien), plus connu sous le nom latin de Pollio, naquit à Strasbourg dans la seconde moitié du xv° siècle. Il embrassa l'état ecclésiastique et remplit pendant quelque temps les fonctions sacerdotales à Rosheim. Nommé curé de St.-Étienne à Strasbourg, il acquit une si haute réputation d'éloquence que le chapitre ne crut pouvoir mieux choisir qu'un orateur aussi goûté pour l'opposer à *Zell*, en attendant l'arrivée du successeur de *Wickram*, et afin d'augmenter encore son influence sur le peuple, il lui donna, en 1522, la cure de St.-Martin. Jamais attente ne fut plus cruellement trompée! Comme si l'esprit de Wickram se fût emparé de lui dès qu'il monta dans sa chaire, Altbiesser rivalisa dans la prédication de l'Évangile avec celui qu'il était chargé de combattre. Le chapitre se hâta de le renvoyer à son église, mais il ne put en même temps lui ravir la faveur populaire. Altbiesser continua à marcher d'un pas ferme dans les voies de la réforme. Pour réparer le scandale de sa vie passée, il épousa sa ménagère, dont il avait plusieurs enfants. C'était un nouveau grief à ajouter à tous les autres. Le chapitre le destitua, en 1524. Retiré dans une petite cure aux portes de Strasbourg, Altbiesser y vécut quelques années encore, partagé entre ses devoirs de pasteur et son goût pour l'étude, auquel il paraît avoir sacrifié plus qu'il ne semblait convenable aux rigides réformateurs, ses collègues, s'il faut voir toutefois un reproche dans ce qui lui fut imputé au synode de 1533, de passer de la boutique du libraire dans la chaire.

Altbiesser, au reste, ne possédait ni des connaissances étendues ni des talents éminents. Le savant *J. Sturm* dit de lui, dans son Antipappus, qu'il était plutôt orateur populaire que lettré. Sauf une édition du Speculum vitæ humanæ de Roderic de Zamora qu'il a donnée, en 1507, avec Wimpheling, il n'a laissé que trois cantiques ou plutôt la traduction de trois chants de l'antiphonaire, le Pater, le cantique de Zacharie et le Magnificat, publiés dans la liturgie de l'église de Strasbourg. Ce petit livre, auquel ont travaillé plusieurs des réformateurs de Strasbourg, a paru vers 1525, in-8°, sous le titre: Ordre et contenu de la messe allemande et des vêpres, adoptés aujourd'hui par les pasteurs évangéliques et chrétiens de Strasbourg. Le succès prodigieux qu'il obtint décida les libraires à en donner de nombreuses éditions qui, toutes, présentent des variantes considérables.

AMALRI (Jean), dit *Sanglar* ou *Senglar*, natif de Montpellier, un des plus braves chefs des Protestants dans le Languedoc. Il s'était déjà acquis une certaine réputation, lorsque *Baudiné*, baron de Crussol, l'envoya, en 1562, commander dans la ville d'Agde, alors menacée par Joyeuse, en la place du capitaine *Condormiac* qui venait de mourir. Ce fut le 30 octobre que les Catholiques parurent sous les murs de cette ville importante, et ils la serrèrent de si près qu'il fut impossible à *Calvet*, enseigne de Sanglar, et à *Antoine Dupleix*, dit *Gremian*, d'y jeter le renfort qu'ils amenaient. La ville manquait de munitions; la garnison était extrêmement faible, et pour comble de malheur, la mort du capitaine de *Lom*, autrement dit *Pareloups*, et l'absence de son lieutenant *Perrean* laissaient le gouverneur sans un seul officier capable de le seconder. Mais le courage de Sanglar, soutenu par la résolution des habitants, suffit à tout.

Les assiégeants ouvrirent le feu le 1er novembre. Une batterie de six pièces de canon battit en brèche les faibles murailles de la ville, et l'assaut fut préparé. Les habitants, encouragés par leur ministre, nommé *Torreau*, « homme plein de zèle et de courage, » dit Bèze, se disposèrent de leur côté à recevoir bravement les assaillants. L'assaut dura quatre heures avec un acharnement inouï. L'ennemi, repoussé sur tous les points, battit en retraite, laissant un grand nombre de morts sur la place. La nuit entière fut consacrée par les assiégés à réparer la brèche ; hommes, femmes, enfants, tous s'y employèrent. Le lendemain se passa en escarmouches dans l'une desquelles le ministre *Torreau* reçut une blessure dont il mourut quelques jours après.

Dès le commencement du siége, un soldat, nommé *Trencaire*, s'était chargé d'aller chercher du secours à Béziers. L'entreprise était périlleuse : il fallait traverser le camp ennemi, passer l'Hérault à la nage et franchir plusieurs lieues d'un pays sillonné en tous sens par l'ennemi. L'intrépide Trencaire surmonta tous les obstacles : il obtint des Protestants de Béziers qu'ils enverraient au secours d'Agde cent vingt arquebusiers commandés par le capitaine *Angles* et portant chacun, outre son fourniment, une livre de poudre. Cette petite troupe, guidée par lui, entra dans la ville à la faveur de la nuit, le 3 novembre. Le même jour, le canon de Joyeuse ouvrit une nouvelle brèche ; mais les assiégés reçurent avec tant de vigueur ceux qui se présentèrent à l'assaut, que la retraite fut bientôt sonnée. La nuit suivante, Joyeuse, averti de l'approche de Baudiné, leva son camp en toute hâte et se replia sur Pézenas avec son artillerie et les débris de son armée.

Cette belle défense valut à Sanglar le titre de gouverneur d'Agde que lui conféra quelques jours après le comte de *Crussol*, frère aîné de Baudiné, qui venait d'être élu « par les Estats des villes et diocèses protestants tenus à Nismes, chef du pays, conducteur, protecteur et conservateur jusques à la majorité du roy. »

Dans la seconde guerre civile, en 1567, nous retrouvons le capitaine Amalri à Montpellier, où il contribua, sous les ordres de Baudiné, à la prise du fort St.-Pierre (*Voir* AIREBAUDOUSE) : aussi fut-il compris dans l'arrêt rendu à ce sujet par le parlement de Toulouse et condamné à mort par contumace. En 1573, il prit une part active à la belle défense de Sommières contre Damville. Deux ans plus tard, il servait sous les ordres de ce maréchal, alors l'allié des Protestants, qui lui confia le gouvernement de Sommières, lorsqu'il s'en fut emparé malgré les efforts du duc d'Uzès. Damville, infidèle à ses engagements, s'étant rapproché de la Cour, Sanglar, à la tête des religionnaires de Béziers, vola au secours de Montpellier, qui était menacé par les Catholiques ; mais, fait prisonnier dans une reconnaissance, il fut pendu par ordre du maréchal. Sa tête placée au bout d'une pique fut promenée en triomphe par tout le camp ennemi.

AMIAN, pasteur de Marans (Aunis). En 1684, ce pasteur fut accusé d'avoir demandé à Dieu de délivrer les Réformés de la persécution qu'ils souffraient et d'avoir appelé le pape antechrist. Voici, en réalité, quel était son crime. Après son sermon, il avait lu, comme cela se pratiquait dans toutes les églises le dimanche, cet article de la liturgie : « Nous te recommandons nos frères qui sont dispersés sous la tyrannie de l'antechrist, étant destitués de la pâture de vie, et privés de la liberté de pouvoir invoquer publiquement ton saint nom, même qui sont détenus prisonniers ou persécutés par les ennemis de ton Évangile. » Amian se constitua prisonnier à La Rochelle, où son procès fut instruit. Il fut condamné à l'interdiction, à l'amende et au bannissement de la province. De pareils faits peignent une époque.

AMOURS (Louis D'), qualifié par d'Aubigné de ministre et gentilhomme, était attaché à la maison du roi de Navarre à l'époque de la bataille de Coutras, en 1587. Ce fut lui qui fut chargé, avec *Chandieu*, de prononcer la prière, selon la coutume des Huguenots, avant que les troupes marchassent au combat. « Là-dessus, raconte d'Aubigné, le roi de Navarre ayant fait faire la prière partout, quelques-uns firent chanter le psaume 118 : *La voici l'heureuse journée.* Plusieurs Catholiques de la cornette blanche crièrent assez haut pour se faire entendre : Par la mort! ils tremblent les poltrons, ils se confessent. » Mais ceux qui connaissaient mieux les Huguenots pour s'être déjà mesurés avec eux, ne s'y laissèrent pas tromper ; ils savaient qu'ils n'étaient jamais plus déterminés que lorsqu'ils s'étaient préparés au combat par la prière. Après avoir béni les troupes, d'Amours leur donna encore l'exemple en se jetant un des premiers dans la mêlée, sans autres armes que son épée. Par un bonheur providentiel, il ne reçut aucune blessure. La victoire gagnée, il rendit grâces à Dieu sur le champ de bataille au nom de toute l'armée.

Le belliqueux ministre continua-t-il ses fonctions auprès du roi de Navarre? Cela est probable, cependant au commencement de l'année 1589, nous le trouvons à Paris, cherchant à y nouer des intelligences. Il attira dans le parti de Henri IV, son frère, conseiller au parlement, qui, par faiblesse plus que par conviction, s'était jeté dans la Ligue ; mais il finit par être découvert et enfermé à la Bastille. « Malgré sa profession, lit-on dans L'Estoile, il y fut mieux traité par Bussy-le-Clerc [qui en était gouverneur] que pas un autre des prisonniers, disant ledit Bussy, en jurant Dieu comme un zélé catholique, que d'Amours, tout Huguenot qu'il était, valait mieux que tous ces politiques de présidens et de conseillers qui n'étaient que des hypocrites, et fit si bien que le ministre sortit. » D'Amours se hâta d'aller rejoindre Henri IV, qu'il accompagna dans sa retraite en Normandie, comme nous l'apprend une lettre du roi à Du Plessis-Mornay, datée du camp d'Étampes, 7 nov. 1589 : « Vous savez les exploits qui se sont passés; je n'en dirai rien davantage, si non que j'y ai grandement éprouvé la faveur et assistance de Dieu ; et n'ai point intermis l'exercice de la religion partout où j'ai esté, tellement que telle sepmaine sept presches se sont faits à Dieppe par le sieur d'Amours. Est-ce là donner argument ou indice de changement ? »

Malgré ces belles protestations, on sait que Henri IV abjura en 1593. Que devint alors son ministre? Il paraît s'être retiré à St.-Jean-d'Angély, où peut-être il avait exercé déjà les fonctions pastorales. Le synode provincial de la Saintonge voulut le donner pour pasteur à l'église de Barbezieux ; mais *Catherine de Bourbon*, sœur de Henri IV, l'ayant demandé pour un de ses ministres, le synode national de Saumur consentit à cette requête, malgré l'opposition du député de l'église de Lyon, *Louis Turquet*, qui prétendait que cette église avait des droits sur lui. Nous ignorons pourquoi d'Amours ne resta pas au service de la princesse Catherine ; peut-être ne lui avait-il été accordé que pour quelque temps, comme c'était l'usage ; quoi qu'il en soit, le synode national de Montpellier, en 1598, chargea le pasteur de Paris, *François de Lauberan de Montigni*, de le prier de retourner dans sa province. D'Amours obéit. En 1601, le synode national de Gergeau le donna pour pasteur à l'église de Châtellerault qui le demandait avec instance, malgré la résistance des fidèles de St.-Jean-d'Angely, qui désiraient le conserver, et malgré l'opposition des églises de Lyon et de Paris qui soutenaient avoir des droits sur lui. Cette décision excita à un haut degré le mécontentement des Protestants de St.-Jean-d'Angely. Il fallut que le synode leur député *Jean Gardesi*, ministre de Villemur, *Jérémie Bançons*, pasteur de Tonneins, et *Christophe Forton*, ancien de l'église de Bordeaux, pour exposer au gouverneur, au maire et au consistoire de cette ville, les motifs qui avaient déterminé sa conduite et pour les engager à accueillir convenablement le pasteur de *La Viennerie*, donné pour successeur à d'Amours. Mais l'église de St.-Jean-d'Angely ne voulut rien entendre. En 1605, elle s'adressa de nouveau au synode national de Gap pour redemander son ministre, qui, soumis aux ordres du synode, remplissait alors les fonctions du ministère à Châtellerault. Le synode se borna à confirmer le jugement de l'assemblée de Gergeau, en prescrivant à la province de Saintonge de pourvoir au plus tôt l'église de St.-Jean - d'Angely d'un ministre. D'Amours resta donc pasteur à Châtellerault, où il termina sa carrière si agitée avant l'année 1609. Les actes du synode national de Saint-Maixent nous apprennent qu'à cette époque l'église de Châtellerault était privée de pasteur, *Fiacre Picard*, qui avait succédé à d'Amours, ayant été suspendu pour un an « à cause de plusieurs fautes notables. »

AMYOT (JACQUES), célèbre traducteur des *OEuvres* de Plutarque, de l'*Histoire éthiopique de Théagène et de Chariclée* d'Héliodore, et des *Amours pastorales de Daphnis et de Chloé* de Longus, était né, selon Rouillard, le 30 octobre 1514 à Melun, et mourut, selon Le Duchat, le 7 février 1593 à Auxerre. Il fut successivement professeur de belles-lettres grecques et latines à l'université de Bourges, abbé de Bellozane, précepteur des enfants de France sous Henri II, abbé de St.-Corneille, grand-aumônier (6 déc. 1560), évêque d'Auxerre (1570) et commandeur de l'ordre du Saint-Esprit. Notre intention n'est pas de donner au long la biographie du grand-aumônier de Charles IX. Nous n'en ferons connaître que la partie qui rentre plus particulièrement dans le plan de notre ouvrage. Saint-Réal, cité par Teissier dans ses *Éloges*, raconte que le jeune Amyot s'étant enfui de la maison paternelle, se rendit à Paris, où il ne tarda pas à tomber dans un extrême dénûment. « Une dame à qui il demandoit l'aumône, le trouvant de bonne façon, le prit chez elle pour suivre ses enfans au collége et porter leurs livres. Le génie merveilleux pour les lettres, que la nature lui avoit donné, le fit profiter de cette occasion avec usure. Il étudia donc et si bien qu'on le soupçonna d'être de la nouvelle opinion qui commençoit à éclater, inconvénient commun à tous les beaux esprits de ce tems-là. Les perquisitions rigoureuses qu'on fit alors des premiers huguenots [en 1534, à la suite de l'affaire des placards], l'obligèrent à fuir, comme beaucoup d'autres, tout innocent qu'il étoit, et à sortir de Paris. Amyot se retira en Berry chez un gentilhomme de ses amis, qui le chargea de l'éducation de ses enfants. Durant le tems qu'il y fut, le roi Henri II, faisant voyage, logea par hasard dans la maison de ce gentilhomme. Amyot étant prié de faire quelque galanterie en vers pour le roi, composa une épigramme grecque, qui lui fut présentée par les enfans de la maison. Aussitôt que le roi, qui n'étoit pas si savant que son père, eut vu ce que c'étoit, *C'est du grec*, dit-il en la jettant, *à d'autres!* — Michel de L'Hospital, depuis chancelier de France, qui accompagnoit le roi dans ce voyage, et qui ouït parler de grec, ramassa ce qu'il avoit jeté, il lut l'épigramme et il en fut surpris. Il prend Amyot par la tête, et, le regardant fixement, lui demande où il l'avoit prise. Amyot, qui étoit encore dans la consternation où l'action du roi l'avoit mis d'abord, lui répondit en tremblant que c'étoit lui qui l'avoit faite. Sa frayeur ne permit pas à M. de L'Hospital de douter de sa sincérité; comme il étoit grand connoisseur, il ne fit point de difficulté d'assurer le roi que si ce jeune homme avoit autant de vertu que de savoir et de génie pour les lettres, il méritoit d'être précepteur des enfans de France. Le roi, qui avoit en M. de L'Hospital toute la confiance qu'il devoit avoir, s'enquit du maître de la maison. Comme les mœurs d'Amyot étoient irréprochables ; le gentilhomme lui rendit le témoignage qu'il méritoit. Il n'y avoit que le soupçon qui l'avoit fait retirer en ce lieu, qui pût lui nuire ; mais quand ce soupçon auroit été su, M. de L'Hospital, qui étoit lui-même plus suspect qu'aucun autre, n'étoit pas pour s'en effrayer. Voilà l'affaire conclue. » Nous ignorons où l'auteur des Discours sur l'usage de l'histoire a puisé ces détails. Rouillard, dans son Histoire de la ville de Melun, présente les faits sous un autre jour. Selon cet écrivain, ce sont les parents d'Amyot qui l'envoyèrent à Paris au collége du cardinal Le Moine. « Quoique Amyot eût l'esprit un peu rude et grossier, comme il le dit lui-même, néanmoins à force de travail et d'étude, il se rendit en peu de tems savant en la langue latine. Ayant été reçu maître-ès-arts à l'âge de 19 ans, il continua ses études sous Jacques Tusan et Pierre Danès [suspect de protestantisme], professeurs royaux, et sous Oronce Finé, qui enseignoit les mathématiques. A l'âge de 23 ans, il alla à Bourges, où Bouchetel, secrétaire d'état, le reçut dans sa maison et lui confia l'instruction de ses enfans. Comme ils firent de grands progrès sous ce précepteur, leur père le recommanda à la princesse *Marguerite*, duchesse de Berry, sœur de François 1er, la quelle lui conféra la charge de lecteur public en grec et en latin dans l'université de Bourges, dont il s'acquitta dignement pendant dix ans. Après la mort de Vatable, il obtint l'abbaye de Bellozane, pour la traduction du roman d'Héliodore, qui étoit fort mauvaise et qu'ensuite il raccommoda. Ayant été pourvu de ce bénéfice, il suivit à Venise Morvilliers que le roi Henri II y envoyoit en ambassade. Lorsqu'on rappela Morvilliers en France, Amyot n'y voulut pas retourner avec lui. Il aima mieux aller à Rome où l'évêque de Mirepoix le tint deux ans chez lui comme son domestique. Pendant ce tems-là, il fit sa cour au cardinal de Tournon ; qui conçut tant d'estime pour lui, qu'étant prié par Henri II de lui indiquer un habile précepteur pour ses deux fils, les ducs d'Orléans et d'Angoulême, il lui nomma Amyot, qui fut agréé par ce prince. » *Bèze*, qui a dû le connaître personnellement, nous apprend que ce fut à la recommandation du célèbre *Melchior Wolmar*, auquel il succéda dans sa chaire à l'université de Bourges, qu'Amyot avait été nommé précepteur des neveux de Jacques Colin, abbé de St.-Antoine (Ambroise). La protection de Bouchetel et de Morvilliers lui valut la place de précepteur des enfants de France. Selon le même historien, Amyot avait embrassé le protestantisme. Aussi voyons-nous qu'il en avait déposé le germe dans l'esprit de ses élèves. Marguerite raconte dans ses Mémoires « la résistance qu'elle feit pour conserver sa religion du temps du colloque de Poissy, où toute la cour estoit infectée d'hérésie, aux persuasions impérieuses de plusieurs dames et seigneurs de la cour, et mesme de mon frère d'Anjou, depuis roy de France, de qui l'enfance n'avoit pu éviter l'impression de la malheureuse huguenoterie, qui sans cesse me crioit de changer de religion, jettant souvent mes Heures dans le feu, et au lieu me donnant des psalmes et prières huguenotes, me contraignant les porter ; les quelles, soudain que je les avois, je les baillois à madame de Curton ma gouvernante, que Dieu m'avoit fait la grace de conserver catholique, la quelle me menoit souvent chez le bon-homme M. le cardinal de Tournon, qui me conseilloit et fortifioit à souffrir toutes choses pour maintenir ma religion, et me redonnoit des Heures et des chapelets au lieu de ceux que m'avoit bruslés mon frère d'Anjou. Et ses autres particuliers amis, qui avoient entrepris de me perdre, me les retrouvant, animés de couroux m'injurioient, disants que c'estoit enfance et sottise qui me le faisoit faire ; qu'il paroissoit bien que je n'avois point d'entendement ; que tous ceux qui avoient de l'esprit, de quelque aage et sexe qu'ils fussent, oyants prescher la charité, s'estoient retirés de l'abus de cette bigoterie ; mais que je serois aussi sotte que ma gouvernante. Et mon frère d'Anjou, y ajoutant les menaces, disoit que la reyne ma mère me feroit fouetter : ce qu'il disoit de luy-mesme, car la reyne ma mère ne sçavoit point l'erreur où il estoit tombé. Et soudain qu'elle le sceut, le tansa fort, luy et ses gouverneurs, et les faisant instruire, les contraignoit de reprendre la vraye, saincte et ancienne religion de nos pères, de la quelle elle ne s'estoit jamais départie. » L'événement a prouvé surabondamment que Catherine de Médicis réussit parfaitement à étouffer tout germe de religion dans le cœur de ses enfants. Amyot lui-même profita beaucoup à cette école ; il finit par oublier tous les bienfaits de son ancien élève, Henri III, pour se ranger dans le parti de la Ligue.

AMYRAUT (Moïse), un des théologiens les plus distingués et les plus influents du 17e siècle, naquit à Bourgueil, en Touraine, au mois de septembre 1596, d'une famille honorable qui prétendait descendre des L'Amyrault d'Orléans. Son père, désirant qu'il succédât à un de ses oncles dans la charge de sénéchal de Bourgueil, l'envoya à Poitiers suivre l'école de droit. Le jeune Amyraut s'appliqua avec tant d'ardeur à l'étude de la jurisprudence, qu'au bout d'un an, il fut en état de prendre ses licences ; mais il n'alla pas plus loin dans une carrière qui semblait s'ouvrir à lui sous les plus heureux auspices. Les conseils de *Bouchereau*, ministre de Sancerre, fortifiés par l'impression profonde que lui laissa la lecture de l'Institution chrétienne de Calvin, le décidèrent à étudier la théologie, et dès qu'il eut obtenu le consentement de son père, qui ne renonça pas toutefois sans peine à des arrangements de famille, il se rendit à Saumur où il fit son cours d'étude sous *Cameron*. Après être resté assez longtemps proposant, il fut nommé ministre de Saint-Agnan dans le Maine, où pendant dix-huit mois, il remplit les fonctions du ministère sacré.

Ses talents éminents ne pouvaient manquer de le mettre en évidence ; aussi lorsque *Daillé* fut appelé à Charenton, en 1626, l'église de Saumur le choisit-elle pour le remplacer, en même temps que celles de Rouen et de Tours le demandaient pour pasteur. L'église de Saumur l'emporta. En 1631, Amyraut fut député par la province d'Anjou au synode national de Charenton qui le chargea avec *François de Montauban de Rambault*, seigneur de Villars et ancien de l'église de Gap, de porter en cour ses très-humbles remercîments pour la permission qui lui avait été accordée de s'assembler, et de présenter au roi le cahier des représentations sur les infractions à l'édit de Nantes. L'assemblée s'y plaignait des obstacles que les Protestants rencontraient à rétablir leurs églises en beaucoup d'endroits, et surtout à en fonder de nouvelles. Dans le Vivarais seul, il y en avait vingt-neuf qui étaient dépourvues de pasteurs ; dans les îles de Rhé et d'Oléron, vingt-quatre ; dans les Cévennes, dix-neuf, sans compter celles qui n'avaient pû être rebâties dans les autres provinces. Dans le Languedoc, les gens du roi mettaient des entraves de toute espèce à la libre prédication de l'Évangile. Le synode se permettait aussi quelques remontrances sur la suspension des colloques et des synodes provinciaux, sur l'exclusion des Protestants d'un grand nombre de professions libérales ou mécaniques, sur la négligence apportée au paiement des sommes promises par les brevets secrets. Il réclamait contre la réduction opérée, au mépris des engagements les plus formels, sur le traitement des pasteurs du Béarn, et suppliait enfin le roi de révoquer la défense d'admettre des étrangers aux fonctions du ministère.

Des difficultés s'élevèrent tout d'abord sur la manière dont cette requête serait présentée. Richelieu voulait que, conformément à un cérémonial reçu, les députés du synode parlassent au roi à genoux ; mais après de longues négociations, la fermeté d'Amyraut obtint la suppression de cet usage humiliant. Sa harangue plut fort au cardinal de Richelieu qui conçut pour lui beaucoup d'estime et qui lui fit l'honneur de le consulter sur son fameux projet de réunion des deux Églises.

Dans la liste des pasteurs et des anciens qui assistèrent au synode de Charenton, Aymon donne à Amyraut les titres de pasteur et de professeur de l'université de Saumur ; mais nous croyons qu'il se trompe, à moins qu'Amyraut n'ait rempli cette place provisoirement ; car Bayle, qui a écrit sa Vie sur des mémoires fournis par la famille, affirme que sa réception au professorat n'eut lieu qu'en 1633, après qu'il eut passé un examen et soutenu une thèse inaugurale *De Sacerdotio Christi*, à l'applaudissement général. Il serait ainsi entré en exercice en même temps que *Louis Cappel* et *Josué de La Place* avec qui il se lia d'une étroite amitié que n'altéra jamais la différence de leurs opinions sur certains points de la dogmatique.

L'affection de ses deux collègues dut être d'autant plus précieuse à Amyraut qu'il ne tarda pas à se trouver engagé dans une ardente polémique et exposé aux plus vives attaques. Disciple aimé de Caméron, il avait adopté le système de conciliation entre l'arminianisme et le gomarisme imaginé par son maître, et ses relations intimes avec *Paul Testard*, pasteur de Blois, l'avaient encore affermi dans ses convictions. La querelle n'était point assoupie entre les deux partis qui avaient divisé le synode de Dordrecht ; peut-être Amyraut espéra-t-il y mettre un terme en se portant comme médiateur. Ce fut en 1634 qu'il publia son traité *De la Prédestination* où il développa ses opinions avec une sagacité et une érudition remarquables. Selon lui, Dieu désire le bonheur de tous les hommes et personne n'est exclus par un décret divin des bienfaits que procure la mort de Jésus-Christ ; cependant nul non plus ne peut y participer ni par conséquent être sauvé, à moins de croire en Jésus-Christ. Dieu, dans sa bonté immense et universelle, ne refuse à personne, il est vrai, le pouvoir de croire ; mais il n'accorde pas à tous l'assistance nécessaire pour qu'ils fassent usage de ce pouvoir, en sorte que plusieurs périssent par leur faute, sans qu'on puisse accuser la bonté de Dieu. Cette théorie, que l'on désigne sous le nom d'universalisme hypothétique, fut vigoureusement attaquée par *André Rivet*, Frédéric Spanheim, J. H. Heidegger, *Du Moulin*, *Jurieu*, qui la traitèrent de pélagianisme déguisé et accusèrent l'auteur de contrevenir aux décisions du synode de Dordrecht et de favoriser l'arminianisme. En vain Amyraut voulut-il couvrir sa doctrine du nom de *Calvin*, en soutenant que le grand réformateur avait enseigné la grâce universelle ; il ne put convaincre ses adversaires et la question fut portée devant le synode national d'Alençon.

L'animosité contre le professeur de Saumur était telle que plusieurs députés ne parlaient de rien moins que de le déposer. Mais à cette époque déjà il commençait à s'opérer dans les croyances de l'Église protestante française un changement dont on doit peut-être chercher la cause principale dans la défense, faite dès 1623, d'admettre les étrangers aux fonctions pastorales et d'envoyer les jeunes candidats au ministère faire leurs études hors du royaume. Avant cette défense, beaucoup de pasteurs sortaient chaque année des universités de la Suisse et de la Hollande, de celle de Genève surtout où dominaient les doctrines du calvinisme pur ; mais lorsque Louis XIII eut déclaré qu'il ne permettrait plus à l'avenir qu'on mît à la tête des églises des ministres formés dans les écoles étrangères, les jeunes protestants qui se destinaient à la carrière théologique, furent forcés de faire leurs études dans l'une des trois universités de Saumur, de Montauban ou de Nismes. La première, qui était la plus célèbre, attira le plus grand nombre d'étudiants, surtout des provinces de deçà la Loire, et comme Caméron y professait des principes d'une tolérance assez large, il en résulta naturellement une modification notable dans les opinions du clergé protestant de France Aussi le synode d'Alençon refusa-t-il de s'associer aux mesures de rigueur que beaucoup de députés, principalement parmi ceux des églises du Midi, réclamaient contre Amyraut. Sans s'arrêter aux lettres qui lui avaient été écrites par les universités de Genève et de Leyde, l'assemblée se déclara satisfaite des explications qu'il donna, ainsi que le pasteur Testard, et les renvoya l'un et l'autre honorablement en leur recommandant la discrétion et la prudence, et en imposant sur ces questions aux deux partis un silence qui fut mal gardé. Amyraut continuant à être attaqué, se défendit. De nouvelles plaintes furent donc portées contre lui au synode de Charenton, qui se montra peu disposé à y donner suite, et qui se contenta de renouveler la défense de « disputer sur des questions inutiles, qu'on ne propose que par pure curiosité et pour faire paraître la subtilité de son esprit. » Il ne tarda pas à donner d'ailleurs au professeur de Saumur une preuve de la haute estime qu'il avait pour lui, en le chargeant d'entrer en conférences avec *La Milletière* contre qui il avait déjà soutenu une vive polémique. Mais en disputant de vive voix, les deux controversistes ne purent pas davantage parvenir à s'entendre.

De retour à Saumur, Amyraut, tout en s'occupant de travaux plus utiles, continua à repousser avec autant de sagacité que de modération les attaques des adversaires de son système. Ces luttes incessantes étaient pénibles pour un homme d'un caractère doux et affable comme le sien ; aussi se prêta-t-il de grand cœur à une réconciliation avec Rivet, Du Moulin et le pasteur de la Rochelle, *Philippe Vincent*, qui avait chaudement combattu ses principes sur l'obéissance passive.

En 1659, la province d'Anjou l'enleva une fois encore à ses doubles fonctions pour l'envoyer, en qualité de son représentant, au synode national de Loudun. Ce synode lui confia le soin de publier, avec *Blondel, Gaultier* et *Catelan*, une édition correcte de la discipline des églises réformées de France. Après la clôture des séances de cette assemblée, Amyraut retourna à Saumur qu'il paraît n'avoir plus quitté jusqu'à sa mort, arrivée le 8 janvier 1664, et non pas en 1665 comme Kœnig le dit par erreur dans sa Bibliothèque ancienne et nouvelle.

A des talents éminents, à un parfait usage du monde, à un caractère plein de bienveillance et de fermeté à la fois, Amyraut joignait une charité inépuisable. Pendant les dix dernières années de sa vie, il distribua aux pauvres, sans distinction de religion, les revenus de sa place de pasteur. Ce désintéressement ne put lui faire trouver grâce aux yeux des Catholiques bigots qui, en 1662, lui intentèrent un procès au sujet de la taille. Le procureur général près de la Cour des aides saisit cette occasion pour obtenir un arrêt qui défendît à tous les ministres de prendre, — attentat scandaleux, selon lui, — le titre de docteur en théologie! Amyraut trouva du moins une compensation à ces misérables vexations dans les témoignages de considération et de respect qu'il reçut jusqu'à la fin de sa vie, non seulement des membres les plus distingués de l'Église protestante, mais d'un grand nombre de Catholiques, parmi lesquels on cite, outre des évêques, des archevêques et les deux cardinaux de Richelieu et de Mazarin, les maréchaux de Brézé et de La Meilleraie, et le premier président du parlement de Bourgogne, Le Goux de la Berchère.

Dogmatiste, exégète, moraliste et prédicateur renommé, Amyraut a beaucoup écrit, mais ses ouvrages sont fort rares. Nous en donnerons la liste dans l'ordre de leur publication.

I. *Traité des religions contre ceux qui les estiment indifférentes*, Saumur, 1631, in-8°; 2ᵉ édit., 1652, in-8°. — Cet ouvrage est divisé en trois parties. Dans la 1ʳᵉ, l'auteur combat les Épicuriens qui nient la Providence; dans la 2ᵉ, il établit la nécessité d'une religion révélée; dans la 3ᵉ, il prouve que la religion chrétienne doit être préférée à toutes les autres. Nous en connaissons deux trad. allem., l'une, par Adrien Steger, publiée à Leipzig en 1667, in-12; l'autre, beaucoup plus récente, imprimée dans la même ville en 1719, également in-12, et une trad. angl., Lond., 1660, in-12.

II. *Traité de la prédestination*, Saum., 1634, in-8°; nouv. édit., *ibid.*, 1658, in-8°; trad. latine, Salm., 1634, in-4°. — C'est dans cet ouvrage qu'Amyraut développe ses idées sur la grâce suffisante et la grâce efficace. Nous avons suffisamment fait connaître sa doctrine; nous ajouterons seulement ici que, comme Zwingle, il croyait que les païens vertueux seront sauvés.

III. *Six sermons de la nature, étendue, nécessité dispensative et efficace de l'Évangile*, Saumur, 1636, in-8°; trad. en latin par Reinhold, Stade, 1717, in-8°.

IV. *Échantillon de la doctrine de Calvin sur la prédestination*. La première édition parut avant 1637. Cet opuscule fut réimprimé en 1658 avec le Traité de la prédestination.

V. *Lettre à La Milletière sur son écrit contre Du Moulin*, Saumur, 1637, in-8°; réimpr. également avec le Traité de la prédestination. — L'année suivante, Amyraut attaqua plus directement les opinions de La Milletière dans son Traité *De la Justification* (Saumur, 1638, in-8°; 2ᵉ édit., 1658, in-8°). Ces deux ouvrages roulent sur les questions les plus ardues de la théologie: la matière de la grâce, l'égalité de la corruption des hommes, l'esprit de servitude, l'opération de la grâce, l'alliance de l'Évangile et son étendue, etc.

VI. *De Providentiâ Dei in malo*, Saumur, 1638, in-4°.

VII. *De l'élévation de la foy et de l'abaissement de la raison en la créance des mystères de la religion.* — Selon Bayle et la Grande Bibliothèque ecclésiastique, ce livre a été publié en 1641. L'édition de Charenton, 1644, in-12, ne serait donc qu'une réimpression.

VIII. *Defensio doctrinæ J. Calvini de absoluto reprobationis decreto, adversus anonymum*, Salm., 1641, in-4°, avec une Épître dédicatoire adressée à *Jean Maximilien de Langle*, ministre de Rouen. — S'il faut en croire Lipenius, cette défense de la doctrine de Calvin fut réimprimée en 1671. Elle fut traduite en français, et publiée en 1641, selon Adelung; en 1644, in-8°, selon la Grande Bibliothèque ecclésiastique et Bayle.

IX. *Dissertationes theologicæ VI, quarum 1 de œconomia trium personarum, 2 de jure Dei in creaturas, 3 de gratia universali, 4 de gratia particulari, 5 de serpente tentatore, 6 de peccato originis.* — Les quatre premières furent publiées en 1644; les deux autres y furent ajoutées dans une nouvelle édition, qui parut à Saumur en 1660, in-8°. Walch se trompe lorsqu'il considère comme un ouvrage spécial ces deux dernières dissertations. La première fut publiée séparément à Halle, 1715, in-4°.

X. *Paraphrases* sur l'Épître aux Romains (Saum. 1644, in-8°); — sur l'Épître aux Galates (*ibid.*, 1645, in-8°); — *Observations* sur les Épîtres aux Colossiens et aux Thessaloniciens (*ibid.*, 1645 et 1665, in-8°); — *Considérations* sur l'Épître aux Éphésiens (*ibid.*, 1645, in-8°); — *Paraphrases* sur l'Épître aux Hébreux (*ibid.*, 1646, in-8°); — sur l'Épître aux Philippiens (*ibid.*, 1646, in-8°); — sur les Épîtres catholiques de SS. Jacques, Pierre, Jean et Jude (*ibid.*, 1646, in-8°); — sur les Épîtres aux Corinthiens (*ibid.*,

1649, in-8°); — sur l'Évangile de S. Jean (*ibid.*, 1651, in-8°); — sur les Actes (*ibid.*, 1654, in-8°). Nous avons cru devoir réunir sous une même rubrique ces différents ouvrages, quoiqu'ils aient été successivement publiés dans un espace de dix années. Amyraut n'y mit pas son nom de peur des préventions qu'il n'eût pas manqué de soulever parmi les Catholiques entre les mains desquels ces écrits pouvaient tomber.

XI. *Exercitatio de gratiâ Dei universali*, Salm., 1646.

XII. *Discours sur l'état des fidèles après la mort*, Saumur, 1646, in-4°, et 1657, in-8°; trad. en flamand, Utrecht, 1680, in-8°; en allem., Leipz., 1696, in-12; et, selon Bayle, en anglais. Amyraut composa cet ouvrage pour consoler sa femme de la mort de leur fille.

XIII. *Declaratio fidei contra errores Arminianorum*, Salmurii, 1646, in-12; traduite en français, sous le titre : *La créance de Moyse Amyraut sur les erreurs des Arminiens*, in-8°, sans nom de lieu ni date.

XIV. *Apologie pour ceux de la Religion*, Saumur, 1647, in-12; Charenton, 1648, in-8°. — L'auteur cherche à justifier par les raisons les plus plausibles qu'il puisse trouver, les guerres religieuses qui ont désolé si longtemps la France, en déclarant toutefois, de la manière la plus formelle, qu'il ne peut admettre en aucun cas qu'il soit permis à des sujets de prendre les armes contre leur prince, et qu'il croit plus conforme aux principes de l'Évangile et à la pratique de l'Église primitive de n'opposer à la persécution que la patience, les larmes et la prière.

XV. *Disputatio de libero hominis arbitrio*, Salm., 1647, in-12, avec une Épître dédicatoire à *Jean de Croï*, pasteur de l'église de Béziers.

XVI. *De secessione ab ecclesiâ Romanâ, deque ratione pacis inter evangelicos in religionis negotio constituendæ, disputatio*, Salm., 1647, in-8°; trad. en allem., Cassel, 1649, in-8°. — Amyraut composa cet ouvrage dans l'espoir de réunir tous les Réformés contre l'Église romaine, qui ne cessait de reprocher à l'Église protestante les schismes nombreux qui la divisaient. Quelques années plus tard, il traita avec plus de développement le même sujet dans son Εἰρηνικὸν *sive de ratione pacis in religionis negotio inter evangelicos constituendæ consilium*, Salm., 1662, in-8°, qu'il dédia à quatre théologiens allemands de Marbourg et de Rinthlen. Les auteurs de la Biographie universelle ne nous apprennent pas sur quoi ils se fondent pour contester cet ouvrage à notre auteur.

XVII. *Considerationes in cap. VII Epist. D. Pauli ad Romanos*, Salm., 1648, in-12.

XVIII. *Specimen animadversionum in exercitat. de gratiâ universali*, Salm., 1648, in-4°; écrit contre Spanheim.

XIX. *Considérations sur les droits par lesquels la nature a réglé les mariages*, Saumur, 1648, in-8°; trad. latine avec notes, par Reinhold, Stade, 1717, in-8°.

XX. Deux Sermons *sur la justification et la sanctification*, Saumur, 1648, in-8°. Nous avons encore d'Amyraut : Trois *Sermons* sur II Cor. III, 13—16, 17 et 18, Saumur, 1651, in-12; le *Mystère de piété*, expliqué en quatre sermons, Saumur, 1651, in-12; un *Sermon* sur Héb. XII, 29, Saumur, 1656, in-8°; huit *Sermons* sur Héb. VI, 4, 5, 6, et VII, 1, 2, 3, Saumur, 1657, in-8°; et cinq *Sermons* prononcés à Charenton, Charent., 1658, in-8°. Ses prédications attiraient un nombreux auditoire et étaient goûtées même des Catholiques.

XXI. *De la vocation des pasteurs*, Saumur, 1649, in-8°. Réponse à une des accusations les plus rebattues des missionnaires catholiques, que la vocation des pasteurs réformés n'est pas légitime.

XXII. *Ad G. Riveti responsoriam*

epistolam replicatio, Salm., 1649, in-8°.

XXIII. *Adversus epistolæ historicæ criminationes defensio, ad D. Chabrolium Thoarsensis ecclesiæ pastorem*, Salm., 1649, in-12; 2ᵉ édit., 1662, in-8°. — Défense des principes soutenus dans l'Apologie.

XXIV. *Discours de la souveraineté des rois*, Paris (Charent.?), 1650, in-4°. — Dans cet écrit, composé à l'occasion de l'exécution de Charles Iᵉʳ, roi d'Angleterre, Amyraut s'élève contre les Indépendants, en se portant le défenseur de l'inviolabilité de la personne royale et en proclamant le principe de l'obéissance passive. Ce livre contribua sans aucun doute à lui gagner la faveur de Mazarin, mais il lui attira les plus vives attaques de la part de *Philippe Vincent*, qui avait déjà combattu ses principes sur cette matière.

XXV. *Morale chrétienne*, Saumur, 1652-1660, 6 vol. in-8°. — Fruit des conversations d'Amyraut avec *Villarnoul*, un des gentilshommes les plus instruits de l'Europe, et digne héritier à cet égard de son aïeul maternel *Du Plessis-Mornay*, cet ouvrage est le premier essai qui ait été fait en France d'un système complet de morale. Il se divise en quatre parties. Dans la 1ʳᵉ, l'auteur nous présente l'homme dans l'état de nature, avant qu'il y ait eu ni loi morale ni législateur, et il recherche les lois que la nature impose à l'homme dans cet état, qui n'est point un état de sainteté, mais un état d'innocence, d'ignorance du mal. Il tire ainsi, selon son expression, la première idée de la morale des pures institutions de la nature; en d'autres termes, il fait découler nos devoirs envers Dieu, envers le prochain et envers nous-mêmes des facultés et des instincts innés en nous. Dans la 2ᵉ partie, il considère l'homme dans son état de corruption, et il démontre par une critique sage et éclairée l'imperfection de la morale des païens et des juifs. Il ne se dissimule pas que la morale des Livres Saints est loin d'être partout irréprochable. Selon lui, le Décalogue n'est pas le résumé de toute la législation morale révélée, et il ne voit pas simplement dans les enseignements du Christ et des Apôtres le développement de la loi donnée sur le Sinaï. Heureux novateur à cet égard, il remonte au delà de Moïse, et il cherche les bases de la morale chrétienne dans les lois mêmes de la nature humaine. « Je me suis proposé, dit-il, de faire une morale chrétienne dans laquelle j'édifierai sur les fondements de la nature les enseignements qui nous ont été donnés par la révélation. » Les dernières parties sont donc consacrées à la morale évangélique, mais considérée plutôt sous le rapport des devoirs que l'homme a à remplir dans les différentes situations de la vie, que sous un point de vue général. C'est un défaut, et le plan, plus historique que systématique, suivi par l'auteur, en a nécessairement entraîné un autre, — de fréquentes répétitions. Le style d'ailleurs ne manque pas d'une certaine éloquence, de chaleur ni de clarté. Tout en imprimant à son livre le cachet d'une vaste érudition, Amyraut a su éviter avec habileté cette forme sèche et subtile pour laquelle les moralistes de l'époque avaient une prédilection marquée. Admirateur de l'Éthique d'Aristote, il s'est sans doute renfermé trop scrupuleusement dans les limites tracées par le philosophe de Stagyre, mais on ne peut lui contester le mérite d'avoir le premier établi une distinction bien marquée entre la morale de Moïse et celle du Christ.

XXVI. *Du gouvernement de l'Église contre ceux qui veulent abolir l'usage et l'autorité des synodes*, Saumur, 1653, in-8°. — Les doctrines des Indépendants d'Angleterre avaient trouvé des partisans parmi les Protestants français, surtout dans les provinces maritimes. Le synode de Charenton les avait hautement condamnées déjà en 1644; mais sans doute que ses censures n'avaient pas suffi, comme il l'espérait, pour couper le mal dans sa racine, puisque Amyraut entreprit de nouveau de les combattre dans cet ouvrage.

XXVII. *Du règne de mille ans ou de la prospérité de l'Église*, Saumur, 1654, 2 vol. in-8°.—Toujours infatigable, Amyraut venait à peine de lancer son manifeste contre les Indépendants, lorsqu'il prit à partie un avocat de Paris, nommé de Launay, qui était grand partisan du chiliasme. Cette fois, il rencontra un rude adversaire qui ne voulut pas lui céder le dernier mot. A sa *Réponse* (Charent., 1655, in-8°), Amyraut opposa une *Réplique* (1656, in-8°) à laquelle de Launay répliqua à son tour par un *Examen* de sa Réplique (Charent., 1656, in-8°).

XXVIII. *Exposition des chap. VI et VIII de l'Épître de S. Paul aux Romains, et du chap. XV de la 1re aux Corinthiens*, Charent., 1659, in-12.

XXIX. *Discours sur les songes divins dont il est parlé dans l'Écriture*, Saumur, 1659, in-12, dédié à M. Gaches; trad. en angl. par Lowde, Lond., 1676, in-8°.

XXX. *Apologie de S. Étienne à ses juges*, Saumur, 1660, in-4°.— Ce poëme fort médiocre faillit lui attirer une fâcheuse affaire. On l'accusa d'y avoir parlé avec irrévérence du Saint-Sacrement. Il crut prudent de se justifier dans une lettre qui ne paraît pas s'être conservée.

XXXI. *Descriptio Christiani*, Amstel., 1660, in-12.

XXXII. *De mysterio Trinitatis, deque vocibus ac phrasibus quibus tam in Scripturâ quam apud Patres explicatur, dissertatio septem partibus absoluta*, Salm., 1661, in-8° ou in-12. — Dans la 1re partie, l'auteur traite de l'unité de l'essence de Dieu; dans la 2e, de l'infinité de Dieu; dans la 3e, de la révélation de ce mystère dans la dispensation de la nature; dans la 4e, des commencements de cette révélation dans l'A. T. Cette quatrième partie a été insérée par Wagenseil dans ses *Tela ignea Satanæ*. La 5e, est consacrée à suivre les progrès de la révélation de ce mystère dans le N. T.; la 6e, à l'examen des expressions bibliques qui révèlent la Trinité; la 7e enfin, à la discussion des locutions analogues dans les Pères. C'est de cet ouvrage que parle dans sa Bibliothèque rabbinique (Part. IV), le savant bernardin Bartolocci qui, trompé sans doute par le prénom de Moïse, fait d'Amyraut un juif converti. Il qualifie ce livre de dissertation très-érudite et catholique.

XXXIII. *Paraphrasis in Psalmos Davidis unà cum annotationibus et argumentis*, Salm., 1662, in-4°; ouvrage estimé dont Michaëlis, juge compétent en cette matière, faisait beaucoup de cas. Il est précédé d'une préface où Amyraut disserte longuement sur les divers effets de l'opération du Saint-Esprit. Il s'y prononce plus fortement que jamais pour l'obéissance passive. Plusieurs bibliographes, et entre autres Walch, dans sa Biblioth. theologica., prétendent qu'il en a été publié une traduction française. Il nous a été impossible d'en découvrir la moindre trace. Robert Watt en indique une traduction revue et augmentée, avec une préface nouvelle de J. Cremer, Traj. ad Rhen. 1769, in-4°.

XXXIV. *In orationem dominicam exercitatio*, Salm., 1662, in-8°, dédié à l'évêque de Durham.

XXXV. *In symbolum Apostolorum exercitatio*, Salm., 1663, in-8°, avec une épître dédicatoire à J. Cappel.

XXXVI. *Vie de François de La Noue*, depuis le commencement des troubles religieux en 1560 jusqu'à sa mort; nouv. édition, Leyde, 1661, in-4°.— Nous citerons, sauf toutes réserves, le jugement porté sur cet ouvrage, qui est fort rare, par la Biographie universelle : « Le style est lourd, les réflexions communes; l'auteur y prodigue à son héros des louanges exagérées pour les actions les plus ordinaires ; mais on doit lui savoir gré d'avoir rédigé, dans un ordre chronologique, les actions d'un guerrier également estimé des deux partis, et dont la vie intéresse tout bon Français. » Ce jugement un peu sévère de M. Tabaraud n'est que la reproduction, faiblement dissimulée, du jugement porté par Anquetil sur le livre d'Amyraut, jugement qui se trouve dans les Observations critiques de l'auteur de l'Esprit de la Ligue mises en tête de son ouvrage. — La Vie de La Noue est le seul des écrits d'Amyraut cité par notre bibliographe Brunet.

XXXVII. *Theses Salmurienses*, Salm., 1660, in-4°; édit. augm. 1664, in-4°; réimpr. à Genève, 1665, in-4°; ouvrage fort estimé, composé par Amyraut, *La Place* et *Cappel*. Amyraut y eut cependant la plus grande part. C'est de sa plume que sont sorties, entre autres, les thèses *De peccato in Spiritum Sanctum*, qui furent publiées à Saumur en 1653, in-8°.

XXXVIII. *Consilium quo modo se gerere debeat apud illos quibuscum habitat is qui diversæ religionis est et quales præficiendi ecclesiæ ministri ab alterius religionis patronis*. Cette dissertation a été insérée par Gesenius dans son traité *De unione ecclesiastica*, Hermop., 1677, in-4°.

Le savant Adelung attribue encore à Amyraut deux opuscules latins sur la grâce universelle et la grâce particulière, qui doivent avoir été composés lors de sa querelle avec Spanheim, ainsi qu'un volume de sermons qui aurait été publié à Saumur, en 1668, in-8°, sous le titre de *Tabernacle ou cinq sermons sur le chap. IX, 1-5, de l'Épître aux Hébreux*. Nous n'avons aucun moyen de nous assurer de l'exactitude de ces indications. Les ouvrages d'Amyraut, — et la même observation peut s'appliquer à ceux de tous les écrivains réformés de la France, — sont extrêmement rares; on a même quelque sujet de s'étonner de l'oubli dans lequel ils sont tombés. Sans doute la forme en est peu agréable, le style un peu suranné; mais sous cette enveloppe il se cache tant de jugement, de finesse d'esprit, d'érudition, que de nos jours encore ils peuvent être étudiés avec fruit, surtout par les théologiens, à qui il n'est pas permis d'ignorer l'influence exercée par le professeur de Saumur sur les doctrines reçues dans l'Église protestante. Sa théorie, en effet, après avoir rencontré une ardente opposition, fut adoptée par *Mestrezat*, *Le Faucheur*, *Blondel*, *Daillé*, *Claude*, *Du Bosc*; elle pénétra jusque dans l'université de Genève, et par les réfugiés elle se répandit dans tous les pays protestants.

De son mariage avec *Élisabeth Aubineau*, Amyraut eut deux enfants : une fille qui épousa *Bernard de Haumont*, depuis avocat du roi à Saumur, et mourut au bout de dix-huit mois de mariage, en 1645, et un fils, avocat distingué au parlement de Paris, qui se réfugia en Hollande à la révocation de l'édit de Nantes.

Nous ignorons si quelque lien de parenté unissait à cette famille ABEL Amyraut, seigneur de Beausoudun et pasteur de Saint-Agnan en 1623, et BALTHASAR-OCTAVIEN Amyraut, auteur d'un ouvrage bizarre intitulé : *Introduction à l'exposition de l'Apocalypse, en forme de traités géométriques, en propositions et preuves*, La Haye, 1658, in-4°. Ce qui est certain, c'est que Moïse Amyraut n'était pas fils unique. Nous trouvons en effet, dans le Mercure des mois de mai et de juin 1682, cités parmi les Protestants qui se laissèrent convertir par le P. Alexis Du Buc, le missionnaire à la mode, une RACHEL Amyraut, nièce du ministre de ce nom, et un nommé *Boisnier*, sieur de La Mothe, petit-fils du ministre de Bourgueil, de *La Gable* [de *La Galère*, selon Aymon], et neveu d'Amyraut, ministre de Saumur. A ces deux abjurations, le Mercure ajoute celles de *Salomon Morin*, neveu du ministre de Caën, et d'*Isabelle Aubestin*, nièce du ministre *Aubestin* [vraisemblablement *Aubertin*], en s'écriant d'un air de triomphe : « Quand des personnes qui touchent de près les plus éclairés de ceux de la R. P. R. renoncent à leurs erreurs, on peut dire qu'elles sont bien convaincues des vérités de la nôtre. » Sans la barbare législation de Louis XIV, nous serions tout disposés à faire, comme lui, honneur de ces conversions à l'éloquence du Théatin.

ANCILLON (David), pasteur, né à Metz, le 17 mars 1617, et mort à Berlin, le 3 sept. 1692.

L'illustration de la famille des Ancillon, comme protestants, remonte aux premiers temps de la réforme en France. Déjà le trisaïeul de David, président à mortier dans une des principales cours du royaume, avait fait volontairement le sacrifice de sa charge pour l'amour de la religion qu'il avait embrassée. Son fils, Georgin Ancillon fut un des fondateurs de l'église de Metz, et c'est de son petit-fils, Abraham, « si habile en droit et si expérimenté dans les affaires qu'il a passé pendant sa vie pour l'oracle de sa patrie » que naquit le célèbre David Ancillon auquel nous consacrons cette notice.

Le jeune David étudia d'abord au collège des Jésuites à Metz, le seul établissement d'instruction de cette ville où l'on pût s'instruire dans les belles-lettres, et en 1633, son père l'envoya terminer ses études à Genève. Il y fit sa théologie sous Spanheim, Déodati et *Tronchin*. Cela explique les opinions qu'il professa dans la suite touchant la grâce particulière. Ces trois professeurs enseignaient en effet cette doctrine, en même temps qu'à l'université de Saumur, *Amyraut*, *Cappel* et *La Place* défendaient la grâce universelle. Ancillon partit de Genève au mois d'avril 1641, afin de se présenter au synode de Charenton pour se faire recevoir ministre. Le résultat des épreuves qu'il subit fut si satisfaisant qu'on lui donna la plus considérable des églises qui étaient à pourvoir, l'église de Meaux. Quoique jeune et sans expérience, Ancillon sut s'y concilier, par la douceur de son caractère autant que par ses talents, l'estime et la considération des habitans de l'une et de l'autre religion. Les premiers magistrats de la ville, quoique catholiques, devinrent ses amis intimes. Ce qui lui gagna les cœurs, selon son fils, « ce furent sa vie sans reproches et sa piété solide et sans faste. Il savoit faire d'aussi belles choses qu'il en savoit dire ; il mettoit lui-même en pratique ce qu'il enseignoit aux autres. Il aimoit le travail et n'avoit point une dévotion oisive..... Il n'avoit point de si petits amis qu'il ne jugeât dignes de ses soins, et lorsqu'il trouvoit occasion de leur rendre service, il cherchoit les moyens les plus prompts pour les secourir, éloigné en cela de la pratique des gens du monde qui cherchent plutôt les moyens les plus éclatants pour se faire honneur. Il rendoit ses bons offices à tous, sans que la différence des religions en fit la moindre dans sa conduite. Il avoit adouci et apprivoisé les ecclésiastiques catholiques romains du diocèse, et vivoit avec eux en bonne intelligence. Il entretenoit par ce moyen la paix et la concorde entre tous les habitans. » Ses prédécesseurs n'avaient pas eu la même satisfaction. L'un d'eux entre autres, le célèbre *David Blondel*, avait été constamment en butte, pendant son ministère, aux injures de la populace. Un jour que ce ministre était venu visiter Ancillon, il fut extrêmement surpris des témoignages de respect que son jeune ami recevait partout sur son passage, il l'en félicita en lui appliquant ces paroles de l'orateur romain : *Tot homines sapientissimos et clarissimos qui illam provinciam antè te tenuerunt, prudentiá, consilioque vicisti ! Est tuum, est ingenii, diligentiæque tuæ*. En effet, c'était son œuvre, et ce changement de conduite de la part des habitants catholiques de Meaux fait le plus bel éloge de son caractère. Ancillon avait tellement gagné l'affection des fidèles de son église, que dans la crainte de le perdre et pour se l'attacher plus étroitement, les principaux chefs de famille imaginèrent de le marier richement à une personne honorable qui eût son bien dans le pays ou dans le voisinage. Le moyen était sans doute bon ; mais la difficulté était de trouver un parti qui réunît ces divers avantages.

On en était à se concerter là dessus, lorsqu'un des assistants « se souvînt d'avoir ouï dire que M. Ancillon ayant prêché un dimanche matin à Charenton, tout le monde généralement lui applaudit ; que M. *Macaire* surtout, qui étoit un vieillard vénérable, d'une vertu et d'une piété exemplaires, et possédant de grands biens à Paris et aux environs de Meaux, lui avoit donné mille bénédictions et mille louanges, et qu'il avoit dit... qu'il n'avoit qu'une fille, qui étoit son unique enfant, et qu'il aimoit tendrement, mais que si M. Ancillon la lui venoit demander en mariage, il la lui donneroit de tout son cœur. » Ce fut un trait de lumière. On députa aussitôt à Paris pour s'enquérir si M. Macaire était toujours dans les mêmes sentiments. Sa réponse ayant été favorable, le mariage se conclut, peu de temps après, en 1649. *Marie* Macaire n'avoit alors que 14 ans. Son père avoit eu, dit-on, un emploi considérable au service de Henri IV. Cependant les fidèles de l'église de Meaux ne tardèrent pas à être trompés dans leurs espérances. En 1652, Ancillon ayant fait un voyage à Metz pour y revoir ses parents, fut invité à prêcher et il le fit avec un tel succès que les sollicitations et les prières lui vinrent de toutes parts pour le décider à accepter la première place de pasteur qui viendrait à vaquer. Après quelque hésitation, il promit. Cette vacance ne se fit pas attendre. Le plus ancien des quatre pasteurs de l'église, *Le Coutom*, mourut bientôt après son départ. Ancillon se rendit donc à son nouveau poste, emportant les regrets et les vœux de tout son fidèle troupeau. Il arriva à Metz en mars 1653. Ses talents pour la prédication parurent encore avec plus d'éclat sur ce nouveau théâtre. Ses sermons étaient extrêmement goûtés. On doit regretter que, par un excès de modestie, il n'ait jamais consenti à en publier qu'un seul. Cependant il avait l'habitude de ne monter dans la chaire qu'après mûre préparation. Tous ses sermons étaient écrits. Il faisait très-peu de cas des discours improvisés, toujours plus brillants que solides. Il avait accoutumé de dire « que c'étoit estimer trop peu le public que de ne prendre point la peine de se préparer quand on avoit à traiter avec lui, et qu'un homme qui paroîtroit en bonnet de nuit et en robe de chambre un jour de cérémonie ne commettroit pas une plus grande incivilité. » Ancillon aimait peut-être plus qu'il ne convient à un homme de son état, le repos et la retraite. La vie d'un ministre de l'Évangile ne doit pas être une vie contemplative. « Il ne se mêloit absolument et à la lettre d'aucune affaire du monde. Comme un véritable anachorète, il étoit hors du commerce des hommes, et ne songeoit qu'à Dieu et à son église. » Il avait par-dessus tout la passion des livres, mais, chez lui, ce n'était pas la passion stérile de l'avare qui thésaurise, il étudiait sans cesse. « Il lisoit, dit son biographe, toute sorte de livres, même les anciens et les nouveaux romans. Il n'y en avoit aucun, dont il ne crut qu'on pouvoit faire quelque profit... Mais il ne lisoit les uns qu'une seule fois, et en courant, *perfunctoriè*, et comme dit le proverbe latin, *Sicut canis ad Nilum bibens et fugiens*, tandis qu'il lisoit les autres avec soin et avec application. Il les lisoit plusieurs fois : la première, disoit-il, ne servoit qu'à lui donner une idée générale du sujet, et la seconde lui en faisoit remarquer les beautés. » Sa bibliothèque était très-riche ; il avait passé 40 ans à la former, et chaque jour il l'enrichissait encore. Mais lors de son départ précipité de Metz, elle fut comme livrée au pillage. On ne respecta pas même une quantité de lettres destinées à la publication, et, entre autres, une correspondance avec son ami intime *Daillé*. Tout ce qu'il put sauver, ce fut un certain nombre de livres qui étaient portés sur le Catalogue des livres hérétiques, dressé par l'archevêque de Paris en 1685, et qu'il avait eu soin de cacher. Ils composèrent depuis sa bibliothèque dans les pays étrangers. Ancillon exerça le ministère à Metz jusqu'à la révocation de l'édit de Nantes, en 1685. Les démarches tentées auprès du gouvernement pour faire admettre une exception en faveur des réformés du pays Messin, n'ayant amené aucun bon résultat, les quatre pasteurs de l'église de Metz, MM. *Ancillon*, de *Combles*, *Bancelin* et *Joly*, se hâtèrent de mettre à profit la disposition toute paternelle de la loi qui les autorisait à s'expatrier dans la quinzaine. Quelques jours plus tard, cette dernière grâce leur eût encore été enlevée. Au moment où ils allaient monter en bateau pour descendre la Moselle, tous les fidèles de leur église se présentèrent sur les bords du fleuve et leur firent leurs adieux au milieu des larmes et des sanglots. Ce fut pour eux et pour leur église désolée un beau jour de deuil. La pensée qu'ils laissaient tant de cœurs amis, dut adoucir leur exil. Ils partirent seuls ; car il ne leur était pas permis d'emmener avec eux leurs familles. La loi n'accordait de passe-port aux pasteurs que pour leurs jeunes enfants au-dessous de 7 ans, et tous les leurs, au nombre de seize, avaient passé cet âge. Les quatre exilés se rendirent à Francfort-s.-M. Les principaux réformés de la ville, ayant appris leur arrivée, se portèrent à leur rencontre, et leur firent l'accueil le plus cordial. Tous se disputèrent l'honneur de leur donner l'hospitalité. Pendant son séjour à Francfort, Ancillon alla visiter deux de ses parents qui desservaient l'église française de Hanau. L'un était veuf de sa sœur, et l'autre avait épousé sa nièce. S'étant fait entendre dans leur église, toute l'assemblée fut si édifiée, que l'on décida la création d'une troisième place de pasteur qui lui fut offerte. Il accepta, et entra en exercice sur la fin de l'année 1685. A Hanau comme à Metz, ses prédications ne tardèrent pas à attirer la foule. On s'y rendait de plusieurs lieues, de Francfort même ; des gens qui n'entendaient pas la langue, allaient l'écouter, « disant qu'ils aimoient à le voir parler. » Cette distinction flatteuse, trop peu dissimulée à ses deux collègues, excita leur jalousie, et dès ce moment, oubliant tout sentiment de parenté et déshonorant par leur conduite leur caractère sacré, ils lui rendirent son ministère si pénible qu'il prit la résolution d'abandonner sa place. Il retourna à Francfort, et peu de temps après, le besoin d'établir sa nombreuse famille le détermina à prendre la route du Brandebourg. La duchesse de Simmern, qu'il avait l'honneur de connaître, lui donna les plus pressantes recommandations pour son beau-frère, l'électeur régnant. Dès son arrivée à Berlin en 1686, il fut invité à se rendre à Potzdam, le séjour favori de Frédéric-Guillaume. Formey raconte ainsi son entrevue avec le grand-électeur. « M. Ancillon ayant paru en sa présence avec ses deux fils, les cheveux blancs du vénérable vieillard parurent inspirer à ce grand prince une espèce de vénération, qu'il voulut bien lui témoigner en l'embrassant tendrement, et en lui parlant de la manière la plus affectueuse. Voici ses propres termes dont le père et les fils n'ont jamais perdu le souvenir. « Je loue Dieu, dit l'électeur à M. Ancillon, de ce qu'il vous a mis au cœur de venir passer le reste de vos jours dans mes états ; je ferai en sorte que vous y vivrez content. Ma belle-sœur, la duchesse de Simmern, m'a fortement recommandé de vous établir selon votre mérite : ainsi je vous fais ministre ordinaire de mon église françoise de Berlin. » Les bienfaits de l'électeur s'étendirent sur toute la famille d'Ancillon, dont les membres réussirent peu-à-peu à le rejoindre. A l'arrivée de son gendre, l'ingénieur *Cayart*, Ancillon vit tous les siens rassemblés autour de lui. « Mon épouse en se sauvant, raconte son fils Charles, avoit amené avec elle la plus jeune de mes sœurs, et mes enfans étoient hors du royaume avant la révocation de l'édit. Il n'étoit au moins resté en France que les deux enfants que sa fille aînée défunte avoit laissés, parce que leur père les y retenoit; encore en est-il sorti un depuis, qui est fils unique, de sorte qu'il ne reste plus que la fille. » Outre sa femme, Cayart avait amené avec lui une de ses sœurs, mariée en 1688 au ministre *Coullez*; mais il avait dû laisser un fils unique, qui est mort depuis, et faire le sacrifice de ses biens qui étaient considérables, « se contentant d'emporter son âme pour butin. » Ingénieur distingué, il dirigeait les travaux de fortifications de Verdun. Le ministre Louvois lui en avait témoigné toute sa satisfaction. Mais Cayart résista à toutes les séductions, préférant le repos de sa conscience à sa fortune. Bientôt après son arrivée à Berlin, l'électeur le nomma son ingénieur-général. A l'exception seulement de la plus jeune de ses filles, qui épousa depuis M. *Contart*, Ancillon eut la joie de voir, avant de mourir, toute sa famille honorablement établie. Quoique son fils cadet, David, partageât depuis quelque temps ses travaux, il ne renonça à la prédication que lorsque la maladie ne lui permit plus de se déplacer. Il mourut à l'âge de 75 ans. Sa perte fut vivement sentie par tous les réfugiés de la colonie. « On n'assista pas seulement à son enterrement comme à celui d'un ancien pasteur, qui avoit rendu de bons et de longs services à l'Église ; mais chacun y vint comme aux funérailles du meilleur de ses amis, qui seroit mort à la fleur de son âge; tous les corps françois députèrent ensuite quelques-uns de leurs membres pour consoler sa famille affligée, et pour lui témoigner combien ils prenoient de part à leur deuil, et il semble encore actuellement [1698] qu'il ait été le père commun de tout le monde, tant il est regretté. » Ancillon a passé toute sa vie dans l'étude ; le Mélange de littérature recueilli de ses conversations, qu'a fait paraître son fils Charles, donne une idée très-avantageuse de son savoir et de son érudition; mais il a très-peu écrit. Nous dirons un mot de ses publications.

I. *Traité dans lequel toute la matière des traditions est amplement et solidement examinée*, Sédan, 1657, in-4°. — Relation de ce qui s'était passé dans une conférence qu'il avait eue avec M. Bédacier, doct. de Sorbonne, évêque d'Aoste et suffragant de l'évêque de Metz. Ancillon avait disputé avec ce prélat en présence d'un grand nombre de personnes; mais au mépris de ce qu'ils étaient convenus entre eux, que les actes de cette conférence ne seraient pas livrés à la publicité, un moine avait eu l'impudence d'en donner une fausse relation où il entreprenait de persuader au public que l'adversaire de l'évêque avait été vaincu sans ressource. C'est ce qui détermina Ancillon à publier cet ouvrage. Hottinger en fait un grand éloge dans son Bibliothecarius Quadripartitus. Le P. Clivier, minime et provincial de son ordre, chercha à le réfuter dans son Fort des traditions abattu par les maximes de M. David Ancillon.

II. *Apologie de Luther, de Zwingle, de Calvin et de Bèze*, Hanau, 1666, in-12, Réponse au VI° ch. de la Méthode du cardinal de Richelieu. Lorsque cette Méthode parut, Ancillon s'était aussitôt mis en devoir d'y répondre ; mais ayant appris que le professeur *Martel* l'avait prévenu, et qu'il était sur le point de faire paraître son travail, il supprima sa réponse dont il ne publia que le fragment que nous indiquons.

III. *Les Larmes de S. Paul*, Paris, 1676. — Sermon sur v. 18. 19. ch. III de l'Épître de S. Paul aux Philippiens, prononcé à Metz un jour de jeûne. C'est le seul sermon d'Ancillon qui ait été imprimé.

IV. *L'idée du fidèle ministre de J.-Ch., ou la Vie de Guillaume Farel* anonyme), Amst., 1691, in-12. — Édition unique, désavouée par l'auteur. Ancillon avait communiqué son manuscrit à Conrart, son ami intime qui y avait mis quelques remarques de sa main. C'était, au jugement de son fils, un ouvrage digne de voir le jour ; mais on ne put le décider à le publier. Ce qui fut cause qu'on en tira une copie pleine de fautes qu'un libraire de Hollande fit paraître sans l'aveu de l'auteur. « On a été surpris, écrit Ancillon, de voir une édition aussi difforme qu'est celle-là, et si un jour on fait imprimer le même livre sur la copie revue par M. Conrart, on verra que cette pièce est si mutilée qu'elle n'est pas reconnoissable. »

V. *Réponse à l'Avertissement pastoral, aux Lettres circulaires et aux Méthodes*, que le Clergé adressa aux Réformés de France en l'année 1682. — Il ne paraît pas que cette réponse ait jamais été publiée. Ancillon raconte que son père la tint cachée dans son cabinet jusqu'à ce que des personnes de considération l'ayant obligé de la mettre au jour, il l'envoya à M. Turretin, professeur en théologie à Genève, son ancien ami, avec la liberté d'en disposer comme il jugerait convenable. On ignore ce qu'est devenue cette copie.

BRANCHE AÎNÉE.

CHARLES Ancillon, fils aîné de David, né à Metz le 28 juillet 1659, et mort à Berlin le 5 juillet 1715.

Après de premières études au collège de Metz et à Hanau, Ancillon se décida pour la carrière du droit. Il fréquenta successivement les universités de Marbourg, de Genève et de Paris. Ayant pris ses degrés, il retourna dans sa ville natale, en 1679, et y fut attaché au barreau. A la révocation de l'édit de Nantes, les Réformés de la ville le députèrent à la cour pour y représenter que cet acte ne devait pas les atteindre, protégés qu'ils étaient par les priviléges du pays; mais il ne put rien obtenir; on n'accorda même pas que les quatre pasteurs, qui étaient âgés, attendissent jusqu'au retour du printems pour sortir du royaume. « Quoi ! Monsieur, lui répondit Louvois, ils n'ont qu'un pas à faire pour sortir du royaume, et ils n'en sont point encore dehors ? » Ils durent donc partir sans délai, malgré la saison avancée. Les courtisans du grand roi avaient hâte de mettre la main sur leurs dépouilles. Ancillon ne tarda pas à rejoindre son père dans son exil. Il l'accompagna dans le Brandebourg, et fut établi juge et directeur de la colonie française de Berlin. L'électeur Frédéric, depuis roi, lui continua les bontés de son père, Frédéric-Guillaume-le-Grand. En 1695, il lui confia une mission importante en Suisse. Dans ce voyage, Ancillon eut l'occasion de connaître le marquis de Bade-Dourlach, qui conçut tant d'estime pour lui qu'il le choisit pour son conseiller, et pria l'électeur de le lui laisser pendant quelque temps. Ancillon ne retourna à Berlin que sur la fin de 1699. La place de juge-supérieur avec le titre de conseiller de cour et de légation fut la récompense de ses services. Après son couronnement, en 1701, Frédéric Ier le choisit pour son historiographe. La Société royale de Berlin l'admit aussi au nombre de ses membres. Quoiqu'il soit devenu auteur plutôt par circonstance que par vocation, comme il le dit lui-même, Charles Ancillon n'a pas laissé que de beaucoup écrire.

I. *Réflexions politiques, par lesquelles on fait voir que la persécution des Réformés est contre les véritables intérêts de la France* (anonyme), Cologne, 1685, in-12. — Bayle avait commis une erreur en attribuant cet ouvrage à Sandras de Courtilz.

II. *L'irrévocabilité de l'édit de Nantes prouvée par les principes du droit et de la politique*, par C. A. doct. en droit et juge de la nation françoise à... Amst. 1688, in-12.

III. *La France intéressée à rétablir l'édit de Nantes* (anonyme), Amst. 1690, in-12.

IV. *Histoire de l'Établissement des François réfugiés dans les États de S. A. E. de Brandebourg*, Berlin, 1690, in-8°; dédiée à Friderie III, margrave de Brandebourg.

— Cet ouvrage est divisé en quatre

parties. L'auteur examine successivement 1° l'état des gens de lettres, parmi lesquels il comprend les pasteurs, les jurisconsultes, les médecins; 2° l'état de ceux qui font profession des armes; 3° l'état des manufacturiers, des négociants et des artisans; 4° l'état de ceux qui sont sans profession et sans biens, de quelque qualité qu'ils soient. Nous saisirons l'occasion qui nous est offerte de faire connaître par quelques détails cet intéressant épisode de notre histoire. Plusieurs années avant l'édit de révocation, un certain nombre de réfugiés français s'étaient déjà retirés à Berlin sous la protection de l'électeur Frédéric-Guillaume, et y avaient fondé une église. *Abbadie* et *Fornerod* (jusqu'en 1682), la desservaient. Après la révocation, l'électeur rendit un édit (29 oct. 1685) en faveur des réfugiés (*Pièces justif.*, N° CI), qui affluèrent dès lors dans ses états. Cet acte n'était pas seulement une bonne œuvre, c'était une mesure de bonne politique. Aussi doit-on remarquer que depuis cette époque la puissance du Brandebourg grandit d'année en année, tandis que celle de Louis XIV déclina de plus en plus. Le grand-électeur s'exprimait ainsi dans le préambule de son édit: « Comme les persécutions et les rigoureuses procédures qu'on exerce depuis quelque temps en France contre ceux de la religion réformée, ont obligé plusieurs familles de sortir de ce royaume et de chercher à s'établir dans les pays étrangers, Nous avons bien voulu, touché de la juste compassion que Nous devons avoir pour ceux qui souffrent malheureusement pour l'Évangile et pour la pureté de la foi que Nous confessons avec eux, par le présent édit signé de notre main, offrir auxdits François une retraite sûre et libre dans toutes les terres et provinces de notre domination, et leur déclarer en même tems de quels droits, franchises et avantages, Nous prétendons de les y faire jouir pour les soulager et pour subvenir en quelque manière aux calamités avec lesquelles la Providence divine a trouvé bon de frapper une partie si considérable de son Église. » Notre auteur remarque, à la louange du grand-électeur, « qu'au lieu que les autres souverains se sont contentés de recevoir dans leurs états ceux qui s'y sont retirés et de leur accorder leur protection, lui, il les a appelés, et a pourvu à leurs besoins. » Frédéric-Guillaume chargea donc M. de Grumbkow du soin de leur établissement. Ce ministre d'état s'acquitta de cette tâche difficile avec un zèle, une patience et une charité dignes des plus grands éloges. L'électeur étant mort en 1688, son fils et successeur confirma non-seulement ce qui avait été fait en faveur des réfugiés, mais il leur accorda de nouveaux bienfaits. Nous exposerons brièvement leur organisation. Parmi les émigrés, on comptait des hommes de toutes professions et de tous états, la plupart sans autres ressources que leur industrie. On les répartit sur divers points. Dix colonies furent ainsi créées. La principale, celle de Berlin, contenait plusieurs milliers d'individus. Elle possédait deux temples, au service desquels étaient attachés neuf pasteurs; un hôpital, avec un pasteur spécial; une maison de charité pour les réfugiés des deux sexes; un collège dont l'enseignement comprenait les humanités et la philosophie, et même une librairie et une imprimerie. D'après MM. Erman et Réclam, il existait déjà une Académie française à Berlin, avant la grande émigration de 1685; Charles Ancillon en eut la haute direction en 1687. Les autres villes que l'on choisit comme centres de colonisation, furent: Francfort-s.-O., dont l'église fut desservie par trois pasteurs, de même que celles de Halle et de Magdebourg; Brandebourg, avec 2 pasteurs; Lipstadt, avec le chapelain du régiment de *Briquemault*, gouverneur de la place; Clèves, avec un pasteur; Wesel, avec deux pasteurs; Prenslow, dans la Poméranie, avec deux pasteurs; Kœnigsberg, avec un pasteur. Il y avait en outre six villages, chacun avec une église et un pasteur. Toutes ces églises furent soumises, en vertu d'un édit de l'électeur, à la discipline des églises réformées de France. L'université de Francforts.-O. fut assignée aux jeunes réfugiés qui désiraient terminer leurs études. Le sénat académique eut ordre de les admettre à la table du séminaire fondé pour les étudiants pauvres, et on leur donna en outre 50 écus de pension par an. — L'administration de la justice excita ensuite la sollicitude du gouvernement. Un Juge fut désigné pour chaque colonie, à l'exception des villages où un Inspecteur en tournée rendait la justice. Un greffier, un huissier, des notaires, et des procureurs l'assistaient dans ses fonctions. La procédure était sommaire, autant que possible ; la justice gratuite. Les juges prononçaient d'après la raison et l'équité. Les appels étaient portés devant le Juge-supérieur, résidant à Berlin, qui prononçait en dernier ressort. Tous les officiers de la justice française étaient nommés à vie. Les jurisconsultes distingués par leur naissance ou par les charges qu'ils avaient exercées, et qui n'avaient pu être placés, formaient avec les gentilshommes qui n'avaient pas pris du service dans l'armée, le corps des Conseillers de cour et d'ambassade. Les plus jeunes avaient le titre de Secrétaires de S. A. E. Six de ces conseillers, choisis par le gouvernement, s'assemblaient une fois chaque semaine avec le juge ordinaire et le juge-supérieur de Berlin, le directeur des manufactures, sous la présidence d'un ministre d'état, pour prendre connaissance de toutes les demandes et réclamations adressées par des réfugiés. Dans ce Conseil se traitaient les affaires concernant l'émigration en général. Tous ces divers fonctionnaires recevaient des traitements proportionnés à leurs charges. Ceux des réfugiés, tels que pasteurs ou jurisconsultes, qui n'avaient pu être employés, étaient portés sur la liste des pensionnaires de l'état, jusqu'à ce qu'une vacance ou la création de nouveaux emplois permissent d'utiliser leurs services. — Le gouvernement ne s'appliqua pas avec moins de soin à régler le sort des commerçants et des industriels. « Il est venu dans cet état, écrit Ancillon, des ouvriers de tous métiers, de sorte qu'on y fait à présent toutes sortes d'ouvrages. Il ne s'en fait aucun en France qu'on ne fasse dans ce pays-ci ; car les maîtres ou les ouvriers de toutes les principales fabriques du royaume y sont et y travaillent. » Un artiste, sorti des Gobelins, y avait même transporté son industrie. De magnifiques tapisseries où étaient représentées les grandes actions de l'électeur, étaient déjà sorties de ses ateliers. Tous les marchands et les artisans pouvaient se faire admettre dans les corporations allemandes de leur profession sans qu'ils fussent tenus d'exécuter un chef-d'œuvre ou de payer aucun droit. A ceux des réfugiés qui établirent des manufactures, le gouvernement fit aussi de très-grands avantages. Non-seulement il leur avança de grosses sommes d'argent, mais il leur fournit même le local avec tous les principaux instruments nécessaires à leur fabrication. On prit ensuite les mesures les plus sages pour empêcher qu'une mauvaise administration ou un encombrement des produits n'amenât promptement la ruine de ces établissements. Un Directeur des manufactures fut chargé de les visiter tous, à de certaines époques, d'examiner la qualité des objets fabriqués ou manufacturés, de recevoir les plaintes des ouvriers ou des maîtres. Des Commissaires et des Secrétaires de commerce lui furent adjoints pour le décharger à Berlin d'une partie de ses travaux. En même temps, afin de faciliter l'écoulement des produits, le gouvernement prohiba ou frappa d'un droit d'entrée les marchandises étrangères, et établit un Bureau d'adresse où les manufacturiers pouvaient faire porter les marchandises dont ils n'avaient pas trouvé le placement et qui étaient vendues à l'enchère. Les paysans et jusqu'aux hommes de peine eurent part aux bienfaits de l'électeur. Tandis qu'aux uns on donna des terres et des instruments de travail en les affranchissant de toute redevance pendant un certain nombre d'années, les autres obtinrent le privilége d'exploiter à leur profit les premières chaises à porteurs que l'on vit à Berlin. Cet usage introduit par les réfugiés en Allemagne s'y est conservé jusqu'à nos jours dans quelques villes. — Il ne nous reste plus qu'à dire un mot de la position que l'on fit aux émigrés qui suivaient la carrière des armes. Le plus illustre était sans doute le maréchal de *Schomberg*. En récompense de ses services et par une faveur toute spéciale, le gouvernement de Louis XIV lui avait permis de sortir du royaume. Il fut nommé généralissime des armées de S. A. E. et pourvu du gouvernement de la Prusse. Son fils *Charles* divint lieutenant-général. On forma deux corps de réfugiés; l'un, composé des principaux officiers, contenait deux compagnies : c'étaient les Grands-Mousquetaires ; l'autre, d'une seule compagnie à cheval, était composé des subalternes et des bas-officiers. Les officiers qui n'avaient pu être admis dans l'un de ces deux corps, recevaient la paie des officiers en retraite. Une compagnie de cadets et une autre de mineurs furent aussi créées. Ces divers corps se signalèrent dans plusieurs occasions. — Telle fut l'organisation des colonies françaises du Brandebourg. On peut dire, sans crainte d'être taxé d'exagération, que, dans toute sa conduite, le grand-électeur se montra le père des réfugiés. C'est là sans doute son plus beau titre de gloire, quoique son histoire soit pleine cependant d'actions mémorables. Le gouvernement de Louis XIV lui en fit un crime ; la France lui en doit une éternelle reconnaissance. — L'ouvrage d'Ancillon, que nous venons d'analyser, n'est proprement qu'une ébauche, comme l'auteur en convient lui-même ; « il laissa à de plus excellens ouvriers le soin d'y mettre la dernière main. » Le style en est généralement faible, sans couleur, lorsqu'il n'est pas enflé ; la période monotone et traînante. Un autre défaut non moins sensible consiste dans le retour trop fréquent de sentiments d'admiration qui vont jusqu'à l'enthousiasme. Cela fait que ce livre semble plutôt un panégyrique qu'une histoire, une dédicace qu'un panégyrique.

V. *Portrait ébauché de M. Sylv. Jacq. Danckelmann*, Amst. 1695, in-8°. — Danckelmann était un ministre d'état qui s'employa avec un dévouement digne des plus grands éloges à l'établissement des réfugiés français dans le Brandebourg.

VI. *Mélange critique de littérature, recueilli des conversations de feu M. Ancillon*, avec un *Discours sur sa vie*, et *Ses dernières heures*; Bâle, 1698, 3 vol. in-12 ; dédié à Friderîle-Grand, marquis de Bade et de Hochberg. L'auteur désavoua un extrait qui fut donné de ce livre à Amst. [Rouen], 1701 ; le titre de l'édit. de 1706, même ville, attribue ces mélanges à Jean Leclerc. — Ouvrage important. « J'aurai souvent à parler de ce Mélange, écrit Bayle, et si quelquefois je ne tombe pas d'accord que tout y soit bien exact, ce sera sans avoir la ridicule prétention que cela puisse préjudicier ni à celui qui a dit ces choses, ni à celui qui les a données au public. Il faut bien plus admirer que feu M. Ancillon, parlant sur le champ, ait eu tant d'exactitude en plusieurs endroits, que trouver étrange que sa mémoire n'ait pas été exacte partout ; et pour ce qui est de Monsieur son fils, il a dû donner les choses telles qu'il les avait recueillies de la bouche de M. Ancillon. » Ces mélanges sont une suite d'articles sur toute sorte de sujets, disposés par ordre alphabétique et précédés de sommaires. Le 3º volume contient la Vie de David Ancillon, par son fils et un petit écrit intitulé : Les dernières heures de M. Ancillon, par le ministre qui l'avait assisté dans sa maladie. Nous ne reprocherons pas à l'auteur de la Vie d'Ancillon les petits détails de famille dans lesquels il entre souvent ; le sentiment qui le préoccupe est trop respectable pour ne pas obtenir toute espèce d'indulgence ; mais nous devons relever les défauts trop manifestes de son ouvrage, comme œuvre littéraire. Rien de plus pénible et de plus fatiguant que la manière d'écrire qu'il paraît surtout affectionner. Les citations, les comparaisons, les rapprochements se succèdent coup-sur-coup, de sorte que le récit de l'action la plus vulgaire, qui devait à peine occuper quelques lignes, se trouve avoir acquis sous la plume de l'auteur des proportions considérables. On comprend que pour le lecteur qui n'est pas soutenu dans sa lecture par des sentiments de piété filiale, ce soit perpétuellement l'histoire de la Montagne qui accouche. On peut dire, en un mot, qu'Ancillon possédait à un haut degré toutes les qualités qui font le bon scoliaste, mais aucune ou bien peu de celles qui font le bon écrivain.

VII. *Discours adressé à S. M. le roi de Prusse sur son élévation à la royauté*, Berlin, 1701, in-8°.

VIII. *Dissertation sur l'usage de mettre la première pierre au fondement des édifices publics*, Berlin, 1701, in-8°. — Cette dissertation fut écrite à l'occasion de la pose de la première pierre d'un nouveau temple que l'on construisit pour les réfugiés dans le quartier de la Frederichstadt. « Après avoir rapporté tout ce que ses lumières et sa lecture ont pu lui fournir sur le sujet qu'il traite, l'auteur avoue qu'il en est à peu près de cet usage comme des rivières dont on ne connaît pas la source, quoiqu'on en voie le cours et les progrès. »

IX. *Le dernier triomphe de Frideric-Guillaume-le-Grand, ou Discours sur la statue équestre érigée sur le Pont-neuf de Berlin*, Berlin, 1703, in-fol. ; trad. en allem. par Plarre, même année. — « Cette pièce, au jugement du critique de Beauval, est une harangue et une dissertation tout ensemble. Le style en est un peu enflé, et l'auteur entonne quelquefois un peu trop la trompette. Il a su faire entrer dans son Discours tant de remarques de littérature, qu'il y en a assez pour une dissertation en forme. Il a recherché en effet tout ce qu'on peut dire sur les statues équestres et pédestres. »

X. *Histoire de Soliman II, empereur des Turcs*, Rott., 1706, in-8°. — Ancillon, dans une préface, explique le but de cet ouvrage. Son intention était de pressentir le goût du public touchant une vaste publication pour laquelle il recueillait depuis quelque temps des matériaux. Voici au reste ce qu'il dit à ce sujet dans la préface de ses Mémoires concernant les vies de plusieurs modernes : « L'entreprise que je commence aujourd'hui, n'empêchera pas que je ne continue à travailler à l'exécution de mon premier dessein, qui est de donner au public dans notre langue les Éloges des hommes illustres répandus dans l'Histoire de M. de Thou, et d'y joindre les additions que mes lectures m'auront fournies. Je les donnerai néanmoins sous une forme différente du projet que j'ai publié. Je suis entré dans le sentiment de mes amis, qui m'ont représenté que mon entreprise étant trop vaste, il n'y avait point d'apparence que j'eusse assez de temps et de vie à espérer pour pouvoir en venir à bout, et qu'ainsi pour vouloir donner trop de choses au public, je courrais risque de n'être jamais en état de lui rien donner. Je lui donnerai donc uniquement les Éloges tels qu'ils sont dans l'Histoire de M. de Thou, et je mettrai au-dessous, séparément, mes augmentations, telles que la quantité de matériaux que j'aurai sur chaque article me permettra de les faire, n'entreprenant point de dire tout ce qu'il y a à dire sur le chapitre de chaque homme illustre, mais uniquement ce que j'en sais, de même que je le pratique dans l'ouvrage que je donne aujourd'hui. » Dans le volume qu'il avait publié précédemment sur Soliman II,

Ancillon ne s'était pas contenté de faire de simples additions à l'Éloge traduit de l'historien de Thou, il y avait donné une Vie entière de ce sultan. Son nouveau projet n'était donc plus que d'exécuter pour les Hommes illustres ce que *Teissier* avait fait pour les Hommes savants. Dans ce but, il avait dressé une liste d'environ 500 noms. Mais la mort ne lui permit pas d'achever ce grand travail. Son premier essai fut tout ce qui en parut.

XI. *Traité des Eunuques*, par C. Ollincan (anagramme du nom d'Ancillon), 1707, in-12. — Composé à l'occasion d'un castrat italien qui prétendait se marier. Ancillon se prononce contre de semblables mariages. Son traité contient, au dire du P. Nicéron, « quantité de remarques curieuses et divertissantes; » mais Barbier (Dict. des Anonymes) y relève une grosse méprise : l'auteur aurait présenté comme une histoire véritable la Relation de l'île de Bornéo, imaginée par Fontenelle.

XII. *Mémoires concernant les vies et les ouvrages de plusieurs modernes célèbres dans la république des lettres*, Amst. 1709, in-12. — Ancillon nous apprend dans un Avertissement en tête de son livre que les quelques vies qu'il donne au public lui avaient été demandées pour un Supplément au Dictionnaire de Bayle qui se préparait à Rotterdam ; mais que l'état de sa santé ne lui ayant pas permis d'y travailler avec toute la diligence désirable, il avait été contraint d'abandonner cette entreprise. « M'étant trouvé depuis, continue-t-il, un peu plus en état de m'occuper, j'ai cru que le Supplément étant ou fait ou fort avancé, je ne pourrais pas avoir achevé mon ouvrage assez tôt pour l'y faire insérer, j'ai donc pris le parti de lui donner la forme sous laquelle il paraît aujourd'hui, afin de pouvoir le donner séparément au public. » Les Modernes célèbres dont les vies sont contenues dans ce volume, sont: *Valentin Conrart*, dont la vie est la plus étendue de toutes (environ un tiers du volume); l'orientaliste d'Herbelot ; Urbain Chevreau, historien, poète et écrivain estimé (73 pages); le savant *Henri Justel* ; le critique Adrien Baillet; les Aubery, dont Jacques, sieur de Moncreau, jurisconsulte, qui plaida pour les malheureux habitants de Cabrières et de Mérindol, *Benjamin*, sieur *du Maurier*, diplomate, et son fils *Louis*, auteur des Mémoires sur la Hollande, qui paraît avoir abjuré le protestantisme ; un autre, Louis Aubery, auteur de plusieurs ouvrages d'histoire et de biographie, le médecin Jean Aubery et le scoliaste Claude ; le savant Jean-Baptiste Cotelier, qui à l'âge de 12 ans étonna par son savoir les membres de l'assemblée générale du clergé de France auxquels il fut présenté par son père, ministre réformé qui avait abjuré après avoir été déposé par le synode national d'Alais, et finalement l'antiquaire et numismate Laurent Beger. Quelques-unes de ces vies sont trop délayées ; mais l'auteur a racheté, autant qu'il était en lui, ce défaut en joignant à son livre une table analytique très-bien dressée.

XIII. *Histoire de la vie et de la mort de M. Lichtscheid, Berlin*, 1713.

Le bibliographe allemand Jœcher attribue encore à Ancillon les trois écrits suivants : 1° *Réflexions sur la tolérance*; 2° *La balance de la religion et de la politique*; 3° *La découverte d'un espion français*, etc. ; mais il n'indique ni le lieu ni l'année de leur impression. Les bibliographes français ne nous ont été d'aucun secours pour cette notice.

Louis-Frédéric Ancillon, petit-fils de Charles, pasteur, membre de la Société royale de Berlin, mort le 13 juin 1814, à l'âge de 70 ans. On lui doit quelques écrits.

I. *Oraison funèbre de la Très-haute princesse Madame Louise-Amélie de Brunswick-Wolfenbuttel*, Berlin, 1780, in-8°.

II. *Discours sur la question : Quels sont, outre l'inspiration, les caractères qui assurent aux Livres Saints la supériorité sur les livres profanes?* Ber lin et Dessau, 1782, in-8°. — Ce discours avait été couronné, en 1778, par l'Académie de la Conception de Rouen. M. Quérard attribue cet écrit au fils, ainsi que le suivant.

III. *Discours sur la question: Quelle est la meilleure manière de rappeler à la raison les nations qui se sont livrées à l'erreur*, Berlin, 1785, in-4°.

IV. *Oraison funèbre du Très-haut prince Frédéric II, roi de Prusse*, Berlin, 1786, in-8°.

V. *Judicium de judiciis circà argumentum Cartesianum pro existentiâ Dei ad nostra usquè tempora latis*, Berlin, 1792, in-8°.

VI. *Sermons sur l'amour de la patrie*, Berlin, 1793, in-8°,

VII. *Tentamen in psalmo sexagesimo octavo denuò vertendo, cum Dissertatione historica, quam claudit Carmen seculare Horatii cum eodem psalmo collatum*, Berlin, 1798, in-8°. — Attribué par quelques-uns au fils, et, entre autres, par le bibliographe allemand Kaiser.

Ancillon est encore l'auteur d'un *Éloge de Saumaise*, couronné par l'Académie de Dijon, et de divers Mémoires insérés dans le recueil de l'Académie de Berlin.

JEAN-PIERRE-FRÉDÉRIC Ancillon, fils du précédent, naquit le 30 avril 1767, et non pas en 1766, comme le disent la plupart de ses biographes. Élevé sous les yeux de son père, le jeune Ancillon montra de bonne heure les plus heureuses dispositions et un goût prononcé pour les études historiques. Ses cours universitaires terminés, il partit pour Genève, voyage que l'on regardait alors comme le complément nécessaire de tout enseignement théologique, et de là il vint visiter Paris au moment même où la révolution commençait. Après un séjour de quelques mois dans cette capitale, il retourna à Berlin où il fut nommé ministre du Saint Évangile dans l'église du Werder. Appelé, en 1791, à Rheinsberg pour bénir un mariage que le prince Henri, frère de Frédéric-le-Grand, honorait de sa présence, il s'éleva dans le discours qu'il prononça en cette occasion, (Berlin, 1791, in-8°) à une éloquence si entraînante, que le prince l'admit dès cet instant dans son intimité. Ce fut ainsi qu'une circonstance toute fortuite, devint la source de sa haute fortune. Quelque temps après, à la recommandation du prince, il fut nommé professeur d'histoire à l'Académie militaire.

Cependant la révolution française grandissait de jour en jour et menaçait les états voisins. Dévoué de cœur au pays qui avait adopté sa famille, Ancillon voulut, autant qu'il était en lui, contribuer à sa défense, et il se mêla activement à la polémique des journaux. Ce fut aussi vers ce temps qu'il publia un fragment de son voyage en Suisse, une lettre écrite de Paris, en 1789, sur l'état de la littérature en France, et des *Considérations sur la philosophie de l'histoire* (Berlin, 1796, in-8°). Cette activité littéraire ne lui fit pas négliger toutefois ses autres devoirs. Il continua à remplir avec zèle ses fonctions pastorales, et on doit sans aucun doute rapporter à cette époque de sa vie quelques uns des sermons qu'il mit au jour plus tard sous le titre *Sermons prononcés dans l'église des réfugiés de Berlin* (Berlin, 1818, 2 vol. in-8°). Si le bibliographe Kaiser ne commet pas une erreur, c'est au moins en ce temps-là qu'il prononça les *oraisons funèbres* d'Élisabeth Christine, reine douairière de Prusse, et du prince Louis de Prusse, (Berlin, 1797, in-8°).

Comme orateur de la chaire, Ancillon jouissait d'une immense réputation, et cette réputation était tout-à-fait méritée. Tel de ses sermons soutiendrait sans désavantage la comparaison avec les plus célèbres de Bourdaloue ou de Massillon. Son éloquence était d'autant plus persuasive qu'elle partait du cœur. L'élocution, la voix, le geste, le regard, tout faisait d'Ancillon un orateur irrésistible. Et cependant ce n'est pas à ses sermons, mais à ses écrits sur la philosophie et l'histoire qu'il doit la plus grande partie de sa célébrité.

Une fois lancé dans la carrière littéraire, Ancillon la parcourut avec ardeur. En 1801, il publia, outre un *Sermon sur le jubilé séculaire de la Monarchie prussienne* (Berl., in-8°), des *Considérations générales sur l'histoire ou Introduction à l'histoire des révolutions du système de l'Europe pendant les trois derniers siècles* (Berl., in-8°), des *Mélanges de politique et de philosophie morale* (Berl., in-8°), et des *Mélanges de littérature et de philosophie* (Berl., in-8°, 2° édit.; Paris, 1809, 2 vol. in-8°). « Ces ouvrages révélèrent, dit M. Schnitzler, dans l'Encyclopédie des gens du monde, un homme qui avait mûrement réfléchi sur les principales questions débattues par les philosophes. Habile à résumer les discussions et ce que des opinions différentes pouvaient avoir de commun, Ancillon, éclectique par la solidité de ses connaissances, a beaucoup contribué à mettre dans tout leur jour les systèmes des philosophes, à en montrer les côtés vulnérables, à en signaler les égaremens, et à faciliter la fusion de ceux qui, dégagés de ce qu'ils avaient d'antipathique, semblaient se compléter réciproquement. Il n'a jamais fait école lui-même, et néanmoins sa philosophie est bien à lui ; elle est éclairée, bienveillante, aussi éloignée de la témérité que d'une timidité excessive, claire surtout et ennemie des voiles mystiques. »

En 1803, Ancillon fut nommé historiographe de la Prusse. L'année suivante, l'Académie l'admit dans son sein, et la classe de philosophie le choisit pour secrétaire, fonctions qu'il remplit jusqu'en 1814. Ce fut en 1805 qu'il acheva la publication de son grand ouvrage : *Tableau des révolutions du système politique de l'Europe depuis la fin du XV° siècle* (Berl., 1803-1805, 4 vol. in-8°; nouv. édit. revue et corrig., Paris, 1823, 4 vol. in-8°). L'importance de cet écrit, non moins remarquable par la finesse des aperçus et l'élégance du style que par la force des raisonnemens, le plaça au rang des premiers historiens de notre siècle, et lui valut de la part de son souverain la marque de la plus honorable confiance ; en 1810, il fut nommé précepteur du prince héréditaire. Le monarque ne crut pas pouvoir mieux choisir pour former son successeur à l'art difficile de régner, qu'un homme qui avait embrassé d'un coup-d'œil si sûr les vices de la société, qui en avait dévoilé les plaies avec tant de profondeur, et avait indiqué les remèdes avec une sagacité si rare. Son attente ne fut pas trompée. Convaincu par l'étude des faits que le bonheur des peuples dépend encore moins des institutions que de la direction salutaire des hommes appelés à les gouverner dans la voie de la légalité et de la civilisation, Ancillon mit tous ses soins à former à la fois le cœur et l'intelligence de son royal élève, et si la Prusse voit aujourd'hui assis sur le trône un des monarques les plus sages et les plus éclairés de l'Europe, c'est à un descendant des réfugiés français qu'elle le doit, juste récompense de sa généreuse hospitalité !

Ce n'est pas, au reste, le seul service qu'Ancillon ait été appelé à rendre à sa patrie d'adoption. Nommé conseiller de légation au ministère des affaires étrangères, il y exerça bientôt un ascendant prépondérant, et ses inspirations contribuèrent puissamment à imprimer à la politique de la Prusse ce cachet de modération qui la distingue aujourd'hui. Son influence sur la marche des affaires s'accrut de jour en jour, aussi lorsqu'en 1831, le roi lui confia le portefeuille du comte de Bernstorff, cette modification dans le cabinet n'en amena aucune dans la politique, qu'il continua à diriger avec autant de prudence que d'habileté jusqu'à sa mort, arrivée le 19 avril 1837.

Ministre d'état, comme ministre de l'église du Werder, Ancillon resta bon, simple, affectueux et surtout fidèle à ses principes. Les honneurs ne lui firent pas perdre de vue ses anciens amis, ni oublier la source de sa gloire, et tant que les soins du gouvernement ne l'absorbèrent pas tout entier, il continua à cultiver les lettres, et à offrir de temps en temps au public des ouvrages plus ou moins importants, écrits soit en allemand, soit en français, langues qu'il maniait avec une égale facilité.

En 1806, il mit au jour un *Essai sur les grands caractères* (Berl., in-8°). En 1810, il prononça l'*Oraison funèbre de la reine Louise de Prusse* (Berl., in-8°), et publia un *Éloge historique de Mérian* (Berl., in-8°). En 1815, au retour d'un voyage à Paris avec son élève, il fit paraître, outre quelques écrits académiques de circonstance, tels que *Mémoires sur E. F. Klein, Sur la philosophie de la législation, Sur la vraie grandeur* (Berl., in-8°), un traité de la *Souveraineté et des formes du gouvernement* (Berl., in-8°), qui a été traduit et annoté par M. *Guizot* (Paris, 1816, in-8°). En 1817, il mit au jour ses *Essais philosophiques ou nouveaux mélanges de littérature et de philosophie* (Genève et Paris, 2 vol. in-8°), contenant un essai sur l'abus de l'unité métaphysique, une analyse de l'idée de littérature nationale, des essais sur la philosophie de l'histoire, sur le suicide, sur le caractère du XVIIIe siècle, sur le panthéisme, sur les progrès de l'économie politique, sur l'abus de l'unité et des jugemens exclusifs en politique, sur les révolutions du système politique du Nord au commencement du XVIIIe siècle, ainsi qu'un tableau analytique du moi humain. En 1820, il publia son livre *Sur les sciences politiques* (Berl. in-8°); en 1824, un essai *Sur la foi et le savoir en philosophie* (Berl., in-8°) et de *Nouveaux essais de politique et de philosophie* (Paris et Berlin, 2 vol. in-8°), traitant de l'esprit du temps et des réformes politiques, des prétendus axiomes politiques, des théories et méthodes exclusives, de la législation de la presse, du droit politique, du but, des formes et des ressorts du gouvernement. On y remarque également de sages appréciations sur les gouvernements despotiques de l'Asie et son discours de réception à l'Académie de Berlin. En 1825, il fit paraître un essai *Sur l'esprit des constitutions et son influence sur la législation* (Berl., 1 vol. in-8°); en 1829, des *Pensées sur l'homme, ses rapports et ses intérêts* (Berl., 2 vol. in-8°), et en 1831 enfin, comme ses adieux au monde, le second volume des *Moyens de concilier les extrêmes dans les opinions*, dont le premier avait été publié trois ans auparavant (Berl. in-8°).

BRANCHE CADETTE.

DAVID Ancillon, second fils de David, né à Metz le 22 février 1670 et mort à Berlin le 16 nov. 1723. Dès l'âge de 14 ans, son père l'envoya à Genève pour y poursuivre ses études. Après avoir fait sa rhétorique sous le savant ministre *Le Jeune*, et sa philosophie sous l'ancien professeur de Saumur, *Robert Chouët*, le jeune Ancillon, se livra aux études théologiques sous *Philippe Mestrezat*, *Louis Tronchin* et *François Turretin*. Il ne les avait pas encore achevées, lorsque la révocation de l'édit de Nantes força son père à se réfugier à Berlin, où il l'accompagna. Formey dans ses *Éloges* raconte ainsi l'accueil plein de bienveillance qui lui fut fait par le grandélecteur. Après s'être adressé successivement dans les termes les plus affectueux à son père et à son frère ainé, « Et vous, mon enfant, lui dit-il, que voulez-vous faire? Le jeune homme (il avait alors seize ans) répondit qu'il venoit de Genève, où il avoit commencé sa théologie ; mais que voyant six cents ministres hors de France sans emploi, il avoit résolu de quitter les études et de prendre le parti des armes, si S. A. É. l'agréoit. Non, répliqua l'électeur, je ne le veux point. » Voyez-vous ces cheveux blancs de votre père, ils demanderont bientôt votre secours. On manquera peut-être un jour de ministres ; il ne faudroit pour cela que quatre yeux fermés [Louis XIV, alors dangereusement malade, et Jacques d'Angleterre]. J'ai résolu de vous faire achever vos études, je vous accorde pour cet effet cent écus de pension ; [selon Charles Ancillon, une place à la table de l'université, et une pension de cinquante écus] ; allez à Francfort, et lorsque vous serez en état d'être reçu ministre, je vous donnerai pour collègue et adjoint à votre père. » Ancillon se rendit donc à l'université de Francfort-s.-O. où il acheva ses études. En juin 1689, il retourna à Berlin, et après un examen brillant, il fut admis pasteur et reçut, le 7 juillet, l'imposition des mains. Il partagea dès lors les travaux de son père, et à sa mort, en 1692, il lui succéda comme ministre ordinaire de l'église française de Berlin. « Dès l'entrée de sa carrière, M. Ancillon eut, au rapport de Formey, tous les succès qu'on peut attendre de la prédication ; personne n'a jamais été plus suivi et plus universellement goûté que lui, et cette vogue s'est soutenue jusqu'à la fin. Il possédoit dans un degré éminent les avantages extérieurs qui peuvent captiver l'attention ; une figure imposante, un extérieur admirable, la voix, le geste, tout ce qui forme l'action de l'orateur. Ses discours étoient remplis de sentiment et d'onction ; sans se piquer de cette sublimité, qui n'est souvent qu'un fastueux étalage de beautés déplacées, il se bornoit à cette belle popularité que le P. Gisbert a tant vantée : il parlait au cœur et y faisait des impressions conformes au véritable but du ministère évangélique. » Charles Ancillon caractérise ainsi son frère : « Digne successeur d'un père illustre, et imitateur des exemples mémorables qu'il lui a laissés, son fils par nature, son disciple par l'étude, et semblable à lui d'inclination et de volonté, de nom et de surnom, d'air et de manières. » Ancillon n'avait pas cessé depuis onze ans de remplir ses fonctions pastorales, lorsqu'en 1700

Frédéric Ier, le chargea d'une mission en Hollande et en Angleterre. Il s'en acquitta à l'entière satisfaction de son souverain. A son retour à Berlin en 1701, il reparut dans la chaire, et fit sa rentrée par un *Sermon sur le couronnement* de l'électeur qui venait de prendre le titre de roi. Ce sermon, qui a été imprimé, est dédié à une demoiselle Mustelius qui lui avait prodigué ses soins pendant une grave maladie qu'il fit dans son voyage. Au mois d'août de la même année, Ancillon fut honoré d'une nouvelle mission en Suisse ; il y fut retenu une année entière. Pendant ce tems, il consacra ses loisirs à ramasser des matériaux pour écrire la biographie de quelques savans. Son frère utilisa, dit-on, une partie de ces documents dans ses Mémoires concernant les vies et les ouvrages de plusieurs modernes, etc., mais il n'en est fait aucune mention dans la préface de ce livre. Lorsque Ancillon fut de retour de sa mission, le roi le chargea d'entretenir, au sujet de la succession de Neuchâtel, une correspondance suivie avec les principaux habitants de cette principauté, et en 1707, il l'envoya lui-même dans le pays pour y travailler sous le comte de Metternich, son ministre plénipotentiaire à Berne. Pendant le séjour qu'il fit à Neuchâtel, après la mort de la duchesse de Nemours, il prêcha tous les dimanches dans la chapelle royale de Prusse, et se fit aussi entendre avec un grand succès dans les autres églises de la ville et de la campagne. Mais comme il touchait dans ses sermons à des questions étrangères à la chaire, les différents prétendants à la souveraineté de Neuchâtel en prirent ombrage et lui firent interdire la prédication. La charge de chapelain de la Cour fut la récompense de ses services. Le 3 novembre 1707, Frédéric Ier reçut l'investiture de la principauté en la personne de son ambassadeur. On a remarqué que la réformation y avoit été introduite le même jour, 177 ans auparavant. Ancillon fit le sermon d'usage en cette occasion solennelle, sur le texte qui lui avait été commandé par le monarque lui-même. Avant son départ de Neuchâtel, les États du pays l'honorèrent du titre de bourgeois de la ville. De retour à Berlin, Ancillon entra de suite en fonctions comme ministre de la Cour. MM. *Jaquelot*, de *Beausobre* et *Lenfant* étaient ses collégues. « Ses sermons, d'après Formey que nous continuerons à suivre, étoient toujours extraordinairement goûtés. Lorsque le roi étoit indisposé, il le faisait prêcher dans ses appartemens où la famille royale et les personnes de la première distinction se rendoient. Quand M. Ancillon paroissoit dans les chaires des églises, il n'y montoit et n'en descendoit qu'à travers des flots d'auditeurs, et les temples ne pouvoient les contenir. » En 1709, Frédéric enleva de nouveau son chapelain à ses fonctions pastorales pour lui confier une mission en Pologne. Ce malheureux pays était alors déchiré par des divisions intestines, la guerre venait de se rallumer entre les partisans de Pierre-le-Grand et d'Auguste de Saxe, de Charles XII et de Leszczynski. Ancillon eut ordre de tenir son voyage secret même à sa famille. Il se déguisa en officier prussien et prit le nom de S. Julien. Plusieurs fois, il fut arrêté en route par les partis ennemis; mais il réussit toujours à se tirer de leurs mains, et quelquefois même comblé de politesses. Arrivé à Lublin, où il comptait faire un court séjour, il aperçut un jour affichées à la porte du monastère des Jésuites une série de propositions qui devaient y être soutenues. A cette vue, le théologien reparut aussitôt sous l'habit du diplomate, il fit demander un exemplaire de ces thèses aux Révérends Pères, qui lui députèrent deux de leurs confrères pour l'engager à une dispute publique. L'invitation était trop tentante pour que Ancillon pût y résister longtemps. Au jour fixé, il s'y rendit. Les Jésuites lui firent le meilleur accueil. Aussi la dispute se passa-t-elle très-convenablement, sans aigreur de part ni d'autre, et elle se termina, au contentement général, par un repas magnifique auquel les Révérends Pères convièrent leur adversaire. On peut supposer que, selon l'usage, les deux partis s'attribuèrent également l'honneur de la journée. Dans de pareilles luttes, ce sont moins les convictions que les amours-propres qui sont en présence, et l'amour-propre est invincible. De Lublin, Ancillon se dirigea vers la Hongrie. Il eut plusieurs fois l'honneur d'entretenir le prince Ragotzky, le chef des Mécontents, qui tenaient leur diète à Cassovie. En repassant par la Pologne, il visita une partie des églises réformées qui y subsistaient encore malgré les persécutions suscitées par le fanatisme ou plutôt l'esprit de domination des Jésuites. Puis continuant sa route vers le nord, il retourna à Berlin par Kœnigsberg et Marienwerder. « Ces détails, ajoute Formey, sont trop singuliers dans la vie d'un ministre de l'Évangile, pour qu'on soit surpris que nous y ayons insisté : et il n'est pas moins glorieux à M. Ancillon de s'être si bien acquitté de fonctions étrangères à son état, que d'avoir rempli fidèlement les devoirs du ministère, dès-là que son souverain jugeoit à propos de lui adresser de semblables vocations. Les ecclésiastiques qui s'ingèrent hors de leur sphère, méritent d'y être renvoyés, et montrent un caractère peu estimable, puisqu'ils ne sentent pas combien leur tâche est grande, importante, digne de toute leur attention. Mais de ce que l'on est ecclésiastique, il ne s'en suit pas que l'on ne soit propre qu'aux fonctions de cet état; il peut y avoir, et il y a eu en effet de tout temps dans le clergé d'excellentes têtes, propres à manier les affaires avec autant de capacité que de fidélité. C'est aux supérieurs à les connoître et à les employer; quand ils le font, les ecclésiastiques suivent également leur vocation, en suspendant le service de l'Église pour vaquer à celui du prince et de la patrie. » Ces réflexions sont sans doute justes, si l'absence du pasteur ne laisse pas le troupeau sans direction spirituelle. En 1710, Ancillon fut nommé membre de la Société établie à Londres, dès 1698, pour la propagation du Christianisme, *for promoting Christian knowledge*, société qui subsiste encore de nos jours. Il entretint dès lors une correspondance suivie avec son illustre secrétaire, Chamberlayne, qui était son ami particulier; toutes les affaires qui concernaient l'Allemagne, se traitaient par son entremise. La Société des Anonymes s'honora aussi de le compter parmi ses membres; il y tint la plume pendant plusieurs années. C'est à cette société que la Bibliothèque Germanique (de 1720 à 1740, Amst.; 50 vol. in-8°) doit son existence. Elle s'assemblait chez le ministre *Lenfant. Des Vignoles*, de *Beausobre*, *Chauvin*, en faisaient partie.

Une cruelle maladie, la gravelle, attrista les dernières années d'Ancillon. Cependant le fidèle ministre ne voulut cesser ses fonctions qu'à la dernière extrémité. Son courage et sa résignation au milieu des plus atroces souffrances étonnaient tous ceux qui l'approchaient. A la fin, après bien des alternatives de convalescence et de rechute, il tomba malade pour ne plus se relever. « Son lit de mort, dit son biographe, fut une chaire d'où il prêcha avec plus d'éloquence que jamais, et ses dernières heures comblèrent d'édification sa famille et son troupeau. » Il mourut à l'âge de 53 ans, regretté de tous, et surtout des pauvres et des affligés dont il était le père et le consolateur. Son corps fut déposé dans un caveau du temple de la Frederichstadt, réservé à sa famille, où reposaient déjà son frère *Charles*, son oncle *Joseph*, et son cousin *Louis*. Il avait épousé, le 11 août 1691, *Susanne Meusnier*, originaire de Paris, fille de *Philippe Meusnier*, négociant réfugié à Halle. De ce mariage naquirent dix-sept enfants, dont cinq fils et douze filles. L'aîné des fils, Joseph fut assesseur à la Justice françoise et l'un des directeurs de l'Hôtel de Refuge. Le second, Manassé, suivit la carrière pastorale, et devint ministre de l'église françoise de Prentzlow. C'est sur des mémoires fournis par lui, que Formey a écrit son éloge du père, qui parut d'abord dans la Nouvelle Bibliothèque Germanique. Le troisième des fils, Alexandre, également pasteur, fut attaché à l'église françoise de Kœnigsberg, et mourut d'une attaque d'apoplexie, le 18 nov. 1758. Les deux autres étaient morts dans leur enfance.

ANCILLON (Joseph), frère puîné du ministre de Metz, était né dans cette ville en 1626 et mourut à Berlin le 4 nov. 1719.

Joseph Ancillon avait embrassé la profession d'avocat, et il s'était acquis par son savoir autant que par sa probité l'estime et la considération de tous ses compatriotes. On le regardait comme l'oracle du barreau. Lorsque, par suite de la révocation de l'édit de Nantes, les temples protestants furent fermés, il n'hésita pas à faire à sa religion le sacrifice de sa position. L'auteur de l'article, d'ailleurs très-bienveillant, que la Biogr. Univ. consacre à ce savant jurisconsulte, ignorait sans doute les dispositions de l'édit de Louis XIV pour avancer, comme il le fait, que, par une faveur spéciale, « le ministère ferma les yeux sur le séjour prolongé de Joseph Ancillon, qui un des derniers quitta la ville de Metz. » Loin d'ordonner aux protestants de sortir du royaume, cette loi (art. X.) le leur défendait sous peine des galères. Les pasteurs étaient seuls exceptés. Ce ne fut donc qu'en s'échappant secrètement et au milieu de périls réels, que Joseph Ancillon parvint à rejoindre son frère dans l'exil. L'électeur l'accueillit avec la même bienveillance qu'il avait témoignée au ministre de Metz : il le nomma juge-supérieur de toutes ses colonies françaises, conseiller de cour et de révision. « On peut le regarder, dit Formey, comme le fondateur des justices françaises dans le Brandebourg. » Les devoirs de sa charge ne l'empêchèrent pas de faire paraître dans les journaux de Berlin divers articles qui font voir, dit-on, la solidité et l'étendue de ses connaissances. En 1699, il renonça à sa place en faveur de son neveu Charles Ancillon. Le Duchat dit de lui qu'il était « homme de belles-lettres, bon théologien, et le meilleur jurisconsulte de sa province. » Les biographes ne donnent pas de détails sur sa famille. L'un d'eux nous apprend qu'il avait marié sa fille à son neveu Charles. C'est sans doute un de ses fils, Louis, qui était résident des États-Généraux dans le Brandebourg ; il mourut le 25 janvier 1720, à l'âge de 50 ans. Un autre, nommé PAUL, était attaché comme médecin à l'hôpital français de Berlin.

On doit à Ancillon un *Traité de la différence des biens meubles et immeubles dans le ressort de la Coutume de Metz*, (anonyme), Metz, 1698, in-12. M. Lamoureux remarque que « c'est à tort que la Bibliothèque de droit de Camus cite trois autres éditions de ce livre : celle de 1698 est la seule qui ait paru. » Ancillon avait encore écrit divers autres traités de jurisprudence, tels qu'un *Commentaire sur la Coutume de Metz*, et un *Recueil d'arrêts du parlement de Metz* ; mais ils n'ont pas été imprimés.

ANDELOT (FRANÇOIS D'), *Voy.* FAMILLE DE CHATILLON.

ANDRÉ, notable habitant du Pont-de-Montvert, victime des persécutions dans le Midi. Il avait été obligé de s'enfuir dans les montagnes, en 1685, pour échapper aux terribles convertisseurs du cruel chevalier de Gène. Poursuivi par les dragons, traqué dans les forêts comme une bête féroce, il eut le malheur d'être découvert. Il se rendit sans résistance, seulement il refusa de se laisser enchaîner comme un malfaiteur, protestant qu'il était disposé à suivre le soldat qui l'avait arrêté. Pendant cette contestation, survint un autre dragon qui y mit un terme en le frappant mortellement. Avant d'expirer, le malheureux André demanda à serrer la main de son meurtrier, lui donnant l'assurance qu'il lui pardonnait. Son corps fut traîné sur la claie, ses biens confisqués, sa femme et ses enfants, dont le précepteur, nommé *Blanc*, fut égorgé, chassés de leur demeure, et sa maison cédée au fameux abbé du Chaila, archiprêtre de Mende et inspecteur des missions dans les Cévennes. Cette maison, alors la plus apparente du bourg, existe encore aujourd'hui ; on y a établi une auberge. M. Peyrat, qui l'a visitée récemment, en fait la description dans son Histoire des pasteurs du désert : « Elle est située, dit-il, à l'extrémité septentrionale du pont, où le Rioumal tombe dans le Tarn ; elle est isolée, et hormis ses deux portes au levant et au couchant, elle n'a point d'ouverture sur la rue, ce qui lui donne l'aspect sombre d'un couvent ; au midi, sa façade regarde sur une étroite terrasse abaissée de quelques marches au-dessous du rez-de-chaussée, mais élevée de plusieurs pieds au-dessus du Tarn, qui murmure incessamment dans son large lit obstrué d'énormes cailloux roulés et polis par les grandes eaux. Un puits, destiné à l'arrosement de quelques fleurs, est creusé au milieu de ce parterre, clos d'une haie vive au couchant. » Le voyageur insouciant qui s'arrête aujourd'hui dans cette paisible auberge, frissonnerait d'horreur si quelque nouvelle pythonisse d'Hendor faisait passer sous ses yeux les scènes effroyables dont ces lieux ont été témoins. « Les prisonniers qui avoient le malheur de tomber entre les mains de l'abbé du Chaila, lit-on dans l'Histoire des troubles des Cévennes, essuyoient des traitemens qui paroîtroient incroyables, s'ils n'étoient attestés par tous les habitants de ce pays-là. Tantôt il leur arrachoit avec des pincettes le poil de la barbe ou des sourcils ; tantôt avec les mêmes pincettes, il leur mettoit des charbons ardens dans les mains qu'il fermoit et pressoit ensuite avec violence, jusqu'à ce que les charbons fussent éteints; souvent il leur revêtoit tous les doigts des deux mains avec du coton imbibé d'huile ou de graisse, qu'il allumoit ensuite et faisoit brûler jusqu'à ce que les doigts fussent ouverts ou rongés par la flamme jusques aux os. Lorsque tous ces différents supplices n'opéroient pas selon les vœux de cet abbé, il faisoit enfermer les prévenus dans des prisons, et les tenoit dans les ceps. C'est dans cet instrument, inventé pour lasser la patience la plus à l'épreuve et la constance la plus longue, que cet abbé tenoit ces malheureux pris par les pieds et par les jambes, et dans une posture si gênante, qu'ils ne pouvoient rester ni assis ni debout, et qu'ils souffroient les plus cruels tourments. Entre un grand nombre d'autres, *Pierre Soulier* de Reynol, paroisse de S. Germain, porta jusqu'au tombeau les marques de cette nouvelle espèce de gêne. » « L'archiprêtre, ajoute M. Peyrat, relâchait pourtant quelquefois les hommes, mais à prix d'or; et quelquefois aussi les femmes, mais au prix de leur vertu. » Pendant plus de quinze ans, la malheureuse population de ces contrées fut dévouée à tous les genres de tortures. L'heure de la vengeance sonna enfin : l'attaque de la maison d'André, dans la nuit du 24 au 25 juillet 1702, fut le signal de la guerre des Camisards. L'abbé y mourut, dit Fléchier, d'une mort bienheureuse. C'est aussi notre sentiment.

ANDRIEU (CHARLES), pasteur à Turenne, en 1620. Il publia à Bergerac en 1611, in-8°, une réfutation du Catholique anti-calviniste d'Alex. Regourd, ouvrage qui paraît avoir eu de son temps une réputation colossale, si l'on en juge par le titre qu'il donna à sa réfutation : la *Défaite de Goliath*. On cite encore de lui un *Colloque amical* imprimé dans la même ville.

ANDRON (JACQUES), *seigneur de* MARGUERITES, le plus ancien des conseillers au présidial de Nismes, en l'année 1567, c'est-à-dire à l'époque de l'odieux massacre commis dans cette ville par les Protestants et connu sous le nom de *la Michelade* (Voir *Vital* d'ALBENAS). Impliqué à tort ou à raison dans cette affaire déplorable, il fut arrêté et conduit à Toulouse sous bonne escorte. Un arrêt du 26 avril 1569 le condamna à mort, et le jour même, il fut exécuté. Traîné, la corde au cou, sur une claie à la queue d'un cheval, à travers toutes les rues de Toulouse, il eut la tête tranchée sur la place St.-George, et son corps fut mis en quartiers. Sa tête portée à Nismes fut exposée sur une des portes de la ville. Tous ses biens furent confisqués. Ce fut peut-être dans l'espoir d'une restitution qu'un de ses parents, LOUIS ANDRON, seigneur de Marguerites, et contrôleur du domaine de la sénéchaussée, consentit à trahir son parti et sa religion, en entrant, en 1573, dans une conspiration qui avait pour but de livrer Nismes aux Catholiques, mais qui échoua comme nous le dirons ailleurs.

ANDROUET (JACQUES), surnommé DU CERCEAU de l'enseigne qui pendait à sa maison, savant architecte du XVIe siècle. On ignore le lieu de sa naissance; La Croix du Maine le dit parisien, tandis que d'autres biographes le font naître à Orléans. Selon Du Verdier, il habitait à Montargis. On sait que c'est dans cette ville que s'était retirée la célèbre *Renée de France* et que son château était un lieu de refuge pour les protestants persécutés. Les biographes nous apprennent du reste très-peu de chose sur Androuët. D'Argenville rapporte qu'il fut du nombre des architectes françois qui, à la demande du cardinal d'Armagnac, obtinrent d'être envoyés en Italie pour se perfectionner par l'étude des beaux restes de l'antiquité. A quelle époque? Il ne le dit pas. L'année de la publication des *Édifices antiques romains* nous fournirait naturellement quelque indication à ce sujet, si cette date même (1584) ne faisait naître des doutes sur l'exactitude de ce renseignement. En 1579, dans la dédicace d'un de ses livres, Androuët se plaint que la vieillesse ne lui permette plus de « faire telle diligence qu'il eût fait autrefois. » Or, il est évident que ce n'est pas un vieillard, déjà connu par des travaux considérables, que le gouvernement eût choisi pour l'envoyer à l'école en Italie. Ce ne peut donc être que son fils JACQUES dont il est ici question. La similitude des noms aura amené cette confusion. Nous pensons aussi, contre le sentiment de tous les biographes qui s'occupent d'Androuët, que ce fut son fils qui devint architecte de Henri III (si tant est qu'il en ait eu le titre officiel), et que c'est lui qui en cette qualité fut chargé, en 1578, de la construction du Pont-Neuf à Paris. Le silence de La Croix du Maine doit être interprété en faveur de notre supposition. En outre, une preuve que l'on ne saurait contester nous est fournie par un contemporain, L'Estoile. Nous lisons dans son Journal de Henri III : « En ce même mois [mai], à la faveur des eaux qui lors commencèrent et jusques à la St-Martin continuèrent d'être fort basses, fut commencé le Pont neuf de pierre de taille qui conduit de Nesle à l'École de St-Germain sous l'ordonnance du jeune du Cerceau [Jacques, selon l'annotateur, édit. de 1719 ; et Piganiol], architecte du roi, etc. » Les guerres civiles firent suspendre ce grand travail, qui ne fut repris qu'en 1604 sous la direction de Guillaume Marchand. D'Angerville commet une autre erreur, moins pardonnable. Selon lui, Henri IV ayant chargé Androuët, en 1596, de continuer la galerie du Louvre, les troubles de religion le forcèrent à quitter le royaume, avant d'avoir terminé ce grand ouvrage. Tous les biographes que nous avons consultés, français, anglais et allemands, n'ont pas manqué de reproduire cette faute grossière. L'anachronisme cependant sautait aux yeux. Cette fois encore le Journal de L'Estoile nous viendra en aide : « En ce tems [déc. 1585], y lit-on, beaucoup de la Religion pour sauver leurs biens et leurs vies se font catéchiser, retournant à la messe et ont bien de la peine à contrefaire les bons catholiques; la chancelière de *L'Hospital*, entre autres, qui toute sa vie avait fait profession de ladite religion, l'abjure et va à la messe ; d'autres y a, de bas tenans, qui tiennent ferme et abandonnent tout ; fut de ce nombre *André Cerceau* [sans doute Jacques Androuët du Cerceau, comme l'indique la table des matières, édit. de 1719] excellent architecte du roi, lequel aima mieux quitter l'amitié du roi et renoncer à ses promesses que d'aller à la messe, et après avoir laissé sa maison qu'il avait nouvellement bâtie avec grand artifice au commencement du pré aux clercs, prit congé du roi, le suppliant ne trouver mauvais qu'il fût aussi fidèle à Dieu qu'il l'avait été et le serait toujours à sa Majesté. » Le château des Tuileries, avant que Henri IV songeât à l'agrandir, n'était composé que du pavillon du milieu, et des deux corps de logis latéraux avec terrasse sur le jardin, chacun terminé par un pavillon. Ce fut du Cerceau, dit Piganiol, qui donna le dessin des augmentations et qui en eut la conduite. Après ces travaux, la façade se trouva composée, telle qu'elle se voit aujourd'hui, de cinq pavillons, en y comprenant celui du milieu, et de quatre corps de logis. On commença aussi la grande galerie du Louvre. L'ouvrage de du Cerceau finit, selon d'Argenville, au premier avant-corps et présente une décoration formée de grands pilastres composites accouplés qui soutiennent des frontons alternativement triangulaires et circulaires dont les croisées sont couronnées. On doit sans doute aussi attribuer au même architecte tout ou partie des bâtiments dont on fait honneur à son père, tels que les hôtels de Carnavalet, en partie l'œuvre de *Jean Goujon*, des Fermes, reconstruit après 1612, de Bretonvilliers, de Sully, bâti pour le grand Sully, de Mayenne, pour Charles de Lorraine. « Du Cerceau, termine son biographe, a été ainsi que ses fils* (un

---

* Jacques est le seul qui nous soit connu. Le

d'eux nommé Jacques surpassa de beaucoup son frère auquel il survécut) un des meilleurs architectes de son temps. Nul n'a tant dessiné de bâtiments anciens et modernes. Il a fait de grands morceaux d'architecture, des termes, des jeux de perspective, des vases et des buffets d'eau. Depuis lui, cet art a bien changé de face en France. » Androuët, au rapport de tous ses biographes modernes, mourut à l'étranger, on ne sait où ni en quelle année. Après une assertion aussi positive, on nous trouverait sans doute téméraire d'élever des doutes. Qu'il nous suffise de confesser notre ignorance, et d'imiter en ceci La Croix du Maine qui n'en fait pas mention. Cependant la forme de l'article de ce critique où il est dit qu'Androuët *a été* l'un des plus savants architectes de son temps, et qu'il *florissoit* l'an 1570, indique assez que cet artiste ne vivait plus à l'époque où il écrivit sa notice.

NOTICE BIBLIOGRAPHIQUE.

I. *Description de tout le pays et Comté du Maine*, Le Mans, 1539; 2ᵉ édit., 1575; avec grav. en taille-douce. — Nous ignorons pourquoi d'Argenville et ses copistes ne parlent pas de cet ouvrage. Cette précieuse indication nous est donnée par La Croix du Maine, qui n'a pu commettre une erreur au sujet d'un livre publié sur sa province dans sa ville natale, réimprimé de son vivant, et l'œuvre d'un homme dont le rapprochait sa religion.

II. *Livre d'Architecture*, contenant les plans et dessaings de 50 bastimens tous différens pour instruire ceux qui désirent bastir, soient de petit, moyen ou grand estat, etc., Paris, 1559, gr. in-fol.; dédié au Roi [Henri II].— Androuëts'exprime ainsi dans sa dédicace: « J'ay autres-foys receu tant de faveur de Vostre Majesté qu'elle a bien voulu employer quelques heures de temps à veoir et contempler aucuns petits plans et pourtraictz de bastimens de temples et logis domestiques par moy desseignés et imprimés, ès quels elle receut (comme me sembla) plaisir et delectation. Qui fut cause que dès lors je proposay d'en composer quelques autres... chose que je n'ay peu exécuter si promptement qu'avoys la volonté.... Qui sera pour enrichir et embellir de plus en plus cestuy vostre si florissant royaume: le quel de jour en jour on voyt augmenter de tant beaux et somptueux édifices que doresnavant voz subjectz n'auront occasion de voyager en estrange païs pour en veoir de mieux composez. » Cela prouve évidemment qu'entre cette publication et celle qui précède, Androuët en avait fait paraître d'autres dont nous ne trouvons l'indication nulle part. Peut-être est-ce à l'ouvrage dont parle Androuët, que La Croix du Maine fait allusion lorsqu'il dit que cet architecte « a par son industrie et labeur recueilli les dessins et portraits de la plupart des anciens et modernes bastimens et édifices de Paris, lesquels il a dressés en planches de cuivre et taille-douce, suivant le mandement et permission du roi, le tout pour le bien et honneur des Parisiens. » Le Livre d'architecture fut réimpr. en 1582 et en 1611. L'édit de 1582 contient 56 planches et le texte.

III. *De Architecturâ Opus alterum, quo complures et variæ describuntur rationes ad imas caminorum partes circà focum decorandas, ad fenestras è tectis prominentes, quas Galli lucarnas vocant, ad januas, fontes, et hortensia tentoria pulchrè exornanda, comparatæ, hùc accesserunt elegantissimæ decem sepulchrorum planè dissimilium figuræ*, Parisiis, 1561, gr. in-fol.; texte en latin; dédié à Charles IX. — Tous les bibliographes donnent le titre de cet ouvrage en français sans indiquer qu'il est écrit en latin. Nous trouvons de nouveau dans la dédicace de ce livre la preuve certaine que plusieurs des publications antérieures d'Androuët sont demeurées inconnues

---

nom d'André ne se trouve vraisemblablement dans le Journal de Henri III que par suite d'une faute typographique ou plutôt d'une abréviation mal déchiffrée dans le manuscrit de L'Estoile.

à ses biographes ; car par l'expression *permulti et varii libri à me sœpiùs in lucem œditi*, l'auteur ne saurait entendre les deux seuls ouvrages que nous avons cités. Androuët parle déjà dans cette dédicace du Livre des plus excellents bâtiments de France qui lui avait été commandé, sans doute par Henri II, *superiorum regum jussu*, et dont la première partie parut seulement en 1576. Ce second livre d'architecture contient 20 figures de cheminées, 12 de lucarnes, 14 de portes, 6 de fontaines, 6 de puits, 6 de pavillons de jardin, 10 de tombeaux.

IV. *Livre d'Architecture, auquel sont contenues diverses ordonnances de plans et élévations de bâtiments pour seigneurs, gentilshommes, et autres qui voudront bâtir aux champs*, Paris, 1572, in-fol.; 2ᵉ édit. 1582. —

V. *Leçons de perspective positive*, Paris, 1576, pet. in-fol.; dédié à Catherine de Médicis. — Dans sa dédicace, Androuët se justifie de n'avoir pas encore fait paraître son livre sur les plus Excellents bâtiments de la France. « Si l'injure du temps et troubles qui ont cours, n'eussent empesché mon accès et veüe des chasteaux et maisons que Vostre Majesté désire estre comprins aux livres qu'il vous a pleu me commander de dresser et dessigner des plus excellens palais, maisons royales et édifices de ce royaume, dès à présent j'aurais satisfait à vostre volonté... j'ay pensé d'employer cependant le temps à quelque autre œuvre, qui à mon advis vous sera agréable et de plaisir. » Androuët explique ensuite dans une préface le but de son livre « non moins délectable que utile et nécessaire à ceux qui prennent plaisir à la portraicture. »
— « Nostre perspective positive, dit-il, n'est autre chose que l'art de pouvoir représenter sur le papier les choses telles qu'elles apparoissent. Je l'appelle positive, à la différence de la théorique, autrement appelée opticque, qui gist en contemplations, raisons et démonstrations, dont la nostre a pris son origine, qui consiste en l'opération, et se fait par lignes et démonstrations oculaires, et se pratique ou sur plans ou sur corps relevez. — Je ne parleray aucunement de l'architecture. Mais si Dieu me donne la grace et le loisir, et je congnoisse que ce présent livre vous ait été agréable, par cy après et le plus tost que je pourray, je vous en feray voir quelque livre de leçons... Cependant vous vous pourrez aider de mes livres des plans et montées des bastimens, où trouverez quelques inventions pour embellir les vostres. » Ces leçons de perspective, au nombre de LX, sont pour la plupart très-courtes; elles ne contiennent souvent que l'énonciation d'un théorème; mais elles sont toutes accompagnées d'une ou de plusieurs planches qui servent à en donner la démonstration.

VI. *Le premier volume des plus excellents bastiments de France, auquel sont designez les plans de quinze bastiments et de leur contenu : ensemble les élévations et singularitez d'un chascun*, Paris, 1576, in-fol. avec grav. en taille-douce; dédié à Catherine de Médicis. La formule, d'ailleurs très-insignifiante, de la dédicace d'Androuët *A très-illustre et très-vertueuse princesse Catherine de Médicis* ayant été relevée par un écrivain, dans le Dictionnaire biographique qui se publie actuellement en Angleterre sous la direction de lord Brougham, et devant naturellement faire planer un soupçon de servilité sur le caractère de notre savant architecte, nous croyons devoir rapporter comme correctif les paroles mêmes de cette dédicace. « Madame, dit-il à la reine, après qu'il a pleu à Dieu nous envoyer par vostre moyen une paix tant nécessaire et désirée de tous, j'ay pensé ne pouvoir mieulx à propos mettre en lumière ce premier livre des Bastimens exquis de ce royaume, espérans que nos pauvres François (ès yeux et entendemens desquels ne se présente maintenant autre chose que désolations, ruines et saccagemens, que nous ont apporté les guerres passées) prendront, peult estre, en respirant, quelque plaisir et contentement à contempler icy une partie des plus beaux et excellens édifices, dont la France est encores pour le jour d'huy enrichie. » Certes, ce n'est pas là le langage d'un courtisan servile, surtout si l'on considère que c'était un homme sans naissance, dans un siècle où la naissance était tout, qui parlait à une reine altière et ombrageuse. Androuët termine en lui disant qu'il « n'a entrepris ce long et pénible ouvrage que suivant son commandement, et poursuivi que par sa libéralité. » Bien loin de donner de basses louanges à Catherine, on voit qu'il ne lui exprime pas même sa reconnaissance de ce qu'elle paraît avoir fait pour lui. — Androuët commence son livre par de courtes notices sur les divers bâtiments dont il donne le plan. Ces bâtiments sont : Le Louvre, Vincennes, Chambourg, Boulongne, dit Madrit ; Creil, Coussy, Folembray, dit le Pavillon ; Montargis, Sainct-Germain, La Muette, parmi les maisons royales ; Vallery, Verneul, Anssy le Franc, Gaillon, Manne, parmi les châteaux particuliers.

VII. *Le second volume des plus excellents bastiments de France, auquel sont designez*, etc., Paris, 1579, in-fol.; dédié à Catherine de Médicis. Nouvelles éditions, 1607 et 1648, Paris, les 2 part. en un seul vol. gr. in-fol. C'est dans la dédicace de ce second volume qu'Androuët se plaint que la vieillesse ne lui ait pas permis de faire telle diligence qu'il eût fait autrefois. On trouve dans ce livre, également précédés de courtes descriptions, les plans de quinze bâtimens, dont huit maisons royales : Blois, Amboyse, Fontainebleau, Villiers-Coste-Rets, Charleval, les Thuilleries, Sainct-Maur, Chenonceau ; et sept maisons particulières : Chantilly, Anet, Escouan, Dampierre, Challuau, Beauregard, Bury. — Androuët gravait lui-même ses planches.

Nous attribuerons au fils d'Androuët les deux ouvrages suivants :

I. *Le livre des édifices antiques romains, contenant les ordonnances et desseings des plus signalez et principaux bastiments qui se trouvoient à Rome du temps qu'elle estoit en sa plus grande fleur : partie des quels bastiments se void encor à présent, le reste aiant esté ou du tout ou en partie ruiné*, par Jacques Androuët, du Cerceau, 1584, in-fol., sans nom de ville. — Pas de texte.

II. *Plans et dessins de Chantilly, comme étoient le château et parc en 1592, suivant les desseins levés et faits par Androuët du Cerceau, architecte du Roi, et mis en ordre avec les vues du château et du parc qui ont été dessinées et gravées en différens tems*, in-fol.; dédié par le libraire Langlois au prince de Condé. Titre écrit à la main. Les dessins d'Androuët sont au lavis ; ils occupent les 17 premiers feuillets du volume, que possède la bibliothèque Mazarine.

ANEAU (Barptholemy [*]), en latin Anulus, poète latin et français, né à Bourges au commencement du 16e siècle, et massacré à Lyon comme protestant au mois de juin 1561.

Aneau étudia à Bourges sous le célèbre Melchior Wolmar, et fut sans doute le condisciple d'Amyot, de Bèze et de Calvin. Ses progrès dans les langues grecque et latine répondirent aux soins de l'habile maître qui le dirigea dans ses études. Wolmar avait, selon de Thou, un merveilleux talent pour instruire la jeunesse, — et un plus merveilleux talent encore, ajoute le P. Colonia, pour l'empoisonner en l'instruisant. Aneau s'en ressentit : il fut infecté des nouvelles erreurs. Cependant il ne paraît pas qu'il ait jamais fait profession ouverte du protestantisme, et nous n'avons rien remarqué, non plus, dans ses ouvrages qui sentît fortement l'hérésie. En 1529, les échevins de la ville de Lyon l'appelèrent de Bourges pour lui confier la chaire de rhétorique dans le Collége de la Trinité qu'ils venaient de fonder. Il accepta

---

[*] Il écrivait ainsi son nom.

cette place et s'acquitta de ses devoirs avec autant de zèle que de talent. Nous trouvons dans ses poésies une petite pièce qui prouve, à sa louange, qu'il n'était pas possédé de « la manie des magisters »

> Qui les enfans de libere nature
> Sauvages rend par coups et par bature ;
> Et les esp'rits qui estoient liberaux
> Prosterne en craincte et les mue en ruraux.

Aussi était-il chéri de ses élèves, et cela explique l'influence qu'il a pu exercer, par leur moyen, sur les progrès de la réforme à Lyon. Après dix années d'exercice comme régent, Aneau fut chargé par le consulat de la ville de l'administration supérieure du collège. Il s'en acquitta jusqu'en 1550, époque à laquelle il donna volontairement sa démission. Mais en 1558, il accepta de nouveau la haute direction de cet établissement. A cet effet, un contrat fut signé (29 sept.) pour quatre ans. Remise lui fut faite des bâtiments du collège, avec les meubles et les ustensiles qui les garnissaient, et le consulat s'engagea à lui compter une somme de 400 livres chaque année, indépendamment de 15 livres par an pour trois messes basses qu'il devait faire célébrer chaque semaine. Une clause du contrat l'obligeait à n'admettre aucun régent qu'il n'eût au préalable présenté au consulat qui se réservait de l'interroger pour juger s'il était capable et de bonnes mœurs. Et en outre, il lui était expressément défendu de permettre « estre leu ni enseigné au dict collège aulcune doctrine, ni livres défendus ou censurez, contre l'honneur, auctorité et défense de nostre mère Saincte Église, et souffrir au dict collège estre tenu propos, ni dogmatisant ni enseignant maulvaise doctrine en particulier ni en général. » Cette clause fut-elle fidèlement observée ? on l'ignore ; toujours est-il que le collège de la Trinité vit renaître son ancienne prospérité, ce qui permit à Aneau de faire un mariage avantageux. Mais le malheureux ne devait pas jouir longtemps du fruit de ses peines.

« La doctrine de Luther et de Calvin, raconte M. Cochard, avait déjà fait quelques progrès à Lyon (*Voy.* p. 19); leurs sectateurs commençaient à tenir leurs prêches publiquement ; le zèle des Catholiques s'alarma de leurs entreprises [celle du jeune *Maligny*, pour surprendre Lyon, avait eu lieu en 1560]; un sentiment d'inquiétude se manifesta dans toutes les classes de la société, et on ne craignit point de répandre des soupçons sur les principes des professeurs du collège, que l'on signalait comme favorisant les nouvelles erreurs. Alors une Société naissante, qui depuis a jeté un grand éclat, cherchait à se mettre à la tête de l'enseignement public. Ses partisans, et elle en avait un grand nombre dans cette ville, insinuaient adroitement parmi le peuple que la jeunesse courait les plus grands risques en étudiant sous des hommes dont la foi était suspecte..... Ces propos, répétés de bouche en bouche, portaient un coup sensible aux efforts du principal pour soutenir l'établissement qu'il dirigeait, faisait naître de fâcheuses préventions contre lui, et finirent par amener la terrible catastrophe dont il fut la victime. » Cet événement est raconté de diverses manières par les historiens qui en parlent. La version la plus authentique est celle de Rubys (Hist. véritable de Lyon). Cet historien rapporte qu'au mois de juin 1561 un orfèvre de la religion ayant accosté le prêtre qui portait le saint sacrement dans une procession, le lui arracha des mains, jeta l'hostie à terre et la foula aux pieds. Ce malheureux fanatique fut aussitôt livré à la justice, et exécuté le jour même. Le peuple se porta ensuite en foule au collège qu'on lui désignait comme le foyer de l'hérésie. L'infortuné Aneau se présente, il cherche à désarmer ses meurtriers, mais en vain, il est massacré sans pitié. « Ainsi périt, dit M. Cochard, un homme vertueux, un savant recommandable, qui avait consacré trente années de sa vie à former des citoyens, le chef respectable d'un établissement d'intérêt public, dont le dévouement ne connaissait aucune borne. » Il est présumable, ajoute M. Breghot du Lut, qu'Aneau ne fut pas la seule victime. Bayle rapporte que *François Junius* étant alors à Lyon où il recevait des leçons de Barthélemy Aneau, faillit périr aussi dans ce tumulte de religion. Quant à la femme d'Aneau, Claudine Dumas, le prévôt lui sauva la vie en la faisant emprisonner. Le P. de Saint-Aubin, le P. Dorigny, Guadin, Severt, Le Laboureur confirment le récit de Rubys. Au rapport de ce même historien, Aneau sentoit mal de la foy ; c'estoit luy qui avoit semé l'hérésie à Lyon ; il avoit corrompu et gasté plusieurs jeunes hommes des bonnes maisons de Lyon qui furent les chefz de la révolte de la ville, et avoient tous esté ses disciples ; il les avoit desvoyez de la religion de leurs pères. D'après une autre version, l'événement se serait passé en 1564 ou 1565, et une pierre aurait été lancée sur le saint sacrement, que portait le prêtre, des fenêtres mêmes du collége de la Trinité. Mais M. Cochard a prouvé, pièces en main, que ce n'était qu'un tissu de faussetés imaginées à la fin du xviie siècle, « sans doute dans l'intention, dit-il, de justifier cet horrible assassinat, ou du moins d'atténuer ce qu'il a d'exécrable et d'odieux. » Pour ce qui est de l'époque de l'événement, nous ne mentionnerons qu'un document qui lève tous les doutes, c'est un acte de donation à l'abbaye de S. Pierre, du 2 août 1561 et signé Claudine Dumas, veuve de Me Barthélemy l'Agneau, en son vivant principal du collége de Lyon. La seconde version a été adoptée par le P. Menestrier, Brossette, Poullin de Lumina, Pernetti, Delandine, M. Roquefort (Biogr. Univ.) ; le jésuite Colonia va même plus loin que ses confrères, il insinue que la pierre fut lancée par Aneau lui-même. « Ce fut, dit-il, le jour de la fête-Dieu de l'an 1565, que notre principal mit enfin le dernier comble à ses prévarications, et lassa la patience des Catholiques, etc. » Le collége de la Trinité, fermé dès le lendemain, ne fut rouvert qu'au mois de novembre 1561. Mais c'est seulement à la mort de son nouveau principal, en 1565, que la compagnie de Jésus parvint définitivement à s'en emparer. Quant aux meurtriers d'Aneau, tout porte à croire qu'à la demande du clergé de la ville qui députa au roi et à l'archevêque pour solliciter leur élargissement, leur crime resta impuni.

I. *Chant Natal, contenant sept Noelz, ung chant Pastoural et ung chant Royal avec un Mystère de la Nativité par personnages. Composez en imitation verbale et musicale de diverses chansons. Recueilliz sur l'escripture saincte, et d'icelle illustrez.* Lugduni, 1559 [et non pas 1537], in-8°. — La rareté de ce livre, auquel les bibliomanes attachent un grand prix, nous engage à le faire connaître, au risque de lui faire perdre de sa valeur aux yeux des bibliophiles. Les détails dans lesquels nous entrerons, auront du reste ce bon côté, qu'ils mettront le lecteur à même d'apprécier le caractère du génie de notre poète et de lui assigner, en connaissance de cause, la place qui lui convient sur notre Parnasse français. Aneau commence par donner le ton à ses élèves, il prélude ; le psaume CXII, *Laudate pueri Dominum, laudate nomen Domini*, lui sert de thème :

Louez, Enfans, le Seigneur et son nom :
Les chants qu'à vous je dedie, chantants
Chants, mais quelz chants, de poësie ? Non,
Mais chants Natalz, que requis ne le temps ;
Car des enfants, et petitz allaictants, etc.

Peut-être trouvera-t-on que pour un régent de rhétorique ce début n'est pas brillant. Mais on remarquera la richesse de la rime ; c'est un mérite auquel on attachait un grand prix alors — comme de nos jours. Les rimes batelées, brisées, sénées, couronnées, à double queue, et tant d'autres, avaient dans le temps un charme tout particulier. On ne saurait réunir toutes les perfections à la fois. Après le prélude du poète, le premier personnage entre en scène : c'est « l'Ame confessant la macule et laidure de son péché, et la purgation d'icelluy en la grace de Dieu et au sang de Jesus-Christ, » qui chante un Noël ou chant spirituel fait en « imitation de Marot sur la chanson, *Pourtant si je suys brunette,* tant en la lettre que en la musicque. »

> Pourtant si je suys brunete,
> Par peché noire d'esmoy,
> Dieu m'a faicte blanche, et nete,
> Arrousant son sang pour moy, etc.

Chaque strophe commence par la phrase qui sert de thème avec de légères variations :

> Pourtant si je suys noirete,
> Noire suys : bien je l'octroy.
> Si suys je belle fillete,
> Fille de paix, si je croy, etc.

Une note marginale indique que c'est au Cantique des cantiques que l'auteur a emprunté cette dernière idée : *Nigra sum, sed formosa.* Les quatre Noëls qui suivent sont écrits dans le même goût que le premier. Vient ensuite « un chant Pastoural en forme de dialogue à trois bergiers et une bergière, contenant l'annunciation de l'ange aux pasteurs, la départie d'iceulx pour aller veoir l'enfant, et l'adoration. Sur le chant et le verbe de, *Vous perdez tems.* » Le premier berger, Rogelin, tance ses camarades de ce qu'ils s'amusent à batifoler avec la bergière au lieu d'aller adorer le fils de Dieu qui vient de naître :

> Vous perdez temps, pasteurs et pastourelle,
> Corner, muser, cornemuse meschante,
> Tant de plaisir n'aurez pas autour elle,
> Comme a l'oiseau du ciel qui lassus chante.
>   Que le filz de Dieu naisce,
>   A votre advis rien n'est-ce ?
>   N'est-ce rien de sa grace,   Noel
>   Laissez moy cette garce
> Seule dancer la belle tire lire :
> Et me suyvez courans tous d'une tire.

Nous ferons remarquer, en passant, la rime de *grace* avec *garce.* Ces sortes de rimes, dites goret, et que nous appellerions plutôt *assonnantes,* se rencontrent assez fréquemment dans nos anciens poètes. — Les bergers sont sensibles au reproche de leur camarade ; ils abandonnent la danse et le suivent. Après le chant pastoral, vient un « Noël branlant, sur le chant : *Barptolemy, mon bel amy.* » On lit en marge : *Rubeni videns filium meum.* Hier.

> Hau Rubeny, mon bel amy,
> Vien si tu me veulx croire :
> Presque a demy, suys endormy,
> Oyant de Dieu la glorie (pron. *gloire*), etc.

L'idée du poète est sans doute mal rendue. Nous ne pensons pas que son intention ait été de dire que les paroles de « l'ange messaige » l'avaient endormi. Le sommeil n'a jamais passé pour un signe de ravissement.

> Dieu gard'l'enfant, tant triumphant,
>   De qui l'ange nous presche :
> Le beuf soufflant, l'asne ronflant
>   L'eschaulfent en la cresche :
>   Le beuf d'une lesche leiche,
>   Le beuf si le leiche :
>   D'aultre part l'alaine l'asne
>   D'aultre part l'alaine

Suit un « Mystere de la Nativité de notre Seigneur Jesus-Christ : par personnages sur divers chants de plusieurs chansons. » Cette pièce n'est pas moins curieuse que les précédentes. Marie invite Joseph à fuir :

> Joseph, cher espoux, homme juste,
> En Bethleem nous fault aller :
> Car l'empereur Cesar Auguste
> A faict son edict publier, etc.

Joseph, en bon époux, s'apitoie d'abord sur les fatigues que sa chère dame « Sur toutes pleine d'amytié » aura à endurer dans ce voyage :

> Car vous estes enceinte
> De la parolle saincte,
> Voire sans faict humain,

lui dit-il avec émotion ;

> Toutes fois la contraincte
> Ne fault que soit enfraincte
> De l'empereur Romain.

Ils partent donc, et après quelques tours sur la scène, ils arrivent à Bethléem. Le premier soin de Joseph est de se mettre en quête d'un logement convenable.

> Quelque logis parmy la ville
> Pour Dieu je m'en vais requerir :
> Car nous n'avons ne croix ne pille.

La position de nos voyageurs était sans doute très-délicate. Le bon Joseph avise un hôtel d'une belle apparence et il va y frapper. Qui viendrait en aide aux pauvres si ce ne sont les riches, se disait-il dans sa simplicité. Mais l'hôte le voyant en si piteux équipage le reçut, l'injure à la bouche :

> Le logis que je baille
> N'est pas pour truandaille,
> Mais pour gens de cheval.
> Entre vous coquinaille
> N'avez denier ne maille,
> Allez à l'hospital.

Quoique le proverbe en dise; le froc a toujours fait le moine, — même en pays de sainteté. Le pauvre Joseph, tout décontenancé par un accueil si peu charitable, se contenta de faire en lui-même cette triste réflexion :

> La chose est notoire et visible
> Que povreté n'ha point de lieu.

Aussi fut-il assez sage pour ne pas renouveler sa tentative. Mais heureusement que « une étable aux gens inhabitable, » se trouvait près de là. Il y entre, il s'y installe, sans rebuffade cette fois de la part de ses hôtes. « Or, maintenant l'heure est venue, » lui dit Marie. Et en effet elle ne tarda pas à mettre au monde son « fruict précieux. »

> O Saulveur de l'humain lignaige,

lui dit la Vierge en l'adorant,

> Divinité soubz corps humain,
> Je te rendz ma foy et hommaige
> Comme au filz du Roy souverain.

Viennent ensuite « l'annunciation aux pasteurs sur le branle de *Jolyet est Marie*; » puis « la venue et l'adoration des pasteurs sur le chant, *Sonnez my doncq quand vous irez*; » et finalement un chant Royal contenant « la prophetie du Roy David : la dissimulation du Roy Herodes : l'adoration et oblation des troys Roys : et au renvoy la grace du Roy Jesus-Christ. » Un « Noël mystique » termine le tout. Dans ce dernier chant, l'auteur se désigne sous l'emblème d'un « aigneau bailant » et son imprimeur, Sébastien Gryphius, sous celui d'un gryphon :

> Le Gryphon d'or y ha planté sa gryphe;

Quant à la ville de Lyon, il va sans dire qu'elle s'y présente sous la figure du roi des animaux. On voit qu'Aneau ne tire pas ses images de loin. Là se termine proprement le poème. La petite pièce de circonstance qui se lit au verso du dernier feuillet n'en fait pas partie, quoique composée sans doute à la même époque; elle est intitulée « Dixain de la venue de Jesus-Christ et de Charles-le-Quint empereur venu en France, l'an 1539. » Nous la rapporterons en entier; car nous la mettons bien au-dessus de tout ce qui précède.

> Il viendra tost, il vient, il est venu.
> Qui ? l'Empereur, le Roy, le grand Seigneur.
> Sus : qu'on luy face (ainsi qu'on est tenu)
> Entrée et dons, feuz de joye et honneur.
> Qui est celluy ? est-ce point l'Empereur
> Venu en France ? est-ce Charles d'Austriche
> Nenny, nenny, c'est bien ung aultre riche
> De beaucoup plus et plus haulte maison :
> C'est l'aigneau doulx, simple, sans fraude ou triche.
> Charles n'en ha sinon que la toison.

M. Delandine (Catalogue de la Bibl. de Lyon) regarde le poème d'Aneau comme le premier modèle de nos opéras comiques, ou mieux de nos vaudevilles. Il fut joué par les élèves du collége de la Trinité, l'année même (v. st.) de sa publication.

II. *Lyon Marchant, Satyre françoise sur la comparaison de Paris, Rohan* [Rouen], *Lyon, Orleans, et sur les choses memorables depuys l'an* 1524, *soubz Allegories et Enygmes mises en rimes françoises, par personnages mystiques*, Lyon, 1542, in-16; goth.; nouv. édit., Paris, 1831; dédié à monseigneur de Langey. — Cette petite pièce avait été jouée, comme la précédente, par les élèves du collége de la Trinité. Les ressorts des pièces de Thespis ne devaient pas être d'une plus grande simplicité. Les quatre villes désignées dans le titre se disputent la préséance, et comme de raison, Lyon finit par l'emporter au jugement de dame Vérité. Quelques épigrammes de circonstance « sur aulcunes choses memorables advenues à Lyon, » viennent à la suite du poème. Ce petit livre, qui contient une vingtaine de feuillets, s'est vendu jusqu'à 200 francs et plus ; mais on aurait grand tort de juger de la valeur d'une œuvre littéraire par le prix que les bibliomanes y attachent.

III. *Oraison ou Epistre de M. Tulle Ciceron à Octavius, depuis surnommé Auguste Cesar; avec des vers de Corneille Severe, poëte romain, sur la mort de Ciceron. Le tout tourné de latin en françois, à scavoir la dite Epistre en prose et les dits vers en rime*, Lyon, 1543, in-8°.

IV. *Les Emblesmes d'André Alciat, traduicts vers pour vers, jouxte la diction latine, et ordonnés en Lieux-communs avec Sommaires, Inscriptions, Schemes et briefves Expositions Epimythiques, selon l'Allegorie naturelle, morale ou historiale*, Lyon, 1549, in-8°; nouv. édit., 1558, in-16; et depuis en 1564, selon La Croix du Maine.

V. *Decade de la description, forme et vertu naturelle des animaulx, tant raisonnables que brutz; avec le Blason des oiseaux et le premier livre des Emblesmes par Guill. Guéroult*, Lyon, 1549, 2 part., pet. in-8°, fig. Le bibliographe Brunet, qui nous fournit cette indication, nous apprend que cet ouvrage, écrit en vers, a été réimprimé, Lyon, 1552 et 1561, in-8° avec fig. sur bois, et plusieurs fois depuis. Selon lui, l'édit de Paris, 1568, in-16, fig. sur bois, parut sous le titre : *Description philosophale, forme et nature des bestes tant privées que sauvages, avec le sens moral*. A notre connaissance, aucun des biographes d'Aneau ne fait mention de cet ouvrage.

VI. *Pasquil anti-paradoxe, Dialogue contre le paradoxe de la Faculté du vinaigre*, Lyon, 1549, in-8°. — Réfutation d'un livre de Pierre Tolet, médecin à Lyon, intitulé : Paradoxe de la Faculté du vinaigre contre les écrits des modernes, etc. 1549, 8°.

VII. *Exhortation rationale de S. Euchier à Valerian, le retirant de la mondanité et de la philosophie prophane, à Dieu, et à l'estude des Sainctes Lettres, traduicte en vers françois, jouxte l'Oraison latine*, Lyon, 1552, in-4°.

VIII. *Picta poesis*, Lyon, 1552, in-16, avec fig. sur bois, trad. « en vers françois, des latins et grecs, par l'auteur mesme d'iceux, Horace en l'art, » sous le titre : *Imagination poëtique*, avec cette épigraphe : *la Poësie est comme la pincture*, Lyon, 1552, in-16, et plusieurs fois depuis; dédié au Seigneur Jean Antoine Gros, valet de chambre du Roi, trésorier des fortifications de Lyon. C'est sans doute de l'édition latine que M. Cochard entend parler, lorsqu'il dit que ce livre est dédié à Philibert Babou, évêque d'Angoulème, qui avait été collègue d'études de l'auteur. Nous ferons remarquer, en outre, de crainte que le titre de la version française n'induise en erreur qu'on ne trouve dans l'original qu'un petit nombre de vers grecs intercalés parmi les vers latins, selon le goût du temps. — Aneau raconte dans une préface que voyant un jour chez son libraire «quelques petites figures pourtraictes », il lui demanda à quoi elles lui servaient. A rien, lui répondit le libraire, « pour n'avoir point d'inscriptions propres à icelles. » Qu'à cela ne tienne, repliqua le poète, je vous promets que de « muetes et mortes, je les rendrai « parlantes et vives. » Il tint parole. C'est ainsi qu'une rencontre toute fortuite lui inspira son meilleur ouvrage. La plupart de ces petits dessins ne parlaient que faiblement à l'imagination, mais le poète en sut tirer tout le parti possible, « toutes fois, remarque-t-il avec raison, à plus grand travail et moindre estimation que si j'eusse faict et divisé les pourtraictz à mon jugement et plaisir. » Il n'en fit graver que quelques-uns « affin de acomplir la centeine avec son comble et advantage, pour remplir les fueilles blanches, pour ce que nature est abhorrente de chose vuyde. » Au nombre des dessins de son invention se trouve sa « Marque et devise » consistant en une rose entourée d'un serpent qui se mord la queue, avec ces mots Pardurable, peu durable. L'auteur l'explique ainsi :

> Extraict de gens non gentilz, n'apparens,
> Armes je n'ay nobles de mes parens.
> Mon pere eut nom Aneau, ma mère Rose.
> Du nom des deux ma marque je compose.
>   L'Aneau, serpent en soy se retordant
> Par cercle rond, queüe en teste mordant :
> Et en figure hieroglyphicque note
> Qui en Ægypte Æternité denote.
>   La Rose aussi, qui flaistrit et perit
> Des le jour mesme au quel elle florit :
> Mortalité represente. Et pourtant
> Que d'ame et corps est mon estre constant :
> D'un corps mortel et d'une ame immortelle :
> Armes des noms je porte, en marque telle.

Nous emprunterons à l'édition latine l'épigramme suivante qui nous semble justifier cette opinion, exprimée par M. Cochard, qu'Aneau excellait surtout dans la poësie latine :

> Umbra suum corpus radianti in lumine solis
>   Cùm sequitur, refugit; cùm fugit, insequitur.
> Sic sunt naturæ tales muliebris amores :
>   Optet amans, nolunt; non velit, ultrò volunt.

Voici la traduction qu'Aneau en donna dans l'édition française de ce livre :

> Au clair soleil noire ombre le corps fuyt,
> Quand il la suyct. Quand il fuyt, elle suyct.
> Telle nature es amoreuses flammes
> Ont ces tant vains simulachres des femmes.
> Car leurs amans fuyent, qui les poursuyvent.
> Et ceux lesquelz les fuyent, elles suyvent.
> . . . .
> Ainsi Daphné fuyt Phebus la suyvant.
> Ainsi Echo suyct Narcis la fuyant.
> Par quoy l'on dict, et à bon droict on nomme
> La femme ainsi estre l'*ombre de l'homme*.

Le jésuite Colonia (Hist. Litt. de Lyon) distingue surtout cet ouvrage d'Aneau, dont les emblêmes lui semblent pour la plupart assez ingénieux. « Celle de Cadmus, dit-il, qui par le conseil de Minerve, déesse des sciences, sème dans la terre les dents du serpent ou du dragon qui gardoit la fontaine de Castalie, les hommes vivans qui sortirent à l'instant de cette semence, et l'heureuse application qu'en fit notre rhéteur aux caractères de l'imprimerie lyonnoise, d'où il résulte de si beaux ouvrages, sont une emblême des plus ingénieuses. On en a fait de nos jours une énigme en peinture, qu'on a donnée pour modèle de ces sortes de jeux poëtiques ; et Minos [Mignault]. parle avec éloge de cette emblême et de son auteur dans son Commentaire sur les Emblêmes d'Alciat. » — Ce petit recueil de poésies place sans contredit Aneau au premier rang des poètes français de son temps, n'en déplaise à Bernard de La Monnoye. Le grand tort des critiques, en général, c'est de prendre les préjugés, ou si l'on veut l'esprit de leur siècle pour le niveau sous lequel tout doit se ranger, pour la pierre de touche du vrai et du beau. Les œuvres d'art comme les hommes sont de leur temps, leur valeur n'est jamais que relative. Le critique, par exemple, qui jugerait de l'art égyptien d'après les principes de l'art grec ne commettrait pas une plus grande faute, que celui qui fait abstraction des temps et des lieux pour apprécier le mérite d'un artiste ou d'un écrivain.

IX. *Jurisprudentia à primo et divino suo ortu ad nobilem Biturigum academiam deducta*, Lugduni, 1554, in-4°. — Petit poëme anonyme avec une épître dédicatoire de Barthélemy Aneau, en latin, cité par Brunet.

X. *Le trésor d'Evonyme Philiatre* (pseud. de *Conrad Gesner*), *des Remedes secrets, Livre physic, medical, alchimic et dispensatif de toutes substantielles liqueurs, et appareils de vins de diverses saveurs, necessaires à toutes gens, principalement à medecins et apothecaires, traduict du latin*, Lyon, 1555, in-4°, et selon Barbier, 1557, in-4° et 1558, in-8°. — La 2ᵉ partie de l'ouvrage de Gesner n'ayant pas été imprimée, il est vraisemblablement qu'Aneau ne donna la traduction que de ce qui en avait paru.

XI. *Le tiers livre de la Metamorphose d'Ovide, traduict en vers françois, avec les mythologies et allegories historiales, naturelles et morales sur toutes les fables et sentences*, et publié avec la traduction des deux premiers livres par Clément Marot, auxquels Aneau ajouta aussi, selon Du Verdier, les mythologies convenables, recueillies des bons auteurs grecs et latins, Lyon, 1558, in-8°. — Aneau fit précéder cette traduction d'un discours « pour servir de préparation à la lecture d'Ovide et des autres poëtes fabuleux. »

XII. *Genethliac musical et historial de la Conception et Nativité de Jesus-Christ, par vers et chants divers, entresemez et illustrez des noms royaux et de princes, anagrammatisez en diverses sentences, sous mystique allusion aux personnes divines et humaines; avec un Chant Royal pour chanter à l'acclamation des Rois. Ensemble la IV° Eclogue de Virgile, intitulée Pollion ou Auguste, extraicte des vers de la Sibylle Cumée, prophetisant la Nativité de Jesus Christ, advenue bientost après et au mesme tems et empire d'Auguste*, Lyon, 1559, in-8°. La première partie de cette publication n'est, selon quelques bibliographes, qu'une réimpression, avec additions, du Mystère de la Nativité dont nous avons donné l'analyse.

XIII. *La Republique d'Utopie, œuvre grandement utile, demonstrant le parfaict estat d'une bien ordonnée police, trad. du latin de Thomas Morus, chancelier d'Angleterre*, Lyon, 1559, in-16. — Il paraîtrait, d'après M. Breghot du Lut (Nouv. Mélanges biogr. et litt.), que cette traduction n'est pas d'Aneau, qu'il n'a fait que reproduire une version de Jean Le Blond d'Evreux, imprimée à Paris en 1550. « Ce plagiat découvert par l'abbé de S. Léger, dit-il, a été indiqué par Meunier de Querlon dans la préface mise en tête de l'édit. latine de l'Utopie publiée en 1777, avec l'Éloge de la folie, d'Érasme. » Nous ignorons si cette accusation a quelque fondement. Les erreurs où tombent journellement les meilleurs critiques doivent nous rendre très-circonspects. Peut-être même la traduction attribuée à Jean Le Blond est-elle l'œuvre d'Aneau, comme l'indique du reste Barbier sous ce titre : *La description de l'isle d'Utopie, où est comprins le Miroër des républiques du Monde, rédigé par escript par Thomas Morus* (et trad. en franç. par B.A.), avec *l'Épistre liminaire de Budé*, Paris, 1550, in-8°, avec figures sur bois.

XIV. *Alector, histoire fabuleuse, traduicte en françois [d'un fragment divers, trouvé non entier, mais entrerompu, et sans forme de principe*, Lyon, 1560, pet. in-8°, et dans un second titre : *Fragment de l'histoire fabuleuse du Preux Chevalier Alector, filz du Macrobe Franc-Gal et de la Royne Priscaraxe*; et au haut des feuillets du roman, *Alector ou Le Coq*; dédié à Madamoyselle M. D. Catherine Le Coq, dame de la Vau-jour. ΑΛΕΚΤΟΡ. *The cock*, etc., Lond., 1590, in-4°, goth., en est vraisemblablement une traduction anglaise, comme le suppose Brunet. — Il y a de bonnes gens, dit La Monnoye, qui croient voir dans ce livre un sens mystique, merveilleux, mais il n'y en a pas plus que dans les Fanfreluches antidotées de Rabelais. « Il feignoit, continue-t-il, pour donner plus de poids à son ouvrage, l'avoir tiré d'un vieux fragment grec, à peu près comme Des Périers feignoit avoir traduit son *Cymbalum* du latin, et Martin Fumée son *Athénagore* du grec. » M. Couchu, qui a publié une analyse détaillée de cet ouvrage d'Aneau dans la Bibl. Univ. des Romans (janv. 1780) ne diffère pas de sentiment avec La Monnoye. Selon lui, le roman d'Aneau lui a été inspiré par une imagination en délire. « Tout y est, dit-il, mystérieux, miraculeux, emblématique ; » mais il ne s'amusera pas à découvrir les allusions qu'on a cru y voir. Pour nous, nous avouons avec naïveté que nous sommes du nombre des bonnes gens qui croient y voir des allusions. Les noms mêmes des personnages mis en scène prouvent que Aneau a eu l'intention d'écrire un roman allégorique ; mais ce genre ne se prêtant pas à un ouvrage d'une certaine étendue, il est arrivé à l'auteur d'Alector comme à Rabelais, *si parvos magnis componere licet*, c'est qu'il composa son histoire de pièces rapportées, sans lien entre elles, sans plan, cherchant plutôt ses allusions dans les événements du jour que dans son propre sujet, et se mettant complaisamment en scène sous le manteau du héros de son livre.

On doit encore à Barptholemy Aneau la *Préface* de l'Advertissement sur le fait de l'usure, extraict de deux livres latins composez sur ceste matière par François Hoteman, parisien, Lyon, 1552, in-8°; et quelques autres petits écrits sans importance. On lui avait attribué à tort l'Art poëtique françois de Thomas Sebillet.

ANGENNES (FRANÇOIS D'), septième fils de Jacques d'Angennes et d'Isabeau Cotereau, souche des marquis de MONTLOUET, maréchal de camp dans les armées du roi, ambassadeur en Suisse, gouverneur de Nogent et favori de Catherine de Médicis. Attaché en qualité de chambellan à la personne du duc d'Alençon, il suivit, à ce qu'il paraît, la fortune de ce prince jusqu'à sa mort; toujours est-il qu'on ne le trouve cité au nombre des chefs huguenots qu'à partir de 1587, où il figure parmi les membres du conseil qui assistait le duc de *Bouillon*, lieutenant pour le roi de Navarre dans l'armée allemande. Pendant la pénible marche des reîtres à travers les provinces de la France, Montlouët trouva plus d'une occasion de donner des preuves de sa brillante valeur, et après la défaite d'Auneau, « il se retira sans s'engager, » dit Du Plessis-Mornay dans une lettre au sieur de *La Marsillière*. Il gagna Montauban où il arriva dans le mois de Janvier 1588. Peu de temps après, nous le retrouvons à La Rochelle, assistant, comme député des églises en deçà de la Loire, aux délibérations de l'assemblée qui se tenait dans cette ville. La même année, il en partit pour conduire au roi de Navarre l'artillerie destinée à battre en brèche le château de Beauvoir-sur-Mer. En 1590, à la tête de quelques cavaliers, il força les Ligueurs à lever le siège de Maintenon, château appartenant à une branche de sa famille, et à se retirer avec tant de précipitation qu'ils lui abandonnèrent leur canon et leur bagage.

Serviteur fidèle de Henri IV, il continua à partager ses travaux et ses périls. Il se signala notamment à la bataille d'Ivry où il fut blessé. La conversion du roi n'altéra en rien son dévouement ; toutefois, comme il était sincèrement attaché à la foi protestante, sa *loyauté* ne l'empêcha pas de travailler de tout son pouvoir à obtenir pour l'Église réformée les garanties que la Cour s'obstinait à refuser. Il joua donc un rôle important à la célèbre assemblée de Mantes en 1593, et il fut un des commissaires auxquels fut confié le soin de poursuivre le redressement des griefs des Protestants.

L'année suivante, Montlouët accompagna Henri IV au siège de Laon où il fut fait prisonnier; mais Mayenne le renvoya sur parole en le chargeant de porter au roi des propositions d'accommodement. En 1596, l'assemblée politique de Loudun l'ayant invité à venir dans son sein renouveler le serment de Mantes, il s'excusa par une lettre qui est simplement mentionnée dans les actes de cette assemblée. Ce refus lui fut-il dicté par la politique? On serait porté à le croire, quand on considère la faveur dont il jouit auprès de Henri IV, faveur dont parlent les Mémoires de Sully ; mais d'un autre côté, il est à supposer que, dans ce cas, sa conduite eût excité les soupçons de ses coreligionnaires qui paraissent, au contraire, avoir toujours eu de la confiance en son zèle pour le bien de l'Église protestante. Une lettre de Du Plessis-Mornay à Rivet, en date du 30 mars 1611, nous apprend en effet que l'assemblée de l'Isle-de-France l'avait élu, avec de *Bordes* et *Durant*, pour député à l'assemblée générale qui devait se tenir à Châtellerault. C'était lui qui avait signé avec le président Jeannin les patentes pour l'établissement de toutes les églises de cette province.

Montlouët avait épousé, le 15 juin 1572, *Madeleine du Broullat*, dame de Montjay et de Lisy-sur-Ourcq qui, après la S. Barthélemy, se retira à Sédan pour y professer librement la religion réformée, et n'obtint la permission de revenir qu'en 1586. De ce mariage naquirent un fils, JACQUES d'Angennes, et six filles dont les généalogistes ne nous font connaître que les noms et les alliances. JULIENNE épousa *Abraham de Normanville*, seigneur de Boscole dans le pays de Caux; MADELEINE fut accordée en mariage à *Simon du Buc*, seigneur de Fonteny; ANNE fut mariée avec *Jean de Beauveau*, seigneur d'Espence; MARGUERITE avec *Jean de Cernay*, seigneur d'Angerville; MADELEINE-MARIE avec le seigneur de Longaunay, et LOUISE avec *Louis Le Venier*, seigneur de La Grossière et de St.-Escobille.

Jacques d'Angennes s'attira de fâcheuses affaires par l'affection qu'il portait à Gaston d'Orléans, dont il était un des premiers gentilshommes et le grand louvetier; plus d'une fois il fut obligé de se cacher pour sauver sa vie. David Ancillon, qui le connut personnellement, nous le dépeint dans ses Mélanges, publiés par son fils, comme un gentilhomme d'esprit, d'un caractère affable, doux, bienveillant. D'Angennes vivait alors à Meaux. Sa maison était le rendez-vous de la première noblesse du pays. De leur côté, les églises de la province le regardaient comme leur protecteur naturel. Ancillon raconte de lui un trait de désintéressement qui l'honore. *Du Perreux*, gentilhomme de l'Isle-de-France, qui avait été parrain d'une de ses filles, lui ayant légué une somme de dix mille livres, Montlouët se persuada que son intention avait été de faire indirectement une donation à l'église, et dans cette pensée, il remit le legs entier au consistoire.

Jacques d'Angennes (qu'il ne faut pas confondre avec Jacques d'Angennes, seigneur de Rambouillet) avait épousé, le 15 mai 1626, *Élisabeth de Nettancourt* dont il eut un fils, tué à l'armée, et cinq filles : MADELEINE, dame de Lisy, mariée à *Jacques Le Maçon*, seigneur de La Fontaine, contrôleur-général des gabelles de France; SUSANNE, épouse de *François de Roffignac*, seigneur de Montreuil en Périgord; ANNE, femme de *Philippe de Jaucourt*, seigneur de Vaux et de Brazé en Bourgogne; HENRIETTE. La cinquième dont le nom n'est pas connu, donna sa main à un capitaine suisse nommé *Mosnier*, qui devint par ce mariage seigneur de Lisy. Ce fut dans son château que se tint le dernier synode de l'Église protestante de France. La révocation de l'édit de Nantes dispersa toute cette famille. Les enfants de Mosnier et sa femme s'enfuirent, dit-on, en Suisse. Les filles de Madeleine se seraient réfugiées en Hollande avec leur tante Henriette, selon le P. Anselme; mais c'est une erreur. Elles cherchèrent un asile dans le Brandebourg, et l'une d'elles épousa à Berlin M. de Wülkenitz. Dans cette même ville mourut, en 1709, une MARIE-CHARLOTTE d'Angennes (peut-être Mme Mosnier). Quant à Jacques d'Angennes, il était apparemment mort avant 1685. Il avait épousé en secondes noces, en 1643, *Marie Causse*, et en avait eu encore trois filles dont le sort est resté inconnu.

ANGLIERS (CLAUDE D'), seigneur de La Sausaye, de Beauregard, de Mortagne, et plus tard, de La Salle d'Aitré, président du présidial et lieutenant-général du roi en la justice de la ville et gouvernement de La Rochelle, fut un de ces nombreux sectateurs de l'Église romaine que gagna à la Réforme l'héroïque constance de ses martyrs. Les doctrines protestantes s'étaient introduites à La Rochelle avant l'année 1534; nous en avons la preuve dans le supplice de *Marie Becaudelle* ou *Belandelle*, vulgairement appelée Gaborite. Cette jeune fille, native des Essars dans le Poitou, était entrée comme domestique chez un bourgeois de La Rochelle. « Elle receut en peu de temps telle instruction en la doctrine de l'Évangile, qu'après avoir laissé le service de sondit maistre, estant de retour aux Essars, ne douta de remonstrer à un cordelier qu'il ne preschoit point la parole de Dieu, laquelle chose elle lui monstra par passages notoires de la Saincte Escriture. » Cette hardiesse éveilla l'attention des juges, on l'arrêta et le sénéchal de Fontenay-le-Comte la condamna à être brûlée. Marie vit tranquillement s'allumer le bûcher et mourut « en telle vertu, dit Crespin, qu'elle fut en admiration. » Cet exemple de rigueur n'empêcha pas les progrès des nouvelles doctrines; il rendit seulement les Protestants plus circonspects. En 1546, plusieurs nonnes quittèrent leurs couvents pour se marier. En 1548, la sénéchaussée rendit des sentences contre plusieurs personnes qui furent condamnées à faire amende honorable. « D'autres furent bannies et fustigées jusqu'à grande effusion de sang, avec défenses d'user à l'avenir d'aucunes paroles hérétiques, à peine d'être brulés vifs. » Barbaries inutiles! les principes de la Réforme se répandaient toujours. Ce fut sur ces entrefaites, qu'un édit du mois de mars 1551 établit à La Rochelle un siége présidial dont Claude d'Angliers fut nommé président. Pour faire preuve de zèle sans doute, le nouveau tribunal déploya tout d'abord une extrême sévérité: *Lucas Manseau* fut battu de verges et banni; *Matthias Couraud*, dit *Gaston des Champs*, et *Pierre Constantin*, furent condamnés à être brûlés, après avoir eu la langue coupée. « Leur cendre, dit Philippe Vincent, fut la semence d'un grand peuple qui peu d'années après s'y rangea à la religion. » Le courage avec lequel ces malheureux subirent le supplice, frappa leur juge d'une telle admiration qu'il voulut connaître une religion capable d'inspirer une foi aussi intrépide. Il serait difficile de préciser l'époque où il se convertit, peut-être ne s'y décida-t-il qu'à la suite de ses entretiens avec *Charles de Clermont*, qui, en 1557, établit pour la première fois un culte régulier à La Rochelle. Quoi qu'il en soit, il est à supposer que son penchant pour le protestantisme lui inspira dès lors quelque indulgence envers les Réformés, bien qu'il n'ait jamais dû leur manifester bien haut sa protection; car si d'Angliers possédait des talents éminents, il y joignait une timidité excessive. On raconte de lui un trait qui prouve combien peu il était brave. Lorsque, en 1558, *Antoine de Bourbon*, à son passage à La Rochelle, lui fit l'honneur de l'armer chevalier de sa propre main, d'Angliers voyant l'épée nue, ferma les yeux de peur. Le roi de Navarre lui dit alors en souriant : M. le président, vous serez le chevalier craintif. Avec de telles dispositions, d'Angliers ne devait pas approuver les mesures violentes; aussi se rattacha-t-il au parti assez nombreux qui voulait ménager la Cour aux dépens même de la liberté du culte. Il fit tout ce qu'il put, en 1567, pour s'opposer à l'entreprise de *Pontard*, qui introduisit *Sainte-Hermine* dans La Rochelle, et assura ainsi la possession de cette importante cité aux Protestants. « Mais, nous raconte Amos Barbot, il ne put toutefois dissuader le maire, quelque raison qu'il lui alléguât, et aux ministres, et aux plus zélés, auxquels ledit président en conférait selon la naïveté de son sentiment, qui l'en prirent en soupçon et défiance, dont il fut contraint de se retirer en ses maisons. » Par cette retraite, d'Angliers renonça volontairement au rôle qu'il semblait appelé à jouer, et l'histoire cesse de s'occuper de lui à dater de cette époque. — Un de ses parents, JEAN d'Angliers, chanoine de la cathédrale de Saintes, en 1562, travailla à répandre la réforme dans la capitale de la Saintonge, ainsi qu'à Mortagne, où sa qualité de prieur d'Armenteuil lui facilita cette tâche dangereuse.

ANGST (Wolfgang, Wolf, Angustus), né à Kaisersberg, en Alsace, florissait dans la première moitié du 16e siècle. Philologue, poète et imprimeur, il fut à ce triple titre l'ami de Reuchlin, d'Érasme et de Hutten ; mais ce qui lui mérite surtout une place dans cet ouvrage, c'est la part considérable qu'il prit à la composition ou tout au moins à la publication de la célèbre satire connue sous le nom d'*Epistolæ obscurorum virorum*. Cette impression terminée, Angst partit pour Bâle où il travailla, en 1517, à une édition de quelques écrits d'Érasme. L'année suivante, on le retrouve à Mayence occupé d'une édition de Tite-Live et de l'impression du traité de Hutten sur le gaïac ; mais à dater de cette époque, on ignore sa destinée. Mohnicke, auteur de l'article remarquable qui lui est consacré dans la grande Encyclopédie d'Ersch et Gruber, pense que c'est à Angst qu'on doit attribuer un autre écrit satirique, le *Triumphus Capnionis*, qui fut publié sous le pseudonyme d'Eleutherius Byzenus, et qui ne produisit pas moins de sensation que les *Epistolæ* mêmes.

ANJORRANT, nom d'une famille de robe, issue de Louis Anjorrant, seigneur de Claye, conseiller du roi en sa cour du parlement de Paris, puis président aux requêtes, qui vivait avant 1556. Selon leur coutume, les généalogistes dont nous admirons constamment le petit esprit, se gardent de nous apprendre que cette famille professa longtemps le protestantisme ; mais nous en avons la preuve dans plusieurs lettres de Du Plessis-Mornay, adressées, pendant les années 1619 à 1621, à M. Anjorrant, résident pour les affaires de la république de Genève près de la Cour de France. Nous savons aussi, par le témoignage de l'historien de Meaux, qu'une Jeanne Anjorrant épousa *Tyssard*, sieur de Biches, et lui donna un fils, nommé Daniel, qui, du chef de sa mère, devint seigneur des trois quarts de Claye. Un arrêt du parlement de Paris, en date du 4 juillet 1636, ayant défendu aux religionnaires de cette seigneurie et spécialement au ministre *Billot*, de faire à Claye aucun exercice de la religion réformée, tant que le seigneur n'y ferait pas sa résidence, Daniel Tyssard s'empressa de déclarer qu'il y fixerait sa demeure. Cette déclaration n'ayant pas été suivie d'un assez prompt effet, dès le 12 décembre le parlement confirma son précédent arrêt, et par un troisième, rendu le 23 juin 1637, non seulement il interdit de nouveau la célébration du culte protestant ; mais il défendit à l'instituteur, nommé Jean de Rome « d'enseigner la jeunesse en quelque lieu et de quelque manière que ce fût. » En 1644, Tyssard se rendit enfin à Claye où il passa trois mois et où il rétablit l'exercice public de sa religion. Le parlement ne put s'y opposer, les ordonnances permettant aux seigneurs hauts-justiciers de faire prêcher dans leurs châteaux pour eux et leurs familles ; mais quelques années après, Tyssard étant mort et sa veuve s'étant retirée à Biches, près d'Orléans, il rendit, dès le 23 mai 1661, à la requête de l'évêque de Meaux, un arrêt faisant itératives défenses aux religionnaires de s'assembler au château de Claye, et à tout ministre, nominativement aux pasteurs de Meaux, Lisy, La Ferté-sous-Jouarre, Paris, Charenton et Orléans, c'est-à-dire à *Dalbrici*, *d'Allemagne*, *Rancelin*, *Drelincourt* et *Perreaux*, d'y prêcher ou d'y faire aucun exercice de leur religion, sous peine de mille livres d'amende, enjoignant en même temps auxdits religionnaires de tapisser leurs maisons les jours de la Fête-Dieu, et sur leur refus, permettant aux Catholiques de les faire tapisser à leurs frais. Il paraît que les protestants de Claye obtinrent la cassation de cet arrêt ou tout au moins qu'ils surent l'éluder. En 1668, le roi chargea en effet le lieutenant général au présidial de Meaux, et le capitaine de cavalerie *Du Houx* de régler définitivement cette affaire. Les deux commissaires mandèrent devant eux les parties, et après s'être fait présenter les titres sur lesquels les Protestants fondaient des droits contestés par les Catholiques, ils rendirent leur sentence qui supprima l'exercice à Claye.

ANTHOINE (Nicolas), né à Brieu [Briey] en Lorraine, vers le commencement du 17e siècle, et exécuté à Genève le 20 avril 1632.

Son père, Jean Anthoine, ne négligea rien pour lui donner une éducation libérale. Il l'envoya d'abord à Luxembourg où il suivit pendant cinq ans les cours du collége de cette ville, et ensuite, il alla continuer ses études à Pont-à-Mousson, à Trèves et à Cologne sous la direction des Jésuites. Il avait atteint sa vingtième année lorsqu'il retourna chez ses parents. Dans le cours de ses études, le jeune Anthoine ayant conçu des doutes sur la vérité des doctrines de l'Église catholique, éprouva le besoin de les éclaircir, et à cet effet il s'adressa au pasteur de l'église de Metz, *Paul Ferry*. Les instructions de ce pasteur l'ayant pleinement convaincu, il embrassa le protestantisme. Il voulut même devenir un de ses ministres, tant ses convictions étaient sincères. Il se rendit donc à Sédan, et de là à Genève pour y étudier en théologie. Mais de nouveaux doutes ne tardèrent pas à assiéger son esprit. Voici quelle en fut la source. A cette époque, l'exégèse était encore dans l'enfance. Esclave d'une dogmatique inflexible, elle ne cherchait dans l'A. T. que des allusions au Messie, allusions souvent si voilées que le jeune étudiant, ne pouvant les saisir, prit le parti extrême de nier absolument la vérité des prophéties, et rejeta le Christ comme un imposteur. Dès lors il résolut de renoncer à sa nouvelle religion pour faire profession du judaïsme. Dans cette intention, il quitta Genève et se rendit à Metz pour se faire admettre dans la Synagogue; mais les Juifs de cette ville, craignant, dit-on, de s'attirer une fâcheuse affaire, l'adressèrent, après quelques conférences, à ceux de Venise. Même refus de la part des Juifs de cette ville qui l'envoyèrent à leurs coreligionnaires de Padoue. Le peu de succès de ses démarches le décida à la fin à retourner à Genève. Jusque-là, sa conduite n'avait certainement rien de coupable; il obéissait à ses convictions, de même qu'il y avait obéi, loyalement, volontairement, pour abjurer la religion dans laquelle il avait été élevé. Mais ici commencent, d'après ses propres aveux, une suite d'actes de la plus condamnable hypocrisie. Sans doute qu'il y fut entraîné par la misère; mais cela ne saurait le justifier. De retour à Genève, il fit semblant de poursuivre ses études théologiques, et sa dissimulation fut telle que le ministre et professeur en théologie Deodati lui confia l'éducation de ses enfants. Ses études terminées, Anthoine fut nommé premier régent du collége de Genève, et il disputa même, mais sans succès, la chaire de philosophie. « Pendant tout ce temps-là, dit le critique de La Roche (Bibl. Angloise, t. II), il vécut extérieurement en chrétien; mais en particulier il vivoit et faisoit ses dévotions à la manière des Juifs. Pour mettre le comble à son hypocrisie, il demanda un témoignage à l'église de Genève et alla au synode de Bourgogne, assemblé à Gex, pour y être admis au saint ministère. Il y fut admis selon la coutume, promettant de suivre la doctrine de l'A. et du N. T., et de se conformer à la discipline et à la confession de foi des églises réformées de France. Après quoi, le synode le nomma à l'église de Divonne dans le pays de Gex. » Une fois pasteur, il n'est sorte d'expédients auxquels il n'eut recours pour concilier les devoirs de son ministère avec ses croyances religieuses. Jamais il ne prenait le texte de ses sermons que dans l'A. T., et il évitait avec grand soin de parler de J. Ch. soit dans ses exhortations, soit dans ses prières. A la fin, le seigneur de Divonne conçut des soupçons, et il lui en fit part. La torture morale qu'Anthoine avait dû trop longtemps s'imposer, jointe à la honte et à l'humiliation qu'il ressentit de se voir découvert, provoquèrent une crise terrible : il perdit la raison. Dans ses accès de folie, il proférait les plus grands blasphèmes contre la religion chrétienne. Un jour étant parvenu à tromper la vigilance de ses gardiens, il s'enfuit de nuit jusqu'aux portes de Genève. Lorsque le jour parut, on le trouva, nu-pieds, prosterné dans la boue, qui adorait « le Dieu d'Israël. » C'était au mois de février. La folie du malheureux était trop manifeste, pour qu'on pût songer à procéder contre lui. On le fit donc entrer à l'hôpital, où des soins intelligents ne tardèrent pas à lui rendre la raison. Mais lorsqu'il eut recouvré son bon sens, ou à peu près, il persévéra dans sa folie anti-chrétienne, « blasphémant contre la Sainte-Trinité et la personne de notre Seigneur J. Ch., et soutenant tant de bouche que par écrit que c'était une idole, et que le N. T. n'était qu'une fable. » Les remords qu'il éprouvait de sa conduite passée devaient être bien violents pour lui arracher une telle profession de foi; n'avait-il pas devant les yeux le terrible exemple de Servet? Ni les exhortations, ni les prières, ni les menaces, rien ne put l'ébranler. On le tira alors de l'hôpital pour le jeter en prison. Pendant sa détention, il présenta trois requêtes au Conseil; dans l'une « il priait qu'on informât sur sa vie, disant qu'il avait toujours tâché de vivre en la crainte de Dieu, et de suivre la droite voie du salut; que Dieu connoissait son cœur et était témoin de son intégrité. » Mais la rétractation de ses doctrines pouvait seule le sauver, et il repoussa constamment cette dernière planche de salut. Lorsqu'il fut question de juger cette affaire, le Conseil désira consulter les ministres de la ville et les professeurs en théologie de l'académie. Ils comparurent dans son sein, le 9 avril, au nombre de quinze. Les avis furent partagés. Selon les uns, Anthoine n'était pas plus digne du dernier supplice que ne l'était tout autre juif; à la vérité, il y avait cette différence qu'étant juif au fond du cœur, il avait feint d'être chrétien et s'était fait recevoir au saint ministère; c'est pourquoi il méritait d'être flétri, déposé du ministère et banni, ou tout au plus excommunié de l'Église, de l'excommunication majeure. Un jugement à mort leur semblait d'autant moins applicable qu'Anthoine ne pouvait être considéré comme étant *compos mentis* après les signes manifestes d'aliénation mentale qu'il avait donnés. Quelques-uns furent d'avis que le Conseil, avant de se prononcer, consultât les diverses églises et académies protestantes, et en particulier celles de la Suisse. Mais les autres, et ce fut le plus grand nombre, représentèrent qu'il y aurait du danger à supporter plus longtemps un pareil monstre; que sa folie ne l'excusait point, puisqu'il avait maintenu ses impiétés dans un temps où il avait l'esprit lucide. L'avis le moins sage et le moins charitable prévalut. Ce fut en vain que le pasteur de l'église de Charenton *Mestrezat* et le pasteur de Metz *Paul Ferry* cherchèrent, par leurs représentations, à ramener le Conseil dans les voies de la douceur et de la modération et à lui éviter de rendre un jugement que la postérité ne devait pas ratifier. Mestrezat s'appuyait surtout sur des considérations d'intérêt public en faveur de l'Église protestante. « Les écrits de nos prédécesseurs *De puniendis Hæreticis*, écrivait-il à son beau-frère M. Chabrey ministre à Genève, n'ont pas été à grande édification, et tournent, aux états où le magistrat nous est contraire, à notre grand préjudice. » Et dans une seconde lettre, du 30 mars, il revenait sur ce même sujet. « Quant à votre moine juif [il se trompait, Anthoine n'a jamais été moine] et ministre renié, les plus sensés lui souhaitent ici une prison perpétuelle et étroite, ... et craignent merveilleusement les conséquences d'un supplice public de peur qu'on n'infère par deça que des propos contre le pape, vicaire prétendu de J. Ch., ou contre l'hostie de la messe, soient appelés blasphèmes contre Christ, et prétendus semblablement punissables. » La lettre que le ministre Ferry adressa aux pasteurs de Genève, également à la date du 30 mars, fait trop d'honneur à son caractère pour que nous n'en rapportions pas quelques fragments. Il commence par s'excuser de s'ingérer dans cette affaire sur ce qu'ayant servi d'instrument pour amener Anthoine à la connaissance de la vérité, il a d'autant plus de raisons de désirer qu'il ne se perde. Il entre ensuite dans quelques détails sur les antécédents de ce malheureux et cherche surtout à détruire cette fausse idée que les accès de démence qu'il avait éprouvés étaient « un manifeste jugement du ciel, » d'où ses juges eussent pu inférer que Dieu les avait élus pour être des instruments de vengeance plutôt que de miséricorde. Il raconte qu'après son retour de l'académie de Sédan, Anthoine commença à manifester une humeur sombre et sauvage; qu'il était « toujours inquiet, sans pouvoir être en repos en aucun lieu. Ce que nous ne pouvions attribuer, continue-t-il, qu'au mauvais succès qu'il avait eu en un synode de l'Isle-de-France, où il avait été envoyé avec témoignage et recommandation de l'église et académie de Sédan, et d'où il avait été pourtant renvoyé. » La pauvreté et « la nécessité de beaucoup de choses où il tomba tôt après » contribuèrent encore à augmenter sa mélancolie. « A quoi il semble qu'on peut ajouter, poursuit le ministre de Metz, la forme de ses études attachées après le Vieux Testament, sur lequel il m'a écrit qu'il dressait une concordance. En tout cas, quand bien ce ne serait là les causes de son mal, si est-ce que vous savez, Messieurs, qu'il se trouve une sorte de mélancolie, en laquelle les médecins reconnaissent θεῖόν τι, qui n'est pas néanmoins un crime, ni un châtiment de la justice de Dieu, mais une grande misère. — Après tout, Messieurs, il est certain qu'il vous trompe en disant qu'il y a huit ou dix ans qu'il a résolu en soi-même ce qu'il déclare à présent; car non seulement en cet entretemps il a toujours fait toutes sortes de preuves personnelles d'une profession chrétienne, mais a même gagné son frère à la nôtre, en laquelle il vit honnêtement parmi nous, et a tâché d'en faire autant de son père, auquel comme à lui il en a écrit quantité de lettres... que j'ai toujours vues pleines d'un style ardent et de témoignages d'une merveilleuse et peu commune affection à J.Ch., et à la vérité d'icelui enseignée en nos églises. — Même lors qu'il fut reçu au ministère, il me l'écrivit de Genève du 29 novembre, comme à celui qu'il avait accoutumé d'appeler, comme il fit encore lors, son très-cher père spirituel duquel Dieu s'était servi pour l'amener, disait-il, à sa connaissance. — Messieurs, permettez moi, je vous supplie, de vous dire qu'il semble bien nécessaire pour l'édification de l'Église que cette affaire se traite avec une grande retenue. Tout autre exemple que l'on en voudrait faire, nuirait sans doute merveilleusement.... En tout cas, il n'est pas besoin de se hâter en chose qui peut toujours être faite, et où le délai ne peut nuire, peut même quelquefois servir. A Servet dogmatisant d'un sens froid et sec depuis vingt ans et plus, en plusieurs lieux, de bouche et par livres écrits et imprimés, et choses bien plus subtiles et plus périlleuses, il fut donné un long temps pour se remettre. Encore, Messieurs, savez-vous les divers discours qui s'en sont ensuivis, etc. » Cette lettre fit, selon de La Roche, une telle impression sur l'esprit des ministres de Genève, qu'après le jugement ils se rendirent en corps au Conseil pour supplier les magistrats de surseoir à l'exécution de leur sentence; mais si l'on considère la date à laquelle elle fut écrite, on ne saurait douter qu'ils n'en eussent déjà pris connaissance avant la séance du 9 avril où ils furent appelés à émettre leur avis, et dont nous avons rapporté le déplorable résultat. Le 11, Anthoine comparut pour la première fois devant ses juges, et fit hautement profession du judaïsme. Le 20, son procès étant instruit, le Conseil le condamna à « être lié et mené en la place de Pleinpalais, pour là être attaché à un poteau sur un bûcher, et étranglé à la façon accoutumée, et en après son corps brûlé et réduit en cendres. » Cette sentence fut exécutée le jour même. « Quelques uns, dit Spon (Hist. de Genève), murmuroient et disoient qu'il y avoit trop de sévérité d'exécuter des gens à mort pour de simples opinions; mais le Conseil considéroit le criminel, non seulement comme un apostat et un blasphémateur, qui traitoit la sainte Trinité de cerbère ou de monstre à trois têtes, mais aussi comme un séducteur pernicieux et un parjure qui prêchait sa fausse doctrine contre le serment fait en sa réception. » Nous osons affirmer, à l'honneur de notre siècle, qu'il n'y a pas, de nos jours, un seul membre de l'Église protestante qui voulût ratifier cette sentence. Et qu'on le remarque bien, ce n'est pas par indifférence religieuse, tout au contraire, c'est bien plutôt parce que la divine religion du Christ, religion d'amour et de charité, tend de plus en plus à passer dans nos mœurs. La lettre meurt; l'esprit survit.

On trouva parmi les papiers d'Anthoine : I. Quelques passages de l'A. T. avec une prière; II. Une prière qu'il faisait le soir avant de se coucher, et une autre qu'il prononçait après ses sermons; ces prières sont, dit-on, remplies d'onction, mais il n'y est fait aucune mention de J. Ch.; III. Une petite feuille contenant onze objections philosophiques contre la doctrine de la Trinité; IV. Un long écrit dans lequel l'auteur fait une confession de sa foi en XII articles, accompagnés de leurs preuves; il avance : 1° qu'il n'y a qu'un seul Dieu sans distinction de personnes; 2° qu'il n'y a point d'autre voie de salut que l'accomplissement de la loi de Moïse; 3° que la circoncision est de rigueur; 4° que le sabbat doit être toujours observé; 5° que la distinction des viandes en pures et impures doit toujours subsister; 6° que les sacrifices seront rétablis; 7° que le temple et la ville de Jérusalem seront rebâtis; 8° que le véritable Messie doit venir, et qu'il sera un roi glorieux, saint et juste, qui rétablira le royaume d'Israël; 9° qu'il n'y a point d'imputation du péché d'Adam; 10° qu'il n'y a aucune prédestination, par laquelle Dieu ait décrété de sauver les uns et damner les autres; mais qu'on sera récompensé ou puni selon ses œuvres; 11° que personne ne peut satisfaire pour nous; mais que si nous péchons, il y a lieu à repentance; 12° que le N. T. n'est point conforme à l'Ancien. A la fin de cette profession de foi, se trouvent deux autres écrits; dans l'un, l'auteur entreprend de prouver que les passages de l'A. T. où il est question d'une nouvelle alliance, doivent s'entendre d'une confirmation de l'ancienne faite avec Abraham, Moïse et les Pères; dans le second de ces écrits, il donne une explication du LIII° chap. d'Ésaïe; selon lui, le prophète y parle des Israëlites vertueux qui furent enveloppés dans les mêmes malheurs que les méchants. — Anthoine avait fait tenir cette pièce au Conseil pendant sa détention; il y apposa sa signature, en signe de confirmation, le jour même de son exécution.

Il ne faut pas confondre notre Nicolas Anthoine avec son homonyme Nicolas Antoine, chanoine de Séville, né en 1617, qui est auteur d'une Bibliotheca hispanica.

ARAMBURE ou plutôt HARAMBURE, nom d'une famille noble, originaire du Béarn, établie dans le Berry, qui reconnaissait pour son chef BERTRAND d'Harambure, sieur de Picassary, gouverneur de Mauléon. Ce Bertrand épousa, en 1550, *Florentine de La Salle de Belsunce* dont il eut cinq enfants : *Pierre*, dont le sort est resté inconnu; *Jean*; *Catherine*, mariée à *Guillaume de Mesplès*, le 21 juin 1592;

Marie, épouse de *Tristan*, sieur de Beaujeu, et *Élisabeth*.

JEAN d'Harambure, baron de Picassary, sieur de Romfort, fut élevé avec le roi de Navarre qui le traita toujours avec une affectueuse familiarité. Il épousa, le 30 octobre 1575, *Marie Secondat*, et vers la même époque il fut nommé écuyer de Henri et gentilhomme de sa chambre. Il est a supposer qu'il prit une part active aux guerres qui suivirent la rupture de la paix de Bergerac ; cependant l'histoire ne fait mention de lui que vers l'année 1587 où il servait sous les ordres de *Henri de Condé*. Il se distingua au combat d'Anthogni où il mit en déroute la cornette blanche de Joyeuse, ainsi qu'à la bataille de Coutras. En 1588, sous le commandement de *La Tremoille*, il couvrit le siége de Marans à la tête de la cavalerie légère. L'année suivante, à la surprise de Niort par *Louis de Saint-Gelais*, il monta un des premiers à l'assaut, et malgré une blessure qu'il y reçut, il contribua beaucoup au succès de cette entreprise. Peu de temps après, nous le retrouvons capitaine d'une compagnie de chevau-légers et servant sous *Châtillon* qu'il dégagea par une charge brillante dans une affaire contre Saveuse, et à qui il assura par ce fait d'armes une victoire fort compromise. « Ce combat, dit d'Aubigné, rendit redoutables envers les liguez tous les conflits où ils savaient avoir affaire aux réformés. » Quelques mois plus tard, sous les murs de Paris, il fondit, lui dixième, sur une compagnie entière de chevau-légers, récemment levée par le chevalier du guet, et la força à rentrer précipitamment dans le faubourg St.-Jacques, après lui avoir tué ou pris beaucoup de monde. Pendant la retraite de Henri IV sur la Normandie, Harambure trouva encore l'occasion de signaler sa valeur, en repoussant une sortie de la garnison de Rouen. A Dieppe, dans une reconnaissance du côté d'Eu, il enleva un poste ennemi sans tirer l'épée, et quelques jours après, il s'empara d'un convoi dont il tua ou fit prisonnière toute l'escorte, sans qu'il en échappât un seul homme. Ces exploits justifient sans doute le titre de « sage et très-expérimenté capitaine » que lui donne le duc d'Angoulême dans ses Mémoires. Brantôme, qui le cite parmi les mestres-de-camp huguenots, lui décerne le même éloge et presque dans les mêmes termes ; il l'appelle « bon capitaine, vieux, sage et bien advisé. » Cependant nulle part Harambure ne déploya plus de sangfroid et d'intrépidité que dans la retraite de Henri IV sur Neuchâtel. « Il fit, dit d'Aubigné, à bon escient Horace le borgne : il se retire le dernier, aïant à tous coups l'épée dans les dents des plus pressans ; il trouve une barrière abandonnée par les arquebusiers, il les rappelle en vain, il se jette à terre et la ferme, et l'escuïer de Laverdin qui lui sauvoit quelques coups, lui est tué sur les espaules ; à cent pas de là il fait de mesme au petit pont le plus près de la ville. » Enfin, en 1592, toujours à la tête des coureurs, il se distingua à Bure où furent enlevés les quartiers du duc de Guise. Tant de services méritaient une récompense. A son avènement à la couronne de France, Henri IV nomma Harambure grand giboyeur de sa maison, et commandant de sa compagnie de chevau-légers. Dans une lettre à Sully, du mois d'avril 1607, ce prince le cite au nombre de ses « familiers serviteurs. » Le parti protestant le vit avec plaisir accepter le commandement d'Aigues-Mortes et de la Tour-Charbonnières ; il savait qu'on ne pouvait remettre cette place de sûreté en des mains plus fidèles que les siennes. Mais la Cour qui redoutait en lui les qualités qui le rendaient cher à ses coreligionnaires, saisit la première occasion pour le dépouiller de son gouvernement qu'il avait donné à *Bertichères*, plus dévoué à ses intérêts, et qui luimême, selon les Mémoires de Rohan, en avait été dépouillé, par voies extraordinaires, du temps du feu roi. Mais lorsque Bertichères, appuyé de l'autorité du connétable, d'un arrêté de l'assemblée de Saumur [circonvenue par ses intrigues et par ses menées] et de la faveur de la Cour, voulut rentrer dans Aigues-Mortes, en 1612, « ladite province, continue Rohan, bien avertie de ses déportemens par *Saugeon* (envoié exprès du duc de Rohan pour les en instruire) ménagea si bien cette affaire, qu'à la face du connétable elle maintint Arembures et empêcha Bertichères d'y entrer. »

La Thaumassière qui a consacré dans son Histoire du Berry une courte notice généalogique à la maison d'Harambure, ne nous apprend pas quand ce brave capitaine huguenot mourut. Les autres généalogistes gardent un silence complet sur cette famille protestante, ou bien ils la confondent, comme le font aussi la plupart des historiens, avec celle des Rambures de Picardie, qui, selon toute apparence, était catholique. Un manuscrit de la Bibliothèque Royale (fonds de Béthune, coté 9344), nous fournit la preuve qu'Harambure vivait encore en 1625. On trouve, dans ce recueil, une note secrète remise au gouvernement de Louis XIII et contenant une appréciation, généralement exacte, des principaux chefs du parti protestant. Voici ce qu'on y lit sur Harambure : « homme de main et de conseil, prudent, secret et obstiné. »

Harambure devait avoir à cette époque au moins soixante-dix ans. Il n'est donc guère possible d'admettre, avec M. Berger de Xivrey, dans ses notes sur les Lettres missives de Henri IV, qu'il ait été revêtu d'un commandement dans l'armée du comte Ernest de Mansfeld. Le témoignage de La Thaumassière est d'ailleurs formel, c'est de son second fils, HENRI, qu'il s'agit.

L'aîné, JEAN, mourut avant lui. Sa fille, JEANNE, fut mariée, le 23 juillet 1619, à *Charles de Pierre-Buffière*, sieur de Prunget, Tendry et Chabenet. Quant à Henri, il fut nommé, par commission du 12 décembre 1624, lieutenant général de la cavalerie de l'armée qui devait envahir le Palatinat sous les ordres de Mansfeld ; cette expédition ayant manqué, Louis XIII lui donna le commandement de 2,000 chevaux français. Il épousa, le 11 juillet 1648 (?), *Marguerite Hatte* qui le rendit père de cinq fils et de deux filles. Nos renseignemens sur cette famille s'arrêtent là.

ARBALESTE (CHARLOTTE), fille de Guy Arbaleste, seigneur de La Borde, vicomte de Melun, président de la chambre des comptes, était née en 1548. Restée veuve, à l'âge de dix-neuf ans, de *Jean de Paz*, puîné de Feuquières, elle se remaria, en 1575, avec le célèbre *Du Plessis-Mornay* dont elle a écrit la Vie, imprimée en tête de la nouvelle édition des Mémoires de Mornay, sous le titre : *Mémoires sur la vie de Du Plessis-Mornay, son mari, publiés sur le manuscrit autographe,* Paris, 1824, in-8°. Cette biographie va jusqu'à l'année 1606, où mourut l'auteur. Nous aurons l'occasion d'en apprécier le mérite dans la notice consacrée à Mornay. — La cousine-germaine de Charlotte, RACHEL, fille de Marie Arbaleste et de Jacques de Cochefilet, seigneur de Vaucelas, épousa, en secondes noces, dans l'année 1592, *Maximilien de Béthune*, depuis duc de Sully. Pour contracter cette alliance, elle quitta la religion romaine et embrassa la religion réformée dans laquelle elle mourut, avec de grands sentimens de piété, en 1659, à l'âge de 93 ans. Elle fut ensevelie dans le tombeau qu'elle avait fait élever à son époux, en 1642, par le sculpteur B. Boudin.

ARBALESTIER, nom d'une ancienne famille du Dauphiné. Selon Chorier, JEAN Arbalestier, coseigneur de Beaufort, occupa de grands emplois dans le parti protestant, et, selon La Chenaye-Desbois, il eut le gouvernement de plusieurs villes, entre autres de Montpézat. Ce dernier écrivain nous apprend qu'il épousa *Louise d'Urre*, avec laquelle il aurait fait, selon lui, un testament mutuel et réciproque en 1567 ; tandis que nous lisons dans les Pièces fugitives du marquis d'Aubaïs, qu'il testa en 1609, date que tout nous porte à regarder comme plus exacte. Son fils ISAAC, qualifié seigneur de Beaufort, gentilhomme servant le roi, épousa, le 22 février 1590, *Esther Sauvan*, appelée par d'autres *Esther de Sauvain de Chailar*, qui le rendit père de trois fils : *Charles*, *Paul* et *Jean*. L'aîné, CHARLES, seigneur de Montclar, suivit, comme son père, la carrière des armes. Il commandait un régiment en 1635 et en 1638, fut major de l'arrière-ban du Dauphiné assemblé en 1640 pour le siége de Turin, colonel des 4,000 légionnaires de cette province envoyés au même siége, et, en récompense de ses services, créé maréchal-de-camp. Chorier nous apprend, en outre, qu'à l'époque où il écrivait, c'est-à-dire, vers 1670, Charles Arbalestier était un des commissaires députés par lettres patentes de 1661 et de 1666, pour l'exécution des édits de pacification dans le Lyonnais, le Dauphiné et la Provence. Ses fils, ALEXANDRE, seigneur de Beaufort, et PAUL, seigneur de Gigors, ont eu, dit-il, des commissions dignes du nom de Montclar et de leur courage. Le premier servit dans le régiment d'infanterie de son père avec le grade de capitaine, puis il passa, avec le même grade, dans le régiment de chevau-légers d'Harcourt, et il entra plus tard, comme lieutenant, dans la compagnie d'Autichant. En 1664, lorsque Louis XIV, cédant à l'impatience de la noblesse française et à son insatiable désir de gloire, envoya au secours de l'empereur Léopold un corps de six mille volontaires, Alexandre Arbalestier ne fut pas des derniers à solliciter l'honneur de suivre en Hongrie les comtes de Coligny et de La Feuillade. Il commanda dans cette campagne le régiment de Bissy en qualité de premier capitaine. De retour en France, il fut mis à la tête d'un régiment de cavalerie, par commission donnée devant Douai, le 8 juillet 1667. Son frère, Paul, qui commandait une compagnie dans le régiment de Sault depuis 1665, en obtint, la même année, une de chevau-légers. L'un et l'autre furent tués au service de Louis XIV, et comme ils ne laissaient pas d'enfants, leurs biens passèrent à de nombreux collatéraux.

La Chenaye-Desbois les fait mourir en 1633 ; mais il se trompe évidemment. Les détails qui précèdent et qui nous ont été fournis par Chorier, écrivain contemporain, sont tellement précis qu'il est difficile de douter de leur exactitude. Nous ne pouvons donc voir dans l'acte sur lequel l'auteur du Dict. de la Noblesse s'appuie et qui contient, en date du 22 février 1633, une cession faite par JEAN Arbalestier à son frère PAUL, de son château de la Gardette, qu'une transaction tout-à-fait étrangère à leurs neveux.

ARBAUT (GEORGE) né vers 1570, professeur au collége des arts de Nismes, puis ministre dans le Vivarais. Après avoir rempli pendant plus de vingt ans les fonctions pastorales, il fut déposé par le synode provincial du Bas-Languedoc comme coupable d'usure, de larcin et de diffamation. La sentence fut confirmée, en 1626, par le synode national de Castres qui déclara Arbaut indigne du saint ministère et exclu des sacrements. Arbaut s'adressa vainement au synode de Charenton, en 1631, pour le supplier de le rétablir dans ses fonctions; mais il fut plus heureux auprès du synode d'Alençon qui, prenant en considération la sincérité de son repentir, confirmée par une si longue épreuve, et ayant égard aux attestations favorables qui lui avaient été données par les députés du Bas-Languedoc, le rétablit dans l'office de pasteur après l'avoir exhorté à mener à l'avenir une vie plus régulière.

Ce même synode se montra plus sévère envers *Joseph Aubery*, ancien pasteur de Coulonge, qui avait été déposé par le synode provincial de la Bourgogne « pour plusieurs faussetés, parjures et scandales, » sentence qui avait été également confirmée par le synode de Castres. Malgré le témoignage rendu en sa faveur par le consul d'Aubonne, dans le pays de Vaud où Aubery s'était retiré, le synode d'Alençon refusa de le rétablir dans le saint ministère tout en rendant grâces à Dieu de sa conversion et en l'exhortant à persévérer dans ses bonnes dispositions. Ce Joseph Aubery était vraisemblablement le fils d'un *Aubery*, pasteur à Savonnes en 1603. Nous ignorons si quelque lien de parenté l'unissait à *Benjamin Aubery*, auquel nous consacrons un article.

ARBAUT (N. D'), gentilhomme de Nismes, membre de l'académie royale d'Arles, qui abjura le protestantisme en 1684. Son père, nous dit le Mercure toujours soigneux d'enregistrer chaque nouvelle apostasie, avait rempli des emplois importants dans l'Église réformée, mais comme il ne nous apprend pas lesquels, et que Ménard garde à cet égard le silence dans son Histoire si détaillée et si exacte de la ville de Nismes, on doit regarder l'assertion du gazetier comme plus que suspecte. Quoi qu'il en soit, il est certain que le fils renia sa foi. «Par son abjuration, continue le Mercure, il s'attira l'estime des États du Languedoc qui lui en marquèrent une joie extrême ; mais dans ce bonheur il eut le chagrin de se voir abandonné par sa femme.» Affligée en effet au plus haut point du changement de religion de son mari, elle oublia, pour sauver la liberté de sa conscience, ses devoirs d'épouse, et elle le quitta en emmenant ses enfants, à l'exception de sa fille aînée qui consentit à rester auprès de son père, « sans qu'elle donnât aucun sujet d'espérer — c'est le Mercure qui parle — qu'on pût lui rendre suspectes les maximes de Calvin.» On y réussit pourtant. Sous prétexte d'un voyage d'affaires, le père la décida à aller passer quelques jours dans un couvent d'Arles, où « l'on gagna sur son esprit, qui était d'une étendue, d'une délicatesse et d'une force admirables,» — ces éloges délicats ne peuvent manquer de rehausser beaucoup le mérite du convertisseur, — on gagna donc sur son esprit « qu'elle entrerait dans des conversations aisées et sans contrainte avec quelque savant ecclésiastique qu'elle choisirait.» Le provincial des Carmes fut en conséquence invité à la visiter, et le résultat des conversations aisées et sans contrainte qu'il eut avec elle fut que quelques mois après, en 1685, elle abjura entre les mains de l'archevêque d'Arles qui, pour donner à cet acte toute la solennité possible, voulut officier lui-même. On ne nous apprend pas ce que devinrent la mère et les autres enfants.

ARBUSSI (JOSEPH), ministre de Montauban, et professeur d'hébreu à l'université de cette ville. Esprit brouillon, hautain, entreprenant, Arbussi s'était attiré beaucoup d'ennemis en se faisant le principal instrument de l'exil de *Labadie*. Quelques-uns l'accusaient aussi de s'être vendu à la Cour et d'en recevoir une pension. C'est dans ces circonstances qu'une partie des membres de son église entreprirent de le faire déposer et le poursuivirent devant trois synodes. Le synode de Mauvesin, dans l'espoir de donner aux esprits le temps de se calmer, voulut l'envoyer pour un an remplir les fonctions du ministère à Sainte-Afrique, en chargeant *Coras* de le remplacer à Montauban ; mais Arbussi refusa d'obéir, de l'avis du consistoire lui-même. Le synode d'Usez le suspendit, ce qui ne l'empêcha pas de continuer à prêcher et à administrer les sacrements en vertu d'un arrêt de rétablissement rendu par le parlement de Toulouse à la sollicitation d'un de ses oncles. Cette violation réitérée de la discipline aurait dû lui attirer un traitement rigoureux de la part du synode de Réalmont ; cependant, au lieu de le déposer, il le choisit pour adjoint. Le synode national de Loudun, devant lequel il fut cité encore une fois, en 1659, par *Billières, Crumel, Coderc* et *Durassus*, députés du parti contraire, le suspendit pour un an, après censures verbales, et lui défendit d'exercer son ministère à Montauban, tout en blâmant sévèrement la conduite de ses adversaires « qui avaient fait voir plus de passion que de zèle pour la gloire de Dieu. » Arbussi obtint bientôt après la place de pasteur à Bergerac, où, selon Colomiez, il remplissait non sans fruit, en 1663, les fonctions du ministère; mais au bout d'un ou deux ans, il abandonna la religion réformée. Ce fut après son abjuration qu'il publia sa *Déclaration contenant les moyens de réunir les Protestants dans l'Église catholique* (Paris, 1670, in-8°), le seul ouvrage que l'on cite de lui. Son frère, *Théophile*, ministre de Milhau et député au synode national de Loudun, où il prononça sur Gen. XLIX, v. 10 un sermon qui a été imprimé (Saumur, 1660, in-8°), fut banni à perpétuité du royaume, à l'occasion d'une émeute qui éclata dans cette ville en 1663. Les capucins qui y avaient une mission, ayant voulu, par excès de zèle ou plutôt pour inquiéter les Protestants, s'opposer à un enterrement, qui ne se faisait pas à l'heure fixée par l'arrêt du 13 novembre 1662, il en résulta un tumulte où quelques-uns d'entre eux furent maltraités. Trente-sept personnes furent arrêtées. Deux furent pendues, deux condamnées à l'amende honorable et au bannissement, deux autres au bannissement pour cinq ans de la généralité de Montauban, et le ministre, comme nous l'avons dit, au bannissement du royaume à perpétuité. Les autres accusés, qui avaient pris la fuite, en furent quittes pour être pendus et brûlés en effigie ou condamnés aux galères, et quelques femmes pour subir la peine du fouet. L'église de Milhau dut payer une amende de 14,000 livres et les dépens. Enfin les Protestants furent exclus à perpétuité de toutes les charges municipales.

Outre ces deux Arbussi, la Grande Bibliothèque ecclésiastique en mentionne un troisième nommé ANTOINE, et fils d'un professeur en théologie à l'académie de Puy-Laurens. La révocation de l'édit de Nantes le chassa en Hollande où il fut nommé successivement ministre à Utrecht et pasteur de l'église wallonne d'Amsterdam, en 1713. Il enseignait encore la théologie dans cette dernière ville en 1718. On a de lui : *Juste idée de la grâce immédiate*, (La Haye, 1689, in-12) réfutation d'un livre anonyme publié à Francfort, 1687, in-12 (Essais de théologie sur la providence et la grâce), contre la doctrine de Jurieu. Dans une courte préface, il expose avec netteté et concision les idées de l'auteur qu'il combat.

ARDRES (N. D'), gentilhomme des environs de Senlis, secrétaire de confiance du connétable de Montmorency. Ce fut en cette qualité qu'il assista, en 1559, à l'assemblée de Vendôme où les chefs de l'opposition contre les Guises, c'est-à-dire *Antoine de Navarre*, le prince de *Condé*, son frère; *Coligny*, d'*Andelot*, *Odet de Châtillon*, *François de Vendôme*, vidame de Chartres; *Antoine de Croï*, prince de Portien, tous parents ou amis, se concertèrent sur les moyens de renverser un gouvernement odieux. Les avis furent fort partagés. D'un caractère plus ardent, Condé, d'Andelot et le vidame de Chartres voulaient qu'on courût de suite aux armes sans laisser aux Guises le temps d'affermir leur autorité. Les autres, et d'Ardres fut du nombre, proposèrent des remèdes moins violents, en représentant que s'il n'y avait rien à attendre du roi, on pouvait tout espérer de la reine-mère qui n'hésiterait pas à se joindre à eux si elle trouvait ses sûretés dans leur parti, et qu'on verrait crouler en un clin d'œil la puissance des Guises, du moment qu'elle leur retirerait son appui. Ce dernier avis l'emporta ; mais on ne tarda pas à s'apercevoir qu'il n'était pas le plus sage. Il fallut quelques mois après revenir au premier, et Condé leva l'étendard de la guerre civile en s'emparant d'Orléans. D'Ardres n'hésita pas à aller le rejoindre, quoique le connétable de Montmorency se fût laissé gagner par le parti contraire. Cependant lorsqu'il vit Condé, qui avait déployé d'abord tant de vigueur et d'énergie, se laisser endormir par l'habile reine-mère, il prit le parti de se retirer chez lui, soit que ses ressources fussent épuisées, soit qu'il augurât mal d'une guerre ainsi conduite. «Quatre gentilshommes, nous raconte Crespin, assavoir les sieurs de *Moncy St.-Éloi*, de *Houdencourt*, d'*Ardres* et de *La Maison-Blanche*, voisins de la mesme ville (Senlis) s'estans retirez d'Orléans en leurs maisons pour se refraischir, les séditieux les allèrent attaquer et les amenèrent prisonniers, les accusans d'avoir tiré un coup de pistole au village de Fleurines contre une certaine femme sœur du prieur de St.-Christofle, regardant par sa fenestre. De Senlis ils furent menez à Paris et décapitez aux halles, après avoir fait confession de foi, et ce le 10 nov. 1562, et leurs testes apportées à Senlis, et mises à quatre portes de la ville.» Nous trouvons dans Bèze qui rapporte le même fait, une circonstance importante passée sous silence par Crespin. C'est que le tribunal de Senlis, jugeant en première instance, avait acquitté les quatre prévenus. Rien ne saurait mieux établir leur innocence ; car, à cette époque, l'ombre d'une preuve suffisait souvent pour déterminer un arrêt de mort.

ARGENCOURT (N. D'), habile officier du génie, qui fut chargé par *Rohan* de diriger, sous les ordres de *Calonge*, les travaux de défense pendant le siége célèbre de Montpellier, en 1622. Comme beaucoup d'autres qui ne se laissaient point aveugler par un zèle religieux voisin de l'exagération, il paraît s'être rallié dès lors à un gouvernement qui, sans se montrer bienveillant, n'était pas non plus ouvertement hostile à la religion réformée. Nommé ingénieur-général, il fut chargé, en 1625, de construire la citadelle de St.-Martin dans l'île de Rhé. En 1630, il dirigea les travaux de la citadelle élevée sur les ruines de l'ancien château d'Oléron, et Richelieu l'invita à tracer le plan des fortifications du Brouage. Enfin les Mémoires du cardinal nous apprennent qu'en 1637, lorsque les Espagnols débarquèrent sur les côtes de France et tentèrent de s'emparer de Leucate, Argencourt, placé sous les ordres du duc d'Hallwin, avec le grade de maréchal-de-camp, contribua, à la tête des enfants perdus, par son courage autant que par son expérience, à la prise du camp ennemi, après avoir forcé le château de Rochefort à se rendre, le 25 septembre. Les nombreux ouvrages que nous avons consultés, ne font plus aucune mention de lui à dater de cette époque.

ARGOUD (Antoine d'), gentilhomme de Vienne en Dauphiné, converti au protestantisme par *Jean Figon*, ministre de grande réputation que l'on avait fait venir de Neuchâtel, en 1562, et « qui avait, dit Chorier, corrompu beaucoup d'esprits dans cette ville, et leur avait inspiré la hardiesse de faire ouvertement l'exercice de la nouvelle religion dans leurs maisons. » Les maisons où s'assemblaient les Protestants pour la célébration de leur culte, étaient celles de d'Argoud, de *Gabet* et de quelques autres. Ces réunions, quelque inoffensives qu'elles fussent, furent proscrites en 1566. Figon reçut l'ordre de vider la ville dans les huit jours ; Gabet échappa par la fuite à un châtiment plus sévère, et d'Argoud fut condamné à une forte amende. Ces rigueurs n'eurent, naturellement, d'autre effet que d'affermir les coupables dans leur foi. D'Argoud, qui devait être déjà avancé en âge, puisqu'il se trouve mentionné dans un acte de 1513, mourut sans doute peu de temps après ; mais ses descendants persévérèrent dans la profession de la religion réformée, au moins jusqu'après l'avènement au trône de Henri IV. Nous lisons en effet, dans les procès-verbaux manuscrits de l'assemblée politique de Loudun, qu'en 1596, un d'*Argoud*, député en Cour par les églises de la Provence pour se plaindre des persécutions de toute espèce dont elles avaient à souffrir, se présenta devant cette assemblée afin de solliciter son intervention en leur faveur auprès du roi et de ses ministres. — Un descendant de cette famille siége aujourd'hui à la Chambre des pairs, c'est le comte d'Argout.

ARLAMDE ou ARLANDE, famille noble du Languedoc. LOUIS d'Arlamde, seigneur de Mirebel, qui vivait vers 1560, eut pour fils GABRIEL Arlamde, époux de *Marguerite de Massuguier*, laquelle le rendit père de LOUIS Arlamde. Ce dernier se maria, le 7 avril 1586, avec *Marthe de Borne* et en eut LOUIS Arlamde, qui testa le 19 février 1628. Ce Louis avait pris pour femme, le 21 avril 1624, *Françoise de Beaumont*; il laissa deux fils, JACQUES, seigneur de Mirebel, et ANTOINE, seigneur de Vendrias. A ces maigres renseignements qui nous sont fournis par les Jugemens de la noblesse de Languedoc, nous ajouterons que Jacques d'Arlamde, ancien de l'église de Villeneuve-de-Berg, fut député par la province du Vivarais au 29° synode national, qui s'assembla à Loudun en 1659. Ce synode le chargea d'aller avec le pasteur *David Eustache*, porter aux pieds de S. M. ses très-humbles devoirs, ses soumissions et remercîments, en lui confiant en même temps pour le roi, la reine-mère et le cardinal Mazarin, des lettres où l'on désirerait plus de sincérité et un peu moins de servilité. Quand on connaît la conduite que le gouvernement de Louis XIV tenait déjà à l'égard des Protestants, on reste stupéfait à la lecture de phrases telles que celle-ci : « Les faveurs que V. M. répand journellement sur nous, augmentent de plus en plus les obligations que nous lui avons, parmi lesquelles nous pouvons compter comme la plus singulière, cette assurance que V. M. nous a donnée par la bouche de M. son commissaire, de son affection paternelle pour tous ses sujets de la religion réformée, et que le dessein de S. M. est de nous continuer les effets de sa bonté accoutumée, comme aussi le privilége qu'elle nous a accordé de nous assembler dans cette ville, ce qui étant des marques d'une bonté toute particulière, les expressions nous manquent, et nous n'avons pas de termes assez emphatiques pour en témoigner notre gratitude, et combien fortement nous nous sentons engagés, par cette nouvelle faveur, à dévouer et consacrer nos vies et nos fortunes pour le service de V. M. » Les deux députés s'acquittèrent de leur mission à la satisfaction du synode qui les remercia de leurs soins et de leurs peines. Le seigneur de Mirebel fut encore commis, avec les pasteurs *Homel* et *Janvier*, et avec *Timothée Baruel*, appelé ailleurs *Bervil*, docteur en droit civil, avocat et ancien de l'église de Privas, pour visiter l'université de Die et porter remède aux abus qui s'y étaient introduits. Les élèves de cette université laissaient croître leurs cheveux, portaient de grandes manches pendantes, des gants à franges, des rubans, fréquentaient les tavernes, recherchaient la compagnie des femmes, avaient l'épée au côté, et leur style sentait plus le roman que la parole de Dieu. — Telles étaient les plaintes générales des députés des provinces. Le synode de Loudun ne se contenta pas d'exhorter les professeurs et les directeurs des universités, comme aussi les consistoires et les églises, à user de toute leur autorité pour réprimer de semblables excès, en leur enjoignant d'excommunier les réfractaires et de rayer leurs noms de la matricule des étudiants; il chargea, comme nous l'avons dit, des ministres et des anciens d'une inspection des universités, avec ordre de faire savoir à tous les étudiants en théologie qu'ils eussent à lire publiquement les saintes écritures avant le prêche. Les autres députés furent *Isaac de Guitton* et *Isaac Du Bordieu*, pasteurs, avec *Paul Tonnois*, seigneur de Champs, avocat au parlement et ancien de l'église d'Orléans, pour l'université de Saumur; *Adrien Chamier* et *Jérémie Viguier*, avec de *Pontperdu* et *Jacob*

Maisonnais, avocat au parlement et ancien de l'église de Bordeaux, pour celle de Montauban; *Isaac Du Bordieu* et *Étienne Broche,* seigneur de Méjannes, pasteurs, avec *Édouard de Charlot,* baron de St.-Jean de Gardonanque et de *Pontperdu,* pour celle de Nismes. Il fut ordonné en outre que les synodes provinciaux dans le ressort desquels se trouvaient ces universités, députeraient chaque année des pasteurs pour en faire la visite.

ARMAND DE CHATEAUVIEUX (CLAUDE), né en 1542. Il eut de sa femme *Jeanne d'Issautier* de Sisteron deux fils. Le cadet, GUILLAUME, capitaine de cent hommes d'armes, servit avec distinction sous les ordres de *Lesdiguières.* Marié avec *Marguerite de Bernardi,* il devint la souche de deux branches de cette famille établies dans la Bourgogne et le comtat Venaissin, mais qui ne paraissent pas avoir persisté longtemps dans la profession de la religion protestante. L'aîné, ANDRÉ, né le 11 avril 1595, épousa, en 1613, *Antoinette de Bardel,* fille de *Georges de Bardel,* seigneur de Theus et de Morout, dont il eut aussi plusieurs enfants. Son fils aîné, GEORGES se réfugia à Genève. Le second, CLAUDE, suivit la carrière des armes et fut tué en 1681. Le troisième, ALEXANDRE, mourut sans postérité. Le quatrième, ANDRÉ, fut l'auteur d'une branche éteinte depuis longtemps et sur laquelle les généalogistes ne fournissent aucun renseignement. Le cinquième enfin, GASPARD, fonda les branches du Dauphiné et de Chaumont en Bassigny, qui renoncèrent à la foi de leurs pères. Le seul de ses cinq fils dont les descendants appartiennent bien positivement à la France protestante, est Georges, né le 28 avril 1620 et mort en 1686. De son mariage avec *Marie Chevalier* naquirent ANDRÉ, époux de *Claudine de Calvière,* fille de *François,* baron de St.-Côme, et GASPARD, né en 1677, qui servit dans les troupes anglaises avec le grade de capitaine de dragons, et mérita l'estime de Marlborough qui le choisit pour veiller sur son fils lorsqu'il l'envoya voyager sur le continent. Il mourut à Genève en 1735, laissant de son mariage avec *Catherine Desmons,* qu'il avait épousée en 1725, un fils nommé JACQUES, lequel s'allia avec la famille des *de Buisson,* également réfugiée à Genève, en prenant pour femme, le 26 février 1769, *Madelaine,* fille de *Léonard de Buisson,* ancien syndic de la république.

ARMAND (JACQUES), pasteur de l'église wallonne de Hanau en 1762, et de l'église réformée française de Francfort-s.-M. en 1765. Il est auteur d'un petit recueil de *Sermons* dont aucun bibliographe, à notre connaissance, ne fait mention. Ce petit livre, dédié au comte Pierre de Golofkin, chambellan du duc de Deux-Ponts, renferme quatre sermons, le premier sur Jean III, 19 (Francf. 1762, in-8°), le 2e sur Cant. II, 4, prononcé à l'occasion de la paix qui mit un terme à la guerre de Sept ans (2e édit., Francf. et Leipz., 1763); le 3e sur Luc XII, 43, prononcé à Bockenheim à l'occasion du 50e anniversaire de l'installation d'*Ant. Matthieu,* pasteur de l'église française de Francfort (Francf. et Leipz., 1765), et le 4e sur Ps. LXXXII, 6, 7, prononcé également à Bockenheim à l'occasion de la mort de l'empereur François Ier (Francf. 1765). Parmi des pages d'une véritable éloquence, on y rencontre fréquemment des allusions au sort des Protestants en France, mais nulle part avec plus d'à-propos que dans le second de ces sermons qui eut pour auditeurs un grand nombre d'officiers et de soldats français rentrant dans leur patrie après les campagnes d'Allemagne. « Vous avez, s'écrie Armand, des concitoyens, qui sont nos frères dans la foi, mais qui sont souvent inquiétés au sujet de leur créance. L'ignorance où l'on est de notre culte, fait qu'on les noircit souvent sans fondement. Eh bien! Messieurs, de retour chez vos compatriotes, dissipez et éclairez cette ignorance. Racontez-leur ce que vous avez vu dans ces provinces où on professe la même foi. Dites-leur que cette hérésie qu'on leur reproche, consiste à adorer l'Éternel en esprit et en vérité, à méditer ses divins oracles, et à lui adresser nos prières en langue intelligible et entendue du peuple; à être jaloux des droits de Dieu, et à ne point partager notre confiance et nos hommages entre le créateur et la créature, quelque sainte qu'elle puisse être. Dites-leur que cette hérésie consiste à aimer tous les hommes, de quelque religion qu'ils soient; à n'employer que des voies de douceur pour l'instruction et la conversion des âmes; à être fidèle à son prince, sans permettre qu'un pontife étranger empiète sur ses droits; à ne point souffrir d'hommes inutiles, qui s'engraissent du travail des peuples, qui dévorent en pure perte la substance des états, et servent de gouffre aux générations futures. Dites-leur.... en un mot, ce que vous avez vu. Employez le crédit que votre naissance et vos emplois vous donnent auprès des chefs de l'état, à délivrer des captifs malheureux qui, quand il serait vrai qu'ils fussent dans l'erreur, sont toujours respectables de ne vouloir point devenir hypocrites. Réprimez le zèle indiscret de ceux de vos lévites qui croient honorer Dieu en tourmentant les hommes. Soyez des docteurs de charité auprès des docteurs de votre foi; et si vous trouvez que j'ai dit vrai dans mon discours, dites-leur à votre tour : Ministres des autels, nous annonçons une doctrine ancienne et nouvelle — l'esprit de l'Évangile, c'est la Charité ! »

— Le bibliographe anglais R. Watt attribue encore à Jacques Armand : I. *Sermon sur l'esprit de l'Évangile*, 1763, in-8°; II. *Deux discours sur l'esprit et l'évidence du Christianisme*, trad. du franç., 1768, in-8°.

Nous ignorons si le pasteur dont nous venons de nous occuper, était de la même famille que DANIEL Armand qui fut conseiller, ainsi que son fils PIERRE, à la Chambre mi-partie de Grenoble.

ARNAUD. Ce nom se rencontre fréquemment dans les annales du protestantisme; mais beaucoup de ceux qui l'ont porté, y occupent si peu de place qu'en les tirant de l'oubli où ils sont tombés, nous craindrions d'être accusés de descendre à des minuties, reproche qu'on ne sera que trop disposé à nous adresser et qui serait juste, si les recherches, souvent aussi pénibles qu'infructueuses, que ces articles exigent, nous faisaient négliger les notices plus importantes. ISAAC Arnaud ou Arnauld, pasteur à la Rochelle, nous est connu par quatre ouvrages qui ne sont pas sans quelque mérite : le *Mépris du monde*, publié à Charenton en 1651, in-12; réimp. à Genève en 1670, in-12, et trad. en allem., Hanau, 1670, in-12; les *Résolutions vertueuses; De l'obéissance deüe au Roi; Méditation sur la vieillesse*. — Dans la liste des églises présentée en 1637 au synode d'Alençon, nous trouvons déjà deux ARNAUD, l'un ministre à Fons où il remplissait les fonctions pastorales au moins depuis 1620; l'autre à Anduze. Ce dernier fut appelé quelques années après à desservir l'église de Ribaute; mais la dame du lieu s'opposa à son installation et le lieutenant-général qui commandait dans le Languedoc, le fit jeter dans un cachot. Le synode de Charenton prit en main cette affaire, et par ses pressantes remontrances, il obtint la mise en liberté d'Arnaud; mais un ordre du roi lui interdit en même temps l'exercice de son ministère. Pendant sa détention, il avait été remplacé par *Bouit*. — Un autre ARNAUD était pasteur à Montaren en 1603. — Un JACQUES Arnaud, d'Orléans, servit avec distinction sur la flotte Rochelloise en 1622. Le vaisseau qu'il commandait fut coulé bas dans le glorieux combat livré par *Guiton* au duc de Guise. Sur la même flotte était un *Jean Arnault* de la Tremblade. — A l'époque du siège de la Rochelle par le duc d'Anjou, en 1573, un capitaine Arnaud s'était déjà fait remarquer par son intrépide courage. Les assiégés manquant de poudre, il offrit d'en introduire quelques tonneaux dans la ville. Sur une frêle embarcation, montée par sept hommes seulement, il passa à travers la flotte ennemie et entra heureusement dans le port, seul blessé au bras d'un coup de feu. Plus tard, en 1577, Condé chargea le hardi marin d'aller s'informer à Royan des mouvements de l'armée de Mayenne, qui s'avançait de ce côté dans l'intention d'assiéger Le Brouage. Il fallait une fois encore se faire jour à travers la flotte ennemie. Arnaud l'entreprit résolument, et après un combat acharné, il réussit complétement dans sa difficile mission.

ARNAUD (Antoine d'), avocat au siége de Puy-Laurens. Chassé de France par la révocation de l'édit de Nantes, il se réfugia en Hollande avec sa famille. Son fils Honoré fut nommé, en 1728, pasteur de l'église wallonne de Franeker et jusqu'en 1763 il y remplit les fonctions du ministère. Il eut la douleur de voir son fils le précéder dans la tombe. Né le 10 sept. 1711, George d'Arnaud montra de bonne heure de rares dispositions. Dès l'âge de douze ans, il publia des vers grecs et latins, qui lui méritèrent des éloges flatteurs. A dix-sept ans, encouragé par son savant professeur Hemsterhuis, il fit paraître un ouvrage qui lui assigna tout d'abord un rang parmi les plus savants philologues de son temps; nous voulons parler du *Specimen animadversionum criticarum ad aliquot scriptores græcos, nominatim Anacreontem, Callimachum, Hephæstionem, Herodotum, Xenophontem et Æschylum* (Harling, 1728, in-8°). Deux ans plus tard les *Lectionum græcarum libri duo, in quibus græcorum scripta passim illustrantur atque castigantur, in primis Hesychii, Arati, Theonis, Oppiani et Appolonii Rhodii* (La Haye, 1730, in-8°) vinrent confirmer la haute opinion que les érudits avaient conçue du jeune critique. Un savant commentaire *De Diis* παρέδροις *sive adsessoribus et conjunctis*, publié à La Haye, 1732, in-8° et inséré plus tard dans le II° vol. du Nov. supplement. ad Thes. Grævii et Gronovii, accrut encore sa réputation. Après d'aussi brillants succès, il peut paraître étonnant qu'il n'ait pas continué à cultiver la philologie et embrassé la carrière de l'enseignement. Si la faiblesse de sa poitrine le lui eût permis, il se fût voué, comme son père, au ministère évangélique ; mais sa santé délicate s'opposant à ce qu'il suivît son inclination, il se livra à l'étude de la jurisprudence. Dès le 9 oct. 1734, il soutint, sous la présidence d'Abraham Wieling, une thèse *De jure servorum apud Romanos* (Franek., 1734, in-4°; réimpr. Leeuward., 1744, in-4°), et dans cette épreuve, il montra tant d'érudition que quelques mois après il fut autorisé à ouvrir un cours de droit, comme professeur extraordinaire. Il justifia bientôt cette faveur par la publication de ses *Variarum conjecturarum libri duo, in quibus plurima juris civilis aliorumque auctorum loca emendantur et explicantur* (Franek., 1738, in-4°; réimprimé sous un nouveau titre à Leeuw., 1744, in-4°, avec la thèse *De jure servorum* et une autre que nous indiquerons plus bas). Cet ouvrage qui est à la fois un savant commentaire sur d'importantes questions de droit civil et une critique judicieuse d'un grand nombre de passages tirés des livres de jurisprudence, fut suivi d'une dissertation *De iis qui pretii participandi causa sese venundari patiuntur* (Franek. 1739, in-4°; nouv. édit. revue, Leeuw. 1744, in-4°). Ces écrits désignaient d'Arnaud pour la première chaire vacante; aussi lorsque Wieling fut appelé à Leyde, lui offrit-on la place de son ancien professeur; mais la mort ne lui laissa pas même le temps d'en prendre possession. Il mourut le 1er juin 1740. Aux ouvrages que nous avons cités, nous devons ajouter des *Observationes in Alciphronem et in Euripidem* insérées dans les vol. IV, V et VI des Observat. miscell., et les *Vitæ Scævolarum*, publiées à Utrecht, 1767, in-8°, par

Arntzenius, ouvrage faible auquel il n'avait pas mis la dernière main.

ARNAUD (Bernard), seigneur de La Cassagne, fut un des premiers parmi les notables habitants de Nismes qui se déclara pour la réforme. En 1562, il fut nommé membre d'un conseil chargé de prendre soin de la police et de veiller aux besoins de l'église. En 1568, lorsque le vicomte de Joyeuse voulut mettre garnison dans la ville, il fut député avec *François Barrière*, seigneur de Nages, et *Pierre de Monteils*, avocat au présidial, pour lui faire des représentations; mais ils ne purent rien obtenir. Déjà la réaction marchait tête levée, lorsqu'éclata la troisième guerre civile, qui fut souillée à Nismes par le massacre de *la Michelade* (*Voy.* p. 26). Arnaud fut compris dans la sentence, rendue à ce sujet par le parlement de Toulouse. Ce fut évidemment dans la crainte de perdre la vie au milieu des troubles qui agitaient le pays, qu'il fit son testament le 6 sept. 1568, si toutefois le Dict. de la Noblesse ne commet pas une erreur de date; car ni l'âge ni la maladie ne lui faisaient prévoir une fin prochaine. En 1570, il fut élu second consul, et trois ans plus tard, pendant le siège qu'eut à soutenir Nismes, on lui confia le commandement d'un des quartiers de la ville, charge dont il ne se démit qu'en 1576, à la conclusion de la paix.

Il avait épousé, le 18 mai 1556, *Marguerite Choisinet*. Il en eut un fils nommé Daniel, qui fut honoré de la dignité de premier consul en 1593, et qui prit pour femme, la même année, 8 décembre, *Anne Boileau*. Le temps de ses fonctions étant expiré, il fut chargé de diverses missions dans l'intérêt de Nismes. Son fils Paul fut à son tour élu premier consul en 1629. Partisan zélé du duc de *Rohan*, en faveur duquel il avait contribué à faire déclarer Nismes en 1625, il resta fidèle à la fortune de ce chef illustre jusqu'à la conclusion de la paix de 1629. Son attachement à la réforme le rendit longtemps suspect. En 1632, le marquis de *La Force* voulut le faire sortir de Nismes, mais la ville s'y opposa et dans une assemblée, convoquée à ce sujet par les consuls, le 30 juillet, on prit une délibération portant « que MM. les consuls rendront témoignage que les sieurs de La Cassagne, de *Vestric*, de *Fourniguet* et *Gattigues* sont gentilshommes d'honneur; qu'on n'a jamais connu par leurs actions et desportemens qu'ils soient autres que bons serviteurs du roi, et d'ailleurs qu'ils sont des plus nobles familles de la ville, attouchans de parenté ou alliance au reste des principaux habitans, tellement que cette compagnie juge que leur sortie hors la ville seroit préjudiciable au service du roi. » En 1638, lorsque les Espagnols investirent Leucate, Arnaud s'empressa de prendre les armes. Il fut nommé capitaine de chevau-légers par commission du 12 fév. 1638, et se signala parmi les plus braves. Quatre ans plus tard, le 14 juin 1642, il fut promu au grade de mestre-de-camp d'un régiment de cavalerie, et en 1643, il obtint une pension de 2,000 livres. Il testa le 5 sept. 1647. Il avait épousé le 25 mars 1627, *Louise Troupel* qui l'avait rendu père de Claude Arnaud, marié, le 24 nov. 1659, avec *Marthe Favier*.

Jacques Arnaud, seigneur de Saint-Bonnet, qui appartenait également à l'Église protestante, était d'une autre famille que les précédents. Par son testament du 10 août 1622, il institua pour son héritière universelle *Jeanne Bastide*, fille de *Jean Bastide*, premier consul d'Uzès, et de *Claude Gazagne*, qu'il avait épousée en 1599 et dont il avait eu plusieurs enfants qui rentrèrent dans le giron de l'Église romaine.

ARNAUD (Étienne), pasteur du désert, qui souffrit le martyre en 1718.

Arnaud fut un des cinq pasteurs qui les premiers assistèrent *Antoine Court* dans l'œuvre difficile qu'il avait entreprise de réorganiser les églises du midi après l'extermination des Camisards. Les actes auxquels il prit part, trouveront naturellement leur place dans la notice que nous donnerons à Court. Nous y renverrons le lecteur. Étienne Arnaud, «jeune ministre plein d'espérance,» fut le premier de ces cinq pasteurs qui paya de sa vie son dévouement à sa foi; il fut pendu à Alais le 22 janvier 1718. C'est par cet acte que l'intendant Basville couronna sa carrière administrative dans le Languedoc.

ARNAULD (Antoine), d'une ancienne famille noble d'Auvergne, originaire de Provence, établi à Paris, vers 1547, où il fut appelé par la reine Catherine de Médicis. Les biographes se taisent sur sa religion, mais tout nous prouve qu'il avait embrassé les principes de la réforme. Il mourut en 1585, auditeur en la Chambre des comptes de Paris. D'un premier mariage avec *Marguerite Meusnier-Du-Bourg*, parente du célèbre *Anne Du Bourg*, il eut Jean, seigneur de *La Motthe* qui, en 1590, fit lever le siége d'Issoire par les troupes de la Ligue, après avoir tué de sa propre main dans une sortie le comte de Randan qui les commandait. Ce combat qui se livra le jour même de la victoire d'Ivry, assura à Henri IV l'entière possession de l'Auvergne. Mézerai raconte différemment cet heureux événement. Selon lui, « le comte de Randan avoit surpris la ville d'Issoire et y avoit basti une citadelle, les gentilshommes royalistes et les bourgeois de Clermont, qui, en hayne de ceux de Rion, avoient beaucoup de chaleur pour le party du roy, surprirent la ville par l'intelligence d'un consul et assiégèrent la citadelle. Florat, sénéschal d'Auvergne, commandoit en cette entreprise; Raudan accourut au secours, et l'investit luy et les siens dans la ville. Les seigneurs du païs, entre autres Rostignac, lieutenant du roy, le vicomte de Lavedan, le baron de Chaseron, le marquis de Curton qui commandoit cette petite armée, et d'Effiat, vinrent pour dégager leurs amis. Cela ne se pouvoit sans combat : il fut fort opiniastre, mais enfin les Ligueux succombèrent. Il leur en cousta 500 hommes, dont il y avoit cent gentilshommes, et entre autres le généreux comte de Randan, qui ayant esté fait prisonnier mourut de ses blessures dans Issoire. Ceux de la citadelle ayant appris sa deffaite capitulèrent et les vainqueurs retournèrent en grand triomphe à Clermont.»
— D'un second mariage avec Anne Forget, fille d'un procureur du roi au siége présidial d'Auvergne, Antoine Arnauld eut onze enfants dont sept garçons et quatre filles. — 1° Antoine, né en 1560, avocat au parlement de Paris, s'acquit une grande réputation par son éloquence. Ses talents étaient encore rehaussés par un grand fonds de probité et un rare désintéressement. On cite surtout de lui le plaidoyer qu'il prononça, en 1594, pour l'Université de Paris contre les Jésuites. Les Révérends Pères se vengèrent de leur défaite en l'accusant (et avec raison, selon nous) d'être huguenot. Mais il ne paraît pas que l'éloquent avocat ait persévéré dans la foi protestante : on sait que les célèbres Arnauld descendent de lui. Il mourut le 29 décembre 1619. — 2° Isaac, d'abord commis aux finances, puis conseiller d'état et intendant dans la même administration dès 1603. Dans plusieurs endroits de ses Mémoires, Sully lui reproche, ainsi qu'à son frère, David, d'avoir montré, après la mort de Henry IV, trop d'empressement « à quitter le Soleil couchant pour adorer l'Orient. » Mais dans l'appréciation de ces accusations, on doit sans doute tenir compte de la mauvaise humeur du surintendant des finances qui, écrivant après sa disgrâce, était naturellement porté à n'avoir d'yeux que pour le Soleil couchant. Cependant Arnauld ne saurait se justifier du reproche d'ingratitude, s'il est vrai qu'il travailla par ses intrigues à faire enlever à son ancien bienfaiteur l'administration des finances pour la faire donner au président Jeannin, espérant, dit Sully, que l'ignorance de celui-ci et la suffisance qu'il pensait avoir lui-même lui fe-

raient tomber la disposition de tout entre les mains. Jeannin fut en effet nommé contrôleur-général des finances, mais nous ignorons si les prévisions d'Arnauld se réalisèrent. Toujours est-il que, par la faveur de Concini, il obtint les bonnes grâces de la reine qui l'admit dans son conseil secret. Ce conseil qui, au rapport de Sully, « pouvoit tout et se tenoit à heures indues, étoit composé de la reine, de Conchine et sa femme, du nonce du pape, de l'ambassadeur d'Espagne, du chancelier, duc d'Espernon, Villeroy, chevalier de Sillery, du président Jeannin et Arnault, suffragans de Conchine, du médecin Duret pour un tems, de Dolé et du P. Cotton. » On a peine à se persuader qu'un protestant ait été admis dans un pareil conventicule, qui rappelait les plus beaux temps de la Ligue. Nous supposons donc qu'Arnauld avait dû faire à sa haute fortune le sacrifice de sa religion. — Il paraîtrait d'après L'Estoile qu'avant d'entrer dans les finances notre habile intendant avait commencé par suivre le barreau. Nous lisons en effet dans le Journal de Henri IV, sous la date de mai 1602, qu'Isaac Arnauld, jeune avocat au parlement, conçut un tel dépit d'un nouveau règlement pour taxer les salaires, qu'en disant adieu au Palais, où toutefois il avait déjà acquis beaucoup de réputation et d'honneur, il coupa sa robe et en quitta tout-à-fait la profession et le métier. Son fils, *Isaac*, parcourut avec honneur la carrière des armes; en 1635, il était mestre-de-camp des carabiniers. Il en est parlé avec éloge dans les écrits de Voiture, et dans les Mémoires d'Arnauld d'Andilly, son petit-neveu. Une sœur d'Isaac fut mariée dans la maison de *Feuquières*. — 3° DAVID, d'abord commis aux finances sous Sully, puis contrôleur-général des restes. Si l'on en juge par son avancement, il paraît qu'il n'avait pas trop mal suivi le conseil un peu ironique que lui avait donné Sully, en se séparant de lui, de faire surtout sa cour « à Conchine, l'unique oracle qu'il avait à consulter dans l'exercice de sa charge. » Aussi dès la première entrevue, le favori lui avait-il paru « bien plus habile homme qu'il ne pensoit, plus intelligent des affaires de France, plus disposé à faire des amis, acquérir de l'autorité par sa capacité, et à bien traitter ceux qui se rangeroient près de lui et en voudroient dépendre absolument. » Avec de si faciles dispositions à s'accommoder au tems et aux circonstances, David Arnauld ne pouvait manquer de faire promptement son chemin. — Les deux Arnauld sont au nombre des six secrétaires auxquels Sully, dans ses Mémoires, prête le récit de ses propres actions et par la bouche desquels ce grand homme a la faiblesse de se glorifier lui-même. Mais leur coopération à cet ouvrage s'est sans doute bornée à peu de chose. Il est vrai que le IIe livre leur est particulièrement attribué dans l'*Épistre liminaire* du IIIe et dernier; mais ce qu'on lit au commencement même de cette IIe partie prouve évidemment que ce n'est qu'une fiction de l'auteur. « Avant que de commencer nos discours...., y lit-on, nous vous dirons [ce sont les secrétaires de Sully qui s'adressent à lui] qu'encore que nous quatre ci-devant désignés.... vous ayons toujours présenté au nom commun de nous quatre les recueils de notre premier Livre, comme l'on a voulu que nous fissions encore maintenant ceux du second, si ne laisserons-nous pas de dire librement que si vous en recevez service et contentement, c'est à deux d'entre nous seulement que le gré en est dû: d'autant que les deux autres [les Arnauld] ayant trouvé des emplois plus profitables, ils se sont non seulement fort souvent dispensés de cettui-ci, mais ont été en partie cause que nous différâmes trop long-temps à entreprendre ce dessein, ne l'ayant fait à bon escient que plusieurs années depuis la mort de notre bon roi, etc. » — 4° BENJAMIN, mestre-de-camp d'un régiment de cavalerie, tué au siége de Gergeau. — 5° CLAUDE, commis aux finances, mort à Paris le 21 mai 1603. Sully le dit l'aîné de ses trois derniers frères, les seuls dont il fasse mention dans ses Mémoires. « Le trésorier Arnauld, lit-on dans le Journal de Henri IV, commis de monsieur de Rosni, jeune homme de bon esprit et grande espérance, fort aimé de son maître, âgé de 29 ans seulement moins 9 jours, mourut... comme il étoit sur le point d'accompagner son maître en Angleterre, où le roi l'envoyoit, ayant jà dressé pour cet effet une partie de son équipage. Il fut enterré le jour même, à dix heures du soir, au cimetière S. Père, où il fut porté par quatre crocheteurs... Il y avoit un poêle de velours sur le corps, lequel fut accompagné de 50 chevaux. On disait qu'il avoit fait une belle et heureuse fin. » Le cimetière S. Père, destiné aux protestants, était situé entre l'hôpital de la Charité et Saint-Sulpice, à la hauteur de la rue actuelle des Saints-Pères. L'Estoile raconte que l'on y éleva à Arnauld « une belle tombe dont chacun parlait comme de chose nouvelle et inusitée entre ceux de la Religion. » Il en fait la description. « Elle étoit, dit-il, d'un fort beau marbre noir, tout d'une pièce, estimée à 200 écus ou environ, élevée d'un demi pied de terre, et couchée de plus, autour de laquelle y avoit gravé en lettres d'or ce qui s'ensuit : *Ci gist Noble homme Maistre Claude Arnauld Vivant Conseiller, Notaire et Secrétaire du Roy, Maison et Couronne de France, et des finances de S. M., Trésorier-Général de France en la Généralité de Paris et ordonné par le Roy près la personne de Monseigneur le Marquis de Rosni, pour l'administration des Finances de S. M., sous le commandement dudit Seigneur.* Au haut de la tombe étaient gravées les armoiries du défunt et au milieu en lettres d'or une courte sentence pour exalter ses vertus ; le tout était terminé par ces mots, en latin, *Mœstissimo fratri plura non permisit dolor*, ce qui prouverait qu'un seul des frères d'Arnauld avait contribué à lui élever cette tombe. « Quinze jours ou trois semaines après, continue L'Estoile, on couvrit de plâtre ce beau tombeau, de peur que la populace envieuse de tels monumens n'achevât de le gâter, comme elle avait déjà commencé, et qu'enfin elle ne le brisât et le rompît du tout ; comme aussi on fut averti qu'on avait délibéré de le faire en une nuit. Et voilà comme d'un tombeau de marbre en fut fait un de plâtre, et quelle est la durée de nos ambitions : » Aujourd'hui nos vanités sont moins modestes. — 6° LOUIS, secrétaire du roi ; Moréri à qui nous empruntons ce renseignement, ne nous apprend pas dans quelle administration il exerçait cette fonction. — 7° PIERRE, maréchal des camps et armées du roi Louis XIII, gouverneur du Fort-Louis et colonel du régiment de Champagne. Il en est parlé avec éloge dans les Mémoires de Pontis. Il mourut en 1624.

ARPAJON (ANTOINE D'), issu d'une des plus anciennes et des plus illustres familles du royaume, fils de René d'Arpajon, seigneur de Séverac, et de Géraude du Prat, fille du célèbre chancelier de François Ier, donna de bonne heure des preuves de son zèle pour la propagation et la défense de la foi protestante. En 1561, le synode de Villefranche le pria de prendre sous sa protection les églises du Rouergue. Quelques mois après, Arpajon alla rejoindre Condé qui venait de s'emparer d'Orléans ; mais ce prince, connaissant l'influence qu'il exerçait dans sa province, ne tarda pas à le renvoyer dans le Midi avec ordre d'y lever de nouvelles troupes. Tandis qu'il s'occupait de ce soin, les Protestants de Toulouse députèrent le baron de *Lanta* à Condé pour lui communiquer le projet qu'ils avaient conçu de se rendre maîtres de la ville et lui demander de les appuyer. Condé promit. Le vicomte d'Arpajon qui avait rassemblé un corps de douze cents hommes dans les environs de

Montauban, reçut en conséquence l'ordre de se porter sur Toulouse; mais comme il mettait peu d'empressement à exécuter ce mouvement, plusieurs des seigneurs qui s'étaient joints à lui, perdant patience, partirent sans l'attendre. Malheureusement ils tombèrent entre les mains des Catholiques, et n'obtinrent leur liberté que sous la promesse de ne plus porter les armes durant toute cette guerre. Un d'entre eux, le seigneur de *St.-Léophaire*, ne se contenta pas de tenir la parole donnée, il passa dans le camp ennemi.

Les historiens n'expliquent pas clairement le motif des lenteurs d'Arpajon. Bèze semble l'accuser de mauvaise volonté, ou tout au moins de négligence; d'Aubigné, au contraire, attribue ses retards aux faux avis qu'il recevait de *Saux*. Quoi qu'il en soit, il perdit un temps précieux, et lorsqu'il se mit en route, il trouva les chemins gardés par les Catholiques. Craignant avec raison que ses nouvelles levées ne pussent soutenir en rase campagne le choc des soldats aguerris et parfaitement armés de Montluc, il prit le parti de retourner à Montauban. Cette ville se vit bientôt après menacée d'un siége. Ne la jugeant pas capable de défense, il proposa de l'abandonner et d'aller rejoindre Condé; mais les consuls lui ayant fait sentir l'impossibilité pour toute une population de délaisser ainsi ses foyers, il fut alors décidé que de *La Tour* et *Rapin* resteraient dans la place, tandis que Arpajon, *Marchastel* et *Montledier* iraient chercher des renforts dans l'Agenois.

Cette province avait été placée par le synode de Sainte-Foy sous le commandement du sieur de *Mesmy*, qui jouissait d'une grande influence dans le Périgord. C'était lui qui en apprenant l'arrestation de Condé et du roi de Navarre, avait décidé les Protestants des provinces de l'Ouest à prendre les armes, sinon pour les délivrer, au moins pour vendre chèrement leur vie. Le synode de Villeneuve l'avait confirmé dans cette charge importante, qui demandait plus que du zèle dans les circonstances présentes. Étranger au métier des armes, de Mesmy était assurément le plus triste adversaire que l'on pût opposer à un capitaine aussi expérimenté que Montluc. Sous un tel chef, les affaires des Protestants devaient aller de mal en pis; Arpajon le comprit, et plutôt que de rester spectateur de fautes qu'il ne pouvait empêcher, il retourna auprès de Condé. Peu de temps après, il fut tué à la bataille de Dreux.

Comme il ne laissait point d'enfants, ses titres et ses biens passèrent à son oncle, JACQUES, qui soutint dignement la réputation que son neveu s'était acquise dans le parti protestant, moins par ses talents militaires que par ses qualités personnelles. Lorsque la guerre éclata de nouveau en 1567, Jacques d'Arpajon se joignit à l'armée des Vicomtes avec un corps de troupes levé dans le Rouergue, et l'accompagna dans sa marche hardie à travers presque toute la France. Après la signature de la paix sous les murs de Chartres, il retourna dans ses terres; mais la perfidie de Catherine de Médicis, en forçant Condé à reprendre les armes, ralluma bientôt la guerre civile. Les habitants de Castres confièrent à Arpajon un des quatre régiments qu'ils avaient levés pour le service de la Cause, et qu'ils mirent avec empressement aux ordres de *Montgommery* pour recouvrer le Béarn. Cette rapide expédition terminée, les Vicomtes retournèrent à Castres, et s'occupèrent de réduire les villes voisines tenues par les Catholiques. Dans une de ces entreprises dirigée contre Montech, Jacques d'Arpajon reçut une blessure mortelle, le 1er mai 1569. Sa mort engagea les assiégeants à se retirer.

Il avait eu de *Charlotte de Castelpers*, de la maison de Panat, deux fils appelés Jean et Charles. JEAN, qui avait été nommé, en 1568, capitaine d'une compagnie de cavalerie et qui avait fait vraisemblablement la campagne du Béarn avec son père, continua à servir la cause de la réforme et plus tard celle de Henri IV avec autant de fidélité que de valeur. Ce prince lui confia, en 1592, le gouvernement du Rouergue. Jean de Valette, qu'il avait remplacé, ayant été rétabli en 1594, Arpajon rejoignit le roi qui se préparait à chasser les Espagnols de Ham. Il reçut à ce siége une blessure des suites de laquelle il paraît être mort peu de temps après. Il eut pour héritier son frère CHARLES qui ne nous est connu que par un trait d'autant plus honorable pour lui que, même à cette époque, beaucoup se montraient moins scrupuleux. Le roi Henri III voulut le comprendre dans une promotion de l'ordre du Saint-Esprit : mais comme il ne pouvait acheter cet honneur qu'au prix d'une abjuration, il le refusa. Il eut de sa femme, *Françoise de Montal*, fille d'honneur de Catherine de Médicis, plusieurs enfants, entre autres JEAN d'Arpajon qui ne sut pas résister, comme son père, aux séductions de la Cour. Ce qui nous le prouve, c'est que plusieurs de ses enfants entrèrent dans les ordres, et qu'un autre, du nom de Louis, combattit contre les Protestants au siége de Montauban en 1621. Cette illustre famille, qui tirait son origine des comtes de Toulouse, et par son alliance avec celle de Séverac, des rois d'Aragon, s'est éteinte en 1736 en la personne de Louis, marquis d'Arpajon, lieutenant-général et gouverneur du Berry.

ARROS (BERNARD D'), un des douze barons du Béarn, s'est assuré une place éminente dans l'histoire de cette principauté, tant par son habileté et sa valeur, que par son inviolable attachement à la reine *Jeanne d'Albret*. Cette illustre princesse lui accordait une confiance sans bornes. Ce fut lui qu'elle chargea de faire échouer les projets de Henri II sur ses états, mission d'autant plus délicate, qu'elle désirait sauver les apparences et éviter de blesser le roi de France par une opposition directe. D'Arros s'en acquitta à son entière satisfaction. Pour mieux pénétrer les secrets du parti français, il feignit d'abord d'entrer dans ses vues; mais dès qu'il fut initié au plan de la conspiration, il se hâta d'assembler le conseil avec toute la noblesse de la Navarre et du Béarn, et leur dévoilant les intentions du roi de France, il leur peignit sous des couleurs si vives la honte dont ils se couvriraient s'ils se prêtaient à la spoliation de leur *dame*, qu'un cri d'indignation sortit de tous les cœurs et que, d'une voix unanime, ils jurèrent de mourir les armes à la main plutôt que d'accepter une domination étrangère. L'enthousiasme de l'assemblée se communiqua rapidement à tout le peuple, en sorte que Henri II comprit qu'il lui fallait ajourner ses projets ; mais il se vengea de ce mécompte, en privant la maison de Bourbon de toutes ses charges et en élevant à ses dépens les Guises, ses rivaux.

Henri II étant mort, ses successeurs ne renoncèrent pas à son projet de réunir le royaume de Navarre à la couronne de France ; ils n'attendirent qu'un prétexte et une occasion favorable. En 1566, le parti catholique, qui était aussi le parti franco-espagnol, prit les armes; mais la révolte fut promptement étouffée. La clémence dont usa la reine, n'empêcha pas de nouveaux soulèvements, toujours appuyés par la France et l'Espagne, et toujours comprimés. Un des plus redoutables fut celui de 1569. A cette époque, Jeanne était allée rejoindre le prince de Condé à La Rochelle, en nommant pour ses lieutenants-généraux dans ses états les barons d'Arros et de *Montamar*. Sitôt que le fidèle d'Arros apprit que Charles IX avait donné l'ordre au baron de Lusse de se saisir de la Navarre et du Béarn, il convoqua les États à Pau et prit, de concert avec eux, toutes les mesures nécessaires pour la défense du pays. On leva douze compagnies d'infanterie, dont on nomma colonel ce même *Bassillon*, qui, devenu plus tard suspect, tomba sous les coups de *La Mothe Pujol* et de *Marchastel*. Cependant l'approche de Terride avec une force imposante et la révolte de presque toute la population catholique convainquirent bientôt d'Arros de l'inutilité de ses efforts pour s'opposer à l'invasion du Béarn. Orthez, Sauveterre, Belloc, Morlane, Conches, Arzac, Nay, tombèrent successivement au pouvoir des factieux, qui y commirent d'effroyables excès. Laissant au conseil souverain le soin de la défense de Pau, il alla s'enfermer lui-même dans Navarreins qui, avec ses hautes murailles flanquées de quatre bastions, était regardé comme la plus forte place du pays. Il y fut suivi par Montamar, Bassillon, *Poqueron*, de *Sales*, *François de Navailles*, *Henri d'Albret-Miossens*; par les capitaines *Moret* (ou *Morel*), *Cortade* (ou *Castade*), *Brasselay*, *Casabon*, *Bertrand de Spalunque*, *Gratien de Lurbe* et les deux *La Mothe*; par les enseignes *Pierre Rey* (ou *Roy*), le baron d'*Arros*, son fils, *Higuères*, *Amon*, *Arances*, *Bassillac*, *Aramis* (ou *Aranies*), le capitaine d'*Arros*, son second fils, par l'avocat *Pierre d'Arbusiot*, le ministre *Lalanne*, les sieurs de *Lafitte*, d'*Yssi*, de *Baure*, par *Lomagne*, frère de Terride, par *Du Frexo*, *Le Picyre*, le jeune *Biron*, les deux barons gascons de *Viday* et de *Montblanc*, enfin par *Armand Gassion*, procureur-général au conseil souverain. Le gouvernement de la place fut confié à Bassillon; d'Arros et son collègue se chargèrent de tenir autant que possible la campagne et d'inquiéter l'ennemi par de fréquentes sorties.

Ce fut le 24 mai 1569 que Terride ouvrit le feu contre Navarreins. Six canons, placés sur les hauteurs de Montbalon, à cinq cents pas environ des murailles, dominait toutes les parties de la ville et y causait de grands ravages; mais les brèches étaient à l'instant réparées par les vieillards, les femmes et les enfants qui y travaillaient sans relâche, tandis que leurs fils, leurs époux et leurs pères combattaient sur les remparts. Désespérant d'emporter de vive force une place défendue avec tant d'héroïsme,

Terride résolut de la réduire par la famine, et comme tout le pays lui obéissait, il était à la veille de la forcer à capituler, lorsque Montgommery arriva à son secours avec les Protestants du Languedoc, et le contraignit à lever le siège le 8 août.

Après avoir replacé tout le Béarn et la Navarre sous la domination de la reine, et s'être assuré des principales places en y établissant pour gouverneurs des capitaines qui s'étaient signalés par leur fidélité et leur dévouement: de Sales à Navarreins, le baron de *Lons* à Pau, Brasselay à Orthez, de *Loubie*, fils du baron d'Arros, à Oleron, Poqueron à Nay, Casabon à Lourdes, Gratien de Lurbe à Rabasteins, *Rosalis* à Tartas, Montgommery remit l'autorité entre les mains de d'Arros et de Montamar, que Jeanne confirma dans leur charge de lieutenants-généraux, les préférant à tous ceux que le conseil souverain put lui proposer.

Cependant, la commotion avait été trop violente pour que le calme pût renaître immédiatement. La nouvelle de la défaite de Moncontour provoqua un nouveau soulèvement. Les rebelles se saisirent de la ville de Tarbes. Mais sans perdre de temps, les lieutenants-généraux marchèrent contre eux à grandes journées, les attaquèrent avec impétuosité et les taillèrent en pièces, « et Tarbes, dit Olhagaray, qui s'était réjouie et enrichie du sac du Béarn, fut rendue misérable et brûlée à son tour. » Cette victoire, qui ne coûta que peu de monde, entre autres les capitaines *La Taste et Bougier*, arrêta Montluc dans sa marche sur le Béarn.

La publication de l'édit de Saint-Germain rendit enfin aux états de Jeanne la paix et le repos, qui ne furent que légèrement troublés, à la suite du massacre de la Saint-Barthélemy, grâce sans doute à la sage administration du baron d'Arros qui y exerçait encore une fois les fonctions de lieutenant-général).

Le 16 octobre 1572, Henri de Navarre, vaincu par les menaces de

Charles IX, eut la faiblesse de signer un édit qui destituait son fidèle serviteur et nommait à sa place le comte de Grammont, en le chargeant de rétablir la religion catholique dans ses états. « Grammont, lit-on dans Mézerai, avoit esté envoyé en Béarn pour le réduire à l'ancienne religion. Comme il estoit dans le chasteau de Hagetmau, où il assembloit la noblesse, le jeune baron d'Arros l'y surprit par un coup aussi hardy qu'on se puisse imaginer. Ce gentilhomme, porté à une si désespérée entreprise par les exhortations de son père, vieillard octagénaire et aveugle, entra dans le chasteau comme les autres gentilshommes avec dix ou douze déterminez, et lorsqu'il vit son temps, il se mit à charger sur tout ce qui se rencontra devant luy, tua, escarta, chassa des gents estonnez, et emmena Grammont prisonnier. »

D'Aubigné, qui raconte le même fait d'une manière beaucoup plus détaillée, donne au héros le nom d'*Auros*. « Il y avoit, dit-il, un vieil seigneur nommé Auros, qui aïant passé 80 ans, estoit devenu aveugle. On lui vint annoncer comment Grandmont venoit avec commission de leur roi pour, à main armée, changer la condition de Béarn : et mesmes le lendemain il devoit arriver à Yemau sa maison où l'on faisoit de grands aprests pour 250 gentilshommes qu'il y amenoit; en ce nombre compris tous les seigneurs catholiques du pays. Le peuple de Pau se mit en pleurs et prières publiques, auxquelles cet aveugle se fit porter. Au retour de là, il fit appeler son fils, le baron d'Auros, pour lui tenir ce langage : Mon fils, qui t'a donné l'estre et la vie ? — Le baron respond : C'est Dieu, Monsieur, par vostre moïen. — Le vieillard suit : Or, ton Dieu et ton père te redemandent la vie qu'ils t'ont donnée ; le premier qui la peut conserver parmi toutes sortes de dangers, contre toute apparence, et qui recevant la vie présente pour son service, en a une meilleure en main, qui seule mérite le nom de vie, toute preste avec la couronne de gloire éternelle pour te donner. Ton père est ici, qui, si tu meurs, te suivra de près, et après avoir tesmoigné en terre ta vertu et ton obéissance, tesmoignera pour toi au ciel et au jugement de Dieu. Va, n'ouvre point les yeux à voir combien te suivent, car ils sont bons : n'aies point de yeux encore pour compter les ennemis, mais seulement pour les frapper de mon épée que Dieu bénira en tes mains. — Le baron reçoit cette épée, une accollade et un baiser de son père, ne répond que d'une révérence, et va mettre ensemble ceux qui eurent le courage de le suivre, qui estoient en tout 38. Entre ceux-là *Lons*, *Adde* et *Sarrazier*. Avec cela tout d'une traite s'en va mettre pied à terre dans la cour de Yemau, où tant de gens arrivoient pour marcher le lendemain avec le comte, que nul ne prit allarme de lui. Cette troupe entrée dans la multitude du chasteau, commence à jouer des mains, à tuer et à faire sauter les fenestres aux plus diligens: ils prennent Grandmont, font mourir tout ce qu'ils purent accoster, et puis aïans repris leur chemin, emmenèrent de bons chevaux de quoi faire deux bonnes compagnies avec des païsans dessus. Le baron mène Grandmont à son père, qui devant le prisonnier dit au fils : Il ne falloit pas amener ce Nicanor: baron, tu as sauvé ton destructeur et le corbeau qui te crèvera les yeux. Grandmont depuis fut mis entre les mains de *La Caze*, envoié en Béarn pour commander. »

Ne dirait-on pas un épisode des guerres du peuple d'Israël? Mais quel était donc ce vieillard taillé dans des proportions antiques? Était-ce d'Arros, comme le dit Mézerai? Était-ce un Auros, comme l'avance d'Aubigné?

Si l'on s'en tenait à un examen superficiel, on n'hésiterait pas à prononcer condamnation contre ce dernier historien. Le seul Auros en effet dont, à notre connaissance, l'histoire fasse mention à cette époque, est un conseiller au parlement de Toulouse, qui embrassa la réforme et fut nommé membre de la chambre de justice établie à Castres en 1575 par *Paulin*, conformément aux décisions de l'assemblée politique de Nismes. Il entra plus tard dans la chambre mi-partie de l'Isle, puis dans celle de Castres ; mais il ne paraît pas avoir jamais pris une part active aux guerres de religion, à moins que ce ne soit lui qui, en 1562, essaya à la tête des protestants de Bordeaux de se saisir de cette ville, ce qui n'est nullement probable. Dans ce cas même, la difficulté ne serait pas levée ; car il serait tout aussi impossible d'admettre que l'on eût choisi pour exécuter un coup de main qui exigeait autant d'audace que de présence d'esprit, un vieillard de 70 ans, qu'il le serait de confondre Auros l'octogénaire et aveugle de d'Aubigné avec Auros de la chambre mi-partie de Castres en 1595.

Faut-il donc donner la préférence à la version de Mézerai ? Nous ne le pensons pas. Nous ferons d'abord observer que le célèbre historien commet une erreur grave en plaçant en 1574 un évènement qui s'était passé l'année précédente, ce qui doit naturellement faire suspecter l'exactitude de ses renseignements. En outre, selon Faget de Baure, auteur d'Essais historiques sur le Béarn, d'Arros demanda lui-même un successeur en 1575, en fondant sa demande sur son grand âge qui ne lui permettait plus de remplir les fonctions actives de sa place ; mais il conserva toujours le premier rang dans le conseil privé, et deux ans plus tard, il fut nommé membre d'une commission chargée de réformer la justice. Pas un mot de sa cécité, circonstance trop importante cependant pour être passée sous silence. Enfin est-il permis de supposer que d'Aubigné, l'ami de Henri de Navarre, le compagnon de sa jeunesse, d'Aubigné qui connaissait certainement le baron d'Arros, qui avait dû avoir de fréquentes et sans doute d'intimes relations avec lui, ou qui, tout au moins, ne pouvait ignorer quel rôle il avait joué sous Jeanne d'Albret, eût désigné un personnage de cette réputation par cette expression vague *un vieil seigneur nommé Auros*, et eût attribué par méprise à un autre un acte qu'on devait regarder comme si glorieux pour lui ?

Toutes ces raisons nous portent à croire que le massacre de l'escorte de Grammont ne fut le résultat des conseils ni du lieutenant-général, ni du conseiller au parlement de Toulouse ; mais bien d'un baron d'Auros sur qui l'histoire ne nous fournit pas d'autres renseignements, et qui était peut-être l'ancêtre du gouverneur de Mazères, fait prisonnier à Pamiers et condamné à mort par le parlement de Toulouse, condamnation à laquelle il échappa en abjurant. Une présomption, en faveur de cette hypothèse, c'est que ce dernier *Auros* servait dans l'armée de Rohan en même temps qu'un *Adde*, qui remplissait les fonctions de major de la place de Montauban.

Ce n'est-là, sans doute, qu'une conjecture basée sur un bien faible indice ; aussi n'y attachons-nous pas une plus grande importance qu'elle ne mérite. Nous avons voulu seulement exposer les motifs qui ne nous permettent pas d'adopter sans réserve le récit de Mézerai.

Cette difficulté d'ailleurs n'est pas la seule qui se présente dans la biographie du baron d'Arros. Selon La Chesnaie-Desbois et M. de Courcelles, il ne laissa qu'une fille unique, nommée *Élisabeth*, qui porta la baronnie d'Arros dans la maison de Gontault par son mariage avec *Pierre de Gontaut*, seigneur de Rébenac et d'Avescat. Qu'étaient donc devenus ses fils ? L'avaient-ils précédé dans la tombe ? A cet égard encore, les historiens sont muets. Ils se bornent à nous apprendre que le baron d'Arros était mort en 1579.

Une autre branche de cette famille, celle d'*Arros d'Auriac*, professa la religion protestante jusqu'en 1682, où le baron, sa femme et ses sept enfants firent à Pau une abjuration publique. La baronne était sœur de M. de *Blair* qui se convertit également vers la même époque.

ARTHUYS, famille originaire d'Angleterre, mais établie dans le Berry depuis la fin du douzième siècle. Plusieurs de ses membres figurent avec honneur dans l'histoire de l'Église protestante de France.

Jean, seigneur de l'Arthuys, de Villesaison et du Figuier, conseiller, procureur du roi et de Marguerite de Valois, duchesse de Berry, garde de leur scel à Issoudun, favorisa de tout son pouvoir l'introduction de la réforme dans cette ville. Le 2 février 1523, il avait épousé *Catherine Bigot*, fille de Nicolas, seigneur des Fontaines, et sœur de Nicolas Bigot, procureur général au grand conseil. En 1536, il prit part à la rédaction et à la réformation de la Coutume du Berry. Ce fut quelques années après que les nouvelles doctrines commencèrent à se répandre à Issoudun. Pendant quelque temps, ses partisans, parmi lesquels se distinguaient *Antoine Dorsaine*, lieutenant-général d'Issoudun, et Jean Arthuys, jouirent d'une sécurité parfaite, grâce aux précautions qu'ils prenaient pour cacher leurs assemblées; mais ils finirent par être découverts. *Pierre Villerets* fut assailli dans sa maison et blessé grièvement pour avoir chanté un psaume; *Pierre Goutereau*, sergent royal, fut maltraité et jeté en prison pour la même cause. Dorsaine voulut essayer de garantir ses coreligionnaires contre les violences de la populace; mais son intervention ne servit qu'à le rendre suspect lui-même. Dénoncé au parlement, il eut la sagesse de prévenir des poursuites dont le résultat n'était que trop facile à prévoir, en se retirant à Genève. Trop âgé pour l'y accompagner, Jean Arthuys fut arrêté, retenu pendant huit mois en prison et suspendu de ses fonctions. Cette persécution obligea la plupart des Protestants d'Issoudun à se réfugier à Bourges avec leur ministre *Thomas Chrestien*; mais tous ne furent pas assez heureux pour tromper la vigilance des Catholiques. On saisit, entre autres, dix avocats ou procureurs, parmi lesquels on cite *Jean Auger, Jacques de Touzelles, Jean de Chambelly* et *Jean Arthuys*, frère cadet du procureur du roi, avocat au bailliage d'Issoudun et époux de *Cathérine de Chambelly*. On les accusait de s'être opposés à l'exécution de l'édit de Romorantin. Mais la reine-mère, inquiète du pouvoir des Guises, ne tarda pas à se rapprocher des Protestants. Le parlement prononça donc l'acquittement des dix prévenus qui furent rétablis dans leurs fonctions.

Ce fut vers cette époque que Jean Arthuys, avec son fils aîné, François, fit profession ouverte du protestantisme, ainsi que Dorsaine, rentré en France au mois de septembre 1561, et la plupart des avocats et des procureurs du siège d'Issoudun.

Il faut que le parti protestant se soit dès lors senti bien fort dans cette ville, pour que les Arthuys, de concert avec Dorsaine, aient pu espérer, l'année suivante, de faire exécuter une mesure qui était tout-à-fait dans l'esprit rigide de la réforme. Ils défendirent les réjouissances du carnaval, malgré l'opposition des Catholiques. Mais le parlement de Paris prit fait et cause pour les carême-prenants; Arthuys et Dorsaine furent suspendus de leurs fonctions et ajournés personnellement devant la cour, ainsi que le lieutenant particulier *Valentiennes*.

Ce fut dans ces circonstances qu'arriva à Issoudun la nouvelle du massacre de Vassy et de la retraite de Condé à Orléans. A l'instant l'inquiétude se répandit dans toute la ville; mais comme les deux partis redoutaient également d'en venir aux mains, ils convinrent entre eux que huit personnes de l'une et l'autre religion veilleraient à la conservation de la tranquillité publique. Les affaires se passèrent différemment dans la campagne. Là, les Catholiques avaient la supériorité du nombre, et ils le firent cruellement sentir à leurs adversaires. Leur première victime fut *Jean Brun* « qui, raconte Bèze, étant avec sa femme et ses enfans et trois de ses voisins en un sien jardin hors la ville, et chantant un pseaume après souper, fut assailli si étrangement par certains vignerons, que lui et sa femme furent laissés pour morts, et à grand'peine ramenés en la ville par leurs amis. » Quelques jours après, treize jeunes gens, qui allaient probablement rejoindre un des chefs huguenots, furent assaillis à Sainte-Lisaine, à deux lieues d'Issoudun, par les paysans ameutés par le curé, qui les garottèrent, et les chargeant sur des charrettes, les allèrent jeter à l'eau.

Cependant la tranquillité ne fut pas gravement troublée à Issoudun, jusqu'au 9 juillet où Sauzay, nommé gouverneur par le roi de Navarre, y entra comme dans une ville conquise. Après s'être saisi des portes et avoir ordonné aux Catholiques de s'armer, il se rendit au temple protestant. Furieux de ce que les deux ministres, *Robert Barbier*, dit de *La Croix*, et *Ambroise Le Balleur*, dit *La Plante*, lui avaient échappé, il se déchaîna contre la chaire, qui n'en pouvait mais, contre les bancs, contre tout ce qu'il trouva dans l'église. Les débris portés sur la place publique, au pied d'une potence, furent livrés aux flammes par la main du bourreau, à la grande réjouissance du menu peuple. Les Protestants s'empressèrent de fuir. Jean Brun, dont les plaies n'étaient pas encore guéries, se fit descendre avec une corde par-dessus les murailles de la ville. Dorsaine et l'avocat *Jean Buret* se sauvèrent avec peine, laissant à Issoudun leurs femmes et leurs enfants qui furent exposés aux plus mauvais traitements. Les violences redoublèrent encore après l'infructueuse tentative d'*Ivoy* qui, ayant attaqué Issoudun le 5 août, fut contraint de se retirer si précipitamment que plusieurs de ceux qui l'avaient suivi, entre autres *Arcambal* d'Issoudun, *Claude Pignon*, *Claude Baude*, *Pierre des Bergeries*, médecin de Bourges, et *Mathurin Chapuys*, procureur, n'étant pas avertis de sa retraite, furent surpris en leur logis par les Catholiques, traînés dans la ville et les uns pendus, les autres rançonnés. « Trois jours après, dit Bèze, on commença de forcer les consciences, commandant à toutes personnes de la religion d'assister à une procession générale..... D'autre côté, les soldats, par le commandement de Sanzay, prenoient les petits enfans baptisés par les ministres et les faisoient rebaptiser par les prêtres, leur imposant d'autres noms. Même fut rebaptisée une fille de l'âge de treize ans, laquelle ils déppouillèrent toute nue sur les fonts, et toutefois les petits enfans qui commençoient seulement à parler, déclaroient tant par paroles que par signes évidens qu'ils ne vouloient point être rebaptisés, nommément la fille dudit Brun, dont il a été parlé ci-dessus, de l'âge de deux ans, étant toute nue sur les fonts, après s'être bien tempêtée, dit à haute voix que cela étoit trop vilain et qu'elle n'en vouloit point, et disant cela, frappa le prêtre de toute sa puissance, comme aussi fit le fils de *Jean Des Hayes* de même âge, qui print le prêtre par la barbe et se défendit tant qu'il put. Mais pour cela les prêtres ne laissoient de passer outre. »

Jean Arthuys que les infirmités de la vieillesse avaient empêché de fuir, fut jeté dans un cachot d'où il ne sortit qu'en payant une rançon de sept cents écus. *Jean Furet*, arrêté sur une plainte de l'avocat du roi, fut, sans forme de procès, livré au bourreau. Il avait déjà gravi la fatale échelle lorsque le prevôt observa qu'il serait bon cependant de faire quelque procédure. Furet fut donc reconduit en prison, confronté avec quelques témoins apostés, condamné, renvoyé au gibet et pendu : tout cela fut l'affaire de quelques minutes. Enfin après avoir tourmenté les malheureux protestants de toutes les manières, Sanzay donna ordre, le 12 octobre, à tous les habitants d'Issoudun, suspects de professer la religion réformée, de quelque âge, sexe, qualité ou condition qu'ils fussent, de sortir de la ville sous peine d'être pendus et étranglés. « De là s'ensuivit un misérable spectacle, sortans parmi les autres plusieurs femmes avec leurs petits enfans au col, en pleurs et larmes : joint qu'étant sortis, tout étoit détroussé et pillé jusques aux souliers et jusques aux drapeaux de leurs petits enfans. » Jean Arthuys, vieillard septuagénaire et si caduc qu'à peine il pouvait se soutenir, fut obligé de monter à cheval et de vider les lieux comme les autres. Son fils François, au contraire, fut jeté en prison et y resta jusqu'à la conclusion de la paix. Des femmes éprouvèrent le même sort ; Bèze cite plus particulièrement *Catherine Sausson*, femme de *Nicolas Cosson*, et *Jacquette Cubart*, veuve de Louis Chartier, qui résistèrent à toutes les menaces et persévérèrent constamment dans leur foi.

Jean Arthuys succomba bientôt à tant de chagrins et d'inquiétudes. Il mourut en 1563. Le Dict. de la Noblesse prétend qu'il rentra dans l'Église romaine avant sa mort, et que son fils François suivit son exemple. Quelque suspect que son témoignage nous semble, nous devons dire que nous n'avons rien trouvé qui l'infirmât ou le confirmât. Nous ferons remarquer cependant combien il est peu probable qu'un vieillard qui, jusque dans les derniers jours de sa vie, avait donné des preuves si évidentes de son dévouement aux doctrines de l'Église réformée, les eût subitement abjurées sur son lit de mort. Ne s'attache-t-on pas à ses croyances en raison des sacrifices qu'elles nous ont coûtés? Nous savons aussi que son fils François qui fut pourvu, en 1564, de la charge de procureur du roi exercée par son père, resta toujours un des plus fidèles partisans de Henri IV, qu'il contribua beaucoup à ranger Issoudun sous son autorité, et qu'il fut assassiné par un parti de Ligueurs en 1593. D'où l'on peut conclure que s'il retourna réellement au catholicisme, il ne fut jamais ni fanatique ni bigot. François Arthuys avait épousé en 1558 *Claude Des Marais*. Il avait plusieurs frères et sœurs sur lesquels nous ne possédons que des renseignements forts incomplets. Nicolas n'eut de Catherine Joulin que des filles ; Claude mourut sans postérité ; Guillaume fut la souche de la branche de Villesaison. Catherine, l'aînée des filles, épousa Claude Robert, conseiller, avocat du roi au bailliage d'Issoudun ; Marie fut femme de Jacques Levrier, procureur du roi, et Françoise fut mariée à Claude Pignon, appelé Pignot par le Dict. de la Noblesse, et en secondes noces à François Guillot, avocat au siége royal d'Issoudun.

Parmi ces noms, plusieurs sont connus et nous autorisent à croire que quelques-uns des enfants de Jean Arthuys, sinon tous, appartenaient à l'Église protestante. Leurs descendants persévérèrent-ils ? Cela est certain, au moins pour ceux de Guillaume.

Ce GUILLAUME qui fut conseiller et secrétaire du roi sous Charles IX, puis contrôleur-général des guerres sous Henri IV, mourut à Gisors où il se trouvait pour le service du roi. Son corps, porté à Issoudun, fut inhumé, le 18 novembre 1590, dans l'abbaye de Notre-Dame, circonstance notable à laquelle on a attaché quelquefois, comme nous le verrons à l'art. d'*Ambroise Paré*, plus d'importance qu'elle ne mérite. Il eut de *Marie Brébard* trois fils : JEAN, qui suivit avec honneur la carrière des armes et épousa *Marthe Couronnée* ; JACQUES, qui, selon la liste des pasteurs présentée au synode de Castres, où il est appelé par erreur Artus, fut pasteur à Benet (sans doute Bénaist) avant 1626, puis à La Mothe-St-Héray ; et DAVID, sieur des Cormes. On ne connaît pas les descendants des deux derniers. Quant à l'aîné, il eut deux fils *Jacques* et *Paul*, qui épousèrent les deux sœurs *Élisabeth* et *Louise de Gallot*, de l'Orléanais.

ARTIGUES capitaine huguenot qui s'est signalé dans le Midi, pendant la troisième guerre de religion. Le 24 sept. 1568, c'est-à-dire le lendemain même du jour où Catherine de Médicis signa l'édit qui abolissait celui de janvier et défendait sous peine de mort l'exercice du culte réformé, d'Artigues sortit de Castres à la tête de quelques troupes, mit le siège devant Saissac près de Carcassonne, la prit par escalade, et l'abandonna après avoir massacré les prêtres et brûlé l'église. La même année, il suivit *Paulin* devant Saix, mais il y fut blessé, ainsi que le capitaine *Baugier*, et il mourut des suites de sa blessure. — Arcère, dans son Histoire de la Rochelle, parle d'un autre d'*Artigues*, que le maire *Jacques Henri* envoya en 1573, à l'assemblée de Montauban pour lui demander des secours en argent. L'assemblée l'accueillit favorablement, mais ses promesses demeurèrent sans effet.

ARTIS (GABRIEL D'), né à Milhau dans le Rouergue, et mort après 1730.

M. Weiss a consacré à d'Artis, dans le Supplément de la Biographie Universelle, un article tel qu'on était en droit de l'attendre du savant bibliothécaire Bizontin; mais les sources où il a puisé, l'ont fait tomber, selon nous, dans quelques erreurs. Nous pensons d'abord qu'en plaçant sa naissance vers 1660, il le fait trop jeune de quelques années. Il n'est pas vraisemblable que l'église de Berlin eût choisi pour collègue de l'illustre *Abbadie* un ministre de 25 ans. Serait-ce son mérite qui fit passer sur sa jeunesse? Rien ne le prouve. D'Artis venait à peine de terminer ses études en théologie, auxquelles il ne s'était décidé qu'après avoir servi quelque temps dans la marine, circonstance que semble avoir ignorée M. Weiss. Il avait pris en même temps le grade de docteur en droit, comme il ne manque jamais de le rappeler dans ses écrits. Bien plus, s'il faut en croire le bibliographe Jœcher, il aurait déjà exercé les fonctions pastorales à Milhau. Nous sommes donc porté à croire qu'on s'éloignerait peu de la vérité en reculant sa naissance jusque vers l'an 1650.

Chassé de France par les persécutions, d'Artis chercha un asile à Berlin, où il fut nommé pasteur en 1685; mais il ne tarda pas à donner des preuves de cet esprit turbulent, inquiet, jaloux, qui causa beaucoup de troubles dans l'Église. Oubliant qu'il était lui-même un réfugié, il voulut prouver, contre *Élie Benoît*, et contre le véritable esprit de l'Évangile, qu'en abandonnant leurs troupeaux, les pasteurs avaient trahi leurs devoirs. Cette querelle souleva un mécontentement général, et d'Artis, suspendu par le consistoire, partit pour la Hollande, où il entreprit, en 1693, la publication d'une gazette hebdomadaire, après en avoir soumis le plan à *Bayle*, qui lui répondit « qu'il lui semblait qu'il n'avait rien oublié de tout ce qui se pouvait renfermer dans un ouvrage de cette nature. » Cette publication toutefois fut bientôt abandonnée. Mais étant allé s'établir à Hambourg, d'Artis la reprit le 3 sept. 1694, et la continua, sauf quelques interruptions, jusqu'au 27 avril 1696, époque où il fut rétabli dans ses fonctions à Berlin. Ce fut pendant son séjour à Hambourg, qu'il renonça aux doctrines calvinistes pour adopter les sentiments des luthériens. Cette conversion, dont ne parle pas M. Weiss, est attestée par deux lettres mentionnées dans Jœcher sous le titre : *Duæ epistolæ gallicæ pro conversatione suâ cum Bidalio et transitu ad Lutheranos*.

La bonne harmonie ne régna pas longtemps entre d'Artis et ses confrères, qu'il accusa de socinianisme; ce qui le fit suspendre une seconde fois. Une lettre de Cuper nous apprend qu'il fit alors un voyage en Hollande, d'où, l'année suivante, il passa en Suède, puis en Angleterre. Il retourna ensuite à Berlin, et remonta dans sa chaire, qu'il ne quitta définitivement qu'en 1715. « On conjecture, ajoute M. Weiss, qu'après avoir erré dans les Pays-Bas et l'Allemagne, il prit enfin le parti de retourner à Londres et qu'il y mourut, après 1730, dans un âge avancé. »

Pour compléter cette notice biographique, il nous reste à parler des ouvrages d'Artis.

I. *Oraison funèbre de Frédéric-Guillaume*, Berlin, 1689, in-4°.

II. *Journal d'Amsterdam*, continué sous le titre de *Journal de Hambourg*, Hamb., 1694-1696, 4 vol. pet. in-8°. — Recueil de nouvelles politiques et littéraires. Dans les n°s du 21 et du 28 oct. 1695, d'Artis rapporte sa dispute avec Élie Benoît.

III. *Sentiments désintéressés sur la retraite des pasteurs de France, ou examen du livre intitulé : Histoire et apologie de la retraite, etc. d'Élie Benoît*, Devent., 1688, in-12. Benoît répondit et d'Artis prépara une réplique; mais à la prière de quelques amis, il consentit à la supprimer.

IV. *Deux lettres à l'auteur de l'Histoire critique de la république des lettres* [Masson] *au sujet de la dissertation critique sur le ps. CX.* — Elles sont insérées dans les T. III et IV du Journal littéraire de La Haye.

V. *Recueil de trois écrits importants à la religion*, 1° pour établir sur des preuves incontestables la divinité éternelle et la suprématie royale de Christ, dogme fondamental de la théologie et de la politique Chrétienne, contre toute espèce d'antichristianisme théologique et politique ; — 2° pour ébaucher une réformation de morale pratique dans les conversations particulières, dans les prédications et dans les autres fonctions du saint ministère ; — 3° pour exciter le zèle et la piété des membres de l'Académie françoise à solliciter en faveur des sujets du roi Très-Chrétien l'unique moyen de parvenir à la connaissance de la religion révélée, pour leur en faciliter la droite et saine pratique, La Haye. 1714, d'après le Catal. impr. de la Bibl. Roy., et 1705, d'après M. Weiss, in-8°. D'Artis ne se reconnaît l'auteur que de la 2e dissertation.

VI. *Lettres de M. d'Artis et de M. Lenfant sur les matières du socinianisme*, Berlin, 1719, in-4°. — Voici le sujet de cette correspondance. Un exemplaire de la trad. du Nouv. Test. par Beausobre et Lenfant ayant passé sous les yeux de d'Artis, il crut y découvrir des traces de socinianisme et il se hâta, pour mettre en garde contre cette traduction, de publier une *Lettre pastorale*, qui lui attira une réponse fort vive de Lenfant. D'Artis alors ne recula pas devant un appel à l'autorité séculière ; il fit remettre au grand-maréchal de Prusse un mémoire, publié en partie dans le Journal de Trévoux (mai 1725) sous le titre :

VII. *Mémoire abrégé concernant le système et les artifices des sociniens modernes*. Il y offre au grand-maréchal d'extraire de la traduction en question plus de soixante passages sentant l'hérésie.

VIII. *La maîtresse clé du royaume des Cieux qui est une clé d'or, d'ophir, enrichie de perles du plus grand prix, ou Dissertation contre le papisme*, Lond., sans date, in-8°. — Attaque violente contre Rome. Cet ouvrage est rare et recherché.

Jœcher indique encore, outre les deux lettres citées plus haut, un *Factum pour et par le sieur Gabr. d'Artis contre le sieur Jean Biard*, sans nom de lieu ni date.

Le pasteur d'Artis n'est pas le seul membre de cette famille qui se soit réfugié en Prusse. Un *d'Artis de Becquignoles* fut nommé capitaine du premier escadron des gendarmes français, lors de la formation de ce magnifique régiment qui s'acquit beaucoup de gloire dans les guerres de la succession d'Espagne. Il le commanda depuis cette époque jusqu'en 1713. De même que son homonyme, il était né à Milhau. Il avait servi avec distinction dans le régiment de Soissons avant la révocation de l'édit de Nantes. Son fils est mort, à la fin du siècle dernier, colonel d'un régiment et commandant de la forteresse de Cosel, laissant trois fils qui ont suivi également la carrière des armes, et une fille qui a épousé le fils du conseiller privé des finances, d'Auer. — Le frère du précédent, *Jean d'Artis de Trocconis*, né à Milhau en 1656, fut colonel d'un régiment de dragons et mourut à Magdebourg, en 1739.

ASNIÈRES (Duch d'), connu dans l'histoire de nos guerres religieuses sous le nom de capitaine Asnières, était le troisième fils de Jean II, seigneur d'Asnières, et de Jeanne de La Chassagne. En 1568, il servait sous les ordres de *Mirambeau*, son parent, et il contribua par sa valeur à la prise de Saintes. Après la funeste bataille de Jarnac, il se jeta des premiers, avec les deux compagnies qu'il commandait, dans la ville de Cognac, et si cette place fut sauvée, c'est en grande partie à sa résolution qu'elle le dut. Lorsque l'armée catholique parut sous ses murs, les assiégés firent, au rapport de Davila, « de vigoureuses sorties qui ressembloient à des batailles, tant par l'audace et la valeur des huguenots, que par les pertes considérables qu'ils causoient aux assiégeans. » Le duc d'Anjou dut lever le siège. Les services d'Asnières lui méritèrent le grade de colonel d'un régiment dans lequel *d'Aubigné* fit ses premières armes; mais d'un autre côté, ils attirèrent sur lui l'attention du parlement de Bordeaux qui, par arrêt du 6 avril 1569, le condamna à mort par contumace, ainsi que son second frère, *François*, qui combattait dans le même parti que lui. Après la prise de Saintes par les Catholiques, sur lesquels les Protestants ne tardèrent pas à s'en emparer de nouveau, en 1570, d'Asnières sollicita la permission de tenter un coup de main sur Pons. N'ayant pu l'obtenir, il voulut au moins donner une alerte à la garnison de cette ville, et il s'en approcha de si près que d'Aubigné, enseigne de la compagnie colonelle, remarquant par une fente de la porte que la place était abandonnée, put s'y introduire sans coup férir. Déjà, de concert avec *Bretauville* et *Arerat*, d'Asnières avait surpris Jonsac, et forcé la garnison à se réfugier dans le château, mais sans pouvoir l'en déloger. Les services qu'il continua de rendre à la cause protestante, notamment en conservant l'importante place de Pons et celle de Cognac dont le gouvernement lui avait été confié, et en faisant lever à Biron le siège de Saint-Basile en Guïenne, comme nous l'apprend une lettre de Henri de Navarre datée de Coutras, 16 octobre 1580, lui valurent de la part de ce prince les témoignages d'estime les plus flatteurs. Étant parvenu au trône, il le nomma gentilhomme de sa chambre.

D'Asnières n'eut de son mariage avec *Françoise Saunier*, en faveur duquel son père lui avait fait donation de la seigneurie d'Asnières, qu'une fille unique, nommée *Jacquette*, qui porta cette terre en dot à *Paul de Lage-Volude*, seigneur de Tirac.

Son frère aîné, nommé François, comme le second, ne paraît pas s'être prononcé bien ouvertement pour l'un ou l'autre des deux partis qui divisaient la France. Nous ne trouvons aucun indice qui nous autorise à le compter, non plus que son fils aîné, parmi les seigneurs protestants de la Saintonge. Mais il n'en est pas de même de son second fils, OLIVIER, auteur de la branche d'Asnières-Villefranche, qui épousa, en 1572, *Jeanne Boulesteys* et en eut plusieurs enfants : ISAAC, seigneur de Chabrignac, marié, avant le 2 janvier 1618, avec *Marie d'Eschallard*, d'une ancienne famille protestante du Poitou ; JACOB et BENJAMIN qui moururent sans postérité, et ESDRAS qui continua la descendance. Cet Esdras épousa *Susanne Bonnart* dont il était veuf en 1655. Il en avait un fils, JACOB, qui se maria cette même année, le 3 juin, avec *Élisabeth de La Tour*, d'une illustre famille originaire de la Bohème. Il la laissa veuve, avant

1661, avec plusieurs enfants qui furent élevés dans la religion catholique. L'un d'entre eux fonda la branche des comtes de Lucques, marquis d'Asnières-la-Chasteigneraye.

Cette famille se divisa en plusieurs branches ; mais nous ignorons s'il existait quelque lien de parenté entre les d'Asnières de la Saintonge et les d'Asnières établis à Gien, dont quelques-uns au moins professèrent la religion protestante. De ce nombre furent ANTOINE, contrôleur, et GEORGES, receveur du domaine, que l'on cite, avec *Étienne de Guillères*, dit *La Fontaine*, et *Nicolas Guillon*, comme les quatre premiers protestants de cette ville.

ASSAS, famille du Languedoc, divisée en plusieurs branches, dont deux au moins, celle de MORMOIRAC, (*Malmoirac* ou *Marmeyrac*) et celle de MARCASSARGUES embrassèrent la réforme.

LAURENT ASSAS, seigneur de Mormoirac, vivait encore en 1590. Il eut deux fils, PAUL et FRANÇOIS. Ce dernier épousa en 1579 *Jacquette Petit*. Paul embrassa chaudement le parti du duc de *Rohan* et fut tué, en 1628, près de Vésenobre, à la tête de son régiment. Son fils, JEAN, fut nommé capitaine d'infanterie au régiment de *Calvière* par commission du 9 janvier 1645, et trois ans plus tard, il épousa *Espérance Desandrieux*.

Nous possédons encore moins de renseignements, s'il est possible, sur la branche de Marcassargues. RAIMOND, fils de JEAN ASSAS, et seigneur de Marcassargues depuis la mort de son père, épousa, le 20 nov. 1575, *Marguerite de Belcastel*, dont la famille était dévouée à la cause protestante. Il en eut, outre une fille, nommée JEANNE, deux fils JACQUES et PIERRE, dont le premier se maria, le 4 avril 1614, avec *Esther Saunier*. De ce mariage naquirent trois fils, JACQUES, PIERRE et JEAN, et une fille, MARGUERITE. Pierre épousa, le 2 août 1616, *Jacquette de La Bastide* et en eut un fils, JACQUES ASSAS, seigneur de La Bastide, qui prit pour femme, le 8 mai 1665, *Isabeau Guiraud*.

A quelle branche de la famille d'Assas appartenait le célèbre chevalier d'Assas, natif du Vigan, dont la conduite héroïque est connue de tout le monde ? Nos recherches ne nous ont conduit à aucun résultat certain.

ASTARAC (MICHEL D'), baron de Marestang et de FONTRAILLES (*Fontéraille* ou même *Fontenaille*), vicomte de Congolas, appelé aussi *Tonemar*, second fils de Jean-Jacques d'Astarac et d'Anne de Narbonne. Devenu chef de la famille par la mort de son frère aîné, tué au siège de Metz, sous Henri II, Fontrailles se montra, toute sa vie, un des plus zélés défenseurs de la cause protestante. Gouverneur de l'importante place de Lectoure pour Jeanne d'Albret, il eut le malheur de se laisser surprendre par Montluc qui, à la première nouvelle de l'entreprise de Meaux, s'approcha à l'improviste de cette ville et y entra sans coup férir. Mais il ne tarda pas à racheter cette faute par de nombreux et signalés services. Devenu sénéchal d'Armagnac, la reine de Navarre le manda à Nérac, lorsqu'elle eut pris la détermination d'aller rejoindre Condé à La Rochelle, lui ordonna de rassembler secrètement quelques troupes, et, pleine de confiance en sa loyauté, elle se mit en route sous son escorte. Fontrailles prit une part active à tous les évènements de la troisième guerre civile jusqu'à la bataille de Jarnac où il eut une jambe emportée par un boulet, ce qui ne l'empêcha pas plus tard de déployer la même activité. En 1573, il fut un des premiers à répondre à l'appel du vicomte de *Paulin* et l'assemblée de Réalmont le nomma gouverneur de l'Armagnac et du Bigorre. En 1574, il assista à l'assemblée de Milhau où se conclut l'alliance des Protestants avec les Catholiques politiques, et il fut nommé, ainsi que *Paulin, Terride, Panat, S. Romain* et *Clausonne*, membre du conseil que cette assemblée adjoignit à Damville.

La même année, il ourdit avec Paulin et Terride une conspiration qui avait pour but de s'emparer de Toulouse; cette entreprise échoua, mais la prise de Castres, à laquelle il contribua, put consoler les Protestants de leur non-réussite. En 1586, il continua à faire avec succès la guerre dans le Languedoc. En 1588, il prit part, en qualité de député de la Guyenne, aux travaux de l'assemblée politique de La Rochelle. En récompense de ses services, le roi Henri de Navarre le nomma son lieutenant-général en Guyenne, et par lettres datées du camp de Dreux, 6 mars 1590, capitaine de cent hommes d'armes. Après l'assassinat de ce prince, Fontrailles usa de toute son influence sur ses coreligionnaires pour maintenir la tranquillité dans son gouvernement. Par son testament, daté du 9 octobre 1604, il ordonna qu'on l'ensevelît dans le temple de sa terre de Castillon. Il avait épousé, en 1570, *Isabelle de Gontaut* qui le laissa veuf avec quatre enfants: BENJAMIN, qui causa beaucoup de troubles dans l'Église réformée en dépouillant d'*Angalin* du gouvernement du château de Lectoure et en chassant de cette ville la garnison protestante. Cet acte de violence irrita d'autant plus les Réformés qu'ils le soupçonnaient de pencher vers le catholicisme. Les Mémoires de Du Plessis-Mornay nous apprennent en effet qu'il s'était engagé à embrasser la religion romaine à la première réquisition, moyennant « certaine somme et pension, » et ceux de Bassompierre que ce marché ne tarda pas à être ratifié. On y lit sous la date de 1620 : « Le roi envoya quérir le sieur de Fonterailles, gouverneur de Lectoure, à qui il donna 50,000 écus en le tirant de cette place, comme il avoit promis à ceux de la religion assemblés à Loudun, attendu que ledit Fonterailles s'étoit fait catholique et en cette profession ne pouvoit commander dans Lectoure, place de sûreté des Huguenots. » Toutefois Louis XIII ne fit droit qu'en partie aux plaintes de l'assemblée de Loudun. Il ne rendit pas le gouvernement du château à d'Angalin; mais il mit à sa place un officier de sa maison, le sieur de *Blainville* l'aîné, qui professait, il est vrai, la religion réformée, en lui donnant une garnison catholique. Benjamin d'Astarac mourut le 19 mars 1625. Son frère GÉDÉON, qui avait épousé *Cathérine de Pardaillan*, était décédé sans enfants en 1610. Ses deux sœurs, ÉLISABETH et MARGUERITE, furent mariées, la première avec *Samuel de Bourbon-Malause*, la seconde avec *Antoine de Lévis*. Après la mort de sa première femme, Michel d'Astarac avait épousé *Paule de La Barthe Montcorneil* qui ne lui donna pas d'enfant, et en troisièmes noces *Éléonore de Lauzières de La Capelle* dont il eut une fille, ISABELLE, mariée à Godefroy de Durfort, seigneur de Castelbajac en Bigorre.

Nous croyons que l'on doit distinguer Fontrailles, de l'illustre maison d'Astarac, d'un capitaine Fonterailles qui, pendant la première guerre civile, s'empara de Recoules, avec le concours de *Saint-Jean de Gardonenque* et qui, surpris dans une reconnaissance, ainsi que le lieutenant *Guillot*, se jeta dans Haumont où, bien que sans munitions et sans vivres, il se défendit deux jours entiers avec un courage extraordinaire. Le second jour enfin, entre dix et onze heures du soir, il sortit de la ville à la tête du petit nombre de soldats qui lui restaient, s'ouvrit un passage à travers l'ennemi et gagna Marvejols, tenu par les Protestants. Plus tard, en 1569, après la mort de *La Loue*, son beau-frère, il obtint de Coligny le commandement de la compagnie de ce brave capitaine.

Fontrailles n'est pas le seul membre de la maison d'Astarac qui ait acquis une réputation dans le parti protestant; son frère cadet BERNARD, vicomte de MONTAMAR (*Montamat, Montaumar* et même *Montmaur*) y occupe un rang non moins distingué.

Nous avons déjà eu plusieurs fois

l'occasion de parler de lui (*Voy.* Jeanne d'ALBRET et ARROS). Il suffira de rappeler ici en quelques mots les services qu'il a rendus. Nous trouvons dans l'armée des Vicomtes un Montamat, capitaine, qui se signala à la bataille de Gannat. La même année, Montamar escorta Jeanne d'Albret à La Rochelle. Quelques jours avant la bataille de Jarnac, il fut laissé en garnison dans cette ville que venait d'emporter *Briquemaut*. La bataille perdue, il fut renvoyé dans le Béarn pour seconder d'*Arros*. Contraint à s'enfermer dans Navarreins avec le petit nombre de Béarnais restés fidèles, il contribua à la belle défense de cette place jusqu'à l'arrivée de *Montgommery* qu'il parvint à rejoindre, sur l'ordre de sa souveraine. Enfin, en 1572, il accompagna le prince de Navarre à Paris, où il périt victime de la Saint-Barthélemy. « M. de Montmaur, dit Brantôme, étoit un homme de belle façon et qui monstroit bien ce qu'il estoit, et bon capitaine, et mesme pour l'infanterie, qui avoit esté sa première profession ; et avoit esté l'un des capitaines de M. de *Grandmont* du temps du roy Henry, lorsqu'il commandoit à quatre compagnies. » Et ailleurs : « Ce brave capitaine (qu'il appelle ici Montamart) fut tué au massacre de Paris, dont ce fut un grand dommage ; car c'estoit un fort honneste, doux, gracieux et brave gentilhomme. »

ASTIER (GABRIEL), petit prophète, né dans le village de Clieu en Dauphiné.

Sorti de l'école de *Du Serre*, Astier, jeune homme d'environ 25 ans, fut envoyé par son maître dans le Vivarais pour y soulever le peuple par ses prophéties. C'est sur la fin de 1688 que commença son apostolat. Il se rendit d'abord au village de Bressac, où il communiqua, selon Brueys, le don de prophétie qu'il avait reçu, à ses parents, à son frère aîné *Pierre*, à sa maîtresse *Marie*. Le nombre de ses disciples augmenta de jour en jour. On peut croire que l'affreuse misère du pays contribua plus que tout autre chose au grand succès de ses prédications. Les magistrats, avertis de ce qui se passait, mirent aussitôt en campagne les dragons du lieutenant-général de Broglie ; mais Astier parvint à leur échapper, et, avec quelques-uns de ses partisans, il se réfugia dans les Bouttières. Favorisé par la nature du pays, le soulèvement s'y propagea rapidement. Bientôt toutes les montagnes furent couvertes d'inspirés qui annonçaient au peuple la prochaine délivrance d'Israël. L'intendant Basville, de concert avec le commandant de la province, prit les mesures les plus promptes, si non les plus humaines, pour étouffer la révolte. Après plusieurs combats sanglants, où les révoltés, pour la plupart sans armes, se comportèrent avec la plus aveugle bravoure, le calme parut enfin se rétablir dans le Vivarais. « Dans moins de quinze jours, dit Brueys avec son exagération accoutumée, plus de 20,000 personnes s'étoient soulevées ; dans moins de huit, tout fut tranquille et hors d'état de pouvoir remuer à l'avenir. » On sait que l'évènement lui a donné le plus complet démenti. Cependant la victoire de l'intendant du Languedoc n'était pas complète ; l'auteur du soulèvement, le fameux Gabriel Astier, ne s'était pas trouvé parmi les morts ; cette pensée troublait son repos. « La Providence ne voulut pas permettre, lit-on dans l'Hist. du Fanatisme, que ce séducteur se dérobât au supplice qu'il avoit mérité, elle le livra entre les mains de ses juges dans le tems qu'ils y songeoient le moins. » Reconnu à Montpellier dans un régiment où il s'était engagé pour se soustraire aux recherches, le malheureux Astier fut condamné à mort, et exécuté le 2 avril 1689. Selon M. Dourille (Histoire des Guerres civiles du Vivarais, 1846, in-8º,) cet évènement se serait passé un peu différemment. Astier ne s'était pas enrôlé dans l'armée royale ; il avait eu « l'imprudence, un jour du mois de mars

1690, de paraître à Montpellier, dans le moment où le comte de Broglie passait en revue le régiment de Saulx, sur l'esplanade du Peyrou : reconnu et dénoncé par un soldat du Vivarais, il fut arrêté, jugé et rompu vif à Bays. » Cette dernière version est sans doute la plus vraisemblable ; mais nous ne voyons aucune raison qui eût pu porter Brueys à dissimuler la vérité.

ASTORG, famille noble du Languedoc, qui avait donné des capitouls à Toulouse dès le 14e siècle.

ANTOINE Astorg, seigneur et baron de MONTBERTIER, capitoul de Toulouse en 1518, épousa, le 9 septembre 1539, *Jeanne de Lomagne*; il vivait encore en 1577. Ses fils, ANTOINE, seigneur de Montbertier, et BERNARD, défendirent l'un et l'autre la cause protestante, mais non pas avec une égale persévérance. Bernard, qui avait rejoint *Arpajon*, voyant l'entreprise sur Toulouse manquée et Montauban menacée d'un siége, jugea que le parti le plus avantageux était de se soumettre, et à la conclusion de la paix, il abjura la religion réformée. Ce fut sans doute, pour le récompenser de sa défection et de son apostasie, que le roi le nomma chevalier de son ordre et capitaine de 50 hommes d'armes.

Les faveurs de la Cour ne purent séduire Antoine qui continua à servir avec autant de courage que de zèle le parti protestant. Il était gouverneur de Montauban, en 1569. Il avait épousé *Gabrielle Goirans* dont il eut un fils nommé PAUL. Du mariage de ce dernier avec *Georgette de Lordat* naquirent JACQUES Astorg, de Goirans, de Montbertier, baron de Lux, et JOSEPH Astorg, de Goirans, de Montbertier, chevalier de Lux.

Nous ferons remarquer que la généalogie que donne de cette famille La Chesnaie-Desbois dans un supplément à son Dict. de la Noblesse, diffère beaucoup de celle que nous présentons ici. Mais les Jugements de la Noblesse du Languedoc, recueil en quelque sorte officiel auquel nous avons eu recours, doivent inspirer plus de confiance. Selon La Chesnaie, un Antoine d'Astorg fut tué à Coutras aux côtés du roi de Navarre.

Nous trouvons aussi dans les listes dressées par Benoît, des personnes qui ont souffert la persécution après la révocation de l'édit de Nantes, une dame d'*Astorg-Montbartier*, d'où l'on peut conclure que cette famille resta fidèle à la foi protestante au moins jusqu'en 1685.

ASTRUC, pasteur à Sauve en 1684, qui abjura le protestantisme. Si nous le mentionnons d'une manière spéciale, c'est uniquement parce qu'il donna le jour au célèbre Astruc, né le 19 mars 1684, qui fut successivement professeur à Toulouse et à Montpellier, médecin d'Auguste, roi de Pologne, puis de Louis XV, professeur au Collége de France, et que ses écrits, justement estimés, ont mis au rang des plus illustres médecins du siècle dernier.

ASTRUC, meunier de St. Christol, arrêté au mois d'octobre 1703, sous la prévention d'avoir pris part à l'incendie des villages de Saturargues et de St.-Ceriés, que les Camisards avaient livrés aux flammes en représailles de l'affreuse dévastation des Hautes-Cévennes exécutée par ordre de Montrével et de Basville. Brueys rapporte, dans son Histoire du fanatisme, que ce malheureux « fut convaincu, non-seulement de s'être trouvé au massacre de Saturargues, mais encore d'en avoir été le principal auteur, et d'y avoir exécuté de ses propres mains les plus grandes inhumanitez. Comme il fut jugé à Montpellier, continue-t-il, j'eus la curiosité de le voir lorsqu'il fut ouï sur la sellette ; je me souviens d'avoir vu ses juges saisis d'horreur au récit de ses barbaries, et embarrassez à pouvoir trouver un supplice qui répondît à l'énormité de ses crimes. Il fut enfin condamné à être roué et jeté tout vivant dans un bûcher allumé au pied de l'échafaud. Spectacle affreux, mais qui ne donna au public qu'une légère image de ses cruautez. » Nous aurons plus ard l'occasion, à l'art. consacré à *Brueys*, d'apprécier la valeur des accusations de cet historien; qu'il nous suffise de dire par anticipation qu'à nos yeux son livre est la plus grande flétrissure qu'il pouvait attacher à son nom. Le témoignage de Court ne doit laisser aucun doute sur l'iniquité commise par les juges du tribunal de Montpellier; il affirme avoir appris de la bouche même de plusieurs Camisards dignes de foi, qui avaient dirigé cette expédition, qu'Astruc n'y avait point pris part. Voilà le monstre pour lequel on ne pouvait inventer de supplice assez atroce. Le fils de cet infortuné, âgé de 14 à 15 ans, fut arrêté quelques jours après, et, de même que son père, il fut *convaincu* d'avoir assisté à ce massacre. « Il fut même vérifié, ajoute Brueys, que les Fanatiques se servoient de ce jeune garçon pour égorger les enfants; qu'il en avoit fait périr plusieurs de divers genres de mort; et que son malheureux père l'avoit exercé à cette barbarie. Son bas âge tint quelque temps ses juges en suspens, et incertains s'ils le pouvoient condamner à la mort; mais enfin le regardant comme un monstre dont on devoit purger la terre, ils l'envoyèrent au gibet. » Ces monstruosités se commettaient au commencement du 18e siècle. Nous regrettons de ne pas connaître les noms des juges pour les vouer à l'exécration publique. Ces exécutions furent accompagnées ou suivies d'un grand nombre d'autres. « Tous les jours, dit Court, les échafauds et les gibets étaient ensanglantés. » Le 29 octobre, comme pour prendre une revanche de la défaite de Fan, le tribunal de Nismes condamna au supplice de la roue *Antoine Deshas*, voiturier du Mas de Gerbe, soupçonné d'avoir favorisé les Camisards. Le 30, on pendit *Cathérine Fontcaille*, âgée de 25 ans, soupçonnée du même crime. A Montpellier, à Alais, à Mende, les exécutions ne furent pas moins fréquentes; « mais elles n'eurent aucun effet, dit Brueys, parce que l'endurcissement des Fanatiques était à toute sorte d'épreuves, et qu'ils se regardoient comme des martyrs qui versoient leur sang pour la défense de la véritable religion. » Les assassinats judiciaires continuèrent donc. Le 17 novembre, on pendit à Nismes trois hommes qui avaient assisté à une assemblée, avec une femme, nommée *Durante* de Gajan, accusée d'être prophétesse. *Guillaume Isaac* éprouva un sort plus rigoureux encore. Il fut roué vif, ainsi que *Pierre Laval* de Coulorgues, *Louis Brunel*, d'Anduze, *Jacques Thomas* de St.-Ambroix.

AUBERT (JACQUES), docteur en philosophie et en médecine, né à Vendôme, et mort à Lausanne en 1586.

On doit plusieurs ouvrages à ce médecin qui a joui de son temps d'une certaine réputation.

I. *Libellus de peste*, Laus., 1571, in-8°.

II. *Des natures et complexions des hommes, et d'une chacune partie d'iceux, et aussi des signes par lesquels on peut discerner la diversité d'icelles*, Laus., 1571, in-8°; réimp. à Paris, 1572, in-16.

III. *De metallorum ortu et causis, brevis et dilucida explicatio*, Lugd., 1575, in-8°. — Traité contre les chimistes.

IV. *Duæ apologeticæ responsiones ad J. Quercetanum*, Lugd., 1576, in-8°. La première de ces réponses roule sur le laudanum des partisans de Paracelse, et sur les yeux d'écrevisse calcinée. La seconde a été faite contre la chimie, que l'auteur traite de science vaine et futile.

V. *Progymnasmata in J. Fernelii librum de abditis naturalium et medicamentorum causis*, Basil., 1579, in-8°. « L'auteur, dit Carrère, y a ajouté quelques observations assez intéressantes sur la curation de quelques maladies graves. »

VI. *Institutiones physicæ instar commentariorum in libros physicæ Aristotelis*, Lugd., 1584, in-8°.

VII. *Semeiotice, sive ratio dignoscendarum sedium malè affectarum et affectuum præter naturam*, Laus., 1587, in-8°; réimp. à Lyon, 1596, in-8°, et à Bâle, 1654, in-8° avec la Chirurgia militaris de G. Fabricius.

AUBERT DE VERSÉ (NOEL), né au Mans de parents catholiques qui ne négligèrent rien pour son éducation. Ses études préparatoires terminées, il prit le grade de docteur en médecine à la faculté de Paris; mais bientôt, entraîné par son inconstance, on ne saurait dire par une conviction bien arrêtée, il se rendit en Hollande, où il embrassa la religion protestante et se fit même nommer pasteur dans les environs d'Amsterdam. Les liaisons qu'il contracta avec un fameux socinien, Christophe Sandius, alors correcteur d'imprimerie chez les Elzevirs, l'amenèrent à adopter les opinions antitrinitaires de son ami, ce qui le fit suspendre par le consistoire. Aubert, qui avait obtenu le droit de bourgeoisie à Amsterdam, se mit alors à pratiquer la médecine, et pour suppléer aux faibles ressources que lui procurait l'exercice de son art, il offrit sa collaboration à divers journaux, entr'autres à la *Gazette d'Amsterdam*, publiée par la veuve de Saint-Glain. Ayant attaqué *Jurieu*, ce ministre le dénonça, dans un factum plein d'invectives et d'accusations infamantes, à tous les souverains de l'Europe comme un homme dangereux. Sans doute que le principal crime du pauvre Aubert était de ne pas professer une grande admiration pour les visions de son adversaire. C'est dans ces circonstances, que le clergé catholique lui fit offrir la permission de rentrer en France et une pension, lui demandant en retour d'abandonner une Église qui le rejetait et d'écrire contre ses coreligionnaires. Ces propositions furent acceptées, et Aubert vint s'établir à Paris où il mourut en 1714.

Outre une traduction du premier vol. des Acta eruditor. Lips., et une version latine, peu exacte, de l'Histoire critique de l'A. T. par R. Simon (Amst., 1681, in-4°), on a de lui :

I. *Réponse au traité de M. de Meaux* [Bossuet] *touchant la communion sous les deux espèces*, Cologne [Amst.], 1683, in-12.

II. *Le protestant pacifique, ou Traité de la paix de l'Église, dans lequel on fait voir, par les principes des réformez, que la foy de l'Église catholique ne choque point les fondements du salut, et qu'ils doivent tolérer dans leur communion tous les chrétiens du monde, les sociniens, les quakers même dont on explique la religion*, Amst., 1684, in-12. — Cet ouvrage, dirigé contre Jurieu, parut sous le pseudonyme de Léon de La Guitonnière. L'auteur cherche à prouver qu'en sacrifiant chacune quelque chose de la rigidité de ses principes, toutes les sectes chrétiennes pourraient fort bien vivre en paix. « Il faut avouer, dit Bayle, qu'il y a dans ce livre de l'esprit en bien des endroits. »

III. *L'impie convaincu ou Dissertation contre Spinoza, dans laquelle on réfute les fondements de son athéisme, non seulement ses maximes impies, mais aussi celles des principales hypothèses du Cartésianisme, que l'on fait voir être l'origine du Spinozisme*, Amst., 1685, in-8°. — Livre rare et recherché. Quoique les Cartésiens aient constamment repoussé cette solidarité, il est certain que le spinosisme n'est qu'un développement des doctrines de Descartes. Déjà Geulinx et Malebranche, les disciples les plus célèbres du philosophe français, se rapprochaient beaucoup de la théorie de Spinosa. Cependant une analogie ne constitue pas une identité, et le spinosisme n'en reste pas moins un système original.

IV. *Histoire du papisme*, trad. du latin de J. H. Heidegger, ministre de Zurich, pour l'opposer à l'Histoire du calvinisme du P. Maimbourg, et allant jusqu'au pape Innocent XI, Amst., 1685, 2 part. in-8°. — L'auteur avait laissé sa traduction incomplète. L'éditeur a ajouté à l'ouvrage un supplément de trois années.

V. *Le nouveau visionnaire de Rotterdam ou Examen des parallèles mys-*

tiques de Jurieu, Colog. [Amst.], 1686, in-12. — C'est cet ouvrage, publié sous le nom de Théognoste de Bérée, qui émut surtout la bile de l'auteur de l'Accomplissement des Prophéties. Il a été réimprimé avec le suivant.

VI. *Le tombeau du socinianisme, ou Nouvelle méthode d'expliquer le mystère de la Trinité*, Francf. [Amst.], 1687, in-12.

VII. *L'advocat des Protestants ou Traité du schisme dans lequel on justifie la séparation des Protestants d'avec l'Église romaine, contre les objections des sieurs Nicole, Brueys et Ferrand*, Amst., 1686, in-12.

VIII. *Traité de la liberté de conscience, ou De l'autorité des souverains sur la religion des peuples*, Colog. [Amst.], 1687, in-16. — Publié sous le pseudonyme de Léon de La Guitonnière.

IX. *Manifeste de maître Noël Aubert de Versé, docteur en médecine, et ci-devant ministre de la R. R., bourgeois de la ville d'Amsterdam, contre l'auteur anonyme d'un libelle diffamatoire, intitulé Factum pour demander justice aux puissances, etc.*, Amst., 1687. in-4°. — Fort rare.

X. *Les trophées du Port-Royal renversez, ou Défense de la foy des six premiers siècles de l'Église touchant la sainte Eucharistie, contre les sophismes de M. Arnaud*, Amst., 1688, in-12.

XI. *La véritable clef de l'Apocalypse, ouvrage où en réfutant les systèmes qu'on a bâtis dessus jusqu'ici, l'on indique le véritable, et où l'on découvre en particulier l'illusion des prédictions de J. F. P. D. R.* [Jurieu faux prophète de Rotterdam], Colog. [Amst.], 1690, in-12. — Dans la préface, l'auteur annonce un travail plus étendu sur la même matière, lequel parut effectivement à Paris, 1703, 2 vol., in-12, sous le titre : *La clef de l'Apocalypse de S. Jean, ou Histoire de l'Église chrétienne sous la quatrième monarchie.*

XII. *L'anti-socinien ou Nouvelle apologie de la foy catholique contre les sociniens et les calvinistes*, Paris, 1692, in-12.

On a encore attribué à Aubert de Versé un mémoire sur l'inspiration des livres saints, inséré dans les Sentiments des théologiens de Hollande contre l'Histoire critique de l'A. T., par Richard Simon, et le Platonisme dévoilé d'*Hippolyte Souverain*, (Colog., 1700, in-8°.

AUBERTIN (Edme), un des plus savants pasteurs de l'Église protestante, né à Châlons-sur-Marne en 1595. Reçu ministre du saint Évangile au Synode de Charenton, 1618, il fut, immédiatement après, donné à l'église de Chartres qu'il ne quitta qu'en 1631, époque où il fut appelé à Paris. Il s'était déjà fait avantageusement connaître par un ouvrage plein d'érudition, publié en 1626, in-8°, sous le titre : *Conformité de la créance de l'Église et de S. Augustin sur le sacrement de l'eucharistie*, dont le but était de prouver, contre le sentiment de Bellarmin, de Du Perron, etc., que les doctrines du célèbre évêque d'Hippone étaient sur ce point parfaitement conformes à celles de l'Église protestante. Le succès que ce livre obtint, le détermina, quelques années plus tard, à le refondre et à le compléter dans une nouvelle édition qui parut à Genève, 1633, in-fol., sous le titre : *L'eucharistie de l'ancienne Église, ou Traité auquel il est montré quelle a été durant les six premiers siècles, depuis l'institution de l'eucharistie, la créance de l'Église touchant ce sacrement : le tout déduit par l'examen des écrits des plus célèbres auteurs qui ont fleuri pendant ce temps, avec réponse à tout ce que les cardinaux Bellarmin, Du Perron et autres adversaires de l'Église ont allégué sur cette matière.* Les agens du clergé catholique indignés de ce qu'Aubertin avait osé taxer deux cardinaux d'adversaires de l'Église, et s'arroger la qualité de pasteur de l'Église réformée, sans y ajouter l'épithète de prétendue, se plaignirent auprès du gouvernement de cette double énormité.

Dès le 14 juillet 1633, un arrêt du conseil privé ordonna « qu'Aubertin fût pris au corps et amené ès prisons du Fort l'Évesque, » enjoignant en outre « aux ministres et autres faisant profession de la R. P. R. de prendre la qualité à eux attribuée par les édits et non autre, avec défenses d'apeller les Catholiques adversaires de l'Église. » Cependant la satisfaction du clergé romain ne fut pas complète. Les circonstances étaient trop peu favorables pour qu'on poussât plus loin cette affaire, en sorte que l'unique résultat de ces ridicules poursuites, fut de donner un attrait de plus à un livre qui sans cela n'eût peut-être été apprécié que des savants. Aubertin continua donc paisiblement à revoir et à améliorer son ouvrage ; il y consacrait tout le temps que lui laissaient ses fonctions pastorales, cherchant à peine quelques instants de délassement dans la société d'un petit nombre d'amis, parmi lesquels il comptait le duc de Verneuil, alors abbé de St.-Germain, ou dans la culture des fleurs et des fruits. Il résolut même de le traduire en latin ; mais il n'eut pas la joie de voir sortir de dessous presse cette troisième édition ; elle ne parut qu'en 1654, in-fol., à Deventer, par les soins de *Blondel*, qui y ajouta une préface. En voici le titre : *De eucharistiæ sive cœnæ dominicæ sacramento libri tres.*

L'ouvrage est divisé en trois parties. Dans la 1re, Aubertin en appelle à la fois à l'Écriture sainte et au raisonnement pour répondre aux arguments produits par les docteurs catholiques, et passe ainsi en revue tout ce que les controversistes ont jamais écrit sur la doctrine de la transsubstantiation. Dans la 2e, il recherche, par la comparaison des témoignages des Pères, quelle a été durant les six premiers siècles la croyance de l'Église, et il arrive à ce résultat, que la transsubstantiation et la présence réelle ont été des dogmes inconnus pendant toute cette période. Dans la 3e, il rapporte comment ces doctrines se sont introduites dans l'Église.

Arnauld trouve cet ouvrage très-méprisable, écrit sans élévation, sans jugement, sans critique. La seule chose qu'il accorde à l'auteur, c'est qu'il avait beaucoup lu, mais sans discernement et sans lumières. Cependant il exprime ailleurs le vœu « que quelque personne habile travaille à le réfuter, » ce qui semble en contradiction avec le jugement qu'il en porte, et en contradiction surtout avec ce que prétend l'abbé de Longuerue que « M. Arnaud faisoit grand cas d'Aubertin et disoit qu'on y trouvoit tout. » Quant au savant abbé, il professait une grande estime pour Aubertin. « Parlez-moi pour le sçavoir, disait-il, d'Aubertin, de Daillé, de Blondel. Aubertin s'étoit plus renfermé dans la matière de l'Eucharistie ; mais les autres avoient embrassé toute la tradition. »

Il y a lieu de s'étonner qu'Arnauld, le vaillant champion de la foi catholique, ne se soit pas chargé lui-même de la réfutation du livre d'Aubertin, mais que dans sa dispute avec *Claude*, il se soit contenté de répondre par de longs raisonnements, et non pas en opposant des faits aux faits, à une seule partie de ce volumineux ouvrage, à l'histoire de l'innovation. Aussi répéterons-nous, d'après Daillé, « que ce grand et incomparable ouvrage de l'eucharistie est demeuré au-dessus de toutes les attaques de ceux de l'autre communion, dont pas un n'a osé le combattre de bonne guerre, ni l'entreprendre tête à tête, s'il faut ainsi dire. »

Mais si aucun des docteurs de l'Église romaine ne se sentit de force à entreprendre la réfutation de l'ouvrage d'Aubertin, le curé de S. Sulpice prétendit à mieux que cela, il voulut convertir Aubertin lui-même. Il est vrai qu'il ne tenta pas cette entreprise difficile lorsque le pasteur de Paris était encore dans toute la plénitude de ses facultés ; il attendit prudemment qu'il fût couché sur son lit de mort, et alors, escorté du bailli de St.-Germain et suivi de toute la populace du quartier, il se rendit en procession à la maison habitée par le savant ministre. Ce fut en vain qu'une épouse et un fils désolés lui représentèrent que, plongé dans une profonde léthargie, Aubertin était hors d'état de l'entendre. Le moment était d'autant plus propice; le curé insista, il fallut céder; mais, tiré de son assoupissement par le bruit de cette contestation et par les menaces de la populace qui se disposait à enfoncer la porte, Aubertin recouvra un instant sa présence d'esprit et protesta qu'il voulait mourir dans la religion qu'il avait professée toute sa vie. Il ne resta au digne curé que la triste consolation de répandre le bruit, qu'il l'avait trouvé en proie aux plus violents scrupules sur l'orthodoxie de l'Église protestante, et qu'il l'eût infailliblement converti sans les larmes de sa femme et les emportements de son fils. Aubertin expira le 5 avril 1652.

Outre son grand ouvrage de l'eucharistie, nous connaissons d'Aubertin un traité intitulé : *Anatomie du livre publié par le sieur de La Milletière pour la transsubstantiation*, Charent., 1648, in-8°. L'abbé de Marolles nous apprend dans ses Mémoires, qu'Aubertin le composa à sa prière. Niceron mentionne, en outre, deux *Lettres de M. Aubertin à un sien amy*, (1633, in-8°), sur les plaintes élevées contre son livre de l'eucharistie. Enfin, selon Adelung, il doit avoir répondu aux attaques dirigées contre lui par le bibliothécaire du roi, Jean de Chaumont, dans le livre intitulé L'Aréopagite défendu contre Edme Aubertin, ministre à Charenton.

Nous avons parlé plus haut d'un fils d'Aubertin; mais nous ignorons si c'est le même que celui qui fut pasteur à Amiens. Nous ne savons pas davantage quel degré de parenté unissait le ministre de Paris à BARTHÉLEMY Aubertin, conseiller au conseil souverain de Sédan et lieutenant-général au bailliage du même lieu. Le rapprochement des dates permettrait de supposer qu'ils étaient frères. Seul avec *Henri Dauber*, conseiller au même bailliage, Barthélemy Aubertin refusa de prêter serment au roi de France lorsque Fabert, en 1642, prit possession au nom de Louis XIII de cette place dont le duc de Bouillon, compromis dans la conjuration de Cinq-Mars, dut faire l'abandon pour sauver sa vie. Ils préférèrent l'un et l'autre se démettre de leurs emplois. C'est sans doute à ce Barthélemy Aubertin que l'on doit les *Mémoires de Frédéric-Maurice de La Tour, prince de Sédan*, imprimés avec ceux de d'Aubigné, Amst. 1731, 2 vol. in-12.

AUBERY (BENJAMIN), *seigneur* Du MAURIER, ambassadeur en Hollande (dès 1613) et conseiller d'état (dès 1615).

Son père, nommé JEAN, mourut au Maurier, dans le Maine, en 1585; il était neveu du célèbre Jacques Aubery, seigneur de Moncreau, dans l'Anjou, qui plaida avec succès la cause des malheureux habitants de Cabrières et de Mérindol (Voy. *Pierre* MASSON) devant la grand'chambre du parlement de Paris. Les goûts simples de Benjamin Aubery le portaient à passer paisiblement sa vie sur ses terres; mais l'exemple de son grand oncle lui donna de l'ambition, il désira courir comme lui la carrière pénible des honneurs. Il entra d'abord, à ce que nous apprennent les Mémoires de Sully, au service du duc de Bouillon. Au rapport de l'auteur de la Vie de Du Plessis-Mornay, qui l'appelle *Du Morier*, il résidait en 1602 auprès de la cour de France pour les affaires de ce duc. Peut-être aussi doit-on lui appliquer ce que ce même écrivain dit d'un nommé Du Morier qui avait été secrétaire de Du Plessis en 1589. En tout cas, Ancillon, dans sa biographie d'Aubery, commet au moins une erreur en distinguant sous ces trois noms trois personnages différents. Du Maurier quitta le service du duc de Bouillon pour entrer à celui du duc de Sully auprès duquel il fut employé pendant quelque temps en qualité de secrétaire. Il lui en témoigne sa vive reconnaissance dans une pièce qui est insérée au long dans les Œconomies royales. « Mes années les meilleures, y lit-on, (si en ma vie il y peut avoir eu quelque chose de bon) ayant été semées en terre infertile, et lorsque je croyois être réduit à n'employer l'avenir qu'à regretter la perte du passé, lorsque l'oisiveté m'avoit assiégé comme pour vivre en charge à moi-même, Dieu m'a suscité un protecteur pour m'en délivrer, qui de son propre mouvement a voulu mettre en œuvre sa puissance, pour me faire servir d'exemple de sa bonté. » En 1606, Henri IV l'employa aux négociations relatives à la soumission du duc de Bouillon et à la reddition de Sédan. En prenant congé de lui après sa disgrâce, Sully lui recommanda « de cultiver uniquement » l'amitié de M. de Villeroi dont il était bien connu, lui assurant « qu'avec la science qu'il avoit des affaires étrangères, jointe au talent de bien parler et d'écrire encore mieux, il obtiendroit facilement de la reine et du favori (Conchini) quelque emploi honorable. » Ses prévisions ne le trompèrent pas. Aubery raconte de la manière suivante, dans les Mémoires de son fils Louis, sa prise de possession de l'ambassade pour laquelle il fut désigné. « M. de Reffuge, dit-il, étoit alors ambassadeur en Hollande ; dès qu'on sut qu'il s'en revenoit en France, plusieurs personnes très-qualifiées se jetèrent à la poursuite de cet emploi avec tant d'ardeur que pour les en écarter et m'y introduire, M. de Villeroi disposa les affaires en sorte que, sur la fin de mai de l'an 1613, la reine me commanda de partir soudainement de Fontainebleau pour m'aller rendre près ledit sieur de Reffuge, auquel on disoit qu'on n'accordoit congé que pour quatre mois pour venir donner ordre à ses affaires en France : que cependant je demeurerois en sa place audit pays, à quoi j'obéis selon mon devoir : et m'étant acheminé en poste par Bruxelles, j'arrivai à La Haye en Hollande le 2° jour de juin de ladite année : m'ayant, avant mon départ, été donné assurance que cet expédient tendoit à m'affermir plus solidement dans cette charge, de laquelle ledit sieur de Reffuge me mit en possession avant que de partir de Hollande. » Le poste était sans doute beau, mais il s'agissait de s'y maintenir. On sait que c'est toujours là la principale affaire des grands emplois. Du Maurier en fit, pour sa part, la pénible expérience, et sans la protection toute spéciale de *Louise de Coligny*, quatrième et dernière femme de Guillaume de Nassau, il est très-probable que ses envieux fussent parvenus à le perdre auprès de son gouvernement. Mais leurs intrigues et leurs calomnies tournèrent toutes à leur confusion.

Les affaires les plus importantes qui se présentèrent pendant son ambassade, furent sans contredit les querelles des Arminiens et des Gomaristes. On sait que ces derniers proclamaient la grâce particulière, exclusive, tandis que leurs adversaires, appelés aussi Remontrans, défendaient la grâce universelle. Les esprits s'échauffèrent au point que cette malheureuse dispute qui eût dû rester confinée dans les écoles où elle avait pris naissance, faillit entraîner la ruine de l'état. On s'égorgea de part et d'autre, en vue de maintenir son opinion sur l'étendue de la bonté de Dieu, jusqu'à ce qu'enfin, le synode de Dordrecht décida la question dans le sens le plus étroit, en faveur des Contre-remontrans. Au milieu de ces circonstances difficiles, Aubery s'employa du mieux qu'il put à concilier les deux partis ; dans les années 1617 à 1620, il prononça plusieurs harangues, au nom de son gouvernement, devant les États-Généraux et devant les États de Hollande pour les porter à la paix et à la concorde ; mais tous ses efforts ne purent sauver l'infortuné Barneveld : ce vertueux vieillard fut sacrifié à la haine du prince Maurice dont il avait refusé de servir les projets ambitieux.

Ancillon avance que « pendant son séjour en Hollande, Aubery eut ordre de passer en Angleterre où il négocia diverses affaires avec la reine Élisabeth, etc. » Mais c'est une erreur. Louis Aubery parle évidemment dans ses Mémoires de l'ambassade du vicomte de Turenne, 1596, que son père peut avoir suivi en qualité de secrétaire. A cette époque la reine Élisabeth était morte depuis au moins une dizaine d'années. Au jugement du même biographe, notre ambassadeur « étoit ouvert, affable, se communiquant à ses amis et surtout à ses enfants auxquels il rendoit tous ses entretiens utiles. Il étoit sincère, droit, équitable, sur ses gardes pour ne désobliger personne,.... ferme et vigoureux, lorsqu'il s'agissait de soutenir les intérêts de son maître,.... facile pour les siens propres et particuliers. » Nous compléterons cet éloge en rappelant qu'il était lié d'amitié avec Du Plessis-Mornay et avec Grotius, comme le témoignent un certain nombre de lettres à lui adressées par ces deux hommes illustres et imprimées dans leurs Œuvres.

On ignore l'époque où il fut rappelé de son ambassade; son fils n'en fait aucune mention dans ses Mémoires. On sait seulement qu'il mourut dans sa maison du Maurier en 1636.

Aubery avait épousé *Marie Magdeleine*, génoise d'origine, de la maison des Magdeleine, née le 7 mai 1581. Il la perdit à La Haye le 12 nov. 1620. Elle fut enterrée avec les plus grands honneurs; tous les principaux dignitaires de l'état, le prince Maurice, les ambassadeurs des puissances étrangères, les officiers français au service de la Hollande, assistèrent à ses funérailles. Grotius, qui était alors détenu dans la forteresse de Louvestein, et le savant Daniel Heinsius lui composèrent chacun une épitaphe. De son mariage étaient nés onze enfants, dont les deux aînés, MARIE et BENJAMIN, moururent du vivant de leur mère. Aubery prit un soin tout particulier de leur éducation. Afin d'éviter à ses fils tout sujet de distraction dans leurs études, il loua, dans le voisinage de La Haye, une petite propriété appartenant à Barneveld, et il les y établit en leur donnant pour précepteur *Benjamin Prioleau*, qui les accompagna plus tard à l'université de Leyde.

1° MAXIMILIEN, l'aîné des enfants de Benjamin Aubery, retourna en France avec son père, qui, lorsqu'il fut en âge de porter les armes, « l'envoya à M. le prince d'Orange, [Frédéric-] Henri, en Hollande : où ayant été plusieurs années de sa cour et de sa maison : et après l'avoir suivi dans tous ses siéges, entr'autres au siége de Breda, où il fut blessé : après la mort de son père, il s'en revint en France, où il épousa une sœur de MM. de *Beauveau d'Espance :* qui tous se sont signalés dans nos armées, où ils ont eu des commandemens considérables. » A ces détails qui nous sont fournis par les Mémoires de Louis Du Maurier, Ancillon en ajoute quelques autres. « Ce Maximilien, dit-il, a eu un fils nommé LOUIS, qui a été marié à une fille de feu M. de *Nettancour*, et qui a été par conséquent beau-frère du baron de l'Échelle. Ce Louis est mort et n'a laissé qu'un fils nommé comme lui qui est un jeune homme d'environ trente ans, c'est le seul et le dernier du nom, mais l'on peut dire qu'il renferme dans sa personne tout le mérite de sa famille dont il semble qu'il ait hérité, aussi bien que des terres très-considérables qu'ils lui ont laissées. » — 2° LOUIS, auquel nous consacrons un article spécial. — 3° DANIEL, aide-de-camp dans l'armée du duc d'Enghien, tué à la bataille de Nordlingen, le 3 août 1645. Il passait de son temps pour exceller dans toutes les parties des mathématiques. — 4° MAURICE, que le prince Maurice tint sur les fonts, né à La Haye en 1615. Il est connu sous le nom de *La Villaumaire*. Lorsqu'il fut en état de suivre la carrière des armes, son père l'envoya au prince Frédéric-Henri sous lequel il servit jusqu'à la mort de ce prince en 1647, puis sous le prince Guillaume II, jusqu'en 1650, et finalement il fut attaché au service du prince d'Orange, Guillaume III, depuis roi d'Angleterre. Il parvint au grade de colonel et mourut à la tête de son régiment à la bataille de Sénef en 1674. Au rapport de son frère, jamais homme n'eut plus de véritables amis que lui, et de toutes les nations. — 5° LOUISE, née à La Haye en 1614. Elle eut pour marraine Louise de Coligny et pour parrain les États-Généraux représentés par Barneveld. Ces derniers lui donnèrent une pension de 500 livres, qui lui fut régulièrement payée jusqu'en 1672. Elle épousa en premières noces le marquis d'*Ardenay*, dans le Maine. Selon Louis Du Maurier, son frère, elle n'en eut qu'une fille qui fut mariée à M. de Madaillan, de la maison de Montatère; mais d'après d'autres renseignements, elle en aurait eu deux qui furent élevées dans la religion catholique par leur oncle le marquis de Cognée : le 10 mars 1683, l'aînée fit son abjuration entre les mains de l'évêque du Mans, Louis de Lavergne, et la cadette fut rebaptisée en attendant qu'elle fût en âge pour abjurer. Louise Aubery s'allia en secondes noces avec *Benjamin de Pierre-Buffière*, marquis de Chambret, dont elle eut quatre fils, morts la plupart à la guerre, en Hongrie et en Flandres, et deux filles. Ce marquis de Chambret était « d'une des plus illustres maisons du Limousin, et par sa mère, la maréchale de *Thémines*, qui étoit de la maison de La Noue, il étoit petit-fils de ce grand *François de La Noue*, surnommé *bras de fer*. » Le frère de Louise Aubery nous apprend « qu'elle a été un prodige de mémoire et de jugement, qualités qui se rencontrent rarement ensemble. Elle eût rétabli le vieux et le nouveau testament, s'ils eussent été perdus, les sachant par cœur. Elle avoit lu toutes les histoires et tous les romans, tant françois qu'italiens et espagnols, et en savoit les moindres aventures.... Sa conversation étoit aussi agréable qu'inépuisable. » — 6° ÉLÉONORE, née à La Haye en 1615. Elle fut tenue sur les fonts par Frédéric-Henri, prince d'Orange, et par Éléonore de Bourbon, sœur du prince de Condé, et épouse de Philippe-Guillaume de Nassau. Elle fut mariée au baron de *Mauzé*, près de La Rochelle, et mourut sans enfants en 1660. « On dit que c'étoit la femme de France qui peignoit le mieux, qui écrivoit le plus correctement et qui faisoit de fort bonnes lettres, d'un style mâle et vigoureux, et dans lesquelles il n'y avoit pas un seul mot d'inutile. » — 7° AMÉLIE, présentée au baptême par la princesse Amélie de Nassau et par le comte de Culembourg. Elle fut mariée au seigneur de Montreuil, près de Sainte-Menehould en Champagne, et existait encore dans le temps où son frère Louis écrivait ses Mémoires. — Le sort des deux autres filles n'est pas connu.

Dans les Mémoires de Du Plessis-Mornay, on trouve diverses lettres adressées à un nommé Aubery, qu'Ancillon suppose avoir été le frère de notre Benjamin. Il était conseiller du roi, maître des requêtes ordinaire de son hôtel et intendant de la justice dans les provinces d'Anjou, Touraine et le Maine. «Mais il y avoit cette différence, ajoute le biographe, entre cet Aubery et le nôtre, que celui-ci traitoit de *monseigneur* Du Plessis-Mornay lorsqu'il lui écrivoit, et que le nôtre ne le traitoit que de *monsieur*. — Ils sont aussi très-bien distingués par M. Du Plessis-Mornay. L'un est appelé dans ses lettres M. Aubery, et l'autre y est nommé M. Du Maurier, en sorte qu'il n'est pas possible de s'y tromper. » Benjamin Aubery avait en outre deux beaux-frères, dont les noms sont connus : l'un, *Ausson de Villarnoul*, de la maison de Jaucourt, attaché au service de Frédéric, roi de Bohème, périt par accident avec Henri-Frédéric, désigné roi de Bohème avec son père, dans la mer de Harlem ; et l'autre, M. de *Marbaud*, que Du Plessis dans sa correspondance appelle son *vrai ami*, résidait à Paris pour y défendre auprès du gouvernement les intérêts des Réformés.

Louis Aubery, *seigneur* Du Maurier, le plus connu des quatre fils de Benjamin Aubery, naquit en France avant l'ambassade de son père, et mourut au Maurier en 1687, après avoir abjuré la religion dans laquelle il avait été élevé.

Comme nous l'avons dit plus haut, il fit ses premières études sous la direction de Benjamin Prioleau, qui l'accompagna à l'université de Leyde, et lorsqu'il eut terminé son droit, son père qui le destinait aux affaires publiques, l'envoya dans les diverses cours de l'Europe afin qu'il complétât par ses propres observations les connaissances qu'il pouvait avoir acquises dans les livres. C'est ainsi qu'il visita successivement la Pologne, la Prusse, le Danemark, la Suède, les villes anséatiques, Rome même. On voit aussi par ses Mémoires que l'état des Provinces-Unies et celui de l'Angleterre lui étaient parfaitement connus. Son désir de marcher sur les traces de son père, lui fit alors rechercher les bonnes grâces du cardinal de Richelieu, lequel lui promit en effet de faire quelque chose pour lui ; mais lassé à la fin « de piquer inutilement les coffres à la Cour et de se repaître de ses vaines fumées » et voyant d'ailleurs « sa fortune enterrée » avec le cardinal, il résolut de se retirer dans ses terres, adoucissant son déplaisir par cette réflexion philosophique que s'il n'avait rien fait dans le monde, c'était parce qu'il avait toujours fait profession de droiture et de sincérité, qualités incompatibles avec les défauts de la Cour, où pour réussir « il faut nécessairement applaudir au vice et souvent opprimer l'innocence. »

Louis Du Maurier était marié ; mais il n'a laissé qu'une fille dont on ignore le sort ; elle fut présentée au baptême par le coadjuteur de Paris, depuis cardinal de Retz.

On lui doit les publications suivantes : — I. *Histoire de l'exécution de Cabrières et de Mérindol et d'autres lieux de Provence*, particulièrement déduite dans le plaidoyer qu'en fit, l'an 1551, par le commandement du roi Henri II et comme son avocat-général en cette cause, Jacques Aubery, *lieutenant civil au Châtelet de Paris, et depuis ambassadeur extraordinaire en Angleterre pour traiter de la paix, l'an* 1555. *Ensemble une Relation particulière de ce qui se passa aux cinquante audiences de la cause de Mérindol*, Paris, 1645, in-4°. — Cet ouvrage parut pour la première fois à Leyde, en 1619, par les soins du savant Daniel Heinsius, qui le dédia aux deux fils aînés de Benjamin Aubery, Maximilien et Louis. Ce dernier ne fit qu'en donner une nouvelle édition, dédiée à Omer Talon, avocat-général au parlement de Paris.

II. *Mémoires pour servir à l'histoire de Hollande*, Au Maurier et à Paris, 1680, in-8° ; 5° édit., 1703 ; nouv. édit. par les soins de l'abbé Sépher, sous le titre : *Histoire de Guillaume de Nassau*, etc., 1754, 2 vol. in-12, où se trouvent des notes inédites d'Amelot de la Houssaye. Adelung suppose, en se fondant sur le Catalogue de Neaulme, qu'il existe une édit. de Paris, 1668, qui est regardée comme la meilleure ; mais il se trompe évidemment. Le dernier feuillet du vol. de l'édit. de 1680 portant ces mots: *Achevé d'imprimer pour la première fois le* 15 *juin* 1680 *Au Maurier et le* 20 *août à Paris*, et le privilége étant daté de l'an 1679, il ne saurait y avoir de doute. Ces Mémoires sont dédiés par l'auteur à l'évêque du Mans, Louis de Lavergne, comme un témoignage de reconnaissance de ce qu'il l'a délivré des vexations des ecclésiastiques, ses confrères, et a ainsi donné le repos à sa vieillesse. — Cet ouvrage traite, sous différents titres, de : 1° Guillaume de Nassau, prince d'Orange, fondateur de la république des Provinces-Unies des Pays-Bas; 2° Louise de Coligny, dernière et quatrième femme de Guillaume ; 3° Philippe-Guillaume, prince d'Orange et d'Éléonore de Bourbon, sa femme ; 4° Maurice de Nassau, prince d'Orange, et par occasion du comte Ernest de Mansfeld, du duc Christian de Brunswick et de la reine Élisabeth d'Angleterre ; 5° Henri-Frédéric de Nassau, prince d'Orange et sa postérité ; 6° Jean de Barneveld, avocat-général et garde des sceaux de Hollande, et ses enfants ; 7° François Ærsens, seigneur de Sommerdic et de la Plaate, et sa postérité ; 8° Hugues Grotius, pensionnaire de Rotterdam et puis ambassadeur de Suède en France et ses enfants. Selon Ancillon, l'auteur « est clair et succint dans ses narrations, solide dans ses raisonnements, droit et équitable dans ses jugements ; son expression est toujours propre et son style naturel. » On trouve dans ces Mémoires quelques révélations très-importantes, que de nouveaux faits venus à la connaissance des historiens tendraient à confirmer. C'est ainsi que l'auteur nous apprend, entr'autres choses, que l'ambassadeur français, M. de Bellièvre, envoyé en apparence en Angleterre pour solliciter en faveur de Marie Stuart, était porteur d'instructions toutes contraires de la main même de Henri III, qui pressait la reine Élisabeth de faire mettre à mort cette ennemie commune de leurs couronnes. Nous lisons aussi dans cet ouvrage que le prince Maurice aurait sollicité la princesse douairière sa belle-mère, de faire des démarches auprès de Barneveld pour le porter à l'appuyer de son autorité dans l'usurpation de la souveraineté de Hollande, et que le refus de ce vénérable vieillard lui coûta plus tard la vie. L'historien Le Vassor fait à ce sujet les réflexions suivantes : « Si M. Du Maurier avait écrit lui-même ce que son fils a publié, peut-être que la réputation qu'il s'était acquise par son esprit et par ses bonnes qualités, seroit un préjugé de quelque force contre le prince Maurice, mais ce n'est ici qu'un simple ouï-dire que son fils nous rapporte. Il publia son prétendu secret dans un temps où la France ennemie déclarée de la maison d'Orange, vouloit la rendre odieuse et suspecte aux Provinces-Unies. » Cette dernière considération doit être d'un certain poids pour qui connaît la circonspection, la timidité avec laquelle notre auteur, de crainte de déplaire au maître, exprime ses propres sentiments. Nous en citerons un ou deux exemples. « Je blâme, dit-il, en passant en deux lignes le massacre de la S. Barthélemi, où quantité de bons catholiques (*quel correctif!*) furent sacrifiés à la vengeance de leurs ennemis. Aussi il fut généralement condamné de tous les gens de bien françois et étrangers, hormis des auteurs de cette boucherie et de leurs dépendans. — Je ne prétends pas offenser la mémoire du roi Charles IX, ni de la reine sa mère : je dis seulement que cette action a été universellement détestée, sans nommer personne (*quelle témérité!*) » Nous regrettons que le défaut d'espace ne nous permette pas de mettre en regard le récit de Mézerai, excellent catholique, ou même celui de l'évêque Péréfixe. « Action exécrable ! s'écrie ce dernier, qui n'avoit jamais eu et qui n'aura, s'il plaît à Dieu, jamais de pareille. » C'est ainsi que s'exprime l'indignation de l'honnête homme. Ailleurs Du Maurier va jusqu'à demander grâce de ce qu'il ait osé admirer Guillaume de Nassau et l'amiral de Coligny. « Si quelques scrupuleux, dit-il, trouvent à redire que dans ces Mémoires je compare le prince d'Orange Guillaume et l'amiral de Coligny aux plus grands hommes, tous deux hérétiques et tous deux rebelles, on ne doit pas conclure par là que j'aie aucun penchant à l'hérésie et à la rébellion que je déteste également. » Quand on est sous l'empire de pareilles craintes, on ne se mêle pas d'écrire l'histoire, ou l'on se condamne à n'inspirer aucune confiance. Le premier mérite d'un historien, c'est d'avoir au moins le courage de ses opinions.

Depuis la publication des lettres de Grotius, on a relevé plusieurs erreurs dans ces Mémoires ; et cela était à prévoir, si l'on songe que l'auteur, de son propre aveu, écrivait « tout de mémoire sans l'aide d'aucun livre. » C'est ainsi que les romans se font. Bayle déjà exprimait la crainte que l'on ne reconnût un jour que ces Mémoires n'étaient que des ouï-dire et des quiproquo. D'un autre côté, le savant Le Clerc remarque que ce que Du Maurier rapporte pour l'avoir ouï dire à son père est plus certain que ce qu'il dit de lui-même. Mais d'après Ancillon, « ces Mémoires sont regardés comme une pièce si authentique et si digne de foi que les auteurs qui ont écrit sur ce sujet y ont puisé comme dans une source pure. » Toutefois ce même biographe nous apprend, d'après le dire de personnes qui avaient connu particulièrement notre Du Maurier, « qu'il étoit malin et que tout accablé de goutte et d'années qu'il étoit, ne pouvant agir il vouloit écrire, qu'il a tiré les Mémoires qu'il a publiés des mains de Maximilien son frère aîné, à qui le père les avoit laissés et qu'il leur a donné la forme qu'ils ont ; de sorte qu'encore qu'il dise souvent que son père lui a dit, où qu'il lui a ouï dire, et qu'il ne parle que par mémoire, la vérité est qu'il n'a fait que suivre les mémoires que son frère lui a communiqués, et qu'il ne sait rien de ce qu'il écrit que par ce moyen. S'il fait semblant de douter quelquefois, et s'il dit qu'il croit se souvenir, ce n'est que pour persuader d'autant mieux qu'il est auteur en chef, et qu'il n'écrit que de mémoire. » Tel est aussi le sentiment auquel nous nous étions arrêté, avant même de connaître ces détails. « Ces personnes, continue Ancillon, ajoutent que s'il n'a pas publié tout ce qu'il a promis, ce n'est pas sa faute. Il a fait tout ce qu'il a pu pour tirer des mains de son frère des Mémoires par le moyen desquels il espérait de pouvoir exécuter sa promesse ; mais son frère le connaissant trop bien et craignant qu'il ne se servît de ces Mémoires pour chagriner bien des gens, sous prétexte de faire les peintures véritables des princes, des grands et des ministres dont il y est parlé, lui a refusé les Mémoires qu'il lui a demandés, de sorte qu'actuellement ils sont encore entre les mains de M. Du Maurier son petit-fils, et petit-neveu de notre Du Maurier, le seul rejetton de cette illustre famille. » Nous ne saurions dire si les Mémoires dont il vient d'être question sont les mêmes que ceux qui ont été publiés en 1735 par Dorvaulx Du Maurier, qu'on dit être le petit-fils de notre Louis Aubery. En voici le titre : III. *Mémoires de Hambourg, de Lubeck et de Holstein, de Danemarck, de Suède et de Pologne*, Blois, 1735, in-12 ; La Haye, 1737, in-8°. — Ils ont eu peu de succès.

AUBERY (Claude), surnommé *Triuncuranus*, médecin et philosophe du XVIe siècle.

Les persécutions religieuses l'ayant forcé à quitter la France, il se réfugia à Lausanne où il fut nommé à une chaire de philosophie. Il y fit paraître, entr'autres publications, ses *Apodicticæ orationes* sur l'Épitre aux Romains, que le célèbre Théodore de Bèze fit, dit-on, condamner, au Synode de Berne comme contenant des opinions contraires à l'orthodoxie chrétienne. L'amour-propre de l'auteur fut tellement froissé par cette condamnation, qu'il renonça dès lors à toutes ses convictions, supposé qu'il en ait eu jamais, rentra en France et se retira à Dijon où il fit son abjuration. Il mourut dans cette ville en 1596. Ses ouvrages sont très-nombreux.

I. *Posteriorum nationum explicatio*, Laus. 1576, in-8°. — II. *De interpretatione*, 1577, in-8°. — III. *Scholies sur les Caractères de Théophraste* (en lat.), Bâle, 1582, in-8°. — IV. *Organon doctrinarum, seu logica*, Morgiis, 1584, in-fol. — V. *De terræ motu*, 1585, in-8°. — VI. *De concordia medicorum*, 1585, in-8°, — où l'auteur cherche à mettre d'accord les deux principaux systèmes qui divisaient les médecins de son tems. — VII. *Oratio apo-*

dictica de animæ immortalitate, 1586, in-8°. — VIII. *De resurrectione mortuorum.*— IX. *De caritate.*— X. *Tract. de communicatione naturali,* trad. en lat. du grec de Lascaris. — On lui doit encore des commentaires sur Hippocrate et sur Aristote, qui doivent se trouver MSS. à la Bibl. Roy. de Paris.

Il n'y a pas d'apparence que cet Aubery ait appartenu à la famille des Du Maurier ; peut-être tenait-il à celle des deux pasteurs de ce nom dont il est parlé p. 119 de cet ouvrage, ou d'un autre pasteur *Aubery*, qui desservit l'église de Ploermel de 1564 à 1580.

AUBIGNÉ (Théodore-Agrippa d'), né le 8 février 1550 (v. st.) à S. Maury, près de Pons, et mort à Genève le 29 avril 1630.

Nous ne nous arrêterons pas aux absurdités que l'on a débitées sur sa naissance, pour faire sa cour à Madame de Maintenon qui eût préféré descendre d'un bâtard ou plutôt d'un enfant adultérin de souche royale, que du fils légitime d'un brave et honnête seigneur : les uns l'ont fait naître de Jeanne d'Albret, d'autres d'Antoine de Bourbon, d'autres enfin, en désespoir de cause et comme pour mettre le comble à l'absurde, de Marguerite de Valois, vraisemblablement la mère de la reine de Navarre. Ces sottises imaginées par des courtisans ignares ne soutiendraient pas l'examen du plus petit écolier. Ceux de nos lecteurs qui désireraient s'édifier là-dessus, pourront consulter le vol. 9612, MSS. de la Bibl. Roy., Collection Duchesne, où sont déduites les raisons servant à « vérifier la possibilité de ce que Jeanne d'Albret étant veuve d'Antoine de Bourbon, a pu épouser secrètement Jean d'Aubigné. » Pour ce qui est du mariage secret que Jeanne d'Albert doit avoir contracté après la mort de son époux, laquelle arriva, non pas en 1551 époque certaine de la naissance de d'Aubigné, mais le 17 nov. 1562, nous renverrons le lecteur à l'art. Goyon.

Le père de notre d'Aubigné se nommait Jean ; il était seigneur de Brie en Saintonge et descendait par Savary d'Aubigny, gouverneur du château de Chinon pour le roi d'Angleterre, de la maison d'Aubigny de l'Anjou. Aussi les écrivains contemporains donnent-ils de préférence à sa famille le nom de d'Aubigny. Quant aux nombreux généalogistes que nous avons consultés, ils font à peine mention de cette branche, dont l'illustration pour eux et pour nous l'avilissement commence au père de Madame de Maintenon. Jean d'Aubigné prit une part active aux premiers mouvements religieux en France. Il fut un des chefs de la conjuration d'Amboise. Son fils raconte que passant un jour de foire par cette dernière ville, son père « vit les têtes de ses compagnons sur des poteaux, qui étaient encore reconnoissables ; ce dont il fut tellement ému qu'il s'écria, au milieu de sept à huit cents personnes qui étoient là : Ils ont décapité la France, les bourreaux ! — et puis il donna des deux à son cheval. Je me mis aussitôt à piquer après lui, parce que j'avois vu sur son visage une émotion extraordinaire, et l'ayant joint, il me mit la main sur la tête en me disant : Mon enfant, il ne faut point épargner ta tête après la mienne, pour venger ces chefs pleins d'honneur dont tu viens de voir les têtes ; si tu t'y épargnes, tu auras ma malédiction. » Lors de la prise d'armes du prince de Condé, en 1562, d'Aubigné fut un des premiers à se ranger sous ses drapeaux. Il commanda à Orléans en qualité de lieutenant du gouverneur *Du Bouchet* dit *Saint-Cyr*, et fut chargé de se rendre en Guyenne pour hâter le secours qu'on attendait de cette province. Après la malheureuse bataille de Dreux, à laquelle il paraît avoir assisté, il conduisit à Orléans le connétable de Montmorency, qui demeura confié à sa garde. Cela prouve en quelle estime il était auprès de son parti. Aussi, lors de la négociation de la paix ; « Il fut, au rapport de son fils, le quatrième de son parti qui entra dans le pavillon bleu de la reine-mère, tendu dans l'Isle-aux-bœufs (près d'Orléans), où elle fut conclue (mars 1563). » Les trois autres étaient le prince de Condé, d'Andelot et Saint-Cyr. Par suite de ce traité et en considération de ses services, il fut nommé maître des requêtes honoraire « pour servir dans les causes de ceux de la religion. » Mais la mort ne lui laissa pas le tems de prendre possession de cette charge. Envoyé en Guyenne pour y faire observer les articles de l'édit de pacification, il fut pris en route de violentes douleurs qui le forcèrent à s'arrêter à Amboise. Une blessure qu'il avait reçue pendant le siége d'Orléans, d'un coup de pique au-dessous de la cuirasse, s'étant rouverte, détermina une inflammation dont il mourut en peu de tems, « ne regrettant rien des affaires du monde, dit son fils, sinon de ce que ma trop grande jeunesse m'empêchoit de lui pouvoir succéder à son état de maître des requêtes ; ce qu'il disoit en tenant ses provisions en main, qu'il renvoya au prince Condé, avec prières de ne donner cette charge qu'à un homme qui fût déterminé à mourir pour le service des églises réformées. » C'est sans doute par une habile transformation que les fabricateurs de généalogies dont nous avons parlé plus haut, ont fait de cet emploi de maître des requêtes une charge de chancelier à la cour de Navarre. Dans l'espoir d'éblouir plus sûrement les incrédules, ils ont même appelé la poésie à leur aide ; ils ont joint aux actes qu'ils ont dressés, plusieurs pièces de vers, qui doivent avoir été écrites à trente ans de distance l'une de l'autre, bien que de la même main, du même style, avec la même encre, sur le même papier, et, qu'on le remarque bien, ce sont les originaux, ou, si l'on préfère, les minutes du poëte. La supercherie est matériellement flagrante. Nous ne nous arrêterons donc pas à toutes les bévues qu'on y pourrait relever ; le généalogiste avait beau jeu, les Mémoires de d'Aubigné n'avaient pas encore été publiés. Dans la première de ces pièces adressée à Jehan d'Aubigny, chevalier, seigneur de Brie, qu'il fait descendre d'un chevalier romain, Albinus, venu dans les Gaules avec Jules César, nous lisons :

Tu as vers toy une illustre compaigne
Et noble dame Catherine de L'estang, etc.

(ce dernier vers n'est sans doute pas très-régulier, mais quand on dresse des généalogies, on n'est pas tenu d'être poëte) et deux lignes plus bas :

Ton fils aisné le petit Théodore
Quoique jeunet promet beaucoup de luy, etc.

Or on sait d'une manière certaine que *Catherine de L'Estang* mourut en couches du *petit* Théodore qui fut son unique enfant. Dans la pièce suivante adressée au même Messire d'Aubigny, *chancelier de Navarre*, on lit :

Là (en Navarre), ton pouvoir et ton autorité,
Ta renommée et grande probité
T'ont attiré de ta chère princesse
Toute faveur, liberté et liesse.
Le chancelier tu es de son Estat
Et de son cœur le premier magistrat.

Or nous avons vu que Jean d'Aubigné était mort en quelque sorte le harnais sur le dos, quatre mois environ après Antoine de Bourbon. Mais le généalogiste n'est pas embarrassé pour si peu; dans ses Preuves, il le fait vivre bien des années au delà de sa mort, et à cet effet il lui attribue tout ce qu'a pu faire son fils. On ne saurait être plus malheureux. Peu de temps après la mort de sa première femme, Catherine de L'Estang, Jean d'Aubigné se remaria avec *Anne de Limour* et il paraît qu'il en eut des enfants puisque notre d'Aubigné se donne plusieurs frères, et entr'autres, un frère cadet, nommé le capitaine *Aubigné*, qui fut tué au siége de Montaigu, en 1580, et enterré dans les sépultures des ducs de Thouars.

Avant de poursuivre plus loin cette notice, nous devons faire observer que nous suivrons fidèlement les Mémoires que d'Aubigné a laissés à ses enfants et dont on ne saurait contester l'authenticité, en nous attachant à conserver, autant que possible, ses propres expressions et son style. Nous avons dit que d'Aubigné naquit en Saintonge, en 1551. Il fut nommé Théodore, et par adjonction Agrippa, *quasi œgrè partus*. A peine avait-il quatre ans accomplis, que son père lui amena de Paris un précepteur nommé *Jean Cottin*, homme *astorge* et impétueux, qui lui enseigna les lettres latines, grecques et hébraïques tout à la fois, si bien qu'à six ans il savait lire en françois et en ces trois langues. Cependant ce pédagogue ne tarda pas à être remplacé par *Jean Morel*, parisien, et assez renommé, qui traita son élève avec plus de douceur. A l'âge de sept ans et demi, il traduisit le *Crito* de Platon, sur la promesse que lui fit son père de le faire imprimer avec son effigie enfantine en tête du livre. Toutefois sa belle-mère qui portait impatiemment la dépense et la trop exquise nourriture qu'on employait pour lui, décida son père à l'éloigner de la maison; il le conduisit donc à Paris, où il le mit en pension chez le savant *Béroald*. Les persécutions qui redoublèrent dans la capitale après la surprise d'Orléans par le prince de Condé, contraignirent bientôt le maître à fuir avec sa famille et ses écoliers. La petite troupe se composait de quatre hommes, de trois femmes et de deux enfants. En passant à Courances, où le chevalier d'Achon tenait garnison, ils furent tous arrêtés et livrés au fameux inquisiteur de la foi Démocharès. Déjà le jour de leur supplice était fixé, lorsque, dans la nuit, l'officier chargé de leur garde pénétra dans leur prison et ayant baisé le jeune d'Aubigné à la joue, dit à Béroald : « Il faut que je meure ou que je vous sauve tous pour l'amour de ce jeune enfant ! » Il tint parole; quelques heures après, la petite troupe cherchait à gagner à travers champs la grande route de Montargis, où elle arriva *à sauveté* après avoir essuyé bien des fatigues et des périls. La célèbre *Renée de France* les accueillit avec son humanité accoutumée; elle les retint trois jours pour leur donner le temps de se remettre; après quoi elle les fit conduire à Gien, où ils restèrent un mois chez le procureur du roi nommé Chasseray. L'attaque de cette place par l'armée royale, les obligea de chercher un autre refuge à Orléans. Une affreuse épidémie ravageait alors cette ville. A peine arrivé, le jeune d'Aubigné fut atteint de la contagion. « Mon chirurgien et quatre autres personnes de notre troupe, écrit-il, moururent dans ma chambre, et madame *Béroalde* entr'autres. Mon serviteur, nommé *Echalast*, et qui est mort ministre en Bretagne, ne m'abandonna jamais, et me servit durant toute ma maladie sans prendre le mal, n'ayant pour tout préservatif, ajoute notre superstitieux écrivain, qu'un verset du psaume XLV continuellement à la bouche. » Trente mille personnes furent enlevées en peu de temps par le fléau; mais d'Aubigné guérit heureusement, il était réservé à d'autres destinées. Le siège ayant été mis devant Orléans sur la fin de l'année (v. st., février 1563), Béroald quitta la maison du président de L'Estoile où il avait été logé, pour aller s'établir dans le cloître de Saint-Agnan, et son élève resta au logis de son père. Nous avons vu que la mort de ce dernier suivit de près. Ce fut pour son fils une perte d'autant plus malheureuse, que, resté pour ainsi dire sans direction à un âge aussi tendre, il s'abandonna dès lors, sans retenue, à toute la fougue de son caractère. On lui nomma pour curateur le sieur *Audubeuil* qui le laissa encore un an sous la discipline de Béroald, et ensuite l'envoya à Genève pour y compléter ses études: il avait alors treize ans. « Je faisois dans ce temps, écrit-il, autant de vers latins qu'un habile écrivain en pouvoit faire en un jour, et je lisois couramment les Rabins sans points, et les expliquois de même que le grec et le latin sans lire le texte. Quoique j'eusse demeuré deux ans aux écoles publiques d'Orléans, et que j'y cusse fait mon cours de mathématiques, on me remit pourtant à Genève au collége sur ce que je n'avois pas bien expliqué quelques dialectes de Pindare, ce qui me fit haïr l'étude, mépriser les lettres, dépiter contre les châtiments, et adonner aux polissonneries qui me tournoient souvent à louanges, parce que monsieur Bèze, en les excusant, les trouvoit plus spirituelles et réjouissantes que rusées et malicieuses ; mais mes maîtres étoient sans miséricorde. » Au bout de deux ans, il quitta Genève à l'insu de ses parents, et se rendit à Lyon, où il se remit à l'étude des mathématiques et des premiers éléments de la magie, avec la résolution pourtant, confesse-t-il naïvement, de ne s'en jamais servir. Mais malheureusement il avait compté sans son hôtesse qui, au bout de fort peu de temps, le menaça de le mettre à la porte de sa maison, s'il ne la payait. Dans cette dure extrémité, le pauvre d'Aubigné prit si fort à cœur son indigence et la menace de cette femme que, n'osant retourner au logis, il passa un jour sans manger, plongé dans une extrême tristesse. Le soir venu et ne sachant où aller coucher, le désespoir s'empara de lui ; il s'arrêta au milieu du pont de la Saône, et penchant la tête au-dessus de la rivière pour y laisser couler ses larmes, il se sentit transporté d'un grand désir de s'y jeter afin de terminer d'un coup toutes ses angoisses. Un reste de bonne éducation et de piété lui fit toutefois souvenir de prier avant d'exécuter son funeste dessein ; mais l'idée de la vie éternelle venant alors à se présenter à lui, il en fut tellement effrayé, qu'il hésita et demanda à Dieu de bien vouloir l'assister dans une telle agonie. Il n'avait pas achevé que, tournant la tête vers le bout du pont, il aperçut un valet à cheval, et un moment après son maître, qu'il reconnut pour le sieur *Du Chillaud*, son cousin-germain, qui s'en alloit en Allemagne par ordre de l'amiral de Châtillon, et qui lui apportait de l'argent. Le malheureux était sauvé !

A quelque temps de là (1567), les secondes guerres de religion ayant commencé, d'Aubigné qui portait impatiemment ses seize années, voulut par quelque coup de tête anticiper sur le temps de sa majorité. Il s'en retourna donc en Saintonge chez son curateur à qui il déclara qu'il était résolu de laisser les livres pour embrasser la profession des armes. Toutes les remontrances ayant été vaines, M. Audubeuil prit le parti le plus raisonnable, il détint son jeune pupille en chartre privée, jusqu'à ce qu'à la reprise des guerres civiles (1568), il réussit à s'évader. Voici comment il raconte lui-même son équipée. « Alors quelques-uns de mes camarades qui avoient comploté aussi bien que moi de s'en aller à la guerre, ayant tiré un coup de fusil devant ma prison, pour le signal dont nous étions convenus qu'ils partoient, j'attachai aussitôt les linceuils de mon lit à la fenêtre, et je me dévalai dans la rue en chemise et pieds nuds, parce que mon curateur faisoit emporter tous les soirs mes habits dans sa chambre. Dans cet équipage, et après avoir sauté par-dessus deux murs au bas de l'un des quels je trouvai un puits où je pensai tomber, je m'en fus joindre mes camarades qui marchoient et qui ne furent pas peu étonnés de voir courir après eux un homme en chemise qui les appelloit, et qui pleuroit parce que les pieds lui faisoit un mal horrible. Je les atteignis à la fin, et le capitaine *Saint-Lo*, chef de la troupe, après m'avoir en vain bien menacé et grondé pour me faire retourner au logis, me mit en croupe derrière lui et me donna son manteau pour mettre dessous mes fesses, à cause que la boucle de la croupière les écorchoit. » C'est dans cet accoutrement que d'Aubigné prit part à sa première affaire, où il gagna une arquebuse avec son fourniment, mais il lui répugnade prendre les vêtements d'un des hommes restés sur le champ du combat, de sorte qu'il arriva tout nud à Jonsac, où quelques capitaines le firent habiller. Au bas de la cédule qu'il leur souscrivit pour ce prêt, il écrivit que de sa vie il ne reprocherait à la guerre de l'avoir dépouillé, n'en pouvant sortir en plus piteux état qu'il y était entré.

On voit par les détails qui précèdent dans quelle erreur la plupart des biographes et même des historiens sont tombés, lorsqu'ils avancent que d'Aubigné a été élevé avec Henri de Navarre. Ce n'est qu'en 1574 qu'il fut connu particulièrement de ce prince qui l'attacha à son service sur les recommandations de son maître-d'hôtel nommé Estourneau, « tant en considération des mérites du feu sieur d'Aubigné son père, que parce qu'il étoit un homme déterminé, qui ne trouvoit rien de trop chaud ni de trop froid. » L'erreur est venue sans doute de ce que d'Aubigné lui-même dit dans la préface de son Histoire qu'il a été « nourri aux pieds de son roi, desquels il faisoit son chevet en toutes les saisons de ses travaux ; quelque tems élevé en son sein, et sans compagnon en privauté, et lors plein des franchises et sévérités de son village. » Mais la plus simple attention convaincra le lecteur que par les travaux du roi son maître l'ancien écuyer de Henri IV n'entend pas parler des thèmes et des versions que ce prince a pu composer dans sa première jeunesse.

De Jonsac, la compagnie du capitaine Saint-Lo se rendit à Saintes où était le rendez-vous de l'armée des religionnaires. Le gouverneur de la province, M. de *Mirambeau*, chercha encore, par de paternelles exhortations et ensuite par les menaces, à ramener le jeune fugitif à son devoir ; mais tout fut inutile, il persista dans sa révolte. On comprend qu'à son âge, pendant une campagne d'hiver, l'apprentissage du métier des armes dut lui être rude. Dénué de ressources, aussi mal vêtu que mal monté, il eut souvent à endurer toutes les privations du soldat.

Mais son ardeur le soutint. Au siége de Pons, il fut un des premiers à entrer par la brèche. Il assista ensuite au combat de Janseneuil, à la bataille de Jarnac et à la grande escarmouche de la Roche-Abeille. Le reste de la durée des troisièmes guerres, il le passa en Saintonge, où il se signala dans plusieurs rencontres, jusqu'à ce que sa bravoure le fit nommer enseigne de la compagnie colonnelle d'*Asnières*. C'est en cette qualité qu'il fut chargé, avec *Blanchard*, appelé depuis *Cluseau*, de mener les enfants perdus à l'attaque de Cognac. Dans cette affaire, son capitaine lui déféra l'honneur de dresser lui-même les articles de la capitulation. Enfin pour dernier exploit, il surprit la ville de Pons. La paix ayant été signée, d'Aubigné s'achemina malade à Blois, dans l'intention de se mettre en possession du peu de bien qui lui revenait de sa mère ; son curateur l'avait fait renoncer à la succession de son père, dont le passif excédait de beaucoup l'actif. Mais quel ne fut pas son étonnement lorsqu'il apprit que sur le faux bruit de sa mort, un maître-d'hôtel du duc de Longueville s'était constitué son héritier, et en cette qualité s'était emparé de son petit héritage. Il eut beau protester, il eut beau faire pour établir son identité, on lui soutint en face qu'il avait été tué au combat de Savignac et qu'on en fournirait de bonnes attestations. Ce procédé inique, joint à la dureté de ses parents maternels qui lui tournèrent le dos en haine de sa religion, le toucha à un tel point que la fièvre qui le tourmentait redoublant d'intensité, le mit aux portes du tombeau. Néanmoins, il eut la force de se faire transporter par bateau à Orléans, où il arriva à demi-mort. « Dans ce pitoyable état, raconte-t-il, j'eus le courage de me présenter devant les juges, qui me permirent de plaider moi-même ma cause ; ce que je fis en termes si pathétiques, et j'exposai ma misère d'une manière si touchante, que mes juges, justement irrités contre mes parties, s'étant levés de leurs places, s'écrièrent tous d'une voix : «Qu'il n'y avoit que le fils du feu sieur d'Aubigné qui pût parler ainsi,» et condamnèrent mes adversaires à me demander pardon et à me faire raison de mon bien.» Ce fut vers cette époque que d'Aubigné se prit de passion pour la fille aînée du sieur de Talcy, Diane Salviati. L'amour, ce grand maître, le rendit poëte. Pour plaire à sa maîtresse, il composa ce que l'on a appelé depuis, dit-il, *le Printemps d'Aubigné*, « où, selon l'auteur, il y a plusieurs endroits peu limés, mais en récompense une certaine fureur poétique que les gens du métier loueront toujours.» A quelque temps de là, il dressa une compagnie afin d'aller prendre part à la guerre de Flandre, qui se préparait, et à cet effet il se rendit à Paris, lors des noces du roi de Navarre, pour y recevoir sa commission. Mais à peine y fut-il arrivé qu'il fut contraint d'en repartir précipitamment pour avoir blessé un archer qui voulait l'arrêter dans une affaire d'honneur où il servait de second à un de ses amis. Il dut sans doute à cette aventure, de ne pas être au nombre des victimes de la S. Barthélemi. Il se retira à Talcy où il se tint caché pendant plusieurs mois chez le père de sa maîtresse. Un jour qu'il se plaignait à ce dernier des rigueurs de la fortune, qui le condamnaient au repos, en ne lui permettant pas de se rendre à La Rochelle, ce vieillard l'interrompit en lui disant : « Vous m'avez autrefois conté que les originaux de l'entreprise d'Amboise avoient été confiés à feu votre père, et que, dans l'une des pièces, le seing du chancelier de *L'Hospital*, qui est présentement retiré en sa maison près d'Étampes, s'y trouvoit. — C'est un homme qui n'est plus rien, et qui a désavoué votre parti; si vous voulez, je lui envoyerai dire que vous avez cette pièce entre les mains, et je me fais fort de vous faire donner dix mille écus, soit par lui ou par ceux qui voudront s'en servir pour le perdre. »

D'Aubigné ne répondit pas, mais il alla aussitôt chercher un petit sac de velours qui contenait ces papiers et après les avoir mis sous les yeux de son indigne conseiller, il les reprit et les jeta au feu, en lui disant : « J'aurois pu succomber à la tentation ! » Le vieillard subjugué par ce beau trait, lui accorda à l'instant même la main de sa fille. Mais ce mariage ne devait pas se conclure. Le chevalier Salviati, oncle de la jeune Diane, parvint à l'empêcher sous le prétexte de la diversité de religion.

Après la paix de La Rochelle, en 1573, d'Aubigné entra secrètement au service du roi de Navarre, alors détenu prisonnier à la Cour. Il fut convenu que pour détourner les soupçons, il resterait auprès du sieur de Fervaques, grand ennemi des huguenots en ce temps-là, comme s'il s'était donné à lui. Il joua si bien son rôle, que le duc de Guise lui-même y étant trompé, le prit en affection, ce qui lui servit non-seulement à se maintenir à la Cour malgré les préventions de la reine-mère contre lui, mais encore à favoriser une étroite intelligence entre son maître et ce prince, « laquelle, ajoute notre narrateur, parvint à un point qu'ils couchoient, buvoient et mangeoient ensemble, faisant de même leurs mascarades, ballets et carrousels dont je composois les devises et donnois les dessins. Ce fut alors que je fis la tragédie de la *Circé* que la reine-mère empêcha d'être jouée à cause de la dépense; mais elle le fut depuis aux noces du duc de Joyeuse, et le roi Henri III en fit tous les frais.» Plusieurs fois cependant il faillit se trahir. Un jour entr'autres, Henri III lui demandant s'il avait fait ses Pâques, — « Belle demande, Sire ! » lui répondit-il tout interdit. — « Quand et quel jour les avez-vous faites,» poursuivit le roi ? — « Vendredi dernier,» répliqua-t-il, «ne sachant pas, à ce qu'il ajoute, qu'il n'y avoit que ce pauvre jour dans toute l'année où il ne se disoit point de messe ni où l'on ne communioit point. » —

«Ho! pour le coup, d'Aubigné, observa monsieur de Guise, tu ne sais guères bien ton catéchisme, » ce qui fit rire toute la compagnie, à la réserve de la reine-mère qui le fit observer de plus près.

Le roi de Navarre ayant à la fin réussi à s'échapper de la Cour, d'Aubigné fut du petit nombre de ses confidents qui l'accompagnèrent dans sa fuite. Il possédait alors toute sa confiance; mais il ne tarda pas à voir décliner sensiblement sa faveur. Le motif de cette disgrâce est trop honorable pour lui pour que nous ne le fassions pas connaître. Son maître sollicitait depuis quelque temps la jeune baronne de *Thignonville* de son déshonneur, sans pouvoir arriver à ses fins. Il s'imagina que son écuyer ferait beaucoup mieux ses propres affaires que lui-même. Mais d'Aubigné, «par pur caprice, dit-il — nous croyons par un plus noble sentiment, — ne voulut jamais en cela complaire à son maître, quoiqu'il lui fît d'infinies caresses et promesses pour l'y engager jusqu'à se mettre à genoux devant lui les mains jointes, afin de l'exciter à avoir cette complaisance pour lui. » Le déplaisir du roi fut encore aigri par un bas sentiment de jalousie. D'Aubigné recherchant constamment, avec toute la témérité d'un aventurier, les occasions les plus périlleuses où il y avait de la gloire à acquérir, Henri souffrait impatiemment les louanges qui lui en revenaient et qu'il voulait pour lui seul. Il alla même jusqu'à former le dessein de se débarrasser de lui par un assassinat, dans l'intention surtout de se venger de ce qu'au retour d'une mission dont il l'avait chargé dans le Languedoc, il avait eu l'audace de lui dire, en bon huguenot qu'il était, qu'il y avait des traîtres dans le Parti et que lui les connaissait bien. Prévenu à temps, d'Aubigné sut, avec sa fermeté accoutumée, conjurer le danger. Mais Henri ne se tint pas pour battu, il travailla sourdement à lui susciter de mauvaises affaires. A quelques jours de là, son écuyer, qui relevait à peine de maladie, et que sa grande faiblesse empêchait encore de se servir d'une épée, fut appelé en duel sans y avoir, en aucune sorte, donné sujet. Ses amis qui se doutaient d'où lui venait cette affaire, lui conseillèrent alors de se retirer de la Cour; ce qu'il fit, en se rendant à Castel-Jaloux, où il avait un commandement. Plusieurs gentilshommes, et entr'autres *Constant, Sainte-Marie, Arambure*, l'y accompagnèrent. L'espace ne nous permet pas de rapporter toutes les rencontres, tous les combats dans lesquels d'Aubigné signala sa bouillante valeur après sa retraite de la cour de Nérac. C'est à la suite d'une de ces affaires que, retenu au lit par les blessures qu'il y avait reçues, il dicta les premières stances de ses *Tragiques*. Le gouverneur de Castel-Jaloux, *La Vachonnière*, étant mort sur ces entrefaites, toute la ville résolut de demander ce gouvernement pour son lieutenant; mais il s'y refusa, ne voulant pas s'exposer à l'humiliation d'un refus. « Je reçus encore dans ce temps-là, raconte-t-il, une autre mortification; car ayant pris par escalade Castelnau-de-Maumes, voisin de Bourdeaux, la dame du lieu, qui s'étoit insinuée dans les bonnes grâces et dans le lit de Lavardin, fit désavouer sans peine les chefs de cette entreprise et en ordonner la réparation, malgré toutes les remontrances des sieurs de *Méru* et de *La Noue* qui s'y opposoient au nom de tout le parti réformé. » Cependant la garnison ayant refusé d'évacuer la place, la dame de Castelnau, secondée par le roi de Navarre lui-même qui lui promit de laisser écraser ses propres soldats, sollicita Villars d'en faire le siège. Ce général s'en approcha donc avec douze canons. Mais d'Aubigné, ayant eu vent de cette entreprise, se jeta dans la place avec quelques centaines de soldats, et rompit ce dessein. Lavardin essaya alors d'un autre moyen, il tenta de corrompre quelques-uns des hommes de la garnison de Castelnau pour leur faire prêter la main à La Salle-de-Chiron qui devait surprendre la place. Ces fidèles soldats ayant tout révélé à leur chef, des mesures de sûreté furent prises en conséquence, et lorsque l'ennemi se présenta à la faveur de la nuit, on le reçut contre son attente à bons coups d'arquebuse. Le roi de Navarre éprouva un tel déplaisir de cette affaire qu'il menaça de faire assiéger la place avec quatre canons ; mais il lui fut répondu que qui en avait méprisé quatorze n'en craindrait pas quatre. La paix s'étant faite peu après, en 1577, d'Aubigné quitta Castel-Jaloux ; mais avant d'en partir, il écrivit au roi de Navarre la lettre d'adieu suivante : « Sire, Votre mémoire vous reprochera douze années de mes services, et douze plaies reçues sur mon corps en vous servant. Elle vous fera souvenir de votre prison, et que la main qui vous écrit en a rompu les verrouils. Enfin, elle vous dira que cette même main est demeurée pure auprès de vous, vide de vos bienfaits et exempte de corruption, tant de la part de vos ennemis que de la vôtre. Par cette lettre je vous recommande à Dieu, à qui je donne mes services passés, et à vous ceux de l'avenir, par lesquels je m'efforcerai de vous faire connoître qu'en me perdant, vous avez perdu votre, etc., etc. » Son intention était de se rendre en Poitou, de vendre son bien et d'aller offrir ses services au prince Casimir, second fils de l'électeur Palatin, dont il avait l'honneur d'être connu. Mais il lui *succéda* autrement. En arrivant à Saint-Gelais, il aperçut à une des fenêtres du logis *Susanne de Lezay*, de la maison de Vivonne, et à l'instant même il en devint si éperdûment amoureux, que son voyage se termina chez les sieurs de *Saint-Gelais* et de *La Boulaye*, qui saisirent cette occasion aux cheveux pour le retenir, en vue de le charger de diverses entreprises, entr'autres sur Montaigu et sur Limoges, dont ils avaient formé le projet. L'ennui du repos, l'intérêt de la religion et le désir de se faire un peu regretter à la cour de Nérac, le firent tôper à toutes leurs propositions.

Cependant le roi de Navarre n'avait pas perdu tout souvenir de son fidèle écuyer. Autrement, les remontrances des députés du Languedoc, au Synode national de Sainte-Foy, qui lui demandèrent ce qu'il avait fait d'un aussi utile serviteur par qui la province avait été sauvée, aurait pu lui en rafraîchir la mémoire. Ce prince lui écrivit plusieurs lettres pour le presser de retourner auprès de lui ; mais d'Aubigné, justement irrité, les jeta au feu sans y répondre. Toutefois son mécontentement cessa lorsqu'il sut que le roi, ayant appris qu'il avait été fait prisonnier dans son entreprise sur Limoges, avait mis à part quelques bagues de la reine sa femme pour payer sa rançon ; et même que sur le faux bruit qu'il avait eu la tête tranchée, il en avait témoigné un grand deuil et perdu le repos. Il se décida donc à retourner à son service. Il fut reçu avec de grandes caresses, et force belles promesses *expiatoires*, « ce qui engagea, dit-il, la reine à le gracieuser et à le traiter très-familièrement, espérant de lui de certains services dont elle fut frustrée. » Le roi de Navarre minutait alors dans son esprit une nouvelle prise d'armes. Avant de se décider, il jugea à propos de prendre l'avis de *Turenne*, *Favas*, *Constant* et d'Aubigné ; ce furent les seuls de ses courtisans qu'il consulta. On ne saurait dire que Minerve sortit tout armée de leurs cerveaux, ce ne fut que la *Guerre des Amoureux*. On connaît l'origine de cette dénomination. D'Aubigné lui-même nous l'apprend : « De ces cinq que nous étions à ce pourparler, dit-il, les quatre premiers étant passionnément amoureux, et ne prenant conseil que de leurs maîtresses, qui vouloient absolument la guerre pour se venger de quelques injures qu'elles croyoient avoir reçues de la cour de France, elle y fut résolue ; ce qui la fit surnommer la Guerre des Amoureux, parce que les mignons de Henri III y furent pareillement incités par leurs maîtresses, qui vouloient, de leur côté, tirer vanité de la bravoure que leurs amants y feroient paroître. » On voit que dans cette guerre de religion, cette nouvelle guerre civile, la religion fut pour peu de chose — un prétexte, et l'intérêt général, le bien-être du peuple, pour rien. Que de grands événements dans l'histoire se sont accomplis, qui n'ont pas eu une plus honorable origine ! D'Aubigné passa à Montaigu, en *gentils* exercices de guerre, la plus grande partie du temps que durèrent les hostilités. La cavalerie de la garnison était divisée en trois brigades, dont l'une sous ses ordres et les deux autres sous *Saint-Étienne* et *La Boulaye*, gouverneur de la place. Sa brigade étant continuellement en courses, acquit dans le pays le surnom de compagnie des Albanois. Pendant le siège de Montaigu, de trente sorties que firent les assiégés, il eut la gloire d'en conduire vingt-neuf et toujours avec avantage.

La paix s'étant faite, d'Aubigné retourna à la cour de Nérac. Ce fut à quelque temps de là, en 1583, qu'après avoir essuyé bien des traverses dans son amour, il obtint enfin la main de Susanne de Lezay, dame de Murcay et de Surineau ; elle descendait d'une branche cadette de la maison de S. Gelais. Le roi de Navarre lui-même s'était employé à vaincre la résistance de son curateur, avec toute la chaleur d'un ami. D'Aubigné ne passa que trois semaines auprès de sa jeune épouse. Henri, outré des affronts que la reine sa femme avoit reçus à la cour de France, le dépêcha au roi, son beau-frère, pour en demander réparation. Il s'acquitta de cette mission délicate à la satisfaction de son maître. Mais la reine Marguerite ne lui en voulut pas plus de bien pour cela ; ce qui n'empêcha point, dit-il, que dans un conseil où il fut appelé, il ne fît changer par ses remontrances les avis qui alloient tous à la faire mourir : ce dont le roi son mari lui sut très-bon gré.

La guerre ne tarda pas à se rallumer. D'Aubigné s'y signala comme toujours par une intrépidité sans exemple. Ce fut dans cette guerre, dit-il, que remplissant la charge de sergent de bataille, il commença à faire sentir aux gens de pied l'importance et la nécessité des piques, contre l'opinion du roi de Navarre qui les avait en aversion. Il accompagna ensuite le prince de Condé au siège de Brouage, et, lorsque ce prince l'eut levé, dans sa malheureuse entreprise sur Angers, où il courut les plus grands périls. Après tant de fatigues, il espérait au moins pouvoir jouir de quelque repos, mais à peine fut-il de retour dans ses terres, que le duc de *Rohan*, les Rochellois et tout le Consistoire en corps le conjurèrent de mettre un régiment sur pied et de relever l'enseigne d'Israël, lui envoyant à cet effet le secours nécessaire. Il rappela donc les quatre compagnies qu'il avait menées à l'entreprise d'Angers, et lorsqu'il eut réuni un petit corps de onze cents hommes, il se mit à faire la guerre dans le Poitou. Il s'empara sans grande résistance de l'île d'Oléron, et y fit élever de nouvelles fortifications. Le capitaine *La Limaille*, son lieutenant, le seconda avec zèle. Les catholiques de Brouage, commandés par Saint-Luc, tentèrent cinq descentes auxquelles ils furent toujours battus et repoussés ; mais à la fin la fortune lui tourna le dos : il fut assiégé, fait prisonnier et ses troupes chassées complétement de l'île. « Au plus fort de mon angoisse, dit-il à ses enfants, je fis une prière à Dieu [elle se trouve dans ses Petites œuvres mêlées], laquelle ayant été suivie le lendemain de ma délivrance, je la mis en vers latins, et vous la trouverez dans mes papiers ; elle commence par ces mots : *Non te cara latent*, etc. » Il fut échangé contre Guiteaux, lieutenant du roi aux îles, qui fut heureusement pris par les siens, au moment même où l'ordre de le faire mourir venait d'être expédié à Saint-Luc. Au sortir de sa prison, d'Aubigné se rendit à La Rochelle où se trouvait alors le roi de Navarre. Mais ce prince voyant qu'il y avait été reçu avec honneur, qu'on l'y traitait avec distinction, que les principaux de la ville lui rendaient de fréquentes visites et que tous les bons huguenots, et surtout les ministres de sa suite, avaient de grandes déférences pour lui, il en conçut une si forte jalousie qu'il séchait sur pied de trouver une occasion de le mortifier. « Toutes les picoteries du roi de Navarre en mon endroit, continue-t-il, et l'abandonnement surtout qu'on fit de l'île d'Oléron aux papistes, que je ne pouvois approuver ni digérer, pour avoir acquis le gouvernement de cette île avec bien des peines, de la dépense et des périls, m'obligèrent à me retirer chez moi, où un désir de vengeance m'inspira la pensée... de prendre un congé final de mon maître, et puis, par un mouvement de désespoir, de chercher à mourir en rendant quelque grand et signalé service à ma religion. Mais venant à réfléchir que je ne pourrois servir ma religion sans servir le parti que je voulois quitter,... cela me mit en suspens; et le diable se prévalant de mes doutes, me suggéra... d'étudier à fond les controverses en matière de religion pour voir si je ne pourrois point trouver dans la romaine quelque ombre d'apparence d'y pouvoir faire mon salut. » Cependant ses lectures et ses méditations ne firent que l'affermir davantage dans la foi protestante.

D'Aubigné était depuis environ six mois retiré dans ses terres, lorsque son maître le pressa de nouveau de revenir à lui. On doit croire que le désir de prendre part à la campagne qui allait s'ouvrir, le décida plus que les caresses du monarque à oublier son ressentiment. Lorsqu'il eut rejoint l'armée, il reprit ses fonctions d'écuyer, jusqu'au our de la bataille de Coutras où, après avoir mis ce prince à cheval, il prit place parmi les maréchaux-de-camp. Ce fut à lui que Henri avait déféré l'honneur de marquer le champ du combat. A quelque temps de là, eut lieu l'entreprise de Niort et de Maillezais. D'Aubigné demeura gouverneur de cette dernière place, au grand regret de son maître qui fit son possible pour le dégoûter de ce médiocre gouvernement.

« Mais j'étois trop las de courir, dit-il, et ce fut là où je commençai à me délasser un peu de mes travaux qui n'avoient point discontinué depuis l'âge de 15 ans... n'ayant pas resté quatre jours de suite sans être employé à quelque corvée, à la réserve du temps qu'il m'avoit fallu donner pour me guérir de mes maladies ou de mes blessures. » C'est à cette époque de sa vie que se rapporte une anecdote assez plaisante qui peint bien la bonhomie si connue du roi de Navarre, alors que quelque passion ne le faisait pas sortir de son naturel. Un jour que d'Aubigné était couché dans sa garde-robe, il se prit à dire à *La Force* qui reposait auprès de lui : « La Force, notre maître est un ladre vert, et le plus ingrat mortel qu'il y ait sur la face de la terre. » « Que dis-tu, d'Aubigné ? » lui demanda son ami à moitié endormi. — « Il dit, lui répéta le roi de Navarre qui avait tout entendu, que je suis un ladre vert et le plus ingrat mortel qu'il y ait sur la face de la terre. » On conçoit que d'Aubigné n'eut aucune envie de poursuivre son dialogue, avec le *vert galant* en tiers; il se tint coi et attendit avec inquiétude que le jour parût; « mais, ajoute-t-il, ce prince qui n'aimoit ni à récompenser ni à punir, ne m'en fit pas pour cela plus mauvais visage, de même qu'il ne m'en donna pas non plus un quart d'écu davantage. » Cependant les libertés qu'il prenait fréquemment avec son maître, jointes à l'ardeur avec laquelle il défendit dans toutes les occasions les intérêts de la religion, lui attirèrent souvent des disgrâces et de rudes paroles du monarque; mais elles ne lui firent jamais perdre son estime. Ainsi, lorsqu'il fut question de tirer le vieux cardinal de Bourbon, reconnu roi par la Ligue à la mort de Henri III, de la place de Chinon où il était détenu prisonnier sous la garde du sieur de Chavigny, qui était vieux et aveugle, Henri IV jeta les yeux sur lui pour lui confier un dépôt aussi important, et comme Du Plessis-Mornay, alléguait pour l'en détourner les sujets de plaintes et de mécontentements que le gouverneur de Maillezais avait contre le roi, Henri lui répondit que « la parole qu'il tireroit de lui en ce rencontre était un remède suffisant pour lui guérir l'esprit de toutes sortes d'ombrages. » L'événement justifia pleinement sa confiance. Aussi les soupçons de Du Plessis nous étonnent, venant de lui. La servilité n'est pas la compagne obligée de la fidélité. D'Aubigné le fit bien voir, en repoussant avec indignation les offres séduisantes qui lui furent faites pour qu'il voulût favoriser l'évasion de son prisonnier. Cependant nous devons dire que ces faits rapportés dans ses Mémoires avec toutes les circonstances propres à leur donner le caractère de la vérité et confirmés dans son Histoire, sembleraient en contradiction avec ce qu'avancent la plupart des historiens. Selon eux, le cardinal de Bourbon, Charles X, mourut, le 8 mai 1590, au château de Fontenay-le-Comte, en Poitou, sous la garde du sieur de *La Boulaye*, à qui Henri IV l'avait confié après l'avoir retiré d'entre les mains de Chavigny. Nous ne pensons pas que le château de Fontenay ait été compris dans le gouvernement de Maillezais; aussi, pour concilier ces données contradictoires, faut-il admettre que d'Aubigné ne resta chargé de la garde du cardinal que pendant un certain temps, ou qu'il se reposa de ce soin sur son ami particulier La Boulaye, pour suivre la fortune militaire du roi son maître. Il l'accompagnait en effet au plus fort de sa lutte avec la Ligue; il prit part au combat d'Arques, aux deux siéges de Paris, à la bataille d'Ivry, au siége de Rouen, et partout il donna des preuves de sa valeur infatigable. Aussi l'éloge qu'en fait Brantôme n'est-il pas outré, lorsqu'en parlant du mestre-de-camp d'Aubigny, il s'écrie : « il est bon celuy-là pour la plume et pour le poil, car il est bon capitaine et soldat, très-sçavant et très-éloquent, et bien disant, s'il en fut oncques. »

Il paraît qu'après la conversion de Henri IV, d'Aubigné se retira dans son gouvernement où il passa plusieurs années sans reparaître à la Cour. La perte douloureuse qu'il fit alors de sa femme, contribua sans doute aussi à lui faire goûter la retraite. Cependant les affaires de la religion trouvèrent toujours en lui un vaillant champion. En 1596, il se présenta à l'assemblée de Loudun pour jurer l'union protestante. A la grande assemblée politique qui se tint successivement à Vendôme, à Saumur, à Loudun et à Châtellerault et qui dura plus de deux ans, il fut « toujours du nombre des trois ou quatre qui s'affrontèrent hardiment dans les délibérations avec les commissaires députés du roi. » — « Même dans une séance, rapporte-t-il, le président de *Fresnes-Canaye*, appuyé du vicomte de Turenne, alors duc de Bouillon, ayant fait de magnifiques propositions tendantes à l'exaltation de la puissance souveraine et au rabaissement du parti huguenot, comme je m'aperçus que six de mes confrères qui opinoient avant moi, avoient baissé beaucoup leur ton, je pris le mien bien plus haut que de coutume; ce qui engagea de Fresnes-Canaye à m'interrompre au milieu de mon discours et à s'écrier : « Est-ce donc ainsi que l'on traite le bien de l'état et le service du roi? » Sur quoi piqué de me voir interrompu, je lui répliquai et lui dis : « Hé! qui êtes-vous, vous qui me voulez enseigner ce que c'est du service du roi? J'en étois instruit et l'avois pratiqué, avant que vous fussiez seulement écolier. Vous imaginez-vous avancer votre fortune en faisant choquer le service du roi contre celui de Dieu? Apprenez à vous taire quand il le faut, et à ne point interrompre ceux qui ont voix délibérative dans cette assemblée. » Cette vive répartie fut suivie de part et d'autre de paroles très-aigres, et ledit de Fresnes, frémissant de colère, s'écria de nouveau : « Que vois-je! où sommes-nous ? » A quoi je repartis : « *Ubi mures ferrum rodunt.* » Ces quatre mots latins relevèrent fort à propos les courages à demi consternés de l'assemblée, parce qu'il étoit question pour lors des places de sûreté que la Cour vouloit retirer des mains des huguenots. Ce président ainsi bafoué me rendit depuis toutes sortes de mauvais offices auprès du roi. Le duc de Bouillon voulut me remontrer que je devois conserver plus d'égards pour un tel magistrat : « Oui, lui dis-je, qui s'en va apostasier dans trois mois, » comme il arriva en effet. Enfin la Cour m'imputa toutes les altercations et mécontentements arrivés dans cette assemblée ; dont j'en acquis le surnom de Bouc du désert, parce que je portois les iniquités de tout le parti. »

A quelque temps de là, s'étant rendu à la Cour sur les propres instances du roi : « D'Aubigné, lui dit un jour ce prince, je ne vous ai point encore discouru de vos assemblées de religion, où vous avez pensé tout gâter, parce que je suis persuadé que vous y alliez de bonne foi, et que j'étois sûr de plus qu'il ne s'y passeroit rien contre ma volonté, car j'avais mis les plus grandes têtes du parti dans mes intérêts, et vous étiez peu qui travailliez pour le bien de la cause commune ; la meilleure partie de vos députés pensoit à ses avantages particuliers, et à gagner mes bonnes grâces à vos dépens. Cela est si vrai que je me puis vanter qu'un homme d'entre vous, et des meilleures maisons de France, ne m'a coûté que cinq cents écus pour me servir d'espion dans vosdites assemblées et me rapporter tout ce qui s'y passoit. » D'Aubigné lui répondit qu'il n'ignorait pas que les plus apparents d'entre les huguenots, hormis M. de *La Trimouille* s'étaient vendus à Sa Majesté ; mais que comme les églises, en le nommant pour leur député, lui avaient marqué la confiance qu'elles avaient en lui, il s'était cru obligé de les servir avec d'autant plus de passion qu'elles étaient plus abaissées, ayant perdu la protection de Sa Majesté. « Si je vous ai déplu en cela, ajouta-t-il, j'ose vous dire encore que j'aime mieux perdre la vie ou sortir de votre royaume que de gagner vos bonnes grâces en trahissant mes frères et compagnons. » Sur quoi le roi lui repartit : « Connaissez-vous le président Jeannin, qui a manié toutes les affaires de la Ligue par le passé ? Je veux que vous fassiez habitude avec lui, et je me fierai mieux en vous et en lui qu'en ceux qui ont joué au double. »

— Nous ferons remarquer en passant qu'on ne doit pas accepter sans réserve les paroles de Henri IV, telles que les rapporte d'Aubigné. Ce prince avait intérêt à lui exagérer ses conquêtes. Aussi lisons-nous dans les Mémoires de Sully, sous la date de 1597, que les menées de MM. de *Bouillon*, *La Trimouille*, *Du Plessis*, accompagnés par quinze ou vingt de leur cabale (dont les deux *Saint-Germain*, *Aubigny*, *La Vallière*, *La Case*, *La Saulsaye* et *Constant*, étoient les plus échauffés) lui donnaient les plus vives inquiétudes, jusqu'à lui faire craindre qu'ils ne prissent les armes pendant qu'il était occupé au siége d'Amiens. On sait que ce sont les généreux efforts de ces *meneurs* qui parvinrent enfin à lui arracher l'édit de Nantes. Ils n'étaient donc pas vendus !

D'Aubigné n'était pas moins bon théologien que bon capitaine. Ayant fait un voyage à Paris, peu de jours après la fameuse conférence de Fontainebleau, entre l'évêque d'Évreux et Du Plessis-Mornay, en 1600, le roi voulut aussi le mettre aux prises avec ce même prélat. Il disputa donc contre lui pendant cinq heures en présence de plus de quatre cents personnes de marque de l'une et de l'autre religion. « Dans cette dispute, dit-il, le susdit prélat s'efforça de résoudre les difficultés que je lui proposai, par de grands discours éblouissants ; ce qui m'engagea à lui faire une démonstration en forme, dont les deux premières propositions étoient tirées en termes formels de ses propres arguments. Cette contre-batterie mit mon antagoniste dans un tel embarras, et son esprit si fort à la gêne, que les gouttes d'eau tomboient de son visage sur un Chrisostome manuscrit qu'il tenoit à la main, ce qui fut remarqué de toute l'assemblée. Enfin, notre dispute se termina par ce sillogisme que je lui fis : Quiconque est faux dans une matière, n'en peut être juge compétent ; Or les Pères sont faux dans les matières de controverses, puisqu'ils se contredisent souvent ; Donc les Pères ne peuvent être juges compétens dans ces matières. L'évêque d'Évreux convint de la majeure ; et la mineure restant à prouver, je composai mon traité *De dissidiis Patrum*, auquel le prélat ne jugea pas à propos de répondre, quoique le roi se fût rendu caution qu'il le feroit. » Nous ignorons si ce traité a été imprimé ; aucun bibliographe, à notre connaissance, n'en fait mention. Benoît, qui parle de cette conférence dans son Hist. de l'édit de Nantes, remarque qu'il se fit quelques écrits des deux côtés, qui furent remis entre les mains du roi, mais qu'ils y demeurèrent.

D'Aubigné contribua encore, du vivant de Henri IV, à rompre un projet d'accord entre les deux religions que ce prince caressait beaucoup, et qui, comme on peut bien penser, avec les conseillers dont il s'entourait, ne pouvait que cacher un piége. Le danger était imminent. Fort de l'agrément des ministres Dumoulin, Chamier, Durand, il s'offrit d'y parer. Le lendemain matin, étant aller trouver le roi dans son cabinet, ce prince, sans presque lui donner le temps de lui faire la révérence, lui dit d'aller voir le cardinal Du Perron. « Je m'y acheminai dans l'instant, écrit-il ; et cet éminentissime me reçut avec des caresses et des cajolleries qui, par leur nouveauté, marquoient un dessein concerté de me séduire. Après qu'il eut mis fin à ses complimens, il commença à me faire des lamentations sur le misérable état où se trouvoit la chrétienté, et me demanda ensuite s'il n'y avoit point moyen de l'en retirer en s'ajustant de bonne foi, et en cherchant quelque tempérament pour concilier les malheureuses controverses qui divisoient les esprits, les familles, la France et toute l'Europe. Sur quoi, étant entré en matière après m'être fait un peu presser, je m'expliquai en ces termes : « Puisque vous désirez que je vous dise nettement ma pensée, il me semble, monsieur, qu'on devroit pratiquer dans l'Église, aussi bien que dans l'État, cette maxime de Guicciardini : Que les sociétés bien ordonnées venant à tomber en décadence, ne se rétablissent jamais bien qu'en les ramenant à leur première institution. Prenons, de part et d'autre, pour lois inviolables les constitutions de l'Église établies et observées jusqu'à la fin du IVe siècle, et sur les articles que l'on prétend avoir été corrompus, vous qui vous dites les aînés, commencerez par remettre la première pièce que nous vous demanderons, et nous de même, nous vous remettrons la seconde ; et ainsi consécutivement jusqu'à ce que le tout soit remis dans la première forme de l'antiquité. » A ces mots, le cardinal s'écria que les ministres désavoueroient ces propositions ; et lui ayant répliqué que j'engageois ma tête et mon honneur de les leur faire accepter, il me serra la main et me dit : « Donnez-nous encore quarante ans, outre les quatre cents que vous venez de nous offrir. » — « Je vois bien où vous en voulez venir, repris-je, vous voulez avoir pour vous le concile de Calcédoine : eh bien ! j'y consens, entrons en lice. » — Le cardinal souscrivit à la thèse générale en disant : « Vous serez obligés par-là de consentir à l'élévation des croix reçue sans difficulté dans ce temps-là. » — « Oui, répondis-je, pour le bien de la paix nous les mettrons dans le même honneur où elles étoient alors ; mais vous n'oseriez convenir de réduire l'autorité du pape au point des quatre premiers siècles, et dans un besoin nous vous donnerions encore pour cela deux cents ans pour vos épingles. » Sur quoi le cardinal, qui avoit été autrefois emprisonné à Rome et en étoit revenu mécontent, me repartit en haussant la voix qu'il falloit conclure cette affaire particulière à Paris, si on ne pouvoit pas la terminer à Rome. »

La chose semblait donc prendre la tournure la plus favorable. Mais soit que le cardinal se ravisât, soit par d'autres influences plus puissantes, celle du P. Cotton entre autres et de ses affidés, cette affaire en demeura là. Seulement, quelques jours après cette conférence, le roi, sollicité de faire mourir son fidèle serviteur, ou tout au moins de le faire arrêter comme un factieux, « dit au duc de Sully qu'il falloit le mettre à la Bastille, qu'il étoit un brouillon à qui l'on trouveroit assez de quoi faire le procès. » Heureusement qu'il avait des amis. Madame de *Châtillon*, ayant appris les dangers qu'il courait, le fit prier de passer chez elle, et après lui avoir demandé le secret, elle lui révéla tout et le conjura de partir dès la nuit même. Mais d'Aubigné lui répondit, sans s'émouvoir, qu'il allait implorer l'assistance de Dieu, et qu'après l'avoir invoqué d'un cœur fervent, il verrait ce qu'il aurait à faire. « Mon inspiration, dit-il, fut de m'en aller le lendemain de grand matin trouver Sa Majesté, et après lui avoir représenté en bref mes services passés, de lui demander une pension, ce que, jusqu'alors, je n'avois point voulu faire. Le roi surpris et bien aise en même temps de remarquer au travers de mon fier courage quelque chose de mercenaire, m'embrassa soudainement et m'accorda sur le champ ce que je lui demandais. » Le lendemain, étant allé à l'arsenal, le duc de Sully l'invita à dîner, et le mena ensuite voir la Bastille, en lui assurant qu'il n'y avait plus de danger pour lui, mais depuis vingt-quatre heures seulement.

L'orage passé, Henri le reçut de nouveau dans son amitié et ses bonnes grâces. Il fut même question de le nommer ambassadeur extraordinaire en Allemagne, mais ce projet fut définitivement abandonné, lorsque les affaires de la succession de Clèves et de Juliers furent venues offrir au roi une occasion favorable de mettre à exécution les vastes desseins qu'il avait conçus pour l'organisation et la pacification de l'Europe. En sa qualité de vice-amiral des côtes du Poitou et de la Saintonge, d'Aubigné ne voulut pas rester inactif dans la grande guerre qui se préparait ; il sollicita donc et finit par obtenir de diriger une expédition au cœur même de l'Espagne. Mais notre historien remarque qu'en prenant congé du roi pour aller faire ses préparatifs, ce prince lui ayant dit ces dernières paroles : « D'Aubigné, ne vous y trompez plus, je tiens ma vie temporelle et spirituelle entre les mains du pape, que je reconnois pour le véritable vicaire de Dieu, » il comprit à l'instant que non-seulement ses vastes projets s'en iraient en fumée, mais encore que la vie de ce pauvre monarque était en grand péril, puisqu'il en remettait le soin à un être mortel. Ses prévisions ne le trompèrent pas ; à quelque temps de là, on lui apprit la nouvelle affreuse de sa mort. Il se rappela aussitôt ce propos qu'il lui avait tenu quinze ans auparavant, au sujet de l'attentat de Jean Châtel : « Sire, comme vous n'avez encore renoncé Dieu que des lèvres, Dieu s'est contenté qu'elles fussent percées ; mais s'il vous arrive de le renoncer un jour du cœur, alors il permettra que votre cœur soit percé. » Il dut croire que sa prédiction s'était malheureusement accomplie.

La reine ayant été nommée régente, toutes les assemblées provinciales des réformés la reconnurent ; seul dans sa province, d'Aubigné osa y contredire en maintenant qu'une pareille élection n'appartenait qu'aux États-Généraux du royaume. Cependant, quoique son opposition l'eût mis en mauvais prédicament à la Cour, il ne laissa pas d'y être député pour assurer la reine d'une parfaite soumission à sa régence. Ses collègues des autres provinces lui déférèrent même l'honneur de porter la parole comme au plus vieux et au plus expérimenté de la députation. La présentation fut faite par *Villarnoul*, député général des églises. Entre autres choses, « M. d'Aubigny, brave et docte gentilhomme, » dit à la reine, au rapport de L'Estoile, qu'ils étaient d'une religion en laquelle personne ne pouvait les dispenser (comme en beaucoup d'autres) de la subjection qu'on doit aux rois selon la parole de Dieu. Ce qu'entendant le P. Cotton qui assistait à l'audience, « secouoit la teste et chauvissoit des oreilles. » D'Aubigné s'acquitta de sa tâche au gré de ses collègues; mais selon lui, il n'en fut pas de même de *Rivet*, chargé de faire la harangue après ses premiers compliments; car il ne la prononça qu'en tremblant, quoiqu'il eût bien brigué cet emploi. » Les députés prêtèrent leur serment, lit-on dans le Journal de Henri IV, « sans exception aucune ni réservation (fors de leur édit au quel ils supplioient Leurs Majestés les vouloir entretenir) protestant au reste tous unanimement de venger la mort du feu roi et la répéter sur tous ceux qui s'en trouveroient auteurs, fauteurs et complices, de quelque qualité, état ou condition qu'ils puissent être. » Cependant le conseil se scandalisa de ce qu'aucun des députés ne s'était agenouillé. Au moment où ils se retiraient, M. de Villeroi en fit l'observation ; mais d'Aubigné lui repartit avec dignité, qu'il n'y avait parmi eux que des gentilshommes et des ministres qui ne devaient à Leurs Majestés que la révérence et non la génuflexion. Le crédit dont le gouverneur de Maillezais jouissait auprès des églises et surtout auprès du vieux parti huguenot que Henri IV n'était pas parvenu à anéantir complétement, en faisait une acquisition trop précieuse pour que la régente ne mît pas tout en œuvre pour le gagner. Mais la tâche n'était pas facile, elle exigeait plus que de l'habileté; aussi d'Aubigné résista-t-il à toutes les séductions; il eut la gloire bien rare de rester constamment pur, jamais sa probité ne broncha. Pour conserver entière son indépendance, il lui en coûta peu de sacrifier la pension que Henri lui avait donnée, et qui cessa de lui être payée après son refus d'accepter une augmentation de cinq mille livres que la reine voulait y ajouter. A la fin, « on mit à ses trousses La Varenne, qui le courtisa si assidûment et si publiquement, raconte-t-il, qu'un de nos corrompus eut l'audace de lui demander en présence de monsieur le duc de Bouillon : Qu'est donc allé faire La Varenne en votre logis, où il a été douze fois depuis hier ? — Ce qu'il y est venu faire? lui répondit-il ; ce qu'il a fait au vôtre dès la première, et ce qu'il n'a pu faire au mien à la douzième. » La corruption en effet marchait tête levée; c'était alors le principal moyen de gouvernement, comme il arrive en général dans tous états qui ne sont pas fondés sur un principe éternellement vrai, les états qui n'ont pas leur force en soi. Chaque jour la Cour parvenait à détacher du Parti quelque membre véreux. On sait les malheureuses divisions qui éclatèrent au sein de l'assemblée politique de Saumur. D'Aubigné nous apprend que « ce fut dans cette assemblée, où il perdit l'amitié de M. de Bouillon, qu'il avoit à bon titre acquise et conservée depuis trente ans, parce qu'il l'empêcha d'y présider, et qu'il s'opposa hautement à plusieurs propositions importantes qu'il y fit pour plaire à la Cour, lesquelles le décréditèrent terriblement auprès de ceux de la religion, particulièrement à l'occasion d'un discours fort pathétique qu'il y prononça, pour persuader à l'assemblée de se dessaisir de toutes leurs places de sûreté, et de se remettre entièrement à la discrétion de la régente et de son conseil; concluant par des louanges affectées de la gloire qu'acquéreroient les Réformés en s'exposant ainsi volontairement à souffrir le martyre. » Ne dirait-on pas le pendant de la harangue du lion :

— — — Mes chers amis,
Je crois que le ciel a permis

Pour nos péchés cette infortune:
Que le plus coupable de nous
Se sacrifie aux traits du céleste courroux,
Peut-être il obtiendra la guérison commune.

Le gouverneur de Maillezais qui ne souciait pas de jouer le rôle de l'Ane dans cette affaire, lui répondit donc rudement et termina son discours par cette apostrophe : « Oui, monsieur, la gloire du martyre ne se peut célébrer par trop de louanges. Bienheureux sans mesure qui endure pour Christ; c'est le caractère d'un vrai et bon chrétien de s'exposer pour lui au martyre ; mais d'y exposer ses frères et de leur en faciliter les voies, c'est le caractère d'un traître ou d'un bourreau. »

« Dès-lors, continue notre historien, les affaires de la religion et du parti commencèrent à tomber en décadence et à menacer ruine, parce que plusieurs des grands seigneurs huguenots se laissèrent gagner par la Cour, et que l'avarice des ministres, dont il y en eut trois de corrompus à force d'argent, savoir, ledit *Du Ferrier*, *Rivet*, et un autre, donna lieu à diverses intrigues qui firent abandonner à beaucoup d'entr'eux la cause commune, pour songer à leurs intérêts particuliers; de manière que les plus zélés des réformés eurent à essuyer à l'assemblée synodale de Thouars de grandes traverses. Là, on vit le ministre *La Forcade* se lever plusieurs fois de sa place, et interrompre ceux qui parloient un peu hardiment, en s'écriant : « Messieurs, gardons-nous d'offenser la reine; » et un autre ministre répéta souvent ces mots latins : *Principibus placuisse viris non ultima laus est*. Ce que voyant, et ne pouvant y remédier, je me retirai de ce synode, sous prétexte que mon âge avancé me devoit dispenser des assemblées publiques, d'autant plus qu'elles étoient devenues telles que des femmes prostituées. »

Cependant, son zèle ne se refroidit pas un instant. En 1615, à l'assemblée politique de Nismes, il prononça le serment d'union, ainsi que son fils, le baron de *Surineau*, qui remplissait auprès de lui les fonctions de lieutenant. Lorsque le prince de Condé se fut mis à la tête du parti des mécontents, les ducs de Rohan et de Bouillon, qui s'étaient déclarés pour lui, pressèrent d'Aubigné de se joindre à eux; sa faiblesse l'emporta sur sa prévoyance. Il leur répondit : « Nous voulons bien mettre sur nos épaules le fardeau de votre paix. » Ce qu'il avait prévu arriva ; un accommodement ne tarda pas à être accepté, et lui seul fut exclu de l'amnistie; ce qui l'obligea à se mettre en état de défense dans sa place de Maillezais et dans la petite île du Doignon qu'il avait acquise récemment et où il avait élevé une maison forte. La guerre s'étant rallumée bientôt après, le prince Condé le choisit cette fois pour son maréchal-de-camp et lui en envoya les provisions; mais il refusa de les recevoir de sa main, et ne les accepta qu'au nom des églises assemblées à Nismes. De son propre aveu, il ne se fit rien dans toute cette guerre qui vaille la peine d'être écrit. Elle se termina par le traité de Loudun « qui fut comme une foire publique de perfidies particulières et de lâchetés générales. » Le prince de Condé, qui n'avait hérité de ses ancêtres que le nom, « paya, continue notre auteur, d'une noire ingratitude les services que je lui avois rendus dans cette guerre, et les seize mille écus que j'y avois dépensés pour lui ; car étant arrivé à la Cour, il rendit ce témoignage contre moi dans un conseil secret où il assista, que j'étois un factieux, un ennemi de la royauté, et capable moi seul d'empêcher le roi, tant que je vivrois, de régner avec une autorité absolue. »

A la fin, rebuté par tous les dégoûts dont on l'abreuvoit, et voyant avec peine le peu de cas que l'on faisait de ses avis et de ses remontrances, d'Aubigné se pourvut par devers deux assemblées tenues à la Rochelle, pour en obtenir la permission de se démettre de la garde de Maillezais et du Doignon entre les mains de personnes fidèles et courageuses. Depuis quelque temps, le gouvernement intriguait pour s'en rendre maître par surprise ou par composition. A la fin, le duc d'Épernon, désespérant d'y réussir, lui fit offrir par le marquis de Brezé deux cent mille livres pour la remise de ses deux places ; mais d'Aubigné préféra s'en dessaisir, pour moitié de cette somme, entre les mains du duc de Rohan. Après cette cession, il se retira à Saint-Jean-d'Angely, où il s'occupa de l'impression de son Histoire et de quelques autres ouvrages.

La petite guerre de la reine-mère étant survenue, d'Aubigné refusa d'y prendre part; mais lorsque le duc de *Rohan* et son frère, le prince de *Soubise*, lui mandèrent qu'ils en étaient réduits aux dernières extrémités, il ne sut pas résister à leurs instances et il partit pour les rejoindre. Il les trouva à la tête d'un petit corps d'environ quinze cents hommes, ne sachant que devenir. Heureusement que la paix, qui se conclut avec la reine-mère, ne tarda pas à mettre un terme à leurs perplexités. « Le roi, raconte d'Aubigné, ayant écrasé en moins de rien et pour ainsi dire avec les seules troupes de sa garde, l'hydre du parti de la reine sa mère qui avoit bien cent mille bras, mais pas une tête, s'avança dans le Poitou à la tête d'une armée victorieuse et considérablement grossie de celle des vaincus. Dans cet état triomphant, tout fléchissant devant lui, je me vis comme forcé de prendre le parti de me retirer à Genève. Je partis donc pour cela de Saint-Jean-d'Angely avec douze cavaliers bien armés ; et quoique tous les passages fussent bien gardés, et qu'il y eut ordre de m'arrêter partout, j'usai d'une si grande diligence, et je me prévalus si à propos de la parfaite connaissance que j'avois des chemins, que j'évitai la plupart des embûches qui m'étoient dressées. »

Après bien des fatigues et des périls, il arriva enfin à Genève le 1 sept. 1620. Il y fut reçu avec les plus grands honneurs. La ville l'invita à un repas public, auquel la magistrature assista en corps. On le logea aux frais de l'État ; on l'admit dans tous les secrets du gouvernement; on lui confia enfin le soin des fortifications de la ville. Cependant à peine était-il entré dans le port, que de nouvelles complications d'événements faillirent le rejeter au milieu des orages. Il est vrai de dire qu'il ambitionnait les dangers comme d'autres ambitionnent le repos. La lutte était son élément. L'assemblée générale de La Rochelle lui ayant député le sieur d'*Anias* avec une procuration pour l'autoriser à conclure divers traités avec les princes allemands, il entra de suite en négociation avec le bâtard de Mansfeld et les deux ducs de Weymar, qui s'engagèrent d'amener douze mille hommes de pied, six mille chevaux, et douze pièces de canons au secours des réformés français. Lui-même devait les rejoindre sur les bords de la Saône avec trois régiments de deux mille hommes chacun, et servir dans cette armée en qualité de maréchal-de-camp général. Déjà Mansfeld s'était avancé jusqu'en Alsace, et d'Aubigné n'attendait plus qu'une remise de deux cent mille livres pour entrer en campagne, lorsque quelques-uns de ses envieux parvinrent à faire changer d'avis à l'assemblée de La Rochelle qui confia la conduite de cette entreprise au duc de Bouillon. Mansfeld se porta donc vers Sédan, et quant à lui, il demeura, selon son expression, dans la nasse.

Mais il en fut bien dédommagé par les témoignages d'estime et de considération qu'il reçut de tous côtés dans un pays où, en général, l'on n'est pas prodigue de démonstrations. Les Bernois l'invitèrent, par une députation, à visiter leur ville ; il fut reçu « avec force canonnades, festins et autres honneurs » dont lui-même blâme l'excès. Après bien des efforts, il fit comprendre aux magistrats la nécessité de ceindre leur ville d'une fortification régulière. Lui-même en traça le plan et dirigea les premiers travaux. Cette nouvelle enceinte, dit-il, « qui fut parachevée avec ardeur, passe aujourd'hui pour une des plus belles et des plus régulières fortifications qu'il y ait en Europe. » Par reconnaissance, les Bernois voulurent l'élire pour leur capitaine-général, mais il s'en excusa sur son grand âge et sur son ignorance de leur langue. Pressé alors de leur indiquer quelque autre capitaine pour les commander, il leur nomma le *vidame de Chartres*, le marquis de *Montbrun* et le comte de *La Suze* ; leur choix tomba sur ce dernier. A l'exemple de Berne, Bâle lui députa aussi pour le consulter sur ses fortifications ; mais de vingt-deux bastions qu'il y fit tracer par le sieur de *La Fosse*, on se contenta d'en exécuter quatre seulement, de sorte que ses défenses restèrent imparfaites.

Aimé, honoré sur la terre d'exil, d'Aubigné eût pu s'habituer sans trop d'efforts à sa nouvelle patrie, si, pour obéir aux ordres de sa Cour, l'ambassadeur de France en Suisse ne s'était acharné à le poursuivre. Il n'est sorte de dégoûts que cet ambassadeur ne chercha à lui susciter pour le faire sortir de Genève. Entre autres moyens auquel il eut recours, il fit tenir aux magistrats de la ville un long factum, plein de calomnies, au sujet d'un arrêt qui avait été rendu contre lui à Paris et par lequel, sans avoir été ni ajourné ni ouï, il avait été condamné à avoir la tête tranchée pour avoir fait revêtir quelques bastions, vraisemblablement dans sa forteresse du Doignon, et non pas à Genève, comme l'a écrit M. Weiss, avec des matériaux d'une église ruinée en 1572. « Cet arrêt, dit-il, fut le quatrième de mort rendu contre moi pour des crimes à peu près de cette espèce, lesquels m'ont fait honneur et plaisir. Mais le but du susdit ambassadeur visoit à me rendre non-seulement odieux et infâme à Genève, mais encore à faire manquer un mariage qui s'y traitoit en ma faveur. » Si tel était le double but de M. Miron, il ne put pas se féliciter du succès ; car le peuple de Genève continua à entourer son hôte de respect et de vénération ; et de plus le mariage se fit. D'Aubigné avait alors passé sa soixante-dixième année. On conçoit que, de son côté au moins, la passion fut pour peu de chose dans cette nouvelle union. Son épouse, nommée *Renée*, de la maison des Burlamachi de Lucques, était veuve de M. Barbany. « C'était, dit-il, une personne fort aimée et considérée à Genève, tant pour sa vertu, charité et humeur bienfaisante, que pour son illustre extraction et ses biens qui étoient considérables. » Il ne songea plus dès lors qu'à passer le reste de ces jours en repos. Mais pressé par son besoin d'agitation plus encore que par les vives instances qui lui en étaient faites, plusieurs fois il fut sur le point d'oublier la sage résolution qu'il avait prise, et il eût probablement exécuté son projet de se rendre en Angleterre, si la crainte où l'on était à Genève d'un siége, ne lui eût fait un devoir de ne pas abandonner son poste. Il voulait, dit-il, « en cherchant la mort dans sa défense, témoigner sa gratitude et sa reconnoissance à une ville qui lui avoit donné asile, qui l'avoit comblé d'honneurs et de laquelle il avoit reçu une infinité de marques d'estime, d'affection, de considération et de bons traitements. Ainsi, renonçant tout de bon et tout-à-fait à tout ce qui pouvoit encore flatter son ambition, il fixa pour le reste de ses jours sa demeure à Genève. » Il y termina en effet sa laborieuse carrière, le 29 avril 1630, à l'âge de 79 ans[*]. Il fut inhumé dans le

---

[*] Nous n'ignorons pas que lui-même s'en donne quatre-vingts. *Par les octante ans où il a plu au Seigneur me conduire averti de l'approche de la mort*, dit-il dans son testament, mais différens rapprochements nous ont prouvé que c'était une erreur ; d'Aubigné, par suite d'habitude, ou plutôt par une sorte de respect bien naturel pour des dates consacrées par des documents de famille ou même par des événements historiques, ne tenait pas compte, pour les 17 années environ qui le précédèrent, du changement opéré sous Charles IX dans la manière de compter l'année.

cloître de la cathédrale de S. Pierre, où se lit encore l'épitaphe, d'une latinité bizarre, qu'il s'était composée lui-même. Spon en donne la traduction suivante : « Au nom de Dieu très-bon et très-grand. Voici, mes chers enfants, ma dernière volonté et mon dernier souhait, pour que vous goûtiez la douceur du repos que je vous ai acquis avec beaucoup d'inquiétudes, par des moyens honnêtes et légitimes, malgré les orages contraires qui me menaçaient de tous côtés : vous jouirez de ce repos si vous servez Dieu et si vous suivez les traces de votre père ; si vous ne le faites pas, le contraire ne saurait manquer de vous arriver. C'est votre père, qui vous a été deux fois père, qui vous le recommande, par le quel et et non pas duquel vous avez reçu l'être et le bien-être, c'est ce qu'il a voulu écrire pour vous être une attestation honorable si vous êtes héritiers de ses études, et pour vous être un reproche public si vous dégénérez. » Ainsi mourut, chargé d'ans et de gloire, un des hommes les plus purs et les plus dévoués du vieux parti huguenot.

De son mariage avec Suzanne de Lezay, d'Aubigné eut plusieurs enfants. Quatre nous sont connus ; ce sont : Constant, seigneur de Surineau, l'aîné, auquel nous consacrons une notice particulière ainsi qu'à son frère Nathan, dit de *La Fosse* ; Marie, qui épousa *Josué de Caumont*, sieur d'Adou [ou d'Adé, d'après d'Aubigné lui-même], et finalement Louise, appelée aussi Artémise, dame de Murcay. Cette dernière fut mariée à *Benjamin de Valois*, seigneur de Villette, dont le fils *Philippe de Valois*, marquis de Villette-Murcay, fut lieutenant-général des armées navales, commandeur de l'ordre de S. Louis, lieutenant-général pour le roi au Bas Poitou, et mourut le 25 décembre 1707. En rapportant les principales circonstances de la vie de Mme de Maintenon, nous aurons occasion de reparler de Mme de Villette. C'était sans doute à une de ses petites filles que Mme de Maintenon *s'intéres-sait* lorsqu'elle écrivait à son frère, le marquis d'Aubigné, à la date du 19 déc. 1681 : « Il n'y a plus d'autre moyen que la violence. On sera si affligé dans la famille de la conversion de *Murcay* qu'on ne me confiera plus personne. Il faudrait donc que vous obtinssiez d'elle de m'écrire qu'elle veut être catholique. Vous m'enverriez cette lettre, j'y répondrai par une lettre de cachet, etc. » N'était-ce pas reconnaître d'une manière très-noble et très-délicate toutes les bontés que sa tante avait eues pour elle, comme pour son propre enfant ?

Notice bibliographique.

Les ouvrages de d'Aubigné sont, en général, très-rares ; plusieurs même ne se trouvent pas du tout et ne sont indiqués par aucun bibliographe, tels sont entr'autres : le *Printems d'Aubigné*, la tragédie de *Circé* et le traité *De dissidiis Patrum*, dont il est parlé dans ses Mémoires. Quelques autres de ses écrits paraissent être restés manuscrits entre les mains de sa famille. Nous lisons en effet dans l'Épître au lecteur mise en tête de ses *Tragiques*, édit. de 1616, « qu'il a encores par devers lui deux livres d'Épigrammes françois, deux de latins qu'il lui promet à la première commodité ; et puis des Polémiques en diverses langues, œuvres de sa jeunesse ; quelques Romans ; cinq livres de Lettres missives, le premier de familières pleines de railleries non-communes, le second de poincts de doctrine desmeslez entre ses amis, le troisiesme de poincts théologaux, le quatriesme d'affaires de la guerre, le cinquiesme d'affaires d'estat : mais que tout cela attendra l'édition de son Histoire. » Ce sont sans doute là ceux de ses écrits qu'il nommait lui-même τὰ γελοῖα, c'est-à-dire de plus haut goût. Il est à regretter qu'à l'exception de ses romans, aucun n'ait été publié depuis, et ni Hænel (Catal. des MSS. des princip. Bibl. de France, de Suisse, etc.), ni Sénebier (Catal. rais. des MSS. de la Bibl. de Genève) n'en font mention,

12

ce qui prouverait qu'ils ne sont pas sortis des mains de sa famille, où qu'ils se sont perdus. Les publications citées par les bibliographes sont les suivantes :

I. *Vers funèbres de Théodore-Agrippa d'Aubigné, gentilhomme Xaintongeois, sur la mort d'Étienne Jodelle, parisien, prince des poëtes tragiques*, Paris, 1574, in-4°.

II. *Les Tragiques, donnez au public par le larcin de Prométhée*, Au Dézert par L. B. D. D. 1616, gr. in-8°; 2º édit. *avec augmentation d'une quart part, remplacement des lacunes de la précédente, et plusieurs pièces notables ajustées*, Genève, 1623, in-8°; 3º édit. sous le titre : *Les Tragiques ci-devant donnez au public par le larcin de Prométhée et depuis avouez et enrichis par le sieur d'Aubigné*, in-8°, sans date ni lieu d'impression. On trouve dans cette dernière édition deux sonnets de *Daniel Chamier*, et un autre de la princesse *Anne de Rohan*. — Nous emprunterons à l'auteur luimême l'analyse de son ouvrage. « La matière de l'œuvre, dit-il, a pour sept livres sept tiltres séparez, qui toutes-fois ont quelque convenance comme des effects aux causes. Le premier livre s'appèle *Misères*, qui est un tableau piteux du royaume en général, d'un style bas et tragicque, n'eccédant que fort peu les loix de la narration. *Les Princes* viennent après, d'un style moyen, mais satyrique en quelque façon : en cestuy-là l'autheur a esgallé la liberté de ses escripts à celle des vies de son temps, dénotant le subject de ce second pour instrument du premier; et puis il faict contribuer aux causes des Misères l'injustice soubs le tiltre de *la Chambre dorée*; mais ce troisiesme de mesme style que le second. Le quart qu'il appèle *les Feux* est tout entier au sentiment de la religion de l'autheur et d'un style tragicque moyen. Le cinquiesme sous le nom des *Fers*, d'un style tragicque eslevé, plus poëtic et plus hardy que les autres... Le livre qui suit le cinquiesme, s'appèle *Vengeances*, théologien et historial : lui et le dernier qui est *le Jugement*, d'un style eslevé, tragicque, pourront être blasmez pour la passion partizane; mais ce genre d'escrire a pour but d'esmouvoir, et l'autheur le tient quitte s'il peut cela sur les esprits desja passionnez ou pour le moins æquanimes. — Il y a peu d'artifice en la disposition : il y paroist seulement quelques épisodies comme prédictions de choses advenues avant l'œuvre clos, que l'autheur appeloit en riant ses apophéties. — Vous trouverez en ce livre un style souvent trop concis, moins poly que les œuvres du siècle, quelques rythmes à la règle de son siècle : ce qui ne paroist pas aujourd'hui aux pièces qui sortent de mesmes mains, et notamment en quelques unes faictes exprès à l'envi de la mignardise qui court. » Nous avons vu plus haut dans quelles circonstances d'Aubigné songea à écrire ce poëme satirique. « Il y a trente-six ans et plus, dit-il, que cet œuvre est faict, assavoir aux guerres de septante et sept à Castel-Jaloux, où l'autheur commandoit quelques chevaux-légers, et se tenant pour mort pour les plaies reçeües en un grand combat, il traça comme pour testament cet ouvrage, lequel encores quelques années après il a peu polir et emplir. » Ces détails qui se lisent en tête de l'édit. de 1616, sembleraient contredire l'opinion de Sénebier, qui suppose qu'une première édition de cet ouvrage avait déjà paru du temps que Henri n'était encore que roi de Navarre; « au moins d'Aubigné, dit ce biographe, en parle comme d'un ouvrage publié alors : c'est ce qu'on voit dans l'année 1593 de son Histoire Universelle. » Quoi qu'il en soit, d'Aubigné devait regarder l'édition de 1616 *donnée au public par le larcin de Prométhée* comme une œuvre toute nouvelle; autrement où était le don, où était le larcin ? et d'ailleurs pourquoi eût-il dit à son livre, dans sa Préface :

Commence, mon enfant, à vivre,

Quand ton père s'en va mourir.

Toutes ces raisons nous portent à croire qu'avant cette édition, les Tragiques n'étaient connus que des personnes qui approchaient l'auteur. Aussi n'est-ce pas avant cette époque qu'éclata la grande colère du duc d'Épernon contre d'Aubigné. Il nous apprend que ce fut le prince de Condé qui, dans une malicieuse intention, inspira à ce duc l'envie de les lire en lui interprétant le second livre comme le regardant personnellement. — Si l'on considère les Tragiques comme œuvre d'art, on doit dire qu'ils ne s'élèvent pas au-dessus du médiocre. Avec la tournure de son esprit, vif, emporté, qui ne lui permettait pas de relire ce qu'il avait écrit, comme il en convient lui-même en nous disant que « les plus gentilles de ses pièces sortaient de sa main ou à cheval ou dans les tranchées, » d'Aubigné eût sans doute excellé dans la poésie légère. Mais en adoptant pour son œuvre la forme épique et surtout le vers héroïque, cet écueil de nos meilleurs poètes, il méconnut complétement la nature de son talent. Aussi le principal mérite de son livre, c'est certainement celui qu'il lui attribue lui-même, lorsque, lui adressant la parole dans sa Préface, il lui dit :

> Porte, comme au Sénat Romain,
> L'advis et l'habit du vilain
> Qui vint du Danube sauvage,
> Et monstra hideux, effronté,
> De la façon, non du langage,
> La mal-plaisante vérité.

Dans l'édit. de 1616, on trouve un certain nombre de vers tronqués ; mais il est le plus souvent facile de rétablir les mots omis : la rime sert de fil conducteur au lecteur. Le volume se termine par un court Éloge de Henri IV, en prose, mis là uniquement pour remplir trois pages blanches. Ces sortes de superfétations se rencontrent assez fréquemment aux derniers feuillets des livres de cette époque.

III. *La confession catholique du sieur de Sancy, et déclaration des causes, tant d'état que de religion, qui l'ont mû à se remettre au giron de l'É-glise* (anonyme), Amst. 1693, in-8°, par les soins de Le Duchat, qui l'a enrichie de notes ; plusieurs fois réimpr. depuis. C'est sans doute par suite d'une erreur typographique que Barbier, dans son Dict. des Anonymes, parle d'une édit. d'Amst. 1593. La conversion de Nicolas Harlay de Sancy n'eut lieu qu'au mois de mai 1597. Il est vrai que pour sauver sa vie, il avait déjà abjuré une fois à la S. Barthélemi, mais il était retourné au protestantisme. La satire n'a pas dû précéder la seconde et dernière abjuration. Nous devons aussi faire remarquer que d'Aubigné ne fait aucune mention de cet ouvrage dans ses Mémoires et il n'eût pas manqué d'en parler s'il avait déjà paru à l'époque où il les écrivit. Tous les critiques s'accordent à voir dans cet écrit une satire très ingénieuse. Au jugement de Sénebier, « ce livre est le chef-d'œuvre de d'Aubigné par la chaleur et la précision qui y règnent. »

IV. *Les avantures du baron de Fœneste comprinses en quatre parties. Les trois premières revcuës, augmentées et distinguées par chapitres. Ensemble la quatriesme partie nouvellement mise en lumière. Le tout par le mesme autheur.* Au Dezert, 1630, pet. in-8° ; édit. annotée par Le Duchat, mais incorrecte par la négligence de l'imprimeur, Cologne [Bruxelles] 1729, 2 vol. pet. in-8° ; on trouve en outre, dans cette édit., l'Histoire secrète de l'auteur écrite par lui-même et la Bibliothèque de M⁰ Guillaume, etc. ; nouv. édit., faite d'après celle de Cologne, mais où les fautes ont disparu, Amst. [Paris], 1731, 2 vol. in-12. Selon Brunet, les quatre livres compris dans l'édit. de 1630 et dans celle de 1640, même format, avaient été publiés successivement, savoir : le 1ᵉʳ à Maillé avant 1617 ; le 2ᵉ avec le 1ᵉʳ à Maillé, en 1617 ; le 3ᵉ avec les deux premiers à Maillé, en 1619 ; enfin, le 4ᵉ en 1620, toutes édit. in-12 ou pet. in-8°. Ces détails dont nous ne pouvons vérifier l'exactitude, ne s'accordent pas en tous points avec ce que nous lisons dans un article publié dans la Bibliothèque raisonnée (année 1731) au sujet de l'édit. de Cologne. D'après l'auteur, la 1re édit. du baron de Fæneste, en 2 liv. in-12, serait de 1617; la 2e de 1619, la 3e de 1620, et la 4e de 1630. « Mais il n'y a eu, continue-t-il, que celle-ci qui ait pu passer pour complète, puisque les trois premières ne contenaient que deux ou trois livres au plus et que l'on n'y trouvait aucunes sections ou chapitres et, par conséquent, aucune table. — Les trois premiers livres ont été, selon toutes les apparences, composés long-tems avant le quatrième, comme il paraît par la préface de l'auteur qui n'a été faite que pour ceux-là. D'ailleurs l'on y trouve un certain feu d'imagination qui ne se remarque pas dans le quatrième ; mais en récompense, celui-ci est assaisonné d'un sel plus raffiné et plus piquant pour les connaisseurs. D'Aubigné avait annoncé un cinquième livre; mais il faut qu'il n'ait pas exécuté son dessein, ou du moins il n'est pas parvenu jusqu'à nous. » D'Aubigné nous apprend lui-même dans sa préface quel a été le but de son livre. « Lassé de discours graves et tragiques, il s'est voulu récréer, nous dit-il, à la description de son siècle, en ramassant quelques bourdes vrayes. Et pour ce que la plus générale différence des buts et complexions des hommes est que les uns pointent leurs désirs et desseins aux apparences, et les autres aux effects, l'autheur a commencé ces dialogues par un baron de Gascongne, baron en l'air, qui a pour seigneurie Fæneste, signifiant en grec paroistre : celui-là jeune esventé, demi-courtisan, demi-soldat ; et d'autre part, un vieil gentilhomme nommé Énay, qui en mesme langue signifie estre homme consommé aux lettres, aux expériences de cour et de la guerre : celui-ci, un faux Poictevin, qui prend occasion de la rencontre de Fæneste pour s'en donner du plaisir et mesme en faire part à quelque voisin qui pour lors estoit chez lui. » On a cru reconnaître le duc d'Épernon sous le masque ridicule du baron de Fæneste, et Du Plessis-Mornay dans le personnage d'Énay. Mais nous pensons que d'Aubigné avait, et à juste titre, une assez bonne opinion de lui-même pour ne pas se croire indigne du rôle de l'interlocuteur « consommé aux lettres, aux expériences de cour et de la guerre. » Dans ces sortes d'ouvrages, l'auteur réserve toujours son personnage et d'ordinaire il ne lui fait pas la plus mauvaise part : c'est le poète des tragédies antiques qui parle par la voix de ses chœurs. Quant aux allusions au duc d'Épernon, nous ne les nierons pas. L'ancien mignon de Henri III, devenu le favori de Marie de Médécis et soupçonné, non sans preuves, d'avoir trempé dans l'assassinat de Henri IV, présentait à la satire trop de côtés vulnérables pour que d'Aubigné dont il avait « plusieurs fois et en diverses manières pourchassé la mort » à propos de ses Tragiques, ne fût pas tenté d'y décocher de préférence ses traits. L'auteur a semé beaucoup d'esprit dans son livre ; mais il a eu un tort impardonnable, c'est de ne mettre dans la bouche de son héros que des mots estropiés, mutilés par une prononciation gasconne, et souvent même du patois tout pur. Ce comique de mauvais goût se souffre à peine à la représentation, dans une parade; une pièce quelconque écrite dans un pareil jargon, ne saurait se lire avec plaisir. Cela rappelle trop « le sac ridicule » de Scapin. Les annotations dont Le Duchat a enrichi cette satire, sont sans doute précieuses pour la critique, mais elles n'ajoutent pas au charme de la lecture.

V. — 1° *L'Histoire Universelle du sieur d'Aubigné. Première partie qui s'estend de la paix entre tous les princes chrestiens, et de l'an 1550 jusques à la pacification des troisiesmes guerres en l'an 1570. Dédiée à la Postérité.* A Maillé, 1616, in-fol., achevé d'imprimer le dernier jour de mars 1618. — Ce premier tome contient 5 livres, divisés chacun en un certain nombre de chapitres.

2° *Les Histoires du sieur d'Aubigné,*

Tome II. Comme le premier tome a eu pour thèse générale la naissance d'un parti qui a esté formé grand et fort, par foibles et petits commancemens; ce segond vous fera voir le mesme comme esteint, et quant et quant ressuscité par merveilles, tant plus estranges à qui plus les considérera; etc. A Maillé, 1618, in-fol. — Contient également 5 livres, plus un Appendix de quelques pages.

3° *L'Histoire Universelle du sieur d'Aubigné. Tome III, qui de la desroute d'Angers desduit les affaires de France et les estrangères connues, jusques à la fin du siècle belliqueux; et puis par un appendix séparé descrit la desplorable mort d'Henri-le-grand.* A Maillé, 1620, in-fol. — Contient 5 livres, et va jusqu'à l'an 1601.

La 2ᵉ édit., Amst. [Genève], 1626, 3 tom. en 2 vol. in-fol., est « augmentée de notables histoires entières et de plusieurs additions et corrections faites par le mesme auteur. » — Plusieurs critiques ont avancé que cette seconde édition était tronquée en plusieurs endroits, et, entr'autres, que l'auteur y avait fait disparaître une foule de traits satiriques. « La première édit. de cette histoire, dit Lenglet-Dufresnoy qui copie le P. Lelong, est la plus vive et la plus satyrique; la seconde est la plus ample. » M. Weiss a adopté cette opinion. Mais un très-savant bibliographe, que la France peut réclamer pour un de ses enfants quoiqu'il soit né sur la terre d'exil, *David Clément*, dans sa Bibliothèque curieuse, nie que la première édition « soit plus vive ni plus satyrique que la seconde. » — « Je dirois plutôt, ajoute-t-il, que l'auteur a revu son Histoire à Genève, qu'il l'a corrigée et augmentée. Il étoit le maître de son ouvrage, et comme il étoit en droit d'y faire des additions, aussi avoit-il celui d'y changer ce qu'il jugeoit convenable. J'ai confronté ces deux éditions; j'ai trouvé que l'auteur avoit fait usage de sa liberté dans la seconde, qu'il y avoit changé l'ordre des chapitres, qu'il en avoit rassemblé deux en un, qu'il en avoit souvent partagé un en deux, qu'il avoit divisé les chapitres en plusieurs articles, qu'il y avoit distingué les choses remarquables, en les faisant imprimer en caractères italiques, qu'il avoit omis certains traits qui n'étoient pas assez circonstanciés, qu'il avoit retouché le style, et qu'il avoit ajouté plusieurs choses considérables dont il avoit eu des instructions plus particulières depuis la première édition. » — Pour ce qui regarde l'exécution typographique, cette première édition, faite aux frais de l'auteur, est bien préférable à la seconde.

Dans un avis au lecteur que d'Aubigné prête à son imprimeur, on trouve l'analyse suivante de son ouvrage. L'auteur, y est-il dit, « fait trois tomes de ses Histoires : le premier des guerres qui ont esté menées par Louis de Bourbon et l'admiral de Chastillon; cette première partie moins agréable pour ce que, selon sa promesse, elle se sent de l'abrégé, hors-mis en la description des batailles. Le second tome entre un peu devant la St.-Barthélemi, et achève aux premiers exploits apparens de la Ligue, où commence le troisième pour se reposer au grand repos de la France, quand Henri-le-grand s'est vu paisible roi. Le dernier donnera plus de contentement, pour y estre les affaires plus diligemment exprimées; pour ce que l'auteur étoit lors parvenu à plus de connaissance et d'authorité. Chacun de ses livres finit par une fin de guerre, ayant pour sa borne un édit de paix ou chose équipolente. » La prière suivante termine le volume :

O Dieu! tu m'as enfant instruit de tes merveilles,
Enfant, j'ai enseigné les cœurs par les oreilles
    A ton sainct nom bénir :
Ne me retire encor en ma blanche vieillesse,
Tant que j'aye achevé d'élever ta hautesse
    Aux siècles à venir.

Malgré le titre de son livre, d'Aubigné, à l'exemple de l'historien de Thou, ne s'occupe que très-brièvement et d'une manière tout-à-fait incomplète, de l'histoire des pays étrangers. Ce fut *Simon Goulart*, au rapport de Sénebier, qui lui fournit tout ce qu'on y trouve de relatif à Genève.

D'Aubigné nous apprend lui-même dans quel esprit il a écrit son livre. Après avoir parlé des difficultés d'écrire l'histoire, « n'estant possible, ajoute-t-il, de plaire à tous à la fois, j'ai estimé qu'il se falloit régler aux meilleurs, et n'attendre pour juges æquanimes de ma louange que ceux qui l'ont méritée pour eux. Et si quelqu'un reproche à mon Histoire qu'elle n'a pas le langage assez courtisan, elle respondra ce que fit la Sostrate de Plaute, à laquelle son mari alléguant pour vice, qu'elle n'estoit pas assez complaisante et cageoleuse : Je suis, dit-elle, matrone et femme de bien ; ce que vous demandez est le propre des filles de joye. Laissans donc ces fleurs aux poësies amoureuses, rendons vénérable nostre genre d'escrire, puisqu'il a de commun avec le théologien d'instruire l'homme à bien faire et non à bien causer; estendans nos rameaux, jadis beaux de fleurs inutiles, et maintenant riches de fruicts savoureux ; moins agréables, pour ce qu'ils ne moustrent point de feuilles, tant ils sont rangez près à près. » Un critique sévère trouvera peut-être que l'auteur a atteint son but : il instruit, mais il ne charme pas. Sa phrase est souvent obscure, embarrassée ; son style suranné pour l'époque où il publiait : ce qui nous porterait à croire que son histoire était écrite, du moins en partie, bien avant qu'il songeât à sa publication. Une indication de Hænel qui cite au nombre des MSS. existant à la Bibl. de La Rochelle, un *Extrait de l'histoire de d'Aubigné fait en* 1572, *in*-12, confirmerait notre supposition, si toutefois le savant bibliographe allemand n'a pas été induit en erreur par un faux renseignement. Nous rapporterons le jugement d'Anquetil sur cette histoire. « Sa dédicace un peu fastueuse, dit-il, fait présumer que l'auteur auguroit bien de son ouvrage. Il avoit raison, la partialité ne fait pas toujours tort à un livre, et la médisance en assure quelquefois le succès. On peut reprocher ces deux défauts à d'Aubigné. A la vérité, ce qu'il dit, presque toujours il l'a vu, mais avec des yeux obscurcis par la prévention. Il est bon à consulter sur les faits d'armes et sur les anecdotes galantes de la Cour, très-peu sur le secret du cabinet. Il écrit en huguenot outré, et en courtisan mécontent. — Le style de d'Aubigné est rapide et peu châtié. Il aimoit l'antithèse. — Il est surprenant qu'un homme aussi vif ait si bien construit la charpente de son ouvrage, genre de travail qui demande de l'application et un esprit d'ordre, dont les caractères emportés sont rarement capables. »

Plusieurs critiques, et entr'autres Lenglet-Dufresnoy, Anquetil, Moréri, ont avancé, sans doute sur la foi du P. Lelong, que le premier volume de l'histoire de d'Aubigné n'avait pas plus tôt paru qu'il fut condamné par arrêt du parlement de Paris, du 4 janvier 1617, à être brûlé par la main du bourreau. Mais c'est une erreur qu'il est facile de relever. Comme nous l'avons vu, le premier volume n'a dû paraître qu'en 1618. En outre, dans la préface de son troisième tome, d'Aubigné nous apprend que c'est seulement cette dernière partie qui n'a pas obtenu l'approbation du gouvernement. « En vous donnant mon troisième tome, dit-il à ses lecteurs, il me semble que vous faites deux demandes, l'une pourquoi j'ai demeuré un an sans faire travailler, et l'autre comment aiant publié les deux premières parties, la troisième est refusée d'un privilége par MM. du Conseil. » Cependant il ne laissa pas de poursuivre l'impression de son livre, sans trop se soucier de ce qui en adviendrait. — L'arrêt de condamnation ne se fit pas attendre, il fut rendu le 2 ou 4 janvier 1620. Selon M. Buchon qui a adopté la fausse date de 1617, cet arrêt porte que « l'histoire du sieur d'Aubigné, pour contenir plusieurs choses qui sont contre l'État et l'honneur des rois Charles IX, Henri III et Henri IV, des reines, princes et autres seigneurs du royaume, sera, en exécution de la sentence du prévôt de Paris ou de son lieutenant civil (?), brûlée publiquement par l'exécuteur de la haute justice. » La sentence fut en effet exécutée, selon d'Aubigné, dans la cour du collége royal.

VI. *Libre discours sur l'estat des Églises réformées en France, auquel est premièrement traicté en général des remèdes propres à composer les differens en la religion à leur naissance, puis en suitte de ceux qui sont propres pour esteindre le schisme qui est aujourd'hui entre les François tant en ce qui concerne la religion que la police*, 1619, in-8°, sans lieu d'impression; trad. en hollandais, 1652, in-4°. Le traducteur hollandais déclare, au rapport de David Clément, que des personnes dignes de foi lui ont affirmé qu'elles en avaient tenu un exemplaire sur le titre duquel le nom de d'Aubigné se trouvait imprimé. Le P. Lelong parle d'une édition de 1621, mais il ignorait le nom de l'auteur. Sénebier n'en fait pas mention dans sa notice, et d'Aubigné lui-même n'en dit rien dans ses autres écrits.

VII. *Lettre du sieur d'Aubigné sur quelques histoires de France et sur la sienne*, Maillé, 1620, in-8°.

VIII. *Petites œuvres meslées du sieur d'Aubigné*, Genève, 1630, in-12 (de 175 pages). — Contient 1° Six méditations en prose, pleines d'onction, sur divers psaumes; plus une petite pièce, *l'Hercule chrestien*, adressée à ses enfants, où il nous apprend qu'il traduisit du grec en français un petit écrit du chevalier Bacon sur *la Sagesse des Anciens*; cette première partie remplit 125 pages; 2° Douze psaumes, deux cantiques et trois prières, en vers mesurés; 3° Diverses petites pièces en vers ordinaires, et entr'autres *l'Hyver du sieur d'Aubigné*, allusion aux hirondelles qui changent de climat; *la Prière de l'auteur prisonnier de guerre et condamné à mort*; *les Larmes pour Susanne de Lezai*; 4° Quelques *Tombeaux* ou épitaphes en vers, et finalement celui de Simon Goulard Senlisien, en prose,

Dans une préface que l'auteur a mise en tête de ses vers mesurés, il raconte que c'est par suite d'une espèce de défi qu'il s'est exercé dans ce genre de poésie. Comme il y émet quelques idées neuves dont on a profité depuis, nous nous permettrons une courte citation. « Plusieurs, dit-il, se sont vantés d'avoir mis au jour cette sorte de vers les premiers, comme Jodèle, Baïf et autres plus nouveaux; mais me souvient d'avoir veu, il y a plus de 60 ans, l'Iliade et l'Odyssée d'Homère composées plus de 40 ans auparavant en examètres ou héroïques par un nommé Mousset.... Ce que Jodèle en a faict et qui paroist, est bien séant et bien sonnant : ce que je ne dirai pas des fadesses de Baïf et des premiers essais de mes amis. Messieurs de *La Noue* et Rapin se sont mis aux champs avec cet équipage, moi leur contredisant, n'espérant jamais qu'ils peussent induire les François à ces formes plus espineuses de rigueur, que délicieuses par leurs fleurs. Après plusieurs amiables disputes que j'eus avec ces deux derniers, la dernière raison par laquelle il me sembla les avoir arrestés, fut telle : Que nul vers mesuré ne pouvoit avoir grace sans les accens, non-seulement d'eslévation, mais de production, et que la langue françoise ne pouvoit souffrir ce dernier des accens sans estre ridicule, comme il paroist aux prononciations des estrangers, et surtout des septentrionaux. » Cependant, comme nous l'avons vu, d'Aubigné ne laissa pas de relever le gant que ses amis lui avaient jeté. « En ayant donc tasté, ajoute-t-il, je puis vous en dire mon goust : c'est que tels vers de peu de grace à les lire et prononcer, en ont beaucoup à estre chantés, comme j'ay veu en des grands concerts faits par les musiques du Roy. » On sait qu'une foule de très-bons esprits, parmi lesquels on doit distinguer surtout le célèbre Turgot, se sont exercés dans ce genre de poésie. Mais, selon nous, ils se sont tous plus ou moins égarés à la recherche d'une vérité dont ils avaient le pressentiment. Leur principale erreur, c'est d'avoir voulu approprier à notre versification des règles étrangères, en contradiction avec le génie même de notre langue. La première chose qu'ils avaient à faire, c'était de se demander si les conditions étaient bien les mêmes, si notre prosodie est aussi bien déterminée, aussi bien assise que dans les langues qui l'ont prise pour base de leur rhythme poétique, et, en cas de négation, ils auraient dû rechercher ce que c'est que le rhythme, par quoi il est ou peut être produit, quel doit en être le principe générateur, et si ce principe n'était pas en opposition avec le génie de notre langue, ils auraient dû l'appliquer. Il ne s'agissait donc pas d'imiter, mais de créer, ou plutôt de fixer l'usage, d'en dégager une loi, et de tirer de cette loi toutes les conséquences logiques, raisonnables. En suivant cette marche, ils auraient sans doute été amenés à reconnaître que le principe du rhythme dans notre langue ne peut être que l'accent, et plus spécialement l'accent tonique qui règle les intonations, l'élévation ou l'abaissement de la voix. D'où il résulte que la rime n'est qu'un ornement qui n'ajoute rien au rhythme, qui lui sert seulement d'encadrement. Aussi, des vers blancs seront-ils d'excellents vers, tandis que des vers parfaitement rimés peuvent être et sont très-souvent des vers détestables. Et qu'on le remarque bien, nos meilleurs versificateurs ont toujours fidèlement observé, quoique à leur insçu, le principe que nous avons émis, tellement, que c'est par leurs œuvres que l'on peut s'instruire le mieux des différentes formes que le rhythme poétique peut affecter, selon le nombre et la position des accents répartis dans les pieds du vers. Ceci, du reste, n'a rien d'exceptionnel, le fait a toujours précédé la théorie.

IX. *Histoire secrète de Théodore-Agrippa d'Aubigné, écrite par lui-même*, publiée avec le baron de Fæneste annoté par Le Duchat, Cologne (Brux.), 1729, pet. in-8°; nouv. édit. sous le titre : *Mémoires de la vie de Th.-Agr. d'Aubigné, écrits par lui-même*, revus et corrigés par Du Mont, et publiés avec les Mémoires de Frédéric-Maurice de La Tour, prince de Sedan, rédigés par Aubertin, son domestique, plus une Relation de la cour de France, en 1700, par Priolo, et l'Histoire de Mme de Mucy, par Melle de *** (Valdory), Amst., 1731, 2 vol. in-12.
— « On doute beaucoup, dit Sénebier, de l'authenticité de cette pièce, quoiqu'on dise que l'original en soit conservé à Paris. » Mais, selon nous, pour en douter le moins du monde, il faut ne l'avoir pas lue. Moréri ne partage pas ces doutes; seulement, d'après lui, d'Aubigné ne s'accorde pas toujours dans ses Mémoires avec ce qu'il avance dans son Histoire. Nous ne pouvons dire avec certitude si ce reproche est fondé; toutes les vérifications que nous avons faites, nous confirmeraient dans la négative. Une copie de ces Mémoires qui date vraisemblablement du XVIIe siècle, existe à la Bibl. de l'Arsenal, à Paris. Nous l'avons parcourue; elle est, en tous points, conforme à l'ouvrage imprimé (nouv. édit. de M. Buchon). A la fin, se trouve le testament de d'Aubigné, mais cette pièce est incorrecte. Nous n'en rapporterons que le passage suivant : « Je laisse, dit-il, à mes enfants l'exemple de ma vie, de laquelle ils ont pour livre domestique le plus véritable et plus exprès discours que ma mémoire a pu fournir, etc. » D'Aubigné exprime la même pensée au commencement de ses Mémoires : « Voici, dit-il à ses enfants, le discours de ma vie en sa privauté paternelle, lequel ne m'a point contraint de cacher ce qui, dans une histoire de France, eût été honteux et malséant; de manière que ne pouvant ni tirer vanité de mes belles actions, ni rougir de mes fautes, envers vous, je vais vous raconter ce que j'ai fait de bon et de mauvais, comme si je vous entretenois encore sur mes genoux, désirant que mes belles et honnorables actions vous donnent envie d'en faire de pareilles, et que vous conceviez en même temps de l'horreur pour mes

fautes que je vous démontre à découvert, afin que vous évitiez d'en commettre de semblables. — J'ai encore à vous ordonner que vous ne gardiez que deux copies de ce manuscrit, qui demeureront en la garde de ceux dont vous conviendrez, et que vous n'en laissiez aller aucune hors de la maison. Si vous y faillez, votre manque d'obéissance sera châtiée par vos envieux, qui tourneront en risées les merveilles de Dieu dans mes délivrances et dans mes espèces de prophéties, et qui vous feront repentir de votre curieuse vanité. » Nous ferons connaître brièvement certains faits auxquels d'Aubigné fait allusion dans cette dernière recommandation à ses enfants. Il nous apprend dans ses Mémoires qu'un nommé César Baronius, neveu du cardinal de ce nom, ayant trahi la confiance de la Congrégation *de propagandâ fide*, dont il était membre, s'était réfugié en France pour y professer la foi réformée, et qu'ayant livré les mémoires secrets dont il était porteur, il avait été commis avec M. de Feugré pour les examiner. « Voilà proprement, dit-il, où j'avois puisé la science de mes prédictions, qui, pour s'être trouvées souvent véritables, m'avoient fait donner le nom de d'Aubigné le prophète, et non pour avoir tenu chez moi le muet qu'on m'a tant reproché. » Disons un mot de ce sourd-muet si prodigieux. C'était un jeune homme d'une vingtaine d'années, que, un peu par charité et beaucoup par curiosité, d'Aubigné avait pris à son service, à la recommandation des ministres de sa province. Il s'expliquait par gestes d'une manière tout-à-fait intelligible. Son aspect était repoussant; mais, en revanche, il possédait à un haut degré le don aussi précieux que rare de la divination. Il découvrait les choses les plus cachées; il pénétrait les pensées les plus secrètes de ceux qui l'interrogeaient; enfin, il prédisait l'avenir. Il est vrai de dire que comme il ne parlait que par signes, il laissait toujours un très-vaste champ à l'imagination.

Les plus habiles seuls y devaient trouver leur compte. « J'eus, durant un mois, raconte d'Aubigné, la curiosité de savoir les heures où Henri IV faisoit ses promenades, les propos qu'il y tenoit, les noms de ceux à qui il parloit, et plusieurs autres choses semblables; et le tout, confronté de cent lieues loin avec les réponses du muet, se trouvoit entièrement conforme. Un jour que les filles du logis lui ayant demandé combien le roi vivroit encore d'années, le temps et les circonstances de sa mort, il leur marqua trois ans et demi, et leur désigna la ville, la rue et le carrosse avec les deux coups de couteau qu'il recevroit dans le cœur, où cela lui devoit arriver. Il leur prédit encore, de plus, tout ce que le roi Louis XIII a fait jusqu'à présent 1630, les combats donnés devant La Rochelle, le siége de cette ville, sa prise, son démantèlement, la ruine entière du parti huguenot, et beaucoup d'autres choses que l'on peut voir dans mes épîtres familières qui courent imprimées par le monde. » Sans doute que l'évènement seul avait donné un sens précis aux oracles du pauvre muet, et d'Aubigné écrivait après l'événement. C'est, à notre avis, la seule manière possible d'expliquer une chose impossible.

On a encore attribué à notre d'Aubigné, mais sans preuves : 1° *Passe-par-tout des Pères Jésuites, apporté d'Italie par le docteur Palestine, gentilhomme romain, et trad. de l'Italien*, imprimé au Monde dans la présente année (1606), in-4° et in-12; réimpr. l'année suivante, in-8°, avec un traité intitulé : *l'A banni du françois*. — 2° *Le divorce satyrique ou les Amours de la reine Marguerite de Valois*, par D. R. H. Q. M., que l'on trouve imprimé à la suite du Journal de Henri III.

Constant d'Aubigné, baron de Surineau, fils aîné de Théodore-Agrippa d'Aubigné et de Suzanne de Lezay, né après 1584, et mort à la Martinique vers 1645.

Constant d'Aubigné n'avait malheureusement pas hérité des vertus de sa famille. Nous emprunterons aux Mémoires de son père le portrait qu'il fait de ce fils dégénéré, qui fit le désespoir de ses vieux jours. Jamais contraste plus affligeant. « Je l'avois élevé, dit-il, avec autant d'application et de dépense que s'il eût été un prince, et je lui avois donné les plus excellens maîtres en toutes sortes d'exercices qui fussent en France, n'ayant rien épargné pour cela et les ayant même soustraits aux meilleures maisons du royaume en doublant les gages qu'ils en recevoient. Ce misérable, malgré cela, s'étant d'abord adonné au jeu et à l'ivrognerie à Sedan, où je l'avois envoyé aux académies, et s'étant ensuite dégoûté de l'étude, acheva de se perdre entièrement dans les musiques d'Hollande parmi les filles de joye. Ensuite, revenu qu'il fut en France, il se maria sans mon consentement à une malheureuse [Anne Mansaud, veuve du sieur *Couraud*, baron de Châtel-Aillon, le 30 sept. 1608], qu'il a depuis tuée. Voulant le tirer de la Cour, où il continuoit ses débauches, je lui fis donner un régiment lors de la guerre du prince de Condé, que je mis sur pied à mes dépens; mais rien ne pouvant arrêter ni contenter les passions déréglées de cet esprit volage, libertin et audacieux, il retourna à la Cour où il perdit au jeu vingt fois plus qu'il n'avait vaillant; de sorte que se trouvant sans ressource, il abjura sa religion, embrassa la romaine et s'y fit valoir par son génie sublime et supérieur à tous ceux de ce temps-là. Moi, instruit du fréquent commerce qu'il entretenoit alors avec les Jésuites, je lui deffendis par lettres de les voir à l'avenir, sous peine d'encourir ma malédiction. Sur quoi il me fit réponse qu'il voyoit quelquefois à la vérité les Pères Arnoux et du May; et ce fut par leur moyen qu'il obtint du pape un bref pour pouvoir assister au prêche et participer à la Cène des réformés, sans que cela pût nuire à sa catholicité, que j'ignorois encore, et de laquelle il ne faisoit pas une profession publique, de peur que je ne le déshéritasse. Muni de ce bref, à la faveur duquel il assistoit à tous nos exercices de religion, il s'en vint en Poitou à dessein d'essayer à me dépouiller de mes deux places, Maillezais et Doignon. Comme je ne connoissois point sa perverse intention, je le fis mon lieutenant dans Maillezais avec pleine puissance d'y commander en mon absence, et je me retirai au Doignon. » Un acte du mois de février 1613 lui accordait la survivance du gouvernement de son père; et en 1615, il prononça le serment d'union à l'assemblée de Nismes. C'est vraisemblablement à cette dernière époque — et non à l'année 1625 comme le porte la pièce manuscrite, et comme nous l'avons dit à l'art. d'Aramburre — que se rapporte une note secrète sur les principaux chefs huguenots remise au gouvernement de Louis XIII, et dans laquelle on lit au sujet des D'Aubigné : « D'Aubigny, père et fils, hasardeux, hardis en leurs conseils, doctes, obligeans, puissans à persuader de paroles, et de fait amis de la Cause. Le fils est plus patient que le père. »

Cependant d'Aubigné prévenu à temps des projets que nourrissait son fils, a bientôt pris sa détermination; il se met en bateau avec un petit nombre de soldats dévoués, des pétards et des échelles, s'approche à la faveur de la nuit des murailles de Maillezais, s'empare à lui tout seul d'une porte, fait entrer ses gens dans la citadelle et en chasse tous les hommes qu'il put croire à la dévotion du traître. « Mon indigne fils, dit-il, se voyant ainsi délogé de sa tanière, se retira à Niort auprès du baron de Neuillan, révolté comme lui contre son père. » Il se mit alors à former des entreprises contre le Doignon, que le duc de Rohan avait acheté de d'Aubigné, et dont la garde était confiée au capitaine *Hautefontaine*.— Plus tard, le duc de Luynes contraignit Rohan à faire raser cette petite place forte.—Dans une de ces entreprises dont le secret avait été trahi par un des capitaines qui servaient sous lui, le baron de Surineau fut attaqué à l'improviste par son beau-frère, monsieur *Dadé* [Josué de Caumont], et sa petite troupe entièrement défaite.

« Enfin, continue d'Aubigné, ce fils dénaturé, à qui le roi avait promis de servir de père lors de son abjuration, se trouva en peu de temps méprisé et abandonné de tout le monde.... Ce malheureux donc se voyant réduit à un état si misérable, et ne sachant plus où donner de la tête, s'avisa de me faire parler de réconciliation ; à quoi je répondis que quand il auroit fait sa paix avec le Père céleste, le père terrestre feroit la sienne avec lui. Sur cette réponse, il s'en vint me trouver à Genève, se présenta aux ministres, et fit tout ce que l'on exigea de lui, qui fut d'écrire en Poitou et à Paris qu'il étoit rentré dans le sein de la religion réformée. Il fit même de plus quelques ouvrages en prose et en vers contre la papauté ; toutes lesquelles choses m'engagèrent à lui donner une pension proportionnée à la fortune d'un proscrit dépouillé de son bien, mais au-dessus néanmoins de ce qu'il pouvait en espérer. » Toutefois ses bonnes dispositions, ses promesses d'amendement, sa soumission, n'étaient qu'une feinte ; le malheureux père ne tarda pas à en acquérir la triste certitude. Etant passé en Angleterre, il réussit par son entregent à se faire bien venir du monarque et de son favori ; on alla même jusqu'à l'admettre dans un conseil secret qui se tint au sujet du siége de La Rochelle, et à la suite duquel on le députa à Genève pour solliciter son père de prendre part à une expédition que l'on avait résolue contre la France. Mais en se rendant par Paris, il n'eut rien de plus pressé que de s'aboucher avec M. de Schomberg, et de lui révéler tout ce qu'il savait des délibérations secrètes du gouvernement anglais.

« Une telle perfidie, écrit d'Aubigné, me fut si sensible que je rompis pour jamais avec lui, oubliant absolument tous les liens du sang et de l'amitié qui m'attachoient à ce fripon et misérable fils ; et je vous conjure, mes autres enfans, de ne conserver la mémoire de votre indigne frère que pour l'avoir en exécration. » Ces événements se passaient vers 1627. La trahison dont le baron de Surineau s'était rendu coupable, — trahison que le gouvernement anglais ne dut pas ignorer, puisque d'Aubigné écrit que tout vieux qu'il était, il s'était décidé à passer en Angleterre pour se purger de l'infâme trahison de ce scélérat, — dut sans doute le forcer de rentrer en France pour y poursuivre sa vie aventureuse. A défaut de tout renseignement positif, on peut donc supposer qu'il était pourvu de quelque commandement dans la Guyenne, lorsqu'il s'unit en secondes noces, le 27 oct. ou déc. 1627, à Jeanne de Cardillac, fille de Pierre de Cardillac, seigneur de la Lane, lieutenant du duc d'Épernon au château Trompette, et de Louise de Montalembert. En tous cas, la relation de Voltaire a bien l'air d'un épisode de roman. Il raconte qu'ayant voulu faire un établissement à la Caroline et s'étant adressé aux Anglais, Constant d'Aubigné fut mis en prison au château Trompette, d'où l'aurait délivré la fille du gouverneur, nommé Cardillac, gentilhomme bordelais. Ayant alors épousé sa bienfaitrice, il la mena à la Caroline. Mais à leur retour en France au bout de quelques années, ils furent enfermés tous deux à Niort, en Poitou, par ordre de la Cour. Ce qu'il y a de plus certain dans ce récit, c'est que le baron de Surineau était en effet détenu à Niort vers 1635. Il fut transféré ensuite au château Trompette, et n'en sortit qu'en 1639, époque à laquelle il partit pour la Martinique. Ses affaires prirent d'abord une tournure assez favorable ; mais sa femme ayant entrepris un voyage en France pour régler des intérêts de famille, il profita de son absence pour jouer et perdre tout ce qu'il possédait. Réduit dès lors à subsister avec les appointements d'une simple lieutenance, il ne traîna plus qu'une vie misérable jusqu'à sa mort qui arriva vers 1645.

Constant d'Aubigné n'avait pas eu d'enfant de sa première femme. Jeanne de Cardillac lui en donna deux : 1° Charles, marquis d'Aubigné, chevalier des ordres du roi et lieutenant-général de ses armées, gouverneur du Berry et de la ville de Cognac, marié le 25 février 1678 avec Geneviève Piètre dont il eut une fille unique : Amable-Charlotte-Françoise d'Aubigné, mariée en 1698 à un duc de Noailles ; 2° Françoise d'Aubigné, marquise de Maintenon. L'étrange destinée de cette femme célèbre, qui devait être un des instruments les plus dévoués de la ruine d'une église que son aïeul avait travaillé à fonder par soixante ans d'efforts, de périls et de dévouement, nous fait une obligation d'entrer dans quelques détails. FRANÇOISE d'Aubigné naquit, le 27 nov. 1635, dans la prison de Niort où ses parents étaient détenus. Elle fut présentée au baptême par François de La Rochefoucault, gouverneur du Poitou, et par Françoise Tiraqueau, comtesse de Neuillant, dont le mari était gouverneur de Niort. Mme de *Villette*, sa tante, que l'on représente comme un modèle de toutes les vertus chrétiennes, obtint de ses parents qu'ils la lui confiassent pour être élevée dans sa famille ; mais lorsqu'ils furent transférés au château Trompette, ils lui redemandèrent leur enfant qu'ils emmenèrent avec eux à la Martinique. Constant d'Aubigné étant mort, sa femme retourna seule en France ; sa fille ne l'y suivit que quelque temps après. La misère les y attendait. Mme d'Aubigné en fut bientôt réduite à chercher la subsistance de sa famille dans le travail de ses mains. Heureusement que Mme de Villette veillait sur sa jeune nièce. Elle la demanda de nouveau à sa mère. Mais ses charitables intentions ne tardèrent pas à être méconnues. On l'accusa d'élever sa jeune parente dans les sentiments de la religion qu'elle professait, et Mme de Neuillant, faisant de cette prétendue conversion une affaire personnelle, obtint un ordre qui l'obligea — à la remettre sur le pavé. On verra que l'expression n'a rien d'exagéré. Combien ne voit-on pas de ces personnes charitables qui sont plus soucieuses de travailler à votre salut dans l'autre monde, que de vous procurer les moyens de le faire honnêtement vous-même dans celui-ci ? C'est que dans le premier cas, il n'y a qu'une dépense de paroles, dont, par vanité, on est volontiers prodigue ; tandis que dans le second, il y a sacrifice, dévouement, ce qui est le véritable caractère de la charité. « Aucun moyen ne fut négligé, dit un biographe, pour ramener Françoise à la religion de sa mère ; mais les exhortations comme les conférences furent infructueuses. Mme de Neuillant résolut de la vaincre par les humiliations. Mlle d'Aubigné, reléguée avec les domestiques, fut chargée des détails les plus abjects. » C'est par ces moyens délicats et tout-à-fait persuasifs que Mme de Neuillant entendit faire l'éducation de sa filleule. « A la fin, continue le biographe, on sentit l'inconvenance de ce traitement, et Mlle d'Aubigné fut mise au couvent des Ursulines de Niort, où après une assez longue résistance, elle abjura le calvinisme. » La malheureuse jeune fille mit cependant une condition à son abjuration; elle ne voulut jamais admettre que sa tante qui avait toujours été pour elle *un ange de bonté*, pût être éternellement damnée. On transigea sur ce point. Il est assez naturel que Mme de Villette ait alors cessé de payer la pension de la jeune pensionnaire des Ursulines; ce soin revenait de droit à Mme de Neuillant qui s'était employée avec un zèle si chaud à sa conversion. Mais cette dame pensait avoir assez fait pour elle ; elle répondit comme le rat de la fable :

<small>Les choses d'ici bas ne me regardent plus.</small>

De leur côté, les Ursulines, n'entendaient pas nourrir gratuitement la brebis qu'elles avaient ramenée au troupeau. Les considérations d'intérêt étant toujours les plus fortes, même au couvent, les bonnes sœurs finirent par mettre leur jeune convertie à la porte de leur maison. La malheureuse s'en retourna donc auprès de sa mère, où elle arriva fort à propos pour lui fermer les yeux. Restée seule au monde, car sa bonne tante était morte aussi dans l'intervalle, la jeune orpheline se retira dans une petite chambre à Niort, jusqu'à ce que Mme de Neuillant consentît à la recevoir de nouveau chez elle ; mais cette dame ne cessa de la traiter avec la plus grande dureté. A la fin, elle la plaça au couvent des Ursulines de la rue St.-Jacques à Paris, où elle fit sa première communion. Dès lors, Mlle d'Aubigné entra dans une nouvelle phase de son existence ; sa fortune changea. La connaissance qu'elle fit à cette époque du poète burlesque Scarron, lui ouvrit un avenir aussi brillant qu'inespéré. Charmé par son esprit, l'auteur du Roman comique lui offrit un jour de payer sa dot, si elle voulait entrer en religion, ou bien de l'épouser, si elle voulait de lui. Cette étrange proposition avait bien de quoi tenir en suspens l'esprit le moins irrésolu. Quel que pût être son mérite, « le raccourci de la misère humaine » n'était rien moins que séduisant. Cependant la future reine ne balança pas, elle choisit le mariage, si l'on peut appeler de ce nom « une union où le cœur entrait pour peu de chose et le corps pour rien. » Mais n'importe, il fut célébré, sinon consommé. Pendant près de neuf ans, Madame Scarron fit le charme de la société de son mari. « Sa beauté et son esprit, nous dit Voltaire, la firent bientôt distinguer. Elle fut recherchée avec empressement de la meilleure compagnie de Paris ; et ce temps de sa jeunesse fut sans doute le plus heureux de sa vie. » On ne doit pas prendre trop au sérieux les grossières plaisanteries de Scarron au sujet des infidélités de sa femme ; rien ne prouve qu'elle ait manqué à la foi conjugale. Elle resta veuve à l'âge de 25 ans. Scarron mourant (14 oct. 1660), lui légua pour tout bien « le pouvoir de se remarier. » Heureusement que la reine-mère lui continua la pension qu'elle faisait à son mari, en la portant même de 1,500 à 2,000 livres, ce qui, joint à beaucoup d'ordre, lui fournit les moyens de vivre très modestement au couvent des Hospitalières où elle s'était retirée. Mais à la mort de la reine-mère, en 1666, cette pension cessa de lui être payée. Toutes ses demandes, toutes ses suppliques demeurèrent sans réponse, jusqu'à ce qu'à la fin, sur les instances mêmes de Mme de Montespan, Louis XIV consentît, quoique de mauvaise grâce, à rétablir son nom sur la liste des pensionnaires. Des relations plus intimes s'établirent dès lors entre la bienfaitrice et sa protégée. En 1672, Mme de Montespan lui confia le soin d'élever les deux enfants qu'elle avait eus de Louis XIV, le duc du Maine et le comte de Vexin, et comme le premier était né avec un pied difforme, elle fut chargée de le mener aux eaux de Barège. Pendant ce voyage, elle écrivait directement au roi, et ses lettres plurent beaucoup. « Voilà, dit Voltaire, l'origine de sa fortune ; son mérite fit tout le reste. Le roi, qui ne pouvait d'abord s'accoutumer à elle, passa de l'aversion à la confiance et de la confiance à l'amour. Les lettres que nous avons d'elle, sont un monument bien plus précieux qu'on ne pense : elles découvrent ce mélange de religion et de galanterie, de dignité et de foiblesse qui se trouve si souvent dans le cœur humain, et qui était dans celui de Louis XIV. Celui de Mme de Maintenon paraît à la fois plein d'une ambition et d'une dévotion qui ne se combattent jamais. Son confesseur Gobelin approuve également l'une et l'autre ; il est directeur et courtisan ; sa pénitente devenue ingrate envers madame de Montespan, se dissimule toujours son tort. Le confesseur nourrit cette illusion elle fait venir, de bonne foi, la religion au secours de ses charmes usés, pour supplanter sa bienfaitrice devenue sa rivale. Ce commerce étrange de tendresse et de scrupule de la part du roi, d'ambition et de dévotion de la part de la nouvelle maîtresse, paraît durer depuis 1681 jusqu'à 1686, qui fut l'époque de leur mariage (1685 selon d'autres). » La reine était morte le 30 juillet 1683. A la fin de 1674, Madame Scarron avait acheté, des bienfaits du roi, la terre de Maintenon qui fut érigée en marquisat, et dont elle porta depuis le titre. Mais ce n'est que depuis 1680, où elle fut nommée seconde dame d'atours de Mme la Dauphine, qu'elle eut à la Cour une existence indépendante de Mme de Montespan.

On voit qu'à l'époque de la révocation de l'édit de Nantes, Mme de Maintenon était au plus haut point de sa faveur : elle était reine; le roi travaillait chez elle avec ses ministres. Quelle est donc la participation qu'on peut lui reprocher à cet acte, et à tous les actes de despotisme sanguinaire qui le précédèrent et le suivirent? Les opinions sont partagées. Selon les uns, elle ne fit que suivre le torrent sans essayer d'y résister: l'intérêt de sa position, joint au désir de convaincre, même ses envieux, de la sincérité de sa conversion, lui commandait cette conduite. Selon d'autres, elle ne se contenta pas d'une approbation tacite; elle poussa, par ambition plutôt que par fanatisme, à la persécution de ses anciens coreligionnaires. Ses lettres prouvent au moins qu'elle n'y resta pas indifférente. « Ruvigny [député à la Cour par les Protestants du royaume] est intraitable, écrivait-elle; il a dit au roi que j'étois née calviniste, et que je l'avois été jusqu'à mon entrée à la Cour. Ceci m'engage à approuver des choses fort opposées à mes sentiments. » Cet aveu est précieux; il explique parfaitement quel fut le mobile de sa conduite. Une fois placée sur cette pente dangereuse, l'hypocrisie, il lui fut impossible de s'arrêter. Quelques citations feront voir tout le chemin qu'elle parcourut en peu de temps dans cette voie. A la date de 1672, elle écrivait à son frère : « On m'a porté sur votre compte des plaintes qui ne vous font pas honneur. Vous maltraitez les huguenots, vous en cherchez les moyens, vous en faites naître les occasions. Cela n'est pas d'un homme de qualité. Ayez pitié de gens plus malheureux que coupables; ils sont dans des erreurs où nous avons été nous-mêmes, et d'où la violence ne nous aurait jamais tirés. » Plus tard, en 1681, la célèbre marquise se rapprocha beaucoup de la manière de voir de Mme de Neuillant dont elle ne devait pas cependant avoir gardé un souvenir très agréable. « Le roi, écrivait-elle, pense sérieusement à son salut et à celui de ses sujets. Si Dieu nous le conserve, il n'y aura plus qu'une religion dans son royaume : c'est le sentiment de M. de Louvois, et je le crois là-dessus plus volontiers que Colbert, qui ne pense qu'à ses projets et jamais à la religion. » Et en 1684 : « Le roi a dessein de travailler à la conversion entière des Hérétiques. — Cette entreprise le couvrira de gloire devant Dieu et devant les hommes. » L'année suivante, l'illustre époux de Mme de Maintenon dut se croire arrivé au comble de la gloire : « Le roi, écrivait-elle, est fort content d'avoir mis la dernière main au grand ouvrage de la réunion des Hérétiques à l'Église. Le P. de la Chaise a promis qu'il n'en coûteroit pas une goutte de sang, et Louvois dit la même chose. — Je crois bien avec vous que toutes ces conversions ne sont pas également sincères; mais Dieu se sert de toutes voies pour ramener à lui les hérétiques. Leurs enfants seront du moins catholiques. Si les pères sont hypocrites, leur réunion extérieure les rapproche du moins de la vérité : ils en ont les signes de commun avec les fidèles. Priez Dieu qu'il les éclaire tous: le roi n'a rien plus à cœur. » Après des documents aussi positifs, on ne saurait en toute équité refuser à Mme de Maintenon une part dans la *gloire* du petit-fils de Henri IV.

La veille de la mort du roi (1715), Mme de Maintenon se retira dans sa fondation de St-Cyr, où elle mourut deux ans après, le 15 avril 1719. On lui doit: I. *Lettres de Madame de Maintenon*, publiées par La Baumelle, Nancy, 1752, 2 vol. in-12; édit. aug. par le même, Amst. 1756, 9 vol. in-12; nouv. édit. précédée d'une notice par M. Auger, 1807, 6 vol. in-12. A la suite du recueil, on trouve quelques opuscules de l'auteur.— Selon Voltaire, presque toutes les dates de ces lettres imprimées sont erronées. « Cette infidélité, dit-il, pourrait donner de violents soupçons sur l'authenticité de ces lettres, si d'ailleurs on n'y reconnaissait pas un caractère de naturel et de vérité qu'il est presque impossible de contrefaire. » — II. *L'esprit de l'Institut des filles de S. Louis*, 1699, in-12, et 1771; nouv. édit. 1808, in-18 et in-12. — Cet institut transporté de Noisi à St-Cyr que Louis XIV avait fait bâtir exprès à l'extrémité du parc de Versailles en 1686, devait contenir 250 filles nobles sans fortune. Mme de Maintenon qui en fut nommée supérieure perpétuelle pour le temporel comme pour le spirituel, en dressa elle-même les règlements avec le concours de l'évêque de Chartres, Godet Desmarets.

NATHAN D'AUBIGNÉ, dit de LA FOSSE, fils cadet de Théodore-Agrippa d'Aubigné.

On ignore l'époque de sa naissance. Carrère et Éloy le font naître, l'un et l'autre, le 16 janvier 1601 à Nancray, près de Pluviers en Gâtinois, en disant qu'il se retira à Genève avec *ses père et mère* le 1er sept. 1620. Mais c'est une erreur. Suzanne de Lezay, sa mère, mourut vers 1595; d'Aubigné nous dit dans ses Mémoires qu'il portait le deuil de sa femme lors du siège de La Fère, c'est-à-dire au commencement de 1596. Nathan accompagna son père dans son exil. Le 15 juillet 1621, il épousa Claire Pélissari. Il paraît que c'est seulement après son mariage qu'il se décida à embrasser une profession libérale; le 2 mai 1626, il fut reçu docteur en médecine à l'université de Fribourg en Brisgau. Dès lors, il exerça la médecine dans sa patrie d'adoption qui l'honora, le 20 mars 1627, des droits de bourgeoisie. Sa femme étant morte le 11 sept. 1631, il épousa en secondes noces, le 23 mai 1632, *Anne Crespin*, fille du conseiller Samuël Crespin. Le 18 janvier 1658, il fut appelé au Conseil des deux Cents. Il existait encore en 1669; on ignore l'époque de sa mort. Il eut de sa seconde femme: 1° ANNE, qui épousa *François Le Sage*, sieur de La Colombière, à Couches, dans le duché de Bourgogne; 2° TITE, né à Genève en 1634, docteur en médecine en 1660, et ingénieur ordinaire des États-Généraux des Provinces-Unies, auteur d'un livre intitulé: *La défense droite, qui est la fortification défensive, établie sur les principes fixes et nouveaux de M. de Cohorn*, Bréda, 1705, in-8°; 3° SAMUEL, qui fut successivement ministre à Renan, à Bévilars, au Val de Tavannes, et mourut en 1710 à l'âge de 72 ans; 4° AGRIPPA, établi à Grenoble, qui eut trois enfants, dont l'aîné fut major du château de Sedan, le second, major du château de Salus en Roussillon, et le troisième, capitaine dans le régiment de marine du fils du marquis d'Aubigné, lieutenant-général des armées de France.

Les publications de Nathan d'Aubigné sont toutes relatives à la chimie. — I. *Bibliotheca chymica, contracta ex delectu et emendatione* Nathanis Albinæi, *doctoris medici, in gratiam et commodum artis chymicæ studiosorum*, Genevæ, 1654 et 1673, in-8°. — Cette bibliothèque contient: 1° *Joannis Aurelii Augurelli Chrysopœia et vellus aureum*, poème auquel l'éditeur en a ajouté un de sa composition: *Carmen aureum ad Janum Cufinam*; 2° *Cosmopolitæ novum lumen chymicum et de mercurio et sulphure*, qui avait paru en 1608; cet écrit du polonais Michel Sendigovius est attribué à tort, ainsi que le suivant, par Manget et par Carrère à d'Aubigné qui n'a fait que les réimprimer; 3° *Anonymi* (M. d'Espagnet) *Enchyridion physicæ restitutæ et arcanum philosophiæ hermeticæ opus.* Ces divers ouvrages ont été réimprimés dans la Bibliothèque chimique de Manget. — II. *Aureum Vellus*, oder *Guldene Schatz*, etc. Basileæ, 1704; Lamb. 1708, 2 vol. in-4°. — Collection des écrits des plus fameux alchimistes, en haut allemand.

AUBIN, né à Loudun vers 1655, remplissait, en 1683, les fonctions pastorales à Beaumont. A la révocation de l'édit de Nantes, les jurats de Bordeaux le firent arrêter, sous prétexte qu'il tenait des assemblées illicites; mais, après avoir passé trois jours en prison, il obtint la permission de sortir du royaume. Il se réfugia en Hollande. Le besoin de se créer des moyens d'existence lui fit aborder la carrière littéraire. Le premier ouvrage qu'il mit au jour fut une *Histoire des diables de Loudun ou de la possession des religieuses Ursulines et du supplice d'Urbain Grandier, curé de la même ville*, (Amst., 1693, in-12), où il dévoila avec beaucoup d'art les ressorts de cette odieuse jonglerie. Cet ouvrage, d'un mérite incontestable, n'en déplaise au P. La Ménardaye, qui l'a critiqué, fut traduit en hollandais et réimprimé deux fois à Amst.; la première sous le titre: *Cruels effets de la vengeance du cardinal* [Richelieu] *ou Histoire des Diables de Loudun et du supplice*, etc., 1716, in-12; la seconde, sous celui d'*Histoire d'Urbain Grandier*, 1735, in-12. On sait que de nos jours M. Alfred de Vigny a traité le même sujet avec un égal succès. En 1678, Aubin publia une traduction de la *Vie de Michel de Ruyter, amiral-général de Hollande*, etc., par Gérard Brandt, Amst., in-fol., avec fig. en taille-douce, qu'il dédia au célèbre Lefort, amiral de Russie. Puis il s'occupa à recueillir des matériaux pour son *Dictionnaire de marine contenant les termes de la navigation et de l'architecture navale*, qu'il fit paraître en 1702, in-4°, à Amsterdam, et qui eut, en 1736, les honneurs d'une 2e édit. On le trouve ordinairement réuni dans un même volume avec une autre publication de notre auteur: *La connoissance des Pavillons ou Bannières que la plupart des Nations arborent en mer*, La Haye, 1737, in-4°, fig. — On ignore l'époque de la mort d'Aubin.

AUBUS (CHARLES D'), né à Auxerre et pasteur à Nérac, est connu par quelques ouvrages qui témoignent de son érudition. En 1626, il publia un gros volume de plus de 1200 pages intitulé: *L'Échelle de Jacob ou la Doctrine touchant le vrai et unique médiateur des hommes envers Dieu, à sçavoir Jésus-Christ, contre l'intercession, l'adoration et l'invocation des anges et des saints pratiquée en l'Église romaine, avec la réponse aux objections des cardinaux Bellarmin et Du Perron, et des jésuites Grégoire de Valence, Fronton-le-Duc, Cotton, Gauthier, Richeome, Coster et autres*, Sainte-Foy, chez Jérôme Muran, 1626, in-8°. Daillé, Claude, Jurieu et d'autres controversistes réformés n'ont pas dédaigné de puiser des arguments dans ce vaste répertoire; c'est en faire suffisamment l'éloge. L'auteur y a joint une table chronologique qui, à elle seule, peut passer pour un ouvrage complet et être consultée avec fruit, malgré quelques erreurs qu'on pourrait y relever.

En 1631, d'Aubus présenta un second livre au synode de Charenton. Sur le rapport favorable des commissaires nommés pour l'examiner, ce synode « considérant qu'il serait d'une grande utilité et qu'il contribuerait beaucoup à l'édification des lecteurs », en ordonna l'impression aux frais des églises. On ne nous apprend pas pour quel motif il revint ensuite sur sa décision. Néanmoins ce livre fut mis au jour sous le titre: *Bellarmin réformé ou la justification de la croyance des églises réformées*, 1631, in-8°.

D'Aubus ne se laissa pas rebuter par le mauvais succès de sa première démarche. En 1644, il s'adressa de nouveau au Synode de Charenton pour lui soumettre un nouvel ouvrage. Mais l'affaire fut renvoyée cette fois au Synode de la Basse-Guyenne qui ne paraît pas y avoir donné suite. Nous n'avons rien trouvé qui indiquât que cet écrit eût été imprimé.

Les actes du même Synode de Charenton nous apprennent que d'Aubus avait travaillé sur la concordance des Écritures. Toutefois ayant appris que d'*Artois*, pasteur de St-Hilaire, s'occupait du même objet, non-seulement il renonça à publier son ouvrage, mais il se fit un devoir de lui communiquer les matériaux qu'il avait déjà recueillis. Le sieur de *Persi* qui se proposait de traiter le même sujet, imita son exemple. Malheureusement, ces temps de confraternité littéraire sont bien loin de nous!

D'Artois envoya effectivement au synode le premier volume de son ouvrage ; mais il eut le sort de l'écrit de d'Aubus; l'assemblée de Charenton le renvoya au synode de sa province, en lui témoignant toutefois sa satisfaction de son zèle et en louant son dessein. Le livre ne vit jamais le jour.

Nous devons ajouter que d'Aubus se mêlait aussi quelque peu de poésie latine. Son *Échelle de Jacob* offre une pièce de vers sur Jésus-Christ qui pourrait passer pour une espèce de dédicace. On y remarque encore une ode alcaïque de son père CHARLES d'Aubus qui se qualifie de principal du collége de Nérac et de vieillard septuagénaire. Ce Charles d'Aubus ne serait-il pas le même que le nommé d'Aubus, établi à Orange en 1600, qu'alla trouver *Jean Boileau*, sieur de Castelnau, de la part de la ville de Nismes pour lui offrir la place que *Julius Pacius* s'obstinait à vouloir quitter malgré les plus vives instances pour le retenir? Il fut convenu que d'Aubus aurait la charge de principal du collége et qu'il ferait en outre le cours de philosophie, moyennant un traitement de 600 livres par an, un logement assez vaste pour lui permettre de prendre des pensionnaires, et 10 écus pour frais de voyage. La chaire de logique fut donnée à de *Bous*; la 1re classe à d'Aubus, en attendant qu'on eût trouvé un professeur convenable ; la 2e, à *Chrestien*; la 3e, à de *La Place*, docteur en droit; la 4e, à *Rhossantz* ; la 5e, à *Rally*; la 6e, à *Du Ceau*; la 7e, à *Mayol*. D'Aubus demanda à retourner à Orange dès 1603. Il eut pour successeur *Pierre Cheiron*, docteur et avocat.

Outre ces d'Aubus, nous en connaissons deux autres : l'un, nommé SÉBASTIEN, fut ministre à Commonde, professeur de philosophie à Montauban, et abjura avant 1659 ; l'autre, appelé CHARLES, est auteur d'un *Commentaire sur l'Apocalypse* et d'une dissertation insérée dans l'édit. de Josèphe de Havercamp, où il cherche à défendre l'authenticité du passage de l'historien juif relatif à Jésus-Christ. Ce dernier, de la même tige que le pasteur de Nérac, s'était réfugié à Londres et avait obtenu une place de pasteur après avoir souscrit à la confession de foi de l'Église anglicane. Il mourut, selon l'historien d'Auxerre, au commencement du 18e siècle.

AUDIBERT (GABRIEL D'), fils aîné de Gaspard d'Audibert, seigneur de LUSSAN, est mentionné parmi les chefs huguenots du Languedoc qui marchèrent au secours de Condé en 1562. Soit qu'il n'ait pris aucune part à la seconde guerre civile, soit qu'il n'y ait joué qu'un rôle secondaire, ce qui est plus probable, nous n'avons trouvé son nom cité nulle part; mais nous le rencontrons de nouveau parmi les capitaines envoyés par Coligny dans le Midi, après la bataille de Moncontour, pour y lever des troupes fraîches. Lussan aida *Saint-Ange* à forcer le passage du Rhône défendu par quelques bateaux armés et un corps de troupes catholiques qui garnissait la rive opposée. Le 13 juin 1574, il eut commission pour commander une compagnie de chevau-légers. Quelque temps après, vers 1580, il rendit un grand service en révélant au roi de Navarre les armements secrets que faisaient le sieur de Lansac et le vicomte d'*Aubeterre* pour surprendre La Rochelle. D'Aubigné, envoyé aussitôt dans cette ville, réussit à faire échouer cette entreprise qui avait déjà reçu un commencement d'exécution. En 1586, Lussan servit sous les ordres de *Châtillon* et se distingua à l'affaire de Compeyre. Ce fut apparemment en récompense de ses services, qu'il fut nommé gouverneur des châteaux de Lussan, Saint-Marcel, Gondargues et Saint-André en Vivarais, comme nous l'apprend Bimard, dans son Histoire de la Noblesse du comté Venaissin. Gabriel d'Audibert mourut après 1595. Il avait épousé, en 1558, *Gabrielle de Budos* dont il eut, entre autres enfants, CHARLES d'Audibert, gouverneur d'Aigues-Mortes. C'est vraisemblablement ce dernier qui se présenta avec *Aubaïs* et de *La Porte* à l'assemblée politique de Nismes, le 21 janvier 1616, en qualité de député de la noblesse du Bas-Languedoc. En 1629, un Lussan se trouva aussi au nombre des députés à l'assemblée générale convoquée par le duc de Rohan. Charles d'Audibert s'était marié, le 10 janvier 1588, avec *Marguerite d'Albert*, dame en partie de Saint-André et de Sabran, qui le rendit père d'un fils nommé JACQUES et de deux filles, MADELAINE et GABRIELLE. Le 4 octobre 1627, Jacques eut commission du duc de Montmorency, qui servait dans l'armée royale, pour lever un régiment d'infanterie. Cependant, à cette époque, il professait encore la religion protestante, son mariage avec *Jeanne de Grimoard-de-Beauvoir*, célébré le 20 juillet 1628, nous en fournit la preuve ; mais nous n'oserions affirmer qu'il n'avait point abjuré en 1645, alors qu'il obtint l'érection en comté de sa terre de Lussan. Ce qui est certain, c'est que son fils Jean, qui avait épousé en 1674, Marie-Françoise de Raimond et en avait eu une fille, depuis duchesse d'Albermale, professait la religion romaine lorsqu'il fut nommé, en 1688, chevalier de l'ordre du Saint-Esprit. Des deux sœurs de Jacques d'Audibert, l'une, Madelaine, fut la femme de *Denys de Barjac*; l'autre, Gabrielle, épousa *Jacques de La Fare*, vicomte de Montclar.

AUDIBERT, habile fondeur, descendant d'une famille protestante réfugiée à Canstadt dans le Wurtemberg. Cette famille était, selon toute probabilité, originaire du Midi. Nous trouvons en effet dans nos provinces méridionales deux pasteurs de ce nom : l'un à La Cabarade en 1620, l'autre, nommé JACOB, à Aissence en Rouergue, en 1623, puis à Vabres, en 1637. En 1737, Audibert alla s'établir à Berlin. La réputation dont il jouissait, le fit choisir par Frédéric-le-Grand pour exécuter la majeure partie des ornements en fonte qui décorent les palais de Potsdam et de Sans-Souci. Il mourut en 1786. Cette famille subsiste encore à Berlin.

AUGA (PIERRE D'), appelé aussi *Augor*, seigneur de Gouze, descendait d'une des plus anciennes familles du Béarn. Il était gouverneur d'Orthez en 1569. Le baron d'*Arros*, prévoyant que cette place ne pourrait tenir contre les forces des Catholiques, lui donna ordre de se retirer avec sa troupe à Navarreins. Mais d'Auga, oubliant que l'obéissance est le premier devoir d'un chef militaire, n'écouta que son courage et refusa de quitter son poste. L'événement ne pouvait être douteux. Forcé à la fin de capituler par les instances mêmes des habitants, d'Auga remit la ville entre les mains du sénéchal d'Audaux qui jura solennellement de veiller à ce que les Protestants ne fussent inquiétés ni dans leurs personnes ni dans leurs biens. Mais cette capitulation fut violée aussitôt que conclue. A peine maître d'Orthez, d'Audaux l'abandonna à tous les excès de ses soldats. Le château, dans lequel commandait *Gratien de Lurbe*, se défendit encore pendant plusieurs jours, jusqu'à ce que réduit à la plus affreuse disette, il fut contraint à son tour de capituler.

D'Auga avait un frère capitaine, et

deux fils François et Jacob, nés de sa femme *Cathérine de Navarre*.

AUGIER, ministre de Châlons en 1685, peut-être fils d'*Augier*, pasteur de Pellegrue en 1637. Par l'*édit de révocation*, ordre avait été donné à tous les ministres de sortir du royaume dans les quinze jours qui suivraient la promulgation de cette ordonnance. Louis XIV espérait sans doute que la plupart d'entre eux préféreraient une abjuration aux douleurs de l'exil; il n'en fut rien; aussi les agents du gouvernement eurent-ils recours à tous les moyens pour les retenir. Augier fut arrêté à Charleville avec *Superville* de Loudun, *Du Moutier* de Bélesme, *Cotin* de Houdan; mais on leur rendit la liberté, en leur défendant seulement d'emmener avec eux leurs femmes et leurs enfants. Le malheureux Augier ne put supporter l'idée d'abandonner quatre enfants et une femme qu'il chérissait. Son courage fléchit; il promit de se convertir. Ses trois collègues firent preuve de plus de fermeté et de constance. Lorsqu'ils virent le délai fixé par l'édit près d'expirer, ils se décidèrent à partir sans leur famille. Quelques jours après, cependant, on permit à la femme de Superville d'aller le rejoindre avec sa petite fille. Du Moutier eut aussi le bonheur d'être rejoint par la sienne avec un enfant qu'elle allaitait; mais deux autres enfants qu'il avait eus d'un premier lit, furent retenus et envoyés à Paris avec la famille entière de Cotin. Quant à Augier, à peine libre, il se regarda comme dégagé d'une promesse arrachée par la violence, et il ne songea plus qu'aux moyens de se sauver avec les siens. Il y réussit et se réfugia à Berlin où, dit Benoît, « il donna des marques d'un repentir fort édifiant. » Il fut nommé pasteur à Halle en 1688.

AURE (Antoine d'), *baron de* Grammont, vicomte d'Aster, gentilhomme ordinaire de la chambre du roi, capitaine de 50 hommes d'armes, lieutenant-général de la Navarre et du Béarn en 1563. La réputation qu'il s'était acquise dans les guerres contre Charles-Quint, à la prise de Calais, à la conquête du Boulonnais, l'illustration de sa famille, son crédit auprès de Jeanne d'Albret, tout faisait de Grammont une acquisition précieuse pour les Protestants. Il embrassa de bonne heure la cause de la réforme. Il paraîtrait même qu'avant l'entreprise d'Amboise, il s'était déjà prononcé d'une manière compromettante. Nous lisons en effet les détails suivants dans les Commentaires de P. de La Place, qui rapporte au long le propos que le *Vidame de Chartres* tint à Gabriel de Montmorency, un des fils du connétable, en lui offrant ses services contre la tyrannie des Guises. « Dès le mois de janvier (1560) dernier, lui dit-il entr'autres choses, monsieur de Guyse ayant proposé de châtier quelques-uns des principaux de la religion pour servir d'exemple aux autres, fut d'avis de s'adresser à mon beau-frère le baron de Grandmont, disant qu'il étoit seigneur qualifié, et la conséquence du quel en seroit moindre, d'autant que c'étoit un basque, ce que la Reine empêcha en faveur et mémoire de feu son oncle le cardinal de Grandmont, qui aida à son mariage. Mais vraiment mondit beau-frère a cet honneur d'être originaire françois de nom et d'armes, ce que n'ont point ceux qui portent le nom de Lorraine, car son père était le sieur d'Asté. Et si de par sa mère il a la baronnie de Grandmont au pays des Basques, ce n'est pas si peu de chose qu'à cause de ladite baronnie, il ne soit chef de si grande part, qu'il a moyen de s'opposer aux forces de la maison de Guyse, si sans celles du Roi il en vouloit approcher de cinquante lieues. » Aussitôt qu'il apprit la levée de boucliers du prince de Condé, Grammont se hâta d'accourir à Orléans du fond de la Gascogne; à la tête d'un corps de 6,000 vieux soldats, « bons s'il en fut oncques, dit Brantôme, et de ceux qui avaient fait les guerres d'Espagne. » Condé l'accueillit à bras ouverts et l'admit dans son conseil avec les principaux chefs du parti. Les hostilités ayant recommencé après la rupture des conférences de Baugency, auxquelles il assista, Grammont prit part, à la tête de 1,200 arquebusiers, à la tentative infructueuse faite par les Protestants pour surprendre l'armée ennemie dans ses retranchements. Sous les murs de Paris, il fut choisi de nouveau par Condé pour l'accompagner à l'entrevue que la reine-mère lui avait fait demander. On en sait le résultat ; le 12 décembre, Condé dut lever le camp et prendre sa route vers la Normandie, suivi de près par les Triumvirs. A la journée de Dreux, Grammont fut chargé, avec *Fontenay*, du commandement de l'infanterie ; mais il soutint mal le choc des Catholiques. Après la perte de la bataille, Coligny, ayant voulu lui confier la défense d'Orléans, les habitants refusèrent obstinément de le recevoir pour gouverneur. C'est vers cette époque que Jeanne d'Albret le rappela pour le charger de l'administration de son royaume, avec le titre de lieutenant-général, pendant le voyage qu'elle fit à Paris pour défendre en personne ses droits à la souveraineté du Béarn ; il s'en acquitta fidèlement et fut assez heureux pour comprimer une révolte fomentée par le parti ultramontain.

Nous avons parlé ailleurs (*Voy.* p. 45) des troubles suscités dans le Béarn par la publication des lettres-patentes de 1566. Aussitôt que Jeanne, qui était alors à la cour de France, en fut instruite, elle y envoya Grammont pour calmer les esprits. A son arrivée, il jugea prudent de suspendre l'exécution de ces patentes ; mais Jeanne n'approuva point cette mesure timide, et elle lui commanda de les faire exécuter sans délai. Grammont obéit et il défendit même avec chaleur ce projet de réforme dans l'assemblée des États ; aussi l'année suivante, pour récompenser sa fidélité et ses services, la reine donna-t-elle pour épouse à son fils aîné une des plus riches héritières du Béarn, la belle Corisandre d'Andoins. Grammont continua à se montrer digne de la faveur dont l'honorait sa souveraine jusqu'en 1569, époque où par suite du ressentiment qu'il éprouva de se voir préférer d'*Arros* comme lieutenant-général, il resta insensible aux dangers que courait le pays, et se renferma dans une neutralité complète. Cependant en 1572, il ne refusa pas de suivre la reine de Navarre à Paris. A la Saint-Barthélemy, il racheta sa vie par une abjuration. En lui *faisant grâce*, Charles IX exigea de lui qu'il ne portât plus les armes pour le parti de la réforme. Mais non content de tenir fidèlement sa promesse, Grammont eut l'indigne faiblesse de consentir à accepter, en 1572, la mission d'imposer par la force la religion catholique aux habitants du Béarn. Grâce à la résolution héroïque du vieux baron d'*Auros* (*Voy.* Arros), il n'eut pas le temps de mettre à exécution ses projets ; après avoir vu son escorte massacrée sous ses yeux, il ne dut lui-même la vie qu'aux larmes et aux prières de sa belle-fille.

Grammont mourut peu d'années après, en 1576. Il avait épousé *Hélène de Clermont*, sœur utérine de *François de Vendôme*, vidame de Chartres, mariage qui l'avait allié aux illustres familles des Montmorency et des Châtillon. Outre le fils dont nous avons parlé, il en eut une fille *Marguerite de Grammont* qui devint la femme de *Jean de Durfort*, vicomte de Duras.

Les historiens citent encore, parmi les chefs huguenots dans le Midi, un baron de *Grammont* qui servait, en 1562, sous les ordres de *Baudiné* et qui était vraisemblablement de la famille des Grammont du Rouergue.

AUREILHON (Moyse), dernier pasteur de l'église française de Tornow. La fondation de cette église eut une origine assez curieuse pour que nous la fassions connaître. M. de Bærstel, seigneur de Hohenfinow et de Tornow, jouait un jour gros jeu contre la reine Sophie-Charlotte ; la mauvaise fortune s'acharna à le poursuivre, et en peu de temps il perdit terres, châteaux, équipages, tout ce qu'il possédait. En ce moment, un officier vint prévenir la reine que 15 à 20 familles de réfugiés français, nouvellement arrivés, imploraient des secours. Sophie-Charlotte s'adressant alors à M. de Bærstel : « Je vous rends, lui dit-elle, tout ce que vous avez perdu, mais à une condition, c'est que vous vous chargerez de ces pauvres gens, que vous leur donnerez des terres, et que vous entretiendrez pour eux à vos frais un pasteur et un maître d'école. » La proposition était trop belle pour ne pas être acceptée. M. de Bærstel s'empressa d'y souscrire, et il s'acquitta fidèlement de ses obligations jusqu'à sa mort. Après lui, la terre de Tornow passa au baron de *Vernezobre* qui se fit un double devoir de soutenir cette église. Le père du savant *Barbeyrac* y remplit quelque temps les fonctions pastorales. Moyse Aureilhon ne la quitta qu'en 1744 pour une place de ministre à Francfort-s.-O. Elle fut réunie alors à l'église réformée la plus voisine.

Aureilhon avait épousé une demoiselle de *Gironnet*. On ne nous apprend pas à quel degré il était parent de *Moyse Aureilhon*, qui établit à Berlin une des premières fabriques de chapeaux, ni d'un autre *Aureilhon* qui fut, en 1698, placé à la tête des usines de Heggermühle, et nommé avec *Didelot*, en 1711, administrateur des fabriques de cuivre et de laiton de Neustadt-Eberswalde.

AUSSY (ACHILLE D'), fils de Jean IV d'Aussy, seigneur des Coutures, et de Charlotte de Saumery, tué, en 1590, à la bataille d'Ivry, portant la cornette de *François de Coligny*. Son frère FRANÇOIS, seigneur des Barrières et de Saumery, capitaine des gardes de *Catherine de Bourbon*, sœur du roi de Navarre, avait, depuis 1588, abjuré le protestantisme pour obtenir la restitution de ses biens confisqués, et il est à supposer que son exemple fut suivi par le fils qu'il avait eu de son mariage avec *Marie de La Taille*, fille de *Bertrand des Essars* et de *Louise de Bosnier*. Ce fils, nommé JACQUES, avait été gentilhomme ordinaire de *Henri II de Condé* et gouverneur pour ce prince de St.-Jean de Laune.

En l'absence de tout renseignement positif, nous n'osons ranger parmi les protestants français deux oncles d'Achille d'Aussy, Claude, gouverneur de la citadelle d'Orléans, et Rolland, tué à la bataille de St.-Denis ; mais nous n'hésitons pas à compter parmi nos coreligionnaires sa tante JEANNE, qui épousa, le 1 avril 1551, *François Eschallard*, seigneur de La Boulaye en Poitou, fils d'Antoine Eschallard et de Guyonne d'Appelvoisin, dame de Chaligné.

Il n'est peut-être pas inutile, vu les différences considérables que présentent les historiens et les généalogistes dans l'orthographe des noms propres, de prévenir qu'il ne faut pas confondre la famille d'Aussy du Gâtinois avec celle d'*Assy* de Normandie. Un membre de cette dernière, seigneur de Plainville-sur-Dive, nous est connu par une lettre de Henri de Navarre qui, lors de son évasion de la Cour, lui écrivit pour l'engager à venir le joindre.

AUTIÈGE (N. D'), capitaine huguenot, qui rendit de grands services à Henri IV, notamment à la prise de Corbie dont le roi s'empara sur les Ligueurs, en 1594, après un combat de plus de trois heures. Sous le successeur de ce prince, lorsque les Protestants reprirent les armes pour défendre la liberté de conscience qu'ils croyaient menacée, d'Autiège ne balança pas à se ranger sous les drapeaux des mécontents. En 1625, *Châtillon*, informé du danger que courait Wals assiégé par Montmorency, et sentant l'importance de cette place qui était la clef des Cévennes, envoya à son secours d'Autiège et *Valescure* avec 1,200 hommes. Ayant appris en route la reddition de Wals, d'Autiège se jeta dans Vallon dont les habitants, tous protestants, l'accueillirent avec joie. L'armée royale ne tarda pas à l'y suivre. D'Autiège se défendit avec vigueur, multiplia les sorties ; mais la lutte était trop inégale, il dut se rendre. Le duc l'accueillit avec assez de bienveillance et lui dit « qu'il y aurait eu plus de gloire pour son courage, qu'il savait très-bon, d'employer son épée pour le service du roi, que pour fomenter la rebellion d'une ville séditieuse. » La capitulation portait qu'il sortirait avec armes, sans tambour et mèches éteintes, et qu'il ne porterait plus les armes de six mois ; Montmorency ne voulut jamais consentir à y comprendre les habitants de Vallon. Les plus compromis se hâtèrent donc de fuir ; leurs maisons furent rasées et la ville abandonnée pendant un jour au pillage. Ce revers, à ce qu'il paraît, ne fit rien perdre à d'Autièges dans l'estime de Châtillon. Les habitants de Nismes lui ayant demandé un de ses officiers pour diriger les travaux de fortification de leur ville, ce fut sur lui que son choix s'arrêta.

AUTRICOURT (N. D'), chef huguenot qui se signala dans la troisième guerre de religion. Forcé de fuir pour échapper aux violences d'une Cour parjure, Condé avait cherché un asile à La Rochelle et, à son appel, les Protestants de toute la France accouraient sous ses étendards. Ceux de la Picardie n'avaient pas été des derniers à prendre les armes ; mais gagner La Rochelle était une entreprise impossible pour cette poignée de braves ; aussi Genlis avec les seigneurs, en grand nombre, qui l'accompagnaient et parmi lesquels se trouvait d'Autricourt, prit-il le sage parti de se joindre au prince d'Orange pour, tous ensemble, aller grossir l'armée allemande qui se préparait à venir au secours de Condé. Castelnau rapporte dans ses Mémoires, qu'étant allé demander du secours au duc d'Albe pour Charles IX, il le trouva « fort animé contre les Huguenots de France qui avoient, incontinent après la publication de la paix et de l'édit en France, aidé à entretenir en Flandre la guerre qu'il faisoit au prince d'Orange, comte Ludovic, son frère, et de Mansfeld, ayant envoyé douze cornettes et deux mille hommes de pied sous la charge de *Genlis*, *Morvilliers*, marquis de *Renel* et *d'Hautricourt*, *Mouy*, *Renty*, *Esternay*, *Feuquières* et quelques autres, lesquels étant demeurés en Brabant après ces troisièmes troubles et retraites des princes à La Rochelle, ne s'étoient voulu hasarder de venir en France et la traverser : ce qu'ils n'eussent pu faire aussi sans grand péril ; lesquelles troupes ont depuis bien aidé à faciliter le passage au duc des Deux-Ponts. » Pendant la marche pénible de cette armée à travers la France, d'Autricourt donna plus d'une fois des preuves éclatantes de son intrépide valeur. La jonction opérée avec l'amiral, il continua à servir avec distinction jusqu'à la bataille de Moncontour où il fut tué, combattant à l'avant-garde aux côtés de Coligny. « Pensant avoir la victoire en main, il s'avança si fort que se jetant au milieu de l'avant-garde, il se vit entouré et pressé d'un si grand nombre de cavaliers, qu'il succomba sous le nombre. » Ayant refusé de se rendre, il fut tué à coups de lance avec quelques soldats qui l'avaient suivi. Sa mort mit le désordre dans les rangs et le corps où il commandait, fut enfoncé.

AUTURE (CHARLES D'), député des églises du Béarn dans les circonstances difficiles que ces églises eurent à traverser avant la révocation de l'édit de Nantes.

Rétabli dans cette province par Henri IV, le catholicisme, humble d'abord, s'était bientôt fait envahisseur, et à l'époque où d'Auture fut envoyé en Cour, il ne poursuivait rien moins que l'interdiction du culte réformé. Le clergé était vigoureusement soutenu par le parlement qui se montrait infatigable à traîner devant sa barre les ministres protestants, sous les plus futiles prétextes. Ajournements, décrets, emprisonnements, bannissements, se succédaient coup sur coup. Le premier président Lavie déployait surtout tant de passion et de violence que, sur les plaintes des Réformés portées au pied du trône par *Cotière*, le Conseil rendit, le 5 mars 1664, un arrêt pour ordonner au procureur général de lui envoyer les pièces des procès qui avaient donné sujet à ces plaintes. Le gouvernement pensait devoir garder des ménagements avec une province où presque toute la noblesse et le peuple professaient encore le protestantisme. A cette nouvelle, le parlement et le clergé s'empressèrent de faire partir pour Paris des députés, et un procès s'engagea dans toutes les formes ; mais la décision du Conseil se fit longtemps attendre, et les Protestants restèrent, pendant plusieurs mois, exposés sans défense aux vexations de leurs adversaires. Ils finirent cependant par intéresser à leur sort le maréchal de Grammont, homme équitable, qui lui aussi avait à se plaindre du parlement et qui fit si bien qu'en 1667, on le nomma rapporteur de l'affaire. Sur son rapport intervint, au mois d'avril 1668, un arrêt en seize articles destiné à régler définitivement la position de l'Église réformée dans le Béarn. Le nombre des lieux d'exercice était réduit de 125 à 20 ; permission était accordée aux Protestants d'avoir de petites écoles ; défense était faite au parlement de s'immiscer dans les questions de discipline. Un article ratifiait toutes les donations ou legs en faveur des consistoires ; un autre exemptait les Réformés de contribuer aux réparations des églises catholiques, et un autre enfin défendait aux Catholiques comme aux Protestants d'exercer leur prosélytisme sur des enfants au-dessous de 12 ou 14 ans, selon le sexe. Certes, cet arrêt était loin d'être favorable aux Réformés ; néanmoins, le parlement refusa de l'enregistrer jusqu'à ce qu'un ordre formel, obtenu par d'Auture en 1669, vint l'y contraindre. Forcé de céder, il s'en vengea sur la famille du député des églises béarnaises, en enveloppant dans mille affaires non-seulement son père et ses sœurs, mais jusqu'à ses proches parents, et entre autres, le sieur *d'Idron*, son cousin-germain, qui avait rempli les mêmes fonctions que lui. Les abus d'autorité de sa part devinrent si manifestes, que le roi accorda à d'Auture et à sa famille une évocation générale de toutes affaires civiles et criminelles. Le parlement, d'ailleurs, ne tarda pas à prendre sa revanche. Il envoya à Paris de nouveaux députés avec une requête au Conseil pour demander qu'on restreignît encore davantage les libertés des Protestants. Ceux-ci, de leur côté, firent présenter par d'Auture un cahier de plaintes. Il en résulta un nouveau procès, suivi, en 1670, d'un arrêt nouveau qui coûta encore aux Réformés quelques-uns de leurs droits.

AUVERGNE (ANNIBAL D') ne nous est connu que par un livre intitulé : *Censure des erreurs de M. Charles Du Moulin, de n'a guères mises en lumière en un certain livre qu'il a intitulé Union ou harmonie des quatre évangélistes*. Cette brochure, qui n'offre d'ailleurs rien de particulièrement remarquable, a été imprimée avec le *Diallacticon*, c'est-à-dire, *Réconciliatoire touchant l'Eucharistie, translaté de latin en françois par un avocat d'Auxerre et reveu par Estienne Malescot*, sans nom de lieu, 1566, in-8°.

AVANTIGNY (N. D'), fils de Louis d'Avantigny, seigneur de la Brenallerie, de Montbernard, etc., s'est acquis par sa brillante valeur un rang distingué parmi les chefs huguenots. En 1568, il quitta Sancerre avec quelques gentilshommes du pays pour se joindre à l'armée protestante. A la bataille de Moncontour, il combattit à l'avant-garde sous les ordres immédiats de Coligny. Plus tard, en 1576, lorsque le duc d'Alençon, ayant réussi à s'échapper de la Cour, s'allia aux huguenots, il fut admis dans le conseil de ce prince qui lui ôta, dit-on, sa confiance en 1582, c'est-à-dire, peu de temps avant sa mort. Avantigny s'attacha alors au fils de Condé qu'il accompagna, à la tête de sa compagnie, dans la fatale expédition d'Angers et qu'il suivit dans sa fuite en Angleterre. De retour en France, il continua à défendre la cause protestante sous les ordres de ce jeune prince, et il assista, en 1586, au fameux combat où le régiment de Tiercelin fut détruit. Il y déploya une grande bravoure et y reçut deux blessures, l'une à la main, l'autre au genou, qui le forcèrent à renoncer dans la suite à un service actif. Le 9 sept. 1588, *Turenne* l'établit son lieutenant dans le Castrois; mais *Montgommery* ne voulut pas lui céder un gouvernement dont il était en possession, et il sut s'y maintenir, grâce à la faveur du duc de Montmorency. — Avantigny avait une sœur qui épousa, en 1584, *Charles de Mesnil-Simon*, seigneur de Beaujeu.

AVARET (N. D'). Le nom sous lequel ce gentilhomme est connu, lui vient vraisemblablement de la terre d'Avaray, dans l'Orléanais. Lors de la première guerre de religion, Avaret fut nommé lieutenant de *Genlis*. Ce dernier ayant abandonné Condé sous les murs de Paris, mécontent, disait-il, de ce que le prince refusait des conditions acceptables, mais, dans le fait, irrité du peu de considération qu'on lui témoignait depuis que son frère avait si mal défendu Bourges, et gagné, selon Mézerai, par Catherine de Médicis, son lieutenant fut chargé du commandement de sa cornette, à la tête de laquelle il se signala à la bataille de Dreux, en enfonçant avec *Mouy* le bataillon des Suisses. Laissé à Orléans par Coligny pour seconder d'*Andelot* dans la défense de cette place importante, il fut une des nombreuses victimes qu'y fit alors le fléau de la peste. Sa mort fut généralement déplorée, au témoignage de tous les historiens. Selon Brantôme, Avaret était grand de taille et un des galants de la Cour.

AVAUGOUR, nom d'une des plus anciennes et des plus illustres familles de Bretagne. Cette maison s'était divisée en plusieurs branches, mais nous n'avons à nous occuper que de celle du Bois-Cargrois, la seule, qui professa la religion protestante.

René d'Avaugour, fils de Louis d'Avaugour, seigneur de Cargrois, et de Jeanne du Cellier, dame du Bois, abandonna la religion romaine, très-probablement à l'époque du voyage que d'*Andelot* fit en Bretagne, en 1560; Taillandier, l'historien de cette province, nous apprend au moins qu'en 1561, il appartenait déjà à l'Église réformée. Son frère Guy suivit son exemple. Nous les trouvons cités l'un et l'autre parmi les gentilshommes qui, en 1572, composaient l'église de Blein. Obligé par les persécutions de se réfugier à La Rochelle, ainsi qu'un grand nombre de nobles bretons, tels que de *Ponthus*, *Du Chaffaut*, de *La Babinaye*, de *Chevratière*, de *La Boutardière*, de *La Mortraye*, de *Bouveran*, de *S. James*, *Rouillart*, *Trimaut*, de *Lorme*, de *Brou*, il tint, dans la maison qu'il possédait en cette ville, au mois de juin 1586, une assemblée pour aviser aux moyens de lever sur les protestants de la Bretagne une somme de 1,200 écus destinée aux frais de voyage de deux ministres et d'un ancien à la suite du roi de Navarre qui se disposait alors à marcher au-devant de l'armée allemande. Ce prince avait en effet demandé au Synode national de Vitré, « qu'on lui envoyât des députés, gens de qualité et bien entendus dans les affaires, qui pussent demeurer auprès de sa personne pour l'informer du véritable état des églises, et auxquels il pût aussi communiquer tout ce qui serait le plus important pour le bien et la conservation desdites églises. » Une partie de cette contribution fut couverte immédiatement par les réfugiés, l'autre fut levée sur les réformés qui n'avaient pas quitté la Bretagne.

René d'Avaugour eut de son mariage avec Renée de Plover, deux fils, Louis et Charles, et une fille, nommée Céleste, qui épousa *Jean de Lanloup*.

Louis d'Avaugour commença sa carrière militaire, en 1585, sous les ordres de *Guy de Laval*, fils de d'Andelot, à qui il facilita le passage de la

Loire, lorsque ce jeune chef partit de Vitré pour se réunir au prince de *Condé*. Nommé son lieutenant, il suivit sa fortune et se fit remarquer par sa valeur. A la tête de quelques gens d'armes, il préluda à la défaite du régiment de Tiercelin en mettant en déroute la cavalerie de Saintes, et prit ensuite une part brillante à la destruction de ce régiment; mais il reçut dans le combat un coup de feu au genou qui le força sans doute de renoncer pour quelque temps à un service actif, car on le perd de vue depuis cette époque jusqu'en 1588, où Henri de Navarre le nomma gouverneur de Beauvoir-sur-Mer, dont il venait de s'emparer. Les procès-verbaux manuscrits des assemblées politiques des Protestants (Bibl. Roy., fonds de Brienne 220-225) nous apprennent qu'en cette qualité, il fut invité à se présenter à celle de Loudun, mais qu'il s'excusa, en promettant toutefois de rester fidèle à la cause de ses coreligionnaires. L'assemblée s'étant peu de temps après transférée à Châtellerault, il s'y rendit, en effet, muni des pouvoirs des églises de Bretagne, et il demanda, en leur nom, que cette province fût séparée de la Normandie, requête qui fut accordée plus tard par l'assemblée de Sainte-Foy, du consentement des députés des églises normandes. Il fit ensuite un voyage à la Cour. A son retour, il se présenta, le 30 mai 1600, devant l'assemblée politique de Saumur, et, par ses représentations, il la décida à s'opposer à l'établissement d'une chambre mi-partie à Rennes, avant que le gouvernement eût préalablement demandé l'avis des protestants de la province. En 1607, il fut choisi, comme ancien de l'église de Nantes, pour assister au synode national qui se tint à La Rochelle. Le brevet royal, qui autorisait la convocation de cette assemblée, lui attribuait en même temps la nomination des six candidats à la députation générale, à condition que le choix fait, les députés des églises ne s'occuperaient plus que de questions de discipline. Le synode, pensant que cette injonction ne lui laissait pas la liberté nécessaire, chargea d'Avaugour et le pasteur *Gigord* d'aller « représenter en toute humilité à S. M. les inconvénients dudit brevet. » Leur mission eut un plein succès, et il fut permis au Synode, non-seulement « d'ouïr les députés généraux sur tout ce qui s'était passé durant le temps de leur députation, » mais encore de dresser les instructions des députés nouveaux. L'année suivante, les églises bretonnes choisirent de nouveau d'Avaugour pour leur représentant à l'assemblée de Gergeau, qui, de son côté, lui donna une marque signalée de sa haute estime, en le portant le second sur la liste des candidats à la députation générale. En 1609, il prit part aux travaux du Synode de Saint-Maixent. En 1611, il assista à l'assemblée de Saumur; mais, le 25 juin, une grave maladie de son frère le rappela dans sa famille. Il retourna cependant à son poste dès le 9 juillet. A peine cette assemblée venait-elle de clore ses séances, qu'il fut député une fois encore, en 1612, au Synode de Privas. En 1615, il le fut à l'assemblée de Grenoble, avec *Bertrand d'Avignon*, sieur de Souvigné, pasteur de l'église de Rennes et le sieur *Du Bordage*. Lorsque cette assemblée quitta Grenoble pour se transporter à Nismes, ce fut lui, avec *Saint-Privat*, qu'elle chargea d'aller avertir le roi de sa résolution. Son collègue revint seul rendre compte de leur mission. Les affaires se compliquant de plus en plus, d'Avaugour avait cru prudent de se rendre à Saint-Jean-d'Angely, dont il commandait la garnison, afin de veiller à la conservation de cette place importante. Toutes les mesures de salut ayant été prises, il s'empressa d'aller se réunir à l'assemblée qui s'était transférée à La Rochelle. Depuis, il paraît s'être rallié au gouvernement. C'est ce qui semble résulter de ce fait qu'en 1622 il fut chargé par Louis XIII de défendre l'île de Rhé contre Soubise, entreprise où il échoua.

D'Avaugour avait épousé, au mois de décembre 1599, *Renée Tirand*, dame de Péauld, fille de *René Tirand*, sieur de La Rochette. Il en eut un fils, Louis d'Avaugour, sieur du Bois-Cargrois, chevalier de l'ordre du roi et gentilhomme ordinaire de sa chambre, qui prit pour femme, au mois de juillet 1628, *Anne Descartes*, fille de *Joachim Descartes*, conseiller au parlement. De ce mariage naquit Louis d'Avaugour, baron du Bois-Cargrois, qui fut nommé, en 1661, lieutenant pour le roi dans la Nouvelle-France, et Pierre d'Avaugour, maréchal de bataille. Rien ne prouve que ces deux derniers aient persisté dans la foi réformée.

Quant au second fils de René d'Avaugour, Charles, un manuscrit conservé à la Bibl. de l'Arsenal et coté *hist.* 744, nous apprend qu'il fut colonel d'un régiment de cavalerie dans l'armée suédoise, conseiller d'état et l'un des députés pour l'exécution du traité fait avec l'Empire en 1649.

AVENEL (BERTRAND), libraire à Rennes, arrêté, le 6 juin 1590, pour avoir mis en vente un livre intitulé : *Le vrai pardon et rémission de tous les péchés*, où l'auteur cherchait à prouver, par un grand nombre de passages de la Bible, que nos péchés ne nous sont pardonnés que par l'abondante miséricorde de Dieu et par les seuls mérites de Jésus-Christ. Le parlement y vit un blasphème contre le saint sacrement de l'autel, et il condamna Avenel au bannissement.

AVENELLES, *Voy.* DES AVENELLES.

AVESSENS (DURAND D'), *seigneur de* SAINT-ROME, un des principaux gentilshommes protestants du Languedoc, mort après 1599, laissa de son mariage avec *Riquette Marion* quatre fils, JACQUES, MARC-ANTOINE, ODET et GERMAIN qui se signalèrent à la défense de Montesquieu, en 1586. Cette place incommodait beaucoup Toulouse. Le parlement requit Joyeuse de s'en emparer. Le duc qui, par jalousie contre d'Épernon, commençait dès lors à appuyer les desseins de la Ligue, saisit avec empressement cette occasion de satisfaire à la fois sa passion pour la gloire et sa haine contre les huguenots. A la tête de 7 à 8,000 hommes, il alla mettre le siége devant Montesquieu le 23 juin. Le seigneur du lieu, *Jacques d'Arassin*, n'avait à lui opposer que 130 hommes, tant habitants qu'étrangers. Secondé par les quatre frères Saint-Rome, il fit néanmoins une vigoureuse résistance; mais, après avoir essuyé plus de 1,500 coups de canon, il dut enfin accepter, le 3 juillet, une capitulation, qui fut aussitôt violée que conclue. A peine maîtres de la ville, les Catholiques la livrèrent au pillage et la réduisirent en cendres.

On ne nous apprend pas ce que devinrent les deux derniers des quatre frères. Selon le Mercure français, l'un d'eux aurait pris part, comme colonel d'un régiment, au funeste combat du Fauche, mais il ne le désigne que sous le nom de *Masaribal*, frère de Saint-Rome. C'est sans doute lui que, dans la troisième guerre contre les Réformés sous Louis XIII, le duc de Rohan avait nommé gouverneur de Foix après la mort de *Saint-Étienne*, et qui y commanda jusqu'à la conclusion de la paix en 1629. Quant aux deux autres, ils fondèrent deux branches, l'aîné celle de MONTESQUIEU, le cadet celle de SAINT-ROME.

1° *Branche de Montesquieu.* Jacques d'Avessens épousa, le 24 octobre 1581, *Anne Durban* qu'il laissa veuve, avant 1610, avec un fils nommé CÉSAR. Ce dernier eut deux fils, MARC-ANTOINE et JOSEPH. Marc-Antoine vivait encore en 1667 et avait un fils qui portait le même nom que son grand-père.

2° *Branche de Saint-Rome.* Marc-Antoine d'Avessens épousa, le 15 avril 1596, *Anne Alari* qui le rendit père de JEAN-ANTOINE, seigneur de Masaribal. En 1614, la noblesse du Lauraguais le députa aux États-Généraux, où il s'opposa à la publication du concile de Trente. L'année suivante, en récompense de ses services, Louis XIII lui accorda le brevet d'une compagnie de trente lances. En 1620, l'assemblée de Milhau lui donna pouvoir d'armer les Protestants du Lauraguais. L'année suivante, Rohan se disposant à marcher au secours de Montauban, en donna avis à *Malause*, *Léran* et *Saint-Rome* qui commandaient en son absence, le premier en Albigeois et Rouergue, le second en Foix, et le troisième en Lauraguais, afin qu'ils missent sur pied les forces desdits Colloques. Mais Malause commit une faute qui eut des suites désastreuses. S'étant laissé « emporter à l'importunité des peuples, » lit-on dans les Mémoires de Rohan, il alla assiéger une église fortifiée nommée Fauche. Le mestre-de-camp *Boyer* périt dans la reconnaissance. A peine Malause s'en fut-il rendu maître, que le duc d'Angoulême l'y vint « enclorre » avec toutes les troupes qu'il commandait. La lutte était trop inégale. Saint-Rome, apprenant le danger où il se trouvait, accourut à son secours en se faisant jour au travers des ennemis. Mais leur bravoure réunie ne put les sauver ; après une vigoureuse défense qui leur coûta 400 hommes tués, 200 blessés et 100 prisonniers, ils durent capituler, le 5 sept. 1621, en s'engageant à ne porter de six mois les armes pour le Parti.

Le fils de Saint-Rome épousa *Léa de Villette* et mourut avant 1655. Il eut trois fils, JEAN-JACQUES, seigneur de Saint-Rome, PIERRE, seigneur de Moncal et GERMAIN.

AVOISOTTE (ISAAC ARMET D'), ou de LA MOTTE, natif des environs de Châlons-sur-Saône, avait servi dans le régiment de Dampierre, où son frère commandait une compagnie. Peut-être descendait-il d'un nommé *Armet* qui fut un des cinq députés que l'assemblée politique de Saumur, en 1611, élut pour porter en cour le cahier de ses doléances. Les quatre autres députés étaient *La Case*, *Courtaumer*, *Mirande* et le pasteur *Ferrier*. Comme tant d'autres de ses coreligionnaires, Avoisotte, pour échapper aux persécutions, feignit de se convertir ; mais on suspectait la sincérité de son abjuration. Impliqué dans une accusation de meurtre, il fut arrêté à Paris où il s'était rendu pour solliciter la grâce des véritables coupables, Louis et Jean Blesset, ses neveux, qui avaient tiré sur un sergent chargé de signifier un exploit à leur mère, et qui lui avaient fait une blessure mortelle. Armet fut jeté, sans forme de procès, dans les cachots de la Bastille, en 1696, et comme il était protestant, on l'y *oublia*. Ce ne fut qu'au bout de quarante ans qu'on se ressouvint de lui. On lui offrit alors de le mettre en liberté ; mais craignant l'isolement où il se trouverait, à son âge, au milieu d'un monde tout nouveau pour lui, il supplia qu'on voulût bien continuer à le garder par charité. Cette faveur lui ayant été accordée, le malheureux passa encore quatorze ans en prison, jusqu'à ce que ayant perdu la raison, on le transféra, à l'âge de 90 ans, dans la maison de Charenton où il mourut.

AVOND (JACQUES), né à Die dans les premières années du 17e siècle, abjura la religion protestante dans laquelle il avait été élevé. Il publia, en 1651, sur *le Vœu de virginité*, un poème qui ne nous est connu que par la mention qu'en fait Allard dans sa Bibliothèque du Dauphiné.

AYGUILLON (ANTOINE), ou *Aiguillon*, camisard, natif des Rousses. Accusé d'avoir pris part, sous les ordres de *Castanet*, aux sanglantes représailles que les Camisards exercèrent sur les catholiques de Fraissinet de Fourques, il fut arrêté, au mois de mai 1703, et jeté dans les prisons de Mende. L'espoir de sauver sa vie le décida à abjurer. Mais cette conversion ne lui procura pas sa grâce, elle lui valut simplement la bienveillance d'un ordre de pénitents qui se chargea du soin de ses funérailles. Aussitôt que l'exécuteur eut rempli son office, un de ces religieux monta sur l'échelle fatale, coupa la corde et déposa dans un cercueil le corps d'Ayguillon afin de lui donner une sépulture convenable. Déjà le mort avait été descendu dans la tombe, lorsqu'on s'aperçut qu'il donnait encore quelques signes de vie. Tout le monde de crier au miracle et d'attribuer à la sainte Vierge l'honneur de cette résurrection. Cependant le prévôt de la maréchaussée un peu moins crédule veut ravoir son homme pour l'exécuter de nouveau. Les cordeliers chez qui on l'avait porté, refusent de le livrer. Pendant que la dispute s'échauffe, un moine fait évader Ayguillon en chemise et le conduit dans une cabane hors de la ville, en lui recommandant d'attendre qu'il vienne le reprendre. Ayguillon promit; mais, comme bien l'on pense, il n'eut garde de tenir sa promesse; dès qu'il se vit libre, il s'enfuit à toutes jambes et alla rejoindre, à six lieues de là, un détachement de Camisards. Dans la suite, il obtint sa grâce et se maria avec une jeune fille de Carnac qui, le même jour qu'il avait été pendu, avait été fouettée publiquement de la main du bourreau, sur la simple accusation d'avoir été témoin du massacre de Fraissinet. Il en eut trois enfants, et l'ayant perdue, il convola en secondes noces. Il mourut en 1740 aussi zélé protestant que jamais.

AYMON (Jean), docteur en théologie et jurisconsulte. Les biographes ne sont pas d'accord sur le lieu de sa naissance; selon les uns, il naquit à Lyon en 1661; selon les autres, ce fut dans le Dauphiné. Ce qui paraît certain, c'est qu'il descendait d'une famille noble originaire du Piémont. Entré dans les ordres, Aymon remplit d'abord les fonctions sacerdotales à Grenoble; puis il suivit, en qualité d'aumônier, l'évêque de Maurienne à Rome et obtint le diplôme de protonotaire apostolique. De retour en France, il se rendit à Genève où il abjura la religion romaine, puis il alla à Berne et delà en Hollande où il séjourna quelque temps. Désireux de revoir sa patrie, il en sollicita la permission et l'obtint moyennant la promesse de rentrer dans le giron de l'Église catholique. Il vint donc à Paris en 1706, et le cardinal de Noailles lui fit donner une pension, en le plaçant au séminaire des Missions étrangères. Quel motif avait pu le déterminer à une semblable démarche? ce n'était pas la misère, puisque les États-Généraux lui avaient accordé une pension dès l'année 1700, comme nous l'apprend la Grande Bibliothèque ecclésiastique; encore moins un repentir de sa conversion, car il connaissait trop bien les abus de l'Église romaine. Nous sommes donc porté à croire qu'il y fut poussé uniquement par le désir de recueillir des matériaux pour un ouvrage qu'il avait en vue, les *Monuments inédits de la religion des Grecs*; mais Prosper Marchand observe avec raison que c'était trop risquer que l'honneur et la vie, pour faire un si pauvre présent au public. Le savant critique, qui du reste avait pour Aymon moins que de la bienveillance, fait allusion au vol commis, dit-on, par lui à la Bibliothèque royale de Paris. On l'accuse, en effet, d'avoir profité de l'amitié que lui témoignait le bibliothécaire Clément, pour soustraire plusieurs pièces manuscrites. Non seulement Aymon s'est disculpé de cette soustraction dans une brochure que nous regrettons de n'avoir pu nous procurer; mais lorsque Clément le poursuivit devant les tribunaux hollandais, on ne put prouver que les manuscrits réclamés appartinssent réellement à la Bibliothèque royale, et, en conséquence, Aymon en resta possesseur jusqu'en 1709, époque où les États-Généraux obtinrent qu'il les renvoyât à Paris. Ces circonstances nous disposeraient à croire qu'il fut moins coupable qu'on n'a bien voulu le dire, et ce qui nous confirme dans cette opinion, c'est que, jusqu'à la fin de ses jours, il remplit à La Haye les fonctions de ministre de la Parole de Dieu, non sans louange, nous dit la Grande Bibliothèque ecclésiastique. Or, nous ne pouvons supposer que les pasteurs protestants réfugiés en Hollande eussent admis au nombre de leurs collègues un homme d'une moralité suspecte. Leur rigidité à cet égard est connue.

Aymon, nous venons de le dire, continua à habiter la Hollande jusqu'à sa mort, occupé de travaux littéraires dont plusieurs sont d'un grand intérêt sous le rapport politique ou religieux. Nous en donnerons la liste dans l'ordre de leur publication.

I. *Métamorphoses de la religion romaine, qui ont donné lieu à plusieurs questions agitées dans une lettre envoyée au cardinal Le Camus*, La Haye, 1700, in-12 ; trad. en allem., Hanov. 1702. — Cet ouvrage est divisé en deux parties. Dans la 1re, l'auteur entreprend de faire voir que l'Église romaine n'a jamais été infaillible, et il le prouve par les erreurs dans lesquelles les papes sont plus d'une fois tombés. Dans la 2e, il montre par des extraits du bréviaire, du cérémonial et du missel romain, qu'il y a eu de fort grandes variations dans le culte, qu'il n'est nullement d'accord avec les doctrines sanctionnées à Trente, et qu'il est rempli de choses qui engagent nécessairement les fidèles dans des pratiques contraires à la foi chrétienne. On ne saurait nier qu'Aymon n'y montre beaucoup d'érudition, une connaissance parfaite des dogmes et des cérémonies du catholicisme, et une ferme persuasion de la vérité de la religion réformée.

II. *Lettres adressées à tous les archiprêtres de France et à l'abbé Bidal avec ses réponses, au sujet d'un projet de réunion des Protestants avec les Catholiques romains, mis en délibération à la Cour de France et à celle de Rome*, La Haye, 1704, in-12.

III. *Tableau de la Cour de Rome, dans lequel sont représentés au naturel sa politique et son gouvernement tant spirituel que temporel.* Cet ouvrage curieux, imp. à La Haye, 1707, in-8°, a été réimprimé en 1726 et 1729.

IV. *Lettre apologétique adressée à un théologien anonyme touchant divers écrits que le sieur Aymon doit encore faire imprimer*, 1707, in-4°.

V. *Monuments authentiques de la religion des Grecs et de la fausseté de plusieurs confessions de foi des Chrétiens orientaux, produites contre les théologiens réformez par les prélats de France et les docteurs de Port-Royal dans leur fameux ouvrage de la Perpétuité de la foi de l'Église catholique*, La Haye, 1708, in-4°. — Dans la Préface, Aymon explique l'état des controverses entre les théologiens protestants et les catholiques un peu avant la révocation de l'édit de Nantes. Il affirme que les victoires dont se vantent les docteurs de Port-Royal, ont été dans le fait remportées par les Protestants, et qu'ils n'ont dû leurs apparents succès qu'à des attestations fausses ou nulles comme émanant des Grecs-Unis. Il soutient que les Grecs sont fort éloignés de partager l'opinion de Rome sur la transsubstantiation, et il apporte en preuve des pièces authentiques qu'il accompagne ordinairement de notes fort intéressantes. Les plus précieuses de ces pièces sont sans contredit 27 lettres inédites de Cyrille Lucar, dont il donne une traduction d'ailleurs peu exacte. La lettre de Chrysocule, chancelier de l'Église de Constantinople, contient une narration circonstanciée de toutes les intrigues mises en jeu par les Jésuites pour perdre le patriarche. Une Confession de foi des Églises grecques orientales tirée d'un manuscrit grec original, offre aussi de l'intérêt ; mais quant aux Actes du synode tenu à Jérusalem en 1672, qu'Aymon doit avoir dérobés à la Bibl. royale, et qu'il croyait publier pour la première fois, ils ont moins d'importance qu'il ne s'imaginait, puisqu'il en avait déjà paru deux éditions ; l'une sous le titre *Synodus Bethleemitica adversùs Calvinistas pro reali potissimùm præsentia*, Paris, 1676, in-8°; l'autre sous celui de *Synodus Jerosolymitana*, etc., Paris, 1678, in-8°. Cet ouvrage eut peu de succès.

« Comme ce recueil se débitait mal, lit-on dans Prosper Marchand, par un trait de filouterie trop ordinaire en fait de livres, on reproduisit celui-ci sous le titre : *Lettres anecdotes de Cyrille Lucar, patriarche de Constantinople, et sa confession de foi, avec des remarques. Concile de Jérusalem contre lui et examen de sa doctrine*, Amst., 1718, in-4°.

VI. *Tous les synodes nationaux des églises réformées de France, auxquels on a joint les mandements royaux et plusieurs lettres politiques contenant les véritables causes des progrès et des catastrophes de la R. R., découvertes par la production qu'on y fait de 50 lettres écrites au cardinal Charles Borromée par Prosper (de Sainte-Croix), évêque de Chisame*, La Haye, 1710, 2 vol. in-4° ; réimp., *ibid.*, 1736, 2 vol. in-4°. — Aymon nous apprend dans la Préface qu'il a ajoutée à ce recueil, que ces actes sont tirés d'une copie d'un exemplaire authentique envoyé par le Synode de Charenton à David Le Leu de Wilhem, conseiller au Conseil des princes d'Orange et surintendant du Brabant. « Il est constant, lit-on dans les Nouvelles de la république des lettres (Juillet 1710) qu'il [ce recueil] contient une infinité de choses curieuses et qu'il est fort instructif pour tous ceux qui veulent savoir l'histoire, la discipline et les principales maximes des églises réformées de France. S'il s'en fait une seconde édition, on fera très bien de choisir quelqu'un qui corrige avec soin les fautes qui se sont glissées dans les noms propres. » N'ayant pu nous procurer l'édition de 1736, nous ne savons si le vœu exprimé par Bernard a été rempli. Les lettres qui précèdent la collection des synodes, sont instructives et jettent beaucoup de jour sur les intrigues qui ont amené l'explosion des guerres religieuses. Seulement la traduction n'en est pas toujours parfaitement exacte.

VII. *Maximes politiques du pape Paul III, touchant ses démêlés avec l'empereur Charles V au sujet du concile de Trente*, La Haye, 1716, in-12, tirées des lettres de Diego Hurtado de Mendoza, avec un parallèle de Paul III et de Clément XI par Gueudeville.

VIII. *Lettres, anecdotes et mémoires historiques du nonce Visconti, cardinal préconisé et ministre secret de Pie IV et de ses créatures, au sujet de ses négociations et des intrigues secrètes des prélats députés au concile de Trente*, Amst., 1719, 2 vol. in-8°.

IX. *Lettres historiques contenant ce qui s'est passé de plus important en Europe depuis l'an 1712 jusqu'en 1718, avec des réflexions politiques sur diverses matières*, 12 vol. in-12.

X. *Mémoires et négociations de divers ambassadeurs, de 1709 à 1719*, sans nom d'auteur, 7 vol. in-12.

XI. *Nouvelle méthode pour l'étude du droit civil et canonique*, 1719, in-12.

Aymon n'était pas seulement un théologien et un jurisconsulte érudit, il cultivait encore avec succès les mathématiques, ainsi que le prouvent divers mémoires insérés dans des recueils périodiques. Dans un de ces articles, il décrit un instrument de son invention, auquel il donne le nom de *diogiromètre* et qui devait servir à indiquer le changement des longitudes et des latitudes en pleine mer.

La Grande Bibl. ecclés. nous apprend qu'il vivait encore en 1734, occupé de divers ouvrages qui, à ce qu'il paraît, n'ont pas vu le jour.

AZIMONT, ministre de Bergerac, qui jouissait dans son église d'une influence justifiée par son zèle, et qui n'était pas sans quelque crédit auprès de la Cour à qui il avait eu l'occasion de rendre des services signalés pendant les guerres de Guyenne. Les distinctions honorables qu'il avait obtenues, excitèrent la méfiance, peut-être même la jalousie de quelques-uns de ses confrères, qui l'accusèrent devant le synode provincial d'irrégularité dans ses mœurs. Ces reproches n'avaient, à ce qu'il paraît, aucun fondement sérieux, puisque ce synode n'y donna pas suite, et que celui de 1659, assemblé à Montpazier, vers le milieu de juillet, choisit même Azimont pour son secrétaire. Ce dernier synode est remarquable parce qu'on accusa les Protestants d'y avoir conclu une ligue avec les Anglais. Un acte secret, qui contenait tout le plan de la conspiration, devait avoir été mis en dépôt entre les mains du ministre de Nérac *Viguier*. A sa mort, arrivée six ou sept ans plus tard, son collègue *Mounier* s'en serait emparé et, au bout de dix ans, ayant abjuré le protestantisme, irrité qu'il était d'avoir été suspendu de ses fonctions, il aurait, à l'article de la mort, remis cet acte à l'évêque d'Agen qui l'aurait fait parvenir au roi par le cardinal de Bourbon. Il n'est pas nécessaire de faire ressortir toutes les invraisemblances de ce conte; elles ont été parfaitement relevées dans l'écrit anonyme intitulé l'*Esprit de M. Arnaud*, dans l'*État des Réformés de France*, et dans la 18ᵉ *Lettre pastorale*, 1ʳᵉ année. Qu'il nous suffise d'y renvoyer, pour revenir au pasteur de Bergerac.

En 1673, l'accusation abandonnée fut reprise. Des commissaires furent nommés qui renvoyèrent le jugement de l'affaire au prochain synode et suspendirent Azimont jusqu'à sa décision. S'il faut en croire Benoît, Azimont aurait usé de son crédit à la Cour pour faire réformer cette sentence, et une partie des commissaires, cassant leur propre arrêt, lui auraient permis de continuer à prêcher, tandis que leurs collègues moins dociles auraient reçu défense de se présenter au Synode de Sainte-Foy qui devait prononcer définitivement, mais qui refusa de le faire en leur absence, malgré les sollicitations du commissaire du roi. L'assemblée finit cependant par céder. A la pluralité des voix, elle confirma la première sentence des commissaires. Ce qui nous semble résulter de plus clair de toute cette procédure, c'est que la passion se glisse dans le sein des assemblées tout aussi facilement que dans le cœur des individus, et qu'elle peut entraîner un synode comme une assemblée politique. Le commissaire du roi, ayant alors rompu l'assemblée, sollicita un arrêt du Conseil, daté du 20 décembre 1675, qui cassa les décisions du synode, condamna sévèrement la conduite du modérateur *Betoule*, de l'adjoint *Garrissolles* et du secrétaire *Du Cros*, et qui interdit aux ministres *La Ramée* et *Descairac* l'entrée du synode suivant. Azimont cependant se soumit; il s'abstint de prêcher jusqu'en 1677, et quoique le nouveau synode l'eût maintenu dans ses fonctions, en lui défendant seulement d'exercer son ministère dans la province, il renonça à la chaire pour se faire instituteur. La révocation de l'édit de Nantes l'ayant chassé de France, il se réfugia en Hollande. « Pendant tout ce tems-là, lit-on dans Benoît, sa vie fut chrétienne et édifiante. Il persévéra dans le zèle qu'il avoit toujours témoigné pour la religion. » Il termina ses jours à Amsterdam où il vécut encore quelques années.

Nous ignorons s'il était parent de CHARLES d'Azimont, né à Milhau, et mort à Berlin en 1764, à l'âge de 90 ans. Ce dernier fut chargé par le gouvernement prussien de diriger une plantation de mûriers qu'on essaya de faire aux portes mêmes de Berlin dans un terrain si sablonneux que son aridité lui avait fait donner le nom de Terre des Moabites. Une vingtaine de familles de réfugiés, la plupart d'Orange, parmi lesquels on cite *Aiguillon*, *Fautrier*, *Vivet*, *La Pise*, *Custos*, *Juran*, *Thomas*, *Nogier*, *Ruchon*, *Charbonnet*, *Taron*, *Desca*, obtinrent dans cette contrée des concessions de terrain à perpétuité et des avances considérables en argent pour se livrer à cette culture; mais le résultat ne répondit pas à leurs efforts. Malgré les soins du directeur, il fallut renoncer à cet établissement.

BABINOT (ALBERT), jurisconsulte et poète, un des premiers apôtres de la Réforme en France.

Florimond de Rémond, dans son livre sur l'Origine des Hérésies, raconte que Babinot, lecteur en droit à l'université de Poitiers, n'ayant pas su résister aux *séductions* de Calvin, fut chargé par le réformateur de répandre l'hérésie dans le Midi et spécialement à Toulouse. Avant d'entreprendre son œuvre périlleuse de propagande, Babinot jugea prudent, dit-on, de se cacher sous un nom de guerre et se fit appeler *le Bonhomme*; mais Calvin et ses partisans continuèrent à le nommer de préférence *monsieur le ministre*, « parce que, dit de Rémond, il avoit été lecteur des Institutes en la *Ministrerie* (nom qu'on donnait à la salle où les professeurs de droit faisaient leurs cours). » Cette dernière raison ne paraîtra pas très-plausible. Il est au contraire très-probable, comme le suppose Dreux du Radier (Bibl. du Poitou), que cette dénomination de *ministrerie*, dont la formation du reste indique assez qu'elle doit être prise dans une acception de blâme, de dénigrement, de mépris, n'était donnée à l'école de droit à Poitiers que parce que certains professeurs s'étaient faits les ministres de la nouvelle religion. Florimond de Rémond aura pris l'effet pour la cause. Au rapport du même historien, Babinot « allant par païs faisoit quelques prières en secret, enseignoit comme il falloit faire la manducation du Seigneur, comme cet homme de Dieu [Calvin], disoit-il, leur avoit appris. — Ce fut le Bonhomme, continue-t-il, qui fit couler en la ville d'Agen... un régent nommé *Sarazin*, le préporteur du Calvinisme en ce pays-là (en 1536). » Babinot ne fut pas le seul à Poitiers qui se laissa *séduire* par la puissante dialectique de Calvin. Nous citerons les principaux de ceux qui embrassèrent ses idées et qui, comme lui, cherchèrent à les répandre au péril de leur vie ; ce furent : *Philippe Véron*, procureur au siége présidial, qui porta la réforme dans la Saintonge ; *Antoine de La Dugie*, docteur régent ; *Jean Boisseau*, sieur de *La Borderie*, avocat ; *Jean Vernou*, natif de Poitiers ; *François Fouquet*, prieur des Trois-Moutiers ; *Pierre Régnier*, sieur de *La Planche*, lieutenant-général au siége présidial, le père de l'excellent écrivain de ce nom ; et finalement *Charles Le Sage*, docteur régent, natif de Noyon, « homme de grande estime, dit l'auteur de l'Origine des Hérésies, surtout envers Madame la régente mère du roi (Louise, duchesse d'Angoulême), laquelle fut sur le point d'être ébranlée et séduite. »

A part ce que nous en apprend Florimond de Rémond, les autres circonstances de la vie de Babinot sont restées inconnues. Dreux du Radier qui lui consacre un article dans sa Bibliothèque du Poitou, n'ajoute aucun fait nouveau. La Croix du Maine et Du Verdier, qui en parlent brièvement l'un et l'autre, ne s'accordent même pas sur le livre qu'il a publié. Selon La Croix du Maine, Babinot aurait écrit « en vers héroïques un poème chrétien qu'il a nommé *la Christiade*, imprimé à Poitiers l'an 1559. »; tandis que d'après Du Verdier, « la *Christiade* contenant plusieurs sonnets chrétiens, avec quelques odes et cantiques. » aurait été imprimée à Poitiers en 1560, in-8°. Et afin qu'on ne s'y méprenne pas, La Monnoye ajoute dans ses notes, que « La Croix du Maine, en annonçant le poème de Babinot sous le nom de Christiade, sans ajouter, comme a fait Du Verdier, contenant plusieurs sonnets chrétiens, laisserait à croire que c'est un poème héroïque en vers françois, ce qui n'est pas, etc.» En attendant que l'éternel catalogue de la Bibliothèque Royale soit enfin dressé et qu'en un mot la lumière ayant été faite dans ce chaos, il soit possible de mettre à profit toutes les richesses qui sont enfouies dans cette mine, trop souvent vierge, nous sommes forcé, à notre grand regret, de laisser la difficulté pendante. La Christiade est-elle une épopée, ou simplement un recueil d'odes? telle est la question, et quelque poids que puisse avoir l'autorité de La Monnoye, il est encore permis de confesser son ignorance; car, d'un côté, si la citation que fait Du Verdier d'un sonnet de ce recueil, autorise à supposer que ce critique a dû avoir le livre ou plutôt un livre de Babinot sous les yeux; de l'autre, le titre de l'ouvrage semblerait indiquer une œuvre épique, ce que confirme du reste, en termes formels, le témoignage de La Croix du Maine. Dans cette incertitude, peut-être doit-on entendre la phrase de Du Verdier dans ce sens qu'outre le poème ou la Christiade proprement dite, le volume contient plusieurs sonnets, etc.; ou peut-être même s'agit-il de deux ouvrages distincts, l'un publié en 1559 et l'autre en 1560. A cette difficulté bibliographique nous en ajouterons encore une nouvelle. Existe-t-il quelque parenté entre le poème d'Albert Babinot et *La Christiade qui dépeint la vie et les faits admirables de Jésus-Christ, vrai Dieu et Homme, fils du Père éternel, et Sauveur du monde* (en XII livres et en vers alexandrins), manuscrit in 4° cité dans le Dict. bibliogr. des livres rares? Nous abandonnons cette question « aux Saumaises futurs. » Peut-être ce manuscrit se trouve-t-il à la Bibliothèque Royale. Nos petits-neveux pourront s'en assurer, si d'ici là un catalogue est enfin dressé et publié.

Pour faire connaître, autant qu'il est en nous, le mérite de l'ouvrage de Babinot, nous rapporterons le sonnet suivant que cite Du Verdier.

Qui veut de Dieu tous les secrets comprendre,
Ses saints conseils, sa haute majesté,
Ses jugemens, l'excès de sa bonté,
Quand il a fait çà-bas son fils descendre,
Qu'il vienne icy en un crible entreprendre
Tarir la mer, compter l'infinité
Des flots enflés par le vent irrité,
Ou mesurer la phrigienne cendre.
Dira-t-il pas qu'il n'y peut parvenir?
Et moins son foible esprit peut contenir
Du Tout-Puissant l'infinie puissance.
Mais sa grandeur à l'œil nous apparoist
En Jésus-Christ, qui tout seul le cognoist,
Et seul de luy nous donne cognoissance.

BACHELAR ou **CABANES**, premier pasteur de l'église de Nantes. Taillandier, qui paraît avoir puisé à d'excellentes sources, prétend que cette église se forma vers la fin de 1560. Comme dans tout le reste de la France, les Protestants s'assemblèrent d'abord secrètement en des maisons particulières; mais leur nombre s'étant accru rapidement, ils se hasardèrent à célébrer publiquement leur culte. Le 18 juillet 1561, ils se réunirent à La Furetière, au nombre de 6 à 700, la plupart en armes. Cependant ce ne fut que vers le mois de novembre qu'on leur accorda la liberté de s'assembler dans un bâtiment situé à quelque distance de la ville. Ils s'y rendaient de plusieurs lieues, en sorte que Bachelar prêchait souvent en présence de plus de mille personnes. Le clergé catholique, irrité d'une telle tolérance fit mettre le feu à ce bâtiment, dans la nuit du 7 au 8 décembre. Les plaintes des Protestants, appuyées par d'*Andelot* et d'autres gentilshommes influents de la province, furent écoutées; on arrêta quelques-uns des incendiaires, mais rien ne prouve qu'on leur ait appliqué le châtiment qu'ils méritaient. Les esprits s'aigrirent donc de plus en plus et plusieurs fois le sang fut sur le point de couler. L'édit de Janvier ramena momentanément la tranquillité, jusqu'à ce que le triomphe du Triumvirat rejeta les églises bretonnes dans une situation pire que jamais. De peur que les Protestants de cette province ne tentassent une diversion pendant l'expédition du duc d'Étampes en Normandie, la Cour publia une déclaration ordonnant à tous les ministres de sortir de la Bretagne dans le délai de quinze jours sous peine d'être pendus. Le fanatisme ne connut plus de bornes. A Nantes, les Protestants furent accablés d'outrages. Plusieurs cédèrent à l'orage et feignirent de se convertir.

Les ministres eux-mêmes s'enfuirent ; les uns passèrent en Angleterre ; d'autres se réfugièrent à Blain sous la protection de *Henri de Rohan*. Il est probable que Bachelar chercha un asile sur la terre étrangère, puisqu'à partir de cette époque, il n'en est plus fait mention.

BACON, chef huguenot dans le Languedoc. Il était fils, dit-on, d'un maréchal-ferrant de Pierre-Rue, au diocèse de Pons. En 1573, époque où il paraît pour la première fois sur la scène, il avait le grade de capitaine. Il s'empara de Villeneuve-de-Berg, où s'étaient assemblés plusieurs prêtres catholiques pour un synode. Presque tous furent passés au fil de l'épée, ainsi qu'un grand nombre d'habitants ; Bacon n'épargna que le lieutenant au bailliage de Vivarais, qui, quelques mois auparavant, avait empêché les Catholiques d'égorger les Protestants. Quatre ans plus tard, le 5 mai, nous le retrouvons assiégé dans Thesan, près de Béziers. Pressé trop vivement par l'ennemi, il s'échappa pendant la nuit, et se retira à Cessenou que Damville lui enleva bientôt ; mais un an plus tard, jour pour jour, il prit une éclatante revanche en s'emparant de nouveau par escalade de cette place. Le 30 juin, il surprit Saint-Chignan. En 1582, le 8 fév., il se rendit maître de Minerve qu'il abandonna au pillage. Le baron de Rieux y alla mettre le siége au mois de juillet, mais Bacon se défendit avec vigueur jusqu'au 17 septembre, où il fut forcé de se rendre. Selon les uns, il se retira alors à Bram et y périt dans un assaut. Selon d'autres, il se serait laissé corrompre par les généraux catholiques qui l'auraient déterminé à abandonner sa conquête « à l'amiable » moyennant une abolition que le maréchal de Montmorency avait toute prête et lui délivra lui-même ; mais il aurait feint de continuer à servir la Cause, et aurait même pris Lescure, près d'Albi, le 11 déc. 1584. Une lettre interceptée ayant révélé sa trahison, il aurait été arrêté par ordre de Montgommery, le 14 fév. 1586, condamné à mort et exécuté le 16. On lit en effet dans le Journal de Charbonneau : « Le capitaine Baccon, sollicité par les partisans de Joyeuse et étant prêt à se déclarer pour lui, fut arrêté à Brassac par le comte de Montgommery, étranglé pendant la nuit et jeté au bord de la rivière. » Y aurait-il eu deux capitaines de ce nom ? Nous n'entreprendrons pas d'éclaircir cette question d'ailleurs peu importante ; nous ajouterons seulement qu'en 1616, on voit figurer encore un capitaine Bacon dans le corps auxiliaire que *Châtillon* envoya au duc de Savoie.

BACOUE (Léon), né à Castel-Jaloux. Ayant abandonné la religion protestante, Bacoue entra dans l'ordre des Chartreux, et fut fait évêque de Glandève en 1672, puis de Pamiers en 1685. Rocoles, dans son Hist. véritable du Calvinisme, remarque qu'il fut le seul protestant converti qui parvint à l'épiscopat sous le règne de Louis XIV. Il a écrit *Carmen panegyricum*, Tolos., 1667, in-4°, dédié à Clément IX, et *Delphinus sive de primâ principis institutione*, Tolos., 1671, in-4°. Ce dernier poème a été réimp. à Paris en 1685.

D'Aubigné, dans son Histoire, nous apprend qu'un nommé Bacoue se distingua et périt dans un combat « des plus opiniâtres qu'il ait vu, lu, ni ouï dire », combat livré dans les environs de Castel-Jaloux, en 1577, contre les troupes catholiques commandées par le baron de Mauvezin. Ils étaient deux frères qui assistèrent à cette affaire. A ce sujet, d'Aubigné raconte une anecdote que nous lui emprunterons à cause des réflexions dont il l'accompagne. « J'ai esté, dit-il, assez chiche des augures et prodiges, de la quantité desquels plusieurs historiens fleurissent, et, comme nous avons dit, en se parant de miracles, ils se dépouillent de créance et d'autorité ; mais je ne puis me retenir qu'entre plusieurs songes et prédictions de la même journée je ne me rende pleige d'une que j'alléguerai : c'est que la damoiselle de Baccouë courut après la trouppe demander à jointes mains et en pleurant l'aisné de deux enfans qu'elle y avoit, pour avoir songé qu'un prêtre arrachoit les yeux à un sien cousin nommé *La Corège*, et que le mesme achevoit de tuer son fils dans un fossé, et puis après un réveil se rendormant sur mesme songe, elle le vid étendu mort sur un coffre plein d'avoine, derrière le portal de Malvirade, ce qui fut avéré en tous ses poincts. »

BACUET (PAUL), pasteur à Divonne en 1626, professeur de philosophie à Genève en 1632, puis pasteur dans cette ville en 1641 et à Grenoble en 1654. Il est auteur de trois ouvrages de métaphysique, d'ailleurs peu importants : *Disputatio logica de causis*, Gen., 1634, in-4° — *Disputatio physica de materiá*, Gen., in-4°. — *Disputatio physica de mundo*, Gen., in-4°. Sénebier qui, apparemment, n'a pas eu ces deux derniers ouvrages sous les yeux, n'indique pas l'année où ils furent imprimés. Il attribue en outre à Paul Bacuet une espèce d'hygiène populaire dont il nous donne ainsi le titre : *Hoséas ou l'apothicaire charitable*, Gen., 1670, in-8°. D'autres critiques, à l'opinion desquels nous nous rangerons, distinguent Paul Bacuet, pasteur et professeur de philosophie, d'un *Osée Bacuet*, pharmacien et auteur du livre en question.

Rien ne nous apprend s'il existait quelque parenté entre l'un ou l'autre de ces Bacuet et *Augustin Bacuet*, pasteur à Breuil-Barret en 1670. Benoît, dans son Histoire de l'édit de Nantes, nous dépeint ce dernier comme un jeune ministre aimé de son troupeau qu'il édifiait également par sa doctrine et par sa conduite. La défense de placer des étrangers à la tête des églises ayant été renouvelée en 1670, l'intendant du Poitou publia, au mois de novembre, une ordonnance enjoignant à Bacuet, le seul pasteur du Poitou qui ne fût pas né en France, de quitter le royaume dans le délai de huit jours. Bacuet se retira alors en Hollande où son mérite lui procura bientôt la place de pasteur d'une église wallonne.

BADE ou **BADIUS** (CONRAD), fils du célèbre imprimeur Josse ou Jodocus Badius, né à Paris vers 1510.

Badius embrassa la noble profession de son père, auquel il succéda dans son imprimerie, probablement dès 1535, époque de sa mort. Les persécutions religieuses, qui marquèrent les débuts du règne de Henri II, l'ayant forcé à chercher sa sûreté à l'étranger, en 1549, il se réfugia à Genève, « où, au rapport de Sénebier, il fut reçu ministre de la Parole de Dieu et où on lui donna la bourgeoisie, en 1555 ». Badius s'associa d'abord à *Jean Crespin*, également réfugié, et travailla avec lui jusqu'à l'arrivée de son beau-frère *Robert Estienne*. Ce « prince des typographes » avait épousé une de ses sœurs nommée PERRETTE ; une autre, du nom de CATHERINE, était femme de *Michel de Vascosan*. Badius et Robert Estienne montèrent alors (1552) une imprimerie d'où sont sortis un grand nombre d'ouvrages qui ne se distinguent pas moins par la beauté des types que par la parfaite correction du texte. Maittaire en donne le catalogue dans ses Annales ; nous nous bornerons à mentionner leur édition de la Vulgate, la première où les chapitres aient été divisés en versets. Outre les préfaces qu'il a mises en tête de plusieurs de ses publications, Badius est encore l'auteur de quelques ouvrages originaux que nous ferons connaître. Un passage de l'Histoire ecclésiastique de Bèze nous apprend qu'il mourut avec toute sa famille à Orléans, victime de la peste qui ravagea si cruellement cette ville en 1562. Mais Prosper Marchand suppose que Bèze et son biographe Antoine La Faye qui rapporte le même fait (*inter quos [mortuos] fuit, ex pastoribus Aurelicnsibus, Conradius Badius, Bezæ ab adolescentiá charissimus*) ont entendu parler d'un fils de Conrad, en se fondant sur ce que dans ce passage la qualité de ministre lui est attribuée et attendu que ce dernier imprimait encore à Genève en 1562. En tous cas, selon lui, Badius ne vivait plus en 1566, *Henri Estienne*, son neveu, ayant à cette époque honoré sa mémoire par deux épitaphes, qu'il rapporte. M. Weiss néglige de nous apprendre sur quoi il s'appuie pour avancer que « les conjectures les plus probables sont qu'il mourut à Genève vers 1568. »

On doit à Conrad Badius : — I. *L'Alcoran des Cordeliers. Tant en latin qu'en françois. C'est-à-dire, Recueil des plus notables bourdes et blasphesmes de ceux qui ont osé comparer Sainct François à Jésus-Christ : tiré du grand livre des Conformitez, jadis composé par frère Barthélemi de Pise, cordelier en son vivant.* Nouv. édit. ornée de fig. dessinées par B. Picard, Amst. 1734, 2 vol. in-12. — La compilation latine, *Alcoranus Franciscanorum*, due à Érasme Albère, avait paru d'abord en 1531, puis en 1543. La trad. qu'en donna Badius, fut imprimée pour la première fois en 1556, in-12; dans cette édition, l'original latin est attribué à tort à Martin Luther, qui avait mis une préface à l'édition de Wittemberg; mais dans les éditions suivantes, un Avis de l'imprimeur, qu'accompagne un Extrait de l'Épistre d'Érasme Albère, ministre de la Parole de Dieu ès pays du marquis de Brandenbourg, prémunit le lecteur contre cette erreur. Quelques années après, en 1560, Badius jugea à propos d'extraire lui-même du livre des Conformités la matière d'un second volume dont il donna également la traduction, en réimpr. le premier, 2 vol. in-12. Quant au livre des Conformités, composé par le cordelier Barthélemi de Pise (Albizi, voyez l'excellente notice de Prosper Marchand), il a été imprimé plusieurs fois, et entre autres à Milan, chez Gotard Pontice en 1510. « Ce maudit et exécrable livre, dit Badius, est tel que quand tous les diables d'Enfer et tous les hommes aussi auroient amassé en un tous les blasphèmes et mensonges qu'ils sauroient jamais dégorger à l'encontre de Dieu, de Jésus-Christ, des Saints et de la sacrée Parole de Dieu, ils n'en sauroient plus dire qu'il en est là contenu. » Mais, ajoute-t-il, le Saint-Esprit « a suscité le docteur Érasme Albère, bon serviteur de Jésus-Christ, le quel pour manifester aux pauvres Chrétiens l'abus, l'erreur, le mensonge, le blasphème et sacrilége de cette pernicieuse secte de diables gris, a fait un extrait des abominations plus apparentes de ce livre de Conformités, sans y changer un seul mot, et a intitulé son recueil du nom d'Alcoran, tant pour l'exécration dont il est plein que pour ce que ces Chattemites l'ont en si grande révérence, comme si c'étoient oracles et prophéties procédées du Ciel : combien que le diable les ait forgées au fond d'Enfer, et apportées en la puante bouche de ce moine frénétique et insensé Bartholomé de Pise, de l'ordre des diables mineurs, dis-je, majeurs, pour les vomir et en infecter toute la Chrétienté. » On voit que, dans sa polémique, Badius ne ménage pas toujours les grosses paroles; mais tel était le *goût* du tems, surtout dans les disputes religieuses ou littéraires, nous devons lui en tenir compte. L'intention corrige au moins la forme, si elle ne la justifie pas. De nos jours, un livre tel que celui de Barthélemi de Pise n'attirerait que le ridicule sur son auteur. Le réfuter, ce serait lui faire trop d'honneur; l'absurde à ce degré-là porte en soi sa réfutation. Les quatre vers suivants en résument parfaitement l'esprit.

Exue Franciscum tunicâ laceroque cucullo,
Qui Franciscus erat, jam tibi Christus erit.
Francisci exuviis, si quâ licet, indue Christum,
Jàm Franciscus erit, qui modo Christus erat.

La conformité entre S. François et le Christ ne pouvait donc être plus complète, puisqu'ils ne se distinguaient que par l'habit. Un froc de plus ou de moins n'était pas une affaire ; le peuple grossier, à qui le Saint était offert en adoration, ne pouvait manquer de le dépouiller bientôt de ce dernier reste d'individualité pour l'admirer dans toute sa splendeur. Tel était sans doute, dans sa pensée de domination, le désir secret de l'Ordre. L'ouvrage de Badius n'est qu'une suite de passages, d'apophthegmes, d'anecdotes curieuses, d'hérésies toutes plus ou moins impertinentes, tirés page par page du livre des Conformités, avec la traduction en regard, et des annotations marginales où l'auteur cherche à prémunir le lecteur contre les dangereuses doctrines qui y sont contenues. Outre une petite pièce de vers satiriques, mise en tête du livre, et intitulée *Conférence ou plutôt différence de S. François et de Jésus-Christ*, on trouve à la fin du premier volume : *Complainte aux Papistes qui s'appellent Chrétiens et cependant permettent que Jésus-Christ soit ainsi blasphêmé par les Pharisiens de leur religion, à sçavoir les Cordeliers.*

> Las, je ne scay que faire ne que dire
> Tant j'ay le cœur pressé d'angoisse et d'ire,
> De veoir ainsi profaner en tous lieux
> La majesté de ce grand Roy des Cieux !

s'écrie le poète dans sa sainte indignation. Ce petit poème où règne une élévation presque toujours soutenue, prouve que Badius n'était pas un poète médiocre. Nous citerons encore l'apostrophe suivante, qui nous confirme dans cette opinion :

> Or doncques Rois et peuples de la terre
> Jusques à quand ferez à Dieu la guerre ?
> Jusques à quand ferez-vous vos amis
> De ses plus grans et mortels ennemis ?
> Jusques à quand avez-vous establi
> De mettre Christ le Sauveur en oubli
> Pour vous fier en la fausse doctrine
> De ceste grise et maudite vermine,
> Qui s'est pieça sur la terre espandue
> Et l'a du tout infertile rendue ?
> Las, c'est assez, voire trop longuement
> Vescu, croupi en vostre aveuglement !
> Retournez donc au Pasteur de vos ames
> Et rejettez tous ces caphars infames
> Remplis d'erreur, d'abus, d'illusion,
> D'hypocrisie. et simulation.

II. *Les vertus de nostre maistre Nostradamus, en rimes*, Gen., 1562, in-8°. — Satire contre l'auteur des Prédictions.

Joly, dans ses Rem. sur le Dict. de Bayle, a encore attribué à Conrad Badius les *Satyres chrestiennes de la cuisine papale*, sorties de son imprimerie en 1560, in-8°, et Sénebier une *Comédie* contre le savant *Castalion* dont Bèze combattit les idées de tolérance dans son traité *De hæreticis à civili magistratu puniendis*, et qui fut, dit-on, chassé de Genève pour avoir soutenu que le Cantique des Cantiques était une chanson obscène qui devait être rayé du canon des Livres saints.

BADEL (N. DE), gouverneur de Chomérac en 1628. Cette petite place était pour les Protestants une position d'autant plus importante qu'elle les rendait maîtres des communications entre Bays, le Pouzin et Privas. Le duc de Montmorency résolut de la leur enlever. Quatre régiments avec deux pièces de canon furent envoyés pour en faire le siège. Badel n'avait sous ses ordres que sept à huit cents hommes. Il n'hésita pas cependant à marcher au devant de l'ennemi; mais chargé avec impétuosité, il lui fallut céder au nombre. Il se retira donc dans le faubourg où il se défendit vigoureusement, protégé par quelques barricades élevées à la hâte, jusqu'à ce qu'à la fin il en fut chassé. Ne gardant avec lui que deux cents hommes, il envoya le reste de la garnison occuper des hauteurs où se trouvaient des grottes qu'on avait eu soin de fortifier. Cependant les Catholiques s'en emparèrent encore malgré une opiniâtre résistance. Quelques jours après, l'arrivée de Montmorency à la tête d'une foule de gentilshommes et d'un nouveau régiment imprima aux travaux du siège une activité nouvelle. L'artillerie eut bientôt fait au mur d'enceinte une brèche plus que suffisante pour donner passage à l'ennemi. Sans espoir de secours, Badel proposa alors de se rendre à des conditions avantageuses. On feignit d'accueillir ses propositions; mais pendant les pourparlers, les Catholiques s'introduisirent traîtreusement dans la ville, et lorsque Badel voulut faire des représentations, on lui répondit qu'il fallait se rendre à discrétion. Le lendemain, par ordre de Montmorency, ce brave guerrier avec son frère et dix autres gentilshommes furent pendus à Bays. Arrivé au pied de l'échafaud, il demanda du papier et de l'encre, puis avec un sang-froid qui étonna ses bourreaux eux-mêmes, il se mit à rédiger son testament. Ses infortunés compagnons ne montrèrent pas moins de courage et de résignation. Les jours suivants, cent vingt autres protestants de la garnison de Chomérac subirent le même supplice sous les murs du Pouzin. Sept ou huit seulement consentirent à acheter leur grâce au prix d'une abjuration. Les dix qui restaient « furent donnés par Sa Grandeur, dit Pierre Marcha, à des particuliers qui les mirent à rançon. » Chomérac fut réduite en cendres.

Il existait dans le Languedoc, à l'époque où ces événements se passèrent, une famille du nom de Badel, représentée en effet par deux frères, Alexandre et Jean Badel, fils de Jean Badel et de Cathérine de Noguier. Mais, selon les Jugemens de la Noblesse, le premier épousa, le 22 juin 1634, Susanne Moulin, dont il eut un fils appelé Simon-Pierre; les détails qui précèdent ne peuvent donc s'appliquer à eux. Rien ne prouve même d'une manière positive que cette famille ait professé la religion réformée, quoique les noms bibliques donnés par les deux frères à leurs enfants (ceux de Jean s'appelaient Simon et Étienne) pussent être une présomption en faveur de cette opinion.

BADOLET, (JEAN), ministre, professa les humanités au collége de Genève. On lui doit, au rapport de Sénebier : I. *La harangue de Frédéric Spanheim* (Geneva restituta), trad. en français, 1635, in-8°. — II. *Conscientiæ humanæ anatomia*, Gen. 1659, in-4°. — III. *De l'Excellence de l'horlogerie*, in-12. — IV. *Secrets curieux sur diverses choses de la nature et de l'art*, in-8°.

BADUEL (CLAUDE), né à Nismes, vers la fin du XV° siècle, de parents d'une condition médiocre, s'éleva par ses seuls talents à un rang distingué parmi les humanistes qui illustrèrent le règne de François 1er. *Marguerite de Valois* qui, toute sa vie, se montra la protectrice éclairée des savants, lui prodigua en maintes occasions des marques de sa bienveillance. Il paraîtrait même qu'elle lui avait fourni les moyens de se perfectionner dans ses études ; c'est au moins ce qui semble résulter d'une lettre de recommandation qu'elle lui accorda en 1539. Lorsque Baduel accepta la place de recteur du collége des arts récemment fondé dans sa ville natale , « Je l'ai entretenu aux études », écrivait-elle aux consuls de Nismes. En cette circonstance , Baduel fit preuve d'un désintéressement fort rare. Il n'hésita pas à quitter Paris, où il professait avec distinction les lettres humaines pour se charger, avec un traitement moindre de moitié, de la direction d'un établissement où tout était à créer et à organiser. Ce qui le détermina à ce sacrifice, ce fut uniquement le désir d'être utile à sa patrie. Son installation eut lieu le 12 juillet 1540. La réputation méritée dont il jouissait déjà à cette époque, attira à Nismes un grand nombre d'étudiants, et la nouvelle université se trouva en peu d'années dans l'état le plus florissant. Les services qu'il rendit ne le mirent pas cependant à l'abri des persécutions. Il dut s'enfuir à Genève, très-vraisemblablement en 1555. Ménard, qui le perd de vue depuis cette époque, suppose qu'il mourut vers 1556; mais c'est une erreur. Sénebier nous apprend qu'en 1557 , il était pasteur d'une église dans les environs de Genève; qu'en 1560, il professait les mathématiques et la philosophie, et qu'il ne mourut qu'en 1561.

Les nombreux ouvrages que Baduel a publiés, tous écrits dans un latin fort pur, prouvent suffisamment son érudition; nous pouvons ajouter qu'il ne se fit pas moins estimer par sa piété que par son savoir. Ménard, qui l'appelle la gloire et l'ornement de Nismes, lui rend ce témoignage, qu'il fut un des premiers à embrasser les doctrines de la Réforme et un des plus zélés à les soutenir. — Nous ignorons si *Jean Baduel*, pasteur à Mirambeau en 1637, descendait de la même famille.

Les écrits de Claude Baduel sont :

I. *C. Baduelli oratio funebris in funere Floretæ Sarrasiæ habita: epitaphia nonnulla de eâdem*, Lugd., 1542 ; trad. en franc. par Charles Rozel et impr. dans la même ville en 1546. — Cette oraison funèbre est dédiée à la reine de Navarre, Marguerite, qui avait honoré Florette de Sarras de son affection.

II. *De ratione vitæ studiosæ ac litteratæ in matrimonio collocandæ ac degendæ*, Lugd. 1544, in-4°; Lips. 1577 et 1581 in-8°; trad. en franc. par Guy de La Garde sous le titre : *Traité très utile et fructueux de la dignité du mariage et de l'honneste conversation des gens doctes et lettrés*, Paris, 1548, in-8°. — Baduel y vante l'excellence du mariage et signale les désordres ordinaires du célibat, même parmi les gens de lettres.

III. *Oratio funebris in morte Jacobi Albenatii*.

IV. *Liber de officio et munere professorum et eorum qui juventutem erudiendam suscipiunt*.

V. *Annotationes in Ciceronis orationes pro Milone et Marcello*.

VI. *Oratio ad instituendum gymnasium Nemausense de studiis litterarum*.

VII. *Orationes duæ de iisdem studiis*.— Nous pensons que, sous ce titre, Ménard a voulu désigner la dissertation *De Collegio et universitate Nemausensi*, imp. à Lyon, en partie en 1552 et en partie en 1554.

VIII. *Orationes duæ comparationem habentes vitæ* θεωρητικης και πρακτικης.

IX. *Orationes quatuor* γενεθλιακαι, *hoc est natalitiæ, de ortu Jesu Christi*.

X. *Oratio de Ecclesiæ christianæ nobilitate*.

XI. *Instituta litteraria, quibus demonstratur quemadmodum disciplina juventutis in gymnasio sit instituenda*.

XII. *Orationes duæ consulares, hoc est pro consulibus designatis habitæ*.

XIII. *Oratio de laudibus artis medicæ*.

XIV. *Epistola parænetica ad Paulum filium, de vero patrimonio et hæreditate quam Christiani parentes suis liberis debent relinquere*.

XV. *De morte Christi meditandâ oratio*.

Aucun biographe ne nous donne le lieu et la date d'impression de ces divers écrits : Ménard se contente de nous apprendre qu'ils parurent à Lyon de 1544 à 1552.

Après avoir quitté la France, Baduel a encore publié :

XVI. *Præfatio Thesauri linguæ græcæ à Johanne Crispino editi*. — Préface mise en tête du Lexique de Budé, imp. par Crespin en 1554.

XVII. *Acta martyrum nostri sæculi*, Gen. 1556.

XVIII. *Conciones quædam J. Calvini ex gallicâ linguâ in latinam translatæ*, Gen. 1557, in-8°.

XIX. *Libri apocryphi juxtà editionem Complutensem*, Gen. 1557. — Ne serait-ce pas le même ouvrage que celui que Robert Watt et le Catal. de la Bibl. d'Oxford attribuent encore à Baduel sous le titre : *Annotationes in libros apocryphos*, Lond. 1660, in-fol.

XX. *Epistolæ familiares C. Baduelli à Joann. Fontano collectæ*, in-4°. Mss. conservé à la Bibliothèque de la ville d'Avignon.

Claude Baduel avait un fils, PAUL, dont aucun biographe ne parle quoiqu'il ait joué un certain rôle dans l'histoire des églises réformées. Il paraît qu'il exerça d'abord les fonctions pastorales à Bergerac vers la fin du XVIe siècle. Un acte du Synode de Gergeau lui défend, sous peine de déposition, ainsi qu'à son collègue *Chauveton*, de demander à être rétabli dans l'église de cette ville, sans nous donner d'ailleurs les motifs de cette injonction. Baduel s'y soumit sans doute, puisqu'en 1603 nous le trouvons qui remplissait les fonctions du ministère à Castillon. En 1607, la province de la Basse-Guyenne le députa au Synode national de La Rochelle. Cette assemblée, prenant en considération l'espèce de misère où l'avait réduit la confiscation des biens de son père, lui accorda trois portions. Dans la liste des pasteurs et des églises présentée au Synode d'Alais en 1620, se trouve un Paul Baduel qui desservait alors l'église de Castel-Gironde, nous ne doutons pas que ce ne soit le même; il serait encore possible que le nommé Baduel qui était pasteur à La Roquette-St-André en 1626 et notre Baduel ne fussent qu'un seul et même individu.

BADUÈRE (Thierry), riche lapidaire de Paris dont la maison fut livrée au pillage par Charles IX, désireux d'offrir aux Suisses de sa garde une récompense digne du zèle qu'ils avaient montré pour son service au massacre de la St-Barthélemy. « J'ay ouy dire, lit-on dans un écrit du temps, que ce qu'on luy a pillé, valloit plus de deux cens mille escuz. »

BÆR (Frédéric-Charles); né à Strasbourg le 15 novembre 1719. Son talent pour la prédication l'ayant fait nommer chapelain de l'ambassade de Suède à Paris, il remplit ces fonctions presque sans interruption jusqu'en 1784, époque où il retourna dans sa ville natale avec le titre d'aumônier honoraire du roi de Suède. Il y ouvrit un cours particulier de théologie qu'il continua jusque dans les dernières années de sa vie. Sa mort arriva le 23 avril 1797. Tous ses biographes s'accordent à dire qu'il unissait une vaste érudition à une grande modestie. Il était membre de plusieurs sociétés savantes, et depuis 1759, correspondant de l'Académie des sciences.

Voici la liste de ses publications :

I. *Oraison funèbre du maréchal comte de Saxe*, Paris, 1751, in-4°; trad. en allem. par l'auteur lui-même, même année, in-8°; reproduite à la suite de l'Histoire du maréchal, par Néel, Mittaw [Paris] 1752, 3 vol. in-12.

II. *Lettre sur l'origine de l'imprimerie*, servant de réponse aux observations publiées par Fournier jeune sur l'ouvrage de Schœpflin, intitulé Vindiciæ typographicæ, Strasb. [Paris], 1761, in-8°.

III. *Essai historique et critique sur les Atlantiques, dans lequel on se propose de faire voir la conformité qu'il y a entre l'histoire de ce peuple et celle des Hébreux*, Paris, 1762, in-8°; trad. en allem. par Harrepeter, Nuremb., 1777, in-8° avec deux cartes. Dans cet ouvrage l'auteur avance — comme l'avaient fait avant lui Eurenius et Olivier, dont il ne connaissait pas d'ailleurs les opinions, à l'époque où il composa son livre,—que l'Atlantique de Platon n'est autre chose que la Palestine, et il défend cette hypothèse avec beaucoup d'érudition.

IV. *Dissertation philologique et critique sur le vœu de Jephté*, Strasb. et Paris, 1765, in-8°. — Dans ce traité, l'auteur cherche à prouver que Jephté ne sacrifia pas sa fille, mais qu'il la consacra seulement à Dieu. Cette opinion a été combattue par L. E. Rondet qui fit paraître sa réponse dans le Journal de Trévoux et l'inséra ensuite dans la 2ᵉ édit. de la Bible dite d'Avignon.

V. *Oraison funèbre de Louis XV*, Paris, 1774, in-4°.

VI. *Sermon sur les devoirs des sujets envers leur souverain*, Genève et Paris, 1775, in-4°. — Ce sermon, écrit d'abord en allem., fut trad. par l'auteur lui-même en français.

VII. *Recherches sur les maladies épizootiques*, Paris, 1776, in-8°. — Traduction du suédois.

VIII. *Mémoire sur la plantation et la culture des orties*, trad. du Recueil de l'Académie de Stockholm et inséré dans les *Nouv. Éphém. économiques* de 1776.

On doit encore à Bær un recueil de *Psaumes* et de *Cantiques* à l'usage de la chapelle suédoise, publié à Strasb. en 1777, in-8°; une traduct. de l'*Essai sur les apparitions* de Meyer, insérée par Lenglet-Dufresnoy dans son Recueil de dissertations sur les apparitions, et une traduct. des *Vérités de la religion* par Jérusalem, qui n'a pas été publiée. Barbier et d'après lui

Quérard ont avancé à tort que plusieurs mémoires de Bær se trouvaient dans la Collection de l'Académie des Inscriptions et Belles-lettres. M. Weiss, qui a relevé cette erreur, ajoute que le Recueil de l'Académie des Sciences ne contient non plus aucun mémoire de lui.

BAFFARD (Auguste de) *seigneur de* Bois-du-Lys, capitaine huguenot, rejoignit Condé à Pons avec un grand nombre d'autres gentilshommes du Berry, à l'époque où l'exercice de la religion réformée fut défendu sous peine de mort par le traité conclu entre Henri III et la Ligue. Chargé d'un commandement important au siége de Brouage, il fut choisi par le jeune prince pour l'accompagner dans la fatale expédition d'Angers. Tous les historiens s'accordent à dire qu'il rendit de grands services dans la retraite et qu'il sauva une partie des troupes après la fuite de Condé. Pressé de tous côtés par les Catholiques, il se jeta dans la forêt de Marchenoir, gagna Châteaudun, passa la Loire près de Gien, et, à travers mille périls, il parvint à rentrer dans le Berry d'où il se rendit à La Rochelle. En 1587, il prit une part brillante à la bataille de Coutras, où il avait le commandement de l'artillerie avec *Clermont* et *Rosny*. En 1588, il se présenta devant Marans menacé par les mouvements des Catholiques ; mais le gouverneur *La Jarrie* ne croyant pas le danger aussi imminent qu'il l'était en effet, et craignant que ses soldats ne commissent des désordres, ne voulut pas l'y recevoir. Cependant à peine s'était-il éloigné, que Lavardin parut devant la place. Bois-du-Lys se hâta de rebrousser chemin, suivi du capitaine *Hazard* et de quelques gentilshommes volontaires commandés par *Noizé*. Il avait sous ses ordres environ 350 hommes. Pour donner aux assiégés le temps de se retrancher, il dispersa une partie de ses soldats en tirailleurs dans les haies et sur le bord des marais, et il réussit à arrêter pendant quelque temps la marche de l'ennemi ; mais les habitants de Marans ne profitèrent de ce répit que pour se sauver par mer à La Rochelle. Grand fut donc le désappointement de Bois-du-Lys lorsque, obligé de se replier sur le bourg devant des forces infiniment supérieures, il le trouva abandonné. Il se jeta dans le fort dont les murailles, ruinées auparavant par les Rochellois, n'avaient point été réparées, et quoique exposé à une vive fusillade partant des maisons du bourg dont les Catholiques s'étaient emparés, il s'y défendit avec intrépidité pendant huit jours. « Au huitième jour, dit d'Aubigné, n'aïant moyen de se couvrir d'un fossé de terre ni panser un seul blessé, aïant mangé les chevaux qu'on leur tuoit et ceux qui restoient se mangeant les crins et queues les uns aux autres, et encor la bourre qu'ils arrachoient de leurs selles ; » n'ayant d'ailleurs aucun espoir d'être secouru depuis que le roi de Navarre avait échoué dans sa tentative pour le délivrer, Bois-du-Lys consentit à accepter la capitulation honorable que Lavardin lui offrait. Il sortit de Marans avec armes et bagages, enseignes déployées et tambours battants.

BAILE (Jacques de), *seigneur* d'Aspremont, capitaine huguenot. Il était fils de Laurent de Baile et de Françoise de Sauret. On le cite surtout, dans l'histoire des guerres religieuses du Dauphiné, pour sa belle défense de La Mure, en 1580. Cette place importante, considérée comme la clef des montagnes, était menacée par Mayenne à la tête d'une armée qui comptait 8,000 hommes de pied, 800 chevaux et 16 pièces de canon. Aspremont, assisté des capitaines *Montrond*, *Chenebières*, *Du Port* et *La Gautière*, qui tous se distinguaient parmi les plus braves chefs dauphinois, se jeta dans la ville, bien décidé, ainsi que ses compagnons, à la défendre jusqu'à la dernière extrémité. *Le Villars*, qui commandait dans la citadelle, n'était pas moins ferme dans sa résolution. Mayenne ne tarda pas à paraître.

Il établit son quartier au Pibou. Dans l'espoir de répandre la terreur dans la ville et de l'amener promptement à se rendre, il ouvrit le siège par une décharge de toute son artillerie ; mais les assiégés ne se laissèrent pas effrayer du bruit, ils y répondirent par de vigoureuses sorties qui coûtèrent beaucoup de monde à l'ennemi. Parmi les victimes qu'ils eurent eux-mêmes à regretter, l'historien du Dauphiné cite un neveu de Lesdiguières qu'il appelle *Sanijean*. Cependant les travaux du siège continuèrent, bien qu'avec lenteur, la brèche fut faite et un terrible assaut repoussé. Les habitants, les femmes mêmes, rivalisèrent d'intrépidité avec la garnison ; mais aucune ne déploya autant d'audace et de courage qu'une jeune fille, surnommée la *Cotte rouge* de la couleur de sa jupe. Le souvenir de cette héroïne, dont le nom est resté inconnu, vit encore parmi les habitants des montagnes du Dauphiné. Affaibli par les pertes qu'il avait faites, Aspremont demanda des renforts à *Lesdiguières* qui s'était posté à Saint-Jean-Derans sur les derrières de l'ennemi, pour troubler les opérations du siège Le brave *Poligny* reçut, en conséquence, l'ordre de pénétrer dans la ville avec 80 soldats. Quelques jours après, Lesdiguières envoya un nouveau renfort ; mais *Le Molar*, qui le conduisait, ne put échapper aux Catholiques ; il fut fait prisonnier, et sa troupe mise en déroute. Ce revers ne découragea pas les assiégés. Ils repoussèrent un second assaut plus furieux encore que le premier, et dans une sortie, où ils perdirent Chenebières, ils tuèrent beaucoup de monde à l'ennemi et firent plusieurs prisonniers de marque. Au nombre de ces derniers se trouvait, pour leur malheur, Montoison qui réussit à corrompre Hercule Nègre, habile ingénieur italien. Dès lors ce dernier chercha à semer le découragement par toute sorte de bruits alarmants. Du Port et La Gautière, plus clairvoyants que les autres, n'hésitèrent pas à l'accuser de trahison, mais sans pouvoir se faire écouter. Sa fuite dans le camp de Mayenne, vint bientôt donner à leurs soupçons une entière justification. Découragés par cette désertion, craignant la contagion de l'exemple, et n'espérant plus de secours depuis que Le Molar avait été défait, les assiégés prirent un parti extrême, ils mirent le feu à leur ville et se retirèrent dans la citadelle, où il n'y avait, pour ainsi dire, ni eau, ni vivres. C'était retarder de quelques jours seulement une catastrophe presque inévitable. Les provisions furent bientôt épuisées, malgré le soin qu'avait eu Le Villars de mettre dehors les bouches inutiles. Il fallut capituler. Mayenne que les neiges allaient forcer à lever le siège, accueillit avec empressement les parlementaires. *La Pigne* fut donné en ôtage par les assiégés qui sortirent avec tous les honneurs de la guerre. A partir de cette époque, l'histoire ne fait plus mention d'Aspremont. Chorier nous apprend seulement qu'il épousa *Olympe de Perrinel*. Il en eut un fils, nommé Antoine, qui servit aussi sous Lesdiguières et fit la guerre d'Italie, en 1625, comme major du régiment de Sault.

BAILLE (Ésaïe), ministre à Anduze en 1605. Cette même année, Baille fut député au Synode national de Gap qui lui ordonna d'aller remplir à Lyon les fonctions pastorales jusqu'au prochain Synode. « Son ministère ayant été très-fructueux et de grande édification, » le Synode de La Rochelle auquel il fut député également, en 1607, avec le pasteur de l'église de Gex, *Daniel Du Protay*, pour la province de Bourgogne, Lyonnais, Forez et Beaujolais, l'accorda définitivement à l'église de Lyon. En 1611, Baille fut envoyé à l'assemblée politique de Saumur qui le chargea avec d'*Aubigné*, *Rivet*, *Armet* et *La Milletière*, de dépouiller les mémoires des provinces et de lui présenter un rapport sur les plaintes des églises. L'assemblée de Grenoble, en 1615, le nomma pareillement membre de la commission des pétitions. Celle de Nismes lui confia une mission importante à Montpellier. Lorsqu'elle se transporta à La Rochelle, Baille l'y suivit et il continua à prendre une part fort active à ses travaux. Nous lisons, en effet, dans les procès-verbaux manuscrits de cette assemblée : « La compagnie, pesant les termes de la lettre dernière de ses députés à la conférence et les advis qu'elle a de divers lieux des grands préparatifs que les adversaires font durant ceste trève, considérant aussi les actes d'hostilité desjà faicts et autres auxquels tout ouvertement on s'achemine, et recognoissant la nécessité qu'il y a de promptement pourvoir à choses tellement importantes et pressantes, a nommé commissaires pour y adviser et luy en faire rapport, les sieurs de *Blainville*, de *Genouillé*, *Bayle*, *Chauffepié*, *La Milletière* et *Bonencontre*. » Baille remplissait encore ses fonctions à Lyon en 1626. — Colomiès lui donne place dans sa Gallia Orientalis, en lui attribuant un petit poème en vers hébraïques sur la mort de Théodore de Bèze.

BAILLEHACHE (JEAN DE), *sieur de* BEAUMONT, porté sur les listes des pasteurs comme desservant l'église de Caën en 1626, exerçait encore les mêmes fonctions dans cette ville en 1664. Les circonstances de la vie de ce ministre nous fournissent l'occasion de faire connaître une de ces mille ordonnances monstrueuses qui, sous Louis XIV, plaçaient les Protestants au dernier rang des parias. De nos jours, on est heureux de le dire à l'honneur de notre siècle, les forçats libérés ne sont pas traités avec la même indignité. Est-ce que la Justice n'aurait fait son entrée dans le monde qu'avec notre immortelle Révolution? Le ministre de Beaumont ayant perdu une fille, désira que ses funérailles se fissent avec les cérémonies usitées dans les familles nobles. A cette époque, les ecclésiastiques, pas plus que les laïcs, n'entendaient renoncer aux priviléges que conférait la naissance. Et cela s'explique. La noblesse seule donnait droit à quelque liberté; le peuple vivait dans une entière oppression; il ne se possédait même pas. Le but que devait se proposer un ministre de la Parole de Dieu, n'était donc pas la suppression des droits des nobles, mais la participation de tous les citoyens à ces droits. Avilir la noblesse n'eût pas été le moyen d'ennoblir la roture. Le cercueil fut donc recouvert d'un drap blanc semé de couronnes, et les coins du poêle portés par quatre jeunes filles qui tenaient chacune en main une branche de romarin. Cette contravention aux édits qui défendaient toute pompe aux enterrements des protestants, fut dénoncée par le clergé catholique, et de Beaumont condamné à l'amende.

Le fils de ce ministre s'attira à la même époque un procès pour une cause analogue. Ministre de Géfosse et de Criqueville, églises presque toutes composées de gentilshommes, il crut que l'on n'y regarderait pas de si près, s'il se permettait une légère infraction aux règlements. Il fit donc, malgré les édits, deux enterrements en plein jour, auxquels assistèrent plus de trente personnes. C'était un double délit. En conséquence, il fut cité en justice et condamné à 100 liv. d'amende par le juge de Bayeux. Il en appela au parlement de Rouen qui, considérant l'éloignement des cimetières, le déchargea de l'amende. Mais cette indulgence déplut à l'évêque de Bayeux ; sur sa plainte, le Conseil rendit, le 20 février, un arrêt qui cassa celui du parlement et lui défendit d'en rendre à l'avenir de pareils.

Le catal. de Hænel nous apprend qu'il se trouve parmi les MSS. de la bibl. de Caën un *Catéchisme fait par le sieur de Beaumont, ministre de l'église réformée de Caën.*

BALAGUIER, gouverneur de Saint-Antonin en 1621. Après la levée du siège de Montauban, Balaguier proposa au duc de Rohan de tenter une surprise sur Caussade dont la garnison incommodait par ses courses les Protestants des environs. Rohan y donna son consentement; il envoya même à Caussade, dont les habitants étaient pour la plupart réformés, le sieur de *La Gasquerie* qui devait les engager à favoriser cette entreprise. Son émissaire fut accueilli avec plus de froideur qu'il ne s'y attendait. Balaguier cependant, dans l'espoir que sa présence suffirait pour provoquer un soulèvement, continua ses préparatifs, mais avec si peu de secret, que les Catholiques avertis, se tinrent sur leurs gardes. Le jour fixé pour l'exécution, ils laissèrent donc entrer dans leur ville environ trois cents soldats des Huguenots; puis tombant inopinément sur eux, ils les taillèrent en pièces. *Raymond*, *Cavanhac*, *Verlhac*, *Salinhac*, *La Gasquerie* et plusieurs autres chefs qui s'étaient, comme eux, distingués dans les guerres de religion, restèrent sur la place. Balaguier lui-même fut fait prisonnier avec *Jourde*, *Saint-Amant* et *Rouire*.

BALARAN (Benoît), pasteur à Eymet (Périgord) en 1593. Peu de noms ont été plus estropiés que celui-là par Aymon. Nous le trouvons, en effet, écrit de huit manières différentes dans les Actes des synodes: Balaran, Balarand, Baleran, Balleran, Balerand, Balaraud, Belaraut, et même Baberan. *Ab uno disce omnes.*

Désirant retourner à l'église de Castres qu'il avait déjà desservie auparavant, à ce qu'il paraît, il demanda et obtint son congé; mais les fidèles d'Eymet ne tardèrent pas à se repentir de leur acquiescement à ses vœux, et ils formèrent opposition à son départ devant le Synode national de Montauban qui jugea que toutes choses s'étaient passées selon les règles de la discipline. Appel de cette décision au Synode de Saumur auquel Balaran avait été député par la province du Haut-Languedoc; mais une maladie l'avait empêché de s'y rendre. L'arrêt fut cassé et ordre donné à Balaran de retourner à Eymet dans le délai de trois mois sous peine d'interdiction. La question fut portée de nouveau devant le Synode de Montpellier qui ordonna que Balaran resterait à Castres, et accorda à l'église d'Eymet une somme de cent écus pour l'aider à se procurer un autre pasteur. Cette obstination des deux églises à se le disputer est sans doute un témoignage de l'estime qu'on faisait de lui. L'Assemblée politique de Gergeau, à laquelle il fut député en 1606, lui en donna, de son côté, une preuve en le choisissant pour adjoint. Mais celle de Nismes, au contraire, le censura fortement, ainsi que l'avocat *Constans* et plusieurs autres, parce que, ne pouvant empêcher l'énorme faute à laquelle on poussait les églises, il avait au moins refusé de s'y associer et s'était séparé de l'Assemblée provinciale de Montauban, lorsqu'il avait vu que la majorité penchait pour l'union des Protestants avec le prince de Condé. L'année précédente, Balaran avait été député au Synode de Tonneins. Son nom figure encore sur la liste des pasteurs présentée au Synode d'Alais en 1620; mais comme on ne le trouve plus sur celle de 1626, on peut en conclure qu'il mourut vers cette époque. Il eut deux fils qui suivirent la même carrière que lui. Jean fut pasteur à Angles dès 1620; Jean-Étienne le fut à Brassac en 1626 et à La Caune en 1637.

BALDE (Hyacinthe), surnommé *Bellecour*, né à Grenoble. Entré d'abord dans les ordres, Balde se convertit ensuite au protestantisme. Il exerçait les fonctions pastorales à Nismes en 1650. Plus tard, il retourna au catholicisme et composa même un poème latin, *Lysiados*, en l'honneur de Louis XIV. D'après les Actes du synode de Loudun, Balde était un homme de fort peu de jugement, ce que prouverait du reste la versatilité de ses opinions, si tant est qu'il ait jamais eu des opinions.

BALLON (Nicolas), de Brueil-

Barret en Poitou, retiré à Genève pour y professer librement la religion qu'il avait embrassée. Dans son zèle pour la propagation des doctrines évangéliques, Nicolas Ballon faisait de fréquents voyages en France, où il avait déjà répandu un grand nombre de Bibles ou d'autres livres religieux, lorsqu'il fut arrêté à Poitiers en 1556. Condamné à mort, il appela de cette sentence au parlement de Paris qui finit par la confirmer sur l'ordre exprès du roi. Il parvint cependant à s'échapper et à regagner Genève. Le danger qu'il avait couru, ne refroidit point son zèle. Il revint encore en France et fut arrêté une seconde fois à Châlons-sur-Marne. « On eût pu, observe Crespin, l'accuser de témérité d'être rentré aux périls desquels Dieu l'avoit ainsi retiré miraculeusement ; mais il se défendoit disant que Dieu l'avoit appelé à cette vocation. » On le mena à Rheims et de là à Paris où il ne tarda pas à être reconnu pour le colporteur qui, deux ans auparavant, avait été enlevé à ses gardiens. Son procès fut bientôt instruit. La Grand'-Chambre le condamna à être mené aux Halles, un baillon dans la bouche, pour y être étranglé, jeté dans un bûcher et réduit en cendres.

BALSAC (Jean ou Pierre de), de la branche des Balsac-Montagu, chevalier de l'ordre du roi, chambellan du duc d'Alençon, entra plus tard comme lieutenant dans la compagnie de Henri de *Condé* qui le fit surintendant de sa maison et lui témoigna une confiance dont il ne paraît pas s'être montré digne. Ce prince lui donna, en 1577, le commandement de Brouage dont il venait de dépouiller injustement *Mirembeau*. A peu de temps de là, nous raconte de Thou, Balsac ayant été fait prisonnier dans une affaire de peu d'importance, en prit occasion pour quitter le service et se retira chez lui, après en avoir toutefois obtenu la permission de Condé. Cette démarche fit naître naturellement des soupçons contre lui. On crut qu'il avait été pris parce qu'il avait bien voulu se laisser prendre, et on le soupçonna d'entretenir des relations avec les Catholiques pour leur livrer la place importante dont la défense lui avait été confiée. Condé se vit donc forcé de lui ôter le commandement de Brouage pour le donner à *Montgommery*. Selon La Chesnaye-Desbois, Balsac aurait été gouverneur de St.-Jean-d'Angely avant de l'être de Brouage. Il mourut, le 8 déc. 1581, à l'âge de trente-six ans et fut enterré dans l'église des Célestins de Marcoussis.

BALTHASAR (Christophe), né à Villeneuve-le-Roi, vers 1588, exerçait la charge d'avocat du roi au présidial d'Auxerre, lorsque l'étude approfondie de l'histoire ecclésiastique l'amena au protestantisme, en lui ouvrant les yeux sur les abus de l'Église romaine. Après quelque hésitation, pressé par la voix de sa conscience, il quitta tout, parents, amis, charge, et se rendit à Charenton pour solliciter son admission dans l'Église réformée. Ses faibles ressources ne lui permettant pas d'habiter Paris, il se disposait à aller vivre en province, lorsque *Du Faur*, jeune conseiller de la chambre mi-partie de Castres, l'attira chez lui, heureux de jouir de sa société et de profiter de ses leçons. Balthasar passa quelques années auprès de lui ; mais au sein de la tranquillité et de l'abondance, il éprouvait comme un remords de son inaction. Dévoué de tout cœur à la religion protestante, il lui semblait que c'était une lâcheté que de ne pas travailler à la défendre et à la propager. Il se décida donc à se séparer du conseiller Du Faur. Sa résolution fut hautement approuvée par le Synode de Loudun qui, sur la recommandation du Synode du Haut-Languedoc et de la Basse-Guyenne, lui accorda une pension annuelle de 750 livres, « afin qu'il pût poursuivre ses recherches sans distraction, et continuer le grand ouvrage qu'il avoit entrepris contre le cardinal Baronius. » Bayle nous apprend en effet qu'il avait préparé, avant la tenue de cette assemblée, un certain nombre de dissertations contre Baronius, sous le titre de *Diatribes*, et que *Daillé*, qui avait été chargé de les examiner, en rendit un compte fort avantageux. Mais, ajoute le célèbre critique, elles ne furent jamais imprimées. L'auteur qui était fort âgé et travaillé de la pierre, vint à mourir; Daillé le suivit de près dans la tombe, et l'église de Castres eut beau réclamer ce travail auquel elle attachait un grand prix, on ne put jamais savoir ce qu'il était devenu. Le bibliographe anglais Watt soupçonne que Balthasar supprima lui-même ces dissertations, jugeant le style trop défectueux. L'abbé de Marolles nous apprend en effet qu'il poussait à l'excès le précepte d'Horace. « Voulant, nous dit-il dans ses Mémoires, tourner son style d'une manière trop élégante, il ne pouvait faire une page entière de son livre en un jour. » Il a laissé cependant quelques ouvrages, mais tous d'une date antérieure à sa conversion.

I. *Traité des usurpations des roys d'Espagne sur la couronne de France depuis Charles VIII*, Paris, 1626, in-8°. — Balthasar entreprend de défendre la légitimité des prétentions des rois de France sur l'Italie, la Flandre et la Navarre : « Les voicy, dit-il au roi Louis XIII, qui se présentent aux yeux de V. M., toutes nues et sans fard, chargées des plaintes de la Sicile, de la Pouille, de la Calabre, du Milanais, de la Flandre, de la Navarre et de tant d'autres provinces que l'ambition espagnole a ravies du sein de nostre couronne, pour bastir ce redoutable empire qui menace de servitude le reste de l'Europe. » A ce traité est joint un *Discours sur le commencement, progrez et déclin de l'ancienne monarchie françoise, droicts et prétentions des roys très-chrestiens sur l'Empire*, ainsi qu'un *Sommaire des droicts des roys de France sur les comtés de Bourgogne, Cambresis, Hainault, Luxembourg et Gênes*. L'auteur, on le voit, prétendait reconstituer l'empire de Charlemagne. A propos de ce petit volume de 102 pages, le P. Lelong tombe dans une erreur inexplicable. Il l'attribue à un Christophe Balthasar qui, selon lui, aurait été conseiller d'état et intendant en Languedoc. D'après le même bibliographe, il y en aurait eu deux éditions postérieures (Paris, 1655 et 1645, in-8°), augmentées d'un Discours des droits et prétentions des rois de France sur l'Empire. C'est encore une erreur; nous venons de voir que ce Discours se trouve déjà dans la première édition.

II. *Justice des armes du roi très-chrétien contre le roi d'Espagne, depuis Charles VIII*, Paris, 1647, in-4°. — C'est, d'après Lelong, une réimpression augmentée de l'ouvrage précédent.

III. *Panégyrique de M. Fouquet*, 1655, in-4°. — Notable spécimen de l'élégante latinité de l'auteur.

IV. *Traité du domaine royal, droicts et priviléges d'iceluy, où il est vérifié par divers actes anciens que le domaine a toujours été tenu pour inaliénable à perpétuité jusqu'au roi Charles VI, contre l'opinion vulgaire.*

V. *Traité du droict de régale, où il est montré que ce droict s'étendoit autrefois sur les abbayes, et qu'il n'a esté en usage en ce royaume sous la troisième race.*

VI. *De l'ordre judiciaire et des magistrats françois sous la première et la seconde race.*

VII. *Traité de l'origine des fiefs et des droicts seigneuriaux.*

Ces quatre derniers ouvrages, qui n'ont jamais vu le jour, étaient cités, selon Lelong, dans un mémoire mss. des ouvrages de Christophe Balthasar, avocat du roi au présidial ou au bailliage d'Auxerre. Cette pièce se trouvait dans un recueil, coté 113, qui de la bibliothèque de Séguier avait passé dans celle de Saint-Germain-des-Prés, mais qui paraît s'être perdu.

Dans une conversation qui eut lieu en présence de l'abbé de Marolles, Balthasar, interrogé sur les motifs qui l'avaient engagé à changer de religion, répondit « qu'il s'y était porté par la persuasion qu'il avait conçue que dans l'autre communion [la réformée] il y avait plus de pureté et de simplicité que dans la nôtre; qu'on y avait rétabli la sainte liberté de l'Évangile sous le doux joug de la foi des promesses de notre Seigneur, et qu'on en avait ôté les abus et la superstition, pour y mettre le culte selon l'usage de la primitive Église.» Il persévéra jusqu'à sa mort dans la religion qu'il avait embrassée par conviction et au prix d'une position avantageuse, et jusqu'à son dernier jour, nous dit Bayle, il édifia ses frères tant par sa bonne vie que par ses discours. Il mourut en 1670. Malgré son mérite incontestable et ses connaissances profondes, il avait la faiblesse de croire aux apparitions, aux sortiléges et même aux prédictions de Nostradamus.

Il ne faut pas confondre notre Balthasar, avec le lieutenant-général Balthasard, qui a écrit l'*Histoire de la guerre de Guyenne depuis* 1651 *jusqu'en* 1653, sans nom d'auteur, Cologne, 1694, in-12; réimp. dans les Pièces fugitives d'Aubaïs, sous le titre: *Mémoires de la guerre de Guyenne*. Ce dernier, quoique servant sous les drapeaux de la France, était du Palatinat.

BANCELIN (François), pasteur de l'église de Metz. Chassé de France par la révocation de l'édit de Nantes, il se réfugia en Prusse avec son collègue *David Ancillon* (Voy. p. 82). Dès l'année 1686, il fut nommé pasteur de l'église française de Francfort-s.-Oder et chargé de la surveillance des jeunes Français qui faisaient leurs études à l'université de cette ville. Il fut appelé à Berlin en 1690, et eut pour successeur à Francfort Jean Causse, également réfugié. A l'époque où les alliés entrèrent en négociation avec Louis XIV, en 1696, Bancelin fut nommé avec les pasteurs *Rouyer*, de *Gaultier*, *Fétizon*, de *Repey*, et MM. de *Bournizeaux*, *Goffin*, *Teissier*, *Bréhé* et d'*Ingenheim*, membre de la commission chargée par le consistoire de l'église de Berlin, d'aviser aux mesures à prendre pour obtenir, par l'intervention des puissances protestantes, le rétablissement de l'édit de Nantes. Faiblement appuyée par l'Angleterre et les Provinces-Unies qui avaient trop gagné à la mesure impolitique du roi de France pour se montrer fort ardentes à poursuivre la réparation de cet acte odieux, la requête des réfugiés fut écartée. Louis XIV repoussa avec non moins de hauteur un mémoire, à la rédaction duquel avaient concouru, avec Bancelin, *Béausobre, Montbrelai, Du Han, Delas* et *Lugandi*, et qui lui fut présenté par le chargé d'affaires de l'électeur de Brandebourg, mémoire où ses anciens sujets le suppliaient de rapporter les ordonnances qui avaient confisqué leurs biens. Bancelin mourut en 1703, laissant la réputation d'un homme de bien et d'un fidèle pasteur de l'Église.

Son fils, Louis Charles, qui l'avait suivi dans son exil, fit ses études en théologie à Francfort-sur-l'Oder. Nous le trouvons cité parmi les douze étudiants français qui, en 1688, recevaient les douze bourses fondées par l'électeur dans cette université en faveur des réfugiés. Les onze autres se nommaient *Péricr*, de *Durant*, *Jean Du Bourg*, *David Ancillon fils*, d'*Ingenheim*, de *Plantamour*, *Daniel Le Roi*, *Daniel Saint-Nicolas*, *Charles Lugandi*, *Pierre Crégut* et *Pierre Nicolas*. Dès l'année suivante, le jeune Bancelin fut nommé troisième pasteur de Francfort-sur-l'Oder. En 1691, il fut appelé à Berlin en qualité de prédicateur de l'hôpital, fonctions qu'il remplit jusqu'en 1693 où il fut attaché comme pasteur à l'église française. Il mourut à la fleur de l'âge, en 1711.

BANNE (Claude de), fils d'Antoine de Banne et de Gabrielle Aubert, seigneur d'Avéjan, baron de Ferreyrolles, épousa, en 1567, *Dauphine de Montcalm*. Le contrat de mariage fut signé le 7 août en présence d'*Honoré de Montcalm*, sieur de Saint-Véran, frère de la fiancée, de *Claude de Beau-*

voir, seigneur de Saint-André, de *Jacques de Budos*, baron de Portes, de *Jean de Barjac*, seigneur de Rochegude, et de *Hardouin de Porcelet*, sieur de Maillanne ; une clause du contrat portait que le mariage serait célébré selon les rites de l'Église réformée. Dès cette époque, Claude de Banne professait donc le protestantisme. Il mourut dans le mois de mars 1604, laissant de sa femme qui vécut encore trente et une années, huit enfants, savoir :

1° PIERRE de Banne, qui continua la branche d'Avéjan ; — 2° JACQUES de Banne, qui fonda la branche de Terris ; — 3° LOUIS de Banne, qui eut d'un premier mariage DAUPHINE de Banne, mariée à *Charles de Rosel*, seigneur de St.-Sébastien ; il épousa en secondes noces *Anne de Leuze* qui le rendit père de DAUPHINE de Banne et de JACQUES de Banne, seigneur de Méjannes. Ce dernier ne serait-il pas le père du pasteur de *Méjannes*, ministre de St.-Hippolyte en 1659, dont le Synode national de Loudun loue « le grand zèle et les excellentes qualités. » Aymon, qui le cite parmi les députés envoyés à cette assemblée par la province des Cévennes, l'appelle, il est vrai, *Étienne Broche*, seigneur de Méjannes ; mais on sait combien d'erreurs grossières cet historien a commises dans l'orthographe des noms. Quoi qu'il en soit, nous ajouterons ici que Méjannes fut nommé plus tard ministre de Durfort, et qu'en cette qualité il présida un synode tenu à Saint-André de Valborgne, le 23 mai 1663. Il y fut décidé « qu'on exhorterait les gentilshommes, magistrats et autres personnes en dignité de se soumettre avec respect aux ministres qui portent les clefs du royaume des Cieux, de protéger les anciens qui seront vexés par les personnes réfractaires à la discipline, de prier Dieu d'affermir la volonté du roi de maintenir les édits. » Il ordonna en même temps aux ministres et anciens qui composaient l'assemblée, de jurer d'observer cette délibération et de faire prêter le même serment aux membres de leurs consistoires. Louis XIV vit dans cette mesure « une chose inouïe, une cabale, un monopole des ministres contre son autorité, » et Méjannes, comme modérateur, fut cité à comparaître personnellement devant le Conseil. En même temps, ordre fut donné d'informer criminellement contre de *Surville*, pasteur du Vigan, et contre tous les ministres qui auraient exigé ce serment. On ne nous apprend pas quel fut le résultat de cette affaire. — 4° CLAUDE de Banne, seigneur de Cabiac. Né en 1578, il fit ses premières études au Collége royal de Nismes, dont tous les professeurs étaient à cette époque protestants. A l'âge de 14 ans, il fut mis chez les jésuites de Tournon. Le P. Sales le convertit et lui inspira, dit Ménard, ce zèle enflammé qu'il eut depuis pour la religion catholique. Nommé conseiller au présidial de Nismes, il occupa cette place pendant plus de 40 ans et la transmit à son fils. A l'âge de 80 ans, « son zèle enflammé » ne s'était point encore refroidi, car il composa contre les Protestants un livre intitulé : *L'Écriture abandonnée par les ministres de la religion prétendue réformée*, qui ne fut cependant imprimé qu'après sa mort, arrivée en 1658. Il essaie d'y prouver qu'aucun passage de l'Écriture ne justifie la croyance des Protestants, tandis que, au contraire, une foule de textes formels la combattent. C'était un tour de force bien digne d'un élève des Jésuites. — 5° CHARLES de Banne, seigneur de Révégueys, qui épousa *Jacquette de Tuffain* et en eut cinq fils *Antoine, Jacques, Jean, François, et Pierre*. — 6° MARGUERITE de Banne, épouse de *Jean de Ribeirols*, seigneur du Pont. — 7° FRANÇOISE de Banne, femme de *Jacques de Gout*, seigneur de La Charrière. — 8° ISABEAU de Banne, qui se maria avec *Jean de Gas*, seigneur de Saint-Gervais.

I. BRANCHE D'AVÉJAN. Pierre de Banne épousa, le 2 mai 1593, *Anne* de Caladon, fille de *François de Caladon*, sieur de La Valette et de *Gabrielle de L'Estang de Pomérols*. Il en eut : 1° François de Banne, mort jeune. — 2° Jacques de Banne qui continua la descendance. — 3° Jean de Banne. — 4° Gabrielle de Banne, qui épousa *Charles de Rochemore*, seigneur de La Devèze. — 5° Marie de Banne, femme de *Charles d'Agulhac*, seigneur de Lézan et de Rousson. — 6° Françoise de Banne, alliée à *Joachim de Gabriac*, seigneur de Saint-Paulet.

Jacques de Banne, baron de Fereyrolles, seigneur d'Avéjan, de La Nuéjols, etc., suivit la carrière des armes. En 1631, il était guidon de la compagnie de gendarmes commandée par le comte de Tournon. Il servit ensuite en Italie sous le maréchal de Créqui. En 1635, il obtint un congé dont il profita pour visiter son pays natal et épouser *Marguerite de La Fare*. A peine son mariage fut-il célébré, qu'il retourna sous les drapeaux ; mais il n'y passa que quelques mois. En 1637, il accourut au rendez-vous donné à Béziers par le maréchal de Schomberg à toute la noblesse du Languedoc, pour de là marcher contre les Espagnols qui assiégeaient Leucate. Pendant qu'il combattait les ennemis de la France, sa maison de La Nuéjols fut pillée par des rebelles. Deux ans plus tard, les Espagnols ayant fait une nouvelle tentative sur Salces en Roussillon, il s'empressa de reprendre les armes. On ignore en quelle année il mourut, mais on sait qu'il vivait encore en 1694. Il comptait alors 81 ans, et l'âge n'avait diminué en rien son zèle pour sa religion. Un exemple suffira pour prouver à quel point il y était attaché. Son fils aîné Denys, né le 7 août 1639, ayant fait abjuration, en 1655, à La Fère, où il avait suivi Louis XIV comme page de la petite écurie, il en conçut un ressentiment que rien ne put calmer, pas même une lettre du roi qui lui écrivit à cette occasion : « Je me promets de votre justice et bon naturel que désormais vous n'au- rez nul égard à ce changement, nous assurant que vous conformant à ce qui est en cela de ma volonté, qui n'est point contraire à celle de Dieu ni aux avantages de votre maison, vous me ferez un singulier plaisir que je reconnaîtrai par les effets de ma bienveillance aux choses que vous aurez à désirer de moi. » Jacques de Banne ne tint aucun compte de cette lettre. Trois ans après, lorsqu'il fit son testament, il ne légua à son fils aîné que 8,000 livres, instituant pour héritier universel de tous ses biens son second fils Jacques, à qui il substitua son troisième fils Christophe, et à celui-ci Denys « à condition de professer la religion réformée, sans quoi ils seroient privés de la substitution, et ses biens passeroient aux deux puinées de ses quatre filles. » On peut conclure de ces dispositions que les deux aînées de ses filles étaient déjà à cette époque catholiques ; elles se firent l'une et l'autre religieuses. Des deux autres, l'une, Gabrielle, épousa en 1674 *Jean-Joseph de Rocquart*, seigneur de Vinsobres ; l'autre se convertit comme ses sœurs aînées et fut nommée, en 1704, abbesse d'Hières. Quant aux deux fils, Jacques servit avec le grade de capitaine dans le régiment Dauphin et mourut en Irlande où il était allé combattre sous les drapeaux du roi Guillaume ; et Christophe fut tué en Flandre à la tête d'une compagnie de ce même régiment.

II. Branche de Terris. Le fondateur de cette branche, Jacques de Banne, fut chargé, en 1621, par *Châtillon* de lever un régiment de gens de pied qui devait agir dans le Bas-Languedoc. Il fut marié deux fois, la première, en 1603, avec *Louise de Brignon*, fille unique de *Claude de Brignon* et de *Marguerite de Carlat ;* la seconde, en 1613, avec *Louise de Grimoard de Beauvoir du Roure*, fille de *Jacques Du Roure* et de *Susanne d'Isarn;* par contrat passé devant *André Couroi*, ministre aux Vans. Cette Louise Du Roure était veuve de *Gédéon d'Ilaire*, seigneur de Champvert, et en avait un fils nommé *Charles*.

De son premier mariage naquirent PIERRE de Banne, seigneur de Cavennes, qui mourut sans enfant de *Louise de Rocher*, et MARGUERITE de Banne qui épousa Charles d'Ilaire, fils de sa belle-mère.

De Louise du Roure, il laissa quatre fils, JEAN, seigneur de Montgros; HERCULE; CHARLES, seigneur de Terris, capitaine dans le régiment de Montpezat par commission du 24 juin 1649, qui épousa, en 1653, *Perrette Imbert*; HENRI, seigneur de Châteauvieux.

L'aîné, Jean, fut marié en premières noces avec *Susanne de Rosel* dont il n'eut pas d'enfant. En 1649, il épousa *Gabrielle de Chalas*, fille de *Daniel de Chalas* et de *Diane de Brueïs*, et mourut en 1654, laissant un fils âgé de 4 ans, PIERRE de Banne, qui vécut jusqu'en 1729. Rien ne nous indique si ce dernier persista dans la profession de la religion de ses pères; tout ce que d'Hosier nous apprend, c'est qu'il avait eu deux fils et trois filles de sa femme *Françoise de Barre*.

BANSILLON (JEAN), pasteur d'Aigues-Mortes dès 1603. En 1605, il fit paraître à Montpellier : *Défense de la Religion réformée contre le libelle appelé Fouët des apostats, publié par N. Aubespin*. Quelques années après, il fut, dit-on, accusé d'avoir falsifié un acte d'un colloque de Nismes, et, sur les plaintes des sieurs *Malmont* et *Gautier*, suspendu de ses fonctions pour trois mois par le Synode national de Privas. Un libelle attribué par La Monnoye à *Henry de Sponde*: le Magot Genevois, découvert ès arrests du Synode national des Ministres réformez tenu à Privas l'an mil six cens douze, 1613, expose différemment cette affaire : « Il fallut enfin, y lit-on, juger l'affaire de Bansillon, contre lequel le capitaine Gautier, gouverneur de Peccais, avoit écrit au Synode des lettres par les quelles il l'accusoit d'avoir affronté de 4,000 écus un médecin papiste de Lyon nommé Richardon, lui vendant une recepte pour la terrecture des métaux, la quelle étoit fausse : Item, de travailler tous les jours à l'alchimie, empoisonner plusieurs personnes par ses sublimez, antimoines et autres drogues venimeuses, faire même la fausse monnoie; mestiers qu'il auroit apris d'un médecin dict *Barnaud* (*Voy.*), le quel il avoit retiré en sa maison, etc. » L'absurdité d'une pareille accusation saute aux yeux ; aussi le Synode de Tonneins, auquel Bansillon avait été député par la province du Bas-Languedoc, reconnut son innocence et ordonna de rayer des actes du Synode de Privas la censure qui lui avait été infligée. En 1620, *Châtillon* le chargea de porter au Synode d'Alais l'assurance qu'il s'emploierait de tout son pouvoir, à l'exemple de ses ancêtres, à l'avancement du règne de Jésus-Christ; nous verrons plus tard comment il tint parole. Ce fut dans cette même année que le ministre d'Aigues-Mortes publia ses *Tableaux de la messe*, Nismes, 1620, in-8°, où, selon la déplorable coutume des controversistes de cette époque, il prend trop souvent la violence pour de la force. Ce fut vraisemblablement cet ouvrage qui lui attira des persécutions de la part du gouvernement. Cependant il était encore ministre d'Aigues-Mortes en 1622 ; à cette époque, Châtillon l'employa à quelques négociations auprès d'une Assemblée générale du Languedoc, dans le but de ressaisir le commandement de la province qui avait été conféré au duc de Rohan. Mais dès 1626 il était suspendu de ses fonctions pastorales, comme nous l'apprend un acte du Synode national de Castres qui intercéda en sa faveur auprès de Louis XIII. Le monarque eut égard à cette requête. Bansillon exerçait de nouveau le ministère à Aigues-Mortes en 1637.

Le P. Lelong cite comme se trouvant dans la bibl. du marq. d'Aubaïs: *Conférence tenue entre le sieur Véron, prédicateur du roi, et le sieur Bancillon, ministre*; ms.

BAR (GUYON DE), fils d'Antoine de

Bar et de Louise de Castelverdun, épousa *Jacquette de Lesignan* qui le rendit père de Pierre de Bar, baron de Maussac, mort après 1626, sans avoir joué de rôle important dans l'Église protestante, à laquelle cependant on ne saurait douter qu'il appartenait. Il avait épousé, en 1594, *Marguerite Le Selier* dont il eut Gratien, baron de Maussac, et Samuel, seigneur des Aussines. Le premier fut père de Jean de Bar, baron de Maussac, connu par les odieux traitements qu'il eut à subir à la révocation de l'édit de Nantes. Après le magnifique succès des missions bottées dans le Béarn, la Cour, enchantée d'un si beau résultat, voulut convertir le Languedoc par des moyens aussi efficaces. Le marquis de Boufflers reçut donc l'ordre de se rendre à Montauban, où il entra le 15 août 1685. Nous aimons à croire, pour son honneur, qu'il lui répugnait d'employer la violence et qu'il eût préféré les voies de la douceur si elles avaient pu le conduire au même but ; cependant la résistance qu'il rencontra ne tarda pas à le convaincre que les protestants de Montauban n'étaient nullement disposés à sacrifier leurs croyances au désir de plaire au roi. Dès le 20, les troupes entrèrent dans la ville qui fut, en quelque sorte, livrée à leur discrétion. En même temps, le marquis prodiguait les promesses et les flatteries pour gagner ceux qui lui avaient été désignés comme plus attachés aux intérêts de leur fortune qu'à la religion de leurs ancêtres. Assuré du concours du marquis de *Reiniers*, du baron de *Villemade*, de l'avocat *Sutus* et de quelques autres, il convoqua une assemblée générale des Protestants et leur renouvela la déclaration, que le désir du roi était qu'ils rentrassent dans le giron de l'Église. L'assemblée eut honte de se rendre si promptement; elle demanda qu'on lui permît de renvoyer au lendemain sa réponse. Boufflers qui connaissait d'avance le résultat de la délibération et à qui on faisait espérer une réunion plus nombreuse, consentit gracieusement à cette requête. Cent cinquante personnes s'assemblèrent, en conséquence, le 24 août ; la corruption et les tortures n'avaient, au bout de quatre jours, conquis au catholicisme que cette fraction presque imperceptible de la population protestante ! Après *quatre* heures de délibération, l'assemblée prononça qu'il n'existait pour les réformés aucune cause légitime de séparation, et que tous « devaient s'empresser de donner satisfaction au roi, en rentrant sous son règne glorieux dans le sein de l'Église catholique, apostolique et romaine. »

Beaucoup persistèrent néanmoins à croire que dans les choses de la conscience il vaut mieux obéir à Dieu qu'au roi. De ce nombre fut Maussac, qui résista courageusement aux promesses et aux menaces. Désespérant de l'amener par la force à se convertir, on résolut d'employer la ruse, et Boufflers ne rougit pas de se prêter à un indigne guet-apens. Averti que le marquis attendait sa visite, Maussac se rendit à l'hôtel qu'il habitait. « On le fit attendre dans l'antichambre, nous raconte Benoît, jusqu'à ce que l'intendant et l'évêque, qu'on avertit de la chose, fussent arrivés. Ils entrèrent dans la chambre du marquis par une autre porte et concertèrent avec lui de quelle manière il fallait s'y prendre à catholiser le baron. Quand les mesures furent prises, on le fit entrer, et après quelques discours qui tendaient à l'amener à une conversion volontaire, l'évêque prit la parole, et dit qu'il ne fallait pas faire tant de façon avec ce gentilhomme, qu'il ne fallait que le mettre à genoux, et qu'il allait simplement lui donner l'absolution de l'hérésie. En même temps, des personnes apostées saisirent le baron et lui donnant le croc en jambe, le firent tomber. Cette insolente hardiesse, la crainte du piège, l'étonnement, la chute firent un si grand effet sur lui qu'il s'évanouit, et que les malhonnêtes gens qui l'avoient mis dans cet état, eurent de la peine à le faire revenir. Un commandeur de Malthe, qui trouva cette manière de convertir le monde fort nouvelle et fort peu chrétienne, le tira de leurs mains; mais comme ils ne vouloient pas avoir le démenti de cette entreprise, ils ne cédèrent à l'intercession du commandeur, qu'en le rendant responsable de la conversion du baron. Ce ne fut pas lui néanmoins qui l'ébranla. Il n'y eut que les soldats qui vinrent à bout de sa patience, et qui par des veilles forcées l'ayant jeté dans une espèce de rêverie, où il étoit hors de lui-même, lui extorquèrent une signature qu'il répara peu après en abandonnant ses biens et le royaume. » Le baron de Maussac avait épousé, le 8 nov. 1664, *Isabeau Faure.*

Son oncle Samuel s'était marié avec *Jeanne de Bar,* fille d'*Élie de Bar,* seigneur de Camparnaud, et en avait eu un fils, *Élie de Bar,* baron de La Motte et de La Garde. Ce dernier, invité au même rendez-vous que son cousin, évita le piège en ne s'y rendant pas. Il en fut puni par la ruine de deux maisons qu'il possédait. Jeté bientôt après dans un cachot, la prison et la misère lui arrachèrent enfin une signature qui suffit pour le classer parmi les fidèles sectateurs de l'Église catholique, apostolique et romaine.

BARANDON, de la colonie française de Berlin. Nommé inspecteur des plantations de mûriers en Prusse, Barandon s'acquitta de ces fonctions, pendant plus de cinquante ans, avec autant de zèle que d'intelligence. Grâce à ses soins, la culture du mûrier devint dans la Nouvelle-Marche un moyen d'existence assuré pour un grand nombre d'habitants. Honneur aux réfugiés français qui enrichissaient ainsi le pays où ils avaient trouvé un généreux asile! Barandon eut deux fils dont l'un fut directeur des accises et péages, et l'autre pasteur à Berlin. Moins prudents que lui, des membres de la même famille restèrent en France, sans renoncer toutefois à la religion réformée. L'un d'eux, pasteur à Vauvert, « homme très-dangereux » dit Bruëys, fut arrêté, en 1705, et exécuté par ordre de Basville.
— L'historien Bruëys cite encore un camisard du nom de *Berandon* qui fut condamné vers le même temps à supplice de la roue.

BARATIER (FRANÇOIS), né à Romans, en 1682. Un de ses ancêtres avait été gouv. de Cavour (Piémont), en 1595. Il n'avait que trois ans lorsque la révocation de l'édit de Nantes força sa mère à chercher un asile en Suisse. L'accueil plein de bonté que l'électeur de Brandebourg faisait aux réfugiés français, le détermina, en 1699, à se rendre à Berlin. Il y continua vraisemblablement les études qu'il avait commencées dans les écoles de Vevay et de Lausanne, et, en 1710, sans s'être appliqué d'une manière spéciale à la théologie, il alla passer ses examens à Francfort-s.-O., et se fit recevoir ministre de l'Évangile. Il ne tarda pas à obtenir une place d'aumônier dans un régiment, mais il ne la conserva qu'un an. En 1719, il fut nommé pasteur à Wilhelmsdorf, d'où il fut ensuite appelé à Schwabach. Enfin il quitta cette dernière église, le 13 fév. 1735, pour se rendre à Stettin, en qualité de pasteur de l'église française. Son successeur, M. *Faigeaux*, fit paraître, à son insu, son *Sermon d'adieu* à l'église française de Schwabach, par M. B., Francf. 1745. Le roi confia plus tard à Baratier, comme nous le dirons plus bas, les fonctions d'inspecteur des églises françaises de la province de Magdebourg; il les remplit avec zèle jusqu'à sa mort arrivée en 1751. Il a laissé:

I. *Fables et histoires possibles,* recueil de contes composés en 1723, pour l'instruction de son fils, insér. dans la Lecture rendue facile et agréable de Choffin (Halle, 1763, in-8°); réimp. en partie, par Gotting, sous le titre : *Le jouët des jolis petits enfants,* 1776, in-8°.

II. *Merkwürdige Nachricht von einem sehr frühzeitig gelehrten Kinde,* Stettin et Leipz., 1728, in-4°; 2e édit., 1735, in-4°. — C'est l'histoire de son propre fils, qui fut un véritable prodige. Nous rapporterons les principales circonstances de sa vie.

Né le 19 janv. 1721, à Schwabach, JEAN-PHILIPPE Baratier lisait couramment à 3 ans; à 4, il parlait avec facilité le français et l'allemand; à 5, le latin; son père, sa mère et sa bonne avaient été ses seuls maîtres, en lui parlant chacun dans une de ces trois langues. A 6 ans, il savait le grec et l'hébreu; à 7, il pouvait réciter de mémoire tous les psaumes dans la langue originale; à 8, il traduisait à livre ouvert quelque auteur qu'on lui présentât. Il se mit alors à étudier le chaldéen, le syriaque, l'arabe et le dialecte rabbinique. A treize ans, il avait lu la plupart des écrivains ecclésiastiques, les collections de conciles, les écrits des philosophes, et dans son impatient désir de tout apprendre, il abordait déjà les mathématiques et l'astronomie. Dix jours d'étude lui suffirent pour embrasser ce champ immense. Il ne demanda à ses livres que ce qu'il ne pouvait pas découvrir de lui-même, c'est-à-dire le nom des constellations et la manière de calculer le cours des étoiles; puis il se fit un astrolabe, dressa des tables astronomiques, confectionna des instruments ingénieux, et inventa des méthodes nouvelles, au moins pour lui, les ouvrages d'astronomie qu'il avait lus, n'en faisant pas mention. Il fit ainsi d'étonnants progrès. A l'âge de quatorze ans, il envoya aux académies de Londres et de Berlin un mémoire où il exposait ses idées sur le calcul des longitudes. La Société Royale chargea le savant Hodson de lui faire un rapport sur ce travail. La découverte du jeune Baratier n'était pas nouvelle; mais surprise de rencontrer dans un enfant d'aussi profondes connaissances, elle lui répondit par une lettre des plus flatteuses. L'Académie de Berlin lui donna peu de temps après une preuve non moins honorable de sa bienveillance, en l'admettant dans son sein.

Ce fut sur ces entrefaites que François Baratier reçut vocation de l'église de Stettin. En se rendant à son poste, il passa par Halle avec son fils qui, après un brillant examen, obtint gratuitement le diplôme de maître ès-arts. A leur arrivée à Berlin, le roi qui avait entendu parler du jeune prodige, voulut s'assurer par lui-même que sa réputation n'était pas usurpée. Il le fit venir en sa présence. Interrogé sur presque toutes les branches des connaissances humaines, Baratier soutint cette épreuve avec le plus grand succès, et Frédéric-Guillaume émerveillé, comme toute sa cour, de trouver en un adolescent tant de savoir uni à tant de modestie, lui fit don de 100 thalers et lui accorda une pension de 50 écus, pendant quatre ans, en recommandant au père de détourner son fils de l'étude des mathématiques et de lui inspirer le goût de la jurisprudence, la seule science, selon lui, d'une utilité réelle. Comme Stettin n'offrait pas les facilités convenables pour l'exécution du projet conçu par le monarque, François Baratier fut envoyé à Halle, avec le titre de pasteur et d'inspecteur ecclésiastique. Tant de faveurs devaient nécessairement l'engager à se conformer au désir du roi; il donna à son fils les meilleurs maîtres, mais le jeune Baratier, tout en étudiant le droit, ne put se décider à renoncer aux mathématiques, et il continua à se livrer avec ardeur au calcul des longitudes, sans négliger non plus la numismatique, l'histoire, l'archéologie, qui lui offraient un vaste champ d'observations et de recherches critiques. En 1739, il envoya à l'Académie des sciences de Paris un mémoire sur un nouveau compas qu'il croyait avoir inventé. Il en reçut une réponse fort courtoise; ce fut son dernier triomphe. Depuis l'âge de dix ans, le malheureux jeune homme était attaqué d'un ulcère malin qui le faisait beaucoup souffrir, et qui le conduisit au tombeau le 5 oct. 1740, dans sa 19e année. Une mémoire extraordinaire, une érudition vaste, un esprit vif et original, de la clarté dans les idées, de la précision dans l'expression de ses pensées, toutes ces qualités réunies faisaient de Baratier un prodige. Il écrivait purement en prose et composait même avec facilité d'assez bons vers. Sans effort apparent, il discutait les matières les plus abstraites et savait les rendre intéressantes. Peu d'hommes avaient autant lu que lui, et quoiqu'il dévorât les livres, sa mémoire était si heureuse qu'il retenait tout ce qu'il y avait trouvé d'essentiel. Quelque étendues que fussent ses connaissances, il avait encore plus d'intelligence que de savoir; et il possédait surtout un fonds de modestie qui rehaussait le prix de son mérite. D'un caractère gai, ouvert, plein de bienveillance, d'une conduite irréprochable, il mérita enfin, au jugement même de Voltaire, l'estime autant que l'admiration de tous ceux qui le connurent.

Les ouvrages qu'il nous a laissés, sont autant de monuments de sa sagacité et de son érudition. Nous en donnerons la liste d'après les bibliographes allemands.

I. *Lettre sur une nouvelle édition de la Bible hébraïque, chaldaïque et rabbinique.* — Cet écrit qu'il composa à l'âge de onze ans, a été inséré dans la Biblioth. germanique où l'on trouve plusieurs autres lettres de lui, celle, entre autres, où il revendique pour Hégésippe un traité faussement attribué à Athanase, ainsi qu'une dissertation remarquable sur l'ordre observé par les Romains dans la répartition des proconsulats.

II. *Voyages de Rabbi Benjamin de Tudèle, trad. de l'hébreu et enrichis de notes et de dissertations historiques et critiques sur les voyages*, Amst. 1734, 2 vol. in-8°, avec le portrait du traducteur. — Le jeune Baratier n'avait pas encore atteint l'âge de douze ans lorsqu'il publia cet ouvrage. Dans les 9 premiers livres, la traduction est accompagnée de notes savantes; le 10e comprend huit dissertations tendant à prouver que Benjamin de Tudèle n'a jamais visité les pays qu'il décrit, mais qu'il a composé son livre sans sortir d'Espagne. La Bibl. german., dans son XXXe vol., et les *Nova acta eruditorum*, dans le N° du mois de janvier 1736, en ont donné des extraits étendus.

III. *Conspectus canonis Scripturæ sacræ ecclesiastici.*

IV. *Antiartemonius sive Initium evangelii Johannis adversùs L. M. Artemonii criticam vindicatum*, Norimb., 1735, in-8°. — Cet ouvrage, qu'il composa à l'âge de quatorze ans contre Crellius, est un examen savant de la doctrine des Unitaires.

V. *Theses philosophicæ inaugurales variæ.*

VI. *Défense de la monarchie Sicilienne*, [de Ludwig] avec une *Histoire abrégée de la controverse entre le pape Clément XI et le roi des Deux-Siciles*, 1738, in-8°.

VII. *Explication de quelques médailles rares de Caligula.*

VIII. *Disquisitio historico-chronologica de successione antiquissimâ episcoporum romanorum indè à Petro usque ad Victorem*, Utrecht, 1740, in-8°.

Lorsque la mort le frappa, Baratier s'occupait d'un grand travail sur les hérétiques de la primitive Église. Il travaillait en même temps à une dissertation sur la vie et les écrits de St.-Hippolyte, et à plusieurs autres ouvrages, parmi lesquels on cite: *Observationes hieronymianæ*, les *Fastes consulaires et proconsulaires*, une Histoire de la guerre de trente ans, une Histoire des Égyptiens qu'il comptait éclaircir par le déchiffrement des hiéroglyphes, une Grammaire et un Dictionnaire grecs, etc.

BARBANÇON DE **CANY**, famille puissante, originaire du Hainaut, où est située la terre de Barbançon, érigée plus tard en principauté. Par suite du mariage de Jean de Ligne, baron de Barbançon, avec Marguerite de La Mark, comtesse souveraine d'Aremberg, cette terre passa aux comtes d'Aremberg, cadets de cette maison princière. Les seigneurs de Cany résidaient dans la Picardie, où ils possédaient de grands biens. MICHEL de Barbançon, lieutenant du roi dans cette province à l'époque du gouvernement d'Antoine de Bourbon, l'époux de Jeanne d'Albret, eut entre autres enfants de Péronne de Pisseleu, sœur de la duchesse d'Étampes : DIANE, dont le mariage avec *Jean de Rohan*, seigneur de Fontenay, 2₀ fils de *René 1.ᵉʳ*, vicomte de Rohan, et d'*Isabelle d'Albret*, fut célébré en 1561, à Argenteuil, près Paris, par *Théod. de Bèze* lui-même, en présence de la reine-mère ; MARIE, dont nous parlerons plus bas ; CHARLES, sur lequel nous ne possédons aucun renseignement ; FRANÇOIS, désigné, sans doute par inadvertance, comme le petit-fils de Michel dans les Mémoires attribués à de Thou, et peut-être aussi JEAN de Barbançon, évêque de Pamiers. Ce dernier fut au nombre des six prélats français cités, en 1563 (*Voy.* p. 41), au tribunal de l'Inquisition pour crime d'hérésie ; les cinq autres étaient *Odet de Châtillon*, cardinal et évêque de Beauvais ; *Jean de Saint-Chaumont*, seigneur de Saint-Romain, archevêque d'Aix ; *Jean de Montluc*, évêque de Valence ; *Jean-Antoine Carraccioli*, évêque de Troyes, et *Charles Gaillard*, évêque de Chartres. On sait que cette affaire n'eut pas de suite. Sur les remontrances énergiques de notre ambassadeur, Clutin d'Oisel, Pie IV jugea prudent d'arrêter la procédure. Cependant Jean de Barbançon n'en renonça pas moins à son évêché ; mais il le fit, à ce qu'il paraît, volontairement en faveur de Robert de Pellevé, frère du cardinal de ce nom, moyennant une pension qui ne lui fut jamais payée.

François de Barbançon ne se montra pas moins zélé pour la cause de la Réforme. Dès le commencement des troubles religieux, nous le trouvons dans les rangs des Protestants. En 1561, il fut impliqué avec la douairière de Roye, *Madelaine de Mailly*, le conseiller *Robert de La Haye*, et le vidame de Chartres, *François de Vendôme*, dans les poursuites dirigées contre le prince de Condé au sujet de l'affaire d'Amboise. Ce prince ayant été déclaré, par arrêt du parlement, « pur et innocent des cas à lui imposés, » ses coaccusés furent naturellement compris dans sa justification, c'est-à-dire qu'ils jouirent comme lui du bénéfice de la mort de François II, et profitèrent du changement inespéré qui s'opéra dans la politique du gouvernement au début du nouveau règne, car à cette époque de perversion de tous les principes et de corruption de tous les pouvoirs, il est évident pour nous que le parlement eût condamné de même qu'il acquitta — *par ordre*. François de Barbançon continua à servir dans les rangs des Réformés, jusqu'à la bataille de Saint-Denis, où il rencontra la mort. On suppose qu'il fut emporté par un boulet ; mais comme on ne put retrouver son corps, quelque recherche qu'on fît, « quelques-uns ont cru, dit de Thou, qu'il fut pris et tué hors du champ de bataille. » Nous ferons remarquer qu'en faisant sortir l'armée royale de Paris, le principal but du connétable de Montmorency avait été de faciliter, par cette diversion, l'arrivée du secours que Castelnau avait négocié auprès du duc d'Albe et qu'amenait par Poissy au roi Charles IX le comte d'Aremberg, seigneur de Barbançon, « l'un des honnêtes seigneurs et bons chefs de guerre qui fussent dedans les Pays-Bas. » D'Andelot et Montgommery avaient été envoyés pour l'arrêter, avec une bonne partie des forces dont disposait le prince de Condé. C'est sans aucun doute à cette circonstance qu'il faut attribuer le sort du combat. François de Barbançon eut trois enfants d'*Antoinette de Vassières*, « riche héritière, très-noble et très-vertueuse, » morte au commencement de 1587, LOUIS, ANNE et MARIE. 1° Louis, qui résidait habituellement dans son château de Varane, près de Noyon, épousa, en 1588, Cathérine de Schomberg. « Comme cette demoiselle avoit l'honneur d'être filleule de la reine-mère, qui l'avoit tenue sur les fonts de baptême, Schomberg voulut que les fiançailles se fissent à la cour et en présence de Leurs Majestés. L'évêque de Chartres en fit la cérémonie avec éclat, et le soir, le roi, la reine et tous les seigneurs assistèrent au festin. » — 2° Anne de Barbançon épousa Antoine Duprat de Nantouillet, prévôt de Paris, petit-fils du célèbre chancelier de ce nom ; mais ce mariage ne fut pas heureux. L'Estoile rapporte, à la date du 10 nov. 1588, qu'après la dissolution de cette union, un jour, « un jeune homme monta en la chambre de cette dame, comme elle se déshabilloit auprès du feu avec une ou deux de ses femmes, et lui donna un coup de dague dans la gorge, et après ce coup donné se retira sans être vu ni retenu par aucun de la maison ; on eut opinion que ce avoit fait faire son mari pour le procès de séparation, dans lequel elle le chargeoit de plusieurs crimes. » Le chroniqueur ne nous apprend pas si elle mourut de sa blessure ; et quant aux Mémoires de de Thou, ils se bornent à confirmer le fait, en le donnant comme un bruit répandu dans le public. — 3° Marie eut un sort plus heureux ; elle épousa, en août 1587, Jacques-Auguste de Thou, l'illustre historien, que l'on serait tenté de ranger parmi les gloires les plus pures du Protestantisme, tant il était étranger aux passions, aux préjugés, à l'aveuglement de ceux qui le combattaient, et trop souvent de ceux qui le défendaient. Ce mariage servit de prétexte à ses ennemis, ou plutôt aux ennemis de toute vérité qui blesse, de tout sentiment qui honore, pour faire planer sur lui un soupçon d'hérésie. Aussi Nicolas Rigault, l'auteur ou plutôt le rédacteur des Mémoires qui sont attribués à de Thou, s'en préoccupe-t-il pour repousser les calomnies qui troublèrent souvent la vie de son ami. « Quoique le père et la mère de la demoiselle, qui avoient autrefois été protestans, écrit-il, fussent rentrés depuis longtemps dans le sein de l'Église avec leurs enfans [c'est une erreur, nous avons vu que le père était mort bon huguenot à la bataille de St.-Denis], on voulut cependant lever jusqu'au moindre soupçon, et on fit examiner la demoiselle en particulier par Arnaud du Mesnil, archidiacre de Brie et grand-vicaire de l'évêque de Paris, qui la confessa et qui lui donna ensuite l'absolution. Après des formalités si exactes, qui ne seroit indigné de l'impudence de ces imposteurs qui, non contens de s'être efforcés de décrier l'Histoire que de Thou nous a donnée, ont encore voulu pénétrer jusque dans l'intérieur de sa famille pour le rendre odieux sur la religion ! » Le mariage fut célébré dans l'église de St.-André-des-Arcs, après minuit « pour éviter la foule. » L'évêque de Chartres officia. Cette union ne porta point de fruit. De Thou n'eut d'enfants que de sa seconde femme, Gasparde de La Châtre, fille de Gabrielle de Baternay, qu'il épousa seize ans après, c'est-à-dire vers 1603.

La sœur de François de Barbançon, Marie, avait épousé le seigneur de Neuvy, *Jean des Barres* ou de *Barret*, qui la laissa veuve avant 1569. Elle est célèbre dans l'histoire pour sa défense du château de Bénegon, en Berry, qu'avait investi, sur la fin d'octobre 1569, Montaré, gouverneur du Bourbonnais. Ce Montaré ne serait-il pas le même que le capitaine Montère « un des meilleurs qui se pût voir, » qui accompagna en France le secours envoyé à Charles IX par le duc d'Albe ? De Thou raconte que Marie de Barbançon n'avait dans son château que 50 hommes pour se défendre. Le prétexte pour l'attaquer fut, dit-il, qu'elle donnait retraite aux Protestants qui pillaient le Bourbonnais, le Berry et tous les lieux d'alentour. Montaré amena pour ce siége 2,000 hommes composés de paysans et ramassés de côté et d'autre avec quelques pièces de canon. On battit la place pendant quinze jours ; on en renversa les murs et les tours, et on eut bien de la peine à la prendre. Marie la défendit avec un courage extrême ; elle était partout, presque toujours à la tête des soldats qu'elle animait par sa présence et par ses discours. Enfin la poudre ayant manqué, sans que le courage manquât à cette héroïne, elle rendit son château et demeura prisonnière. Mais le roi informé de sa valeur extraordinaire la fit mettre en liberté. » Selon d'autres renseignements, Charles IX ayant ordonné son élargissement, la donna en garde à un gentilhomme son voisin, dans la maison du quel elle fit connaissance du jeune de *La Clayette* qui l'épousa depuis.

BARBAULD (THÉOPHILE), réfugié en Hollande, auteur de *Prières pour ceux qui voyagent sur mer*, Amst. 1688, in-8°.

BARBETTE (PAUL), célèbre médecin du XVIIe siècle, qu'on dit natif de Strasbourg. Il abandonna sans doute sa ville natale à l'époque de la réunion de l'Alsace à la France en 1648, et alla s'établir à Amsterdam, où il exerça la médecine. Ses principales publications ont eu un succès mérité, au jugement des meilleurs critiques. I. *De variolis et morbillis*, Argentorati, 1642, in-4°. — II. *Anatomia*, Amst., 1657, 1659, in-8°; trad. en flamand, 1659, 1663, in-8°. — Indépendamment de la partie anatomique proprement dite, cet ouvrage contient la description des lésions et des maladies qui peuvent affecter les différentes parties du corps humain, et l'indication des remèdes qu'on doit y appliquer. — III. *Aanmerkingen over de bils*, etc., Rott. 1660, in-8°.—Cette publication, citée par Carrère, n'est sans doute que la traduction d'un des ouvrages de notre auteur. — IV. *Tractatus de peste*, Lugd.-Bat., 1667, annoté par Fréd. Deckers. — V. *Praxis medica*, Lugd.-Bat., 1669, 1678, in-12; Amst., avec notes de Fr. Deckers et addition de plusieurs maladies par Manget; trad. en français, Lyon, 1694, in-12. « L'auteur, dit Carrère, a renfermé toute la pratique de la médecine dans un fort petit volume, mais qui contient beaucoup de bonnes choses. Il a écrit fort succintement ; cependant son ouvrage est exact et rempli ; ses raisonnements sont justes, ses remèdes assurés et ses observations fidèles ; mais ce n'est que pour les savants qu'il a écrit. » — VI. *Opera chirurgico-anatomica, ad circularem sanguinis motum, aliaque recentiorum inventa, accommodata*, Lugd.-Bat., 1672, in-12; trad. en franç., Gen., 1675, in-8°, et Lyon, 1694, 3 vol. in-12, par les soins de Manget; avec le traité *de peste*, Bononiæ, 1692, in-8°. La partie chirurgicale de cet ouvrage avait déjà été imprimée à Amst., 1663, in-8°; elle fut réimp., *ibid.*, 1693, in-12, par Jean Muis qui l'a enrichie de notes. — VII. *Opera omnia medica et chirurgica, notis et observationibus, necnon pluribus morborum historiis et curationibus illustrata et aucta*, Gen. 1682, in-4°; trad. en allem., Leipz., 1718, in-8°. J.-J. Manget qui a donné ses soins à l'édit. de Genève que nous avons indiquée, réimp. cet ouvrage en l'augmentant de l'histoire de plusieurs maladies, *ibid.*, 1688 et 1704, in-4°.

BARBEVILLE (JEAN), martyr, natif de la Normandie.

Barbeville était maçon. Nous rappellerons sans rien présumer toutefois du mérite de Barbeville, qu'il y a eu tels maçons au XVe et même au XVIe siècle pour lesquels, (soit dit sans application) nos fauteuils à l'Académie des Beaux-Arts eussent été un peu étroits. De nos jours, nous excellons surtout dans l'art de nous faire valoir ; nos grands noms *recouvrent* presque toujours de petites choses. En 1559, Jean Barbeville fut arrêté à Paris où il était venu rechercher un enfant qu'il y avait laissé pour l'emmener avec lui à Genève, lieu de sa résidence. Jeté en prison, l'horreur de la mort qui l'attendait, ébranla d'abord sa constance ; mais *Jean Morel*, détenu dans le même cachot, lui inspira de si vifs remords de sa faiblesse, que, se surmontant lui-même, il déploya dès lors une fermeté et une présence d'esprit qui frappèrent ses juges d'étonnement. Crespin nous a conservé en partie son interrogatoire. Nous y remarquons cette comparaison de Jésus-Christ et du pape : Jésus-Christ a été couronné d'épines, le pape est couronné de trois couronnes; Jésus-Christ a lavé les pieds de ses apôtres, le pape fait baiser et adorer sa pantoufle, et « ainsi au long, ajoute Crespin, il faisait antithèse de Jésus-Christ au pape, pour montrer qu'il était vraiment antechrist. » Ses juges lui ayant objecté qu'il n'était qu'un âne qui n'entendait rien à la sainte Écriture. « Bien, leur répondit-il, prenez le cas que je ne suis qu'une bête et un âne ; mais n'avez-vous jamais lu que Dieu ouvrit la bouche de l'ânesse du prophète Balaam pour la faire parler contre lui ? Si Dieu a ouvert la bouche d'une bête, êtes-vous ébahis maintenant s'il ouvre la mienne pour me faire parler contre les faussetés et mensonges que vous semez entre le peuple de Dieu ? » Excommunié et déclaré hérétique par le tribunal ecclésiastique, Barbeville fut livré au bras séculier et enfermé à la Conciergerie, le 3 mars 1560. Dès le 6, la Grand'Chambre rendit son arrêt qui le condamnait au feu. « On n'eut su voir, nous disent les actes de son martyre, homme moins étonné de la mort qu'il était, et le zèle de Dieu s'accroissait en lui à vue d'œil tellement qu'il n'avait jamais la bouche fermée. Ou il instruisait ceux qu'il rencontrait, ou étant seulet, il ne cessait de chanter pseaumes. » L'heure du supplice arrivée, on le baillonna et on le mena sur la place de Grève. La sentence portait qu'il serait attaché à un poteau et étranglé ; mais la populace qui entourait le lieu du supplice, exigea qu'il fût brûlé vif. A la même heure, cette même populace délivrait un voleur qu'on pendait à la porte St.-Jacques, « comme s'ils eussent voulu condamner Jésus-Christ et délivrer Barrabas, pour n'être vus moindres en la haine de l'Évangile que le peuple des Juifs. »

BARBEYRAC, famille noble, originaire de Saint-Martin de Castillon, qui résidait dans la Provence au commencement du XVIe siècle. JEAN de Barbeyrac paraît être le premier de cette famille qui embrassa la religion réformée. Capitaine des gardes de Damville et gouverneur du château de Viens, il fut tué au combat de Vinon, laissant de *Marguerite de Blain*, sa femme, quatre fils nommés HENRI, HERCULE, JACQUES et PIERRE. On ne sait rien de la vie des trois derniers. Quant à l'aîné, il épousa *Julie Baile*, fille du capitaine *Charles de Bailé*, de la ville de Seine, et en eut quatre fils, JEAN, ANTOINE, CHARLES et JACQUES. Ce dernier suivit la carrière des armes, et mourut dans le célibat. Son frère aîné, Jean fut avocat au parlement, puis juge de la baronnie de Céreste. Il vivait encore en 1674, et laissa deux fils HENRI et ANTOINE, qui rentrèrent dans le giron de l'Église romaine. Leurs descendants existaient encore en Provence au milieu du siècle dernier. Antoine se consacra au service des autels et remplit les fonctions pastorales dans plusieurs églises du Languedoc, nommément à Béziers. A la révocation de l'édit de Nantes, il se réfugia à Lausanne avec sa femme, *Madelaine de Gelly*, et le dernier de ses quatre enfants, le seul qu'on lui permît d'emmener. Selon des mémoires laissés par son fils, il mourut dans cette ville vers 1695 ; tandis que, d'après l'Histoire des réfugiés composée avec beaucoup de soin et sur des documents pour la plupart authentiques, par MM. Erman et Réclam, il aurait été appelé, vers cette même époque, à desservir l'église française de Tornow (*Voy*. p. 195). Il est impossible de concilier cette contradiction ; les souvenirs de Barbeyrac ne s'étaient-ils pas un peu effacés après un laps de près de cinquante ans ?

Des quatre enfants d'Antoine, un

seul, Jean, a laissé un nom dans l'histoire, mais ce nom y brille d'un vif éclat.

Né à Béziers, le 15 mars 1674, Jean Barbeyrac fit ses premières études dans un pensionnat de Montagnac, où son père, qui le destinait à la théologie, avait dû l'envoyer, parce qu'il n'y avait à Béziers que des écoles catholiques. Quelques années après, il fut confié à la tendresse de son oncle Charles, auprès du quel il se trouvait encore lorsque son père fut obligé de quitter la France. Séparé violemment de sa famille, le jeune Barbeyrac ne rêvait qu'aux moyens d'aller la rejoindre sur la terre d'exil. On les lui procura vers la fin de 1686. Sous prétexte de l'envoyer visiter ses biens en Provence, on le fit partir pour Lyon, d'où, à travers de grands dangers, il réussit à franchir la frontière. Ses deux sœurs parvinrent aussi à s'échapper, et toute la famille se trouva réunie.

Barbeyrac suivit les cours de l'académie de Lausanne jusqu'en 1693, époque où il se rendit à Genève dans l'intention d'étudier la théologie ; mais il n'y passa que quelques mois. Vers la fin de l'année, il partit pour Berlin, et alla à l'université de Francfort-s.-O., qui jouissait d'une grande réputation. De retour à Berlin en 1697, il obtint une place de professeur dans le collége des Réfugiés. Ce fut à cette époque qu'il renonça définitivement à la théologie. Il ne s'était jamais senti de goût prononcé pour cette science, tandis que, dès sa plus tendre jeunesse, son penchant le portait vers la jurisprudence. Son parti une fois pris, il s'enfonça avec ardeur dans l'étude du droit, et sans maître, sans direction, sans autre ressource que ses livres, il acquit bientôt de profondes connaissances dans cette branche de la science. Sa traduction de Puffendorf et d'autres ouvrages non moins estimables lui avaient déjà mérité une réputation européenne, lorsqu'en 1710, on lui offrit la chaire de droit et d'histoire à l'académie de Lausanne. Heureux de pouvoir payer à cette ville une dette de reconnaissance, il accepta et partit de Berlin, le 6 octobre, avec sa femme, *Hélène Chauvin*, fille d'*Étienne Chauvin*, professeur de philosophie au collége français, qu'il avait épousée en 1702. Son installation eut lieu le 19 mars 1711. Deux ans plus tard, la Société royale des sciences de Berlin se l'associa. En 1714, Barbeyrac fut nommé recteur de l'académie de Lausanne, dignité qui lui fut conférée trois années de suite, et à laquelle il ne renonça que par un honorable scrupule de conscience; il ne voulut pas signer la *Formula consensûs*, cette digue impuissante opposée par Heidegger, au nom des Calvinistes purs, à l'invasion des doctrines défendues par *Amyraut* (Voy. p. 73) et les autres théologiens de Saumur. Il quitta donc Lausanne et accepta la chaire de droit public et particulier à l'université de Groningue. Peu ambitieux de titres académiques, il avait négligé jusque-là de prendre ses degrés ; mais il crut alors devoir se soumettre à un usage généralement reçu, et il s'adressa en conséquence à la Société des jurisconsultes de Bâle qui, sur sa simple demande, s'empressa de lui conférer solennellement, le 25 mai 1717, le titre de docteur *in utroque jure*. Barbeyrac prit sa route par la France ; il s'arrêta quelques jours à Paris et arriva à Groningue le 8 août. Sa réputation l'y avait précédé depuis longtemps; il la soutint dignement et par ses leçons publiques et par ses écrits. Trois fois l'académie l'honora de la charge de recteur, et trois fois elle le choisit pour secrétaire. Le bonheur dont Barbeyrac jouissait au sein de sa nouvelle patrie, fut cruellement troublé, en 1729, par la mort de sa femme. Il n'en avait eu qu'une fille qui avait épousé *Paul-Auguste de Rochebrune*, capitaine, puis lieutenant-colonel dans les troupes hollandaises. Il eut la douleur de la perdre aussi en 1743. Cette mort l'accabla. Depuis cette perte, il ne fit plus que languir jusqu'à son dernier jour, arrivé le 3 mars 1744. Son oraison funèbre fut prononcée par Gardes, un de ses collègues.

Les ouvrages de Barbeyrac sont nombreux, et tous annoncent un homme aussi savant que laborieux. On a reproché à l'auteur d'y avoir trop prodigué l'érudition, ce qui rend ses écrits peu attrayants à la lecture; mais ce qui serait un défaut dans des œuvres purement littéraires, ne nous en semble pas un dans des traités du genre des siens.

I. *Observation critique sur la comédie d'Aristophane appelée Les Nuées.* — Insérée dans les Nouvelles de la Rép. des lettres avec une réponse à La Croze.

II. *Observations critiques sur quelques passages d'Élien, de Lucien et de Thomas Le Maître.* — Publiées dans le même recueil.

III. *Le droit de la nature et des gens*, trad. du latin de Puffendorf, avec une Préface contenant de bons documents pour l'histoire du droit naturel, et des notes qui développent ou expliquent les idées de l'auteur en beaucoup de points. Cet ouvrage a eu plusieurs éditions. La 1re est d'Amst. [Bâle] 1706, 2vol. in-4°. Selon M. Brunet, l'édit. d'Amst., 1720 et 1734, 2 vol. in-4° est préférée à celle de Londres, 1740 et 1744, 3 vol. in 4°. La dernière a paru à Bâle et Leyde ou Lyon, 1771, 2 vol. in-4°. La partie de la Préface relative à la morale des Pères, a été trad. en anglais sous le titre : *Spirit of the ecclesiastics of all sects and ages, as tho the doctrine of morality*, Lond., 1722, in-8°. La Préface entière le fut plus tard pour l'édit. anglaise de Puffendorf de 1729. L'ouvrage du savant allemand a aussi été publié avec les commentaires de Barbeyrac trad. en latin, Francf. 1744, 2 vol. in-4°.

IV. *Les devoirs de l'homme et du citoyen, tels qu'ils sont prescrits par la loi naturelle*, trad. de Puffendorf, Amst. 1707, in-8°. L'édit. la plus ample, selon la Biogr. Univ., est celle de Londres, 1741, 2 vol. in-12. M. Dupin, dans sa Bibl. du droit, en indique trois autres plus récentes, Amst. et Leipz. 1736, 2 vol. in-12; Amst. 1760, 2 vol. in-12; Paris, 1822, 2 vol. in-12, accompagnées toutes trois, comme celle de 1741, qui était déjà la sixième, des deux Discours sur la permission et sur le bénéfice des lois, et augmentées d'un grand nombre de notes pleines d'érudition, qui ont été trad. en anglais et en allemand.

V. *Du pouvoir des souverains et de la liberté de conscience*, trad. du latin de Noodt, Amst., 1707, in-8°. L'édit. d'Amst., 1714 in-8° a été augmentée du *Discours de Gronovius sur la loi royale* et d'un *Discours sur la nature du sort* par Barbeyrac. Celle d'Amst. 1751, 2 vol. in-12, est la plus ample.

VI. *Sermons sur diverses matières importantes*, trad. de Tillotson, avec une Préface sur la personne et les écrits de ce prélat, et des notes intéressantes. La 1re édit., en 5 vol. in-8°, parut à Amst. dans les années 1706, 1708, 1715 et 1716. Il y en eut une 2e en 1722 (Amst., 6 vol. in-12), dont il ne trad. qu'une partie; mais il revit en entier l'édit. de 1729. — Les deux premiers vol. de ces sermons avaient aussi été trad. par *Jean d'Albiac*.

VII. *Projet d'une nouvelle édition de Lucrèce.* — Inséré dans la Biblioth. choisie de Le Clerc, année 1709.

VIII. *Traité du jeu*, où Barbeyrac examine les principales questions de droit naturel et de morale, qui se rattachent de près ou de loin à cette matière. Son but est de prouver que, si l'on n'en abuse pas, le jeu en lui-même n'a rien que d'innocent. Il y a dans cet écrit de la méthode et beaucoup de recherches. La 1re édit. (Amst., 1709, 2 vol., in-8°) ayant été attaquée par Frain Du Tremblay et de *Joncourt*, ministre de La Haye, il leur répondit dans un Appendice ajouté à la 2e qui parut en 1737, 3 vol. in-12

IX. *Oratio de dignitate et utilitate studii juris et historiarum*, Laus.,

1711, in-4°; Amst., 1711; trad. en franç. et insérée dans la dernière édit. du grand ouvrage de Puffendorf. — Harangue inaugurale prononcée à Lausanne.

X. *Discours sur l'utilité des lettres et des sciences par rapport au bien de l'état*, Gen., 1714. in-4°; Amst, 1715, in-12.

XI. *Discours sur la permission des lois*, Gen. 1716, in-4° et inséré plus tard dans le petit ouvrage de Puffendorf. — Il ne suffit pas pour être homme de bien, de se tenir dans les bornes prescrites par la loi, telle est la thèse de Barbeyrac.

XII. *Discours sur le bénéfice des lois*. — Inséré dans le même ouvrage.

XIII. *Oratio de studio juris rectè instituendo*, Gron. 1717, in-4°, réimp. dans les Opuscules de Buder, trad. aussi en franç. et insérée dans la dernière édit. du grand ouvrage de Puffendorf. — Harangue inaugurale pron. à Groningue.

XIV. *Hug. Grotii de jure belli et pacis cum notis*, Amst., 1720, in-8° et 1735, 2 vol. in-8°; Lips., 1758, in-8°. Selon M. Dupin, l'édit. de 1735 est celle que l'on doit préférer. Barbeyrac a donné, en outre, de cet ouvrage célèbre une trad. franç. qui a fait oublier entièrement celle de Courtin. La 1re édit. en parut à Amst. 1724, 2 vol. in-4°. Elle a été réimp. à Amst. [Paris] 1729; puis à Amst. 1736 et 1744; à Bâle, 1746, 2 vol., in-4°; à Leyde 1759, 2 vol. in-4°; et enfin à Amst. et Bâle, 1768, 2 vol. in-4°.

XV. *Oratio de magistratu, fortè peccante, è pulpitis sacris non traducendo*, Amst., 1721, in-4°; insérée aussi dans le grand ouvrage de Puffendorf.

XVI. *Traité du juge compétent des ambassadeurs*, trad. du latin de Bynckershoek, La Haye, 1723, in-8°; Amst., 1730.

XVII. *Défense du droit de la compagnie hollandaise des Indes Orientales contre les nouvelles prétentions des habitants des Pays-Bas*, La Haye, 1725, in-4°.

XVIII. *Discours contre la transsubstantiation*, trad. de Tillotson, Amst., 1726, in-12.

XIX. *Traité de la morale des Pères de l'Église*, Amst., 1728, in-4°. La partie relative à la tolérance a été trad. en hollandais, Amst., 1734, in-8°. — Dans sa Préface à l'ouvrage de Puffendorf, Barbeyrac avait entrepris de battre en brèche l'autorité des Pères, sur le terrain même de la morale. Il s'était attaché à dévoiler leurs erreurs, à faire ressortir la fausseté ou la confusion de leurs idées sur cette branche si importante de la théologie. Il prouvait qu'ils n'avaient point puisé leurs principes aux seules et véritables sources de la morale, mais qu'ils les avaient tirés, à force d'allégories chimériques, de passages de l'Écriture qui avaient un sens tout autre que celui qu'ils leur prêtaient. Il leur reprochait de confondre sans cesse la morale naturelle avec la morale chrétienne, les devoirs de l'homme avec ceux du chrétien, et d'établir sur ce fondement des règles de conduite d'un ascétisme exagéré. Enfin il les accusait d'être tombés plus d'une fois dans des fautes grossières, et cette accusation, il l'appuyait non-seulement sur de nombreux passages tirés des plus célèbres Pères des dix premiers siècles, mais sur le témoignage d'une foule d'auteurs appartenant à toutes les communions. Il y avait beaucoup de sévérité, peut-être même quelque amertume dans ces imputations. Dom Ceillier se chargea de les combattre, et c'est pour lui répondre que le professeur de Groningue composa le traité en question où il reprend et développe avec une érudition profonde l'acte d'accusation qu'il avait dressé contre les Pères de l'Église.

XX. *Recueil de discours sur diverses matières importantes*, Amst., 1731, 2 vol. in-12.— C'est une réimpression des deux discours de Noodt sur le pouvoir des souverains et la liberté de conscience, et du discours de Gronovius, enrichis de nouvelles notes. Barbeyrac y a joint une trad. de *La juste défense de l'honneur*, par Slicher; son discours sur l'utilité des lettres et des sciences, et une trad. de sa harangue rectorale *De Magistratu*, sous le titre: *S'il est permis d'échaffauder en chaire le magistrat qui a commis quelque faute*. Cette harangue avait déjà été trad. en hollandais (Rott. 1722), et en allemand. Il s'y prononce hautement pour la suprématie de l'État sur l'Église ou plutôt sur le clergé, et il s'élève avec force contre la prétention de certains prédicateurs qui revendiquaient le droit de censurer, en présence de tout le peuple, les magistrats tombés en faute.

XXI. *Histoire des anciens traités depuis les temps les plus reculés jusqu'à l'empereur Charlemagne*, Amst., et La Haye, 1739, 2 tom. in-fol. en un vol. — Cet ouvr., enrichi de notes curieuses et instructives, peut être considéré comme une excellente introduction au Corps universel de diplomatique de *Dumont*. Il est divisé en deux parties: la 1re s'étend depuis les temps les plus reculés jusqu'à l'ère chrétienne; la 2e depuis cette époque jusqu'à Charlemagne. Barbeyrac ne s'est pas contenté de rassembler de tous côtés jusqu'aux moindres fragments qui nous aient été conservés par les historiens, des traités conclus dans l'antiquité et les premiers siècles du moyen-âge, il raconte, à l'égard de chacun d'eux, à quelle occasion il a été signé, les motifs qui y ont donné lieu, les circonstances qui en ont accompagné la signature, les suites qu'il a eues, tout ce qui, en un mot, peut servir à l'intelligence du traité même. Son livre est donc à la fois une collection de traités et une histoire; c'est là ce qui constitue sa supériorité sur celui de Dumont. Il fait partie du Supplément au corps universel de diplom. en 5 vol. in-fol.

XXII. *Traité philosophique des loix naturelles*, trad. du latin de Cumberland, avec des notes, Amst., 1744, in-4°; Leyde, 1757, in-4°.

Barbeyrac a inséré, en outre, plusieurs traités ou dissertations dans la *Bibl. britannique*, ainsi que dans la *Nouvelle Bibliothèque* et la *Bibl. raisonnée* dont il fut un des rédacteurs. On y trouve, entre autres, l'*Éloge de M. Le Clerc*, qui a été imprimé séparément, et des Mémoires sur sa propre vie et ses écrits. Il avait composé cette autobiographie à la demande de E. L. Rathlef, qui la publia en allemand.

Son oncle Charles, le seul de la famille dont il nous reste à parler, suivit la carrière médicale et se fit un nom parmi les médecins les plus célèbres de son siècle. Il naquit en 1629, à Céreste, selon Manget, à St.-Martin, selon Astruc, et fit ses études à Aix et à Montpellier où il prit ses degrés en 1649. Son dessein était de s'établir à Paris; mais un mariage avantageux qu'on lui proposa, le détermina à se fixer à Montpellier. En 1658, un concours ayant été ouvert pour une chaire à l'université de cette ville, il se mit sur les rangs et y parut avec tant d'éclat que la place lui eût été accordée sur-le-champ, s'il n'avait professé la religion réformée. Mlle d'Orléans instruite de son mérite, voulut l'attacher à sa personne en qualité de médecin, mais préférant la liberté à l'onéreuse protection des grands, il refusa les offres de la princesse. Il accepta cependant quelque temps après le titre de médecin du cardinal de Bouillon, avec un traitement de mille livres; c'était dans l'intention du cardinal, qui lui avait des obligations, un moyen de lui témoigner sa reconnaissance, et rien de plus; car il fut formellement convenu que Barbeyrac continuerait à résider à Montpellier. Il y mourut le 6 nov. 1699. L'auteur des Recherches sur l'histoire de la médecine, Bordeu, trace ce parallèle entre lui et Sydenham: « Ces deux honnêtes et sage praticiens vivaient en même temps. Locke, leur ami commun, a dit qu'ils se ressemblaient par leur physionomie autant que par leurs mœurs douces, honnêtes, simples et pleines de candeur. Ils surent l'un et l'autre réduire la médecine à sa plus grande simplicité, et en saisir, pour ainsi dire, le plus pur esprit au milieu des querelles et des factions excitées par l'ardeur des chimistes et les curieuses recherches des théoriciens... On ne peut sans doute les mettre au rang des génies supérieurs et distingués qui font fleurir la médecine; mais ils occupent le premier rang parmi les médecins du second ordre, qui est assurément le plus utile... Leur esprit semble avoir été formé d'une étincelle de celui d'Hippocrate, avec quelque mélange de celui d'Asclépiade, un peu de ressemblance avec celui de Vanhelmont, non sans quelque légère teinture de la physique des modernes. »

Après la mort de Barbeyrac, les libraires voulurent exploiter sa réputation. M. Dezeimeris raconte qu'un honnête industriel qui avait édité, sous le titre : *Traités nouveaux de médecine, concernant les maladies de poitrine, les maladies des femmes et quelques autres maladies particulières* (Lyon, 1684, in-12), un livre plus que médiocre, s'imagina d'en changer le titre et d'ajouter : *Par M. B***, docteur en médecine de la Faculté de Montpellier.* Alléché sans doute par le succès de la fraude, un libraire d'Amsterdam donna une seconde édition de cet ouvrage sous le titre : *Dissertations nouvelles sur les maladies de la poitrine, du cœur, de l'estomac, des femmes, vénériennes, et quelques maladies particulières, par M. Barbeyrac, docteur en médecine de Montpellier* (Amsterdam, 1731, in-12). Et voilà comment le célèbre médecin se trouva être l'auteur d'un livre dont peut-être il n'avait jamais entendu parler.

C'est également sans aucune raison qu'on lui a attribué un traité intitulé : *Medicamentorum constitutio seu formulæ*, qui parut à Lyon vers 1731; réimp. en 1731 et en 1760, 2 vol. in-12. On y a relevé un grand nombre d'erreurs que n'aurait pas commises un praticien aussi distingué.

Selon Robert Watt, Charles Barbeyrac aurait publié en 1658, in-4°, *Quæstiones medicæ duodecim;* mais M. Dezeimeris ne fait aucune mention de cet ouvrage.

Enfin l'on conserve à la bibliothèque de Beaune une copie manuscrite qui a pour titre *Observations sur les fièvres, selon Barbeyrac*, et qui est probablement l'œuvre d'un de ses disciples.

BARBIER (FRANÇOIS, JEAN ou mieux GERVAIS), sieur de FRANCOURT, appelé aussi *Le Barbier*. Né à Torcé, village à quelques lieues du Mans, Gervais Barbier exerça d'abord les fonctions d'avocat dans cette ville, jusqu'à ce que ses talents l'ayant fait remarquer, le roi de Navarre, *Antoine de Bourbon*, le nomma son chancelier. Ce fut à la cour de ce prince qu'il entendit prêcher les doctrines de la Réforme; il les embrassa avec toute la candeur d'un honnête homme et se voua dès lors à leur défense. Après le massacre de Vassy, il fut choisi avec *Bèze* pour porter au pied du trône les plaintes des Réformés. En 1567, il fut député en Allemagne pour solliciter les secours des princes protestants, et dans cette occasion, comme dans plusieurs autres missions délicates, son éloquence persuasive rendit les plus grands services. « Celui-ci, dit La Croix du Maine, a été un des plus adextres à manier les affaires d'état, qu'autre qui fût de son temps, comme il l'a bien montré par les effets. » Cependant quelque fût son habileté, il ne sut pas démêler les perfides intentions de Médicis, lorsqu'il s'agit du mariage de Henri de Navarre avec Marguerite de Valois. Il fit ressortir avec tant de force les avantages qui, selon lui, devaient résulter de cette union, non-seulement pour le Béarn, mais pour l'Église protestante tout entière, qu'il rangea à son avis le Conseil de la reine Jeanne. A peine arrivée à Paris, cette princesse, qui mettait, et avec raison, la plus entière confiance en son chancelier, le manda auprès d'elle (*Voy.* p. 55). Francourt s'empressa d'obéir; mais il eut bientôt sujet de regretter le funeste conseil qu'il avait donné. La mort de Jeanne d'Albret fit tomber de ses yeux le bandeau que le roi Charles IX avait voulu rendre plus épais en le nommant maître des requêtes de son hôtel. Plein de soupçon, le chancelier de Navarre pressa alors *Coligny* de fuir. Mais trop loyal pour découvrir la trahison sous le masque de l'amitié, l'amiral refusa de croire à ses sinistres prédictions. Francourt resta donc auprès de lui et fut massacré dans la nuit de la S. Barthélemy.

De Thou et La Croix du Maine attribuent à Francourt la Remontrance dont nous avons donné ailleurs une analyse (Voir *Pièces Justif.* N° XXIII). « On porta à la Cour, dit notre célèbre historien, de grandes plaintes contre Charles d'Angennes, évêque du Mans, qui avait pris le commandement des armes en cette province. Gervais Barbier-Francourt avait mis ces plaintes par écrit; et elles comprenaient les violences que les émissaires de l'évêque exerçaient tous les jours pour assouvir leur avarice et leurs autres passions, non-seulement contre les Protestants, mais contre ceux qu'ils soupçonnaient faussement de l'être. On présenta sur cela une requête au roi le 10 août. S. M. ayant nommé le maréchal de Vieilleville pour connoître ces plaintes, on lui présenta au nom de la province une requête particulière, qui fut depuis imprimée, dans laquelle on relevait fort au long et avec beaucoup d'aigreur les excès des gens dévoués à l'évêque.» La Remontrance fut publiée au Mans sous le titre : *Remontrance envoyée au roi par la noblesse de la religion réformée du pays et comté du Maine, sur les assassinats, pillemens, saccagemens de maisons, séditions, violences de femmes et autres horribles excès commis depuis la publication de l'édit de pacification dans ledit comté, et présentée à S. M.; à Rossillon, le* 10 août 1564 (1565, in-12). Une seconde édition en parut à Orléans, sous un titre un peu adouci, en 1565, in-8°. L'Avertissement fut imprimé également sous le titre : *Avertissement des crimes commis par les séditieux catholiques romains au pays et comté du Maine, depuis le mois de juillet 1564, jusqu'au mois d'avril 1565*. Il a été inséré, ainsi que la Remontrance, dans les deux éditions des Mémoires de Condé. On a encore de Francourt : *Conseil sacré d'un gentilhomme françois aux églises de Flandres, servant d'avertissement aux seigneurs des Pays-Bas et d'exhortation aux princes protestans de l'Empire*, Anvers, 1567, in-8°.

Selon La Croix du Maine, il avait, en outre, écrit des *Mémoires des troubles advenus au Maine touchant le fait de la religion et de la prise de la ville du Mans en* 1562; mais ils n'ont pas vu le jour.

BARBIER (JOSUÉ), pasteur, né vers 1578 à Pontcharra, abjura la religion réformée, et fut reçu avocat consistorial au parlement de Grenoble. Ce fut vraisemblablement à l'époque de sa conversion, qu'il publia la *Ministrographie huguenote*, ouvrage qui parut en 1608. Dix ans plus tard, il fit imprimer à Lyon : *Les miraculeux effets de la sacrée main des roys de France très-chrestiens pour la guarison des malades et conversion des hérétiques*, petit volume de 43 pages dont le titre explique suffisamment la matière. Dans sa Dédicace au roi Louis XIII, l'auteur nous apprend que « depuis sa conversion, ayant recherché les moyens de s'acquitter des nouveaux devoirs qu'il avoit contractés envers l'Église et le roi, pour ramener ceux qui sont aliénés par leur mauvaise doctrine, il n'a rien trouvé de mieux pour leur ouvrir les yeux que de leur faire voir combien grandes sont les vertus et faveurs divines qui environnent comme rayons son sacré chef.» On voit par cet échantillon que Barbier n'était qu'un plat courtisan. Nous trouvons dans son ouvrage, si toutefois ce n'est pas prostituer ce nom que de l'appliquer à une pareille élucubration, une définition de la liberté de conscience qui suffira pour faire juger de l'homme. « Ne lâchez pas tant la bride à vostre liberté de conscience, s'écrie-t-il en s'adressant à ses anciens coreligionnaires, afin qu'elle ne passe pas par-dessus l'obéyssance deüe à S. M. Car ceste liberté est une mauvaise beste, laquelle on n'a jamais peu dompter, et parce qu'elle est aveugle, elle ne cognoist personne, court à travers champs, sans suyvre aucun droit sentier, ne sçait où elle va, ne s'arreste jamais ; elle a tousjours la gueule ouverte et béante, dévore tout ce qu'elle rencontre ; elle est odieuse à toutes les autres bestes, et n'a communion avec aucune ; elle a sa peau de diverses couleurs comme le léopard, et change comme le caméléon, quant au reste elle ressemble en quelque sorte au rynocéros, excepté en cecy, c'est que le rynocéros est prins au chant d'une vierge pieuse près de laquelle il s'endort, comme dit Bercorius ; mais ceste beste au contraire ne peut estre prinse qu'au chant d'une femme adultère, desbauchée d'avec son mary, près de laquelle elle se vient rendre, lui présente son dos à monter, et estant dessus la porte furieusement partout, jusqu'à ce qu'elle la précipite et la dévore. » Un mauvais plaisant trouvera sans doute que c'est là de la poésie à l'usage des bêtes.

BARBIEZ (Jacob), habile graveur de Roucy en Champagne. — Réfugié dans le Brandebourg à la révocation de l'édit de Nantes, Barbiez fut nommé graveur des monnaies par l'électeur Frédéric-Guillaume. Il eut trois fils qui marchèrent dignement sur ses traces. L'aîné, Jean-Charles, s'attacha de préférence à la ciselure ; il excellait dans cet art que le premier il fit connaître à Berlin. Le second, Louis-Henri, obtint, en 1741, la place de graveur de la Monnaie. Il épousa une demoiselle *Étienne* qui, restée veuve, fut choisie pour ins*ti*tutrice de la princesse d'Orange. Le troisième, Zacharie, remplit à la Monnaie le même emploi que son père et son frère. Le talent était héréditaire dans cette famille. Un petit-fils de Jacob, nommé Claude, fut un peintre distingué et contribua beaucoup à donner aux produits de la fabrique royale de porcelaine le degré de perfection auquel ils sont parvenus.

BARBIN (Jean) ne nous est connu que par un petit volume qu'il a publié sur *Les devoirs des fidèles réfugiés*, Amst., 1688, in-12.

BARBOT (Amos), né à La Rochelle, avocat au siège présidial de de cette ville, conseiller du roi, et bailli du grand fief d'Aunis. Député en 1601 par sa ville natale à l'Assemblée politique de Sainte-Foy, il le fut de nouveau en 1605 à celle de Châtellerault, et en 1611 à celle de Saumur. En 1610, il fut coélu du maire *Jean Barbot* son frère. Tant de distinctions honorables prouvent de quelle estime il jouissait auprès de ses concitoyens. Amos Barbot nous a laissé une chronique, restée manuscrite, dont l'original se conserve à la Bibl. Royale sous le N° 1060, fonds S. Germain franç. En voici le titre : *Inventaire des titres, chartres et priviléges de La Rochelle et païs d'Aulnis depuis l'establissement du corps de ville de La Rochelle. Auci les illustres maisons qui ont tiré leur origine de la mairie de La Rochelle.* 1579. Dans cet ouvrage, l'auteur raconte, année par année, d'après d'anciennes chartes ou d'autres documents authentiques, tous les événements arrivés à La Rochelle depuis l'année 1199 jusqu'en 1575. L'oratorien Arcère lui rend ce témoignage qu'il s'y montre écrivain sincère, ingénu et impartial.

On trouve, en outre, à la Bibl. Royale une copie fidèle de cette chronique, sous le N° 9576. 3. 4, anc. fonds. L'exemplaire qui existe à biblioth. de La Rochelle, n'en est que la reproduction. Quant à l'extrait informe de ce

Ms., autrefois au couvent de l'Oratoire et aujourd'hui à la Bibl. Royale sous le N° 113, nous ne le mentionnerions pas si nous ne tenions à relever une erreur du P. Lelong, qui le donne comme une copie de l'ouvrage d'Amos Barbot.

L'historien de La Rochelle garde le silence sur les descendants d'Amos Barbot et de son frère. Il est à supposer cependant que des rapports de parenté existaient entre eux et le célèbre voyageur Jean Barbot qui, à la révocation de l'édit de Nantes, s'enfuit en Angleterre avec son frère et son neveu, nommés l'un et l'autre Jacques. Jusqu'en 1682, ce Jean Barbot avait été au service de la compagnie franç. des Indes qui l'avait chargé, à différentes reprises, d'inspecter ses établissements sur la côte d'Afrique et dans les Antilles. Après avoir quitté sa patrie, il consacra ses loisirs à écrire la *Description des côtes occidentales d'Afrique et des contrées adjacentes*, qu'il traduisit lui-même en anglais. Cet ouvrage intéressant a été inséré sous le titre : *A description of the coasts of north and of south Guinea, and of Ethiopia inferior, vulgarly called Angola*, dans le cinquième vol. des Voyages de Churchill (Lond., 1732, 7 vol. in-fol.). Barbot y décrit les mœurs, les usages, la religion, le gouvernement des peuples qu'il a visités. Tout ce qu'il rapporte comme témoin oculaire est d'une fidélité scrupuleuse; mais on ne doit pas la même confiance à ce qu'il emprunte aux récits des voyageurs qui l'avaient précédé, d'autant plus qu'il ne fait pas toujours connaître ses sources. Sa description de l'Afrique va jusqu'à l'année 1682, époque de son dernier voyage. Dans un supplément assez considérable, il raconte sur la foi d'autres voyageurs, et d'après ses propres correspondances, les événements survenus dans ces contrées jusqu'en 1708. Il y a joint le Journal d'un voyage fait par son frère au nouveau Calabar, et la description d'un voyage de son neveu à la côte d'Angola, ainsi que des instructions nautiques sur la route à suivre depuis La Rochelle aux côtes de l'Afrique, et quelques notions sur Cayenne et les Antilles.

BARDONENCHE (Jean de), IV° de nom, fils de Jean de Bardonenche et de Claudine de Forbin de Souliers, servit sous les ordres du capitaine *La Coche* au siége mémorable de Grenoble, en 1563. Il se joignit ensuite au brave *Montbrun* et combattit à ses côtés à la bataille de Moncontour. De retour en Dauphiné, il se jeta dans Corps avec *Lesdiguières* et s'y défendit vigoureusement. En 1585, il assista à la prise d'Embrun où, seul avec *Les Orres*, il ne se souilla pas par le pillage de l'archevêché et de l'église. En 1597, il obtint de Lesdiguières le commandement du château de La Rochette. Bardonenche mourut en 1632, à l'âge de 92 ans, laissant de sa femme, *Jeanne de Reviliart* ou *Revillasc*, qu'il avait épousée le 27 avril 1574, dix enfants, dont cinq fils : Alexandre, André, Jean, César, Pierre, et cinq filles : Judith, Marguerite, Jeanne, Renée et Sara.

L'aîné, Alexandre, seigneur de Tourannes, de Saint-Martin de Clelles, etc. suivit la carrière militaire et se distingua au combat de Pontcharra, où il commandait les gens de pied. Il fut fait prisonnier lors de l'entreprise sur Aiguebelle, et mourut dans un âge très-avancé, en 1666. Il avait été marié deux fois, la première avec une dame *Blosset*, dont il n'eut que des filles. Il eut la douleur de s'en voir enlever deux par le clergé catholique qui les envoya à Avignon avec deux filles du baron *Des Adrets*, deux du seigneur de *Blanlouet*, un fils de *Saint-Sylvestre*, bourgeois de Marseille et un enfant de *Guyard*, habitant du Puy, arrachés comme elles à leurs familles. Malgré les plus actives poursuites, il fut impossible à leurs parents de les tirer des mains des prêtres qui résistèrent aux arrêts même des tribunaux. De son second mariage avec *Lucrèce de Montchenu*, Alexandre de Bardonenche laissa deux fils, Alexandre et

César. Le premier fut conseiller à la Chambre mi-partie de Grenoble. Forcé d'abjurer à l'époque des dragonnades, en 1682, il fut récompensé de son apostasie par le titre de conseiller d'état. Quant à sa femme, à qui l'on avait enlevé une de ses filles, elle résista à toutes les prières et à toutes les menaces. Enfermée d'abord dans un couvent de Grenoble, elle fut ensuite transférée à Valence ; mais l'évêque, apprenant qu'elle avait gagné l'affection des religieuses chargées de sa garde, craignit qu'elle n'infectât le troupeau, et la retirant de là, la fit enfermer dans un couvent de Vif avec défense aux nonnes de lui parler. Il est probable qu'elle persévéra dans sa foi, autrement les Jésuites n'auraient pas manqué de se vanter d'une conversion si difficile. On ignore le lieu et l'époque de sa mort ; son mari vivait encore en 1711. Quant à César, qui était seigneur de Champiney, plus attaché que son frère à la religion réformée, il se réfugia en Prusse à l'époque de la révocation de l'édit de Nantes. Il mourut avant 1687. Sa femme, *Anne de Peccat*, décédée à Berlin en 1691, ne lui donna, selon Chorier, que deux enfants, nommés César et Lucrèce. Dans ce cas, MM. Erman et Réclam se seraient trompés dans leur supposition, que César était le père d'Alexandre de Bardonenche, sieur d'Estenau qui, après avoir servi en France dans le régiment de Sault, entra dans l'armée prussienne, et fit les guerres d'Italie avec le grade de major.

Il nous reste à parler des quatre frères d'Alexandre Ier de Bardonenche.

André épousa, en 1624, *Ennemonde de Reynard*, dont il eut deux fils ; André, sieur des Tenaux, et Alexandre, sieur de Morgeat. Cette branche ne subsista pas longtemps.

Le sort de Jean est inconnu. Il est probable qu'il mourut jeune.

César, souche de la branche de Souville, épousa, en 1626, *Jeanne Clément* et mourut en 1671, laissant douze enfants dont cinq fils : Sanson, sieur de Tourres, Jean, sieur de Souville, Pierre, sieur de Chourons, Juvenal, sieur du Rivet et Étienne, sieur du Planet. Cette branche s'établit dans le Brandebourg après la révocation de l'édit de Nantes. MM. Erman et Réclam nous apprennent qu'un *Souville*, major de la compagnie des Grands-Mousquetaires, excellent officier, fut tué dans un duel avec le comte de Dohna, son chef, et qu'au milieu du siècle passé, l'église française de Clèves comptait parmi ses membres des *Souville de Kreutzfurth*.

Enfin, Pierre, ayant abjuré la religion protestante, entra dans les ordres et fut prieur de S. Laurent de Grenoble.

BARET (Matthieu de), seigneur de Ruvignan et d'Arènes, né à Lectoure d'une des familles les plus considérées de la Guyenne. Il était fils de Joseph de Baret et de *Jeanne de Rison*. Lorsque l'*édit de révocation* le mit dans l'obligation de choisir entre l'exil ou l'apostasie, il préféra se réfugier à Berlin, où il fut promu, en 1702, au grade de lieutenant-colonel dans le régiment de Varennes. Sa femme *Susanne Le Blanc*, de l'illustre famille des Le Blanc de Beaulieu, mourut à Berlin en 1734, à l'âge de 81 ans.

Les deux frères et les trois sœurs de Matthieu de Baret émigrèrent en même temps que lui. Joseph, qui était son aîné, mourut, en 1698, major au service de la Prusse. Il avait épousé *Marthe Le Cordelier*, de la Champagne, qui mourut à Berlin en 1732, âgé de 77 ans. Salomon, le cadet des trois frères, fut nommé, en 1704, lieutenant-colonel du régiment de Varennes. Il se maria avec *Élisabeth Le Blanc*, sœur de Susanne, qui mourut à Berlin, en 1752, à l'âge de 83 ans. Des trois filles, l'une, Armoise, épousa le sieur de *Durand* ; la seconde, Jeanne, le sieur de *Marcous*, et la troisième, Marguerite, le sieur de *Cabanieulles*.

BARGES (Charles de), juge et lieutenant de la ville et du gouvernement de Montpellier. Il présida, en 1562, l'assemblée de Nismes qui choisit *Antoine de Crussol* pour gouverneur et protecteur du pays. Depuis longtemps les Protestants avaient jeté les yeux sur le comte pour le mettre à leur tête; mais, quoique mécontent de la marche du gouvernement, il avait jusqu'alors résisté à leurs instances, dans la crainte d'être considéré comme un rebelle. Afin de dissiper ses inquiétudes à cet égard, l'assemblée arrêta « que les habitants des villes et autres lieux du Languedoc feroient serment d'être fidèles au roi et qu'ils en certifieroient le comte de Crussol dans quinzaine à compter du jour où il auroit accepté le commandement. » Quelques règlements furent faits en outre sur la circulation des monnaies, la taxe des denrées nécessaires à la vie, la mise sur pied d'une garde civique, l'entretien des ministres dont le nombre fut fixé à deux seulement dans les chefs-lieux de diocèse, ainsi que sur la levée d'une contribution de 400,000 livres pour les frais de la guerre. L'assemblée qui avait ouvert ses séances le 2 nov., fut close le 11. Ce jour-là, elle se transporta en corps à Uzès pour prier Crussol d'accepter la charge qu'on lui avait déférée. Ce fut Bargès qui porta la parole. Il somma le comte, en présence du prince de Salerne (grand seigneur du royaume de Naples qui avoit embrassé la religion protestante et s'étoit marié à Montpellier dans la maison de Paulin,) d'*Odet de Châtillon,* de *Jean de Saint-Gelais*, évêque d'Uzès et d'une foule d'autres personnages de distinction, de céder aux vœux des Protestants. Crussol se rendit enfin, mais en imposant quelques conditions que Bargès et tous les députés jurèrent d'observer. Le procès-verbal de toute cette négociation, signé par *François Arson*, notaire royal à Nismes, et *Jacques Rossel*, notaire royal à Uzès, a été inséré dans les Preuves de l'histoire du Languedoc, où les curieux peuvent le consulter. Nous y reviendrons d'ailleurs à l'art. que nous consacrerons à la famille de Crussol.

BARGETON (Nicolas de), seigneur de Cabrières, gentilhomme ordinaire de la chambre du duc d'Anjou et viguier royal de la ville d'Uzès en 1580, embrassa probablement la religion réformée vers cette époque. En 1593, un synode provincial ayant été convoqué à Nismes à l'effet d'élire des députés qui, conformément aux ordres de Henri IV, apportés par le sieur de *Beauchamp*, « se rendissent en la ville de Mantes pour l'assemblée que S. M. y fesoit faire au sujet de la paix générale, » Bargeton fut chargé d'y représenter l'ordre judiciaire. Ses collègues furent le sieur de *Lecques*, pour la noblesse; le sieur de *Gasques*, ministre du Vigan, pour les pasteurs, et le sieur *Boucaud*, syndic du diocèse de Montpellier, pour le peuple.

Cabrières avait épousé, le 18 fév. 1566, *Jeanne de Jeannis* ou *Joannis* dont il laissa quatre fils et cinq filles : Louis et Denis continuèrent la descendance; Pierre, docteur en médecine, mourut sans postérité, ainsi que Abdias. De ses cinq filles, Susanne épousa *Jean Toulouze*, sieur de Foissac, Catherine devint la femme de *Jean de Fabre*, sieur de Rocheval, docteur en droit, Judith fut mariée à *Jacques de Sibert*, lieutenant du juge royal de Bagnols; Louise mourut sans alliance, et Marguerite fut accordée en mariage, en 1610, à *Hector d'Agoult*.

I. Louis de Bargeton, seigneur de Cabrières, de Montaren et de Cruviers, eut de sa femme, *Marguerite de Massanes*, fille de *Pierre de Massanes*, conseiller du roi, général en la cour des aides de Montpellier, et d'*Isabeau* ou *Susanne de Lasset*, qu'il avait épousée, le 26 avril 1608, un fils nommé Pierre, et une fille, Isabeau ou Élisabeth, mariée le 8 août 1641, avec *Henri de Narbonne de Caylus*, et morte à Berlin en 1700.

Pierre, né le 8 juin 1610, embrassa la carrière des armes. En 1642, il servit dans l'armée du Roussillon comme lieutenant de chevau-légers. Il assista aux sièges de Leucate, de Salces, de Perpignan, et à plusieurs autres siéges ou combats, jusqu'en 1671, époque où il fut reçu, en qualité d'officier réformé, dans le régiment de Boissac. Il mourut vers 1686, sans laisser d'enfant de *Jeanne des Pierres des Ports*, qu'il avait épousée le 5 février 1656 ; avec lui s'éteignit cette branche. Son héritage passa à son neveu *Pierre de Narbonne de Caylus.*

II. Denis de Bargeton, second fils de Nicolas, suivit la carrière du barreau. Il est qualifié dans plusieurs titres de docteur en droit et avocat. De son mariage avec *Marguerite Puget*, fille de *Jean Puget* et d'*Honorade Guirard* naquirent deux fils, PIERRE et LOUIS, et une fille, MARGUERITE. Le sort des deux derniers est inconnu. Quant à Pierre, il servit dans l'arrière-ban du Languedoc, et épousa en 1674, *Marguerite Bocarut*, fille de *Jacques Bocarut*, procureur à Nismes, et de *Marguerite Du Thérond*, qui le rendit père de six enfants. L'aîné, JACQUES, né le 8 juin 1675, fut arrêté comme suspect, en 1704, par ordre de Montrevel et enfermé dans la citadelle de Montpellier. Il avait pris pour femme, en 1694, *Madelaine de Vergèzes*, fille de *Jacques de Vergèzes*, seigneur d'Aubussargues et de *Madelaine de Gasques*; comme lui, elle avait dû feindre de se convertir. Il resta veuf avec deux fils : PIERRE, né à Uzès en 1698, fut tué au siége de Kaiserswerth, et JACQUES, né en 1702, fut capitaine, comme son frère, dans le régiment de Sancerre. Peu de temps après la mort de sa première femme, Bargeton épousa en secondes noces une dame *Fabre* qui lui donna quatre fils, nommés FRANÇOIS, LOUIS, JACQUES et ANDRÉ.

Pour compléter les renseignements recueillis par d'Hosier sur cette famille, il nous reste à parler des cinq autres enfants de Pierre de Bargeton.

Le second, PIERRE, mourut au service. Le troisième, DENIS-MATTHIEU, né le 12 juin 1682, suivit également et avec quelque distinction la carrière des armes. HENRI servit pendant vingt-cinq ans dans le régiment de Sancerre. FRANÇOIS-ANNIBAL, né en 1690, entra dans le régiment du Limousin, et plus tard dans les gardes-du-corps. MARGUERITE, leur sœur, n'a laissé d'autre souvenir que son nom dans l'histoire de cette famille.

BARIN (THÉODORE), ministre réfugié en Hollande. Il a cherché à expliquer la cosmogonie mosaïque par les principes du cartésianisme, dans un ouvrage intitulé : *Le Monde naissant ou la Création du monde démontrée par des principes très-simples et très-conformes à l'Histoire de Moïse*, Utrecht, 1685, in-12. —Un autre réfugié qui portait à peu près le même nom, *Jean* BARRIN, et qui fut un des rédacteurs des Nouvelles de la république des lettres, mourut à Amsterdam en 1709.

BARIS (PIERRE), pharmacien et chirurgien de la ville de Neaufle. Privé de son état par les ordonnances qui défendaient aux Protestants l'exercice de la médecine et de la chirurgie et contraint d'adjurer par les dragonnades, Baris n'en restait pas moins attaché du fond du cœur à la religion dans laquelle il avait été élevé. Le premier moment de terreur passé, il se hâta de se réunir à quelques-uns de ses coreligionnaires, prétendus convertis comme lui, pour célébrer en secret leur culte proscrit. De pareilles assemblées avaient lieu sur presque tous les points du royaume, et souvent un ministre, rentré en France, allait au péril de sa vie, y prêcher la Parole de Dieu. Il était difficile que ces réunions échappassent longtemps à la vigilance du fanatisme aiguillonné par la cupidité. De fortes sommes étaient promises à quiconque livrerait un pasteur. La tête du ministre *Malzac*, dit *Bastide*, avait, entre autres, été mise au prix de mille livres. Cependant ce digne pasteur n'hésita pas à se rendre à Neaufle pour célébrer la Cène dans la petite assemblée qui se tenait chez une dame *Bidache*. Baris qui n'ignorait pas non plus à quel danger il s'exposait, se chargea de l'y conduire dans la nuit du 11 févr. 1692. Mais à l'instant où ils entraient dans la maison, ils furent arrêtés tous deux, conduits à Paris et jetés dans la Bastille. Baris ne put résister longtemps au régime de cette épouvantable prison ; il y mourut dès le 29 août. Quant à Malzac, il fut conduit à Vincennes et l'on n'entendit plus parler de lui.

BARJAC, nom d'une des plus considérables familles du Languedoc, qui s'était divisée en plusieurs branches à une époque bien antérieure à la Réforme. Trois de ces branches, celles de Pierregourde, de Rochegude et de Gasques, ont professé la religion réformée.

1° Barjac-Pierregourde.

François de Barjac, seigneur de Pierregourde du chef de sa femme *Claudine de La Marette*, était fils de Bernard de Barjac. L'illustration de sa naissance et sans doute aussi les services qu'il avait déjà rendus, décidèrent les Protestants du Midi à lui confier un commandement important dans l'armée que *d'Acier* conduisit au secours de Condé en 1568. Après avoir traversé le Lyonnais et le Dauphiné, non sans rencontrer de nombreux obstacles qu'elle était heureusement parvenue à surmonter, l'armée était arrivée sur les confins de la Saintonge lorsque le duc de Montpensier résolut de l'attaquer. La division sous les ordres de *Mouvans* et de Pierregourde était cantonnée dans le village de Messignac, à une distance assez considérable du corps principal. Ce fut sur elle que se concentrèrent tous les efforts des Catholiques. L'attaque fut vive, mais elle fut repoussée après deux heures d'un combat acharné. Les chefs catholiques ayant fait sonner la retraite, allèrent se poster derrière une colline, attendant que les Protestants sortissent de leurs retranchements et s'engageassent dans la plaine où leur infanterie, dépourvue de piques, serait à la merci de la cavalerie. Pierregourde, sans se douter d'ailleurs qu'une embuscade leur était tendue, insistait pour qu'on ne se mît en route qu'à l'entrée de la nuit, tandis que Mouvans, méprisant les conseils de la prudence, donna l'ordre du départ dans l'espoir qu'avant le retour des Catholiques qu'il supposait être allés chercher des renforts, il pourrait gagner une forêt voisine à l'abri de laquelle il comptait arriver sans encombre à Riberac et rejoindre d'Acier. « Mais, dit Davila, à peine étaient-ils au milieu de la plaine, au sortir de Messignac, que les chefs des royalistes paraissant avec toute leur cavalerie, partagée en plusieurs escadrons, les chargèrent de toutes parts. » Pierregourde combattit avec une extrême valeur, et tomba bientôt percé de coups. « C'était, dit Brantôme, un fort beau et honnête gentilhomme, et de fort bonne grâce et fort vaillant. » Les Protestants, selon de Thou, perdirent dans cette affaire plus de mille hommes et dix-sept drapeaux. Au rapport de Castelnau, la perte s'éleva à plus de 3,000 hommes de pied et près de 300 chevaux. Le brave Mouvans périt aussi dans ce combat.

Isaac de Barjac remplaça son père à la tête des Protestants du Vivarais. Ayant conclu une trêve avec les Catholiques, au mois de déc. 1573, il porta ses armes dans le Velay. Le 12 avril 1574, il prit par composition Quintenas, ancienne abbaye de l'ordre de S. Benoît convertie en château-fort, puis il se rendit maître par capitulation du château de Chalançon ; toutefois son principal exploit fut la défense du Poussin, où il commandait avec *Rochegude*. Il repoussa vaillamment les attaques de Montpensier qui avait dix-huit mille hommes et quatorze pièces de canon ; mais les murailles s'étant écroulées subitement, il réussit à tromper la vigilance de l'ennemi, abandonna la ville et se retira à Privas avec la garnison et tous les habitants. Nos renseignements ne s'étendent pas plus loin sur cette branche de la famille de Barjac ; la seule chose que nous apprennent de plus les historiens et les généalogistes, c'est qu'Isaac de Barjac épousa, en 1592, *Louise de Rochebaron* et en eut un fils, Jean-Aimé de Barjac, marquis de Pierregourde. Selon toute probabilité, ce dernier embrassa le catholicisme, après s'être soumis au roi Louis XIII, en 1629.

Une branche cadette de cette maison, fondée par François de Barjac, frère de Bernard, mais d'un autre lit, portait le nom de LA BLACHE. Ce François épousa, en 1547, Blanche Du Crouzet dont il eut 1° BERNARD, qui commanda au Poussin en 1573, et laissa de son mariage avec *Anne de Rochefort* un fils nommé CLAUDE. Ce dernier épousa, en 1617, *Antoinette de Pélissac*, qui le rendit père de trois fils : FRANÇOIS, JEAN, et JACQUES. — 2° ANTOINE, seigneur du Bourg, peut-être le même que *Du Bourg*, qui commandait à l'Isle-Jourdain en 1598 et qui fut chargé de faire exécuter l'édit de Nantes dans le Bas-Languedoc. Il épousa, en 1575, *Claude Fonbonne*, qui lui donna plusieurs enfants, d'ailleurs inconnus. — 3° FRANÇOIS, père de CHARLES de Barjac, seigneur du Pont.

II° BARJAC-ROCHEGUDE.

CHARLES de Barjac, sieur de ROCHEGUDE et de La Baume, s'était déjà signalé par la défense du Poussin et la reprise de Vessaux, lorsqu'il fut mis à la tête des Protestants du Vivarais, en 1575, pendant l'absence du maréchal de Damville et de *Saint-Romain*. Informé que l'on craignait une entreprise des Catholiques sur Annonay, il se rendit dans cette ville, le 21 janv. 1575, avec 6 à 700 hommes de pied et 200 chevaux, tant catholiques que protestants, qui s'entendaient à merveille, dit dom Vaissette, pour ruiner les églises et massacrer les prêtres. Les Annonéens ne voulurent pas laisser échapper l'occasion de se venger des maux qu'ils avaient eus à souffrir auparavant. Sur leurs instances, et dès le lendemain de son arrivée, Rochegude pilla et brûla Vaucance, Maumeyre, Villeplas, Le Claux, Poulas et plusieurs autres villages dont les habitants s'étaient signalés par leurs cruautés au sac d'Annonay. Après la prise d'Andance et de quelques autres lieux fortifiés, il résolut de réprimer les brigandages du capitaine Erard qui, sous couleur de religion, répandait la terreur dans tout le Bas-Vivarais. C'était un jeune homme du pays de Vernoux « qui, ayant quitté la basoche de Nismes, s'étoit mis à la tête de quatre-vingts hommes de son génie et de sa façon et faisoit des courses dans les villages qu'il chargeoit d'exactions et de contributions. » Rochegude parvint à se saisir adroitement de ce misérable qui, se flattant d'échapper cette fois encore, comme il avait déjà échappé deux fois, à la punition de ses crimes, lui offrit une riche rançon. Mais pour toute réponse, il donna l'ordre de le pendre aux créneaux du château de La Mastre, d'où il l'avait délogé; après quoi, il rendit la liberté aux malheureux qu'il y tenait enfermé dans des basses-fosses pour les rançonner et les torturer de toutes les manières. Sur ces entrefaites, la captivité de *La Meausse* le rappela à Annonay. Il y conclut, le 19 mars 1575, une trêve avec les Catholiques pour la sûreté des laboureurs et du bétail ; mais à peine cette suspension d'armes était-elle signée, qu'une troupe nombreuse vint le provoquer jusques sous les murs de la ville. Une sortie fut à l'instant ordonnée et l'ennemi vivement repoussé jusqu'à Laprat, où s'engagea une lutte meurtrière. Rochegude « voulant rallier ses troupes, fut frappé malheureusement et par mégarde d'un coup de pistolet; » transporté à Annonay, il y mourut le 22 mars 1575. Il fut enseveli avec son neveu de Barjac (1) qui expira le même jour d'une blessure reçue au siége d'Andance. Les deux partis, nous dit Achille Gamon, le regrettèrent également à cause de ses belles qualités et de son rare mérite.

(1) Ce neveu ne peut être que le fils de Jean Barjac, qui mourut avant 1591, sans laisser d'héritier ; sa femme se nommait *Madelaine de Cambis*.

De son mariage avec *Marguerite Brueïs*, Charles de Barjac laissa un fils, nommé Denys, que nous ne trouvons mentionné nulle part, à moins que ce ne soit lui qui soit cité, sous le simple nom de Barjac, dans les procès-verbaux de l'Assemblée de Saumur parmi les députés du Haut-Languedoc. Les Jugements de la Noblesse de cette province, qui ne nous donnent d'ailleurs que des renseignements fort incomplets sur cette famille huguenote, nous apprennent que Denys de Barjac épousa *Madelaine d'Audibert de Lussan* et qu'il en eut un fils, nommé César. D'autres documents nous attestent qu'il fut aussi père de deux filles; l'une, appelée Marguerite, se maria, en 1644, avec *Philippe-Guillaume de Laurens*, seigneur de Beauregard et baron du S. Empire; l'autre, qui avait nom Ennemonde, fut femme de *Charles Bigot*, sieur de Montjoux.

Charles de Barjac, seigneur de Rochegude, La Baume, Saint-Geniès, etc. épousa, le 18 oct. 1648, *Antoinette Hilaire*, fille de *Jean Hilaire*, conseiller en la cour des aides de Montpellier, et d'*Antoinette de Pordian-Maurcilhan*. Il en eut trois fils. Le plus jeune fut tué sous les drapeaux. L'aîné, arrêté dans la terre de Rochegude à l'époque de la révocation de l'édit de Nantes, fut jeté dans la tour de Constance, d'où il fut transféré à Montpellier et plus tard à Saint-André, près de Salins. Le second, qui se nommait Jacques, réussit à gagner la Suisse avec son père. Tous leurs biens furent confisqués; mais Ennemonde de Barjac en obtint la restitution, en abjurant la religion réformée.

Charles de Barjac mourut à Vevay en 1685. Sa femme, petite fille de l'illustre *Calignon*, n'eut pas la triste satisfaction de lui fermer les yeux. Après avoir erré longtemps dans les bois sous un costume de paysanne, elle avait fini par être reconnue et avait été enfermée dans un couvent à Nevers. Promesses, menaces, tortures, rien ne put ébranler sa constance.

Enfin l'abbesse craignant « qu'elle ne rendît tout le couvent huguenot, » supplia l'évêque de la débarrasser de cette hérétique opiniâtre. On la mit dans une litière et on la transporta à Genève, d'où elle alla rejoindre son fils Jacques, le seul enfant qui lui restât.

Ce Jacques de Barjac s'est rendu recommandable par le zèle qu'il déploya en toutes circonstances dans l'intérêt des Réfugiés. En 1698, il fut député à Berlin avec *Loriol de La Grivelière* pour négocier l'établissement dans le Brandebourg des Protestants français qui avaient cherché un asile en Suisse. Dans le seul canton de Berne on n'en comptait pas moins de 6,000, et sur ce nombre 2,000 étaient privés de tout moyen d'existence. C'étaient pour la plupart des ministres et des gentilshommes sans industrie, ou bien des vieillards, des femmes et des enfants incapables de gagner leur vie par leur travail. La charge était trop lourde, même pour le canton le plus considérable de la Confédération. La Chambre de la direction des réfugiés, qui siégeait à Berne, le sentit, et par un acte, daté du 7 août 1698, elle chargea les deux gentilshommes cités plus haut « de se transporter vers les Cours des princes et états protestants et partout ailleurs où il serait nécessaire, afin de tâcher d'en obtenir les moyens d'établir en des lieux certains les réfugiés qui étaient en ce canton. » Cette pièce, rapportée en entier dans l'estimable ouvrage de MM. Erman et Réclam, est signée *Hollard*, ministre de l'église française de Berne et modérateur de la Chambre de la direction; *Couderc*, ministre de Meyrueis dans les Cévennes; *Julien*, avocat au parlement de Grenoble; *Jean Papon*, ancien de Pragelas; *Plante*, ci-devant ministre de Clelles en Dauphiné; *Duncan*, ancien; *Valigné*, ancien de Meyrueis; *Roux*, de Montpellier; *Mourgues*, ancien et secrétaire.

Munis de leurs instructions et des lettres de recommandation qui leur furent données par les cantons protestants, au nombre desquels ne figurent cependant ni Genève ni Neuchâtel, les deux députés se rendirent d'abord en Hollande, où se trouvait alors le roi d'Angleterre, qui leur promit sa protection, ainsi que les États-Généraux. Ils passèrent ensuite en Prusse; mais quelque temps après ils se séparèrent. Tandis que son collègue restait à Berlin pour suivre la négociation, Rochegude alla à Cassel, où les Réfugiés avaient déjà formé des établissements florissants. Cette mission eut un succès complet. Plus de 5,000 réfugiés acceptèrent le nouvel asile qui leur était offert. Une collecte faite en Angleterre, en Hollande et dans les autres états protestants, par les soins de *Maillette de Buy* et de *Carges*, produisit une somme de plus de 76,000 risdales qui fut employée, sous la surveillance d'une commission formée de *Gustave de Mérian*, *La Grivelière*, *Duncan*, *Drouet*, *Maillette de Buy*, et présidée par Alexandre de Dobna, au soulagement des misères et aux frais d'établissement de ces nouveaux réfugiés.

Rochegude, heureux d'avoir si bien réussi, retourna en Suisse. A l'époque des négociations de la paix d'Utrecht, il fut chargé, avec le sieur de *Miremont*, de se rendre en Hollande pour tâcher d'intéresser les puissances protestantes au sort des Réfugiés. Tous ses efforts échouèrent contre la crainte de prolonger une guerre désastreuse. Rochegude ne se laissa pas décourager. Il se mit à parcourir les principales Cours du Nord pour exciter la commisération des souverains et les engager à intercéder pour tant d'infortunés qui gémissaient dans les cachots ou sur les galères. Ses instances ne furent pas repoussées partout. Charles XII, entre autres, ordonna à son envoyé à la Cour de France de solliciter énergiquement la délivrance de ces victimes du fanatisme; mais rien ne prouve que Louis XIV ait eu le moindre égard aux représentations du roi de Suède.

III° BARJAC-GASQUES.

CHRISTOPHE de Barjac, destiné par sa famille à l'état monastique, avait été reçu comme moine profès dans l'abbaye de Sauve; mais se sentant peu de vocation pour la vie du cloître, et peut-être aussi, pénétré déjà des idées de la Réforme, il jeta le froc, rentra dans le monde et épousa *Isabeau Amalric*. Toutefois il ne renonça pas entièrement à la carrière dans laquelle ses parents l'avaient poussé, probablement pour favoriser quelque frère aîné; car, bien que les Jugements de la Noblesse du Languedoc se taisent à cet égard, nous ne pouvons douter qu'il n'ait eu au moins un frère; autrement il serait impossible de s'expliquer qui était le colonel de *Gasques*, que cite Dom Vaissette comme un des lieutenants de Montmorency, en 1585. Il est vrai que l'historien du Languedoc le dit d'origine provençale; mais il faut croire que c'est une erreur, puisque le Dictionnaire de la Noblesse de Provence, ouvrage si complet et si exact, ne fait aucune mention d'une famille de Gasques. Nous trouvons, d'ailleurs, parmi les députés aux synodes de Gap, en 1603, et de Vitré en 1617, un JEAN de Barjac, seigneur de Gasques et ancien de l'église de Saint-Martin, qu'on ne saurait aucunement rattacher, comme on va le voir, à la généalogie de Christophe de Barjac, telle qu'elle nous est donnée dans les Pièces fugitives du marquis d'Aubaïs.

Après avoir embrassé la religion protestante, Christophe de Barjac se fit recevoir ministre et fut nommé pasteur au Vigan. En 1574, il fut député à Henri de Condé qui se trouvait alors à Strasbourg, prêt à rentrer en France. En 1582, il fut élu par la province du Languedoc pour son représentant à l'Assemblée politique de Saint-Jean-d'Angely. En 1588, il fut envoyé de nouveau, avec *Aguillonnet*, à celle de La Rochelle. Nous avons dit ailleurs (*Voy*. BARGETON) qu'il fut choisi pour défendre la cause protestante aux conférences de Mantes, en 1593. En

1598, il assista au Synode national de Montpellier, qui le nomma membre de la commission pour la révision de la discipline ecclésiastique. En 1605, il fut député à l'Assemblée de Châtellerault, et en 1607, au Synode de La Rochelle. Ces missions honorables prouvent suffisamment de quelle estime il jouissait.

Les Jugements de la Noblesse du Languedoc ne lui donnent qu'un fils, nommé LÉVI, seigneur de Castelbouc-du-Breuil, qui ne fut pas en moins grande considération auprès des Protestants du Midi. En 1609, il prit part aux travaux du Synode de St.-Maixent, en qualité d'ancien de l'église de Saint-Jean-du-Breuil; en 1612, il fut député de nouveau à celui de Privas. A cette même époque, outre le Jean de Barjac, seigneur de Gasques, cité plus haut, vivait un autre JEAN de Barjac, seigneur de Villeneuve et ancien de l'église du Vigan, que nous trouvons parmi les députés du Languedoc à l'Assemblée politique de Nismes, en 1615, et au Synode de Vitré en 1617. En l'absence d'autre indication plus précise, nous ne pouvons décider si ce dernier appartenait à la branche de Gasques ou à une autre branche dont il ne serait pas fait mention dans les Jugements de la Noblesse. Une question également difficile à résoudre, c'est celle de savoir lequel de Lévi ou de Jean de Barjac présida l'assemblée tenue à Alais pendant le siége de La Rochelle. Nous pensons cependant avoir des raisons suffisantes pour admettre que ce fut Jean, seigneur de Gasques et ancien de St.-Martin. Car, si le président de cette assemblée n'est désigné dans les actes Mss. (Bibl. Royale, fonds Béthune 9544) que sous le nom de Gasques, ces mêmes actes nous apprennent qu'il fut député par le colloque de St.-Germain dans lequel se trouvait l'église de St.-Martin. Il est fort probable aussi que ce Jean est le même personnage que celui dont parle Dom Vaissette, comme servant sous les ordres de Rohan en 1628.

Nous croyons devoir entrer dans quelques détails sur l'Assemblée d'Alais, les actes n'en ayant jamais été publiés, à notre connaissance.

Elle s'ouvrit le 9 mars 1628. Le bureau était occupé par Gasques, président, *Bony*, adjoint, *Dumas* et *Montrichard*, secrétaires. *Dupuy*, envoyé de Rohan, exposa les motifs qui avaient engagé le duc à la convoquer. Il s'agissait d'organiser la milice, de régler la répartition des deniers ecclésiastiques et de pourvoir aux fortifications de Florac. L'assemblée désira que Rohan se présentât en personne, et en attendant son arrivée, elle ordonna à toutes les églises d'envoyer sous quinzaine leur adhésion au serment d'union; puis elle décréta l'établissement d'une caisse spéciale sur laquelle seraient payées les pensions accordées à tous ceux qui seraient blessés au service de la cause protestante. Sur le rapport de la commission pour le règlement de la milice, l'assemblée ordonna la levée d'un régiment de 3,000 hommes, laissant à Rohan le choix des officiers. Le lendemain, 11e jour du mois, il fut arrêté que les bénéfices seraient mis aux enchères. Dans la séance du 12, tenue en présence de Rohan, on nomma le Conseil de la province, qui fut composé, pour la première fois, de deux gentilshommes et d'un député du tiers, mais sous la réserve expresse qu'à l'expiration de leurs fonctions, qui ne devaient durer que quatre mois, ils seraient remplacés par un gentilhomme et deux membres du tiers-état. Le choix de l'assemblée tomba sur les sieurs de *Mazaribal* et de *La Roque*, et sur *Montgros* (1). Le

(1) Parmi les députés qui prirent part aux travaux de cette assemblée, nous distinguons, en outre, pour la noblesse : *Saint-Jean*, de *Crozet, Méjanes, Grénan, Grenier, Valescure, Valette, Sérignac, La Rivière, Des Alrics, Des Prats, S. Julhez, Saint-Bonnet, Rousset, Mercier, d'Assas*, de *Sainte-Croix*, de *Montault*, de *Fontanilles*; pour le clergé : *Courault, Horlé, Reboutier, Guérin, Imbert, Estienne, Aymard, Chavanon, Daulet, Barne, Boussac*, de *Falquerolles*, de *La Coste, Guichard, Surville, Soleil, Robert*, de *La Combe, Berlié, Thubert, Abram de S. Loup,*

lendemain, on étendit au temporel des ecclésiastiques la résolution prise au sujet des bénéfices, et dans la séance du mardi 14 mars, on décida de les adjuger en bloc sur la mise à prix de 35,000 livres offertes par le sieur de Connac. Le 16, des pleins-pouvoirs furent accordés à Rohan pour qu'il pourvût, selon les circonstances, à l'entretien et à la répartition des troupes dans les garnisons. En même temps, afin de prévenir les vexations auxquelles les mesures qu'il jugerait nécessaires, pouvaient exposer les habitants des villes, l'assemblée déclara solennellement que dans le cas où le gouvernement les inquiéterait, la province entière ferait sa cause de la leur. Elle décida, en outre, de prendre à son service un ingénieur habile, nommé *Combil*. La séance du lendemain fut consacrée à l'adjudication de la ferme des bénéfices, qui fut accordée à *Angon* au prix de 10,500 livres seulement, un grand nombre de bénéfices ayant été retirés des enchères. Enfin, l'assemblée se sépara en décrétant que l'on n'accepterait aucun traité sans la participation du roi d'Angleterre, de Rohan, de La Rochelle et de toutes les églises, et en ordonnant aux pasteurs « de faire lecture à leurs églises et exposition du présent article, et obliger tous les particuliers de leurs troupeaux de prester le même serment, et poursuivre les refusans selon la discipline par toutes censures ecclésiastiques. » C'était, il faut l'avouer, introduire une singulière confusion entre le temporel et le spirituel.

Lévi de Barjac avait épousé, en 1595, *Catherine de Capluc*. Il en eut

Guillaume, *Villars, Lezay, Vignolle, Jean Gilli, La Faye, Blanc, Guisard, Barjon, Deyrolles, Haran, Pontier, Rossel, Des Essars, Courger* (Corrigis, selon Aymon), *Pauleture* (Paul Tur), *Guyon*; pour le tiers : *Romaride, La Farelle, Soubeyran, Rimbal, Saint Rocque, La Taulle, Claude Damasnoir, Pagès*, le capitaine *Jean Bernard, Du Verdier, Dellay, Féronnière, Brouzet*, le bailli *Saurin, Villard, Masbernard, Mourgue, Louis de La Carière, Pessière, Tessonnières, La Bessière, Thérond, Radier, Civil, Servier, Jean André, Couderc, Foussières, Bragaze, Gualhard, Pile, Alcais, Dusault, La Bastide, Férier*, etc., etc.

quatre fils : 1° ANNIBAL, marié, en 1629, avec *Diane Caladon*, qui le rendit père d'ANNIBAL, seigneur de Cadenous; ce dernier s'unit à *Marie Dortes*; — 2° LÉVI, qui épousa, en 1632, *Jeanne de Tauriac* et en eut LÉVI, seigneur de Castelbouc-du-Breuil, lequel prit pour femme *Marguerite de Rosel*; — 3° DENIS; — 4° JEAN, seigneur de Castelbouc et de Monteson, marié, en 1649, à *Jeanne de Gabriac*.

Cette famille professait encore le protestantisme à la révocation de l'édit de Nantes. Benoît mentionne un de *Gasques* parmi les persécutés pour cause de religion.

Pour compléter nos renseignements sur la famille de Barjac, il ne nous reste plus à parler que de FÉLIX de Barjac, sénéchal de Valentinois, qui ne nous est connu d'ailleurs que par quelques détails contenus dans Regnier de LaPlanche et dans Chorier. L'historien du Dauphiné raconte que par suite de la connivence de l'évêque, Jean de Montluc, et du sénéchal, l'audace des Réformés s'accrut à tel point, qu'en 1560, ils osèrent, au nombre de plus de cinq mille, célébrer publiquement la Cène le jour de Pâques dans l'église des Cordeliers de Valence.

Rien ne nous indique à laquelle des trois branches de Barjac appartenait GABRIEL de Barjac, l'auteur d'un livre intitulé : *Introductio in artem jesuiticam, in eorum gratiam qui hujus artis mysteriis initiati aut initiandi sunt*, Genev., 1599, in-8°.

BARNAUD (BARTHÉLEMI), ministre à La Tour, près de Lausanne, a écrit : I. *Mémoires pour servir à l'histoire des troubles arrivés en Suisse à l'occasion du Consensus*, Amst., 1726, in-8°. — II. *Éclaircissemens et Réflexions sur les prophéties de* N. S. J.-CH. *contenues dans* S. Matthieu, S. Marc *et* S. Luc, Laus., 1739, in-4°. — III. *Éclaircissemens et Réflexions sur les quatre Évangiles et les Actes des Apôtres*, V parties en 2 tomes. — Tom. I. 1re partie contenant les XVII premiers chapitres sur l'Évangile selon S. Matthieu,

Bàle, 1747, in-4° (377 p.) — Suite, contenant les xi derniers chap., *ibid.*, même année (va jusqu'à la 710ᵉ p.) = Tom. II. 2ᵉ partie. Évangile selon S. Marc, Bâle, 1749, in-4° (72 p.) — 3ᵉ partie. Évangile selon S. Luc, *ibid.*, même année (348 p.) — 4ᵉ partie. Évangile selon S. Jean, *ibid.*, 1750 (340 p.) — 5ᵉ partie. Actes des Apôtres, *ibid.*,1751 (372 p.) —L'auteur dans un Avertissement préliminaire expose le plan qu'il a suivi. « On a pris dit-il, un paragraphe entier, ou du moins un certain nombre de versets qui forment ensemble un sens bien complet. Sur ce paragraphe, ou ce nombre de versets, on donne en peu de mots, non point en forme de notes, mais par un petit discours lié et suivi, tous les Éclaircissemens qui peuvent être nécessaires ou utiles au commun des Chrétiens. Après quoi viennent des Réflexions, où l'on indique les usages de doctrine et de morale qui résultent des Éclaircissemens. De sorte que le tout ensemble forme une espèce de petite homélie, qui tient un juste milieu entre la brièveté et la sécheresse de simples notes et la prolixité de certains commentaires dogmatiques. Quelquefois on a fait entrer les Réflexions dans les Éclaircissemens, selon que la matière l'a comporté. — Comme cet ouvrage n'est proprement que pour les personnes qui ne sont pas gens de lettres, on n'y a fait entrer aucune question ni même aucun terme de l'École. On s'est abstenu de combattre formellement aucun des dogmes particuliers à quelqu'une des sociétés chrétiennes. On s'est contenté d'y exposer, d'une manière extrêmement simple et populaire, la doctrine et la morale chrétienne, telle qu'on la trouve dans les écrits sacrés et dégagée de tant de spéculations vaines et frivoles dont on l'a malheureusement que trop embarrassée ou pour mieux dire défigurée. » L'auteur pour ses Éclaircissemens a eu recours aux exégètes les plus recommandables, tels que Érasme, Grotius, Hammond, Lightfoot, Wihtby, Le Clerc, Dom Calmet, Beausobre Lenfant, etc., et en outre, il a soumis son travail au savant M. *Roques*, pasteur de l'église françoise à Bâle, qui se chargea de le revoir.

BARNAUD (NICOLAS), médecin, natif de Crest en Dauphiné, florissait à la fin du XVIᵉ siècle.

Les biographes nous fournissent, à l'occasion de ce médecin, un exemple remarquable des erreurs où peuvent tomber des critiques, d'ailleurs très-estimables, par suite des incorrections que commettent si fréquemment nos vieux écrivains dans l'orthographe des noms propres. Allard, Van der Linden, Heindrich, Merklin, Manget, Lipenius, font de Barnaud deux et jusqu'à trois individus différents, en le désignant en même temps sous les noms de Barnaud, Bernaud, Barnhard, Bernard et même d'Arnaud. C'est sans doute là une négligence; mais quand on est aux prises avec les mêmes difficultés, on sait être indulgent. — Nicolas Barnaud n'a pas laissé d'autre souvenir dans l'histoire que ses publications : les unes, relatives à la philosophie hermétique, ont paru sous son nom; les autres lui sont seulement attribuées. Ses biographes, à défaut de mieux, le font beaucoup voyager par toute l'Europe; mais ce que l'on sait de positif à ce sujet, se réduit à bien peu de chose. Une de ses lettres, datée de 1599, nous apprend, en effet, qu'il avait visité l'Espagne 40 ans auparavant, et d'une autre adressée de Tergou, en 1601, à un nommé Barnaud, son cousin-germain, à qui il donne la qualité de vice-sénéchal, on peut conjecturer qu'il était à cette époque en Hollande. Du reste, aucun autre renseignement. S'il est vrai qu'il soit l'auteur du *Réveille-matin des François*, on doit aussi admettre qu'après la S.-Barthélemi il se réfugia en Suisse où il fit paraître cet ouvrage. Barnaud était lié d'amitié avec Fauste Socin, qui lui dédia un de ses livres en 1595; mais on ignore s'il partageait les doctrines de son ami. En tout cas, on doit se défier de l'auteur du pamphlet le Magot genevois, lorsqu'il avance que Barnaud fut excommunié « pour avoir été convaincu d'arianisme, et avoir fait un livre abominable, duquel le titre seul fait dresser les cheveux de la tête, l'ayant intitulé *De Tribus Orbis Impostoribus* [Moïse, Jésus-Christ et Mahomet], » d'autant que ce dernier trait est évidemment une erreur grossière ou une imposture. Il paraît que notre philosophe rentra dans sa patrie (*Voy.* p. 224) sur la fin de sa carrière, qu'il termina en paix dans les premières années du xviie siècle.

Ses publications sur la philosophie hermétique ont trop peu d'intérêt, de nos jours, pour que nous les fassions connaître en détail. Les curieux de ces sortes d'ouvrages en trouveront la liste, aussi complète que possible, dans l'excellent Dictionnaire de Prosper Marchand. Elles ont paru de 1597 à 1601 et ont été reproduites dans le IIIe volume du Theatrum Chimicum de Zetzner, Strasb., 1613 et *sqq.* in-8°, qu'elles ne remplissent pas en entier, comme on l'a dit par erreur, mais dont elles occupent seulement 133 pages (836 à 969). Plusieurs de ces écrits ne sont que des réimpressions de traités d'alchimie que Barnaud a accompagnés d'un commentaire. On y trouve en outre les deux lettres dont nous avons parlé dans notre notice, et une petite pièce de vers, le tout en latin.

Les ouvrages qui sont attribués à Barnaud ont une plus grande importance. Nous indiquerons d'abord la trad. suivante d'un ouvrage de Socin, que Sandius (Bibl. des Antitrinitaires) cite sous ce titre : *Le livre de l'autorité de la sainte Écriture*, trad. par Nicolas Barnaud, gentilhomme Dauphinois, avec *l'Advertissement de Messieurs les théologiens de Basle sur quelques endroits dudit écrit*, 1592. Quoique, d'après Vorstius et Bayle, cette trad. fût anonyme, les relations que Barnaud entretenait avec Socin donneraient quelque poids à la supposition du bibliographe socinien de Kœnigsberg ; mais elles ne nous semblent pas autoriser de même Prosper Marchand à le regarder comme l'auteur d'une trad. française des *Sept livres de Servet concernant les erreurs touchant la Trinité*, que Barnaud aurait faite, d'après la trad. flamande de Regner Tell, pendant son séjour en Hollande.

Une publication d'une tout autre valeur que les précédentes, *Le Réveille-matin des François et de leurs voisins*, et qui est généralement attribuée à Nicolas Barnaud, mérite que nous entrions dans plus de détails. Cet ouvrage parut d'abord sous le titre : *Dialogue auquel sont traitées plusieurs choses advenues aux Luthériens et Huguenots de la France; ensemble certains points et avis nécessaires d'estre sceuz et suiviz*, Basle, 1573, pet. in-12 de 164 pages, et au dernier feuillet : achevé d'imprimer le 12° jour du 6° mois d'après la journée de la Trahison ; trad. en latin, sous le titre : *Dialogus quo multa exponuntur quæ Lutheranis et Hugonotis Gallis acciderunt; nonnulla item scitu digna et salutaria consilia adjecta sunt*, Oragniæ, 1573, pet. in-8°. Brunet suppose que l'édit. latine précéda l'édit. française, mais rien ne le prouve. L'année suivante, l'auteur réimprima son ouvrage en l'augmentant d'un nouveau dialogue : *Dialogi ab Eusebio Philadelpho, Cosmopolita, in Gallorum et cæterarum nationum gratiam compositi : quorum primus ab ipso authore recognitus et auctus; alter vero in lucem nunc primùm editus fuit*, Edimb. (Bâle ?), 1574, in-8° ; quelques bibliographes l'indiquent aussi sous le titre : *Dialogi duo de vitâ Caroli* ix, *regis Galliarum, reginæque matris ejus*, ab Eusebio Philadelpho, Cosmopolita, Edimb., 1574, in-8°. La traduction française en parut dans la même année, sous le nouveau titre : *Le Réveille-matin des François et de leurs voisins. Composé par Eusèbe Philadelphe, Cosmopolite, en forme de dialogues.* A Édimbourg, 1574, in-8°. L'édition latine est dédiée aux Polonais qui venaient d'élire le duc d'Anjou, depuis Henri III, pour leur roi, et la française à la reine Élisabeth d'Angleterre. Le premier dialogue a été traduit en allemand par Emericus Lebusius (Lebus, petite ville sur l'Oder), Édimbourg, 1575, in-12 ; mais nous ne pensons pas que le second, où l'on remarque quelques traits satiriques à l'adresse des Allemands, l'ait été ; en tous cas, il ne se trouve pas dans l'édition que nous indiquons.

L'édition française de 1574 contient : *Dédicace à la reine Élisabeth*, datée du 20 nov. 1573 ; —*Épistre traduite en françois du livre latin dédié aux Estats, princes, seigneurs, barons, gentilshommes et peuples polonois* ; —*Double d'une lettre missive escrite au duc de Guyse*, etc. ;— *Dialogisme sur l'effigie de la Paix* : *le Polonois* ; *la Paix Valoise*, — assez mauvaise satire qui prouve que l'auteur n'était pas poète ; — et finalement trois quatrains *Aux vrais gentilshommes françois*. Vient ensuite l'*Argument* du premier dialogue, qui donne une idée très exacte du livre, et que nous reproduisons en entier : « L'Alithie, c'est-à-dire la Vérité, étant en une de ses maisons qu'elle a librement dressée ès quartiers de la Hongrie qui est sous la puissance du Turc, voit venir son ami Philalithie, échappé de la France, l'interroge de l'occasion de son départ. L'Historiographe, à la prière de Philalithie, la lui récite, discourant en gros les choses advenues touchant la religion en France, dès François Ier jusqu'au mois d'août 1572, sous Charles IX, où il commence à raconter plus par le menu ce qui s'est passé. Le Politique aide l'Historiographe au récit de l'histoire, et marque incidemment les fautes faites de tous les deux côtés, montrant à l'œil le misérable état de la France. L'Église qui là étoit, prie et parle parfois selon la matière sujette. Daniel, c'est-à-dire, le jugement divin, prononce sur tout cela un arrêt de grande conséquence, contenant entr'autres choses XL articles de police civile et militaire. Le Politique et l'Historiographe françois, qui jusques alors étoient papistiques, sont convertis à Dieu, et envoyés par l'Église en charge, à sçavoir, l'Historiographe aux princes et nations voisines, pour leur faire entendre les tragédies françoises et leur devoir envers les bons, et le Politique aux François oppressés pour les avertir de l'arrêt de Daniel et de l'ordre qu'il leur donne. » Dans l'édit. de 1573, ce *Dialogue* contient 164 pages, et 159 dans l'édit. de 1574 ; quoique l'édit. latine de 1574 porte dans son titre que ce dialogue a été augmenté, *auctus*, nous n'y avons remarqué aucun changement ; l'augmentation dont parle l'auteur ne regarde sans doute que les pièces préliminaires. — *Dialogue second du Réveille-matin*, etc., *et mis de nouveau en lumière*, Édimb., 1574, in-8°. En voici l'*Argument* tel que le donne l'auteur : « Le Politique et l'Historiographe françois revenans par divers chemins de leur charge, se rencontrent (comme Dieu veut) logés en une même hôtellerie en Fribourg en Brisgaw, et après s'être reconnus, caressés et recueillis, ils récitent l'un à l'autre le succès de leurs voyages, l'état présent de la France, et par occasion quelque trait de celui de l'Angleterre. Ils traitent aussi de la puissance des rois, de la tyrannie et de la servitude volontaire et plusieurs autres belles matières, très-nécessaires en ce temps, réservant au lendemain ce qu'ils ont à dire de plus. » Ce second dialogue comprend 192 pages.

Nous dirons quelques mots de l'un et de l'autre de ces dialogues. Le premier présente un tableau fidèle de nos troubles religieux jusqu'aux événements qui suivirent immédiatement les massacres de la S. Barthélemi. Rien de plus faux, au moins quant à cette première partie, que le jugement qu'en portent les critiques qui ne voient dans cette publication qu'une satire pleine de mensonges et de calomnies. C'est, au contraire, un résumé historique fort bien fait, quoique trop concis, et écrit surtout avec une impartialité et une modération remarquables. Tous les faits que l'auteur rapporte, ont été confirmés depuis par les témoignages les moins suspects. Nous ferons remarquer seulement son opinion sur la mort de *Jeanne d'Albret* : « La reine de Navarre, dit-il, mourut d'un boucon qui lui fut donné à un festin où le duc d'Anjou estoit, selon que j'ay ouy dire à un de ses domestiques. » Nous avons vu, p. 58, que ce sont là les propres expressions d'Olhagaray. Une chose dont il est difficile de se rendre compte, ce sont les vœux que notre auteur met dans la bouche de son personnage Politique en faveur de la maison de Guise : « Pour ma part, lui fait-il dire, ayant vu le peu de seureté qu'il y a souz le regne d'à present, je l'aimeroys beaucoup mieux (puisqu'il faut que je le die) en la maison de Lorraine que là où elle [la couronne] est. Et diray une chose que le Huguenot (despité pour jamais et desgouté en toutes sortes de la maison de Valoys) seroit bien aise, voire s'employeroit (à mon advis) à ce que la maison de Lorraine recouvrast ce qui leur appartient [comme descendants de Charlemagne] : s'asseurant bien qu'elle lairroit la conscience du Huguenot libre et l'exercice de sa religion, et luy garderoit la foy qui lui auroit esté promise : se souvenant du malheur que la desloyauté auroit apporté à son maistre. Desja ont-ils donné quelque occasion aux Huguenots de croire qu'ils ne leur sont pas si aspres comme on croit. Ils en ont sauvé, comme a dit l'Historiographe, beaucoup et en sauvent secrètement tous les jours. » L'Historiographe, autre interlocuteur, avait dit en effet que dans les journées de la S. Barthélemi, les ducs de Guise et d'Aumale « sauvèrent à beaucoup la vie, mesmes en leur maison de Guyse, où le seigneur d'*Acier* et quelques autres huguenots se retirèrent à sauveté, comme si leur cholère fust appaisée après la mort de l'amiral. » Notre auteur était-il sincère dans ses vœux ? pensait-il que de deux maux il valait mieux choisir le moindre, ou bien désirait-il, par instinct de conservation autant que par esprit de vengeance,

— nous avons presque dit de justice — pousser les ennemis de son parti à s'entre-détruire par l'appât d'une couronne souillée de sang ? Nous abandonnons cette question à l'appréciation du lecteur. Ce que ce premier dialogue renferme de plus important, c'est sans contredit les xl articles de police civile et militaire que l'auteur met dans la bouche de Daniel. Ils ont servi de base au traité de Fédération protestante (en xxxv art. sans le préambule) que nous avons rapporté dans nos Pièces justificatives, sous le N° xxxv. On n'y remarque que de légers changements ; par exemple, l'ordre des articles est quelquefois interverti : c'est ainsi que l'article 1ᵉʳ du traité de Fédération forme une partie du xlᵉ dans la Charte proposée par Daniel ; le fond est le même, l'expression seule diffère un peu. Voici comme Daniel s'exprime : « Que si (comme dit est) il plaist à Dieu de toucher le cœur des tyrans et les changer, comme il en a la puissance, lors de bonne volonté ils se submettent à ceux que Dieu leur a ordonnez pour princes naturels et leur rendent tout devoir de bons et obéissans sujects. Mais si le mal est venu jusques au comble et que la volonté de Dieu soit de les exterminer : s'il plaist à Dieu susciter un prince chrestien vengeur des offenses et libérateur des affligez, qu'à cestuy ils se rendent sujects et obéissans, comme à un Cyrus que Dieu leur aura envoyé. Et en attendant ceste occasion, qu'ils se gouvernent par l'ordre cy-dessus establi par forme de loix. » L'auteur, dans son second dialogue, nous apprend que le Politique se rendit à Sancerre pour remettre aux Protestants, commandés par *Montbrun*, *Mirebel* et *Lesdiguières*, les articles de Daniel. « Mais pour ce qu'il y pourroit avoir des difficultés sur quelques articles, et principalement quand il seroit question de les mettre en pratique, pour le peu de cognoissance que les François ont d'un estat libre et bien conduit, ayans esté presque tousjours nourris en servage et commandez à baguette, comme l'on dict, au plaisir de ceux que les rois leur eslevoyent dessus la teste : car tel estoit leur plaisir, » on le renvoya à l'assemblée qui devait se tenir à Nismes. Les dangers des chemins ne l'arrêtèrent pas, il partit incontinent pour le Languedoc, où on l'accueillit avec empressement. Après avoir discuté les articles dont il était porteur, on les trouva « fort bons, saincts et dignes d'estre observez et gardez. » Un tel succès est sans doute un beau témoignage de l'estime et de la considération dont l'auteur de ces articles jouissait dans son parti. Nous examinerons plus bas si cet auteur peut être Nicolas Barnaud.

Quant au second dialogue, il présente tous les caractères, non pas d'une satire, mais d'un pamphlet politique ; la passion y domine ; le républicain huguenot s'y découvre à chaque page. Dans la première partie du livre, il y a plus d'art, l'auteur expose les faits de sa cause ; dans la seconde, il y a plus de savoir, il les discute. On voit que la science du droit lui était familière. Son argumentation est vive, pressante ; ses raisonnements nourris ; son style décèle une plume exercée. L'auteur s'occupe d'abord de l'état de l'Angleterre. Le manque de discipline dans l'Église, le luxe des prélats, l'égoïsme des grands excitent tour-à-tour son indignation. « O Seigneur, jusques à quand, s'écrie-t-il, y aura il de tels maistre-d'hostels en ta maison ! Quels vignerons, quels moissonneurs ! Ils ont prins l'Évangile en vain, les paillards, et s'en sont fait riches. » Il témoigne la crainte que le pays ne retombe facilement sous le joug de Rome. Aussi donne-t-il à la reine Élisabeth le conseil de se défaire de Marie Stuart ; « Reste seulement à vuyder si le fait est aussi juste et honeste, comme utile et nécessaire . » Il discute au long cette question. « En affaire d'estat, dit-il, il faut regarder si ce qu'on propose est juste et utile au public ; les autres respects de clémence, de libéralité, de générosité particulière doivent tousjours céder à l'utilité publique ; mais il y a encores un tiers qui surmonte tous autres : c'est une nécessité publique. » Et il conclut que « la punition de ceste conspiration [du duc de Norfolk] sur la royne d'Escosse, supposé qu'elle soit véritablement coulpable, quoy que sachent dire et alléguer ses partizans, est très-juste et légitime par toutes loix divines et humaines... Au contraire, l'impunité est un vray refus de justice et de protection à ses sujects [de la reine Élisabeth], un mespris du salut de son peuple, et (ce qui est plus à regretter) une désertion et contemnement de la conservation de l'Église de Dieu et de son pur service, lequel..... y seroit de tout point renversé, si la mort de la royne Élisabeth advenoit devant le supplice deu à la royne Marie. » On sait que les conseils de notre auteur ne furent pas écoutés : le duc de Norfolk fut mis à mort ; mais ce ne fut que quatorze années plus tard, après la découverte de la conspiration ourdie par le prêtre Jean Ballard, que la reine d'Écosse fut condamnée à périr sur l'échafaud.

Notre auteur fait conter ensuite à l'Historiographe le mauvais succès de ses démarches pour intéresser les princes allemands et le gouvernement d'Angleterre à la cause des Protestants de France « Pour le dire en un mot, résume-t-il, après beaucoup de paroles ils m'ont traité comme l'on traite communément les povres, mendians l'aumosne à la porte des riches : Je vois bien qu'il y a pitié en vous (ce leur dit-on), mais je n'ay pas que vous donner. Allez de par Dieu, Dieu vous soit en aide. Voilà comme ils m'ont renvoyé, à mon grand regret, à bast vuide. » Un tel accueil ne devait pas le disposer à la bienveillance ; aussi ne ménage-t-il pas les traits satiriques. La dernière partie de ce dialogue est principalement consacrée à l'examen du droit de souveraineté. On y retrouve les doctrines émises, avec tant d'autorité, par Étienne de La Boétie dans son célèbre Discours de la Servitude volontaire, publié par les soins de Montaigne en 1571, et dont *Hubert Languet* fut ensuite le défenseur dans ses *Vindiciæ contrà Tyrannos*, imprimées quelques années après, en 1577, sous le pseudonyme de *Stephanus Junius Brutus*. L'analyse de ce dernier ouvrage nous fournira l'occasion d'examiner plus en détail ces hautes questions de droit public; nous nous bornerons, dans cette notice, à faire connaître brièvement les doctrines politiques de notre auteur. « Il ne se trouvera jamais, dit-il, qu'il y ait eu un peuple si sot et si mal avisé qui ait eslevé un magistrat sur ses espaules, auquel il ait donné puissance et authorité absolue de commander indifferemment tout ce qu'il voudroit au peuple qui l'avoit esleu. Au contraire tousjours le peuple en se soumettant au magistrat, l'a aussi lié et comme attaché à certaines loix et conditions, lesquelles il ne luy est permis d'enfreindre ny outrepasser. » Des exemples tirés de l'histoire lui servent à confirmer cette vérité. « Les magistrats, ajoute-t-il, ont été créés aux peuples et non les peuples aux magistrats; tout ainsi que le tuteur est créé à un pupille et le pasteur à un troupeau... Encores peut-on bien trouver aujourd'huy un peuple sans magistrat, mais nullement un magistrat sans peuple. » Aussi se prononce-t-il pour le droit de résistance et de déposition. Il n'y a point, dit-il, de prescription contre les droits du peuple et des États; si ces derniers, élus surtout à cette fin d'empêcher la tyrannie, manquent à leur devoir, c'est aux sujets à recourir au remède, et selon lui, d'entre tous les actes généreux, le plus illustre et magnanime est d'occire un tyran. Finalement, il fait des vœux pour le retour à l'ancienne forme de gouvernement, c'est-à-dire la succession au trône avec la sanction du peuple, « souverain remède, dit-il, à un état du tout pourry et prest à cheoir comme est celuy de France. »

On voit par les détails qui précèdent que le Réveille-matin des Français n'est pas une de ces productions éphémères que les passions du jour font éclore et qui sont condamnées à ne pas leur survivre. Mais quel en peut être l'auteur ? D'après le témoignage le plus ancien, celui du célèbre Cujas dans sa *Præscriptio pro Jo. Montlucio adversùs libellum Zach. Furnesteri* (pseudonyme sous lequel *Hugues Doneau* avait publié sa Défense pour le sang innocent de tant de milliers d'âmes répandu en France, contre les calomnies de l'évêque *Montluc*), on doit l'attribuer à ce savant jurisconsulte. On sait qu'à l'époque des massacres de la S. Barthélemi, Doneau qui professait, ainsi que Cujas, à l'université de Bourges, ne fut sauvé de la fureur des assassins que par le dévouement de quelques étudiants allemands, ses élèves. Il se réfugia en Suisse, d'où il passa en Allemagne et ne rentra plus dans sa patrie. Ces circonstances de sa vie ne tendent pas, du moins, à contredire l'assertion de son illustre confrère.

D'un autre côté, la première mention qui soit faite de Barnaud comme auteur du livre dont nous avons donné l'analyse, se trouve, au rapport de Prosper Marchand, dans J. J. Frisius, *Bibl. Gesneri in epitomen redacta*, 1585, où cet écrivain raconte que *Lafin*, beau-frère de *Beauvais La Nocle*, ayant rencontré Barnaud à Bâle, lui donna publiquement un soufflet pour le châtier des calomnies répandues dans son livre. Ce même fait doit être aussi rapporté par Struvius (Bibl. Hist.?), d'après une note manuscrite qui se trouvait sur son exemplaire du Réveille-matin. Mais nous ferons remarquer d'abord le grand rapport de consonnance, — plus grand encore pour l'oreille d'un allemand, — qui existe entre Doneau et Barnaud, et en outre, il nous semble que l'anecdote apocryphe de Frisius, dont rien ne nous garantit l'authenticité et qui pourrait bien n'être que la reproduction, sans autre autorité, de la note manuscrite dont parle Struvius, ne saurait balancer le témoignage formel de Cujas. Placcius, dans ses Anonymes, partage le sentiment de ses compatriotes. Pour ce qui est de l'opinion de Baillet, qui attribue le Réveille-matin à *Théod. de Bèze*, on ne sait sur quel fondement, nous ne nous y arrêterons pas. Du reste, nous devons dire que l'auteur n'a pas laissé échapper dans son livre la plus petite allusion qui pût mettre sur sa trace, et surtout on n'y trouve pas un seul mot qui puisse faire soupçonner un écrivain adonné à la médecine et encore moins à l'alchimie, tandis que le jurisconsulte ou le théologien s'y montre dans une foule d'endroits.

Arnauld Sorbin, le prédicateur de Charles IX, et ensuite des rois Henri III et Henri IV, opposa au Réveille-matin des Français : Le vray Resveille-matin pour la deffense de la majesté de Charles IX (1574, pet. in-8°, sans nom de ville), qu'il réimprima ensuite sous ce nouveau titre : *Le vray Resveille-matin des Calvinistes et publicains françois, où est amplement discouru de l'auctorité des princes et du devoir des subjets envers iceux*, Paris, 1576, pet. in-8°.

On a encore attribué à Nicolas Barnaud : *Le Cabinet du roy de France dans lequel il y a trois perles précieuses d'inestimable valeur : Par le moyen des quelles Sa Majesté s'en va le premier monarque du monde, et ses sujets du tout soulagez*, sans nom de ville, 1582, 3 liv. en un tome in-8° de 647 pp. sans la dédicace ; dédié à Henri III par N. D. C. [Nicolas de Crest?], à la date du 1er nov. 1581. — « Ce beau Cabinet, dit l'auteur, c'est la monarchie des Gaules, la première perle c'est la Parole de Dieu, qu'assidueellement doit retentir ou estre pendüe en l'aureille d'un si grand roy [Henri III] ; l'estuy dans le quel elle est enclose ou plustost ensevelie, c'est l'Église papale ; la deuxiesme perle c'est la Noblesse, et la troisiesme c'est le tier estat. » Le livre ne vaut pas mieux que l'allégorie ; c'est une satire diffuse, vulgaire, grossière, où le cynisme de l'expression le dispute trop souvent au cynisme des détails. Nous y avons cependant remarqué quelques bonnes pages ; mais elles sont perdues dans la foule des mauvaises. Selon Brunet, on attribue cet ouvrage à Nicolas Froumenteau « parce que le préambule et la fin de l'épître dédicatoire datée de nov. 1581 sont conçus absolument de même que dans le Sécret des Finances de France [Le grand Trésor des Trésors de France, c'est-à-dire, le Secret, etc.], ouvrage dans le quel cet auteur est nommé. » Comme nous avons parcouru l'un et l'autre ouvrage, nous ferons observer que la suscription de la dédicace est seule la même. Quant à Barbier, il remarque avec raison que « Prosper Marchand s'est trompé en conjecturant que cet ouvrage était le même sous un autre titre que le Secret des Finances de N. Fromenteau ; mais on peut dire, ajoute-t-il, que les deux ouvrages paraissent sortir de la même main : tous deux ont pour but d'augmenter les finances du roi, en dévoilant les abus qui ont lieu en France. Le nom de Fromenteau serait donc un des masques de Nicolas Barnaud. » Nous renverrons l'examen de cette question à l'art. que nous consacrerons à *Froumenteau*.

La Monnoye et Barbier attribuent aussi à notre Barnaud : *Le miroir des François compris en trois livres, contenant l'état et le maniement des affaires de France, tant de la justice que de la police*, par Nic. de Montand, 1582, in-8°. Selon Brunet, il y a deux éditions de cet ouvrage sous la même date : la première de 736 pages, et la seconde de 497 seulement. En attendant que de nouvelles recherches nous autorisent à nous prononcer, nous nous rangerons de préférence au sentiment de Le Duchat qui regarde le Cabinet du Roi, le Secret des Finances et le Miroir des François comme l'œuvre du même Froumenteau ou Fromenteau, que ce soit d'ailleurs le pseudonyme de Nicolas Barnaud ou de tout autre.

BARNAVE (Antoine-Pierre-Joseph-Marie), né à Grenoble en 1761, et exécuté à Paris le 29 nov. 1793, (9 frim. an II) et non pas le 29 oct., comme le répètent la plupart de ses biographes.

A l'époque où nous reporte la naissance de Barnave, l'état des Protestants s'était sensiblement amélioré par suite d'une certaine pudeur qui forçait à la fin le Pouvoir à la tolérance. Aussi voyons-nous que le père de notre grand orateur remplissait la charge de procureur, tandis que, par les édits de Louis XIV et de Louis XV, toute fonction publique était interdite à un protestant. Barnave suivit la carrière du droit. A 22 ans, il fut reçu avocat au parlement de Grenoble. Les graves événements politiques qui s'annonçaient, ne le prirent pas au dépourvu; il s'y était préparé de longue main par des études sérieuses. Cependant il n'était encore connu que par une brochure, l'*Esprit des édits enregistrés*, Grenoble, 1788, in-8°, et sa réputation n'avait vraisemblablement pas franchi les limites de sa province, lorsqu'il fut député aux États-généraux comme représentant du tiers. La noblesse de son caractère, plus encore que son mérite, l'avait désigné au choix de ses concitoyens. La session s'ouvrit à Versailles le 4 mai 1789. Dès les premières séances, Barnave se fit remarquer parmi les plus chauds défenseurs des droits du peuple. Uni d'amitié avec les deux Lameth, il forma avec eux, dit M. Thiers, « un triumvirat qui intéressait par sa jeunesse et qui bientôt influa par son activité et ses talents. » Mirabeau disait de Barnave : « C'est une jeune plante qui un jour montera haut, si on la laisse croître. » Le jeune représentant du Dauphiné monta en effet très-haut; mais sa destinée était de jeter un éclat aussi vif que passager. Nous ferons connaître, sommairement, ses principaux votes. Il appuya la motion du serment du Jeu de Paume; parla en faveur du veto suspensif, discussion dans laquelle il eut la gloire de triompher de Mirabeau; repoussa la demande de proscrire les journaux et les libelles dirigés contre l'assemblée, rendant ainsi hommage aux vrais principes de la liberté qui ne consiste pas dans un déplacement du pouvoir; invoqua l'admissibilité aux emplois publics de tous les citoyens, sans distinction de religion; vota l'abolition des ordres religieux, la réunion des biens du clergé aux domaines de l'état, la suppression des titres honorifiques; fit décréter le principe de l'institution du jury en matière civile. Dans l'orageuse discussion qui s'éleva, en mai 1790, sur la question du droit de paix et de guerre, Barnave qui voulait refuser ce droit au roi pour en investir la représentation nationale, fut appelé à lutter corps à corps avec l'éloquent Mirabeau; il succomba, mais les acclamations du peuple le dédommagèrent de sa défaite. C'est à ce sujet que son adversaire lui fit entendre ces paroles prophétiques : « Et moi aussi j'ai été porté en triomphe, et pourtant on crie aujourd'hui : *la grande trahison du comte de Mirabeau!* Je n'avais pas besoin de cet exemple pour savoir qu'il n'y a qu'un pas du Capitole à la Roche Tarpéienne. »

On a remarqué, et nous le répétons sans y attacher une grande importance, car comment lire au fond des cœurs, que la mort de ce puissant rival, arrivée le 2 avril 1791, fut en quelque sorte le signal du changement qui s'opéra dans les tendances du jeune tribun. Ce fut dans la séance du 11 mai que ce changement se manifesta d'abord d'une manière sensible. Dans la discussion relative à l'état civil des hommes de couleur, il demanda qu'il ne fût rien décidé jusqu'à ce que les colonies se fussent elles-mêmes prononcées. Sieyès et Grégoire n'eurent pas de peine à le réfuter en l'opposant à lui-même. Avait-il perdu la mémoire de cette exclamation fameuse que son enthousiasme lui avait arrachée quelques mois auparavant : « Périssent les colonies plutôt qu'un principe! » La popularité de Barnave déclina dès lors visiblement; mais son influence politique ne paraît pas encore en avoir souffert. Après la fuite du roi et de sa famille et leur arrestation à Varennes, il fut nommé, avec Pétion et Latour-Maubourg, pour aller au devant des illustres fugitifs, et les ramener à Paris. L'entrevue eut lieu à Épernay. Barnave, qui avait le cœur noble et généreux, ne craignit pas de se montrer respectueux mais sans bassesse, bienveillant mais sans servilité, ne pensant pas que le bien de l'état exigeât de lui qu'à la vue de si grandes infortunes il demeurât sans entrailles. C'est alors qu'entrevoyant le précipice où la faiblesse du monarque et l'incapacité de ses conseillers allaient inévitablement entraîner la royauté, il put, sans trahir la cause de la nation, offrir au roi ses services et ses conseils : il le fit librement, loyalement, honnêtement. Du reste, nous devons faire observer que sa conduite en cette occasion n'est nullement en contradiction avec les principes qu'il défendit dans tout le cours de sa carrière politique. Il combattit constamment pour la destruction des abus de la royauté, jamais pour l'établissement d'un gouvernement démocratique, et si ses attaques portèrent quelquefois plus haut, c'est uniquement parce que l'ancienne monarchie s'étant identifiée avec ses abus, ses ineptes défenseurs croyaient que son existence y était attachée.

Peu de jours après son retour à Paris, Barnave eut l'occasion de signaler son dévouement en luttant, contre Robespierre et Pétion, pour le principe de l'inviolabilité royale, et sa dialectique puissante entraîna l'assemblée, au milieu même des huées parties des tribunes. « Il montra dans son discours, avec une éloquence vraiment prophétique, dit M. Michaud, les orages de la République et les malheurs qui ne tardèrent pas à éclater sur la France. » Barnave combattit ensuite le projet de décret contre les prêtres réfractaires ; se prononça pour la condition d'une imposition de 40 journées de travail pour l'éligibilité et l'électorat, accusant les opposans de tendre ouvertement à la démocratie ; demanda l'ordre du jour sur la motion de conserver au corps législatif le droit de déclarer que les ministres avaient perdu la confiance de la nation, etc. Dans ces différentes discussions, il fit entendre des paroles éloquentes; mais son dernier triomphe surtout fut éclatant. Accusé de trahison par Robespierre au sujet des colonies, il n'eut pas de peine à mettre cette accusation à néant. L'assemblée ayant entendu son rapport sur cet objet, adopta sa proposition de statuer définitivement sur le régime extérieur de nos possessions maritimes.

Après la clôture des travaux de la Constituante, Barnave passa encore quelques mois à Paris, tout occupé du soin d'amener un rapprochement entre la Cour et le parti constitutionnel des Feuillans. Ce n'est qu'après avoir reconnu l'inutilité de ses efforts, qu'il se décida à partir. Il se retira dans sa ville natale où il épousa une riche héritière, fille d'un conseiller à la cour des aides; mais il ne jouit pas longtemps de son bonheur. Après la journée du 10 août, il se trouva compromis par une des pièces saisies dans le secrétaire du roi, et non pas, comme d'autres l'ont dit, dans l'armoire de fer dont l'existence ne fut révélée que plus tard, vers la fin de novembre. Dès le 28 du mois d'août, Barnave fut décrété d'accusation avec Alexandre Lameth, malgré les observations bienveillantes du député Larivière, qui, en sa qualité de commissaire de l'assemblée nationale au château des Tuileries avait examiné la pièce qui servait de base à l'accusation : « Je vous observai, dit-il, qu'après avoir confronté avec l'écriture du roi la note portant ces mots : *Projet du comité des ministres, concerté avec MM. Barnave et Alexandre Lameth ;* je vous observai, dis-je, que cette note nous avait paru écrite de la main du roi; mais je ne l'assurai point, n'étant pas assez expert en écritures, et connaissant d'ailleurs jusqu'à quel point cette sorte de vraisemblance peut être défectueuse. » C'est cependant sur un tel fondement que Barnave, qui exerçait alors les fonctions de maire, fut arrêté, le 19 août 1792, et jeté en prison, d'abord à Grenoble, puis à Saint-Marcellin. Il aurait pu se croire oublié lorsque, après une détention de 15 mois, la Convention donna l'ordre de sa translation à Paris. Traduit devant le tribunal révolutionnaire, il se défendit lui-même ; jamais sa parole ne fut plus éloquente, plus entraînante; mais il avait affaire à des juges qui n'étaient pas habitués à absoudre. Il entendit son arrêt de mort avec la fermeté d'un homme qui sent, dans sa conscience, que la postérité ne ratifiera point sa condamnation. Cependant au moment où sa noble tête allait tomber sur l'échafaud, une exclamation de regret lui échappa: « Voilà donc, s'écria-t-il, le prix de tout ce que j'ai fait pour la liberté. » La France au moins se montrera plus généreuse envers sa mémoire.

Pendant sa captivité, Barnave avait commencé des Mémoires, qu'il laissa inachevés. Cet écrit se conserve dans sa famille. — A l'époque de sa mort, sa mère vivait encore, ainsi que ses deux sœurs, ADÉLAÏDE et JULIE; son frère, DUGUA, était mort officier du génie.

BARNOT, bourgeois de St.-Ambroix (Languedoc). Une seule circonstance de sa vie nous est connue, mais elle suffit pour lui mériter une place dans notre ouvrage; nous voulons parler de la surprise de St.-Ambroix, en 1627. L'historien des guerres civiles du Vivarais raconte ainsi cet événement : « Mazade n'ayant qu'une faible garnison, était obligé d'employer comme sentinelles les habitants du lieu. Un individu de St.-Ambroix, nommé Barnot, s'entendit avec un paysan, qui s'engagea à lui faciliter l'entrée du château lorsque son tour de garde serait arrivé. Barnot s'adjoignit deux de ses voisins, *Chabert* et *Allègre*, gendre de ce dernier. Avertis secrètement par Barnot que le paysan serait de garde la nuit prochaine, et qu'il le remplacerait à son poste, Chabert et Allègre se rendirent à Jallès avec une centaine de calvinistes de St.-Ambroix. A l'heure convenue, Allègre, accompagné de dix hommes, se transporta à l'endroit que Barnot avait indiqué comme celui où il devait veiller à la place du paysan. Son complice lui ayant jeté une corde dont il fixa une des extrémités à sa guérite, Allègre, ses gens, et successivement tous ceux qui faisaient partie de l'expédition, pénétrèrent par ce moyen dans le château ; ils se saisirent de Mazade, qui venait de se mettre au lit, et le firent prisonnier, ainsi que quelques soldats, qui ne songèrent pas à opposer la moindre résistance. »

BARON (CLAUDE), *sieur de* VALOUSE, capitaine huguenot dans le Dauphiné. Si c'est de ce chef qu'il est parlé dans les Mémoires de Vieilleville, sous le nom du capitaine Baron, il faut admettre qu'il était entré bien jeune au service, puisqu'en 1552 il avait déjà acquis assez de réputation pour que le roi Henri II lui confiât le gouvernement de Montmédy, et qu'il vivait encore au commencement du XVIIe siècle. Lorsque la première guerre de religion éclata, Baron se joignit à *Des Adrets*, qui l'envoya, avec les capitaines *Moreau* et *Vertis*, au secours de *Saint-Auban*, arrêté devant les murs de Villefranche. La ville fut forcée, et Saint-Auban put mener à Condé les religionnaires du Languedoc. Baron rendit peu de temps après un service plus important encore, en contraignant, avec *Furmeyer* et d'autres capitaines protestants, les Catholiques qui assiégeaient Grenoble à en lever précipitamment le siége. Après cette expédition, il accompagna ce même chef dans son entreprise sur Romette, et il fut l'un des seize braves qui mirent en déroute un corps nombreux d'ennemis. Nous ne doutons point, en effet, qu'il ne soit le même personnage que le *Claude de Vallog* de Bèze, et le *Claude Valcoge*, de Chorier. En 1572, les habitants de Villeneuve, où les réformés étaient en majorité, s'étant engagés à se protéger et à se défendre mutuellement, chaque parti élut un capitain chargé de veiller à la sûreté commune. Le choix des Protestants tomba sur Baron. Mais il paraît qu'en faisant cet accord, les Catholiques n'avaient eu que l'intention d'endormir leurs adversaires ; ils appelèrent le gouverneur du Vivarais et l'introduisirent secrètement dans la ville. Le capitaine Baron parvint heureusement à s'échapper et se réfugia à Mirebel, qu'il mit en état de défense. De concert avec un gentilhomme nommé *La Pradelle*, il résolut alors de surprendre Villeneuve ; cette dangereuse entreprise, exécutée au printemps de 1573, fut couronnée d'un plein succès.

Baron continua à servir avec distinction sous Lesdiguières, et acquit la réputation « d'un des plus vaillans hommes de notre nation. » Il se signala, nommément, à la bataille de Pontcharra, où il fut légèrement blessé. L'année suivante, il fut anobli en récompense de ses services. Chorier nous apprend qu'il alla combattre plus tard sous les drapeaux des Suédois et des Moscovites; mais il nous laisse ignorer le motif qui l'avait porté à s'expatrier.

De son mariage avec *Marguerite de Claux*, Baron eut deux fils, JACQUES et ANTOINE, et une fille, *Olympe*, qui épousa, en 1599, *Paul de Caritat*, seigneur de Condorcet. L'aîné des fils prit pour femme *Lucrèce de Vérone*, qui le rendit père de RENÉ, seigneur de Molans. Antoine, seigneur de Lamaria, épousa, en 1621, *Catherine de Bologne*. Il en eut un fils, nommé également RENÉ, qui s'unit à *Olympe de Caritat*, petite-fille de Paul. Ces deux branches existaient encore vers 1670, époque où Allard écrivit son Nobiliaire du Dauphiné. — Lebeuf, dans son histoire de la Prise d'Auxerre, cite un autre *Baron*, moine défroqué, qui, à la tête des paysans huguenots des environs, aida Jean de La Borde à se rendre maître de cette ville.

BARON (FRANÇOIS), natif de Piriac (Bretagne), fut le premier pasteur de l'église du Croisic. A la faveur de l'édit de Janvier, les partisans de la Réforme s'étaient considérablement multipliés en Bretagne. Les protestants du Croisic, déjà assez nombreux pour s'être emparés du temple de Saint-Yves, résolurent de constituer définitivement leur église, desservie jusqu'alors par le pasteur de La Roche-Bernard. Ils envoyèrent donc à Genève *Jean Boisot* qui en ramena François Baron. A peine installé par *Louveau*, le jeune ministre fit concevoir les plus belles espérances; son église s'accrut de jour en jour. Cependant il ne resta que quelques années au Croisic. En 1566, il fut appelé à Hennebon où il exerça pendant cinq ans les fonctions du ministère. Chassé par les catholiques, en 1571, il se retira auprès de La Rochelle où il termina sa carrière, en 1590.

BARON (N. DE), seigneur de Malportel, viguier de Pamiers lors de la sédition qui ensanglanta cette ville, en 1566. Cette sédition fut excitée, nous raconte Olhagaray, « par un petit mutin et séditieux homme de peu, trop néantmoins puissant en vices, qui, pensant relever sa misère et pescher au bourbier du désordre, se résolut aux *carneres naves* de dresser les danses publiques. » On sait que la reine *Jeanne* les avait sévèrement défendues par ses édits. Pour se faire une juste idée de cette mesure qui pourrait paraître trop rigide, on doit dire que « c'était l'usage dans le royaume de Navarre, au rapport de Mlle Vauvilliers, que les jours de grandes fêtes, le peuple à la suite des processions courût par les rues, précédé de bannières, dansant, mangeant et buvant jusqu'à l'ivresse. La populace effrénée se livrait alors à des joies licencieuses et les manifestait dans des danses dont l'obscénité révoltait également la pudeur et la raison. » C'est cet usage que Jeanne d'Albret avait voulu déraciner.

Trop faible pour faire respecter son autorité, le viguier de Pamiers appela à son aide le seigneur de *Senier*, *Ramond La Parre* avec d'autres gentilshommes de la Religion, et accompagné d'une nombreuse escorte, il se porta au-devant des bandes tumultueuses qui parcouraient les rues. Les plus échauffés se réfugièrent dans le couvent des Augustins et dans la maison du consul La Brousse où ils se barricadèrent. Désirant éviter l'effusion du sang, Baron envoya le capitaine *Saint-Just* pour les engager à ne pas lui opposer une résistance inutile, mais un coup de feu tua le parlementaire. L'indignation des Protestants ne connut plus alors de bornes : ils incendièrent la maison où les rebelles s'étaient enfermés, et tous ces malheureux périrent dans les flammes. Tel est le récit d'Olhagaray. Davila présente ce déplorable événement sous un autre jour. Selon lui, ce fut par les intrigues de la reine de Navarre que les Huguenots prirent les armes à l'occasion de la procession du Saint-Sacrement; ils attaquèrent les Catholiques, massacrèrent les prêtres, détruisirent et brûlèrent leurs maisons. On sait que, quand il s'agit de peindre les excès des Huguenots, l'historien de nos guerres civiles ne se fait pas scrupule de rembrunir ses couleurs. Ce qui paraît certain, c'est que dans cette circonstance, comme dans mille autres, les haines religieuses entraînèrent l'un et l'autre parti aux actes les plus criminels. Charles IX ayant appris ce qui s'était passé, donna des ordres sévères pour le châtiment des coupables, mais l'exécution n'en était pas facile. Après d'inutiles efforts pour entrer de vive force dans Pamiers, ses généraux eurent recours à une indigne supercherie : ils persuadèrent aux Protestants de se soumettre et de sortir de la ville, leur jurant qu'après cette satisfaction donnée au roi, ils seraient libres d'y rentrer dans trois jours. Ils sortirent donc sans rien emporter de ce qui leur appartenait, pleins de confiance dans la parole des chefs catholiques. Mais à peine furent-ils dehors, qu'on saccagea leurs maisons et qu'on leur défendit, sous peine de mort, d'approcher des murs de la place. Ce ne fut qu'au bout de douze ans qu'ils parvinrent à rentrer dans leur patrimoine.

BARON (PIERRE), professeur à l'université de Cambridge, vers 1575. Le surnom de *Stempanus* qu'il prenait, indiquerait qu'il était originaire d'Étampes. Baron fit ses études à Bourges où il prit le grade de licencié ès lois. Chassé de sa patrie par les persécutions religieuses, il passa en Angleterre où son mérite lui fit obtenir, quelque temps après, une chaire dans l'université de Cambridge. Partisan des opinions pélagiennes, il ne vécut pas long-temps en bonne intelligence avec son collègue Whitaker qui avait des idées plus rigides sur la prédestination. La querelle ne tarda pas à passer de l'école dans le temple où, du haut de la chaire évangélique, les deux adversaires s'attaquèrent avec une ardeur égale, mais avec un succès différent. Baron soutenait la thèse que Dieu n'est point l'auteur du péché, qu'il ne veut pas qu'on le commette, puisqu'il le défend expressément, et que s'il réprouve les hommes, c'est uniquement à cause du péché qu'il hait. Il ne croyait pas non plus à la prédestination absolue; il enseignait, au contraire, que les fidèles ou les élus ne doivent point se regarder comme assurés du salut. Cette doctrine choquait trop les sentiments de la majorité du clergé anglican pour être approuvée. L'archevêque de Cantorbéry, qui voyait ces disputes avec peine, recommanda le silence aux deux champions dans l'intérêt de l'université; mais Baron, ne pouvant supporter l'idée de passer pour un hérétique aux yeux de ses élèves et des fidèles, entreprit, en 1596, de prouver son orthodoxie dans un sermon où il s'efforça d'établir l'accord parfait de ses opinions avec les XXXIX Articles. Il est reconnu aujourd'hui que l'archevêque Cranmer, le principal rédacteur de ces Articles dans leur forme primitive, goûtait peu les doctrines fatalistes de Calvin, et qu'il penchait plutôt vers le sémi-pélagianisme de Luther. Dans tous les écrits qui nous restent de lui, il se prononce en faveur de la rédemption universelle. « Mais, dit M. Le Bas dans la Vie de l'archevêque Cranmer, dont nous avons donné une traduction, des hommes d'un tout autre esprit ayant succédé plus tard à nos réformateurs, la fièvre du calvinisme devint en quelque sorte une maladie épidémique ; et vers la fin du règne d'Élizabeth, quelques-uns de nos meneurs théologiques s'imaginèrent de parfaire nos Articles en y introduisant une forte dose de la doctrine génevoise. » Même dans leur rédaction actuelle, ces Articles, surtout le XVII°, sont loin d'être favorables à la prédestination absolue. Il était donc facile à Baron d'avoir raison contre ses adversaires, et il paraît qu'il eut effectivement trop bien raison, car il fut cité devant le consistoire, sous l'accusation d'avoir avancé : 1° que Dieu par une volonté absolue a créé tous les hommes et chacun d'eux en particulier pour la vie éternelle, et qu'il ne prive personne du salut, sinon à cause de ses péchés ; 2° qu'il y a une double volonté en Dieu, une volonté *antécédente* et une volonté *conséquente;* que par la première Dieu ne rejette personne puisque autrement il réprouverait son propre ouvrage ; 3° que Jésus-Christ est mort pour tous les hommes, proposition qu'il appuyait sur ce syllogisme : Christ est venu pour sauver ce qui était perdu (Mat. XVIII, 11) ; or, tous les hommes étaient perdus en Adam ; donc Jésus est venu pour les sauver tous ; car le remède doit être e la même étendue que le mal et Dieu ne fait point acception de personnes (Act. X, 34) ; 4° que les promesses de Dieu sont universelles, et que ce sont les hommes eux-mêmes qui s'excluent du royaume des Cieux, selon Osée (XIV, 1). Baron n'ayant fait aucune difficulté d'avouer ces doctrines, on dressa un procès-verbal de l'interrogatoire et on l'envoya au chancelier qui, convaincu que toute cette procédure avait été provoquée par des inimitiés personnelles, ne donna en conséquence aucune suite à cette affaire. Baron continua donc à remplir sa chaire ; mais ses ennemis se vengèrent en l'abreuvant de dégoûts, en sorte qu'à l'expiration de ses trois années de professorat, il donna tacitement sa démission en ne faisant aucune démarche pour conserver sa place. Il se retira à Londres où il mourut au bout de trois ou quatre ans. Il laissa plusieurs enfants, dont l'aîné seul, nommé SAMUEL, est mentionné particulièrement ; encore les biographes se bornent-ils à nous apprendre qu'il exerça la médecine et mourut à Lyn-Regis dans le Norfolkshire.

Les ouvrages de Baron pourraient, encore de nos jours, offrir de l'intérêt, les questions qui y sont traitées, continuant à être agitées dans l'Église ; malheureusement ils sont fort rares. Nous en donnerons le catalogue d'après Watt.

I. Quatre *sermons* sur Ps. CXXIII, Lond., 1560, in-8°.

II. *In Jonam prophetam prælectiones XXXIX; — Theses publicæ in scholis peroratæ et disputatæ; — Conciones tres ad clerum cantibrigiensem habitæ in templo Beatæ Mariæ; —Precationes quibus usus est author in suis prælectionibus inchoandis et finiendis*, Lond., 1579, in-fol.—Les thèses ont été trad. en angl. par Ludham et publiées, la 1re sous le titre : *God's purpose an decree taketh not away the liberty of man's corrupt will;* la 2e sous celui-ci: *Our conjunction with Christ is altogether spiritual*, Lond. 1590, in-8°.

III. *De fide, ejusque ortu et naturâ, plana et dilucida explicatio*, Lond., 1580, in-8°. — La Biblioth. Telleriana mentionne cet ouvrage, mais sous un titre un peu différent : *Explicatio de fide, ejusque ortu et naturâ, et alia opuscula theologica*, Lond., 1580, in-4°. Mais il n'est pas probable qu'il y en ait eu deux éditions dans la même année.

IV. *Summa trium sententiarum de prædestinatione*, imp. avec des *Notes* de J. Piscator, une *Disquisitio* de F. Junius et une *Prælectio* de Whitaker; Hard., 1613, in-8°.

V. *Special Treatise of God's Provi*

dence, and of comforts against all kinds of crosses and calamities to be fetched from the same; with an Exposition on Ps. *CVII.*

VI. *Sermones declamati coràm almâ universitate cantibrigiensi,* Lond., in-4°, sans date.

VII. *De præstantiâ et dignitate divinæ legis libri duo, in quibus varii de lege errores refelluntur, et quomodò lex gratuitum Dei cum hominibus fœdus ac Christum etiam ipsum comprehendat, fidemque justificantem à nobis requirat, explicatur; eaque doctrina sacrarum literarum authoritate theologorumque veterum ac recentiorum testimoniis confirmatur; adjectus est alius quidam Tractatus ejusdem authoris in quo docet expetitionem oblati à mente boni, et fiduciam ad fidei justificantis naturam pertinere,* Lond., in-8°, sans date.

BARRAN (HENRY DE), ministre et poète. — On sait très-peu de chose sur sa vie. Il paraît que de même que son compatriote et collègue, *Arnaud-Guilhem Barbaste*, Barran avait jeté le froc pour embrasser la Réforme « On voyait tous les jours, lit-on dans l'Histoire de Jeanne d'Albret, un plus grand nombre de Béarnais et de Basques quitter leurs montagnes pour aller étudier à Genève, à Lauzanne.... D'autres, comme *Jérôme Cassebonne*, se joignaient aux *Vigneaux*, aux *Boisnormand*, à *David*, à *Barran*; ils parcouraient toute la France, y prêchaient la nouvelle doctrine malgré les obstacles; ils y élevaient même des temples. » C'est sans doute dans une de ces excursions, en 1558, que Barran fut emprisonné à Paris; mais le roi de Navarre, Antoine de Bourbon, qu'il avait peut-être suivi à la Cour de France avec son ministre *David*, le fit sortir du Châtelet. Nous devons dire cependant, d'après d'autres renseignements, qu'à peu près à la même époque, c'est-à-dire en 1557 pendant le voyage que Jeanne d'Albret et son époux firent à la Cour de Henri II pour assister au mariage de Marie Stuart, le même ministre aurait été emprisonné dans le Béarn par ordre du cardinal d'Armagnac auquel les princes Navarrois avaient confié pendant leur absence le soin du gouvernement de leurs états, et que son emprisonnement aurait duré jusqu'au retour d'Antoine. Il fut « réservé sans offence quelconque, écrit Olhagaray, pour estre présenté au roy à son retour, qui luy commanda de vacquer fidellement à l'exercice de la charge que Dieu luy avoit donnée. » Y aurait-il eu deux ministres du nom de Barran et ne serait-ce pas par inadvertance que l'historien de la maison de Navarre l'appelle *Antoine* dans un passage de son histoire?

L'année suivante, à la suite de l'édit de Blois, Barran essuya encore de nouvelles persécutions (*Voy.* p. 39); mais la fermeté de la reine Jeanne réussit à paralyser tous les efforts du cardinal d'Armagnac, chargé par le gouvernement de François II d'apporter dans ses états les bienfaits de l'Inquisition. Notre ministre continua donc à remplir ses fonctions auprès de la Cour de Navarre. Toutes les autres circonstances de sa vie nous sont inconnues.

Henry de Barran était un poète très-estimable. A ce propos, qu'on nous permette une observation générale en réponse aux critiques d'une certaine espèce de catholiques romantiques qui ont accusé le protestantisme d'être fatal à l'art : c'est qu'à très-peu d'exceptions près, nos meilleurs poètes du XVIe siècle professaient tous la religion réformée. Or il nous semble que la Poésie occupe un rang élevé dans l'art, si toutefois elle n'occupe pas le premier avec sa sœur jumelle la Musique. Nous verrons ailleurs et plus spécialement aux articles consacrés à *Jean Cousin*, *Claude Goudimel*, *Jean Goujon*, *Bernard Palissy*, que pour être un grand artiste, peintre, sculpteur ou autre, il n'est pas nécessaire de renoncer à l'usage de la raison que le bon Dieu nous a départie. Ce que nous avons dit des poètes, on pourrait peut-être le généraliser et l'appliquer aux diverses classes d'hommes de lettres au XVIe siècle. Nous en avons un important témoignage dans une lettre de Catherine de Médicis, où cette princesse écrivait, en 1561, à son ambassadeur à Rome de faire entendre, entre autres choses, au Saint Père que les Protestants français n'avaient pas « faute de conseil, ayans avec eux plus des trois parts des gens de lettres. »

Nous ne possédons de Barran qu'une moralité en 5 actes; mais elle suffit pour lui mériter une place parmi les pères de notre théâtre moderne. Nos anciens mystères ne présentaient le plus souvent qu'une suite de tableaux où tout se passait en déclamations vulgaires ; aussi l'auteur était-il constamment en scène, tandis que ses personnages s'effaçaient. Dans la pièce de Barran, il y a progrès et un progrès notable, heureux fruit sans doute de l'étude des anciens. L'action marche régulièrement, la passion agit, et l'intérêt, au point de vue de l'auteur, se soutient jusqu'à la fin. Nous donnerons une courte analyse de ce drame. En voici le titre exact : *Tragique Comedie françoise de l'homme justifié par Foy*; et au-dessous, en forme d'épigraphe : Galat. III. *Avez-vous receu l'Esprit par les œuvres de la Loy, ou par la prédication de la Foy?*—Hébr. 10. g. *Le juste vivra de foy*. Composé par M. Henry de Barran. 1554, sans nom de ville, pet. in-12.—Petit chef-d'œuvre de typographie qui pourrait bien être sorti des presses de Robert Estienne à Genève. L'auteur, dans un avertissement au lecteur, expose les motifs qui l'ont déterminé à composer et à publier son poème. « Je n'ignore pas, Chrestien lecteur, les grans abuz qui sont commiz journellement, tant en ceux qui jouent comedies, tragedies et autres semblables histoires prinses de l'Escriture sainte, que en ceux qui y assistent.—Pour ce aussi, continue-t-il, doutoye-je publier ceste tragique comedie, tellement que l'ay gardée presque deux ans, ne deliberant jamais la manifester. Mais après considerant que tous fidelles savent user des bonnes choses à l'honneur de Dieu en telle recommandation que pour rien du monde ne voudroyent que telles histoires prinses à l'édification servissent à destruction.—Et pourtant que l'article de justification est le fondement de toute la doctrine Chrestienne, j'ay pensé que ceste maniere de parler par personnages ne seroit inutile pour nous mener à quelque cognoissance de celuy. Car pour certain je n'ay fait autre chose que prendre les sentences de la sainte Escriture [les sources de l'auteur sont citées en marge], sur les quelles ceste doctrine est fondée, et les mettre par tel ordre en vers françois, [de différentes mesures, de 10, de 8 et quelquefois même de 6 syllabes] sachant que ceste maniere de composer n'est pas indigne de l'Escriture sainte, attendu que quelque partie d'icelle y a esté composée. Bien est vray, que je n'ay eu si grand soucy de la proprieté et perfection de ceste rithme (ce que assez monstre le bas stile de mon escriture) que de la verité de la doctrine la quelle est Chrestienne et non poetique, comme aussi je ne suis point poete. Or ay-je voulu monstrer en cest homme justifié les diverses opinions qu'on a de la justification, les uns par les œuvres, les autres par la foy, concluant que c'est le seul Dieu nostre Seigneur et Père qui par sa seule grace nous justifie et nous pardonne noz pechez en son fils Jesus-Christ le quel nous apprehendons avec tous ses biens par vive foy.—Touchant la disposition et ordre que j'ay tenu en la tragique comedie, je l'ay disposée par actes et scenes, non tant pour l'imitation des poetes comiques, que pour la division des propos et des dialogues, afin aussi qu'on puisse faire pose en certains lieux, si d'aventure on la faisoit lire ou proposer par dialogues publiques : que si ainsi se fait, je prie de rechef tous les lecteurs et auditeurs d'icelle, que ce soit en toute modestie et reverence de Dieu et de sa Parole. » L'auteur exprime ensuite le regret de n'avoir pu traiter à fond, dans un ouvrage en vers, l'importante question de la justification. « Par quoy, ajoute-t-il, j'ay deliberé, Dieu aidant, cy-après d'en faire un petit traité en prose, non comme contenant autre matiere, mais pour declairer en plus grande perfection ce que en bref avoit esté touché : monstrant evidemment que c'est que justification, foy, loy, bonnes œuvres, et quel est le vray usage selon les saintes Escritures.» Nous ignorons si ce traité a jamais paru; qu'il nous suffise de l'avoir indiqué aux recherches des bibliographes.

Les personnages de la pièce, au nombre de douze, sont : la Loy, l'Esprit de crainte, Satan, le Peché, la Mort, la Concupiscence, l'Homme, Rabby, predicateur de la loy; Paul, predicateur de l'Evangile; la Foy, la Grace, l'Esprit d'amour. L'auteur expose d'abord dans un *Prologue* le sujet de sa tragique comédie :

> Puisque voulez par honneste desir
> Ne passer temps sans profit et plaisir,
> A voz espritz maintenant se presente
> Profit bien grand, et matiere plaisante,
> Qui monstrera par un discours affable
> Le point sur tous utile et desirable
> Qui est nommé Justification,
> Et le moyen d'avoir remission
> De nos pechez, et aussi la faveur
> Du très-bon Dieu nostre Père et Sauveur.

Dans le 1ᵉʳ acte, il cherche à «monstrer que Dieu a imprimé sa loy en noz entendemens et l'a manifestée à tous par vive voix»; mais l'homme s'est follement détourné de la Loy pour suivre la Concupiscence, la fille bien-aimée de Satan.

> Escoutez-moy, terre, mer et vous cieux,

s'écrie la Loy,

> O vous mortelz, oyez, jeunes et vieux,
> Oyez parler la Loy vostre maistresse
> Car c'est à vous que mon propos j'adresse.
> D'où vient cela que de vous tant haye
> Et d'entre vous cruellement banie
> Tousjours je suis? —

Mais ses récriminations sont vaines; Satan triomphe. L'homme qui voudrait se vaincre et qui a le pressentiment de sa chute prochaine, s'emporte alors contre sa misérable condition :

> Qui fut jamais si très-mal fortuné
> Que moy qui suis d'homme conceu et nay?
> Qui fut jamais si muable et fragile
> Que moy qui suis formé de terre vile?
> Qui fut jamais subjet à plus de maux?
> Fut-ce le moindre entre tous animaux?
> Bref, quel vivant y a-t-il sur la terre
> Qui sente en soy si dangereuse guerre
> Que moy mortel? —

Dans le 2ᵉ acte, la Loy parvient à arracher à l'Homme le bandeau que la fille de Satan avait placé sur ses yeux; c'est alors que reconnaissant son péché, il éprouve le désir de s'en affranchir :

> Je voy que je suis dans la voye
> De toute malediction.
> O maudite condition
> Que j'ay choisy n'a pas longtemps !
> Pourtant certain, je me repens
> De ce qu'ay prins maistresse telle,
> Jamais repos n'auray souz elle.

Cependant il le trouve le repos, mais en se faisant pharisien :

> C'est maintenant que je suis agile :
> Je sen leger et très-facile
> Le plus pesant commandement :
> Je les observe entierement,
> Encor fay-je plus que ne dois,
> Je l'ay bien conté par mes doigtz :
> Car je garde aussi les Conciles :
> Plus ne suis du reng des fragiles,
> N'aussi du nombre des pécheurs.

Au 3ᵉ acte, l'Homme, au service de la Loy, trouve la charge trop lourde ; sa corruption lui apparaît sous des couleurs de plus en plus sombres; il se sent plus que jamais sous le charme de la Concupiscence. Mais il espère s'affranchir par les œuvres extérieures :

Dans le 4ᵉ acte, S. Paul fait voir à l'Homme son erreur. Déçu, le malheureux s'abanbandonne alors à son désespoir :

> L'ire de Dieu en moy sen fort et roide.
> Quel secours donc doy-je de toi attendre?
> D'autre moyen je ne say, que me pendre
> Presentement, et du tout m'estrangler.

Mais l'apôtre, lui adressant des paroles de consolation, lui indique à son mal un remède plus naturel et moins violent.

Au 5ᵉ acte, S. Paul reconnaissant que le ministère de la Parole n'a de vertu que par l'assistance de l'Esprit saint, prie Dieu d'envoyer la Grace au pécheur. Sa prière est exaucée, et Satan est facilement vaincu.

Le drame se termine par cette *Conclusion* qui résume en quelques vers la moralité de la pièce :

Nous faisons donc telle conclusion,
Que nous avons justification
De noz pechez par la foy et par grace.
Il est bien vray, ainsi qu'en ceste place
Vous avez veu, qu'il est bien necessaire
Qu'aussi la loy nous serve en cest affaire,
Pour les pechez à l'homme declairer :
Or les sentant, il ne peut esperer
D'elle, sinon les peines eternelles.
Lors il est prest recevoir les nouvelles
De grace et paix par le Saint Evangile,
C'est par celuy que Dieu au cœur fragile
Donne la foy et la remission
De tous pechez, dont la punition
Sur Jesus Christ entierement fut prinse.
D'amour de Dieu est l'ame lors esprinse,
Et par la foy a saint repos et paix.
Puis nous disons que la foy n'est jamais
Sans porter fruict d'œuvres à Dieu plaisantes,
Et detester celles qui sont meschantes.
Que si la foy ne produit et ne porte
Fruitz de bien faitz selon Dieu, elle morte :
Aussi pourtant que noz œuvres et faitz
En cest estat sont tousjours imparfaitz,
Ne faut en eux mettre nostre fiance :
Mais asseurer très-bien la conscience
En Jesus Christ, qui en sa grand'justice
A englouty toute notre injustice,
Nous donnant paix en soy et seur repos, etc.

BARRÉ (Guillaume), né, vers 1760, de parents français réfugiés en Allemagne pour cause de religion.

Barré servait dans la marine russe, lorsque le triomphe des principes proclamés par la Révolution française le rappela dans sa patrie. Victime du despotisme, il était naturel qu'il embrassât la cause de la liberté avec enthousiasme. Parti comme volontaire lors des premières campagnes d'Italie, sa bravoure lui mérita le grade de capitaine, tandis que la connaissance qu'il possédait des principales langues de l'Europe lui gagna les bonnes grâces du général Bonaparte qui l'attacha à sa personne en qualité d'interprète. Mais sa faveur fut de courte durée. Quelques couplets satiriques lui valurent une disgrâce complète. Le futur empereur jouait volontiers à la république, mais il n'aimait pas à être deviné. Ce fut sans doute ce qui perdit Barré. Traqué par la bonne police du citoyen Fouché, il ne pouvait espérer de lui échapper long-tems ; il dut donc songer à chercher à l'étranger un refuge contre le ressentiment du maître. Mais que de difficultés à vaincre, que de piéges à éviter ! Cependant il ne se décourage pas ; la présence du danger rend toujours ingénieux un homme d'esprit. La voie de terre n'étant pas sûre, Barré s'imagine de détacher, de nuit, un batelet des bords de la Seine et seul dans cette chétive embarcation il descend sans encombre jusqu'au Hâvre, d'où il réussit à passer en Angleterre sur un bâtiment américain. Arrivé à Londres, il se vengea de sa disgrâce par quelques écrits, dont le succès cependant ne paraît pas avoir été assez grand pour franchir le détroit ; tels sont : I. *Histoire du consulat français sous Bonaparte, précédée d'une Esquisse de sa vie, entremêlée d'anecdotes, jusqu'à la reprise des hostilités* (en angl.), Londr., 1804, in-8°. — II. *Origine, progrès, décadence et chute de Bonaparte en France* (en angl.), Londr., 1815, in-8°, — le premier volume seul a paru. On doit aussi à Barré une traduction française de l'ouvrage de Sidney Smith sur l'expédition d'Égypte. Cet auteur s'est, dit-on, donné la mort à Dublin, en 1829; on ignore pour quel motif. — Il ne serait pas impossible que le colonel Barré, membre du parlement d'Angleterre, mort en 1802, et célèbre par son esprit caustique, descendît également d'une famille de réfugiés français.

BARRI (Godefroy de), *seigneur de* La Renaudie, *surnommé La Forest.*

Si l'on en excepte les Condé, les Coligny, les Rohan et quelques autres chefs que l'illustration de leur naissance ou l'éclat de leurs exploits ont placés hors de ligne, peu de noms ont obtenu une plus grande célébrité dans l'histoire de nos troubles religieux que celui du chef apparent de la fameuse conspiration d'Amboise. Quel est l'écrivain de cette funeste période, historien, chroniqueur ou pamphlétaire, qui ne fasse comparaître La Renaudie à son tribunal, pour le juger selon ses propres passions ou ses préjugés? Les uns nous le représentent comme un faussaire, un dissipateur, un brouillon, qui ne cherchait dans la guerre civile qu'un moyen de réparer sa fortune; les autres voient en lui un innocent injustement condamné, le martyr d'une générosité presque sans exemple, un enthousiaste qui sacrifia sa vie au triomphe de la vérité; tous d'ailleurs lui accordent d'éminentes qualités, de l'activité, de la résolution, une intelligence rare, un courage à toute épreuve et un grand fonds d'éloquence naturelle. A quoi s'arrêter au milieu de tant de contradictions? Nous allons raconter la vie de ce conspirateur célèbre avec toute l'impartialité dont nous nous sommes fait une loi.

Selon Pierre de La Place, Regnier de La Planche, La Popelinière et en général tous les historiens du seizième siècle, il portait le prénom de Godefroy, tandisque Le Laboureur et Mézeray l'appellent, l'un Jean et l'autre George; on ne sait sur quel fondement. Quant au nom de La Barre que lui donne Davila, c'est évidemment une erreur; celui de Du Barry, adopté, entre autres, par Le Laboureur, est moins contestable. Castelnau, dans ses *Mémoires*, le dit limousin, et Mézeray, angoumois : les autres historiens le font descendre d'une ancienne maison du Périgord, originaire de la Bretagne, selon Belleforest.

Comme tout bon gentilhomme, La Renaudie embrassa la carrière des armes. Il servit sans doute au siége de Metz sous les ordres de François de Guise; c'est ainsi que nous nous expliquons et l'estime que ce grand capitaine avait conçue pour lui et ses relations intimes avec *Gaspard de Heu*. Au retour de cette glorieuse campagne, il se trouva forcé de soutenir un procès contre du Tillet, greffier en chef du parlement de Paris, au sujet d'un bénéfice qui avait appartenu à son oncle, et que Du Tillet avait fait donner à un de ses frères. Au nombre des pièces produites par La Renaudie, il se trouva quelques titres faux. Les avait-il fabriqués lui-même? Dans un siècle aussi peu scrupuleux sur les lois de l'honnêteté, il arrivait sans doute fréquemment qu'un gentilhomme, en rivalité d'intérêts avec un homme de robe, ne reculait pas même devant la fraude pour l'emporter sur son adversaire. Il serait donc possible que La Renaudie, séduit par l'exemple, eût regardé comme une ruse de bonne guerre la falsification d'un acte important. Toutefois, hâtons-nous d'ajouter, sans vouloir d'ailleurs l'absoudre entièrement, que De Thou donne à entendre qu'il était innocent et qu'il fut condamné pour le crime d'un autre plutôt que pour le sien, *ob alienum potius quam ob suum crimen damnatus*. Ce témoignage est certainement d'un grand poids. L'illustre historien ne ferait-il pas allusion à *Loménie* qui, bien que « enveloppé au mesme jugement, » n'en fut pas moins « reçu et advoué en grandes et honorables charges? »

La condamnation de La Renaudie ne lui fit rien perdre d'ailleurs de sa considération auprès de la plus haute noblesse du royaume. Brantôme affirme que ce fut le duc de Guise qui le fit évader des prisons de Dijon où il devait subir une détention perpétuelle, par arrêt du parlement de Bourgogne. La Renaudie se retira à Genève d'où, quelque temps après, il se rendit à Lausanne. Ce fut dans cette dernière ville qu'il épousa *Guillemette de Louvain*, fille du sieur de Roignac qui y avait cherché un refuge contre les persécutions. De ce mariage naquit *Marie* ou *Madelaine de Barri*, devenue plus tard la femme de *Pierre de La Rochefoucaut*, seigneur du Parc d'Archiac.

Les Guise cependant poursuivaient avec insistance la révision de son procès. Un homme de la trempe de la Renaudie était une acquisition trop précieuse pourqu'ils négligeassent de l'attacher définitivement à leur parti. Belleforest assure que ce fut par l'intervention toute puissante de François de Guise et du cardinal de Lorraine que La Renaudie obtint « son rappel de ban pour lui et son frère, » et qu'on remarque cette circonstance, l'autorisation de vivre en France « avec liberté de conscience, sans toutefois dogmatiser. » Or, cette faveur lui était accordée au moment où la persécution se réveillait plus terrible que jamais, où Henri II faisait en plein parlement arrêter *Anne Du Bourg* qui avait osé élever la voix en faveur de la liberté de conscience. Belleforest ajoute qu'on lui permit de rester en France ou de vendre ses biens et de se retirer à Lausanne. Que les Guise lui aient laissé le choix libre, nous ne pouvons nous le persuader. Les grands ne sont pas dans l'habitude de rendre gratuitement de si bons offices. Aussi peut-on admettre, sans porter atteinte à leur gloire, que la pensée secrète des princes lorrains était d'employer, dans l'intérêt de leur cause, la vaillante épée du gentilhomme périgourdin.

Ils furent trompés dans leur attente. La Renaudie avait puisé auprès de Calvin et des autres réformateurs de Genève un grand zèle pour la Réforme, et plein d'enthousiasme pour la religion protestante, il n'aspirait qu'à la voir régner librement dans sa patrie. Tels étaient ses sentiments lorsqu'il rentra en France pour veiller à l'entérinement de ses lettres de révision.

La position des Protestants était intolérable. Persécutés avec acharnement par les Guise, que la mort de Henri II avait, en quelque sorte, placés sur le trône dans la personne de leur nièce, Marie Stuart, ils résolurent de briser leur joug odieux. Une conspiration s'ourdit dans laquelle entrèrent non-seulement des huguenots, mais beaucoup de seigneurs catholiques, irrités de voir le gouvernement de l'Etat entre les mains d'étrangers. Le projet des conjurés était de se saisir des princes lorrains et de les mettre en jugement devant les États. Il ne restait plus qu'une difficulté, mais elle était grande. Condé, le véritable chef de l'entreprise, ne voulait pas se compromettre, et sa prudence était devenue contagieuse. La Renaudie s'offrit. Les Guise avaient effacé leurs bienfaits de sa mémoire, en faisant « outrageusement torturer, et puis à la façon d'Italie et non en forme de vraye justice, pendre au garot » son beau-frère *Gaspard de Heu*; il pouvait se regarder comme dégagé envers eux. Et d'ailleurs, pour un néophyte tout pénétré de sa première ferveur religieuse, qu'importe la crainte d'être taxé d'ingratitude, quand des intérêts supérieurs, ceux de son Église, sont en jeu? L'ardeur de son zèle, tel fut donc le véritable motif de sa détermination. Qu'on ne répète plus qu'il y fut poussé par un désir immodéré de gloire et de fortune. « Ceux qui l'ont familièrement connu, écrit Regnier de La Planche, en jugeant autrement, encores qu'il se puisse faire qu'il ne fust du tout exempt du désir de vengeance et de se faire valoir. » Si l'ambition seule avait dicté sa conduite, se serait-il dévoué au parti protestant? Les richesses et les honneurs n'étaient-ils pas dans le camp ennemi?

Le but des conjurés, nous l'avons dit, était d'enlever le pouvoir aux Guise. « Et combien, lit-on dans les Mémoires de Castelnau, que l'on leur mist sus qu'ils avoient voulu, et s'estoient efforcez de tuer le roy, la reyne sa mère et tous ceux du Conseil, la plus commune et certaine opinion estoit qu'ils n'avoient autre but et intention que d'exterminer la maison de Guise et tenir la main forte à remettre et donner l'authorité aux princes du sang qui estoient hors de crédit, et à la maison de Montmorency et de Chastillon, en espérance d'en estre supportez, comme c'estoit leur principale fin. » L'entreprise était sans doute pleine de périls, et cependant, si elle n'avait été trahie, elle eût été couronnée du succès, tant les mesures avaient été habilement prises.

Ses services acceptés, La Renaudie, muni des instructions du prince de Condé, passa d'abord en Angleterre afin d'intéresser Élisabeth à la cause des églises françaises. Puis de retour en France, il se mit à parcourir les provinces, surtout celles de l'Ouest et du Nord, et il déploya une telle diligence que dès le 1er février 1560, il put réunir à Nantes, dans la maison d'un gentilhomme breton, nommé *La Garaye*, un grand nombre de Protestants de toutes les parties du royaume, pour leur communiquer les motifs et le but de la conspiration. L'entreprise fut trouvée « sainte, juste, et grandement nécessaire ; » pas une voix ne s'éleva pour la blâmer ; tous, au contraire, y applaudirent, sous la réserve « de n'attenter aucune chose contre la majesté du roy, princes du sang, ni estat légitime du royaume. » Le 10 mars fut choisi pour le jour de l'exécution ; les chefs furent désignés, le baron de *Castelnau de Chalosse*, pour la Gascogne ; le capitaine *Mazères* pour le Béarn ; de *Mesmy*, appelé par d'autres *Du Mesnil*, pour le Périgord et le Limousin ; *Maillé de Brezé* pour le Poitou et la Saintonge ; de *La Chesnaye* pour l'Anjou , de *Chiray*, pour Châtellerault et les environs ; le capitaine *Sainte-Marie*, pour la Normandie ; le capitaine *Cocqueville*, pour la Picardie ; *Ferrières-Maligny*, pour la Champagne et l'Île-de-France ; *Montejan*, pour la Bretagne ; *Chasteauneuf* et *Mouvans*, pour le Languedoc et la Provence ; tous aussi fameux par leur audace, dit Davila, que distingués par leur noblesse. Au jour convenu, cinq cents gentilshommes devaient s'assembler secrètement dans les environs de Blois « où l'on présupposait le roy devoir estre encores de séjour, » pour aider Condé à s'emparer de la personne des Guise, tandis que d'autres chefs se tiendraient prêts, dans chaque province, à réprimer tout mouvement en faveur des princes lorrains. Ces dispositions prises, l'assemblée se sépara sans avoir excité aucun soupçon. De La Planche raconte que la raison pour laquelle les conjurés avaient choisi Nantes pour parlementer, c'est qu'outre que cette ville est située aux extrémités du royaume, « le parlement de Bretagne qui se tenait lors, leur devait donner couleur et empêcher que leur entreprise ne fût découverte, parce qu'ils feignaient y poursuivre des procès ; et de fait, ils s'y portèrent si discrètement que chacun faisait porter après soi à ses valets des sacs à la mode des plaideurs. Que s'ils se rencontraient par les rues, c'était sans se saluer, ni faire connaissance ailleurs que dans leur conseil. » Chacun des conjurés s'en retourna donc « préparer sa charge, » tandis que La Renaudie vint à Paris rendre compte à Condé des résultats de ses démarches. Il se logea chez un avocat protestant nommé *Pierre Des Avenelles*, qui tenait une maison garnie dans le quartier de Saint-Germain-des-Prés, « à la mode communément usitée à Paris. » Les continuelles allées et venues des conjurés ne tardèrent pas à faire soupçonner à son hôte qu'il se « brassoit quelque chose. » Dans l'espoir de le gagner en lui témoignant une entière confiance, La Renaudie eut l'imprudence de s'ouvrir à lui, Des Avenelles jura d'abord de s'employer, corps et biens, à la réussite d'une chose « tant sainte et équitable » ; mais réfléchissant plus tard aux dangers de l'entreprise, le cœur lui manqua. Sa cupidité fit le reste. Il avertit les Guise du danger qui les menaçait. D'autres avis leur étaient déjà parvenus de divers côtés. L'alarme fut grande à la Cour. A l'instant le roi fut conduit dans le château d'Amboise, assez fort pour résister à un coup de main ; les serviteurs les plus dévoués des Guise furent dépêchés dans les environs pour rassembler à la hâte des troupes ; ordre fut donné à tous les baillis et sénéchaux d'arrêter et en cas de résistance de tuer quiconque serait trouvé en armes sur la route d'Amboise ; Coligny et ses frères, dont on se méfiait, furent mandés à la Cour, et enfin, dans l'espoir d'apaiser l'irritation des Huguenots par une concession qu'on se promettait bien de retirer à la première occasion, un édit fut rendu qui promit une amnistie générale aux Protestants (*Voy. Pièces justif.*, n° XIII). « Cest édict, porté en diligence à Paris, raconte de La Planche, fut accompagné de lettres particulières aux présidens et conseillers du parti de ceux de Guyse, par lesquelles on leur faisoit entendre la cause pourquoy il avoit esté expédié. Il fut aussi mandé au procureur général Bourdin de bailler incontinent son consentement, avec rétention toutes fois; ce que l'on tiendroit si secret qu'il ne pust estre aucunement descouvert. Par ainsi cest édict ne tarda aucunement d'estre enregistré avec modifications qui demeurèrent au secret de la Cour, sans en faire aucune mention en la publication de l'impression. »

Cependant La Renaudie n'en poursuivit pas moins l'accomplissement de ses projets ; il devait d'autant moins y renoncer, qu'il savait que cet édit n'était qu'un leurre : on l'avouait tout haut à Paris. Le départ de la Cour pour Amboise l'ayant forcé à modifier son plan, il partit pour aller à la rencontre des forces protestantes qui s'avançaient de toutes parts. Il descendit dans la maison d'un gentilhomme vendômois, nommé *La Carrelière*, à six lieues d'Amboise, et y tint conseil avec les principaux conjurés. L'exécution de l'entreprise fut remise au 16 mars. Il fut décidé que le jeune *Ferrières*, avec une soixantaine d'hommes, irait trouver le prince de Condé qui avait promis de se mettre à la tête de l'expédition. La Renaudie, le baron de Castelnau et Mazères devaient se rendre la veille à Noizay, dans les environs d'Amboise, et dès le matin, s'introduire dans le château, se saisir des portes, arrêter les Guise, puis donner au reste des conjurés le signal d'approcher. Ces dispositions furent encore une fois déjouées par la trahison du capitaine *Lignières*, qui révéla à la reine-mère toutes les mesures prises, sous prétexte de sauver le prince de Condé. « Il détailla au roi et à la reine, raconte Davila, la qualité, le nombre des conjurés, les noms de leurs chefs et les chemins par où ils arrivaient, » en sorte qu'à mesure que les différents corps parurent au rendez-vous, ils se virent cernés par les Catholiques, faits prisonniers et pendus sans forme de procès. *Davines* ou *Dauvines* fut saisi dans son château avec quinze ou vingt hommes ; *La Fredonnière*, plus heureux, s'enfuit à temps ; *Renay* ou *Raunay* et *Mazères* furent arrêtés comme ils se promenaient aux alentours de Noizay ; *Castelnau* assiégé par le duc de Nemours dans le château de cette ville, appartenant à la femme du capitaine Renay, dut se rendre, faute de munitions, sur la promesse qu'il ne lui serait fait aucun mal, ni à lui, ni à ses compagnons. Nemours « lui jura en foi de prince, lit-on dans les Mémoires de Vieilleville, sur son honneur et damnation de son âme, et outre ce, signa de sa propre main Jacques de Savoie, qu'il le rameneroit avec ses amis sains et saufs. » Mais à peine arrivés à Amboise, ils furent tous jetés dans une étroite prison, comme criminels de lèse-majesté. Ce fut en vain que Nemours se révolta contre le rôle indigne qu'on lui faisait jouer ; le chancelier Olivier se contenta de lui répondre qu'un roi n'est pas tenu de garder sa parole à un sujet. Et les malheureux prisonniers furent pendus. *La Renaudie* lui-même fut tué le 18, dans la forêt de Château-Renaud. Davila, qui ne le ménage guère, raconte ainsi sa mort : « La Renaudie avoit évité toutes les embuscades, et s'approchoit des portes d'Amboise à travers la forêt, lorsqu'il fut rencontré par un escadron de gendarmes qui avoient Pardaillan à leur tête. Ces deux troupes en bon ordre, bien armées et bien montées en vinrent aux mains. Le premier choc fut très-vif ; mais La Renaudie voyant que ses soldats ramassés à la hâte ne pouvoient tenir contre la bravoure de troupes aguerries, résolut de finir glorieusement ses jours. Il poussa son cheval contre Pardaillan et le renversa mort d'un coup d'estoc qu'il lui porta dans la visière de son casque : lui-même blessé d'une arquebusade dans le flanc, par un page de Pardaillan qui combattoit à côté de son maître, mourut en combattant vaillamment. » Son corps porté à Amboise, fut attaché au gibet avec cet écriteau au cou: *La Renaudie, dit la Forest, chef des rebelles* ; puis il fut mis en quartiers et exposé sur des pieux aux environs de la ville. Les autres conjurés, néanmoins, ne perdirent pas courage; avec une audace inouïe, ils résolurent de s'emparer d'Amboise même, où l'on comptait une centaine de Protestants. Le capitaine *La Mothe* devait les soulever, tandis que *Cocqueville* et *Des Champs*, logés dans les faubourgs, se saisiraient du pont et que *Chandieu*, accouru de Blois, s'introduirait dans la ville par une poterne. Mais au lieu d'arriver la nuit, ce dernier s'étant présenté au grand jour devant les murs d'Amboise, l'éveil fut donné au château et l'entreprise échoua.

Plus leurs alarmes avaient été vives, plus les Guise se montrèrent implacables. Il serait trop long d'énumérer tous ceux qui furent pendus, noyés ou décapités. « Il se trouvoit en la rivière de Loyre, dit un auteur contemporain, tantost six, huict, dix, douze, quinze attachez à des perches, qui avoyent encor leurs bottes aux jambes, en sorte qu'il ne fut jamais veu telle pitié. Car les rues d'Amboyse estoyent coulantes de sang, et tapissées de corps morts de tous endroits : si qu'on ne pouvoit durer par la ville pour la puanteur et infection. » Davila lui-même, le panégyriste de Catherine de Médicis et du parti catholique, avoue « que les supplices de ces malheureux, tourmentés par les soldats, déchirés par les bourreaux, formèrent un spectacle horrible. » Catherine de Médicis voulut en jouir ; digne mère de ce monstre qui, comme Vitellius, trouvait que le corps d'un ennemi mort sent toujours bon, elle exigea que sa Cour, pompeusement parée comme pour une fête, assistât à ces hideuses Saturnales. Et parmi toutes ces jeunes femmes, au milieu desquelles brillait, moins encore par son rang que par sa jeunesse et sa beauté, Marie Stuart, venue là comme pour se familiariser avec l'échafaud, parmi toutes ces jeunes femmes, disons-nous, il n'y en eut qu'une qui se sentit douloureusement émue ; ce fut Anne d'Est, épouse du duc de Guise. Fille de la vertueuse *Renée* de France, elle dut sans doute ce généreux mouvement de pitié au sang huguenot qu'elle tenait de sa mère. Se levant éperdue et baignée de larmes, elle se retira dans ses appartements, suivie de près par Catherine qui « la voyant ainsi contristée, luy demanda qu'elle avoit, et qui luy estoit survenu pour s'attrister et complaindre de si estrange façon. — J'en ay, répondit-elle, toutes les occasions du monde. Car je viens de voir la plus piteuse tragédie et estrange cruauté à l'effusion du sang innocent, et des bons subjects du roy, que je ne doubte pas qu'en bref un grand malheur ne tombe sur nostre maison, et que Dieu ne nous extermine du tout pour les cruautés et inhumanités qui s'exercent. » On sait si ses prévisions furent accomplies.

Le duc de Guise mit enfin un terme à cette boucherie, non qu'il éprouvât un sentiment de commisération, mais parce qu'on craignait que l'air infecté par tant de cadavres ne fît éclater la peste dans Amboise. Il donna donc l'ordre de ne plus faire de prisonniers. « On pendait aux arbres de la forêt, raconte M. Lacretelle, tous ceux qu'on rencontrait armés ou qui avaient le malheur d'inspirer des soupçons. Des voyageurs, de paisibles marchands périrent du même supplice que les conjurés. On faisait contre eux un indice de l'argent qu'ils portaient. »

Au nombre de ceux qui périrent, on cite *La Bigne*, secrétaire de La Renaudie, qui, ayant été pris après la mort de son maître, avait eu la faiblesse de révéler les secrets de la conspiration dans l'espoir de racheter sa vie; le capitaine *Mazères*, *Renay*, *Du Pont*, le jeune *Villemongys*, puiné de l'illustre maison de Briquemaut. Ces deux derniers avaient été arrêtés au mépris d'un édit du roi promettant l'impunité à tous ceux des conjurés qui, dans deux fois vingt-quatre heures, se retireraient et rebrousseraient chemin deux à deux, ou trois à trois au plus. Monté sur l'échafaud, Villemongys trempa ses mains dans le sang de ses compagnons, et les élevant vers le ciel, il s'écria à haute voix : « Seigneur, voici le sang de tes enfans. Tu en feras la vengeance. » Le baron de Castelnau étonna ses juges par sa connaissance des lois et de l'Écriture sainte. Sur une observation du chancelier Olivier, qui lui demanda où il en avait tant appris, il lui répondit : « N'avez-vous plus de souvenance que quand vous estiez retiré en vostre maison, et que je vous fus voir au retour de ma prison de Flandres, vous vous enquistes longuement des exercices que j'avais en la prison, et que je vous dis que c'estoit aux livres de la saincte Escripture ? Ne vous souvient-il plus de quelle allégresse vous louastes mon labeur, et après m'avoir donné résolution sur quelques doutes où j'estois encore de la présence locale du corps de Jésus-Christ en la saincte Cène, vous ne me conseillastes pas seulement de continuer, mais aussi de fréquenter les sainctes assemblées de Paris et d'aller voir les églises réformées de Genève et d'Allemagne ? Ne désiriez-vous pas aussi de tout vostre cœur que toute la noblesse de France me ressemblast en zèle et bonne affection, d'autant que j'avois choisi la plus seure et certaine voye ? N'est-il pas vray ? » Le servile instrument du Pouvoir resta confondu ; mais il n'en opina pas moins à la mort. La même torture morale lui fut encore infligée par divers accusés, entr'autres par un orfèvre nommé *Le Picard*, qui lui « deschiffra de fil en esguille quel il avoit esté toute sa vie », et par le jeune *Pierre de Campagnac*, homme de lettres, qui lui rappela qu'étant écolier à Poitiers, il avait méchamment tué un de ses compagnons, pour raison de quoi son père l'avait pris en telle haine que jamais depuis il ne l'avait voulu voir. Après tant de sanglantes mortifications, le remords se faisant jour enfin dans le cœur de ce misérable, le jeta dans une telle mélancolie qu'elle le conduisit promptement au tombeau.

Pour achever notre esquisse de cette malheureuse échauffourée d'Amboise (*Voy.* aussi pp. 157, 162), il nous reste à parler de l'évasion des conjurés qui gémissaient encore dans les prisons de Blois et de Tours. Nous en emprunterons le récit à Regnier de La Planche, dont l'excellente *Histoire de l'Estat de France sous François II*, a été notre principal guide dans cette notice. « Quant à ceux qui restoyent à Bloys et à Tours de l'entreprinse d'Amboyse, et des deux amenés du bois de Vincennes [l'auteur lui-même en mentionne trois, *Robert Stuart*, *Louis de Saucelles* ou *Soubselles*, et le bailli de *Saint-Aignan*], il en alla ainsi. Après que le baillif de Bloys eut longuement secoué la bride à vingt ou trente qu'il détenoit à fin d'avoir argent, et que tous eurent monstré qu'il ne leur estoit possible d'en fournir promptement, tant pour leur lointain pays et pour avoir esté dévalisés, que pour estre si estroictement détenus qu'ils ne pouvoyent mander de leurs nouvelles à leurs parents : ils furent mis en prison moins estroicte pour leur donner moyen de recouvrer deniers, là où ils feirent en sorte qu'ils eurent moyen de recouvrer force cordes et des tenailles par le moyen desquelles ils rompirent une grille et évadèrent des prisons. — Quelques jours après [le 1er mai] ceux de Tours feirent presque de mesme hors mis que le baillif de Sainct Aignan tombant se brisa, et demeura en la place jusques au matin qu'il fut remené. Les autres ayant sceu ce qui estoit advenu à Bloys, escrivirent une plaisante lettre au cardinal de Lorraine, par laquelle ils l'advertissoyent avoir entendu l'évasion de ses prisonniers de Bloys, de quoy ils avoyent receu tel dueil pour l'amour de luy, qu'ils estoyent aussitost sortis des prisons pour les aller chercher, le priant ne se fascher de leur absence; car ils l'asseuroyent de le revenir tous revoir en bref et de les ramener, ensemble tous les autres qui avoyent conspiré sa mort. Et combien que telles lettres fussent pleines de grandes gaudisseries, si estoyent elles couchées en tel style, qu'il sembloit par là qu'on les menaçast de plus grandes tempestes. Aussi en receurent-ils une telle crainte et frayeur (encores qu'ils eussent délibéré de les faire tous mourir) que cela aida bien à faire sortir les autres prisonniers détenus pour la religion par tout le royaume. Quant aux troupes des Provençaux qui avoient esté retenues à Rouane et descouvertes en cherchant de la poudre, ils sortirent par la porte dorée, et ainsi en advint des autres arrestés ça et là. » Au nombre des prisonniers évadés de Tours se trouvait le sieur de *Vaulx*, écuyer du prince de Condé, arrêté pour avoir donné un cheval des écuries du prince au jeune *Ferrières-Maligny*, qui réussit à s'échapper.

BARTHE, ministre de Rochechouart. On sait si peu de chose sur la vie de ce pasteur, consacrée sans doute tout entière à la pratique des devoirs du ministère, qu'il nous est impossible de décider s'il est le même que *Barthe*, pasteur à Limoges en 1637, ou *Barthe* cadet, pasteur à Froignac dans la même année, ou bien encore *Barthe*, dit le jeune, pasteur à Châteauneuf en 1626, puis à l'Isle en 1637. Nous sommes cependant porté à croire qu'il s'agit plutôt du premier, qui, d'après les listes présentées au Synode d'Alençon, desservait en même temps l'église de Rochechouart. Quoi qu'il en soit, la mort de ce pasteur, arrivée en 1653, fut le signal d'indignes excès commis sur ses paroissiens. Pour ne pas habituer les catholiques à voir l'église sans ministre, ce qui était d'autant plus nécessaire qu'on avait contesté le droit d'exercice aux protestans de cette ville, le consistoire jugea prudent d'inviter un pasteur du voisinage à venir remplir les fonctions du ministère sacré. La marquise de Pompadour à qui appartenait cette seigneurie, en ayant été avertie, tint conseil avec le curé et les consuls, et par leur avis elle arma ses domestiques et tous les bons catholiques de l'endroit, à la tête desquels elle alla assaillir l'église et en chasser les protestants. Le consistoire députa l'avocat *Daniel de La Chaumette* pour porter plainte au roi de ces violences et défendre en même temps devant le Conseil le droit d'exercice qui était de nouveau contesté. Un arrêt, en date du 8 août, renvoya les parties devant la Chambre de l'Édit. C'était une espèce de victoire pour les protestants, qui résolurent de reprendre possession de leurs exercices interrompus. Mais le marquis de Pompadour, furieux d'une telle audace, se rendit à la maison de La Chaumette qui avait alors chez lui douze personnes de sa famille, entre autres *Théodore de La Chaumette*, ministre de Maringues, sur la tête duquel il déchargea un violent coup d'épée. Il alla ensuite chez un autre avocat nommé *Fourgeaud*, qu'il entraîna violemment dans son château; sa femme à laquelle il fit subir le même traitement, accoucha avant terme dans sa frayeur, et il ne lui rendit la liberté, deux jours après, qu'après l'avoir fait fouetter par ses valets. Il ordonna en même temps à la femme de Daniel de La Chaumette, qui avait réussi à se soustraire à sa fureur, de sortir de ses terres, en la menaçant de la faire livrer à la brutalité de ses gens. La Chambre de l'Édit fut saisie de cette affaire; mais la protection du chancelier, qui était parent du marquis, fit qu'on arrêta la procédure. Tout ce que les protestants purent obtenir, ce fut la confirmation du droit d'exercice, obtenue en 1661 seulement, et avec beaucoup de peine, par leur ministre *Ferrand*.

BASCHI, famille originaire de l'Ombrie, mais établie depuis des siècles dans la Provence.

Le premier des membres de cette illustre maison qui se convertit au protestantisme fut THADDÉE de Baschi, *seigneur de* STOBLON ou d'Estoublon, fils de Louis de Baschi et de Melchionne de Materon. Forcé de fuir devant les fureurs des catholiques de sa province, il alla, en 1574, chercher un asile en Dauphiné. Il accepta un commandement sous les ordres du brave *Montbrun* qu'il accompagna au siége de Die. Cette entreprise ayant échoué, Stoblon fut chargé de conduire un secours au capitaine *Ferrier*, qui était serré de près dans Menerbes. Le président de Gaufridi, auteur d'une histoire de Provence dont le mérite ne consiste pas dans l'impartialité, raconte en ces termes le résultat de cette audacieuse expédition. « Ferrier, bloqué par Crillon dans Menerbes, demanda du secours à Montbrun qui dépêcha le seigneur de Stoblon avec 300 maîtres et 150 arquebusiers des vieilles bandes du Piémont. Stoblon part. Le jour, il se tient enfermé dans les bois; la nuit, il répare si fort le repos du jour qu'il marche tout d'une haleine, et se jette dans la place. Après avoir donné trois ou quatre heures de repos à ses gens, il les sépara et les envoya en divers quartiers brûler les blés des aires voisines. Ces ravages firent attrouper les intéressés, qui allèrent joindre le seigneur de Crillon, et se trouvèrent environ 1,200 chevaux à la plaine de Menerbes. Alors le seigneur de Stoblon sortit avec 300 maîtres, suivi de ses arquebusiers. En approchant des Catholiques, il fit ouvrir sa troupe; ceux-ci s'avancèrent pour se jeter dedans, et trouvèrent les arquebusiers pied à terre et s'étant fait un rempart de leurs chevaux, les arquebusiers firent une décharge fort heureuse. Ceux qui s'étaient séparés, les rejoignirent. Les Catholiques, environnés de toutes parts, furent tués, et le seigneur de Crillon laissé sur la place. Sa mort mit ses gens en désordre; ils prirent la fuite et furent poursuivis jusqu'aux portes d'Avignon. Cette ville prit l'épouvante et consentit à payer la contribution. Stoblon, ayant encore fait quelques courses très-heureuses, retourna en Dauphiné. » Il n'y resta pas long-temps dans l'inaction; fort zélé pour son parti, il ne laissait échapper aucune occasion de venger sur les *carcistes* les maux dont ils avaient accablé les protestants de la Provence. Cette malheureuse province était mise alors à feu et à sang par deux factions animées d'une haine implacable. Les carcistes, ainsi nommés de leur chef, le fanatique comte de Carces, se reconnaissaient à leur longue barbe. Leurs ennemis, au nombre desquels on comptait beaucoup de catholiques modérés, étaient désignés sous le nom de *razats* soit parce qu'ils portaient la barbe rase, soit, comme le prétend Bouche, parce que les carcistes les avaient réduits à une aussi grande indigence que si le rasoir eût passé sur leur tête. Stoblon était le principal chef de ces derniers, et s'il faut en croire les écrivains protestants, il était vigoureusement secondé dans toutes ses entreprises par ses deux frères, Louis de Baschi, seigneur d'Auzet, et MATTHIEU de Baschi, chevalier de Saint-Estève, qui l'aidèrent notamment à s'emparer de Riez, en 1574. Dans son Histoire des guerres du comtat venaissin, Pérussi confirme le fait en ces termes : « Les adversaires sentant que Carces faisoit approcher l'artillerie pour battre Riez, délibérèrent de le surprendre; mais ils furent prévenus et pris près de Martigues, d'où aucuns furent menés à Aix, entre autres le chef, nommé *L'Etoille*; audit Aix prirent fin telle qu'ils méritaient, *Bras*, neveu de *Paul de Mouvans*, qui fut mis sur la roue, et le chevalier de *Saint-Estève*, frère du sieur d'Estoublon, et *Ouset* [Auzet], autre leur frère, y fut tué d'une pistoletade, et autres y furent pendus et étranglés. » Dans les notes ajoutées à la relation de Pérussi, le marquis d'Aubaïs prétend, au contraire, que les deux frères de Stoblon étaient bons catholiques, et qu'ils périrent victimes d'inimitiés personnelles. Quoi qu'il en soit, Stoblon ne laissa pas leur mort impunie. Il se saisit de Digne et fit de là des courses dans les environs. De Vins résolut de l'en chasser. *Montbrun, Lesdiguières, Gouvernet, Champoléon* et les autres chefs huguenots du Dauphiné, qui sentaient toute l'importance de ce poste, essayèrent vainement de lui porter secours. Attaqués à l'improviste, ils furent défaits, et Stoblon se vit réduit à s'échapper à la faveur de la nuit. La paix s'étant conclue sur ces entrefaites, le vaillant chef des razats dut remettre à un autre temps la revanche qu'il comptait bien prendre de cet échec. L'occasion ne tarda pas à se présenter. En 1579, le viguier de Draguignan, *Peyron Raphelon*, lui ayant proposé une entreprise sur le château de Trans, il y consentit. Depuis deux jours, il battait la place avec deux canons tirés de Fréjus, lorsqu'il eut connaissance de l'approche du capitaine de Vins. Il marcha aussitôt à sa rencontre, le défit complètement et retourna presser le siége de Trans. Mécontent de l'effet de son artillerie, il voulut pointer luimême une pièce de canon, mais au même moment, un coup d'arquebuse tiré du château lui fit une blessure si dangereuse, qu'il en mourut sept jours après, le 30 mai 1579. Ses troupes exaspérées se précipitèrent à l'assaut, emportèrent la place et passèrent toute la garnison au fil de l'épée.

Thaddée de Baschi laissa de son mariage avec *Sara Du Mas d'Allemagne*, un fils nommé Alexandre, qui fonda la branche des seigneurs d'Auzet, éteinte en 1757. Ses descendants, au reste, ne paraissent pas avoir joué un rôle marquant dans les affaires de l'Église protestante; il n'en est pas de même de ceux de son frère aîné Louis.

Ce dernier avait eu de Louise de Varas un fils, nommé Balthasar, et une fille, appelée Cassandre, qui épousa *Paul de Gérente*, ou *Jarente*, baron de Montclar, et gouverneur de Sapus. Du mariage de Balthasar avec *Marguerite Du Faur*, célébré en 1591, naquirent deux fils qui, élevés dans la religion réformée, en défendirent les intérêts avec autant de valeur que de zèle.

L'aîné, Charles, *seigneur de* Saint-Estève [aussi appelé *S. Étienne*], Thoard, Barras, etc., gentilhomme ordinaire de la chambre du roi, épousa, en 1611, *Marthe de Renard*, de la famille d'Avançon en Dauphiné, fille de *Florent de Renard*, premier président à la cour des comptes de Grenoble. En 1617, il fut, en qualité d'ancien de l'église de Thoard, député au Synode de Vitré par les réformés de la Provence. En 1628, il prit une part active à la défense de Saint-Affrique, où il se trouvait avec sa compagnie de chevau-légers; le prince de Condé fut contraint de lever le siége, après un assaut inutile qui dura plus de cinq heures, et des pertes en hommes et en officiers très-considérables. Saint-Estève accompagna ensuite son frère à Castres, où devait se terminer par un accident fatal la brillante carrière qui s'ouvrait devant lui. « Saint-Etienne, lit-on dans les Mémoires de Rohan, qui lui donnent toujours ce nom, fut tué malheureusement par le canon même de la ville, qui, n'étant pas bien rafraîchi, en le chargeant la poudre prit feu qui l'emporta. Ce gentilhomme étoit plein de courage et d'affection à son parti, et qui partoit le lendemain pour aller en Foix, qui avoit grand besoin de lui. » Le duc de Rohan l'avait en effet nommé gouverneur de Foix; ce fut *Mazaribal* (*Voy.* p. 200) qui lui succéda dans ce poste important. Saint-Estève laissa deux fils, Balthasar, seigneur de St.-Estève, Thoard, Vaunavès, qui épousa, en 1650, *Susanne de Montcalm Saint-Véran*, et Pierre, qualifié d'ecclésiastique dans la généalogie de cette famille. De Balthasar naquirent

Louis, seigneur de S. Estève, dont le sort n'est pas connu, et Daniel, qui fut baptisé le 1er mars 1658. Ce dernier prit pour femme Jeanne de Juge, qui descendait apparemment de *Paul de Juge*, conseiller de la Chambre mi-partie établie à Castres en 1595 ; elle faisait sans doute partie, comme lui, des nouveau-convertis. Ce Daniel, créé comte de Baschi Saint-Estève, par lettres du mois de novembre 1715, fut père de François de Baschi, ambassadeur en Portugal.

Le second fils de Balthasar de Baschi, Louis, fut la souche d'une branche nouvelle qui s'établit en Languedoc, et qui prit le nom d'Aubaïs, d'une terre que Louis possédait du chef de sa mère.

Louis d'Aubaïs était né le 12 octobre 1595. Jeune encore, il fut appelé à jouer un rôle dans les dernières guerres de religion, et cette distinction il la dut autant à son zèle pour la cause protestante qu'à l'illustration de sa famille et au souvenir des services rendus par son oncle et par son beau-père. Dès 1616, il fut député par la noblesse du Bas-Languedoc à l'assemblée politique de Nismes. Quelques années après, en 1620, il fut choisi pour présider une assemblée provinciale convoquée à l'effet d'aviser aux moyens de mettre en état de défense les places qui appartenaient aux Protestants ; à côté de lui prirent place au bureau *Bansillon*, comme adjoint, et *Paul*, comme secrétaire. Les Nismois attachaient surtout une grande importance à la conservation d'Aimargues. Le gouvernement lui en fut confié par *Châtillon*, le 23 juillet 1621. Aubaïs, jaloux de se montrer digne d'une distinction si honorable, s'appliqua avec soin à fortifier cette place pour la mettre à l'abri des attaques des Catholiques. Tout dévoué au duc de Rohan, qu'il considérait comme le véritable champion de l'Église protestante, il travailla activement, en 1625, à faire déclarer Nismes en sa faveur. Aussi Rohan, bien assuré de pouvoir compter sur son zèle, le fit-il entrer dans le bureau de direction, qu'il força l'autorité municipale de cette ville à s'adjoindre. Peu de temps après, Aubaïs fut député, ainsi que *Isaac Brun*, seigneur de Castanet et premier consul de Nismes, *Fourniguet* et *Richard*, à l'assemblée de Milhau, qui se réunit, le 25 octobre, pour délibérer sur les propositions de paix du gouvernement. Cette assemblée le chargea, avec huit autres de ses membres, *La Milletière*, *Madiane*, *Du Puy*, *Le Clerc*, *Noaillan*, *Guérin*, *Du Cros*, *Pierredon*, de se rendre auprès de la Cour pour mettre la dernière main aux négociations.

La députation fut favorablement accueillie. Cependant la paix ne fut pas signée, Richelieu exigeant que *Soubise* et les Rochellois fussent exclus du traité. Ces conditions étaient inacceptables ; leur rigueur seule, et non pas, comme le suppose Ménard, un entretien que Rohan eut avec le ministre *Vellieu*, décida de la continuation des hostilités. Rohan se fit déférer par une assemblée des habitants de Nismes le titre de général des églises et rétablit le bureau de direction dont il nomma membre Aubaïs. S'étant assuré ainsi du concours de cette ville importante, il parcourut les Cévennes, leva six régiments à la tête desquels il plaça Aubaïs, *Rouveyrette*, *Chavagnac*, *Saint-Cosme*, *Fourniguet* et *Lecques*, se saisit partout des deniers royaux et fit adopter, dans une nouvelle assemblée qui se tint le 10 janvier 1626, la résolution de n'accepter aucun traité à moins que Soubise n'y fût compris. Richelieu voulait la paix, mais une paix perfide « qui lui ouvrît le chemin, comme il le dit lui-même, pour exterminer le parti huguenot. » A la nouvelle de ce qui se passait dans le Midi, il s'empressa de conclure ; Aubaïs et *Montmartin*, qui n'avaient pas quitté la Cour, retournèrent à Nismes, porteurs du traité qu'ils avaient négocié, le 5 février, avec le cardinal. Une assemblée provinciale l'ayant accepté le 20 mars, les deux négociateurs, accompagnés des députés du duc de Rohan, retournèrent à la Cour afin d'obtenir la ratification définitive du roi. Aubaïs ne fut de retour à Nismes que le 12 juin. Peu de temps après, il fut élu consul avec *Jacques Genoyer*, *Paul Saunier* ou *Saguier* et *André Pélissier*. Les ennemis du duc de Rohan s'étaient beaucoup agités pour cette élection ; mais toutes leurs intrigues et leurs menées avaient tourné à leur confusion. Malgré l'opposition de la Chambre de l'Édit du Languedoc, et malgré les défenses formelles du gouvernement, les nouveaux consuls, jaloux des priviléges de leur ville, ne laissèrent pas de prendre possession de leurs charges. Cette affaire aurait probablement eu des suites fâcheuses si la guerre ne s'était rallumée. La violation du dernier traité dans plusieurs de ses dispositions et les modifications qu'y avait introduites le parlement de Toulouse en l'enregistrant, furent les principales causes de cette nouvelle levée de boucliers. Une assemblée des deputés de Nismes, d'Uzès, du Vigan, de Sumène, de Sauve, d'Alais, de Ganges, d'Anduse, de St.-Jean de Gardonenque, de La Salle, de St.-Hippolyte et de St.-Ambroix, se tint à Uzès, le 10 septembre 1627, en présence du duc de Rohan et sous la présidence d'Aubaïs. *Naguier*, ministre d'Uzès, fut nommé adjoint; *Montméjard*, avocat et consul du Vigan, et *Pellet*, premier consul d'Anduse, furent choisis pour secrétaires (1). Afin de donner plus de poids aux décisions de cette assemblée, on jugea à propos d'y admettre, avec voix délibérative, plusieurs gentilshommes qui se trouvaient alors à Uzès (2). La première séance fut occupée tout entière par un discours de Rohan qui rappela les précautions qu'il avait prises pour assurer l'exécution du dernier traité, les violations dont néanmoins ce traité était l'objet en plusieurs points et l'inutilité des plaintes qu'il avait adressées à la Cour, en sorte qu'il s'était vu forcé de recourir au roi d'Angleterre qui, comme garant du traité, avait envoyé une flotte puissante pour appuyer les réclamations des Réformés. Dans la seconde, on prit connaissance des lettres de La Rochelle, qui engageaient les églises du Languedoc à faire cause commune avec elle ; on lut le manifeste de Rohan, ainsi que la déclaration des ambassadeurs d'Angleterre et quelques autres pièces, et l'assemblée, approuvant pleinement la conduite du duc, le supplia de reprendre la charge de chef et général des églises. Enfin, après avoir choisi des émissaires qui devaient travailler à soulever le Dauphiné et le Vivarais, les députés se séparèrent en renouvelant solennellement le serment d'union et en promettant de n'accepter jamais de paix particulière. La guerre ainsi résolue, Rohan s'appliqua à la conduire avec vigueur. Aubaïs, qu'il avait nommé son lieutenant dans le Bas-Languedoc, l'accompagna partout dans sa courte, mais brillante campagne du Vivarais. Il assista à la prise de Salavas, força le château de Vallon à capituler, se rendit maître du Pouzin, s'empara de Bays à la tête du régiment de *Mormoirac*, et tenta, mais sans succès, d'enlever Cruas. Lorsque Rohan fut obligé de battre en retraite devant des forces infiniment supérieures, Aubaïs fut chargé du commandement de l'avant-garde composée de trois cornettes de cavalerie, la sienne, celle de *S. Estève*, son frère, et celle du baron d'*Alais*. L'asmée huguenote, sauvée par les habiles

(1) Les autres membres de cette assemblée étaient *Cheiron*, *Le Bon*, *Rosselet*, pasteur, de *Rozel*, docteur et avocat, *Anjouin*, de *La Grange*, docteur et avocat; — *Roussel*, *Lejon*, *Brujas*, *Poujade*, consuls d'Uzès, de *Perrotat*, ancien consul, *Levesque*, *Bastide*, *Boileau*, *Roche*, *Espérandieu*, *Fabre*; — *La Pierre*, docteur et avocat, consul du Vigan; — *Aigoun*, consul de Sumène; — d'*Aldebert*, juge, *Pierredon*; — *Ricaud*, de *Leuse*, docteurs et avocats, de *La Forest*, *Fabegues*, *Benjan*; — *Franç. Fabre*, consul de Ganges; — de *Combel*, docteur; — de *Ribotier*, juge, de *Lauzière*, consul de St-Jean de Gardonenque; — de *Vignolles*, consul de La Salle; — *Tourtolon*, *Dalgue*; — de *Couroy*, pasteur.

(2) De *Britiny* (Bretigny), le baron d'*Alais*, de *Gasques*, de *Montmoira* (Mormoirac), *Du Queylon*, de *Clairan*, de *Cassagnolles*, *S. Hippolyte*, de *Liouc*, de *Blatière*, *Des Baux*, de *Lezan*, *Cardet*, *Pilot*, de *La Baume*, *Du Pin*, *Gondin*, *La Rivoire*, *Clapiès*, de *Méjanes*, *Carrière*, de *La Calmette*, *Ardoyn* (Ardouin), *Faulcon*, de *Sairous*, de *Tasques*, *Chabaud*, de *Villenade*.

manœuvres de Rohan, rentra à Nismes sans éprouver de pertes considérables. Après quelques jours de repos, Aubaïs fut envoyé à Castres, avec S. Estève et d'*Assas*. Mais malgré des prodiges de valeur et de fréquents sorties, il ne put empêcher que le prince de Condé ne fit un affreux désert de toute la contrée environnante. Cependant il réussit assez bien dans le principal objet de sa mission, qui était de raccommoder entre eux les capitaines *Saint-Germier* et *Chavagnac*, dont les divisions menaçaient d'entraîner la perte de la ville. De retour auprès de Rohan, il assista au siége et à la prise d'Aimargues que défendait le marquis de Saint-Sulpice, cadet de la maison d'Uzès. Lors de l'affaire de Canisson ou Cauvisson, « où peu s'en fallut que le duc de Rohan ne reçût un échec qui entraînoit sa ruine et celle de son parti, » il échoua dans sa tentative de secourir le petit corps de troupes que le maréchal d'Estrées, à la tête de forces bien supérieures, tenait assiégé dans ce bourg, et qui, après une défense héroïque, dut accepter une honorable capitulation, où les deux partis traitèrent d'égal à égal. A la conclusion de la paix, Aubaïs suivit l'exemple de presque tous les officiers protestants et de Rohan lui-même, en offrant ses services à Louis XIII, qui en fit un des gentilshommes ordinaires de sa chambre. Nommé capitaine d'une compagnie de chevau-légers, le 14 oct. 1629, il prit part en cette qualité à la conquête de la Savoie. En 1632, lors de l'entreprise insensée de Montmorency, il servait sous les ordres du maréchal de *La Force*, qui l'envoya porter aux habitants de Nismes l'assurance de sa satisfaction de la résolution qu'ils avaient prise de se maintenir sous l'obéissance du roi. En 1635, il assista à la bataille d'Avein contre les Espagnols, au siége de Louvain et l'année suivante, à celui de Corbie. Dom Vaissette l'inscrit parmi ceux qui périrent au combat de Leucate ; mais cette erreur a déjà été relevée par Ménard. En 1637, Aubaïs servait dans l'armée de Champagne. L'année suivante, il fut élevé au grade de mestre-de-camp d'un régiment de cavalerie, à la tête duquel il se trouva au siége de Saint-Omer, à celui de Feuquières en 1639, à celui d'Arras en 1640, et à toutes les opérations militaires qui signalèrent cette campagne. En 1641, il prit part à la défaite des ennemis devant Almenas. L'année suivante, il combattit sous les ordres de La Mothe-Houdancourt, et contribua à la victoire de Lérida. En 1643, il obtint, par brevet du 31 décembre, le grade de maréchal de camp. Il mourut le 13 nov. 1646, d'après la Chronologie militaire de Pinard.

De son mariage avec *Anne de Rochemore*, conclu le 17 janv. 1614, naquirent deux enfants : un fils, CHARLES, capitaine de cavalerie dans le régiment de son père, par commission du 27 nov. 1638; lequel épousa en 1640, *Marguerite Causse*, et mourut en 1668; et une fille, LOUISE, qui fut mariée en 1637, à *Jacques de Vignolles*. Charles laissa quatre fils, LOUIS, baron d'Aubaïs, HENRI, CHARLES et FRANÇOIS, qui, probablement, abjurèrent le protestantisme. Nous n'avons du moins, trouvé aucun indice qui pût nous autoriser à avancer qu'ils persistèrent dans la profession de la religion réformée, si ce n'est une lettre d'Arzeliers au comte de Galloway, à la date du 25 juin 1705, où ces mots qu'on y lit : « Feu M. d'Aubaïs que nous venons de perdre, » permettent de supposer que l'un d'eux s'était réfugié à Genève, d'où cette lettre est écrite. Louis fut père du marquis d'Aubaïs, dont nous avons déjà plusieurs fois cité les Pièces fugitives pour servir à l'histoire de France.

ERRATUM. — Page 67, *Althiesser*, lisez *Althiesser*.

Nous nous en rapportons à la sagacité du lecteur pour corriger quelques autres erreurs, moins importantes, provenant surtout de lettres tombées dans le tirage et mal remplacées par l'imprimeur chargé de ce soin.

www.ingramcontent.com/pod-product-compliance
Lightning Source LLC
Chambersburg PA
CBHW052137230426
43671CB00009B/1276